环境影响评价工程师职业资格考试丛书

# 实用环境影响评价相关法律法规汇编

本书编委会 编

中国建筑工业出版社

图书在版编目（CIP）数据

实用环境影响评价相关法律法规汇编/本书编委会编.
—北京：中国建筑工业出版社，2012.3
（环境影响评价工程师职业资格考试丛书）
ISBN 978-7-112-14046-6

Ⅰ.①实… Ⅱ.①本… Ⅲ.①环境影响评价法—中国
—工程技术人员—资格考试—自学参考资料 Ⅳ.①D922.68

中国版本图书馆 CIP 数据核字（2012）第 036093 号

本书依据 2012 年全国环境影响评价工程师职业资格考试大纲中《环境影响评价相关法律法规》科目的考试内容和要求编写而成。针对 2012 年该科目大纲中新增和删减的内容，本书中相应进行了增补和删改。对大纲中要求掌握、熟悉和了解的法律法规等文件进行了全面的汇编和梳理。同时附 2012 年环境影响评价相关法律法规科目的考试大纲。

本书既是环境影响评价工程师职业资格考试的复习资料，也可作为环境影响评价管理和技术人员的一部实用的法规政策工具书，同时也适用于环境管理人员、科研院校的教学人员以及其他与环境影响评价相关的人员。

\* \* \*

责任编辑 常 燕 付 娇

---

环境影响评价工程师职业资格考试丛书
**实用环境影响评价相关法律法规汇编**
本书编委会 编
\*
中国建筑工业出版社出版、发行（北京西郊百万庄）
各地新华书店、建筑书店经销
广州恒伟电脑制版有限公司制版
北京京丰印刷厂印刷
\*
开本：787×1092 毫米 1/16 印张：33¼ 字数：809 千字
2012 年 3 月第一版 2012 年 3 月第一次印刷
定价：**60.00** 元
ISBN 978-7-112-14046-6
（22147）

**版权所有 翻印必究**
如有印装质量问题，可寄本社退换
（邮政编码 100037）

# 本书编委会

主　编：周　雄

编　委：周晓华　胡雄健　厉建明

# 前　言

环境影响评价是我国环境管理制度之一，环境影响评价工程师职业资格制度的实施是提高我国环境影响评价水平的有效措施。

2004年，国家人事部、国家环境保护总局联合发布了《环境影响评价工程师职业资格制度暂行规定》、《环境影响评价工程师职业资格考试实施办法》和《环境影响评价工程师职业资格考核认定办法》等文件，环境影响评价工程师职业资格考试自2005年起每年举行一次。该考试设四个科目：《环境影响评价相关法律法规》、《环境影响评价技术方法》、《环境影响评价技术导则与标准》和《环境影响评价案例分析》。参加四个科目考试的人员必须在连续的两个考试年度内通过全部科目的考试；免试部分科目的人员必须在一个年度内通过应试科目考试。该考试的前三科全部采用客观题，第四科采用主观题的形式。

为了帮助参加环境影响评价工程师职业资格考试人员第一科目《环境影响评价相关法律法规》的复习和应试，依据2012年大纲中该科目的考试内容和要求编写了《实用环境影响评价相关法律法规汇编》一书。本书针对该科目2012年大纲中新增和删减的内容相应进行了增补和删改。对大纲中要求掌握、熟悉和了解的法律法规等文件进行了全面的汇编和梳理，知识点突出，覆盖面广，应试针对性强。旨在帮助广大考生在短时间内有效复习，快速提高，顺利通过考试。本书中涵盖的相关环境法律法规和部门规章文件、产业政策等，不仅是考生的复习资料，也可作为环境影响评价管理和技术人员的一部实用的法规政策工具书，同时也适用于环境管理人员、科研院校的教学人员以及其他与环境影响评价相关的人员。

本书在编写过程中参阅了大量相关文献，编者力求使该书系统与完善。但由于时间紧迫和工作经验、知识水平的局限，书中不妥之处在所难免，敬请广大读者和同行批评指正，我们将衷心感谢，并在以后再版时及时修正和补充。中国建筑工业出版社为本书的出版付出了辛勤劳动，在此一并致谢。

编　者

# 目 录

## 一、环境保护法律法规体系及《中华人民共和国环境保护法》

中华人民共和国环境保护法 …………………………………………………… 3

## 二、《中华人民共和国环境影响评价法》、《建设项目环境保护管理条例》、《规划环境影响评价条例》及配套的部门规章、规范性文件

中华人民共和国环境影响评价法 …………………………………………… 11
规划环境影响评价条例 ……………………………………………………… 15
建设项目环境影响评价文件分级审批规定 ………………………………… 20
建设项目环境保护管理条例 ………………………………………………… 21
建设项目环境影响评价分类管理名录 ……………………………………… 25
环境影响评价公众参与暂行办法 …………………………………………… 39
建设项目环境影响评价行为准则与廉政规定 ……………………………… 45
建设项目环境影响评价资质管理办法 ……………………………………… 50
环境影响评价工程师职业资格制度暂行规定 ……………………………… 56
环境影响评价工程师职业资格考试实施办法 ……………………………… 58
环境影响评价工程师继续教育暂行规定 …………………………………… 59
建设项目竣工环境保护验收管理办法 ……………………………………… 60

## 三、环境影响评价相关法律法规

中华人民共和国大气污染防治法 …………………………………………… 67
中华人民共和国水污染防治法 ……………………………………………… 75
中华人民共和国水污染防治法实施细则 …………………………………… 86
中华人民共和国环境噪声污染防治法 ……………………………………… 92
中华人民共和国固体废物污染环境防治法 ………………………………… 98
中华人民共和国海洋环境保护法 …………………………………………… 108
中华人民共和国放射性污染防治法 ………………………………………… 119
中华人民共和国清洁生产促进法 …………………………………………… 126
中华人民共和国循环经济促进法 …………………………………………… 130
中华人民共和国水法 ………………………………………………………… 137
中华人民共和国节约能源法 ………………………………………………… 147

中华人民共和国防沙治沙法 155
中华人民共和国草原法 161
中华人民共和国文物保护法 169
中华人民共和国森林法 180
中华人民共和国渔业法 187
中华人民共和国矿产资源法 192
中华人民共和国土地管理法 197
中华人民共和国水土保持法 208
中华人民共和国野生动物保护法 214
中华人民共和国防洪法 218
中华人民共和国城乡规划法 228
中华人民共和国河道管理条例 236
中华人民共和国自然保护区条例 241
风景名胜区条例 246
基本农田保护条例 253
土地复垦条例 256
医疗废物管理条例 262
危险化学品安全管理条例 268
中华人民共和国防治海岸工程建设项目污染损害海洋环境管理条例 280
中华人民共和国防治海洋工程建设项目污染损害海洋环境管理条例 283

## 四、环境政策与产业政策

国务院关于落实科学发展观加强环境保护的决定 293
国务院关于加强环境保护重点工作的意见 300
国家环境保护"十二五"规划 304
"十二五"节能减排综合性工作方案 318
全国生态环境保护纲要 326
国家重点生态功能保护区规划纲要 332
全国生态脆弱区保护规划纲要 337
全国主体功能区规划 346
关于推进大气污染联防联控工作改善区域空气质量的指导意见 457
国务院关于发布实施《促进产业结构调整暂行规定》的决定 461
国务院关于加快推进产能过剩行业结构调整的通知 467
关于抑制部分行业产能过剩和重复建设引导产业健康发展的若干意见 470
关于贯彻落实抑制部分行业产能过剩和重复建设引导产业健康发展的通知 475
外商投资产业指导目录 478

废弃危险化学品污染环境防治办法 …………………………………………………… 498
国家危险废物名录 ……………………………………………………………………… 502

# 附录

环境影响评价相关法律法规考试大纲（2012年） ………………………………… 513

# 一、环境保护法律法规体系及《中华人民共和国环境保护法》

# 中华人民共和国环境保护法

(1989年12月26日第七届全国人民代表大会常务委员会第十一次会议通过，
1989年12月26日中华人民共和国主席令第二十二号公布施行)

## 第一章 总 则

**第一条** 为保护和改善生活环境与生态环境，防治污染和其他公害，保障人体健康，促社会主义现代化建设的发展，制定本法。

**第二条** 本法所称环境，是指影响人类生存和发展的各种天然的和经过人工改造的自然因素的总体，包括大气、水、海洋、土地、矿藏、森林、草原、野生生物、自然遗迹、人文遗迹、自然保护区、风景名胜区、城市和乡村等。

**第三条** 本法适用于中华人民共和国领域和中华人民共和国管辖的其他海域。

**第四条** 国家制定的环境保护规划必须纳入国民经济和社会发展计划，国家采取有利于环境保护的经济、技术政策和措施，使环境保护工作同经济建设和社会发展相协调。

**第五条** 国家鼓励环境保护科学教育事业的发展，加强环境保护科学技术的研究和开发，提高环境保护科学技术水平，普及环境保护的科学知识。

**第六条** 一切单位和个人都有保护环境的义务，并有权对污染和破坏环境的单位和个人进行检举和控告。

**第七条** 国务院环境保护行政主管部门，对全国环境保护工作实施统一监督管理。县级以上地方人民政府环境保护行政主管部门，对本辖区的环境保护工作实施统一监督管理。

国家海洋行政主管部门、港务监督、渔政渔港监督、军队环境保护部门和各级公安、交通、铁道、民航管理部门，依照有关法律的规定对环境污染防治实施监督管理。

县级以上人民政府的土地、矿产、林业、农业、水利行政主管部门，依照有关法律的规定对资源的保护实施监督管理。

**第八条** 对保护和改善环境有显著成绩的单位和个人，由人民政府给予奖励。

## 第二章 环境监督管理

**第九条** 国务院环境保护行政主管部门制定国家环境质量标准。

省、自治区、直辖市人民政府对国家环境质量标准中未作规定的项目，可以制定地方环境质量标准，并报国务院环境保护行政主管部门备案。

**第十条** 国务院环境保护行政主管部门根据国家环境质量标准和国家经济、技术条件，制定国家污染物排放标准。

省、自治区、直辖市人民政府对国家污染物排放标准中未作规定的项目，可以制定地方污染物排放标准；对国家污染物排放标准中已作规定的项目，可以制定严于国家污染物排放标准的地方污染物排放标准。地方污染物排放标准须报国务院环境保护行政主管部门备案。

凡是向已有地方污染物排放标准的区域排放污染物的，应当执行地方污染物排放标准。

**第十一条** 国务院环境保护行政主管部门建立监测制度，制定监测规范，会同有关部门组织监测网络，加强对环境监测的管理。

国务院和省、自治区、直辖市人民政府的环境保护行政主管部门，应当定期发布环境状况公报。

**第十二条** 县级以上人民政府环境保护行政主管部门，应当会同有关部门对管辖范围内的环境状况进行调查和评价，拟订环境保护规划，经计划部门综合平衡后，报同级人民政府批准实施。

**第十三条** 建设污染环境的项目，必须遵守国家有关建设项目环境保护管理的规定。建设项目的环境影响报告书，必须对建设项目产生的污染和对环境的影响作出评价，规定防治措施，经项目主管部门预审并依照规定的程序报环境保护行政主管部门批准。环境影响报告书经批准后，计划部门方可批准建设项目设计任务书。

**第十四条** 县级以上人民政府环境保护行政主管部门或者其他依照法律规定行使环境监督管理权的部门，有权对管辖范围内的排污单位进行现场检查。被检查的单位应当如实反映情况，提供必要的资料。检查机关应当为被检查的单位保守技术秘密和业务秘密。

**第十五条** 跨行政区的环境污染和环境破坏的防治工作，由有关地方人民政府协商解决，或者由上级人民政府协调解决，作出决定。

## 第三章 保护和改善环境

**第十六条** 地方各级人民政府，应当对本辖区的环境质量负责，采取措施改善环境质量。

**第十七条** 各级人民政府对具有代表性的各种类型的自然生态系统区域，珍稀、濒危的野生动植物自然分布区域，重要的水源涵养区域，具有重大科学文化价值的地质构造、著名溶洞和化石分布区、冰川、火山、温泉等自然遗迹，以及人文遗迹、古树名木，应当采取措施加以保护，严禁破坏。

**第十八条** 在国务院、国务院有关主管部门和省、自治区、直辖市人民政府划定的风景名胜区、自然保护区和其他需要特别保护的区域内，不得建设污染环境的工业生产设施；建设其他设施，其污染物排放不得超过规定的排放标准。已经建成的设施，其污染物排放超过规定的排放标准的，限期治理。

**第十九条** 开发利用自然资源，必须采取措施保护生态环境。

**第二十条** 各级人民政府应当加强对农业环境的保护，防治土壤污染、土地沙化、盐渍化、贫瘠化、沼泽化、地面沉降化和防治植被破坏、水土流失、水源枯竭、种源灭绝以及其他生态失调现象的发生和发展，推广植物病虫害的综合防治，合理使用化肥、农药及植物生产激素。

**第二十一条** 国务院和沿海地方各级人民政府应当加强对海洋环境的保护。向海洋排放污染物、倾倒废弃物，进行海岸工程建设和海洋石油勘探开发，必须依照法律的规定，防止对海洋环境的污染损害。

**第二十二条** 制定城市规划，应当确定保护和改善环境的目标和任务。

**第二十三条** 城乡建设应当结合当地自然环境的特点，保护植被、水域和自然景观，加强城市园林、绿地和风景名胜区的建设。

## 第四章 防治环境污染和其他公害

**第二十四条** 产生环境污染和其他公害的单位，必须把环境保护工作纳入计划，建立环境保护责任制度；采取有效措施，防治在生产建设或者其他活动中产生的废气、废水、废渣、粉尘、恶臭气体、放射性物质以及噪声、振动、电磁波辐射等对环境的污染和危害。

**第二十五条** 新建工业企业和现有工业企业的技术改造，应当采用资源利用率高、污染物排放量少的设备和工艺，采用经济合理的废弃物综合利用技术和污染物处理技术。

**第二十六条** 建设项目中防治污染的设施，必须与主体工程同时设计、同时施工、同时投产使用。防治污染的设施必须经原审批环境影响报告书的环境保护行政主管部门验收合格后，该建设项目方可投入生产或者使用。

防治污染的设施不得擅自拆除或者闲置，确有必要拆除或者闲置的，必须征得所在地的环境保护行政主管部门同意。

**第二十七条** 排放污染物的企业事业单位，必须依照国务院环境保护行政主管部门的规定申报登记。

**第二十八条** 排放污染物超过国家或者地方规定的污染物排放标准的企业事业单位，依照国家规定缴纳超标准排污费，并负责治理。水污染防治法另有规定的，依照水污染防治法的规定执行。

征收的超标准排污费必须用于污染的防治，不得挪作他用，具体使用办法由国务院规定。

**第二十九条** 对造成环境严重污染的企业事业单位，限期治理。中央或者省、自治区、直辖市人民政府直接管辖的企业事业单位的限期治理，由省、自治区、直辖市人民政府决定。市、县或者市、县以下人民政府管辖的企业事业单位的限期治理，由市、县人民政府决定。被限期治理的企业事业单位必须如期完成治理任务。

**第三十条** 禁止引进不符合我国环境保护规定要求的技术和设备。

**第三十一条** 因发生事故或者其他突然性事件，造成或者可能造成污染事故的单位，必须立即采取措施处理，及时通报可能受到污染危害的单位和居民，并向当地环境保护行政主管部门和有关部门报告，接受调查处理。

可能发生重大污染事故的企业事业单位，应当采取措施，加强防范。

**第三十二条** 县级以上地方人民政府环境保护行政主管部门，在环境受到严重污染威胁居民生命财产安全时，必须立即向当地人民政府报告，由人民政府采取有效措施，解除或者减轻危害。

**第三十三条** 生产、储存、运输、销售、使用有毒化学物品和含有放射性物质的物品，必须遵守国家有关规定，防止污染环境。

**第三十四条** 任何单位不得将产生严重污染的生产设备转移给没有污染防治能力的单位使用。

## 第五章 法 律 责 任

**第三十五条** 违反本法规定，有下列行为之一的，环境保护行政主管部门或者其他依照法律规定行使环境监督管理权的部门可以根据不同情节，给予警告或者处以罚款；

（一）拒绝环境保护行政主管部门或者其他依照法律规定行使环境监督管理权的部门现场检查或者在被检查时弄虚作假的；

（二）拒报或者谎报国务院环境保护行政主管部门规定的有关污染物排放申报事项的；

（三）不按国家规定缴纳超标准排污费的；

（四）引进不符合我国环境保护规定要求的技术和设备的；

（五）将产生严重污染的生产设备转移给没有污染防治能力的单位使用的。

第三十六条　建设项目的防治污染设施没有建成或者没有达到国家规定的要求，投入生产或者使用的，由批准该建设项目的环境影响报告书的环境保护行政主管部门责令停止生产或者使用，可以并处罚款。

第三十七条　未经环境保护行政主管部门同意，擅自拆除或者闲置防治污染的设施，污染物排放超过规定的排放标准的，由环境保护行政主管部门责令重新安装使用，并处罚款。

第三十八条　对违反本法规定，造成环境污染事故的企业事业单位，由环境保护行政主管部门或者其他依照法律规定行使环境监督管理权的部门根据所造成的危害后果处以罚款；情节较重的，对有关责任人员由其所在单位或者政府主管机关给予行政处分。

第三十九条　对经限期治理逾期未完成治理任务的企业事业单位，除依照国家规定加收超标准排污费外，可以根据所造成的危害后果处以罚款，或者责令停业、关闭。

前款规定的罚款由环境保护行政主管部门决定。责令停业、关闭，由作出限期治理决定的人民政府决定；责令中央直接管辖的企业事业单位停业、关闭，须报国务院批准。

第四十条　当事人对行政处罚决定不服的，可以在接到处罚通知之日起十五日内，向作出处罚决定的机关的上一级机关申请复议；对复议决定不服的，可以在接到复议决定之日起十五日内，向人民法院起诉。当事人也可以在接到处罚通知之日起十五日内，直接向人民法院起诉。当事人逾期不申请复议、也不向人民法院起诉、又不履行处罚决定的，由作出处罚决定的机关申请人民法院强制执行。

第四十一条　造成环境污染危害的，有责任排除危害，并对直接受到损害的单位或者个人赔偿损失。

赔偿责任和赔偿金额的纠纷，可以根据当事人的请求，由环境保护行政主管部门或者其他依照法律规定行使环境监督管理权的部门处理；当事人对处理决定不服的，可以向人民法院起诉。当事人也可以直接向人民法院起诉。

完全由于不可抗拒的自然灾害，并经及时采取合理措施，仍然不能避免造成环境污染损害的，免予承担责任。

第四十二条　因环境污染损害赔偿提起诉讼的时效期间为三年，从当事人知道或者应当知道受到污染损害时起计算。

第四十三条　违反本法规的，造成重大环境污染事故，导致公私财产重大损失或者人身伤亡的严重后果的，对直接责任人员依法追究刑事责任。

第四十四条　违反本法规定，造成土地、森林、草原、水、矿产、渔业、野生动植物等资源的破坏的，依照有关法律的规定承担法律责任。

第四十五条　环境保护监督管理人员滥用职权、玩忽职守、徇私舞弊的，由其所在单位或者上级主管机关给予行政处分；构成犯罪的，依法追究刑事责任。

## 第六章 附 则

**第四十六条** 中华人民共和国缔结或者参加的与环境保护有关的国际条约，同中华人民共和国的法律有不同规定的，适用国际条约的规定，但中华人民共和国声明保留的条款除外。

**第四十七条** 本法自公布之日起施行。《中华人民共和国环境保护法（试行）》同时废止

# 二、《中华人民共和国环境影响评价法》、《建设项目环境保护管理条例》、《规划环境影响评价条例》及配套的部门规章、规范性文件

# 中华人民共和国环境影响评价法

(2002年10月28日第九届全国人民代表大会常务委员会第三十次会议通过,中华人民共和国主席令第七十七号公布,自2003年9月1日起施行)

## 第一章 总 则

**第一条** 为了实施可持续发展战略,预防因规划和建设项目实施后对环境造成不良影响,促进经济、社会和环境的协调发展,制定本法。

**第二条** 本法所称环境影响评价,是指对规划和建设项目实施后可能造成的环境影响进行分析、预测和评估,提出预防或者减轻不良环境影响的对策和措施,进行跟踪监测的方法与制度。

**第三条** 编制本法第九条所规定的范围内的规划,在中华人民共和国领域和中华人民共和国管辖的其他海域内建设对环境有影响的项目,应当依照本法进行环境影响评价。

**第四条** 环境影响评价必须客观、公开、公正,综合考虑规划或者建设项目实施后对各种环境因素及其所构成的生态系统可能造成的影响,为决策提供科学依据。

**第五条** 国家鼓励有关单位、专家和公众以适当方式参与环境影响评价。

**第六条** 国家加强环境影响评价的基础数据库和评价指标体系建设,鼓励和支持对环境影响评价的方法、技术规范进行科学研究,建立必要的环境影响评价信息共享制度,提高环境影响评价的科学性。

国务院环境保护行政主管部门应当会同国务院有关部门,组织建立和完善环境影响评价的基础数据库和评价指标体系。

## 第二章 规划的环境影响评价

**第七条** 国务院有关部门、设区的市级以上地方人民政府及其有关部门,对其组织编制的土地利用的有关规划,区域、流域、海域的建设、开发利用规划,应当在规划编制过程中组织进行环境影响评价,编写该规划有关环境影响的篇章或者说明。

规划有关环境影响的篇章或者说明,应当对规划实施后可能造成的环境影响作出分析、预测和评估,提出预防或者减轻不良环境影响的对策和措施,作为规划草案的组成部分一并报送规划审批机关。

未编写有关环境影响的篇章或者说明的规划草案,审批机关不予审批。

**第八条** 国务院有关部门、设区的市级以上地方人民政府及其有关部门,对其组织编制的工业、农业、畜牧业、林业、能源、水利、交通、城市建设、旅游、自然资源开发的有关专项规划(以下简称专项规划),应当在该专项规划草案上报审批前,组织进行环境影响评价,并向审批该专项规划的机关提出环境影响报告书。

前款所列专项规划中的指导性规划,按照本法第七条的规定进行环境影响评价。

**第九条** 依照本法第七条、第八条的规定进行环境影响评价的规划的具体范围,由国务院环境保护行政主管部门会同国务院有关部门规定,报国务院批准。

**第十条** 专项规划的环境影响报告书应当包括下列内容:

（一）实施该规划对环境可能造成影响的分析、预测和评估；
（二）预防或者减轻不良环境影响的对策和措施；
（三）环境影响评价的结论。

**第十一条** 专项规划的编制机关对可能造成不良环境影响并直接涉及公众环境权益的规划，应当在该规划草案报送审批前，举行论证会、听证会，或者采取其他形式，征求有关单位、专家和公众对环境影响报告书草案的意见。但是，国家规定需要保密的情形除外。

编制机关应当认真考虑有关单位、专家和公众对环境影响报告书草案的意见，并应当在报送审查的环境影响报告书中附具对意见采纳或者不采纳的说明。

**第十二条** 专项规划的编制机关在报批规划草案时，应当将环境影响报告书一并附送审批机关审查；未附送环境影响报告书的，审批机关不予审批。

**第十三条** 设区的市级以上人民政府在审批专项规划草案，作出决策前，应当先由人民政府指定的环境保护行政主管部门或者其他部门召集有关部门代表和专家组成审查小组，对环境影响报告书进行审查。审查小组应当提出书面审查意见。

参加前款规定的审查小组的专家，应当从按照国务院环境保护行政主管部门的规定设立的专家库内的相关专业的专家名单中，以随机抽取的方式确定。

由省级以上人民政府有关部门负责审批的专项规划，其环境影响报告书的审查办法，由国务院环境保护行政主管部门会同国务院有关部门制定。

**第十四条** 设区的市级以上人民政府或者省级以上人民政府有关部门在审批专项规划草案时，应当将环境影响报告书结论以及审查意见作为决策的重要依据。

在审批中未采纳环境影响报告书结论以及审查意见的，应当作出说明，并存档备查。

**第十五条** 对环境有重大影响的规划实施后，编制机关应当及时组织环境影响的跟踪评价，并将评价结果报告审批机关；发现有明显不良环境影响的，应当及时提出改进措施。

## 第三章　建设项目的环境影响评价

**第十六条** 国家根据建设项目对环境的影响程度，对建设项目的环境影响评价实行分类管理。

建设单位应当按照下列规定组织编制环境影响报告书、环境影响报告表或者填报环境影响登记表（以下统称环境影响评价文件）：

（一）可能造成重大环境影响的，应当编制环境影响报告书，对产生的环境影响进行全面评价；

（二）可能造成轻度环境影响的，应当编制环境影响报告表，对产生的环境影响进行分析或者专项评价；

（三）对环境影响很小、不需要进行环境影响评价的，应当填报环境影响登记表。

建设项目的环境影响评价分类管理名录，由国务院环境保护行政主管部门制定并公布。

**第十七条** 建设项目的环境影响报告书应当包括下列内容：

（一）建设项目概况；

（二）建设项目周围环境现状；
（三）建设项目对环境可能造成影响的分析、预测和评估；
（四）建设项目环境保护措施及其技术、经济论证；
（五）建设项目对环境影响的经济损益分析；
（六）对建设项目实施环境监测的建议；
（七）环境影响评价的结论。

涉及水土保持的建设项目，还必须有经水行政主管部门审查同意的水土保持方案。

环境影响报告表和环境影响登记表的内容和格式，由国务院环境保护行政主管部门制定。

**第十八条** 建设项目的环境影响评价，应当避免与规划的环境影响评价相重复。

作为一项整体建设项目的规划，按照建设项目进行环境影响评价，不进行规划的环境影响评价。

已经进行了环境影响评价的规划所包含的具体建设项目，其环境影响评价内容建设单位可以简化。

**第十九条** 接受委托为建设项目环境影响评价提供技术服务的机构，应当经国务院环境保护行政主管部门考核审查格后，颁发资质证书，按照资质证书规定的等级和评价范围，从事环境影响评价服务，并对评价结论负责。为建设项目环境影响评价提供技术服务的机构的资质条件和管理办法，由国务院环境保护行政主管部门制定。

国务院环境保护行政主管部门对已取得资质证书的为建设项目环境影响评价提供技术服务的机构的名单，应当予以公布。

为建设项目环境影响评价提供技术服务的机构，不得与负责审批建设项目环境影响评价文件的环境保护行政主管部门或者其他有关审批部门存在任何利益关系。

**第二十条** 环境影响评价文件中的环境影响报告书或者环境影响报告表，应当由具有相应环境影响评价资质的机构编制。

任何单位和个人不得为建设单位指定对其建设项目进行环境影响评价的机构。

**第二十一条** 除国家规定需要保密的情形外，对环境可能造成重大影响、应当编制环境影响报告书的建设项目，建设单位应当在报批建设项目环境影响报告书前，举行论证会、听证会，或者采取其他形式，征求有关单位、专家和公众的意见。

建设单位报批的环境影响报告书应当附具对有关单位、专家和公众的意见采纳或者不采纳的说明。

**第二十二条** 建设项目的环境影响评价文件，由建设单位按照国务院的规定报有审批权的环境保护行政主管部门审批；建设项目有行业主管部门的，其环境影响报告书或者环境影响报告表应当经行业主管部门预审后，报有审批权的环境保护行政主管部门审批。

海洋工程建设项目的海洋环境影响报告书的审批，依照《中华人民共和国海洋环境保护法》的规定办理。

审批部门应当自收到环境影响报告书之日起六十日内，收到环境影响报告表之日起三十日内，收到环境影响登记表之日起十五日内，分别作出审批决定并书面通知建设单位。

预审、审核、审批建设项目环境影响评价文件，不得收取任何费用。

**第二十三条** 国务院环境保护行政主管部门负责审批下列建设项目的环境影响评价

文件：

（一）核设施、绝密工程等特殊性质的建设项目；
（二）跨省、自治区、直辖市行政区域的建设项目；
（三）由国务院审批的或者由国务院授权有关部门审批的建设项目。

前款规定以外的建设项目的环境影响评价文件的审批权限，由省、自治区、直辖市人民政府规定。

建设项目可能造成跨行政区域的不良环境影响，有关环境保护行政主管部门对该项目的环境影响评价结论有争议的，其环境影响评价文件由共同的上一级环境保护行政主管部门审批。

**第二十四条** 建设项目的环境影响评价文件经批准后，建设项目的性质、规模、地点、采用的生产工艺或者防治污染、防止生态破坏的措施发生重大变动的，建设单位应当重新报批建设项目的环境影响评价文件。

建设项目的环境影响评价文件自批准之日起超过五年，方决定该项目开工建设的，其环境影响评价文件应当报原审批部门重新审核；原审批部门应当自收到建设项目环境影响评价文件之日起十日内，将审核意见书面通知建设单位。

**第二十五条** 建设项目的环境影响评价文件未经法律规定的审批部门审查或者审查后未予批准的，该项目审批部门不得批准其建设，建设单位不得开工建设。

**第二十六条** 建设项目建设过程中，建设单位应当同时实施环境影响报告书、环境影响报告表以及环境影响评价文件审批部门审批意见中提出的环境保护对策措施。

**第二十七条** 在项目建设、运行过程中产生不符合经审批的环境影响评价文件的情形的，建设单位应当组织环境影响的后评价，采取改进措施，并报原环境影响评价文件审批部门和建设项目审批部门备案；原环境影响评价文件审批部门也可以责成建设单位进行环境影响的后评价，采取改进措施。

**第二十八条** 环境保护行政主管部门应当对建设项目投入生产或者使用后所产生的环境影响进行跟踪检查，对造成严重环境污染或者生态破坏的，应当查清原因、查明责任。对属于为建设项目环境影响评价提供技术服务的机构编制不实的环境影响评价文件的，依照本法第三十三条的规定追究其法律责任；属于审批部门工作人员失职、渎职，对依法不应批准的建设项目环境影响评价文件予以批准的，依照本法第三十五条的规定追究其法律责任。

## 第四章 法 律 责 任

**第二十九条** 规划编制机关违反本法规定，组织环境影响评价时弄虚作假或者有失职行为，造成环境影响评价严重失实的，对直接负责的主管人员和其他直接责任人员，由上级机关或者监察机关依法给予行政处分。

**第三十条** 规划审批机关对依法应当编写有关环境影响的篇章或者说明而未编写的规划草案，依法应当附送环境影响报告书而未附送的专项规划草案，违法予以批准的，对直接负责的主管人员和其他直接责任人员，由上级机关或者监察机关依法给予行政处分。

**第三十一条** 建设单位未依法报批建设项目环境影响评价文件，或者未依照本法第二十四条的规定重新报批或者报请重新审核环境影响评价文件，擅自开工建设的，由有权审批该项目环境影响评价文件的环境保护行政主管部门责令停止建设，限期补办手续；逾期不补办手续的，可以处五万元以上二十万元以下的罚款，对建设单位直接负责的主管人员和其他直接责任人员，依法给予行政处分。

建设项目环境影响评价文件未经批准或者未经原审批部门重新审核同意，建设单位擅自开工建设的，由有权审批该项目环境影响评价文件的环境保护行政主管部门责令停止建设，可以处五万元以上二十万元以下的罚款，对建设单位直接负责的主管人员和其他直接责任人员，依法给予行政处分。

海洋工程建设项目的建设单位有前两款所列违法行为的，依照《中华人民共和国海洋环境保护法》的规定处罚。

第三十二条  建设项目依法应当进行环境影响评价而未评价，或者环境影响评价文件未经依法批准，审批部门擅自批准该项目建设的，对直接负责的主管人员和其他直接责任人员，由上级机关或者监察机关依法给予行政处分；构成犯罪的，依法追究刑事责任。

第三十三条  接受委托为建设项目环境影响评价提供技术服务的机构在环境影响评价工作中不负责任或者弄虚作假，致使环境影响评价文件失实的，由授予环境影响评价资质的环境保护行政主管部门降低其资质等级或者吊销其资质证书，并处所收费用一倍以上三倍以下的罚款；构成犯罪的，依法追究刑事责任。

第三十四条  负责预审、审核、审批建设项目环境影响评价文件的部门在审批中收取费用的，由其上级机关或者监察机关责令退还；情节严重的，对直接负责的主管人员和其他直接责任人员依法给予行政处分。

第三十五条  环境保护行政主管部门或者其他部门的工作人员徇私舞弊，滥用职权，玩忽职守，违法批准建设项目环境影响评价文件的，依法给予行政处分；构成犯罪的，依法追究刑事责任。

## 第五章  附  则

第三十六条  省、自治区、直辖市人民政府可以根据本地的实际情况，要求对本辖区的县级人民政府编制的规划进行环境影响评价。具体办法由省、自治区、直辖市参照本法第二章的规定制定。

第三十七条  军事设施建设项目的环境影响评价办法，由中央军事委员会依照本法的原则制定。

第三十八条  本法自2003年9月1日起施行。

# 规划环境影响评价条例

（2009年8月12日国务院第76次常务会议通过，2009年8月17日中华人民共和国国务院令第559号公布，自2009年10月1日起施行）

## 第一章  总  则

第一条  为了加强对规划的环境影响评价工作，提高规划的科学性，从源头预防环境污染和生态破坏，促进经济、社会和环境的全面协调可持续发展，根据《中华人民共和国环境影响评价法》，制定本条例。

**第二条** 国务院有关部门、设区的市级以上地方人民政府及其有关部门，对其组织编制的土地利用的有关规划和区域、流域、海域的建设、开发利用规划（以下称综合性规划），以及工业、农业、畜牧业、林业、能源、水利、交通、城市建设、旅游、自然资源开发的有关专项规划（以下称专项规划），应当进行环境影响评价。

依照本条第一款规定应当进行环境影响评价的规划的具体范围，由国务院环境保护主管部门会同国务院有关部门拟订，报国务院批准后执行。

**第三条** 对规划进行环境影响评价，应当遵循客观、公开、公正的原则。

**第四条** 国家建立规划环境影响评价信息共享制度。

县级以上人民政府及其有关部门应当对规划环境影响评价所需资料实行信息共享。

**第五条** 规划环境影响评价所需的费用应当按照预算管理的规定纳入财政预算，严格支出管理，接受审计监督。

**第六条** 任何单位和个人对违反本条例规定的行为或者对规划实施过程中产生的重大不良环境影响，有权向规划审批机关、规划编制机关或者环境保护主管部门举报。有关部门接到举报后，应当依法调查处理。

## 第二章 评　　价

**第七条** 规划编制机关应当在规划编制过程中对规划组织进行环境影响评价。

**第八条** 对规划进行环境影响评价，应当分析、预测和评估以下内容：

（一）规划实施可能对相关区域、流域、海域生态系统产生的整体影响；

（二）规划实施可能对环境和人群健康产生的长远影响；

（三）规划实施的经济效益、社会效益与环境效益之间以及当前利益与长远利益之间的关系。

**第九条** 对规划进行环境影响评价，应当遵守有关环境保护标准以及环境影响评价技术导则和技术规范。

规划环境影响评价技术导则由国务院环境保护主管部门会同国务院有关部门制定；规划环境影响评价技术规范由国务院有关部门根据规划环境影响评价技术导则制定，并抄送国务院环境保护主管部门备案。

**第十条** 编制综合性规划，应当根据规划实施后可能对环境造成的影响，编写环境影响篇章或者说明。

编制专项规划，应当在规划草案报送审批前编制环境影响报告书。编制专项规划中的指导性规划，应当依照本条第一款规定编写环境影响篇章或者说明。

本条第二款所称指导性规划是指以发展战略为主要内容的专项规划。

**第十一条** 环境影响篇章或者说明应当包括下列内容：

（一）规划实施对环境可能造成影响的分析、预测和评估。主要包括资源环境承载能力分析、不良环境影响的分析和预测以及与相关规划的环境协调性分析；

（二）预防或者减轻不良环境影响的对策和措施。主要包括预防或者减轻不良环境影响的政策、管理或者技术等措施。

环境影响报告书除包括上述内容外，还应当包括环境影响评价结论。主要包括规划草案的环境合理性和可行性，预防或者减轻不良环境影响的对策和措施的合理性和有效性，以及规划草案的调整建议。

**第十二条** 环境影响篇章或者说明、环境影响报告书（以下称环境影响评价文件），由规划编制机关编制或者组织规划环境影响评价技术机构编制。规划编制机关应当对环境影响评价文件的质量负责。

**第十三条** 规划编制机关对可能造成不良环境影响并直接涉及公众环境权益的专项规划，应当在规划草案报送审批前，采取调查问卷、座谈会、论证会、听证会等形式，公开征求有关单位、专家和公众对环境影响报告书的意见。但是，依法需要保密的除外。

有关单位、专家和公众的意见与环境影响评价结论有重大分歧的，规划编制机关应当采取论证会、听证会等形式进一步论证。

规划编制机关应当在报送审查的环境影响报告书中附具对公众意见采纳与不采纳情况及其理由的说明。

**第十四条** 对已经批准的规划在实施范围、适用期限、规模、结构和布局等方面进行重大调整或者修订的，规划编制机关应当依照本条例的规定重新或者补充进行环境影响评价。

## 第三章 审 查

**第十五条** 规划编制机关在报送审批综合性规划草案和专项规划中的指导性规划草案时，应当将环境影响篇章或者说明作为规划草案的组成部分一并报送规划审批机关。未编写环境影响篇章或者说明的，规划审批机关应当要求其补充；未补充的，规划审批机关不予审批。

**第十六条** 规划编制机关在报送审批专项规划草案时，应当将环境影响报告书一并附送规划审批机关审查；未附送环境影响报告书的，规划审批机关应当要求其补充；未补充的，规划审批机关不予审批。

**第十七条** 设区的市级以上人民政府审批的专项规划，在审批前由其环境保护主管部门召集有关部门代表和专家组成审查小组，对环境影响报告书进行审查。审查小组应当提交书面审查意见。

省级以上人民政府有关部门审批的专项规划，其环境影响报告书的审查办法，由国务院环境保护主管部门会同国务院有关部门制定。

**第十八条** 审查小组的专家应当从依法设立的专家库内相关专业的专家名单中随机抽取。但是，参与环境影响报告书编制的专家，不得作为该环境影响报告书审查小组的成员。

审查小组中专家人数不得少于审查小组总人数的二分之一；少于二分之一的，审查小组的审查意见无效。

**第十九条** 审查小组的成员应当客观、公正、独立地对环境影响报告书提出书面审查意见，规划审批机关、规划编制机关、审查小组的召集部门不得干预。

审查意见应当包括下列内容：

（一）基础资料、数据的真实性；

（二）评价方法的适当性；

（三）环境影响分析、预测和评估的可靠性；

（四）预防或者减轻不良环境影响的对策和措施的合理性和有效性；

（五）公众意见采纳与不采纳情况及其理由的说明的合理性；

（六）环境影响评价结论的科学性。

审查意见应当经审查小组四分之三以上成员签字同意。审查小组成员有不同意见的，应当如实记录和反映。

**第二十条** 有下列情形之一的，审查小组应当提出对环境影响报告书进行修改并重新审查的意见：

（一）基础资料、数据失实的；

（二）评价方法选择不当的；

（三）对不良环境影响的分析、预测和评估不准确、不深入，需要进一步论证的；

（四）预防或者减轻不良环境影响的对策和措施存在严重缺陷的；

（五）环境影响评价结论不明确、不合理或者错误的；

（六）未附具对公众意见采纳与不采纳情况及其理由的说明，或者不采纳公众意见的理由明显不合理的；

（七）内容存在其他重大缺陷或者遗漏的。

**第二十一条** 有下列情形之一的，审查小组应当提出不予通过环境影响报告书的意见：

（一）依据现有知识水平和技术条件，对规划实施可能产生的不良环境影响的程度或者范围不能作出科学判断的；

（二）规划实施可能造成重大不良环境影响，并且无法提出切实可行的预防或者减轻对策和措施的。

**第二十二条** 规划审批机关在审批专项规划草案时，应当将环境影响报告书结论以及审查意见作为决策的重要依据。

规划审批机关对环境影响报告书结论以及审查意见不予采纳的，应当逐项就不予采纳的理由作出书面说明，并存档备查。有关单位、专家和公众可以申请查阅；但是，依法需要保密的除外。

**第二十三条** 已经进行环境影响评价的规划包含具体建设项目的，规划的环境影响评价结论应当作为建设项目环境影响评价的重要依据，建设项目环境影响评价的内容可以根据规划环境影响评价的分析论证情况予以简化。

## 第四章 跟 踪 评 价

**第二十四条** 对环境有重大影响的规划实施后，规划编制机关应当及时组织规划环境影响的跟踪评价，将评价结果报告规划审批机关，并通报环境保护等有关部门。

**第二十五条** 规划环境影响的跟踪评价应当包括下列内容：

（一）规划实施后实际产生的环境影响与环境影响评价文件预测可能产生的环境影响之间的比较分析和评估；

（二）规划实施中所采取的预防或者减轻不良环境影响的对策和措施有效性的分析和

评估；

（三）公众对规划实施所产生的环境影响的意见；

（四）跟踪评价的结论。

**第二十六条** 规划编制机关对规划环境影响进行跟踪评价，应当采取调查问卷、现场走访、座谈会等形式征求有关单位、专家和公众的意见。

**第二十七条** 规划实施过程中产生重大不良环境影响的，规划编制机关应当及时提出改进措施，向规划审批机关报告，并通报环境保护等有关部门。

**第二十八条** 环境保护主管部门发现规划实施过程中产生重大不良环境影响的，应当及时进行核查。经核查属实的，向规划审批机关提出采取改进措施或者修订规划的建议。

**第二十九条** 规划审批机关在接到规划编制机关的报告或者环境保护主管部门的建议后，应当及时组织论证，并根据论证结果采取改进措施或者对规划进行修订。

**第三十条** 规划实施区域的重点污染物排放总量超过国家或者地方规定的总量控制指标的，应当暂停审批该规划实施区域内新增该重点污染物排放总量的建设项目的环境影响评价文件。

## 第五章 法 律 责 任

**第三十一条** 规划编制机关在组织环境影响评价时弄虚作假或者有失职行为，造成环境影响评价严重失实的，对直接负责的主管人员和其他直接责任人员，依法给予处分。

**第三十二条** 规划审批机关有下列行为之一的，对直接负责的主管人员和其他直接责任人员，依法给予处分：

（一）对依法应当编写而未编写环境影响篇章或者说明的综合性规划草案和专项规划中的指导性规划草案，予以批准的；

（二）对依法应当附送而未附送环境影响报告书的专项规划草案，或者对环境影响报告书未经审查小组审查的专项规划草案，予以批准的。

**第三十三条** 审查小组的召集部门在组织环境影响报告书审查时弄虚作假或者滥用职权，造成环境影响评价严重失实的，对直接负责的主管人员和其他直接责任人员，依法给予处分。

审查小组的专家在环境影响报告书审查中弄虚作假或者有失职行为，造成环境影响评价严重失实的，由设立专家库的环境保护主管部门取消其入选专家库的资格并予以公告；审查小组的部门代表有上述行为的，依法给予处分。

**第三十四条** 规划环境影响评价技术机构弄虚作假或者有失职行为，造成环境影响评价文件严重失实的，由国务院环境保护主管部门予以通报，处所收费用1倍以上3倍以下的罚款；构成犯罪的，依法追究刑事责任。

## 第六章 附 则

**第三十五条** 省、自治区、直辖市人民政府可以根据本地的实际情况，要求本行政区域内的县级人民政府对其组织编制的规划进行环境影响评价。具体办法由省、自治区、直辖市参照《中华人民共和国环境影响评价法》和本条例的规定制定。

**第三十六条** 本条例自2009年10月1日起施行。

# 建设项目环境影响评价文件分级审批规定

(2008年12月11日修订通过，2009年1月16日中华人民共和国
环境保护部令第5号公布，自2009年3月1日起施行)

**第一条** 为进一步加强和规范建设项目环境影响评价文件审批，提高审批效率，明确审批权责，根据《环境影响评价法》等有关规定，制定本规定。

**第二条** 建设对环境有影响的项目，不论投资主体、资金来源、项目性质和投资规模，其环境影响评价文件均应按照本规定确定分级审批权限。

有关海洋工程和军事设施建设项目的环境影响评价文件的分级审批，依据有关法律和行政法规执行。

**第三条** 各级环境保护部门负责建设项目环境影响评价文件的审批工作。

**第四条** 建设项目环境影响评价文件的分级审批权限，原则上按照建设项目的审批、核准和备案权限及建设项目对环境的影响性质和程度确定。

**第五条** 环境保护部负责审批下列类型的建设项目环境影响评价文件：

(一) 核设施、绝密工程等特殊性质的建设项目；

(二) 跨省、自治区、直辖市行政区域的建设项目；

(三) 由国务院审批或核准的建设项目，由国务院授权有关部门审批或核准的建设项目，由国务院有关部门备案的对环境可能造成重大影响的特殊性质的建设项目。

**第六条** 环境保护部可以将法定由其负责审批的部分建设项目环境影响评价文件的审批权限，委托给该项目所在地的省级环境保护部门，并应当向社会公告。

受委托的省级环境保护部门，应当在委托范围内，以环境保护部的名义审批环境影响评价文件。

受委托的省级环境保护部门不得再委托其他组织或者个人。

环境保护部应当对省级环境保护部门根据委托审批环境影响评价文件的行为负责监督，并对该审批行为的后果承担法律责任。

**第七条** 环境保护部直接审批环境影响评价文件的建设项目的目录、环境保护部委托省级环境保护部门审批环境影响评价文件的建设项目的目录，由环境保护部制定、调整并发布。

**第八条** 第五条规定以外的建设项目环境影响评价文件的审批权限，由省级环境保护部门参照第四条及下述原则提出分级审批建议，报省级人民政府批准后实施，并抄报环境保护部。

(一) 有色金属冶炼及矿山开发、钢铁加工、电石、铁合金、焦炭、垃圾焚烧及发电、制浆等对环境可能造成重大影响的建设项目环境影响评价文件由省级环境保护部门负责审批。

(二) 化工、造纸、电镀、印染、酿造、味精、柠檬酸、酶制剂、酵母等污染较重的建设项目环境影响评价文件由省级或地级市环境保护部门负责审批。

(三) 法律和法规关于建设项目环境影响评价文件分级审批管理另有规定的，按照有

关规定执行。

**第九条** 建设项目可能造成跨行政区域的不良环境影响，有关环境保护部门对该项目的环境影响评价结论有争议的，其环境影响评价文件由共同的上一级环境保护部门审批。

**第十条** 下级环境保护部门超越法定职权、违反法定程序或者条件做出环境影响评价文件审批决定的，上级环境保护部门可以按照下列规定处理：

（一）依法撤销或者责令其撤销超越法定职权、违反法定程序或者条件做出的环境影响评价文件审批决定。

（二）对超越法定职权、违反法定程序或者条件做出环境影响评价文件审批决定的直接责任人员，建议由任免机关或者监察机关依照《环境保护违法违纪行为处分暂行规定》的规定，对直接责任人员，给予警告、记过或者记大过处分；情节较重的，给予降级处分；情节严重的，给予撤职处分。

**第十一条** 本规定自 2009 年 3 月 1 日起施行。2002 年 11 月 1 日原国家环境保护总局发布的《建设项目环境影响评价文件分级审批规定》（原国家环境保护总局令第 15 号）同时废止。

# 建设项目环境保护管理条例

（1998 年 11 月 18 日国务院第 10 次常务会议通过，1998 年 11 月 29 日中华人民共和国国务院令第 253 号发布施行）

## 第一章 总 则

**第一条** 为了防止建设项目产生新的污染、破坏生态环境，制定本条例。

**第二条** 在中华人民共和国领域和中华人民共和国管辖的其他海域内建设对环境有影响的建设项目，适用本条例。

**第三条** 建设产生污染的建设项目，必须遵守污染物排放的国家标准和地方标准；在实施重点污染物排放总量控制的区域内，还必须符合重点污染物排放总量控制的要求。

**第四条** 工业建设项目应当采用能耗物耗小、污染物产生量少的清洁生产工艺，合理利用自然资源，防止环境污染和生态破坏。

**第五条** 改建、扩建项目和技术改造项目必须采取措施，治理与该项目有关的原有环境污染和生态破坏。

## 第二章 环境影响评价

**第六条** 国家实行建设项目环境影响评价制度。

建设项目的环境影响评价工作，由取得相应资格证书的单位承担。

**第七条** 国家根据建设项目对环境的影响程度，按照下列规定对建设项目的环境保护实行分类管理：

（一）建设项目对环境可能造成重大影响的，应当编制环境影响报告书，对建设项目产生的污染和对环境的影响进行全面、详细的评价；

（二）建设项目对环境可能造成轻度影响的，应当编制环境影响报告表，对建设项目产生的污染和对环境的影响进行分析或者专项评价；

（三）建设项目对环境影响很小，不需要进行环境影响评价的，应当填报环境影响登记表。

建设项目环境保护分类管理名录，由国务院环境保护行政主管部门制订并公布。

**第八条** 建设项目环境影响报告书，应当包括下列内容：

（一）建设项目概况；

（二）建设项目周围环境现状；

（三）建设项目对环境可能造成影响的分析和预测；

（四）环境保护措施及其经济、技术论证；

（五）环境影响经济损益分析；

（六）对建设项目实施环境监测的建议；

（七）环境影响评价结论。

涉及水土保持的建设项目，还必须有经水行政主管部门审查同意的水土保持方案。

建设项目环境影响报告表、环境影响登记表的内容和格式，由国务院环境保护行政主管部门规定。

**第九条** 建设单位应当在建设项目可行性研究阶段报批建设项目环境影响报告书、环境影响报告表或者环境影响登记表；但是，铁路、交通等建设项目，经有审批权的环境保护行政主管部门同意，可以在初步设计完成前报批环境影响报告书或者环境影响报告表。

按照国家有关规定，不需要进行可行性研究的建设项目，建设单位应当在建设项目开工前报批建设项目环境影响报告书、环境影响报告表或者环境影响登记表；其中，需要办理营业执照的，建设单位应当在办理营业执照前报批建设项目环境影响报告书、环境影响报告表或者环境影响登记表。

**第十条** 建设项目环境影响报告书、环境影响报告表或者环境影响登记表，由建设单位报有审批权的环境保护行政主管部门审批；建设项目有行业主管部门的，其环境影响报告书或者环境影响报告表应当经行业主管部门预审后，报有审批权的环境保护行政主管部门审批。

海岸工程建设项目环境影响报告书或者环境影响报告表，经海洋行政主管部门审核并签署意见后，报环境保护行政主管部门审批。

环境保护行政主管部门应当自收到建设项目环境影响报告书之日起60日内、收到环境影响报告表之日起30日内、收到环境影响登记表之日起15日内，分别作出审批决定并书面通知建设单位。

预审、审核、审批建设项目环境影响报告书、环境影响报告表或者环境影响登记表，不得收取任何费用。

**第十一条** 国务院环境保护行政主管部门负责审批下列建设项目环境影响报告书、环境影响报告表或者环境影响登记表：

（一）核设施、绝密工程等特殊性质的建设项目；

（二）跨省、自治区、直辖市行政区域的建设项目；

（三）国务院审批的或者国务院授权有关部门审批的建设项目。

前款规定以外的建设项目环境影响报告书、环境影响报告表或者环境影响登记表的审批权限，由省、自治区、直辖市人民政府规定。

建设项目造成跨行政区域环境影响，有关环境保护行政主管部门对环境影响评价结论有争议的，其环境影响报告书或者环境影响报告表由共同上一级环境保护行政主管部门审批。

**第十二条** 建设项目环境影响报告书、环境影响报告表或者环境影响登记表经批准后，建设项目的性质、规模、地点或者采用的生产工艺发生重大变化的，建设单位应当重新报批建设项目环境影响报告书、环境影响报告表或者环境影响登记表。

建设项目环境影响报告书、环境影响报告表或者环境影响登记表自批准之日起满5年，建设项目方开工建设的，其环境影响报告书、环境影响报告表或者环境影响登记表应当报原审批机关重新审核。原审批机关应当自收到建设项目环境影响报告书、环境影响报告表或者环境影响登记表之日起10日内，将审核意见书面通知建设单位；逾期未通知的，视为审核同意。

**第十三条** 国家对从事建设项目环境影响评价工作的单位实行资格审查制度。

从事建设项目环境影响评价工作的单位，必须取得国务院环境保护行政主管部门颁发的资格证书，按照资格证书规定的等级和范围，从事建设项目环境影响评价工作，并对评价结论负责。

国务院环境保护行政主管部门对已经颁发资格证书的从事建设项目环境影响评价工作的单位名单，应当定期予以公布。具体办法由国务院环境保护行政主管部门制定。

从事建设项目环境影响评价工作的单位，必须严格执行国家规定的收费标准。

**第十四条** 建设单位可以采取公开招标的方式，选择从事环境影响评价工作的单位，对建设项目进行环境影响评价。

任何行政机关不得为建设单位指定从事环境影响评价工作的单位，进行环境影响评价。

**第十五条** 建设单位编制环境影响报告书，应当依照有关法律规定，征求建设项目所在地有关单位和居民的意见。

## 第三章 环境保护设施建设

**第十六条** 建设项目需要配套建设的环境保护设施，必须与主体工程同时设计、同时施工、同时投产使用。

**第十七条** 建设项目的初步设计，应当按照环境保护设计规范的要求，编制环境保护篇章，并依据经批准的建设项目环境影响报告书或者环境影响报告表，在环境保护篇章中落实防治环境污染和生态破坏的措施以及环境保护设施投资概算。

**第十八条** 建设项目的主体工程完工后，需要进行试生产的，其配套建设的环境保护设施必须与主体工程同时投入试运行。

**第十九条** 建设项目试生产期间，建设单位应当对环境保护设施运行情况和建设项目对环境的影响进行监测。

**第二十条** 建设项目竣工后，建设单位应当向审批该建设项目环境影响报告书、环境影响报告表或者环境影响登记表的环境保护行政主管部门，申请该建设项目需要配套建设的环境保护设施竣工验收。

环境保护设施竣工验收，应当与主体工程竣工验收同时进行。需要进行试生产的建设项目，建设单位应当自建设项目投入试生产之日起3个月内，向审批该建设项目环境影响报告书、环境影响报告表或者环境影响登记表的环境保护行政主管部门，申请该建设项目需要配套建设的环境保护设施竣工验收。

第二十一条　分期建设、分期投入生产或者使用的建设项目，其相应的环境保护设施应当分期验收。

第二十二条　环境保护行政主管部门应当自收到环境保护设施竣工验收申请之日起30日内，完成验收。

第二十三条　建设项目需要配套建设的环境保护设施经验收合格，该建设项目方可正式投入生产或者使用。

## 第四章　法　律　责　任

第二十四条　违反本条例规定，有下列行为之一的，由负责审批建设项目环境影响报告书、环境影响报告表或者环境影响登记表的环境保护行政主管部门责令限期补办手续；逾期不补办手续，擅自开工建设的，责令停止建设，可以处10万元以下的罚款：

（一）未报批建设项目环境影响报告书、环境影响报告表或者环境影响登记表的；

（二）建设项目的性质、规模、地点或者采用的生产工艺发生重大变化，未重新报批建设项目环境影响报告书、环境影响报告表或者环境影响登记表的；

（三）建设项目环境影响报告书、环境影响报告表或者环境影响登记表自批准之日起满5年，建设项目方开工建设，其环境影响报告书、环境影响报告表或者环境影响登记表未报原审批机关重新审核的。

第二十五条　建设项目环境影响报告书、环境影响报告表或者环境影响登记表未经批准或者未经原审批机关重新审核同意，擅自开工建设的，由负责审批该建设项目环境影响报告书、环境影响报告表或者环境影响登记表的环境保护行政主管部门责令停止建设，限期恢复原状，可以处10万元以下的罚款。

第二十六条　违反本条例规定，试生产建设项目配套建设的环境保护设施未与主体工程同时投入试运行的，由审批该建设项目环境影响报告书、环境影响报告表或者环境影响登记表的环境保护行政主管部门责令限期改正；逾期不改正的，责令停止试生产，可以处5万元以下的罚款。

第二十七条　违反本条例规定，建设项目投入试生产超过3个月，建设单位未申请环境保护设施竣工验收的，由审批该建设项目环境影响报告书、环境影响报告表或者环境影响登记表的环境保护行政主管部门责令限期办理环境保护设施竣工验收手续；逾期未办理的，责令停止试生产，可以处5万元以下的罚款。

第二十八条　违反本条例规定，建设项目需要配套建设的环境保护设施未建成、未经验收或者经验收不合格，主体工程正式投入生产或者使用的，由审批该建设项目环境影响报告书、环境影响报告表或者环境影响登记表的环境保护行政主管部门责令停止生产或者使用，可以处10万元以下的罚款。

第二十九条　从事建设项目环境影响评价工作的单位，在环境影响评价工作中弄虚作假的，由国务院环境保护行政主管部门吊销资格证书，并处所收费用1倍以上3倍以下的罚款。

**第三十条** 环境保护行政主管部门的工作人员徇私舞弊、滥用职权、玩忽职守，构成犯罪的，依法追究刑事责任；尚不构成犯罪的，依法给予行政处分。

## 第五章 附 则

**第三十一条** 流域开发、开发区建设、城市新区建设和旧区改建等区域性开发，编制建设规划时，应当进行环境影响评价。具体办法由国务院环境保护行政主管部门会同国务院有关部门另行规定。

**第三十二条** 海洋石油勘探开发建设项目的环境保护管理，按照国务院关于海洋石油勘探开发环境保护管理的规定执行。

**第三十三条** 军事设施建设项目的环境保护管理，按照中央军事委员会的有关规定执行。

**第三十四条** 本条例自发布之日起施行。

# 建设项目环境影响评价分类管理名录

（环境保护部令第2号发布，自2008年10月1日起施行）

**第一条** 为了实施建设项目环境影响评价分类管理，根据《环境影响评价法》第十六条的规定，制定本名录。

**第二条** 国家根据建设项目对环境的影响程度，对建设项目的环境影响评价实行分类管理。

建设单位应当按照本名录的规定，分别组织编制环境影响报告书、环境影响报告表或者填报环境影响登记表。

**第三条** 本名录所称环境敏感区，是指依法设立的各级各类自然、文化保护地，以及对建设项目的某类污染因子或者生态影响因子特别敏感的区域，主要包括：

（一）自然保护区、风景名胜区、世界文化和自然遗产地、饮用水水源保护区；

（二）基本农田保护区、基本草原、森林公园、地质公园、重要湿地、天然林、珍稀濒危野生动植物天然集中分布区、重要水生生物的自然产卵场及索饵场、越冬场和洄游通道、天然渔场、资源性缺水地区、水土流失重点防治区、沙化土地封禁保护区、封闭及半封闭海域、富营养化水域；

（三）以居住、医疗卫生、文化教育、科研、行政办公等为主要功能的区域，文物保护单位，具有特殊历史、文化、科学、民族意义的保护地。

**第四条** 建设项目所处环境的敏感性质和敏感程度，是确定建设项目环境影响评价类别的重要依据。

建设涉及环境敏感区的项目，应当严格按照本名录确定其环境影响评价类别，不得擅自提高或者降低环境影响评价类别。环境影响评价文件应当就该项目对环境敏感区的影响作重点分析。

**第五条** 跨行业、复合型建设项目，其环境影响评价类别按其中单项等级最高的确定。

**第六条** 本名录未作规定的建设项目，其环境影响评价类别由省级环境保护行政主管部门根据建设项目的污染因子、生态影响因子特征及其所处环境的敏感性质和敏感程度提出建议，报国务院环境保护行政主管部门认定。

**第七条** 本名录由国务院环境保护行政主管部门负责解释，并适时修订公布。

**第八条** 本名录自 2008 年 10 月 1 日起施行。《建设项目环境保护分类管理名录》（国家环境保护总局令第 14 号）同时废止。

| 项目类别 \ 环评类别 | 报告书 | 报告表 | 登记表 | 本栏目环境敏感区含义 |
|---|---|---|---|---|
| A. 水利 | | | | |
| 1. 水库 | 库容 1000 万立方米以上；涉及环境敏感区的 | 其他 | / | （一）和（二）中的重要水生生物的自然产卵场及索饵场、越冬场和洄游通道 |
| 2. 灌区 | 新建 5 万亩以上；改造 30 万亩以上 | 其他 | / | |
| 3. 引水工程 | 跨流域调水；大中型河流引水；小型河流年总引水量超过天然年径流量 1/4 以上的；涉及环境敏感区的 | 其他 | / | （一），（三）和（二）中的资源性缺水地区、重要水生生物的自然产卵场及索饵场、越冬场和洄游通道 |
| 4. 防洪工程 | 新建大中型 | 其他 | / | |
| 5. 地下水开采 | 日取水量 1 万立方米以上；涉及环境敏感区的 | 其他 | / | （一）和（二）中的资源性缺水地区、重要湿地 |
| B. 农、林、牧、渔 | | | | |
| 1. 农业垦殖 | 5000 亩以上；涉及环境敏感区的 | 其他 | / | （一）和（二）中的基本草原、重要湿地、资源性缺水地区、水土流失重点防治区、富营养化水域 |
| 2. 农田改造项目 | / | 涉及环境敏感区的 | 不涉及环境敏感区的 | |
| 3. 农产品基地项目 | 涉及环境敏感区的 | 不涉及环境敏感区的 | / | |
| 4. 经济林基地 | 原料林基地 | 其他 | / | |
| 5. 森林采伐 | 皆伐 | 间伐 | / | |
| 6. 防沙治沙工程 | / | 全部 | | |

续表

| 项目类别＼环评类别 | 报 告 书 | 报告表 | 登记表 | 本栏目环境敏感区含义 |
|---|---|---|---|---|
| 7. 养殖场（区） | 猪常年存栏量3000头以上；肉牛常年存栏量600头以上；奶牛常年存栏量500头以上；家禽常年存栏量10万只以上；涉及环境敏感区的 | 其他 | / | （一），（三）和（二）中的富营养化水域 |
| 8. 围栏养殖 | 年存栏量折合5000羊单位以上 | 年存栏量折合5000～500羊单位 | 年存栏量折合500羊单位以下 | |
| 9. 水产养殖项目 | 网箱、围网等投饵养殖，涉及环境敏感区的 | 其他 | / | （一）和（二）中的封闭及半封闭海域、富营养化水域 |
| 10. 农业转基因项目，物种引进项目 | 全部 | / | / | |
| C. 地质勘查 | | | | |
| 1. 基础地质勘查 | / | 全部 | / | |
| 2. 水利、水电工程地质勘查 | / | 全部 | / | |
| 3. 矿产地质勘查 | / | 全部 | / | |
| D. 煤炭 | | | | |
| 1. 煤层气开采 | 年生产能力1亿立方米以上；涉及环境敏感区的 | 其他 | / | （一），（三）和（二）中的基本草原、水土流失重点防治区、沙化土地封禁保护区 |
| 2. 煤炭开采 | 全部 | / | / | |
| 3. 焦化 | 全部 | / | / | |
| 4. 煤炭液化、气化 | 全部 | / | / | |
| 5. 选煤、配煤 | 新建 | 改、扩建 | / | |
| 6. 煤炭储存、集运 | / | 全部 | / | |
| 7. 型煤、水煤浆生产 | / | 全部 | / | |
| E. 电力 | | | | |
| 1. 火力发电（包括热电） | 全部 | / | / | |
| 2. 水力发电 | 总装机1000千瓦以上；抽水蓄能电站；涉及环境敏感区的 | 其他 | / | （一）和（二）中的重要水生生物的自然产卵场及索饵场、越冬场和洄游通道 |

续表

| 项目类别 \ 环评类别 | 报告书 | 报告表 | 登记表 | 本栏目环境敏感区含义 |
|---|---|---|---|---|
| 3. 生物质发电 | 农林生物质直接燃烧或气化发电，生活垃圾焚烧发电 | 沼气发电，垃圾填埋气发电 | | |
| 4. 综合利用发电 | 利用矸石、油页岩、石油焦、污泥、蔗渣等发电 | 单纯利用余热、余压、余气（含瓦斯、煤层气）发电 | / | |
| 5. 其他能源发电 | 潮汐发电；总装机容量50000千瓦以上的风力发电，涉及环境敏感区的 | 利用地热、太阳能等发电；其他风力发电 | / | （一）和（三） |
| 6. 送（输）变电工程 | 500千伏以上；330千伏以上，涉及环境敏感区的 | 其他 | / | （一）和（三） |
| 7. 脱硫、脱硝等环保工程 | 海水脱硫 | 其他 | / | |
| F. 石油、天然气 | | | | |
| 1. 石油开采 | 全部 | / | / | |
| 2. 天然气开采（含净化） | 全部 | / | / | |
| 3. 油库 | 总容量20万立方米以上；地下洞库 | 其他 | / | |
| 4. 气库 | 地下气库 | 其他 | / | |
| 5. 石油、天然气管线 | 200公里以上；涉及环境敏感区的 | 其他 | / | （一），（三）和（二）中的基本农田保护区、地质公园、重要湿地、天然林 |
| G. 黑色金属 | | | | |
| 1. 采选 | 全部 | / | / | |
| 2. 炼铁（含熔融还原）、球团及烧结 | 全部 | / | / | |
| 3. 炼钢 | 全部 | / | / | |
| 4. 铁合金制造和其他金属冶炼 | 全部 | / | / | |
| 5. 压延加工 | 年产50万吨以上冷轧 | 其他 | / | |
| H. 有色金属 | | | | |
| 1. 采选 | 全部 | / | / | |

续表

| 项目类别＼环评类别 | 报 告 书 | 报告表 | 登记表 | 本栏目环境敏感区含义 |
|---|---|---|---|---|
| 2. 冶炼（含废金属冶炼） | 全部 | / | / | |
| 3. 合金制造 | 全部 | / | / | |
| 4. 压延加工 | / | 全部 | / | |
| I. 金属制品 | | | | |
| 1. 表面处理及热处理加工 | 电镀；使用有机涂层、有钝化工艺的热镀锌 | 其他 | / | |
| 2. 铸铁金属件制造 | 年产10万吨以上 | 年产10万吨～1万吨 | 年产1万吨以下 | |
| 3. 金属制品加工制造 | / | 全部 | / | |
| J. 非金属矿采选及制品制造 | | | | |
| 1. 土砂石开采 | 年采10万立方米以上；涉及环境敏感区的 | 其他 | / | （一）和（二）中的基本草原、沙化土地封禁保护区、水土流失重点防治区、重要水生生物的自然产卵场及索饵场、越冬场和洄游通道 |
| 2. 化学矿采选 | 全部 | / | / | |
| 3. 采盐 | 井盐 | 湖盐，海盐 | / | |
| 4. 石棉及其他非金属矿采选 | 全部 | / | / | |
| 5. 水泥制造 | 全部 | / | / | |
| 6. 水泥粉磨站 | 年产100万吨以上 | 其他 | / | |
| 7. 混凝土结构构件制造 | / | 年产50万立方米以上 | 其他 | |
| 8. 石灰和石膏制造 | / | 全部 | / | |
| 9. 石材加工 | / | 年加工1万立方米以上 | 其他 | |
| 10. 人造石制造 | / | 全部 | / | |
| 11. 砖瓦制造 | / | 全部 | / | |
| 12. 玻璃及玻璃制品 | 日产玻璃500吨以上 | 其他 | / | |
| 13. 玻璃纤维及玻璃纤维增强塑料制品 | 年产3万吨以上玻璃纤维 | 其他 | / | |

续表

| 项目类别 \ 环评类别 | 报告书 | 报告表 | 登记表 | 本栏目环境敏感区含义 |
|---|---|---|---|---|
| 14. 陶瓷制品 | 年产100万平方米以上建筑陶瓷；年产150万件以上卫生陶瓷；年产250万件以上日用陶瓷 | 其他 | / | |
| 15. 耐火材料及其制品 | 石棉制品；年产5000吨以上岩棉 | 其他 | / | |
| 16. 石墨及其他非金属矿物制品 | 石墨、碳素 | 其他 | / | |
| K. 机械、电子 | | | | |
| 1. 通用、专用设备制造 | 有电镀、喷漆工艺的 | 其他 | / | |
| 2. 铁路运输设备制造 | 机车，车辆及动车组制造，发动机，零部件生产（含电镀、喷漆） | 其他 | / | |
| 3. 汽车、摩托车制造 | 整车制造、发动机；零部件生产（含电镀、喷漆） | 其他 | / | |
| 4. 自行车制造 | 有电镀、喷漆工艺的 | 其他 | / | |
| 5. 船舶及浮动装置制造 | 金属船舶制造；拆船、修船 | 其他 | / | |
| 6. 航空航天器制造 | 全部 | / | / | |
| 7. 交通器材及其他交通运输设备制造 | 含电镀、喷漆工艺的 | 其他 | / | |
| 8. 电气机械及器材制造 | 输配电及控制设备制造（含电镀、喷漆）；电池制造（无汞干电池除外） | 其他 | / | |
| 9. 仪器仪表及文化、办公用机械制造 | 有电镀、喷漆工艺的 | 其他 | / | |
| 10. 彩管、玻壳，新型显示器件，光纤预制棒制造 | 全部 | / | / | |
| 11. 集成电路生产，半导体器件生产 | 前工序生产 | 其他 | / | |
| 12. 印刷电路板，电真空器件 | 印刷电路板 | 其他 | / | |
| 13. 半导体材料，电子陶瓷，有机薄膜，荧光粉，贵金属粉 | 全部 | / | / | |

续表

| 项目类别＼环评类别 | 报告书 | 报告表 | 登记表 | 本栏目环境敏感区含义 |
|---|---|---|---|---|
| 14. 电子配件组装 | / | 有分割、焊接、有机溶剂清洗工艺的 | 其他 | |
| L. 石化、化工 | | | | |
| 1. 原油加工、天然气加工、油母页岩提炼原油、煤制原油、生物制油及其他石油制品 | 全部 | / | / | |
| 2. 基本化学原料制造，肥料制造，涂料、染料、颜料、油墨及其类似产品制造，合成材料制造，专用化学品制造，饲料、食品添加剂、水处理剂等 | 全部 | / | / | |
| 3. 农药制造 | 全部 | / | / | |
| 4. 农药制剂分装、复配 | / | 全部 | / | |
| 5. 日用化学品制造 | 全部 | / | / | |
| 6. 单纯化学品混合、分装 | / | 全部 | / | |
| M. 医药 | | | | |
| 1. 化学药品制造，生物、生化制品制造 | 全部 | / | / | |
| 2. 单纯药品分装、复配 | / | 全部 | / | |
| 3. 中成药制造、中药饮片加工 | 含提炼工艺的 | 其他 | / | |
| N. 轻工 | | | | |
| 1. 粮食及饲料加工 | 年加工25万吨以上；含发酵工艺的 | 其他 | / | |
| 2. 植物油加工 | 年加工油料30万吨以上的制油加工；年加工植物油10万吨以上的精炼加工 | 其他 | / | |
| 3. 制糖 | 全部 | / | / | |
| 4. 屠宰 | 年屠宰10万头畜类（或100万只禽类）以上 | 其他 | / | |

续表

| 项目类别＼环评类别 | 报 告 书 | 报告表 | 登记表 | 本栏目环境敏感区含义 |
|---|---|---|---|---|
| 5. 肉禽类加工 | / | 年加工2万吨以上 | 其他 | |
| 6. 蛋品加工 | / | 新建 | 其他 | |
| 7. 水产品加工 | 年加工10万吨以上 | 年加工10万吨～2万吨；年加工2万吨以下，涉及环境敏感区的 | 其他 | （一）和（三） |
| 8. 食盐加工 | / | 全部 | / | |
| 9. 乳制品加工 | 年加工20万吨以上 | 其他 | / | |
| 10. 调味品、发酵制品制造 | 味精、柠檬酸、赖氨酸、淀粉、淀粉糖等制品 | 其他 | / | |
| 11. 酒精饮料及酒类制造 | 单纯勾兑除外的 | 单纯勾兑的 | / | |
| 12. 果菜汁类及其他软饮料制造 | 原汁生产 | 其他 | / | |
| 13. 其他食品制造 | 采用化学方法去皮的水果类罐头制造 | 其他 | / | |
| 14. 卷烟 | 年产30万箱以上 | 其他 | / | |
| 15. 锯材、木片加工，家具制造 | 有酸洗、磷化、电镀工艺的 | 其他 | / | |
| 16. 人造板制造 | 年产20万立方米以上 | 其他 | / | |
| 17. 竹、藤、棕、草制品制造 | / | 有化学处理工艺的 | 其他 | |
| 18. 纸浆制造、造纸（含废纸造纸） | 全部 | / | / | |
| 19. 纸制品 | / | 有化学处理工艺的 | 其他 | |
| 20. 印刷，文教、体育用品制造，磁材料制品 | / | 全部 | / | |
| 21. 轮胎制造、再生橡胶制造、橡胶加工、橡胶制品翻新 | 全部 | / | / | |

续表

| 项目类别 \ 环评类别 | 报 告 书 | 报告表 | 登记表 | 本栏目环境敏感区含义 |
|---|---|---|---|---|
| 22. 塑料制品制造 | 人造革、发泡胶等涉及有毒原材料的 | 其他 | / | |
| 23. 工艺品制造 | 有电镀工艺的 | 有喷漆工艺和机加工的 | 其他 | |
| 24. 皮革、毛皮、羽毛（绒）制品 | 制革，毛皮鞣制 | 其他 | | |
| O. 纺织化纤 | | | | |
| 1. 化学纤维制造 | 全部 | / | / | |
| 2. 纺织品制造 | 有洗毛、染整、脱胶工段的；产生缫丝废水、精炼废水的 | 其他 | / | |
| 3. 服装制造 | 有湿法印花、染色、水洗工艺的 | 年加工100万件以上的 | 其他 | |
| 4. 鞋业制造 | / | 使用有机溶剂的 | 其他 | |
| P. 公路 | | | | |
| 公路 | 三级以上等级公路；1000米以上的独立隧道；主桥长度1000米以上的独立桥梁 | 三级以下等级公路，涉及环境敏感区的 | 其他 | （一），（二）和（三） |
| Q. 铁路 | | | | |
| 1. 新建（含增建） | 新建；增建100公里以上；涉及环境敏感区的 | 其他 | / | （一），（二）和（三） |
| 2. 既有铁路改扩建 | 200公里以上电气化改造；涉及环境敏感区的 | 既有铁路提速扩能；其他 | / | （一），（二）和（三） |
| 3. 枢纽 | 新、改、扩建大型枢纽 | 其他 | / | |
| R. 民航机场 | | | | |
| 1. 机场 | 新建；迁建；飞行区扩建，涉及环境敏感区的 | 航站区改扩建；其他 | / | （三） |
| 2. 导航台站、供油工程、维修保障等配套工程 | / | 全部 | / | |
| S. 水运 | | | | |

续表

| 项目类别＼环评类别 | 报告书 | 报告表 | 登记表 | 本栏目环境敏感区含义 |
|---|---|---|---|---|
| 1. 油气、液体化工码头 | 全部 | / | / | （一）和（二）中的重要水生生物的自然产卵场及索饵场、越冬场和洄游通道、天然渔场 |
| 2. 干散货、件杂、多用途码头 | 内河港口：单个泊位1000吨级以上；沿海港口：单个泊位1万吨级以上；涉及环境敏感区的 | 其他 | / | |
| 3. 集装箱专用码头 | 内河港口：单个泊位3000吨级以上；海港：单个泊位3万吨级以上；涉及环境敏感区的 | 其他 | / | |
| 4. 客运滚装码头 | 年客流量20万人次以上；年通过能力10万台（辆）以上；涉及环境敏感区的 | 其他 | / | |
| 5. 铁路轮渡码头 | 全部 | / | / | |
| 6. 航道工程、水运辅助工程 | 航道工程；防波堤、船闸、通航建筑物，涉及环境敏感区的 | 其他 | / | （一）和（二）中的重要水生生物的自然产卵场及索饵场、越冬场和洄游通道、天然渔场 |
| 7. 航电枢纽工程 | 全部 | / | / | |
| 8. 中心渔港码头 | 涉及环境敏感区的 | 不涉及环境敏感区的 | / | （一）和（二）中的重要水生生物的产卵场及索饵场、越冬场和洄游通道、天然渔场 |
| T. 城市交通设施 | | | | |
| 1. 轨道交通 | 全部 | / | / | |
| 2. 道路 | 新建、扩建 | 改建；绿化工程 | 其他 | |
| 3. 桥梁、隧道 | 高架路；立交桥；隧道；跨越大江大河（通航段）、海湾的桥梁 | 其他 | / | |
| U. 城市基础设施及房地产 | | | | |
| 1. 煤气生产和供应 | 煤气生产 | 煤气供应 | / | |
| 2. 城市天然气供应 | / | 全部 | / | |
| 3. 热力生产和供应 | 燃煤、燃油锅炉总容量65吨/小时以上 | 其他 | / | |
| 4. 自来水生产和供应 | 有引水工程的；日供水20万吨以上 | 其他 | / | |

续表

| 项目类别 \ 环评类别 | 报告书 | 报告表 | 登记表 | 本栏目环境敏感区含义 |
|---|---|---|---|---|
| 5. 生活污水集中处理 | 日处理5万吨以上 | 其他 | / | |
| 6. 工业废水集中处理 | 全部 | / | / | |
| 7. 海水淡化、其他水处理、利用 | / | 全部 | / | |
| 8. 管网建设 | / | 全部 | / | |
| 9. 生活垃圾集中转运站 | / | 全部 | / | |
| 10. 生活垃圾集中处置 | 全部 | / | / | |
| 11. 城镇粪便处理 | / | 日处理30吨以上 | 其他 | |
| 12. 危险废物（含医疗废物）集中处置 | 全部 | / | / | |
| 13. 仓储 | 涉及有毒、有害及危险品的仓储、物流配送 | 其他 | / | |
| 14. 城镇河道、湖泊整治 | 涉及环境敏感区的 | 不涉及环境敏感区的 | / | （一），（三）和（二）中的重要湿地、富营养化水域 |
| 15. 废旧资源回收加工再生 | 废电子、电器产品、汽车拆解；废塑料 | 其他 | / | |
| 16. 房地产开发、宾馆、酒店、办公用房 | 建筑面积10万平方米以上；别墅区 | 建筑面积10万～2万平方米 | 建筑面积2万平方米以下 | |
| V．社会事业与服务业 | | | | |
| 1. 学校、幼儿园、托儿所 | 在校师生1万人以上 | 在校师生1万人～2500人 | 在校师生2500人以下 | |
| 2. 医院 | 全部 | / | / | |
| 3. 专科防治所（站） | 涉及环境敏感区的 | 不涉及环境敏感区的 | / | （三） |
| 4. 疾病控制中心 | 涉及环境敏感区的 | 不涉及环境敏感区的 | / | （三） |
| 5. 卫生站（所）、血站、急救中心等 | / | 全部 | / | |
| 6. 疗养院、福利院 | / | 全部 | / | |

续表

| 项目类别＼环评类别 | 报　告　书 | 报告表 | 登记表 | 本栏目环境敏感区含义 |
|---|---|---|---|---|
| 7. 专业实验室 | P3、P4生物安全实验室；转基因实验室 | 其他 | / | |
| 8. 研发基地 | 新建 | 其他 | / | |
| 9. 动物医院 | / | 全部 | / | |
| 10. 体育场 | 容纳5万人以上 | 容纳5万人以下 | / | |
| 11. 体育馆 | 容纳1万人以上 | 容纳1万人以下 | / | |
| 12. 高尔夫球场、滑雪场、狩猎场、赛车场、跑马场、射击场、水上运动中心 | 高尔夫球场 | 其他 | / | |
| 13. 展览馆、博物馆、美术馆、影剧院、音乐厅、文化馆、图书馆、档案馆、纪念馆 | / | 占地面积3万平方米以上 | 其他 | |
| 14. 公园（含动物园、植物园、主题公园） | 占地面积10万平方米以上 | 其他 | / | |
| 15. 旅游开发 | 缆车、索道建设；涉及环境敏感区的 | 其他 | / | （一），（三）和（二）中的基本草原、重要湿地、天然林 |
| 16. 影视基地建设 | 涉及环境敏感区的 | 不涉及环境敏感区的 | / | （一），（三）和（二）中基本草原、森林公园、地质公园、重要湿地、天然林、珍稀濒危野生动植物天然集中分布区 |
| 17. 影视拍摄、大型实景演出 | / | 涉及环境敏感区的 | 不涉及环境敏感区的 | |
| 18. 胶片洗印厂 | / | 全部 | / | |
| 19. 批发市场 | 占地面积1万平方米以上的农畜产品、矿产品、化工产品、建材及汽车市场；占地面积5万平方米以上的其他批发市场 | 其他 | / | |
| 20. 零售市场 | 营业面积5万平方米以上 | 营业面积5万～5000平方米 | 营业面积5000平方米以下 | |

续表

| 项目类别 \ 环评类别 | 报告书 | 报告表 | 登记表 | 本栏目环境敏感区含义 |
|---|---|---|---|---|
| 21. 餐饮场所 | / | 6个基准灶头以上，涉及环境敏感区的 | 其他 | （三） |
| 22. 娱乐场所 | / | 营业面积1000平方米以上 | 其他 | |
| 23. 洗浴场所 | / | 营业面积1000平方米以上 | 其他 | |
| 24. 一般社区服务设施 | / | / | 全部 | |
| 25. 驾驶员训练基地 | | 全部 | / | |
| 26. 公交枢纽、大型停车场 | | 车位2000个以上；涉及环境敏感区的 | 其他 | （一）和（三） |
| 27. 长途客运站 | / | 新建 | 其他 | |
| 28. 加油、加气站 | / | 涉及环境敏感区的 | 不涉及环境敏感区的 | （一）和（三） |
| 29. 洗车场 | / | 营业面积1000平方米以上；涉及环境敏感区的 | 其他 | （一），（三）和（二）中基本农田保护区 |
| 30. 汽车、摩托车维修场所 | / | 营业面积5000平方米以上；涉及环境敏感区的 | 其他 | |
| 31. 殡仪馆 | 涉及环境敏感区的 | 不涉及环境敏感区的 | / | （一），（三）和（二）中基本农田保护区 |
| 32. 陵园、公墓 | / | 涉及环境敏感区的 | 不涉及环境敏感区的 | |
| W. 核与辐射 | | | | |
| 1. 广播电台、差转台 | 中波50千瓦以上；短波100千瓦以上；涉及环境敏感区的 | 其他 | / | （三） |

续表

| 项目类别＼环评类别 | 报告书 | 报告表 | 登记表 | 本栏目环境敏感区含义 |
|---|---|---|---|---|
| 2. 电视塔台 | 100千瓦以上 | 其他 | / | |
| 3. 卫星地球上行站 | 一站多台 | 一站单台 | / | |
| 4. 雷达 | 多台雷达探测系统 | 单台雷达探测系统 | / | |
| 5. 无线通讯 | 一址多台；多址发射系统 | 一址单台 | / | |
| 6. 核动力厂（核电厂、核热电厂、核供气供热厂等），反应堆（研究堆、实验堆、临界装置等），铀矿开采、冶炼，核燃料生产、加工、贮存、后处理，高能加速器，放射性废物贮存、处理或处置，上述项目的退役 | 新建、扩建 | 改建（不增加源项），其他 | 不带放射性的实验室、试验装置 | |
| 7. 铀矿地质勘探、退役治理 | 涉及环境敏感区的 | 不涉及环境敏感区的 | / | （一），（三）和（二）中的基本农田保护区、基本草原、森林公园、地质公园、重要湿地、珍稀濒危野生动植物天然集中分布区、天然林 |
| 8. 伴生放射性矿物资源的采选 | 年采1万吨以上；涉及环境敏感区的 | 其他 | / | （一），（三）和（二）中的基本草原、水土流失重点防治区、沙化土地封禁保护区 |
| 9. 伴生放射性矿物资源的冶炼加工 | 1000吨/年以上；涉及环境敏感区的 | 其他 | / | （一）和（三） |
| 10. 伴生放射性矿物资源的废渣处理、贮存和处置 | 涉及环境敏感区的 | 不涉及环境敏感区的 | / | （一）和（三） |
| 11. 伴生放射性矿物资源的废渣再利用 | 1000吨/年以上；涉及环境敏感区的 | 其他 | / | （一）和（三） |
| 12. 放射性物质运输 | C型、B（U）型、B（M）型及含有易裂变材料或六氟化铀的货包运输；特殊安排下的运输 | A型货包运输 | 其他 | |

续表

| 项目类别＼环评类别 | 报告书 | 报告表 | 登记表 | 本栏目环境敏感区含义 |
|---|---|---|---|---|
| 13. 核技术应用 | 生产放射性同位素的（制备PET用放射性药物的除外）；使用Ⅰ类放射源的（医疗使用的除外）；销售（含建造）、使用Ⅰ类射线装置的；甲级非密封放射性物质工作场所 | 制备PET用放射性药物的；销售Ⅰ类、Ⅱ类、Ⅲ类放射源的；销售非密封放射性物质；医疗使用Ⅰ类放射源的；使用Ⅱ类、Ⅲ类放射源的；生产、销售、使用Ⅱ类射线装置的；乙、丙级非密封放射性物质工作场所 | 销售、使用Ⅳ类、Ⅴ类放射源的；生产、销售、使用Ⅲ类射线装置的 | |
| 14. 核技术应用项目退役 | 生产放射性同位素的（制备PET用放射性药物的除外）；甲级非密封放射性物质工作场所 | 制备PET用放射性药物的；乙、丙级非密封放射性物质工作场所；使用Ⅰ类、Ⅱ类、Ⅲ类放射源；使用Ⅰ类、Ⅱ类射线装置存在污染的 | / | |

# 环境影响评价公众参与暂行办法

（环发［2006］28号，2006年2月14日公布，2006年3月18日起施行）

## 第一章 总　则

**第一条**　为推进和规范环境影响评价活动中的公众参与，根据《环境影响评价法》、

《行政许可法》、《全面推进依法行政实施纲要》和《国务院关于落实科学发展观加强环境保护的决定》等法律和法规性文件有关公开环境信息和强化社会监督的规定，制定本办法。

第二条 本办法适用于下列建设项目环境影响评价的公众参与：
（一）对环境可能造成重大影响、应当编制环境影响报告书的建设项目；
（二）环境影响报告书经批准后，项目的性质、规模、地点、采用的生产工艺或者防治污染、防止生态破坏的措施发生重大变动，建设单位应当重新报批环境影响报告书的建设项目；
（三）环境影响报告书自批准之日起超过五年方决定开工建设，其环境影响报告书应当报原审批机关重新审核的建设项目。

第三条 环境保护行政主管部门在审批或者重新审核建设项目环境影响报告书过程中征求公众意见的活动，适用本办法。

第四条 国家鼓励公众参与环境影响评价活动。
公众参与实行公开、平等、广泛和便利的原则。

第五条 建设单位或者其委托的环境影响评价机构在编制环境影响报告书的过程中，环境保护行政主管部门在审批或者重新审核环境影响报告书的过程中，应当依照本办法的规定，公开有关环境影响评价的信息，征求公众意见。但国家规定需要保密的情形除外。
建设单位可以委托承担环境影响评价工作的环境影响评价机构进行征求公众意见的活动。

第六条 按照国家规定应当征求公众意见的建设项目，建设单位或者其委托的环境影响评价机构应当按照环境影响评价技术导则的有关规定，在建设项目环境影响报告书中，编制公众参与篇章。
按照国家规定应当征求公众意见的建设项目，其环境影响报告书中没有公众参与篇章的，环境保护行政主管部门不得受理。

## 第二章 公众参与的一般要求

### 第一节 公开环境信息

第七条 建设单位或者其委托的环境影响评价机构、环境保护行政主管部门应当按照本办法的规定，采用便于公众知悉的方式，向公众公开有关环境影响评价的信息。

第八条 在《建设项目环境分类管理名录》规定的环境敏感区建设的需要编制环境影响报告书的项目，建设单位应当在确定了承担环境影响评价工作的环境影响评价机构后7日内，向公众公告下列信息：
（一）建设项目的名称及概要；
（二）建设项目的建设单位的名称和联系方式；
（三）承担评价工作的环境影响评价机构的名称和联系方式；
（四）环境影响评价的工作程序和主要工作内容；
（五）征求公众意见的主要事项；
（六）公众提出意见的主要方式。

**第九条** 建设单位或者其委托的环境影响评价机构在编制环境影响报告书的过程中，应当在报送环境保护行政主管部门审批或者重新审核前，向公众公告如下内容：

（一）建设项目情况简述；

（二）建设项目对环境可能造成影响的概述；

（三）预防或者减轻不良环境影响的对策和措施的要点；

（四）环境影响报告书提出的环境影响评价结论的要点；

（五）公众查阅环境影响报告书简本的方式和期限，以及公众认为必要时向建设单位或者其委托的环境影响评价机构索取补充信息的方式和期限；

（六）征求公众意见的范围和主要事项；

（七）征求公众意见的具体形式；

（八）公众提出意见的起止时间。

**第十条** 建设单位或者其委托的环境影响评价机构，可以采取以下一种或者多种方式发布信息公告：

（一）在建设项目所在地的公共媒体上发布公告；

（二）公开免费发放包含有关公告信息的印刷品；

（三）其他便利公众知情的信息公告方式。

**第十一条** 建设单位或其委托的环境影响评价机构，可以采取以下一种或者多种方式，公开便于公众理解的环境影响评价报告书的简本：

（一）在特定场所提供环境影响报告书的简本；

（二）制作包含环境影响报告书的简本的专题网页；

（三）在公共网站或者专题网站上设置环境影响报告书的简本的链接；

（四）其他便于公众获取环境影响报告书的简本的方式。

## 第二节 征求公众意见

**第十二条** 建设单位或者其委托的环境影响评价机构应当在发布信息公告、公开环境影响报告书的简本后，采取调查公众意见、咨询专家意见、座谈会、论证会、听证会等形式，公开征求公众意见。

建设单位或者其委托的环境影响评价机构征求公众意见的期限不得少于 10 日，并确保其公开的有关信息在整个征求公众意见的期限之内均处于公开状态。

环境影响报告书报送环境保护行政主管部门审批或者重新审核前，建设单位或者其委托的环境影响评价机构可以通过适当方式，向提出意见的公众反馈意见处理情况。

**第十三条** 环境保护行政主管部门应当在受理建设项目环境影响报告书后，在其政府网站或者采用其他便利公众知悉的方式，公告环境影响报告书受理的有关信息。

环境保护行政主管部门公告的期限不得少于 10 日，并确保其公开的有关信息在整个审批期限之内均处于公开状态。

环境保护行政主管部门根据本条第一款规定的方式公开征求意见后，对公众意见较大的建设项目，可以采取调查公众意见、咨询专家意见、座谈会、论证会、听证会等形式再次公开征求公众意见。

环境保护行政主管部门在作出审批或者重新审核决定后，应当在政府网站公告审批或者审核结果。

**第十四条** 公众可以在有关信息公开后，以信函、传真、电子邮件或者按照有关公告要求的其他方式，向建设单位或者其委托的环境影响评价机构、负责审批或者重新审核环境影响报告书的环境保护行政主管部门，提交书面意见。

**第十五条** 建设单位或者其委托的环境影响评价机构、环境保护行政主管部门，应当综合考虑地域、职业、专业知识背景、表达能力、受影响程度等因素，合理选择被征求意见的公民、法人或者其他组织。

被征求意见的公众必须包括受建设项目影响的公民、法人或者其他组织的代表。

**第十六条** 建设单位或者其委托的环境影响评价机构、环境保护行政主管部门应当将所回收的反馈意见的原始资料存档备查。

**第十七条** 建设单位或者其委托的环境影响评价机构，应当认真考虑公众意见，并在环境影响报告书中附具对公众意见采纳或者不采纳的说明。

环境保护行政主管部门可以组织专家咨询委员会，由其对环境影响报告书中有关公众意见采纳情况的说明进行审议，判断其合理性并提出处理建议。

环境保护行政主管部门在作出审批决定时，应当认真考虑专家咨询委员会的处理建议。

**第十八条** 公众认为建设单位或者其委托的环境影响评价机构对公众意见未采纳且未附具说明的，或者对公众意见未采纳的理由说明不成立的，可以向负责审批或者重新审核的环境保护行政主管部门反映，并附具明确具体的书面意见。

负责审批或者重新审核的环境保护行政主管部门认为必要时，可以对公众意见进行核实。

## 第三章 公众参与的组织形式

### 第一节 调查公众意见和咨询专家意见

**第十九条** 建设单位或者其委托的环境影响评价机构调查公众意见可以采取问卷调查等方式，并应当在环境影响报告书的编制过程中完成。

采取问卷调查方式征求公众意见的，调查内容的设计应当简单、通俗、明确、易懂，避免设计可能对公众产生明显诱导的问题。

问卷的发放范围应当与建设项目的影响范围相一致。

问卷的发放数量应当根据建设项目的具体情况，综合考虑环境影响的范围和程度、社会关注程度、组织公众参与所需要的人力和物力资源以及其他相关因素确定。

**第二十条** 建设单位或者其委托的环境影响评价机构咨询专家意见可以采用书面或者其他形式。

咨询专家意见包括向有关专家进行个人咨询或者向有关单位的专家进行集体咨询。

接受咨询的专家个人和单位应当对咨询事项提出明确意见，并以书面形式回复。对书面回复意见，个人应当签署姓名，单位应当加盖公章。

集体咨询专家时，有不同意见的，接受咨询的单位应当在咨询回复中载明。

## 第二节 座谈会和论证会

**第二十一条** 建设单位或者其委托的环境影响评价机构决定以座谈会或者论证会的方式征求公众意见的，应当根据环境影响的范围和程度、环境因素和评价因子等相关情况，合理确定座谈会或者论证会的主要议题。

**第二十二条** 建设单位或者其委托的环境影响评价机构应当在座谈会或者论证会召开7日前，将座谈会或者论证会的时间、地点、主要议题等事项，书面通知有关单位和个人。

**第二十三条** 建设单位或者其委托的环境影响评价机构应当在座谈会或者论证会结束后5日内，根据现场会议记录整理制作座谈会议纪要或者论证结论，并存档备查。

会议纪要或者论证结论应当如实记载不同意见。

## 第三节 听证会

**第二十四条** 建设单位或者其委托的环境影响评价机构（以下简称"听证会组织者"）决定举行听证会征求公众意见的，应当在举行听证会的10日前，在该建设项目可能影响范围内的公共媒体或者采用其他公众可知悉的方式，公告听证会的时间、地点、听证事项和报名办法。

**第二十五条** 希望参加听证会的公民、法人或者其他组织，应当按照听证会公告的要求和方式提出申请，并同时提出自己所持意见的要点。

听证会组织者应当按本办法第十五条的规定，在申请人中遴选参会代表，并在举行听证会的5日前通知已选定的参会代表。

听证会组织者选定的参加听证会的代表人数一般不得少于15人。

**第二十六条** 听证会组织者举行听证会，设听证主持人1名、记录员1名。

被选定参加听证会的组织的代表参加听证会时，应当出具该组织的证明，个人代表应当出具身份证明。

被选定参加听证会的代表因故不能如期参加听证会的，可以向听证会组织者提交经本人签名的书面意见。

**第二十七条** 参加听证会的人员应当如实反映对建设项目环境影响的意见，遵守听证会纪律，并保守有关技术秘密和业务秘密。

**第二十八条** 听证会必须公开举行。

个人或者组织可以凭有效证件按第二十四条所指公告的规定，向听证会组织者申请旁听公开举行的听证会。

准予旁听听证会的人数及人选由听证会组织者根据报名人数和报名顺序确定。准予旁听听证会的人数一般不得少于15人。

旁听人应当遵守听证会纪律。旁听者不享有听证会发言权，但可以在听证会结束后，向听证会主持人或者有关单位提交书面意见。

**第二十九条** 新闻单位采访听证会，应当事先向听证会组织者申请。

**第三十条** 听证会按下列程序进行：

（一）听证会主持人宣布听证事项和听证会纪律，介绍听证会参加人；

（二）建设单位的代表对建设项目概况作介绍和说明；

（三）环境影响评价机构的代表对建设项目环境影响报告书做说明；

（四）听证会公众代表对建设项目环境影响报告书提出问题和意见；

（五）建设单位或者其委托的环境影响评价机构的代表对公众代表提出的问题和意见进行解释和说明；

（六）听证会公众代表和建设单位或者其委托的环境影响评价机构的代表进行辩论；

（七）听证会公众代表做最后陈述；

（八）主持人宣布听证结束。

**第三十一条** 听证会组织者对听证会应当制作笔录。

听证笔录应当载明下列事项：

（一）听证会主要议题；

（二）听证主持人和记录人员的姓名、职务；

（三）听证参加人的基本情况；

（四）听证时间、地点；

（五）建设单位或者其委托的环境影响评价机构的代表对环境影响报告书所作的概要说明；

（六）听证会公众代表对建设项目环境影响报告书提出的问题和意见；

（七）建设单位或者其委托的环境影响评价机构代表对听证会公众代表就环境影响报告书提出问题和意见所作的解释和说明；

（八）听证主持人对听证活动中有关事项的处理情况；

（九）听证主持人认为应笔录的其他事项。

听证结束后，听证笔录应当交参加听证会的代表审核并签字。无正当理由拒绝签字的，应当记入听证笔录。

**第三十二条** 审批或者重新审核环境影响报告书的环境保护行政主管部门决定举行听证会的，适用《环境保护行政许可听证暂行办法》的规定。《环境保护行政许可听证暂行办法》未作规定的，适用本办法有关听证会的规定。

## 第四章 公众参与规划环境影响评价的规定

**第三十三条** 根据《环境影响评价法》第八条和第十一条的规定，工业、农业、畜牧业、林业、能源、水利、交通、城市建设、旅游、自然资源开发的有关专项规划（以下简称"专项规划"）的编制机关，对可能造成不良环境影响并直接涉及公众环境权益的规划，应当在该规划草案报送审批前，举行论证会、听证会，或者采取其他形式，征求有关单位、专家和公众对环境影响报告书草案的意见。

**第三十四条** 专项规划的编制机关应当认真考虑有关单位、专家和公众对环境影响报告书草案的意见，并应当在报送审查的环境影响报告书中附具对意见采纳或者不采纳的说明。

**第三十五条** 环境保护行政主管部门根据《环境影响评价法》第十一条和《国务院关于落实科学发展观加强环境保护的决定》的规定，在召集有关部门专家和代表对开发建设规划的环境影响报告书中有关公众参与的内容进行审查时，应当重点审查以下内容：

（一）专项规划的编制机关在该规划草案报送审批前，是否依法举行了论证会、听证会，或者采取其他形式，征求了有关单位、专家和公众对环境影响报告书草案的意见；

（二）专项规划的编制机关是否认真考虑了有关单位、专家和公众对环境影响报告书草案的意见，并在报送审查的环境影响报告书中附具了对意见采纳或者不采纳的说明。

**第三十六条** 环境保护行政主管部门组织对开发建设规划的环境影响报告书提出审查意见时，应当就公众参与内容的审查结果提出处理建议，报送审批机关。

审批机关在审批中应当充分考虑公众意见以及前款所指审查意见中关于公众参与内容审查结果的处理建议；未采纳审查意见中关于公众参与内容的处理建议的，应当作出说明，并存档备查。

**第三十七条** 土地利用的有关规划、区域、流域、海域的建设、开发利用规划的编制机关，应当根据《环境影响评价法》第七条和《国务院关于落实科学发展观加强环境保护的决定》的有关规定，在规划编制过程中组织进行环境影响评价，编写该规划有关环境影响的篇章或者说明。

土地利用的有关规划、区域、流域、海域的建设、开发利用规划的编制机关，在组织进行规划环境影响评价的过程中，可以参照本办法征求公众意见。

## 第五章 附 则

**第三十八条** 公众参与环境影响评价的技术性规范，由《环境影响评价技术导则——公众参与》规定。

**第三十九条** 本办法关于期限的规定是指工作日，不含节假日。

**第四十条** 本办法自 2006 年 3 月 18 日起施行。

# 建设项目环境影响评价行为准则与廉政规定

（国家环境保护总局令第 30 号令发布，自 2006 年 1 月 1 日起施行）

## 第一章 总 则

**第一条** 为规范建设项目环境影响评价行为，加强建设项目环境影响评价管理和廉政建设，保证建设项目环境保护管理工作廉洁高效依法进行，制定本规定。

**第二条** 本规定适用于建设项目环境影响评价、技术评估、竣工环境保护验收监测或验收调查（以下简称"验收监测或调查"）工作，以及建设项目环境影响评价文件审批和建设项目竣工环境保护验收的行为。

**第三条** 承担建设项目环境影响评价、技术评估、验收监测或调查工作的单位和个人，以及环境保护行政主管部门及其工作人员，应当遵守国家有关法律、法规、规章、政策和本规定的要求，坚持廉洁、独立、客观、公正的原则，并自觉接受有关方面的监督。

## 第二章 行 为 准 则

**第四条** 承担建设项目环境影响评价工作的机构（以下简称"评价机构"）或者其环

境影响评价技术人员，应当遵守下列规定：

（一）评价机构及评价项目负责人应当对环境影响评价结论负责；

（二）建立严格的环境影响评价文件质量审核制度和质量保证体系，明确责任，落实环境影响评价质量保证措施，并接受环境保护行政主管部门的日常监督检查；

（三）不得为违反国家产业政策以及国家明令禁止建设的建设项目进行环境影响评价；

（四）必须依照有关的技术规范要求编制环境影响评价文件；

（五）应当严格执行国家和地方规定的收费标准，不得随意抬高或压低评价费用或者采取其他不正当竞争手段；

（六）评价机构应当按照相应环境影响评价资质等级、评价范围承担环境影响评价工作，不得无任何正当理由拒绝承担环境影响评价工作；

（七）不得转包或者变相转包环境影响评价业务，不得转让环境影响评价资质证书；

（八）应当为建设单位保守技术秘密和业务秘密；

（九）在环境影响评价工作中不得隐瞒真实情况、提供虚假材料、编造数据或者实施其他弄虚作假行为；

（十）应当按照环境保护行政主管部门的要求，参加其所承担环境影响评价工作的建设项目竣工环境保护验收工作，并如实回答验收委员会（组）提出的问题；

（十一）不得进行其他妨碍环境影响评价工作廉洁、独立、客观、公正的活动。

**第五条** 承担环境影响评价技术评估工作的单位（以下简称"技术评估机构"）或者其技术评估人员、评审专家等，应当遵守下列规定：

（一）技术评估机构及其主要负责人应当对环境影响评价文件的技术评估结论负责；

（二）应当以科学态度和方法，严格依照技术评估工作的有关规定和程序，实事求是，独立、客观、公正地对项目做出技术评估或者提出意见，并接受环境保护行政主管部门的日常监督检查；

（三）禁止索取或收受建设单位、评价机构或个人馈赠的财物或给予的其他不当利益，不得让建设单位、评价机构或个人报销应由评估机构或者其技术评估人员、评审专家个人负担的费用（按有关规定收取的咨询费等除外）；

（四）禁止向建设单位、评价机构或个人提出与技术评估工作无关的要求或暗示，不得接受邀请，参加旅游、社会营业性娱乐场所的活动以及任何赌博性质的活动；

（五）技术评估人员、评审专家不得以个人名义参加环境影响报告书编制工作或者对环境影响评价大纲和环境影响报告书提供咨询；承担技术评估工作时，与建设单位、评价机构或个人有直接利害关系的，应当回避；

（六）技术评估人员、评审专家不得泄露建设单位、评价机构或个人的技术秘密和业务秘密以及评估工作内情，不得擅自对建设单位、评价机构或个人作出与评估工作有关的承诺；

（七）技术评估人员在技术评估工作中，不得接受咨询费、评审费、专家费等相关费用；

（八）不得进行其他妨碍技术评估工作廉洁、独立、客观、公正的活动。

**第六条** 承担验收监测或调查工作的单位及其验收监测或调查人员，应当遵守下列规定：

（一）验收监测或调查单位及其主要负责人应当对建设项目竣工环境保护验收监测报告或验收调查报告结论负责；

（二）建立严格的质量审核制度和质量保证体系，严格按照国家有关法律法规规章、技术规范和技术要求，开展验收监测或调查工作和编制验收监测或验收调查报告，并接受环境保护行政主管部门的日常监督检查；

（三）验收监测报告或验收调查报告应当如实反映建设项目环境影响评价文件的落实情况及其效果；

（四）禁止泄露建设项目技术秘密和业务秘密；

（五）在验收监测或调查过程中不得隐瞒真实情况、提供虚假材料、编造数据或者实施其他弄虚作假行为；

（六）验收监测或调查收费应当严格执行国家和地方有关规定；

（七）不得在验收监测或调查工作中为个人谋取私利；

（八）不得进行其他妨碍验收监测或调查工作廉洁、独立、客观、公正的行为。

**第七条** 建设单位应当依法开展环境影响评价，办理建设项目环境影响评价文件的审批手续，接受并配合技术评估机构的评估、验收监测或调查单位的监测或调查，按要求提供与项目有关的全部资料和信息。

建设单位应当遵守下列规定：

（一）不得在建设项目环境影响评价、技术评估、验收监测或调查和环境影响评价文件审批及环境保护验收过程中隐瞒真实情况、提供虚假材料、编造数据或者实施其他弄虚作假行为；

（二）不得向组织或承担建设项目环境影响评价、技术评估、验收监测或调查和环境影响评价文件审批及环境保护验收工作的单位或个人馈赠或者许诺馈赠财物或给予其他不当利益；

（三）不得进行其他妨碍建设项目环境影响评价、技术评估、验收监测或调查和环境影响评价文件审批及环境保护验收工作廉洁、独立、客观、公正开展的活动。

## 第三章 廉 政 规 定

**第八条** 环境保护行政主管部门应当坚持标本兼治、综合治理、惩防并举、注重预防的方针，建立健全教育、制度、监督并重的惩治和预防腐败体系。

环境保护行政主管部门的工作人员在环境影响评价文件审批和环境保护验收工作中应当遵循政治严肃、纪律严明、作风严谨、管理严格和形象严整的原则，在思想上、政治上、言论上、行动上与党中央保持一致，立党为公、执政为民，坚决执行廉政建设规定，开展反腐倡廉活动，严格依法行政，严格遵守组织纪律，密切联系群众，自觉维护公务员形象。

**第九条** 在建设项目环境影响评价文件审批及环境保护验收工作中，环境保护行政主管部门及其工作人员应当遵守下列规定：

（一）不得利用工作之便向任何单位指定评价机构，推销环保产品，引荐环保设计、环保设施运营单位，参与有偿中介活动；

（二）不得接受咨询费、评审费、专家费等一切相关费用；

（三）不得参加一切与建设项目环境影响评价文件审批及环境保护验收工作有关的、或由公款支付的宴请；

（四）不得利用工作之便吃、拿、卡、要，收取礼品、礼金、有价证券或物品，或以权谋私搞交易；

（五）不得参与用公款支付的一切娱乐消费活动，严禁参加不健康的娱乐活动；

（六）不得在接待来访或电话咨询中出现冷漠、生硬、蛮横、推诿等态度；

（七）不得有越权、渎职、徇私舞弊，或违反办事公平、公正、公开要求的行为；

（八）不得进行其他妨碍建设项目环境影响评价文件审批及环境保护验收工作廉洁、独立、客观、公正的活动。

## 第四章 监督检查与责任追究

**第十条** 环境保护行政主管部门按照建设项目环境影响评价文件的审批权限，对建设项目环境影响评价、技术评估、验收监测或调查工作进行监督检查。

驻环境保护行政主管部门的纪检监察部门对建设项目环境影响评价文件审批和环境保护验收工作，进行监督检查。

上一级环境保护行政主管部门应对下一级环境保护行政主管部门的建设项目环境影响评价文件审批和环境保护验收工作，进行监督检查。

**第十一条** 对建设项目环境影响评价、技术评估、验收监测或调查和建设项目环境影响评价文件审批、环境保护验收工作的监督检查工作，可以采取经常性监督检查和专项性监督检查的形式。

经常性监督检查是指对建设项目环境影响评价、技术评估、验收监测或调查和建设项目环境影响评价文件审批、环境保护验收工作进行全过程的监督检查。

专项性监督检查是指对建设项目环境影响评价、技术评估、验收监测或调查和建设项目环境影响评价文件审批、环境保护验收工作的某个环节或某类项目进行监督检查。

对于重大项目的环境影响评价、技术评估、验收监测或调查和建设项目环境影响评价文件审批、环境保护验收工作，应当采取专项性监督检查方式。

**第十二条** 任何单位和个人发现建设项目环境影响评价、技术评估、验收监测或调查和建设项目环境影响评价文件审批、环境保护验收工作中存在问题的，可以向环境保护行政主管部门或者纪检监察部门举报和投诉。

对举报或投诉，应当按照下列规定处理：

（一）对署名举报的，应当为举报人保密。在对反映的问题调查核实、依法做出处理后，应当将核实、处理结果告知举报人并听取意见。对捏造事实，进行诬告陷害的，应依据有关规定处理。

（二）对匿名举报的材料，有具体事实的，应当进行初步核实，并确定处理办法，对重要问题的处理结果，应当在适当范围内通报；没有具体事实的，可登记留存。

（三）对投诉人的投诉，应当严格按照信访工作的有关规定及时办理。

**第十三条** 环境保护行政主管部门对建设项目环境影响评价、技术评估、验收监测或调查和建设项目环境影响评价文件审批、环境保护验收工作进行监督检查时，可以采取下列方式：

（一）听取各方当事人的汇报或意见；
（二）查阅与活动有关的文件、合同和其他有关材料；
（三）向有关单位和个人调查核实；
（四）其他适当方式。

**第十四条** 评价机构违反本规定的，依照《环境影响评价法》、《建设项目环境保护管理条例》和《建设项目环境影响评价资质管理办法》以及其他有关法律法规的规定，视情节轻重，分别给予警告、通报批评、责令限期整改、缩减评价范围、降低资质等级或者取消评价资质，并采取适当方式向社会公布。

**第十五条** 技术评估机构违反本规定的，由环境保护行政主管部门责令改正，并根据情节轻重，给予警告、通报批评、宣布评估意见无效或者取消该技术评估机构承担评估任务的资格。

**第十六条** 验收监测或调查单位违反本规定的，按照《建设项目竣工环境保护验收管理办法》的有关规定予以处罚。

**第十七条** 从事环境影响评价、技术评估、验收监测或调查工作的人员违反本规定，依照国家法律法规规章或者其他有关规定给予行政处分或者纪律处分；非法收受财物的，按照国家有关规定没收、追缴或责令退还所收受财物；构成犯罪的，依法移送司法机关追究刑事责任。

其中，对取得环境影响评价工程师职业资格证书的人员，可以按照环境影响评价工程师职业资格管理的有关规定，予以通报批评、暂停业务或注销登记；对技术评估机构的评估人员或评估专家，可以取消其承担或参加技术评估工作的资格。

**第十八条** 建设单位违反本规定的，环境保护行政主管部门应当责令改正，并根据情节轻重，给予记录不良信用、给予警告、通报批评，并采取适当方式向社会公布。

**第十九条** 环境保护行政主管部门违反本规定的，按照《环境影响评价法》、《建设项目环境保护管理条例》和有关环境保护违法违纪行为处分办法以及其他有关法律法规规章的规定给予处理。

环境保护行政主管部门的工作人员违反本规定的，按照《环境影响评价法》、《建设项目环境保护管理条例》和有关环境保护违法违纪行为处分办法以及其他有关法律法规规章的规定给予行政处分；构成犯罪的，依法移送司法机关追究刑事责任。

## 第五章 附 则

**第二十条** 规划环境影响评价行为准则与廉政规定可参照本规定执行。

**第二十一条** 本规定自 2006 年 1 月 1 日起施行。

# 建设项目环境影响评价资质管理办法

(国家环境保护总局令第 26 号令发布,自 2006 年 1 月 1 日起施行)

## 第一章 总 则

**第一条** 为加强建设项目环境影响评价管理,提高环境影响评价工作质量,维护环境影响评价行业秩序,根据《中华人民共和国环境影响评价法》和《中华人民共和国行政许可法》的有关规定,制定本办法。

**第二条** 凡接受委托为建设项目环境影响评价提供技术服务的机构(以下简称"评价机构"),应当按照本办法的规定申请建设项目环境影响评价资质(以下简称"评价资质"),经国家环境保护总局审查合格,取得《建设项目环境影响评价资质证书》(以下简称"资质证书")后,方可在资质证书规定的资质等级和评价范围内从事环境影响评价技术服务。

**第三条** 评价资质分为甲、乙两个等级。

国家环境保护总局在确定评价资质等级的同时,根据评价机构专业特长和工作能力,确定相应的评价范围。评价范围分为环境影响报告书的 11 个小类和环境影响报告表的 2 个小类。

**第四条** 取得甲级评价资质的评价机构(以下简称"甲级评价机构"),可以在资质证书规定的评价范围之内,承担各级环境保护行政主管部门负责审批的建设项目环境影响报告书和环境影响报告表的编制工作。

取得乙级评价资质的评价机构(以下简称"乙级评价机构"),可以在资质证书规定的评价范围之内,承担省级以下环境保护行政主管部门负责审批的环境影响报告书或环境影响报告表的编制工作。

**第五条** 国家对甲级评价机构数量实行总量限制。

国家环境保护总局根据建设项目环境影响评价业务的需求等情况确定不同时期的限制数量,并对符合本办法规定条件的申请机构,按照其提交完整申请材料的先后顺序作出是否准予评价资质的决定。

**第六条** 资质证书包括正本和副本,由国家环境保护总局统一印制并颁发。

资质证书在全国范围内使用,有效期为 4 年。

**第七条** 各行业的各级环境监测机构和为建设项目环境影响评价提供技术评估的机构,不得申请评价资质。

**第八条** 国家鼓励评价机构积极提升技术优势,增强技术实力,采取多种形式改组改制,推进环境影响评价行业向专业化、规模化、市场化发展。

## 第二章 评价机构的资质条件

**第九条** 甲级评价机构应当具备下列条件:

(一)在中华人民共和国境内登记的各类所有制企业或事业法人,具有固定的工作场所和工作条件,固定资产不少于 1000 万元,其中企业法人工商注册资金不少于 300 万元;

（二）能够开展规划、重大流域、跨省级行政区域建设项目的环境影响评价；能够独立编制污染因子复杂或生态环境影响重大的建设项目环境影响报告书；能够独立完成建设项目的工程分析、各环境要素和生态环境的现状调查与预测评价以及环境保护措施的经济技术论证；有能力分析、审核协作单位提供的技术报告和监测数据；

（三）具备 20 名以上环境影响评价专职技术人员，其中至少有 10 名登记于该机构的环境影响评价工程师，其他人员应当取得环境影响评价岗位证书。环境影响报告书评价范围包括核工业类的，专职技术人员中还应当至少有 3 名注册于该机构的核安全工程师；

（四）配备工程分析、水环境、大气环境、声环境、生态、固体废物、环境工程、规划、环境经济、工程概算等方面的专业技术人员；

（五）环境影响报告书评价范围内的每个类别应当配备至少 3 名登记于该机构的相应类别的环境影响评价工程师，且至少 2 人主持编制过相应类别省级以上环境保护行政主管部门审批的环境影响报告书。

环境影响报告表评价范围内的特殊项目环境影响报告表类别，应当配备至少 1 名登记于该机构的相应类别的环境影响评价工程师；

（六）近三年内主持编制过至少 5 项省级以上环境保护行政主管部门负责审批的环境影响报告书；

（七）具有健全的环境影响评价工作质量保证体系；

（八）配备与评价范围一致的专项仪器设备，具备文件和图档的数字化处理能力，有较完善的计算机网络系统和档案管理系统。

**第十条** 乙级评价机构应当具备下列条件：

（一）在中华人民共和国境内登记的各类所有制企业或事业法人，具有固定的工作场所和工作条件，固定资产不少于 200 万元，企业法人工商注册资金不少于 50 万元。其中，评价范围为环境影响报告表的评价机构，固定资产不少于 100 万元，企业法人工商注册资金不少于 30 万元；

（二）能够独立编制建设项目的环境影响报告书或环境影响报告表；能够独立完成建设项目的工程分析、各环境要素和生态环境的现状调查与预测评价以及环境保护措施的经济技术论证；有能力分析、审核协作单位提供的技术报告和监测数据；

（三）具备 12 名以上环境影响评价专职技术人员，其中至少有 6 名登记于该机构的环境影响评价工程师，其他人员应当取得环境影响评价岗位证书。环境影响报告书评价范围包括核工业类的，专职技术人员中还应当至少有 2 名注册于该机构的核安全工程师。

评价范围为环境影响报告表的评价机构，应当具备 8 名以上环境影响评价专职技术人员，其中至少有 2 名登记于该机构的环境影响评价工程师，其他人员应当取得环境影响评价岗位证书；

（四）配备工程分析、水环境、大气环境、声环境、生态、固体废物、环境工程等方面的专业技术人员。

评价范围为环境影响报告表的评价机构，需配备工程分析、环境工程、生态等方面的专业技术人员；

（五）环境影响报告书评价范围内的每个类别应当配备至少 2 名登记于该机构的相应类别的环境影响评价工程师，且至少 1 人主持编制过相应类别的环境影响报告书。

环境影响报告表评价范围内的特殊项目环境影响报告表类别，应当配备至少1名登记于该机构的相应类别的环境影响评价工程师；

（六）具有健全的环境影响评价工作质量保证体系；

（七）配备与评价范围一致的专项仪器设备，具备文件和图档的数字化处理能力，有较完善的档案管理系统。

## 第三章 评价资质的申请与审查

**第十一条** 国家环境保护总局负责受理评价资质的申请。

**第十二条** 申请评价资质的机构，应当提交下列材料：

（一）书面申请报告；

（二）建设项目环境影响评价资质申请表；

（三）企业法人营业执照正、副本复印件或事业单位法人证书正、副本复印件；

（四）工作场所、场地证明；

（五）本机构环境影响评价工程师职业资格证书、环境影响评价岗位证书及身份证件复印件，环境影响评价工程师登记证复印件或拟登记于本机构的环境影响评价工程师登记申请材料；申请核工业类环境影响报告书评价范围的，还需提交本机构核安全工程师执业资格证书、注册证及身份证件复印件；

（六）环境影响评价相关工作业绩证明；

（七）质量管理体系认证证书复印件或环境影响评价工作质量保证体系的其他相关文件。

**第十三条** 申请机构应当将申请材料一式三份报送国家环境保护总局。国家环境保护总局受理评价资质申请，应当出具受理回执。

**第十四条** 国家环境保护总局组织对申请材料进行审查，并自受理申请之日起20日内，作出是否准予评价资质的决定。其中专家评审所需时间不计算在内。

决定准予评价资质的，应当自作出准予评价资质的决定之日起10日内，向申请机构颁发资质证书；决定不予评价资质的，应当书面通知申请机构并说明理由。

国家环境保护总局在作出是否准予评价资质的决定之前，可视具体情况征求申请机构所属行业行政主管部门和所在地省级环境保护行政主管部门的意见。

**第十五条** 评价机构申请评价范围调整，除需提交本办法第十二条（一）、（二）、（五）和（六）项规定的材料外，还需提交现有资质证书正、副本复印件。

**第十六条** 乙级评价机构申请评价资质晋级，除需提交本办法第十二条规定的材料外，还需提交现有资质证书正、副本复印件。

**第十七条** 评价机构变更名称的，应当自变更登记之日起60日内申请资质证书的评价机构名称变更。申请时，除需提交本办法第十二条（一）、（二）和（四）项规定的材料外，还需提交下列材料：

（一）名称变更的有关证明文件；

（二）变更后的企业法人营业执照正、副本复印件或事业单位法人证书正、副本复印件；

（三）现有资质证书正、副本复印件。

评价机构因改制、分立或合并等原因申请名称变更的，还需提交本办法第十二条（五）项规定的材料。国家环境保护总局在受理名称变更申请的同时，应当对申请材料进行全面审查，并根据其原评价资质情况以及改制、分立或合并后实际达到的资质条件，重新核定其评价资质等级和评价范围，但不晋升其评价资质等级或扩大其评价范围。

**第十八条** 资质证书有效期届满，评价机构需要继续从事环境影响评价技术服务的，应当于有效期届满 90 日前申请延续。

申请评价资质延续的机构，应当提交本办法第十二条规定的材料及现有资质证书正、副本原件。

国家环境保护总局组织对申请材料进行审查，在资质证书有效期届满前，作出是否准予延续的决定。

对符合相应评价资质条件和本办法第二十九条规定的，准予延续；对不符合相应评价资质条件或本办法第二十九条规定的，不予延续，书面通知申请机构并说明理由。

**第十九条** 评价机构有下列情形之一的，国家环境保护总局注销其评价资质：
（一）资质证书有效期满未申请延续的；
（二）法人资格终止的。

**第二十条** 国家环境保护总局定期公布评价机构名单。

## 第四章 评价机构的管理

**第二十一条** 评价机构应当对环境影响评价结论负责。

评价机构所主持编制的环境影响报告书和特殊项目环境影响报告表须由登记于该机构的相应类别的环境影响评价工程师主持；一般项目环境影响报告表须由登记于该机构的环境影响评价工程师主持。

环境影响报告书的各章节和环境影响报告表的各专题应当由本机构的环境影响评价专职技术人员主持。

**第二十二条** 环境影响报告书和环境影响报告表中应当附编制人员名单表，列出主持该项目及各章节、各专题的环境影响评价专职技术人员的姓名、环境影响评价工程师登记证或环境影响评价岗位证书编号，并附主持该项目的环境影响评价工程师登记证复印件。编制人员应当在名单表中签字，并承担相应责任。

**第二十三条** 环境影响评价工程师登记证中的评价机构名称与其环境影响评价岗位证书中的评价机构名称应当一致。

**第二十四条** 评价机构主持编制的环境影响报告书或环境影响报告表，必须附有按原样边长三分之一缩印的资质证书正本缩印件。缩印件上应当注明所承担项目的名称及环境影响评价文件类型，并加盖评价机构印章和法定代表人名章。

**第二十五条** 评价机构应当坚持公正、科学、诚信的工作原则，遵守职业道德，讲求专业信誉，对相关社会责任负责，不得违反国家法律、法规、政策及有关管理要求承担环境影响评价工作，不得无任何正当理由拒绝承担环境影响评价工作。

**第二十六条** 评价机构在环境影响评价工作中，应当执行国家规定的收费标准。

**第二十七条** 评价机构的经济类型、法定代表人、工作场所和环境影响评价专职技术人员等基本情况发生变化的，应当及时报国家环境保护总局备案。

**第二十八条** 评价机构在领取新的资质证书时，应当将原资质证书交回国家环境保护总局。

遗失资质证书的，应当在国家环境保护总局指定的公众媒体上声明作废后申请补发。

**第二十九条** 甲级评价机构在资质证书有效期内应当主持编制完成至少5项省级以上环境保护行政主管部门负责审批的环境影响报告书。

乙级评价机构在资质证书有效期内应当主持编制完成至少5项环境影响报告书或环境影响报告表；其中，评价范围为环境影响报告表的评价机构，在资质证书有效期内应当主持编制完成至少5项环境影响报告表。

**第三十条** 评价机构每年须填写"建设项目环境影响评价机构年度业绩报告表"，于次年3月底前报国家环境保护总局，同时抄报所在地省级环境保护行政主管部门。

## 第五章　评价资质的考核与监督

**第三十一条** 国家环境保护总局负责对评价机构实施统一监督管理，组织或委托省级环境保护行政主管部门组织对评价机构进行抽查，并向社会公布有关情况。

**第三十二条** 抽查主要对评价机构的资质条件、环境影响评价工作质量和是否有违法违规行为等进行检查。

在抽查中发现评价机构不符合相应资质条件规定的，国家环境保护总局重新核定其评价资质；发现评价机构有本办法第三十五条至第三十八条所列行为的，由国家环境保护总局按照本办法的有关规定予以处罚。

**第三十三条** 各级环境保护行政主管部门对在本辖区内承担环境影响评价工作的评价机构负有日常监督检查的职责。

各级环境保护行政主管部门应当加强对评价机构的业务指导，并结合环境影响评价文件审批对评价机构的环境影响评价工作质量进行日常考核。

省级环境保护行政主管部门可组织对本辖区内评价机构的资质条件、环境影响评价工作质量和是否有违法违规行为等进行定期考核。

**第三十四条** 各级环境保护行政主管部门在日常监督检查或考核中发现评价机构不符合相应资质条件或者有本办法第三十五条至第三十八条所列行为的，应当及时向上级环境保护行政主管部门报告有关情况，并提出处罚建议。

## 第六章　罚　　则

**第三十五条** 评价机构在环境影响评价工作中不负责任或者弄虚作假，致使环境影响评价文件失实的，国家环境保护总局依据《中华人民共和国环境影响评价法》第三十三条的规定，降低其评价资质等级或者吊销其资质证书，并处所收费用一倍以上三倍以下的罚款，同时依据有关规定对主持该环境影响评价文件的环境影响评价工程师注销登记。

**第三十六条** 评价机构有下列行为之一的，国家环境保护总局取消其评价资质：

（一）以欺骗、贿赂等不正当手段取得评价资质的；

（二）涂改、倒卖、出租、出借资质证书的；

（三）超越评价资质等级、评价范围提供环境影响评价技术服务的；

（四）达不到评价资质条件或本办法第二十九条规定的业绩要求的。

申请评价资质的机构隐瞒有关情况或者提供虚假资料申请评价资质的，国家环境保护总局不予受理或者不予评价资质，并给予警告，申请机构一年内不得再次申请评价资质。

评价机构以欺骗、贿赂等不正当手段取得评价资质的，除由国家环境保护总局取消其评价资质外，评价机构在三年内不得再次申请评价资质。

**第三十七条** 评价机构有下列行为之一的，国家环境保护总局视情节轻重，分别给予警告、通报批评、责令限期整改 3 至 12 个月、缩减评价范围、降低资质等级或者取消评价资质，其中责令限期整改的，评价机构在限期整改期间，不得承担环境影响评价工作：

（一）不按规定接受抽查、考核或在抽查、考核中隐瞒有关情况、提供虚假材料的；

（二）不按规定填报或虚报"建设项目环境影响评价机构年度业绩报告表"的；

（三）未按本办法第二十一条至第二十六条的要求承担环境影响评价工作的；

（四）评价机构的经济类型、法定代表人、工作场所和环境影响评价专职技术人员等基本情况发生变化，未及时报国家环境保护总局备案的。

**第三十八条** 在审批、抽查或考核中发现评价机构主持完成的环境影响报告书或环境影响报告表质量较差，有下列情形之一的，国家环境保护总局视情节轻重，分别给予警告、通报批评、责令限期整改 3 至 12 个月、缩减评价范围或者降低资质等级，其中责令限期整改的，评价机构在限期整改期间，不得承担环境影响评价工作：

（一）建设项目工程分析出现较大失误的；

（二）环境现状描述不清或环境现状监测数据选用有明显错误的；

（三）环境影响识别和评价因子筛选存在较大疏漏的；

（四）环境标准适用错误的；

（五）环境影响预测与评价方法不正确的；

（六）环境影响评价内容不全面、达不到相关技术要求或不足以支持环境影响评价结论的；

（七）所提出的环境保护措施建议不充分、不合理或不可行的；

（八）环境影响评价结论不明确的。

评价机构在环境影响评价工作中不负责任或者弄虚作假，致使环境影响评价结论错误的，按照本办法第三十五条的规定予以处罚。

**第三十九条** 国家环境保护总局及时向社会公告依据本办法被吊销资质证书、取消评价资质、降低资质等级和缩减评价范围的评价机构。

## 第七章 附 则

**第四十条** 评价机构依法承担编制各级海洋行政主管部门负责审批的海洋工程类建设项目环境影响评价文件的，应当按照本办法的规定取得相应资质等级和评价范围；其所编制的环境影响评价文件可视为本办法第九条、第十条和第二十九条规定的环境影响评价业绩。

**第四十一条** 本办法自 2006 年 1 月 1 日起施行。1999 年 3 月 30 日国家环境保护总局发布的《建设项目环境影响评价资格证书管理办法》即行废止。

# 环境影响评价工程师职业资格制度暂行规定

(国人部发〔2004〕13号)

## 第一章 总 则

**第一条** 为加强对环境影响评价专业技术人员的管理,规范环境影响评价行为,提高环境影响评价专业技术人员素质和业务水平,维护国家环境安全和公众利益,依据《中华人民共和国环境影响评价法》、《建设项目环境保护管理条例》及国家职业资格证书制度的有关规定,制定本规定。

**第二条** 本规定适用于从事规划和建设项目环境影响评价、技术评估和环境保护验收等工作的专业技术人员。

**第三条** 本规定所称环境影响评价工程师,是指取得《中华人民共和国环境影响评价工程师职业资格证书》,并经登记后,从事环境影响评价工作的专业技术人员。英文名称:Environmental Impact Assessment Engineer

**第四条** 国家对从事环境影响评价工作的专业技术人员实行职业资格制度,纳入全国专业技术人员职业资格证书制度统一管理。

**第五条** 凡从事环境影响评价、技术评估和环境保护验收的单位,应配备环境影响评价工程师。

**第六条** 人事部和国家环境保护总局(以下简称环保总局)共同负责环境影响评价工程师职业资格制度的实施工作。

## 第二章 考 试

**第七条** 环境影响评价工程师职业资格实行全国统一大纲、统一命题、统一组织的考试制度。原则上每年举行1次。

**第八条** 环保总局组织成立"环境影响评价工程师职业资格考试专家委员会"。环境影响评价工程师职业资格考试专家委员会负责拟定考试科目、编写考试大纲、组织命题、研究建立考试题库等工作。环保总局组织专家对考试科目、考试大纲、考试试题进行初审,统筹规划培训工作。

培训工作按照培训与考试分开、自愿参加的原则进行。

**第九条** 人事部组织专家审定考试科目、考试大纲和试题。会同环保总局对考试进行监督、检查、指导和确定考试合格标准。

**第十条** 凡遵守国家法律、法规,恪守职业道德,并具备以下条件之一者,可申请参加环境影响评价工程师职业资格考试:

(一)取得环境保护相关专业大专学历,从事环境影响评价工作满7年;或取得其他专业大专学历,从事环境影响评价工作满8年。

(二)取得环境保护相关专业学士学位,从事环境影响评价工作满5年;或取得其他专业学士学位,从事环境影响评价工作满6年。

(三)取得环境保护相关专业硕士学位,从事环境影响评价工作满2年;或取得其他专业硕士学位，从事环境影响评价工作满3年。

（四）取得环境保护相关专业博士学位，从事环境影响评价工作满1年；或取得其他专业博士学位，从事环境影响评价工作满2年。

**第十一条** 环境影响评价工程师职业资格考试合格，颁发人事部统一印制，人事部和环保总局用印的《中华人民共和国环境影响评价工程师职业资格证书》。

## 第三章 登 记

**第十二条** 环境影响评价工程师职业资格实行定期登记制度。登记有效期为3年，有效期满前，应按有关规定办理再次登记。

**第十三条** 环保总局或其委托机构为环境影响评价工程师职业资格登记管理机构。人事部对环境影响评价工程师职业资格的登记和从事环境影响评价业务情况进行检查、监督。

**第十四条** 办理登记的人员应具备下列条件：

（一）取得《中华人民共和国环境影响评价工程师职业资格证书》；

（二）职业行为良好，无犯罪记录；

（三）身体健康，能坚持在本专业岗位工作；

（四）所在单位考核合格。

再次登记者，还应提供相应专业类别的继续教育或参加业务培训的证明。

**第十五条** 环境影响评价工程师职业资格登记管理机构应定期向社会公布经登记人员的情况。

## 第四章 职 责

**第十六条** 环境影响评价工程师在进行环境影响评价业务活动时，必须遵守国家法律、法规和行业管理的各项规定，坚持科学、客观、公正的原则，恪守职业道德。

**第十七条** 环境影响评价工程师可主持进行下列工作：

（一）环境影响评价；

（二）环境影响后评价；

（三）环境影响技术评估；

（四）环境保护验收。

**第十八条** 环境影响评价工程师应在具有环境影响评价资质的单位中，以该单位的名义接受环境影响评价委托业务。

**第十九条** 环境影响评价工程师在接受环境影响评价委托业务时，应为委托人保守商务秘密。

**第二十条** 环境影响评价工程师对其主持完成的环境影响评价相关工作的技术文件承担相应责任。

**第二十一条** 环境影响评价工程师应当不断更新知识，并按规定参加继续教育。

## 第五章 附 则

**第二十二条** 通过全国统一考试，取得环境影响评价工程师职业资格证书的人员，用人单位可根据工作需要聘任工程师职务。

**第二十三条** 在全国实施环境影响评价工程师职业资格考试之前，对长期从事环境影响评价工作，具有较高理论水平和丰富实践经验，并受聘担任工程类高级专业技术职务的人员，可通过考核认定取得环境影响评价工程师职业资格证书。

**第二十四条** 环境影响评价的技术文件种类、登记管理办法及相关规定由环保总局另行制定。

**第二十五条** 获准在中华人民共和国境内就业的外籍人员及港、澳、台地区的专业人员，符合国家有关规定和本规定要求的，也可按照规定的程序申请参加考试、登记。

**第二十六条** 本规定自2004年4月1日起施行。

# 环境影响评价工程师职业资格考试实施办法

（国人部发〔2004〕13号）

**第一条** 环境影响评价工程师职业资格考试在人事部、国家环境保护总局（以下简称"环保总局"）的领导下进行。两部门共同成立环境影响评价工程师职业资格考试办公室（以下简称考试办公室，设在环保总局），负责考试相关政策的研究及管理工作。

**第二条** 环境影响评价工程师职业资格考试时间定于每年的第2季度。

**第三条** 环境影响评价工程师考试设《环境影响评价相关法律法规》、《环境影响评价技术导则与标准》、《环境影响评价技术方法》和《环境影响评价案例分析》4个科目。

考试分4个半天进行，各科目的考试时间均为3小时，采用闭卷笔答方式。

**第四条** 符合《暂行规定》的报名条件者，均可报名参加环境影响评价工程师职业资格考试。

**第五条** 截止2003年12月31日前，长期在环境影响评价岗位上工作，并符合下列条件之一的，可免试《环境影响评价技术导则与标准》和《环境影响评价技术方法》2个科目，只参加《环境影响评价相关法律法规》和《环境影响评价案例分析》2个科目的考试。

（一）受聘担任工程类高级专业技术职务满3年，累计从事环境影响评价相关业务工作满15年。

（二）受聘担任工程类高级专业技术职务，并取得环保总局核发的"环境影响评价上岗培训合格证书"。

**第六条** 考试成绩实行两年为一个周期的滚动管理办法。参加全部4个科目考试的人员必须在连续的两个考试年度内通过全部科目；免试部分科目的人员必须在一个考试年度内通过应试科目考试。

**第七条** 参加考试须由本人提出申请，携带所在单位出具的有关证明材料到考试办公室确定的考试管理机构报名。考试管理机构按规定程序和报名条件审查合格后，向申请人核发准考证。应考人员凭准考证及有关证明在指定的时间、地点参加考试。

**第八条** 环保总局根据情况确定考点设置的区域和数量。考点原则上设在省会城市和直辖市的大、中专院校或高考定点学校。

考点设置所在地的省、自治区、直辖市人事部门负责对考试考务的实施工作进行指导、检查和监督。

**第九条** 环境影响评价工程师职业资格考试大纲由环保总局负责组织编写、出版和发行。任何单位和个人不得盗用环保总局的名义编写、出版各种考试用书和复习资料。

**第十条** 坚持考试与培训分开、应考人员自愿参加培训的原则，凡参与考试工作的人员，不得参加考试和与考试有关的培训工作。

**第十一条** 环保总局统筹规划培训工作，承担环境影响评价工程师职业资格考试培训工作的机构，应具备场地、师资等条件。

**第十二条** 环境影响评价工程师职业资格考试、培训及有关项目的收费标准，须经价格主管部门批准，并向社会公布，接受群众监督。

**第十三条** 考务管理工作要严格执行考试工作的有关规章和制度，遵守保密制度，严防泄密，切实做好试卷命制、印刷、发送和保管过程中的保密工作。

**第十四条** 加强对考试工作的组织管理，认真执行考试回避制度，严肃考试工作纪律和考场纪律。对弄虚作假等违反考试有关规定者，按规定严肃处理，并追究当事人和有关领导的责任。

# 环境影响评价工程师继续教育暂行规定

（环发［2007］97号，自2007年6月15日发布、施行）

**第一条** 根据《全国专业技术人员继续教育暂行规定》、《环境影响评价工程师职业资格制度暂行规定》和《环境影响评价工程师职业资格登记管理暂行办法》的有关要求，为做好环境影响评价工程师的继续教育工作，提高环境影响评价工程师专业技术水平，有效履行环境影响评价工程师岗位职责，制定本规定。

**第二条** 环境影响评价工程师管理实行继续教育制度。凡经登记的环境影响评价工程师，应按本规定要求接受继续教育。环境影响评价工程师接受继续教育情况将作为其申请再次登记的必备条件之一。

**第三条** 环境影响评价工程师继续教育的主要任务是更新和补充专业知识，不断完善知识结构，拓展和提高业务能力。

**第四条** 环境影响评价工程师继续教育工作应坚持理论联系实际、讲求实效的原则，以环境影响评价相关领域的最新要求和发展动态为主要内容，可以采取多种形式进行。

**第五条** 国家环境保护总局统筹规划和统一管理全国环境影响评价工程师继续教育工作，制订和发布相关管理规定。国家环境保护总局环境影响评价工程师职业资格登记管理办公室（以下简称"登记管理办公室"）负责继续教育工作的组织实施和日常管理。

**第六条** 环境影响评价工程师在其职业资格登记有效期内接受继续教育的时间应累计不少于48学时。

**第七条** 下列形式和学时计算方法作为环境影响评价工程师接受继续教育学时累计的

依据:

(一) 参加登记管理办公室举办的环境影响评价工程师继续教育培训班,并取得培训合格证明的,接受继续教育学时按实际培训时间计算;

(二) 参加登记管理办公室认可的其他培训班,并取得培训合格证明的,接受继续教育学时按实际培训时间计算;

(三) 承担第(一)项中环境影响评价工程师继续教育培训授课任务的,接受继续教育学时按实际授课学时的两倍计算;

(四) 参加环境影响评价工程师职业资格考试命题或审题工作的,相当于接受继续教育48学时;

(五) 在正式出版社出版过有统一书号(ISBN)的环境影响评价相关专业著作,本人独立撰写章节在5万字以上的,相当于接受继续教育48学时;

(六) 在有国内统一刊号(CN)的期刊或在有国际统一书号(ISSN)的国外期刊上,作为第一作者发表过环境影响评价相关论文1篇(不少于2000字)的,相当于接受继续教育16学时。

**第八条** 环境影响评价工程师所在单位应保证环境影响评价工程师接受继续教育的时间、经费和其他必要条件。

**第九条** 环境影响评价评价工程师申请职业资格再次登记时,应提交在登记期内接受的符合本规定第七条要求的继续教育证明。

环境影响评价工程师接受继续教育时间未达到规定要求的,登记管理办公室不予办理再次登记。

**第十条** 本规定自发布之日起施行。

# 建设项目竣工环境保护验收管理办法

(国家环境保护总局令第13号发布,自2002年2月1日起施行)

**第一条** 为加强建设项目竣工环境保护验收管理,监督环境保护设施与建设项目主体工程同时投产或者使用,以及落实其他需配套采取的环境保护措施,防治环境污染和生态破坏,根据《建设项目环境保护管理条例》和其他有关法律、法规规定,制定本办法。

**第二条** 本办法适用于环境保护行政主管部门负责审批环境影响报告书(表)或者环境影响登记表的建设项目竣工环境保护验收管理。

**第三条** 建设项目竣工环境保护验收是指建设项目竣工后,环境保护行政主管部门根据本办法规定,依据环境保护验收监测或调查结果,并通过现场检查等手段,考核该建设项目是否达到环境保护要求的活动。

**第四条** 建设项目竣工环境保护验收范围包括:

(一) 与建设项目有关的各项环境保护设施,包括为防治污染和保护环境所建成或配备的工程、设备、装置和监测手段,各项生态保护设施;

(二) 环境影响报告书(表)或者环境影响登记表和有关项目设计文件规定应采取的

其他各项环境保护措施。

**第五条** 国务院环境保护行政主管部门负责制定建设项目竣工环境保护验收管理规范，指导并监督地方人民政府环境保护行政主管部门的建设项目竣工环境保护验收工作，并负责对其审批的环境影响报告书（表）或者环境影响登记表的建设项目竣工环境保护验收工作。

县级以上地方人民政府环境保护行政主管部门按照环境影响报告书（表）或环境影响登记表的审批权限负责建设项目竣工环境保护验收。

**第六条** 建设项目的主体工程完工后，其配套建设的环境保护设施必须与主体工程同时投入生产或者运行。需要进行试生产的，其配套建设的环境保护设施必须与主体工程同时投入试运行。

**第七条** 建设项目试生产前，建设单位应向有审批权的环境保护行政主管部门提出试生产申请。

对国务院环境保护行政主管部门审批环境影响报告书（表）或环境影响登记表的非核设施建设项目，由建设项目所在地省、自治区、直辖市人民政府环境保护行政主管部门负责受理其试生产申请，并将其审查决定报送国务院环境保护行政主管部门备案。

核设施建设项目试运行前，建设单位应向国务院环境保护行政主管部门报批首次装料阶段的环境影响报告书，经批准后，方可进行试运行。

**第八条** 环境保护行政主管部门应自接到试生产申请之日起30日内，组织或委托下一级环境保护行政主管部门对申请试生产的建设项目环境保护设施及其他环境保护措施的落实情况进行现场检查，并做出审查决定。

对环境保护设施已建成及其他环境保护措施已按规定要求落实的，同意试生产申请；对环境保护设施或其他环境保护措施未按规定建成或落实的，不予同意，并说明理由。逾期未做出决定的，视为同意。

试生产申请经环境保护行政主管部门同意后，建设单位方可进行试生产。

**第九条** 建设项目竣工后，建设单位应当向有审批权的环境保护行政主管部门，申请该建设项目竣工环境保护验收。

**第十条** 进行试生产的建设项目，建设单位应当自试生产之日起3个月内，向有审批权的环境保护行政主管部门申请该建设项目竣工环境保护验收。

对试生产3个月确不具备环境保护验收条件的建设项目，建设单位应当在试生产的3个月内，向有审批权的环境保护行政主管部门提出该建设项目环境保护延期验收申请，说明延期验收的理由及拟进行验收的时间。经批准后建设单位方可继续进行试生产。试生产的期限最长不超过一年。核设施建设项目试生产的期限最长不超过二年。

**第十一条** 根据国家建设项目环境保护分类管理的规定，对建设项目竣工环境保护验收实施分类管理。

建设单位申请建设项目竣工环境保护验收，应当向有审批权的环境保护行政主管部门提交以下验收材料：

（一）对编制环境影响报告书的建设项目，为建设项目竣工环境保护验收申请报告，并附环境保护验收监测报告或调查报告；

（二）对编制环境影响报告表的建设项目，为建设项目竣工环境保护验收申请表，并附环境保护验收监测表或调查表；

（三）对填报环境影响登记表的建设项目，为建设项目竣工环境保护验收登记卡。

**第十二条** 对主要因排放污染物对环境产生污染和危害的建设项目，建设单位应提交环境保护验收监测报告（表）。

对主要对生态环境产生影响的建设项目，建设单位应提交环境保护验收调查报告（表）。

**第十三条** 环境保护验收监测报告（表），由建设单位委托经环境保护行政主管部门批准有相应资质的环境监测站或环境放射性监测站编制。

环境保护验收调查报告（表），由建设单位委托经环境保护行政主管部门批准有相应资质的环境监测站或环境放射性监测站，或者具有相应资质的环境影响评价单位编制。承担该建设项目环境影响评价工作的单位不得同时承担该建设项目环境保护验收调查报告（表）的编制工作。

承担环境保护验收监测或者验收调查工作的单位，对验收监测或验收调查结论负责。

**第十四条** 环境保护行政主管部门应自收到建设项目竣工环境保护验收申请之日起30日内，完成验收。

**第十五条** 环境保护行政主管部门在进行建设项目竣工环境保护验收时，应组织建设项目所在地的环境保护行政主管部门和行业主管部门等成立验收组（或验收委员会）。

验收组（或验收委员会）应对建设项目的环境保护设施及其他环境保护措施进行现场检查和审议，提出验收意见。

建设项目的建设单位、设计单位、施工单位、环境影响报告书（表）编制单位、环境保护验收监测（调查）报告（表）的编制单位应当参与验收。

**第十六条** 建设项目竣工环境保护验收条件是：

（一）建设前期环境保护审查、审批手续完备，技术资料与环境保护档案料齐全；

（二）环境保护设施及其他措施等已按批准的环境影响报告书（表）或者环境影响登记表和设计文件的要求建成或者落实，环境保护设施经负荷试车检测合格，其防治污染能力适应主体工程的需要；

（三）环境保护设施安装质量符合国家和有关部门颁发的专业工程验收规范、规程和检验评定标准；

（四）具备环境保护设施正常运转的条件，包括：经培训合格的操作人员、健全的岗位操作规程及相应的规章制度，原料、动力供应落实，符合交付使用的其他要求；

（五）污染物排放符合环境影响报告书（表）或者环境影响登记表和设计文件中提出的标准及核定的污染物排放总量控制指标的要求；

（六）各项生态保护措施按环境影响报告书（表）规定的要求落实，建设项目建设过程中受到破坏并可恢复的环境已按规定采取了恢复措施；

（七）环境监测项目、点位、机构设置及人员配备，符合环境影响报告书（表）和有关规定的要求；

（八）环境影响报告书（表）提出需对环境保护敏感点进行环境影响验证，对清洁生产进行指标考核，对施工期环境保护措施落实情况进行工程环境监理的，已按规定要求完成；

（九）环境影响报告书（表）要求建设单位采取措施削减其他设施污染物排放，或要求建设项目所在地地方政府或者有关部门采取"区域削减"措施满足污染物排放总量控制要求的，其相应措施得到落实。

**第十七条** 对符合第十六条规定的验收条件的建设项目，环境保护行政主管部门批准建设项目竣工环境保护验收申请报告、建设项目竣工环境保护验收申请表或建设项目竣工环境保护验收登记卡。

对填报建设项目竣工环境保护验收登记卡的建设项目，环境保护行政主管部门经过核查后，可直接在环境保护验收登记卡上签署验收意见，做出批准决定。

建设项目竣工环境保护验收申请报告、建设项目竣工环境保护验收申请表或者建设项目竣工环境保护验收登记卡未经批准的建设项目，不得正式投入生产或者使用。

**第十八条** 分期建设、分期投入生产或者使用的建设项目，按照本办法规定的程序分期进行环境保护验收。

**第十九条** 国家对建设项目竣工环境保护验收实行公告制度。环境保护行政主管部门应当定期向社会公告建设项目竣工环境保护验收结果。

**第二十条** 县级以上人民政府环境保护行政主管部门应当于每年6月底前和12月底前，将其前半年完成的建设项目竣工环境保护验收的有关材料报上一级环境保护行政主管部门备案。

**第二十一条** 违反本办法第六条规定，试生产建设项目配套建设的环境保护设施未与主体工程同时投入试运行的，由有审批权的环境保护行政主管部门依照《建设项目环境保护管理条例》第二十六条的规定，责令限期改正；逾期不改正的，责令停止试生产，可以处5万元以下罚款。

**第二十二条** 违反本办法第十条规定，建设项目投入试生产超过3个月，建设单位未申请建设项目竣工环境保护验收或者延期验收的，由有审批权的环境保护行政主管部门依照《建设项目环境保护管理条例》第二十七条的规定责令限期办理环境保护验收手续；逾期未办理的，责令停止试生产，可以处5万元以下罚款。

**第二十三条** 违反本办法规定，建设项目需要配套建设的环境保护设施未建成、未经建设项目竣工环境保护验收或者验收不合格，主体工程正式投入生产或者使用的，由有审批权的环境保护行政主管部门依照《建设项目环境保护管理条例》第二十八条的规定，责令停止生产或者使用，可以处10万元以下的罚款。

**第二十四条** 从事建设项目竣工环境保护验收监测或验收调查工作的单位，在验收监测或验收调查工作中弄虚作假的，按照国务院环境保护行政主管部门的有关规定给予处罚。

**第二十五条** 环境保护行政主管部门的工作人员在建设项目竣工环境保护验收工作中徇私舞弊，滥用职权，玩忽职守，构成犯罪的，依法追究刑事责任；尚不构成犯罪的，依法给予行政处分。

**第二十六条** 建设项目竣工环境保护申请报告、申请表、登记卡以及环境保护验收监测报告（表）、环境保护验收调查报告（表）的内容和格式，由国务院环境保护行政主管部门统一规定。

**第二十七条** 本办法自2002年2月1日起施行。原国家环境保护局第十四号令《建设项目环境保护设施竣工验收规定》同时废止。

# 三、环境影响评价相关法律法规

# 中华人民共和国大气污染防治法

(2000年4月29日第九届全国人民代表大会常务委员会第十五次会议修订通过，中华人民共和国主席令第三十二号公布，自2000年9月1日起施行)

## 第一章 总 则

**第一条** 为防治大气污染，保护和改善生活环境和生态环境，保障人体健康，促进经济和社会的可持续发展，制定本法。

**第二条** 国务院和地方各级人民政府，必须将大气环境保护工作纳入国民经济和社会发展计划，合理规划工业布局，加强防治大气污染的科学研究，采取防治大气污染的措施，保护和改善大气环境。

**第三条** 国家采取措施，有计划地控制或者逐步削减各地方主要大气污染物的排放总量。

地方各级人民政府对本辖区的大气环境质量负责，制定规划，采取措施，使本辖区的大气环境质量达到规定的标准。

**第四条** 县级以上人民政府环境保护行政主管部门对大气污染防治实施统一监督管理。

各级公安、交通、铁道、渔业管理部门根据各自的职责，对机动车船污染大气实施监督管理。

县级以上人民政府其他有关主管部门在各自职责范围内对大气污染防治实施监督管理。

**第五条** 任何单位和个人都有保护大气环境的义务，并有权对污染大气环境的单位和个人进行检举和控告。

**第六条** 国务院环境保护行政主管部门制定国家大气环境质量标准。省、自治区、直辖市人民政府对国家大气环境质量标准中未作规定的项目，可以制定地方标准，并报国务院环境保护行政主管部门备案。

**第七条** 国务院环境保护行政主管部门根据国家大气环境质量标准和国家经济、技术条件制定国家大气污染物排放标准。

省、自治区、直辖市人民政府对国家大气污染物排放标准中未作规定的项目，可以制定地方排放标准；对国家大气污染物排放标准中已作规定的项目，可以制定严于国家排放标准的地方排放标准。地方排放标准须报国务院环境保护行政主管部门备案。

省、自治区、直辖市人民政府制定机动车船大气污染物地方排放标准严于国家排放标准的，须报经国务院批准。

凡是向已有地方排放标准的区域排放大气污染物的，应当执行地方排放标准。

**第八条** 国家采取有利于大气污染防治以及相关的综合利用活动的经济、技术政策和措施。

在防治大气污染、保护和改善大气环境方面成绩显著的单位和个人，由各级人民政府给予奖励。

**第九条** 国家鼓励和支持大气污染防治的科学技术研究，推广先进适用的大气污染防治技术；鼓励和支持开发、利用太阳能、风能、水能等清洁能源。

国家鼓励和支持环境保护产业的发展。

**第十条** 各级人民政府应当加强植树种草、城乡绿化工作，因地制宜地采取有效措施做好防沙治沙工作，改善大气环境质量。

## 第二章 大气污染防治的监督管理

**第十一条** 新建、扩建、改建向大气排放污染物的项目，必须遵守国家有关建设项目环境保护管理的规定。

建设项目的环境影响报告书，必须对建设项目可能产生的大气污染和对生态环境的影响作出评价，规定防治措施，并按照规定的程序报环境保护行政主管部门审查批准。

建设项目投入生产或者使用之前，其大气污染防治设施必须经过环境保护行政主管部门验收，达不到国家有关建设项目环境保护管理规定的要求的建设项目，不得投入生产或者使用。

**第十二条** 向大气排放污染物的单位，必须按照国务院环境保护行政主管部门的规定向所在地的环境保护行政主管部门申报拥有的污染物排放设施、处理设施和在正常作业条件下排放污染物的种类、数量、浓度，并提供防治大气污染方面的有关技术资料。

前款规定的排污单位排放大气污染物的种类、数量、浓度有重大改变的，应当及时申报；其大气污染物处理设施必须保持正常使用，拆除或者闲置大气污染物处理设施的，必须事先报经所在地的县级以上地方人民政府环境保护行政主管部门批准。

**第十三条** 向大气排放污染物的，其污染物排放浓度不得超过国家和地方规定的排放标准。

**第十四条** 国家实行按照向大气排放污染物的种类和数量征收排污费的制度，根据加强大气污染防治的要求和国家的经济、技术条件合理制定排污费的征收标准。

征收排污费必须遵守国家规定的标准，具体办法和实施步骤由国务院规定。

征收的排污费一律上缴财政，按照国务院的规定用于大气污染防治，不得挪作他用，并由审计机关依法实施审计监督。

**第十五条** 国务院和省、自治区、直辖市人民政府对尚未达到规定的大气环境质量标准的区域和国务院批准划定的酸雨控制区、二氧化硫污染控制区，可以划定为主要大气污染物排放总量控制区。主要大气污染物排放总量控制的具体办法由国务院规定。

大气污染物总量控制区内有关地方人民政府依照国务院规定的条件和程序，按照公开、公平、公正的原则，核定企业事业单位的主要大气污染物排放总量，核发主要大气污染物排放许可证。

有大气污染物总量控制任务的企业事业单位，必须按照核定的主要大气污染物排放总量和许可证规定的排放条件排放污染物。

**第十六条** 在国务院和省、自治区、直辖市人民政府划定的风景名胜区、自然保护区、文物保护单位附近地区和其他需要特别保护的区域内，不得建设污染环境的工业生产设施；建设其他设施，其污染物排放不得超过规定的排放标准。在本法施行前企业事业单位已经建成的设施，其污染物排放超过规定的排放标准的，依照本法第四十八条的规定限期治理。

**第十七条** 国务院按照城市总体规划、环境保护规划目标和城市大气环境质量状况，划定大气污染防治重点城市。

直辖市、省会城市、沿海开放城市和重点旅游城市应当列入大气污染防治重点城市。

未达到大气环境质量标准的大气污染防治重点城市，应当按照国务院或者国务院环境保护行政主管部门规定的期限，达到大气环境质量标准。该城市人民政府应当制定限期达标规划，并可以根据国务院的授权或者规定，采取更加严格的措施，按期实现达标规划。

**第十八条** 国务院环境保护行政主管部门会同国务院有关部门，根据气象、地形、土壤等自然条件，可以对已经产生、可能产生酸雨的地区或者其他二氧化硫污染严重的地区，经国务院批准后，划定为酸雨控制区或者二氧化硫污染控制区。

**第十九条** 企业应当优先采用能源利用效率高、污染物排放量少的清洁生产工艺，减少大气污染物的产生。

国家对严重污染大气环境的落后生产工艺和严重污染大气环境的落后设备实行淘汰制度。

国务院经济综合主管部门会同国务院有关部门公布限期禁止采用的严重污染大气环境的工艺名录和限期禁止生产、禁止销售、禁止进口、禁止使用的严重污染大气环境的设备名录。

生产者、销售者、进口者或者使用者必须在国务院经济综合主管部门会同国务院有关部门规定的期限内分别停止生产、销售、进口或者使用列入前款规定的名录中的设备。生产工艺的采用者必须在国务院经济综合主管部门会同国务院有关部门规定的期限内停止采用列入前款规定的名录中的工艺。

依照前两款规定被淘汰的设备，不得转让给他人使用。

**第二十条** 单位因发生事故或者其他突然性事件，排放和泄漏有毒有害气体和放射性物质，造成或者可能造成大气污染事故、危害人体健康的，必须立即采取防治大气污染危害的应急措施，通报可能受到大气污染危害的单位和居民，并报告当地环境保护行政主管部门，接受调查处理。

在大气受到严重污染，危害人体健康和安全的紧急情况下，当地人民政府应当及时向当地居民公告，采取强制性应急措施，包括责令有关排污单位停止排放污染物。

**第二十一条** 环境保护行政主管部门和其他监督管理部门有权对管辖范围内的排污单位进行现场检查，被检查单位必须如实反映情况，提供必要的资料。检查部门有义务为被检查单位保守技术秘密和业务秘密。

**第二十二条** 国务院环境保护行政主管部门建立大气污染监测制度，组织监测网络，制定统一的监测方法。

**第二十三条** 大、中城市人民政府环境保护行政主管部门应当定期发布大气环境质量状况公报，并逐步开展大气环境质量预报工作。

大气环境质量状况公报应当包括城市大气环境污染特征、主要污染物的种类及污染危害程度等内容。

## 第三章 防治燃煤产生的大气污染

**第二十四条** 国家推行煤炭洗选加工,降低煤的硫份和灰份,限制高硫份、高灰份煤炭的开采。新建的所采煤炭属于高硫份、高灰份的煤矿,必须建设配套的煤炭洗选设施,使煤炭中的含硫份、含灰份达到规定的标准。

对已建成的所采煤炭属于高硫份、高灰份的煤矿,应当按照国务院批准的规划,限期建成配套的煤炭洗选设施。

禁止开采含放射性和砷等有毒有害物质超过规定标准的煤炭。

**第二十五条** 国务院有关部门和地方各级人民政府应当采取措施,改进城市能源结构,推广清洁能源的生产和使用。

大气污染防治重点城市人民政府可以在本辖区内划定禁止销售、使用国务院环境保护行政主管部门规定的高污染燃料的区域。该区域内的单位和个人应当在当地人民政府规定的期限内停止燃用高污染燃料,改用天然气、液化石油气、电或者其他清洁能源。

**第二十六条** 国家采取有利于煤炭清洁利用的经济、技术政策和措施,鼓励和支持使用低硫份、低灰份的优质煤炭,鼓励和支持洁净煤技术的开发和推广。

**第二十七条** 国务院有关主管部门应当根据国家规定的锅炉大气污染物排放标准,在锅炉产品质量标准中规定相应的要求;达不到规定要求的锅炉,不得制造、销售或者进口。

**第二十八条** 城市建设应当统筹规划,在燃煤供热地区,统一解决热源,发展集中供热。在集中供热管网覆盖的地区,不得新建燃煤供热锅炉。

**第二十九条** 大、中城市人民政府应当制定规划,对饮食服务企业限期使用天然气、液化石油气、电或者其他清洁能源。

对未划定为禁止使用高污染燃料区域的大、中城市市区内的其他民用炉灶,限期改用固硫型煤或者使用其他清洁能源。

**第三十条** 新建、扩建排放二氧化硫的火电厂和其他大中型企业,超过规定的污染物排放标准或者总量控制指标的,必须建设配套脱硫、除尘装置或者采取其他控制二氧化硫排放、除尘的措施。

在酸雨控制区和二氧化硫污染控制区内,属于已建企业超过规定的污染物排放标准排放大气污染物的,依照本法第四十八条的规定限期治理。

国家鼓励企业采用先进的脱硫、除尘技术。

企业应当对燃料燃烧过程中产生的氮氧化物采取控制措施。

**第三十一条** 在人口集中地区存放煤炭、煤矸石、煤渣、煤灰、砂石、灰土等物料,必须采取防燃、防尘措施,防止污染大气。

## 第四章 防治机动车船排放污染

**第三十二条** 机动车船向大气排放污染物不得超过规定的排放标准。

任何单位和个人不得制造、销售或者进口污染物排放超过规定排放标准的机动车船。

**第三十三条** 在用机动车不符合制造当时的在用机动车污染物排放标准的,不得上路行驶。

省、自治区、直辖市人民政府规定对在用机动车实行新的污染物排放标准并对其进行改造的，须报经国务院批准。

机动车维修单位，应当按照防治大气污染的要求和国家有关技术规范进行维修，使在用机动车达到规定的污染物排放标准。

**第三十四条** 国家鼓励生产和消费使用清洁能源的机动车船。

国家鼓励和支持生产、使用优质燃料油，采取措施减少燃料油中有害物质对大气环境的污染。单位和个人应当按照国务院规定的期限，停止生产、进口、销售含铅汽油。

**第三十五条** 省、自治区、直辖市人民政府环境保护行政主管部门可以委托已取得公安机关资质认定的承担机动车年检的单位，按照规范对机动车排气污染进行年度检测。

交通、渔政等有监督管理权的部门可以委托已取得有关主管部门资质认定的承担机动船舶年检的单位，按照规范对机动船舶排气污染进行年度检测。

县级以上地方人民政府环境保护行政主管部门可以在机动车停放地对在用机动车的污染物排放状况进行监督抽测。

## 第五章 防治废气、尘和恶臭污染

**第三十六条** 向大气排放粉尘的排污单位，必须采取除尘措施。

严格限制向大气排放含有毒物质的废气和粉尘；确需排放的，必须经过净化处理，不超过规定的排放标准。

**第三十七条** 工业生产中产生的可燃性气体应当回收利用，不具备回收利用条件而向大气排放的，应当进行防治污染处理。

向大气排放转炉气、电石气、电炉法黄磷尾气、有机烃类尾气的，须报经当地环境保护行政主管部门批准。

可燃性气体回收利用装置不能正常作业的，应当及时修复或者更新。在回收利用装置不能正常作业期间确需排放可燃性气体的，应当将排放的可燃性气体充分燃烧或者采取其他减轻大气污染的措施。

**第三十八条** 炼制石油、生产合成氨、煤气和燃煤焦化、有色金属冶炼过程中排放含有硫化物气体的，应当配备脱硫装置或者采取其他脱硫措施。

**第三十九条** 向大气排放含放射性物质的气体和气溶胶，必须符合国家有关放射性防护的规定，不得超过规定的排放标准。

**第四十条** 向大气排放恶臭气体的排污单位，必须采取措施防止周围居民区受到污染。

**第四十一条** 在人口集中地区和其他依法需要特殊保护的区域内，禁止焚烧沥青、油毡、橡胶、塑料、皮革、垃圾以及其他产生有毒有害烟尘和恶臭气体的物质。

禁止在人口集中地区、机场周围、交通干线附近以及当地人民政府划定的区域露天焚烧秸秆、落叶等产生烟尘污染的物质。

除前两款外，城市人民政府还可以根据实际情况，采取防治烟尘污染的其他措施。

**第四十二条** 运输、装卸、贮存能够散发有毒有害气体或者粉尘物质的，必须采取密闭措施或者其他防护措施。

**第四十三条** 城市人民政府应当采取绿化责任制、加强建设施工管理、扩大地面铺装面积、控制渣土堆放和清洁运输等措施，提高人均占有绿地面积，减少市区裸露地面和地面尘土，防治城市扬尘污染。

在城市市区进行建设施工或者从事其他产生扬尘污染活动的单位，必须按照当地环境保护的规定，采取防治扬尘污染的措施。

国务院有关行政主管部门应当将城市扬尘污染的控制状况作为城市环境综合整治考核的依据之一。

第四十四条 城市饮食服务业的经营者，必须采取措施，防治油烟对附近居民的居住环境造成污染。

第四十五条 国家鼓励、支持消耗臭氧层物质替代品的生产和使用，逐步减少消耗臭氧层物质的产量，直至停止消耗臭氧层物质的生产和使用。

在国家规定的期限内，生产、进口消耗臭氧层物质的单位必须按照国务院有关行政主管部门核定的配额进行生产、进口。

## 第六章 法 律 责 任

第四十六条 违反本法规定，有下列行为之一的，环境保护行政主管部门或者本法第四条第二款规定的监督管理部门可以根据不同情节，责令停止违法行为，限期改正，给予警告或者处以五万元以下罚款：

（一）拒报或者谎报国务院环境保护行政主管部门规定的有关污染物排放申报事项的；

（二）拒绝环境保护行政主管部门或者其他监督管理部门现场检查或者在被检查时弄虚作假的；

（三）排污单位不正常使用大气污染物处理设施，或者未经环境保护行政主管部门批准，擅自拆除、闲置大气污染物处理设施的；

（四）未采取防燃、防尘措施，在人口集中地区存放煤炭、煤矸石、煤渣、煤灰、砂石、灰土等物料的。

第四十七条 违反本法第十一条规定，建设项目的大气污染防治设施没有建成或者没有达到国家有关建设项目环境保护管理的规定的要求，投入生产或者使用的，由审批该建设项目的环境影响报告书的环境保护行政主管部门责令停止生产或者使用，可以并处一万元以上十万元以下罚款。

第四十八条 违反本法规定，向大气排放污染物超过国家和地方规定排放标准的，应当限期治理，并由所在地县级以上地方人民政府环境保护行政主管部门处一万元以上十万元以下罚款。限期治理的决定权限和违反限期治理要求的行政处罚由国务院规定。

第四十九条 违反本法第十九条规定，生产、销售、进口或者使用禁止生产、销售、进口、使用的设备，或者采用禁止采用的工艺的，由县级以上人民政府经济综合主管部门责令改正；情节严重的，由县级以上人民政府经济综合主管部门提出意见，报请同级人民政府按照国务院规定的权限责令停业、关闭。

将淘汰的设备转让给他人使用的，由转让者所在地县级以上地方人民政府环境保护行政主管部门或者其他依法行使监督管理权的部门没收转让者的违法所得，并处违法所得两倍以下罚款。

第五十条 违反本法第二十四条第三款规定，开采含放射性和砷等有毒有害物质超过规定标准的煤炭的,由县级以上人民政府按照国务院规定的权限责令关闭。

**第五十一条** 违反本法第二十五条第二款或者第二十九条第一款的规定,在当地人民政府规定的期限届满后继续燃用高污染燃料的,由所在地县级以上地方人民政府环境保护行政主管部门责令拆除或者没收燃用高污染燃料的设施。

**第五十二条** 违反本法第二十八条规定,在城市集中供热管网覆盖地区新建燃煤供热锅炉的,由县级以上地方人民政府环境保护行政主管部门责令停止违法行为或者限期改正,可以处五万元以下罚款。

**第五十三条** 违反本法第三十二条规定,制造、销售或者进口超过污染物排放标准的机动车船的,由依法行使监督管理权的部门责令停止违法行为,没收违法所得,可以并处违法所得一倍以下的罚款;对无法达到规定的污染物排放标准的机动车船,没收销毁。

**第五十四条** 违反本法第三十四条第二款规定,未按照国务院规定的期限停止生产、进口或者销售含铅汽油的,由所在地县级以上地方人民政府环境保护行政主管部门或者其他依法行使监督管理权的部门责令停止违法行为,没收所生产、进口、销售的含铅汽油和违法所得。

**第五十五条** 违反本法第三十五条第一款或者第二款规定,未取得所在地省、自治区、直辖市人民政府环境保护行政主管部门或者交通、渔政等依法行使监督管理权的部门的委托进行机动车船排气污染检测的,或者在检测中弄虚作假的,由县级以上人民政府环境保护行政主管部门或者交通、渔政等依法行使监督管理权的部门责令停止违法行为,限期改正,可以处五万元以下罚款;情节严重的,由负责资质认定的部门取消承担机动车船年检的资格。

**第五十六条** 违反本法规定,有下列行为之一的,由县级以上地方人民政府环境保护行政主管部门或者其他依法行使监督管理权的部门责令停止违法行为,限期改正,可以处五万元以下罚款:

(一)未采取有效污染防治措施,向大气排放粉尘、恶臭气体或者其他含有有毒物质气体的;

(二)未经当地环境保护行政主管部门批准,向大气排放转炉气、电石气、电炉法黄磷尾气、有机烃类尾气的;

(三)未采取密闭措施或者其他防护措施,运输、装卸或者贮存能够散发有毒有害气体或者粉尘物质的;

(四)城市饮食服务业的经营者未采取有效污染防治措施,致使排放的油烟对附近居民的居住环境造成污染的。

**第五十七条** 违反本法第四十一条第一款规定,在人口集中地区和其他依法需要特殊保护的区域内,焚烧沥青、油毡、橡胶、塑料、皮革、垃圾以及其他产生有毒有害烟尘和恶臭气体的物质的,由所在地县级以上地方人民政府环境保护行政主管部门责令停止违法行为,处二万元以下罚款。

违反本法第四十一条第二款规定,在人口集中地区、机场周围、交通干线附近以及当地人民政府划定的区域内露天焚烧秸秆、落叶等产生烟尘污染的物质的,由所在地县级以上地方人民政府环境保护行政主管部门责令停止违法行为;情节严重的,可以处二百元以下罚款。

第五十八条 违反本法第四十三条第二款规定，在城市市区进行建设施工或者从事其他产生扬尘污染的活动，未采取有效扬尘防治措施，致使大气环境受到污染的，限期改正，处二万元以下罚款；对逾期仍未达到当地环境保护规定要求的，可以责令其停工整顿。

前款规定的对因建设施工造成扬尘污染的处罚，由县级以上地方人民政府建设行政主管部门决定；对其他造成扬尘污染的处罚，由县级以上地方人民政府指定的有关主管部门决定。

第五十九条 违反本法第四十五条第二款规定，在国家规定的期限内，生产或者进口消耗臭氧层物质超过国务院有关行政主管部门核定配额的，由所在地省、自治区、直辖市人民政府有关行政主管部门处二万元以上二十万元以下罚款；情节严重的，由国务院有关行政主管部门取消生产、进口配额。

第六十条 违反本法规定，有下列行为之一的，由县级以上人民政府环境保护行政主管部门责令限期建设配套设施，可以处二万元以上二十万元以下罚款：

（一）新建的所采煤炭属于高硫份、高灰份的煤矿，不按照国家有关规定建设配套的煤炭洗选设施的；

（二）排放含有硫化物气体的石油炼制、合成氨生产、煤气和燃煤焦化以及有色金属冶炼的企业，不按照国家有关规定建设配套脱硫装置或者未采取其他脱硫措施的。

第六十一条 对违反本法规定，造成大气污染事故的企业事业单位，由所在地县级以上地方人民政府环境保护行政主管部门根据所造成的危害后果处直接经济损失百分之五十以下罚款，但最高不超过五十万元；情节较重的，对直接负责的主管人员和其他直接责任人员，由所在单位或者上级主管机关依法给予行政处分或者纪律处分；造成重大大气污染事故，导致公私财产重大损失或者人身伤亡的严重后果，构成犯罪的，依法追究刑事责任。

第六十二条 造成大气污染危害的单位，有责任排除危害，并对直接遭受损失的单位或者个人赔偿损失。

赔偿责任和赔偿金额的纠纷，可以根据当事人的请求，由环境保护行政主管部门调解处理；调解不成的，当事人可以向人民法院起诉。当事人也可以直接向人民法院起诉。

第六十三条 完全由于不可抗拒的自然灾害，并经及时采取合理措施，仍然不能避免造成大气污染损失的，免于承担责任。

第六十四条 环境保护行政主管部门或者其他有关部门违反本法第十四条第三款的规定，将征收的排污费挪作他用的，由审计机关或者监察机关责令退回挪用款项或者采取其他措施予以追回，对直接负责的主管人员和其他直接责任人员依法给予行政处分。

第六十五条 环境保护监督管理人员滥用职权、玩忽职守的，给予行政处分；构成犯罪的，依法追究刑事责任。

## 第七章 附 则

第六十六条 本法自2000年9月1日起施行。

# 中华人民共和国水污染防治法

(1984年5月11日第六届全国人民代表大会常务委员会第五次会议通过，1996年5月15日第八届全国人民代表大会常务委员会第十九次会议修正，2008年2月28日第十届全国人民代表大会常务委员会第三十二次会议修订，中华人民共和国主席令第八十七号公布，自2008年6月1日起施行）

## 第一章 总 则

**第一条** 为了防治水污染，保护和改善环境，保障饮用水安全，促进经济社会全面协调可持续发展，制定本法。

**第二条** 本法适用于中华人民共和国领域内的江河、湖泊、运河、渠道、水库等地表水体以及地下水体的污染防治。

海洋污染防治适用《中华人民共和国海洋环境保护法》。

**第三条** 水污染防治应当坚持预防为主、防治结合、综合治理的原则，优先保护饮用水水源，严格控制工业污染、城镇生活污染，防治农业面源污染，积极推进生态治理工程建设，预防、控制和减少水环境污染和生态破坏。

**第四条** 县级以上人民政府应当将水环境保护工作纳入国民经济和社会发展规划。

县级以上地方人民政府应当采取防治水污染的对策和措施，对本行政区域的水环境质量负责。

**第五条** 国家实行水环境保护目标责任制和考核评价制度，将水环境保护目标完成情况作为对地方人民政府及其负责人考核评价的内容。

**第六条** 国家鼓励、支持水污染防治的科学技术研究和先进适用技术的推广应用，加强水环境保护的宣传教育。

**第七条** 国家通过财政转移支付等方式，建立健全对位于饮用水水源保护区区域和江河、湖泊、水库上游地区的水环境生态保护补偿机制。

**第八条** 县级以上人民政府环境保护主管部门对水污染防治实施统一监督管理。

交通主管部门的海事管理机构对船舶污染水域的防治实施监督管理。

县级以上人民政府水行政、国土资源、卫生、建设、农业、渔业等部门以及重要江河、湖泊的流域水资源保护机构，在各自的职责范围内，对有关水污染防治实施监督管理。

**第九条** 排放水污染物，不得超过国家或者地方规定的水污染物排放标准和重点水污染物排放总量控制指标。

**第十条** 任何单位和个人都有义务保护水环境，并有权对污染损害水环境的行为进行检举。

县级以上人民政府及其有关主管部门对在水污染防治工作中做出显著成绩的单位和个人给予表彰和奖励。

## 第二章 水污染防治的标准和规划

**第十一条** 国务院环境保护主管部门制定国家水环境质量标准。

省、自治区、直辖市人民政府可以对国家水环境质量标准中未作规定的项目,制定地方标准,并报国务院环境保护主管部门备案。

**第十二条** 国务院环境保护主管部门会同国务院水行政主管部门和有关省、自治区、直辖市人民政府,可以根据国家确定的重要江河、湖泊流域水体的使用功能以及有关地区的经济、技术条件,确定该重要江河、湖泊流域的省界水体适用的水环境质量标准,报国务院批准后施行。

**第十三条** 国务院环境保护主管部门根据国家水环境质量标准和国家经济、技术条件,制定国家水污染物排放标准。

省、自治区、直辖市人民政府对国家水污染物排放标准中未作规定的项目,可以制定地方水污染物排放标准;对国家水污染物排放标准中已作规定的项目,可以制定严于国家水污染物排放标准的地方水污染物排放标准。地方水污染物排放标准须报国务院环境保护主管部门备案。

向已有地方水污染物排放标准的水体排放污染物的,应当执行地方水污染物排放标准。

**第十四条** 国务院环境保护主管部门和省、自治区、直辖市人民政府,应当根据水污染防治的要求和国家或者地方的经济、技术条件,适时修订水环境质量标准和水污染物排放标准。

**第十五条** 防治水污染应当按流域或者按区域进行统一规划。国家确定的重要江河、湖泊的流域水污染防治规划,由国务院环境保护主管部门会同国务院经济综合宏观调控、水行政等部门和有关省、自治区、直辖市人民政府编制,报国务院批准。

前款规定外的其他跨省、自治区、直辖市江河、湖泊的流域水污染防治规划,根据国家确定的重要江河、湖泊的流域水污染防治规划和本地实际情况,由有关省、自治区、直辖市人民政府环境保护主管部门会同同级水行政等部门和有关市、县人民政府编制,经有关省、自治区、直辖市人民政府审核,报国务院批准。

省、自治区、直辖市内跨县江河、湖泊的流域水污染防治规划,根据国家确定的重要江河、湖泊的流域水污染防治规划和本地实际情况,由省、自治区、直辖市人民政府环境保护主管部门会同同级水行政等部门编制,报省、自治区、直辖市人民政府批准,并报国务院备案。

经批准的水污染防治规划是防治水污染的基本依据,规划的修订须经原批准机关批准。

县级以上地方人民政府应当根据依法批准的江河、湖泊的流域水污染防治规划,组织制定本行政区域的水污染防治规划。

**第十六条** 国务院有关部门和县级以上地方人民政府开发、利用和调节、调度水资源时,应当统筹兼顾,维持江河的合理流量和湖泊、水库以及地下水体的合理水位,维护水体的生态功能。

## 第三章 水污染防治的监督管理

**第十七条** 新建、改建、扩建直接或者间接向水体排放污染物的建设项目和其他水上设施，应当依法进行环境影响评价。

建设单位在江河、湖泊新建、改建、扩建排污口的，应当取得水行政主管部门或者流域管理机构同意；涉及通航、渔业水域的，环境保护主管部门在审批环境影响评价文件时，应当征求交通、渔业主管部门的意见。

建设项目的水污染防治设施，应当与主体工程同时设计、同时施工、同时投入使用。水污染防治设施应当经过环境保护主管部门验收，验收不合格的，该建设项目不得投入生产或者使用。

**第十八条** 国家对重点水污染物排放实施总量控制制度。

省、自治区、直辖市人民政府应当按照国务院的规定削减和控制本行政区域的重点水污染物排放总量，并将重点水污染物排放总量控制指标分解落实到市、县人民政府。市、县人民政府根据本行政区域重点水污染物排放总量控制指标的要求，将重点水污染物排放总量控制指标分解落实到排污单位。具体办法和实施步骤由国务院规定。

省、自治区、直辖市人民政府可以根据本行政区域水环境质量状况和水污染防治工作的需要，确定本行政区域实施总量削减和控制的重点水污染物。

对超过重点水污染物排放总量控制指标的地区，有关人民政府环境保护主管部门应当暂停审批新增重点水污染物排放总量的建设项目的环境影响评价文件。

**第十九条** 国务院环境保护主管部门对未按照要求完成重点水污染物排放总量控制指标的省、自治区、直辖市予以公布。省、自治区、直辖市人民政府环境保护主管部门对未按照要求完成重点水污染物排放总量控制指标的市、县予以公布。

县级以上人民政府环境保护主管部门对违反本法规定、严重污染水环境的企业予以公布。

**第二十条** 国家实行排污许可制度。

直接或者间接向水体排放工业废水和医疗污水以及其他按照规定应当取得排污许可证方可排放的废水、污水的企业事业单位，应当取得排污许可证；城镇污水集中处理设施的运营单位，也应当取得排污许可证。排污许可的具体办法和实施步骤由国务院规定。

禁止企业事业单位无排污许可证或者违反排污许可证的规定向水体排放前款规定的废水、污水。

**第二十一条** 直接或者间接向水体排放污染物的企业事业单位和个体工商户，应当按照国务院环境保护主管部门的规定，向县级以上地方人民政府环境保护主管部门申报登记拥有的水污染物排放设施、处理设施和在正常作业条件下排放水污染物的种类、数量和浓度，并提供防治水污染方面的有关技术资料。

企业事业单位和个体工商户排放水污染物的种类、数量和浓度有重大改变的，应当及时申报登记；其水污染物处理设施应当保持正常使用；拆除或者闲置水污染物处理设施的，应当事先报县级以上地方人民政府环境保护主管部门批准。

**第二十二条** 向水体排放污染物的企业事业单位和个体工商户，应当按照法律、行政法规和国务院环境保护主管部门的规定设置排污口；在江河、湖泊设置排污口的，还应当遵守国务院水行政主管部门的规定。

禁止私设暗管或者采取其他规避监管的方式排放水污染物。

**第二十三条** 重点排污单位应当安装水污染物排放自动监测设备,与环境保护主管部门的监控设备联网,并保证监测设备正常运行。排放工业废水的企业,应当对其所排放的工业废水进行监测,并保存原始监测记录。具体办法由国务院环境保护主管部门规定。

应当安装水污染物排放自动监测设备的重点排污单位名录,由设区的市级以上地方人民政府环境保护主管部门根据本行政区域的环境容量、重点水污染物排放总量控制指标的要求以及排污单位排放水污染物的种类、数量和浓度等因素,商同级有关部门确定。

**第二十四条** 直接向水体排放污染物的企业事业单位和个体工商户,应当按照排放水污染物的种类、数量和排污费征收标准缴纳排污费。

排污费应当用于污染的防治,不得挪作他用。

**第二十五条** 国家建立水环境质量监测和水污染物排放监测制度。国务院环境保护主管部门负责制定水环境监测规范,统一发布国家水环境状况信息,会同国务院水行政等部门组织监测网络。

**第二十六条** 国家确定的重要江河、湖泊流域的水资源保护工作机构负责监测其所在流域的省界水体的水环境质量状况,并将监测结果及时报国务院环境保护主管部门和国务院水行政主管部门;有经国务院批准成立的流域水资源保护领导机构的,应当将监测结果及时报告流域水资源保护领导机构。

**第二十七条** 环境保护主管部门和其他依照本法规定行使监督管理权的部门,有权对管辖范围内的排污单位进行现场检查,被检查的单位应当如实反映情况,提供必要的资料。检查机关有义务为被检查的单位保守在检查中获取的商业秘密。

**第二十八条** 跨行政区域的水污染纠纷,由有关地方人民政府协商解决,或者由其共同的上级人民政府协调解决。

## 第四章 水污染防治措施

### 第一节 一般规定

**第二十九条** 禁止向水体排放油类、酸液、碱液或者剧毒废液。

禁止在水体清洗装贮过油类或者有毒污染物的车辆和容器。

**第三十条** 禁止向水体排放、倾倒放射性固体废物或者含有高放射性和中放射性物质的废水。

向水体排放含低放射性物质的废水,应当符合国家有关放射性污染防治的规定和标准。

**第三十一条** 向水体排放含热废水,应当采取措施,保证水体的水温符合水环境质量标准。

**第三十二条** 含病原体的污水应当经过消毒处理;符合国家有关标准后,方可排放。

**第三十三条** 禁止向水体排放、倾倒工业废渣、城镇垃圾和其他废弃物。

禁止将含有汞、镉、砷、铬、铅、氰化物、黄磷等的可溶性剧毒废渣向水体排放、倾倒或者直接埋入地下。

存放可溶性剧毒废渣的场所，应当采取防水、防渗漏、防流失的措施。

**第三十四条** 禁止在江河、湖泊、运河、渠道、水库最高水位线以下的滩地和岸坡堆放、存贮固体废弃物和其他污染物。

**第三十五条** 禁止利用渗井、渗坑、裂隙和溶洞排放、倾倒含有毒污染物的废水、含病原体的污水和其他废弃物。

**第三十六条** 禁止利用无防渗漏措施的沟渠、坑塘等输送或者存贮含有毒污染物的废水、含病原体的污水和其他废弃物。

**第三十七条** 多层地下水的含水层水质差异大的，应当分层开采；对已受污染的潜水和承压水，不得混合开采。

**第三十八条** 兴建地下工程设施或者进行地下勘探、采矿等活动，应当采取防护性措施，防止地下水污染。

**第三十九条** 人工回灌补给地下水，不得恶化地下水质。

## 第二节 工业水污染防治

**第四十条** 国务院有关部门和县级以上地方人民政府应当合理规划工业布局，要求造成水污染的企业进行技术改造，采取综合防治措施，提高水的重复利用率，减少废水和污染物排放量。

**第四十一条** 国家对严重污染水环境的落后工艺和设备实行淘汰制度。

国务院经济综合宏观调控部门会同国务院有关部门，公布限期禁止采用的严重污染水环境的工艺名录和限期禁止生产、销售、进口、使用的严重污染水环境的设备名录。

生产者、销售者、进口者或者使用者应当在规定的期限内停止生产、销售、进口或者使用列入前款规定的设备名录中的设备。工艺的采用者应当在规定的期限内停止采用列入前款规定的工艺名录中的工艺。

依照本条第二款、第三款规定被淘汰的设备，不得转让给他人使用。

**第四十二条** 国家禁止新建不符合国家产业政策的小型造纸、制革、印染、染料、炼焦、炼硫、炼砷、炼汞、炼油、电镀、农药、石棉、水泥、玻璃、钢铁、火电以及其他严重污染水环境的生产项目。

**第四十三条** 企业应当采用原材料利用效率高、污染物排放量少的清洁工艺，并加强管理，减少水污染物的产生。

## 第三节 城镇水污染防治

**第四十四条** 城镇污水应当集中处理。

县级以上地方人民政府应当通过财政预算和其他渠道筹集资金，统筹安排建设城镇污水集中处理设施及配套管网，提高本行政区域城镇污水的收集率和处理率。

国务院建设主管部门应当会同国务院经济综合宏观调控、环境保护主管部门，根据城乡规划和水污染防治规划，组织编制全国城镇污水处理设施建设规划。县级以上地方人民政府组织建设、经济综合宏观调控、环境保护、水行政等部门编制本行政区域的城镇污水处理设施建设规划。县级以上地方人民政府建设主管部门应当按照城镇污水处理设施建设规划，组织建设城镇污水集中处理设施及配套管网，并加强对城镇污水集中处理设施运营的监督管理。

城镇污水集中处理设施的运营单位按照国家规定向排污者提供污水处理的有偿服务，收取污水处理费用，保证污水集中处理设施的正常运行。向城镇污水集中处理设施排放污水、缴纳污水处理费用的，不再缴纳排污费。收取的污水处理费用应当用于城镇污水集中处理设施的建设和运行，不得挪作他用。

城镇污水集中处理设施的污水处理收费、管理以及使用的具体办法，由国务院规定。

**第四十五条** 向城镇污水集中处理设施排放水污染物，应当符合国家或者地方规定的水污染物排放标准。

城镇污水集中处理设施的出水水质达到国家或者地方规定的水污染物排放标准的，可以按照国家有关规定免缴排污费。

城镇污水集中处理设施的运营单位，应当对城镇污水集中处理设施的出水水质负责。

环境保护主管部门应当对城镇污水集中处理设施的出水水质和水量进行监督检查。

**第四十六条** 建设生活垃圾填埋场，应当采取防渗漏等措施，防止造成水污染。

### 第四节 农业和农村水污染防治

**第四十七条** 使用农药，应当符合国家有关农药安全使用的规定和标准。

运输、存贮农药和处置过期失效农药，应当加强管理，防止造成水污染。

**第四十八条** 县级以上地方人民政府农业主管部门和其他有关部门，应当采取措施，指导农业生产者科学、合理地施用化肥和农药，控制化肥和农药的过量使用，防止造成水污染。

**第四十九条** 国家支持畜禽养殖场、养殖小区建设畜禽粪便、废水的综合利用或者无害化处理设施。

畜禽养殖场、养殖小区应当保证其畜禽粪便、废水的综合利用或者无害化处理设施正常运转，保证污水达标排放，防止污染水环境。

**第五十条** 从事水产养殖应当保护水域生态环境，科学确定养殖密度，合理投饵和使用药物，防止污染水环境。

**第五十一条** 向农田灌溉渠道排放工业废水和城镇污水，应当保证其下游最近的灌溉取水点的水质符合农田灌溉水质标准。

利用工业废水和城镇污水进行灌溉，应当防止污染土壤、地下水和农产品。

### 第五节 船舶水污染防治

**第五十二条** 船舶排放含油污水、生活污水，应当符合船舶污染物排放标准。从事海洋航运的船舶进入内河和港口的，应当遵守内河的船舶污染物排放标准。

船舶的残油、废油应当回收，禁止排入水体。

禁止向水体倾倒船舶垃圾。

船舶装载运输油类或者有毒货物，应当采取防止溢流和渗漏的措施，防止货物落水造成水污染。

**第五十三条** 船舶应当按照国家有关规定配置相应的防污设备和器材，并持有合法有效的防止水域环境污染的证书与文书。

船舶进行涉及污染物排放的作业，应当严格遵守操作规程，并在相应的记录簿上如实记载。

**第五十四条** 港口、码头、装卸站和船舶修造厂应当备有足够的船舶污染物、废弃物的接收设施。从事船舶污染物、废弃物接收作业，或者从事装载油类、污染危害性货物船舱清洗作业的单位，应当具备与其运营规模相适应的接收处理能力。

**第五十五条** 船舶进行下列活动，应当编制作业方案，采取有效的安全和防污染措施，并报作业地海事管理机构批准：

（一）进行残油、含油污水、污染危害性货物残留物的接收作业，或者进行装载油类、污染危害性货物船舱的清洗作业；

（二）进行散装液体污染危害性货物的过驳作业；

（三）进行船舶水上拆解、打捞或者其他水上、水下船舶施工作业。

在渔港水域进行渔业船舶水上拆解活动，应当报作业地渔业主管部门批准。

## 第五章 饮用水水源和其他特殊水体保护

**第五十六条** 国家建立饮用水水源保护区制度。饮用水水源保护区分为一级保护区和二级保护区；必要时，可以在饮用水水源保护区外围划定一定的区域作为准保护区。

饮用水水源保护区的划定，由有关市、县人民政府提出划定方案，报省、自治区、直辖市人民政府批准；跨市、县饮用水水源保护区的划定，由有关市、县人民政府协商提出划定方案，报省、自治区、直辖市人民政府批准；协商不成的，由省、自治区、直辖市人民政府环境保护主管部门会同同级水行政、国土资源、卫生、建设等部门提出划定方案，征求同级有关部门的意见后，报省、自治区、直辖市人民政府批准。

跨省、自治区、直辖市的饮用水水源保护区，由有关省、自治区、直辖市人民政府商有关流域管理机构划定；协商不成的，由国务院环境保护主管部门会同同级水行政、国土资源、卫生、建设等部门提出划定方案，征求国务院有关部门的意见后，报国务院批准。

国务院和省、自治区、直辖市人民政府可以根据保护饮用水水源的实际需要，调整饮用水水源保护区的范围，确保饮用水安全。有关地方人民政府应当在饮用水水源保护区的边界设立明确的地理界标和明显的警示标志。

**第五十七条** 在饮用水水源保护区内，禁止设置排污口。

**第五十八条** 禁止在饮用水水源一级保护区内新建、改建、扩建与供水设施和保护水源无关的建设项目；已建成的与供水设施和保护水源无关的建设项目，由县级以上人民政府责令拆除或者关闭。

禁止在饮用水水源一级保护区内从事网箱养殖、旅游、游泳、垂钓或者其他可能污染饮用水水体的活动。

**第五十九条** 禁止在饮用水水源二级保护区内新建、改建、扩建排放污染物的建设项目；已建成的排放污染物的建设项目，由县级以上人民政府责令拆除或者关闭。

在饮用水水源二级保护区内从事网箱养殖、旅游等活动的，应当按照规定采取措施，防止污染饮用水水体。

**第六十条** 禁止在饮用水水源准保护区内新建、扩建对水体污染严重的建设项目；改建建设项目，不得增加排污量。

**第六十一条** 县级以上地方人民政府应当根据保护饮用水水源的实际需要,在准保护区内采取工程措施或者建造湿地、水源涵养林等生态保护措施,防止水污染物直接排入饮用水水体,确保饮用水安全。

**第六十二条** 饮用水水源受到污染可能威胁供水安全的,环境保护主管部门应当责令有关企业事业单位采取停止或者减少排放水污染物等措施。

**第六十三条** 国务院和省、自治区、直辖市人民政府根据水环境保护的需要,可以规定在饮用水水源保护区内,采取禁止或者限制使用含磷洗涤剂、化肥、农药以及限制种植养殖等措施。

**第六十四条** 县级以上人民政府可以对风景名胜区水体、重要渔业水体和其他具有特殊经济文化价值的水体划定保护区,并采取措施,保证保护区的水质符合规定用途的水环境质量标准。

**第六十五条** 在风景名胜区水体、重要渔业水体和其他具有特殊经济文化价值的水体的保护区内,不得新建排污口。在保护区附近新建排污口,应当保证保护区水体不受污染。

## 第六章 水污染事故处置

**第六十六条** 各级人民政府及其有关部门,可能发生水污染事故的企业事业单位,应当依照《中华人民共和国突发事件应对法》的规定,做好突发水污染事故的应急准备、应急处置和事后恢复等工作。

**第六十七条** 可能发生水污染事故的企业事业单位,应当制定有关水污染事故的应急方案,做好应急准备,并定期进行演练。

生产、储存危险化学品的企业事业单位,应当采取措施,防止在处理安全生产事故过程中产生的可能严重污染水体的消防废水、废液直接排入水体。

**第六十八条** 企业事业单位发生事故或者其他突发性事件,造成或者可能造成水污染事故的,应当立即启动本单位的应急方案,采取应急措施,并向事故发生地的县级以上地方人民政府或者环境保护主管部门报告。环境保护主管部门接到报告后,应当及时向本级人民政府报告,并抄送有关部门。

造成渔业污染事故或者渔业船舶造成水污染事故的,应当向事故发生地的渔业主管部门报告,接受调查处理。其他船舶造成水污染事故的,应当向事故发生地的海事管理机构报告,接受调查处理;给渔业造成损害的,海事管理机构应当通知渔业主管部门参与调查处理。

## 第七章 法律责任

**第六十九条** 环境保护主管部门或者其他依照本法规定行使监督管理权的部门,不依法作出行政许可或者办理批准文件的,发现违法行为或者接到对违法行为的举报后不予查处的,或者有其他未依照本法规定履行职责的行为的,对直接负责的主管人员和其他直接责任人员依法给予处分。

**第七十条** 拒绝环境保护主管部门或者其他依照本法规定行使监督管理权的部门的监督检查,或者在接受监督检查时弄虚作假的,由县级以上人民政府环境保护主管部门或者其他依照本法规定行使监督管理权的部门责令改正,处一万元以上十万元以下的罚款。

**第七十一条** 违反本法规定,建设项目的水污染防治设施未建成、未经验收或者验收不合格,主体工程即投入生产或者使用的,由县级以上人民政府环境保护主管部门责令停止生产或者使用,直至验收合格,处五万元以上五十万元以下的罚款。

**第七十二条** 违反本法规定,有下列行为之一的,由县级以上人民政府环境保护主管部门责令限期改正;逾期不改正的,处一万元以上十万元以下的罚款:

(一)拒报或者谎报国务院环境保护主管部门规定的有关水污染物排放申报登记事项的;

(二)未按照规定安装水污染物排放自动监测设备或者未按照规定与环境保护主管部门的监控设备联网,并保证监测设备正常运行的;

(三)未按照规定对所排放的工业废水进行监测并保存原始监测记录的。

**第七十三条** 违反本法规定,不正常使用水污染物处理设施,或者未经环境保护主管部门批准拆除、闲置水污染物处理设施的,由县级以上人民政府环境保护主管部门责令限期改正,处应缴纳排污费数额一倍以上三倍以下的罚款。

**第七十四条** 违反本法规定,排放水污染物超过国家或者地方规定的水污染物排放标准,或者超过重点水污染物排放总量控制指标的,由县级以上人民政府环境保护主管部门按照权限责令限期治理,处应缴纳排污费数额二倍以上五倍以下的罚款。

限期治理期间,由环境保护主管部门责令限制生产、限制排放或者停产整治。限期治理的期限最长不超过一年;逾期未完成治理任务的,报经有批准权的人民政府批准,责令关闭。

**第七十五条** 在饮用水水源保护区内设置排污口的,由县级以上地方人民政府责令限期拆除,处十万元以上五十万元以下的罚款;逾期不拆除的,强制拆除,所需费用由违法者承担,处五十万元以上一百万元以下的罚款,并可以责令停产整顿。

除前款规定外,违反法律、行政法规和国务院环境保护主管部门的规定设置排污口或者私设暗管的,由县级以上地方人民政府环境保护主管部门责令限期拆除,处二万元以上十万元以下的罚款;逾期不拆除的,强制拆除,所需费用由违法者承担,处十万元以上五十万元以下的罚款;私设暗管或者有其他严重情节的,县级以上地方人民政府环境保护主管部门可以提请县级以上地方人民政府责令停产整顿。

未经水行政主管部门或者流域管理机构同意,在江河、湖泊新建、改建、扩建排污口的,由县级以上人民政府水行政主管部门或者流域管理机构依据职权,依照前款规定采取措施、给予处罚。

**第七十六条** 有下列行为之一的,由县级以上地方人民政府环境保护主管部门责令停止违法行为,限期采取治理措施,消除污染,处以罚款;逾期不采取治理措施的,环境保护主管部门可以指定有治理能力的单位代为治理,所需费用由违法者承担:

(一)向水体排放油类、酸液、碱液的;

(二)向水体排放剧毒废液,或者将含有汞、镉、砷、铬、铅、氰化物、黄磷等的可溶性剧毒废渣向水体排放、倾倒或者直接埋入地下的;

(三)在水体清洗装贮过油类、有毒污染物的车辆或者容器的;

(四)向水体排放、倾倒工业废渣、城镇垃圾或者其他废弃物,或者在江河、湖泊、运河、渠道、水库最高水位线以下的滩地、岸坡堆放、存贮固体废弃物或者其他污染物的；

（五）向水体排放、倾倒放射性固体废物或者含有高放射性、中放射性物质的废水的；

（六）违反国家有关规定或者标准，向水体排放含低放射性物质的废水、热废水或者含病原体的污水的；

（七）利用渗井、渗坑、裂隙或者溶洞排放、倾倒含有毒污染物的废水、含病原体的污水或者其他废弃物的；

（八）利用无防渗漏措施的沟渠、坑塘等输送或者存贮含有毒污染物的废水、含病原体的污水或者其他废弃物的。

有前款第三项、第六项行为之一的，处一万元以上十万元以下的罚款；有前款第一项、第四项、第八项行为之一的，处二万元以上二十万元以下的罚款；有前款第二项、第五项、第七项行为之一的，处五万元以上五十万元以下的罚款。

第七十七条　违反本法规定，生产、销售、进口或者使用列入禁止生产、销售、进口、使用的严重污染水环境的设备名录中的设备，或者采用列入禁止采用的严重污染水环境的工艺名录中的工艺的，由县级以上人民政府经济综合宏观调控部门责令改正，处五万元以上二十万元以下的罚款；情节严重的，由县级以上人民政府经济综合宏观调控部门提出意见，报请本级人民政府责令停业、关闭。

第七十八条　违反本法规定，建设不符合国家产业政策的小型造纸、制革、印染、染料、炼焦、炼硫、炼砷、炼汞、炼油、电镀、农药、石棉、水泥、玻璃、钢铁、火电以及其他严重污染水环境的生产项目的，由所在地的市、县人民政府责令关闭。

第七十九条　船舶未配置相应的防污染设备和器材，或者未持有合法有效的防止水域环境污染的证书与文书的，由海事管理机构、渔业主管部门按照职责分工责令限期改正，处二千元以上二万元以下的罚款；逾期不改正的，责令船舶临时停航。

船舶进行涉及污染物排放的作业，未遵守操作规程或者未在相应的记录簿上如实记载的，由海事管理机构、渔业主管部门按照职责分工责令改正，处二千元以上二万元以下的罚款。

第八十条　违反本法规定，有下列行为之一的，由海事管理机构、渔业主管部门按照职责分工责令停止违法行为，处以罚款；造成水污染的，责令限期采取治理措施，消除污染；逾期不采取治理措施的，海事管理机构、渔业主管部门按照职责分工可以指定有治理能力的单位代为治理，所需费用由船舶承担：

（一）向水体倾倒船舶垃圾或者排放船舶的残油、废油的；

（二）未经作业地海事管理机构批准，船舶进行残油、含油污水、污染危害性货物残留物的接收作业，或者进行装载油类、污染危害性货物船舱的清洗作业，或者进行散装液体污染危害性货物的过驳作业的；

（三）未经作业地海事管理机构批准，进行船舶水上拆解、打捞或者其他水上、水下船舶施工作业的；

（四）未经作业地渔业主管部门批准，在渔港水域进行渔业船舶水上拆解的。

有前款第一项、第二项、第四项行为之一的，处五千元以上五万元以下的罚款；有前款第三项行为的，处一万元以上十万元以下的罚款。

**第八十一条** 有下列行为之一的,由县级以上地方人民政府环境保护主管部门责令停止违法行为,处十万元以上五十万元以下的罚款;并报经有批准权的人民政府批准,责令拆除或者关闭:

(一)在饮用水水源一级保护区内新建、改建、扩建与供水设施和保护水源无关的建设项目的;

(二)在饮用水水源二级保护区内新建、改建、扩建排放污染物的建设项目的;

(三)在饮用水水源准保护区内新建、扩建对水体污染严重的建设项目,或者改建建设项目增加排污量的。

在饮用水水源一级保护区内从事网箱养殖或者组织进行旅游、垂钓或者其他可能污染饮用水水体的活动的,由县级以上地方人民政府环境保护主管部门责令停止违法行为,处二万元以上十万元以下的罚款。个人在饮用水水源一级保护区内游泳、垂钓或者从事其他可能污染饮用水水体的活动的,由县级以上地方人民政府环境保护主管部门责令停止违法行为,可以处五百元以下的罚款。

**第八十二条** 企业事业单位有下列行为之一的,由县级以上人民政府环境保护主管部门责令改正;情节严重的,处二万元以上十万元以下的罚款:

(一)不按照规定制定水污染事故的应急方案的;

(二)水污染事故发生后,未及时启动水污染事故的应急方案,采取有关应急措施的。

**第八十三条** 企业事业单位违反本法规定,造成水污染事故的,由县级以上人民政府环境保护主管部门依照本条第二款的规定处以罚款,责令限期采取治理措施,消除污染;不按要求采取治理措施或者不具备治理能力的,由环境保护主管部门指定有治理能力的单位代为治理,所需费用由违法者承担;对造成重大或者特大水污染事故的,可以报经有批准权的人民政府批准,责令关闭;对直接负责的主管人员和其他直接责任人员可以处上一年度从本单位取得的收入百分之五十以下的罚款。

对造成一般或者较大水污染事故的,按照水污染事故造成的直接损失的百分之二十计算罚款;对造成重大或者特大水污染事故的,按照水污染事故造成的直接损失的百分之三十计算罚款。

造成渔业污染事故或者渔业船舶造成水污染事故的,由渔业主管部门进行处罚;其他船舶造成水污染事故的,由海事管理机构进行处罚。

**第八十四条** 当事人对行政处罚决定不服的,可以申请行政复议,也可以在收到通知之日起十五日内向人民法院起诉;期满不申请行政复议或者起诉,又不履行行政处罚决定的,由作出行政处罚决定的机关申请人民法院强制执行。

**第八十五条** 因水污染受到损害的当事人,有权要求排污方排除危害和赔偿损失。

由于不可抗力造成水污染损害的,排污方不承担赔偿责任;法律另有规定的除外。

水污染损害是由受害人故意造成的,排污方不承担赔偿责任。水污染损害是由受害人重大过失造成的,可以减轻排污方的赔偿责任。

水污染损害是由第三人造成的,排污方承担赔偿责任后,有权向第三人追偿。

**第八十六条** 因水污染引起的损害赔偿责任和赔偿金额的纠纷,可以根据当事人的请求,由环境保护主管部门或者海事管理机构、渔业主管部门按照职责分工调解处理;调解不成,当事人可以向人民法院提起诉讼。当事人也可以直接向人民法院提起诉讼。

**第八十七条** 因水污染引起的损害赔偿诉讼,由排污方就法律规定的免责事由及其行为与损害结果之间不存在因果关系承担举证责任。

**第八十八条** 因水污染受到损害的当事人人数众多的,可以依法由当事人推选代表人进行共同诉讼。

环境保护主管部门和有关社会团体可以依法支持因水污染受到损害的当事人向人民法院提起诉讼。

国家鼓励法律服务机构和律师为水污染损害诉讼中的受害人提供法律援助。

**第八十九条** 因水污染引起的损害赔偿责任和赔偿金额的纠纷,当事人可以委托环境监测机构提供监测数据。环境监测机构应当接受委托,如实提供有关监测数据。

**第九十条** 违反本法规定,构成违反治安管理行为的,依法给予治安管理处罚;构成犯罪的,依法追究刑事责任。

## 第八章 附 则

**第九十一条** 本法中下列用语的含义:

(一)水污染,是指水体因某种物质的介入,而导致其化学、物理、生物或者放射性等方面特性的改变,从而影响水的有效利用,危害人体健康或者破坏生态环境,造成水质恶化的现象。

(二)水污染物,是指直接或者间接向水体排放的,能导致水体污染的物质。

(三)有毒污染物,是指那些直接或者间接被生物摄入体内后,可能导致该生物或者其后代发病、行为反常、遗传异变、生理机能失常、机体变形或者死亡的污染物。

(四)渔业水体,是指划定的鱼虾类的产卵场、索饵场、越冬场、洄游通道和鱼虾贝藻类的养殖场的水体。

**第九十二条** 本法自 2008 年 6 月 1 日起施行。

# 中华人民共和国水污染防治法实施细则

(2000 年 3 月 20 日中华人民共和国国务院令第 284 号发布,自发布之日起施行)

## 第一章 总 则

**第一条** 根据《中华人民共和国水污染防治法》(以下简称水污染防治法),制定本实施细则。

## 第二章 水污染防治的监督管理

**第二条** 依照水污染防治法第十条规定编制的流域水污染防治规划,应当包括下列内容:

(一)水体的环境功能要求;

(二)分阶段达到的水质目标及时限;

(三)水污染防治的重点控制区域和重点污染源,以及具体实施措施;

（四）流域城市排水与污水处理设施建设规划。

**第三条** 县级以上人民政府水行政主管部门在确定大、中型水库坝下最小泄流量时，应当维护下游水体的自然净化能力，并征求同级人民政府环境保护部门的意见。

**第四条** 向水体排放污染物的企业事业单位，必须向所在地的县级以上地方人民政府环境保护部门提交《排污申报登记表》。

企业事业单位超过国家规定的或者地方规定的污染物排放标准排放污染物的，在提交《排污申报登记表》时，还应当写明超过污染物排放标准的原因及限期治理措施。

**第五条** 企业事业单位需要拆除或者闲置污染物处理设施的，必须事先向所在地的县级以上地方人民政府环境保护部门申报，并写明理由。环境保护部门应当自收到申报之日起1个月内作出同意或者不同意的决定，并予以批复；逾期不批复的，视为同意。

**第六条** 对实现水污染物达标排放仍不能达到国家规定的水环境质量标准的水体，可以实施重点污染物排放总量控制制度。

国家确定的重要江河流域的总量控制计划，由国务院环境保护部门会同国务院有关部门商有关省、自治区、直辖市人民政府编制，报国务院批准。其他水体的总量控制计划，由省、自治区、直辖市人民政府环境保护部门会同同级有关部门商有关地方人民政府编制，报省、自治区、直辖市人民政府批准；其中，跨省、自治区、直辖市的水体的总量控制计划，由有关省、自治区、直辖市人民政府协商确定。

**第七条** 总量控制计划应当包括总量控制区域、重点污染物的种类及排放总量、需要削减的排污量及削减时限。

**第八条** 对依法实施重点污染物排放总量控制的水体，县级以上地方人民政府应当依据总量控制计划分配的排放总量控制指标，组织制定本行政区域内该水体的总量控制实施方案。

总量控制实施方案应当确定需要削减排污量的单位、每一排污单位重点污染物的种类及排放总量控制指标、需要削减的排污量以及削减时限要求。

**第九条** 分配重点污染物排放总量控制指标，应当遵循公开、公平、公正的原则，并按照科学、统一的标准执行。总量控制指标分配办法由国务院环境保护部门商国务院有关部门制定。

**第十条** 县级以上地方人民政府环境保护部门根据总量控制实施方案，审核本行政区域内向该水体排污的单位的重点污染物排放量，对不超过排放总量控制指标的，发给排污许可证；对超过排放总量控制指标的，限期治理，限期治理期间，发给临时排污许可证。具体办法由国务院环境保护部门制定。

**第十一条** 总量控制实施方案确定的削减污染物排放量的单位，必须按照国务院环境保护部门的规定设置排污口，并安装总量控制的监测设备。

**第十二条** 国家确定的重要江河流域所在地的省、自治区、直辖市人民政府，应当执行国务院批准的省界水体适用的水环境质量标准。

**第十三条** 国家确定的重要江河流域的省界水体的水环境质量状况监测，必须按照国务院环境保护部门制定的水环境质量监测规范执行。

**第十四条** 城市建设管理部门应当根据城市总体规划，组织编制城市排水和污水处理专业规划，并按照规划的要求组织建设城市污水集中处理设施。

第十五条　城市污水集中处理设施出水水质，按照国家规定的或者地方规定的污染物排放标准执行。

城市污水集中处理的营运单位，应当对城市污水集中处理设施的出水水质负责。

环境保护部门应当对城市污水集中处理设施的出水水质和水量进行抽测检查。

第十六条　被责令限期治理的排污单位，应当向作出限期治理决定的人民政府的环境保护部门提交治理计划，并定期报告治理进度。

作出限期治理决定的人民政府的环境保护部门，应当检查被责令限期治理的排污单位的治理情况，对完成限期治理的项目进行验收。

被责令限期治理的排污单位，必须按期完成治理任务；因不可抗力不能在规定的期限内完成治理任务的，必须在不可抗力情形发生后1个月内，向作出限期治理决定的人民政府的环境保护部门提出延长治理期限申请，由作出限期治理决定的人民政府审查决定。

第十七条　环境保护部门和海事、渔政管理机构对管辖范围内向水体排放污染物的单位进行现场检查时，应当出示行政执法证件或者佩戴行政执法标志。

第十八条　环境保护部门和海事、渔政管理机构进行现场检查时，根据需要，可以要求被检查单位提供下列情况和资料：

（一）污染物排放情况；

（二）污染物治理设施及其运行、操作和管理情况；

（三）监测仪器、仪表、设备的型号和规格以及检定、校验情况；

（四）采用的监测分析方法和监测记录；

（五）限期治理进展情况；

（六）事故情况及有关记录；

（七）与污染有关的生产工艺、原材料使用的资料；

（八）与水污染防治有关的其他情况和资料。

第十九条　企业事业单位造成水污染事故时，必须立即采取措施，停止或者减少排污，并在事故发生后48小时内，向当地环境保护部门作出事故发生的时间、地点、类型和排放污染物的种类、数量、经济损失、人员受害及应急措施等情况的初步报告；事故查清后，应当向当地环境保护部门作出事故发生的原因、过程、危害、采取的措施、处理结果以及事故潜在危害或者间接危害、社会影响、遗留问题和防范措施等情况的书面报告，并附有关证明文件。

环境保护部门收到水污染事故的初步报告后，应当立即向本级人民政府和上一级人民政府环境保护部门报告，有关地方人民政府应当组织有关部门对事故发生的原因进行调查，并采取有效措施，减轻或者消除污染。县级以上人民政府环境保护部门应当组织对事故可能影响的水域进行监测，并对事故进行调查处理。

船舶造成水污染事故时，必须立即向就近的海事管理机构报告。造成渔业水体污染事故的，必须立即向事故发生地的渔政管理机构报告。海事或者渔政管理机构接到报告后，应当立即向本级人民政府的环境保护部门通报情况，并及时开展调查处理工作。

水污染事故发生或者可能发生跨行政区域危害或者损害的，事故发生地的县级以上地方人民政府应当及时向受到或者可能受到事故危害或者损害的有关地方人民政府通报事故发生的时间、地点、类型和排放污染物的种类、数量以及需要采取的防范措施等情况。

## 第三章 防止地表水污染

**第二十条** 跨省、自治区、直辖市的生活饮用水地表水源保护区，由有关省、自治区、直辖市人民政府协商划定；协商不成的，由国务院环境保护部门会同国务院水利、国土资源、卫生、建设等有关部门提出划定方案，报国务院批准。

其他生活饮用水地表水源保护区的划定，由有关市、县人民政府协商提出划定方案，报省、自治区、直辖市人民政府批准；协商不成的，由省、自治区、直辖市人民政府环境保护部门会同同级水利、国土资源、卫生、建设等有关部门提出划定方案，报省、自治区、直辖市人民政府批准。

生活饮用水地表水源保护区分为一级保护区和二级保护区。

**第二十一条** 生活饮用水地表水源一级保护区内的水质，适用国家《地面水环境质量标准》Ⅱ类标准；二级保护区内的水质，适用国家《地面水环境质量标准》Ⅲ类标准。

**第二十二条** 生活饮用水地表水源一级保护区的保护，依照水污染防治法第二十条的规定执行。

**第二十三条** 禁止在生活饮用水地表水源二级保护区内新建、扩建向水体排放污染物的建设项目。在生活饮用水地表水源二级保护区内改建项目，必须削减污染物排放量。

禁止在生活饮用水地表水源二级保护区内超过国家规定的或者地方规定的污染物排放标准排放污染物。

禁止在生活饮用水地表水源二级保护区内设立装卸垃圾、油类及其他有毒有害物品的码头。

**第二十四条** 利用工业废水和城市污水进行灌溉的，县级以上地方人民政府农业行政主管部门应当组织对用于灌溉的水质及灌溉后的土壤、农产品进行定期监测，并采取相应措施，防止污染土壤、地下水和农产品。

**第二十五条** 在内河航行的船舶，应当配置符合国家规定的防污设备，并持有船舶检验部门签发的合格证书。

船舶无防污设备或者防污设备不符合国家规定的，应当限期达到规定的标准。

**第二十六条** 在内河航行的船舶，必须持有海事管理机构规定的防污文书或者记录文书。在内河航行的150总吨以上的油轮和400总吨以上的非油轮，必须持有油类记录本。

**第二十七条** 港口或者码头应当配备含油污水和垃圾的接收与处理设施。接收与处理设施由港口经营单位负责建设、管理和维护。

在内河航行的船舶不得向水体排放废油、残油和垃圾。在内河航行的客运、旅游船舶，必须建立垃圾管理制度。

**第二十八条** 在港口的船舶进行下列作业，必须事先向海事管理机构提出申请，经批准后，在指定的区域内进行：

（一）冲洗载运有毒货物、有粉尘的散装货物的船舶甲板和舱室；
（二）排放压舱、洗舱和机舱污水以及其他残余物质；
（三）使用化学消油剂。

**第二十九条** 船舶在港口或者码头装卸油类及其他有毒有害、腐蚀性、放射性货物时，船方和作业单位必须采取预防措施，防止污染水体。

第三十条 船舶发生事故，造成或者可能造成水体污染的，海事管理机构应当组织强制打捞清除或者强制拖航，由此支付的费用由肇事船方承担。

第三十一条 造船、修船、拆船、打捞船舶的单位，必须配备防污设备和器材；进行作业时，应当采取预防措施，防止油类、油性混合物和其他废弃物污染水体。

## 第四章 防止地下水污染

第三十二条 生活饮用水地下水源保护区，由县级以上地方人民政府环境保护部门会同同级水利、国土资源、卫生、建设等有关行政主管部门，根据饮用水水源地所处的地理位置、水文地质条件、供水量、开采方式和污染源的分布提出划定方案，报本级人民政府批准。

生活饮用水地下水源保护区的水质，适用国家《地下水质标准》Ⅱ类标准。

第三十三条 禁止在生活饮用水地下水源保护区内从事下列活动：

（一）利用污水灌溉；

（二）利用含有毒污染物的污泥作肥料；

（三）使用剧毒和高残留农药；

（四）利用储水层孔隙、裂隙、溶洞及废弃矿坑储存石油、放射性物质、有毒化学品、农药等。

第三十四条 开采多层地下水时，对下列含水层应当分层开采，不得混合开采：

（一）半咸水、咸水、卤水层；

（二）已受到污染的含水层；

（三）含有毒有害元素并超过生活饮用水卫生标准的水层；

（四）有医疗价值和特殊经济价值的地下热水、温泉水和矿泉水。

第三十五条 揭露和穿透含水层的勘探工程，必须按照有关规范要求，严格做好分层止水和封孔工作。

第三十六条 矿井、矿坑排放有毒有害废水，应当在矿床外围设置集水工程，并采取有效措施，防止污染地下水。

第三十七条 人工回灌补给地下饮用水的水质，应当符合生活饮用水水源的水质标准，并经县级以上地方人民政府卫生行政主管部门批准。

## 第五章 法 律 责 任

第三十八条 依照水污染防治法第四十六条第一款第（一）项、第（二）项、第（四）项规定处以罚款的，按照下列规定执行：

（一）拒报或者谎报国务院环境保护部门规定的有关污染物排放申报登记事项的，可以处1万元以下的罚款；

（二）拒绝环境保护部门或者海事、渔政管理机构现场检查，或者弄虚作假的，可以处1万元以下的罚款；

（三）不按照国家规定缴纳排污费或者超标排污费的，除追缴排污费或者超标排污费及滞纳金外，可以处应缴数额50%以下的罚款。

第三十九条 依照水污染防治法第四十六条第一款第（三）项规定处以罚款的，按照下列规定执行：

（一）向水体排放剧毒废液，或者将含有汞、镉、砷、铬、氰化物、黄磷等可溶性剧毒废渣向水体排放、倾倒或者直接埋入地下的，可以处10万元以下的罚款；

（二）向水体排放、倾倒放射性固体废弃物、油类、酸液、碱液或者含有高、中放射性物质的废水的，可以处5万元以下的罚款；

（三）向水体排放船舶的残油、废油，或者在水体清洗装贮过油类、有毒污染物的车辆和容器的，可以处1万元以下的罚款；

（四）向水体排放、倾倒工业废渣、城市生活垃圾，或者在江河、湖泊、运河、渠道、水库最高水位线以下的滩地和岸坡存贮固体废弃物的，可以处1万元以下的罚款；

（五）向水体倾倒船舶垃圾的，可以处2000元以下的罚款；

（六）企业事业单位利用溶洞排放、倾倒含病原体的污水或者其他废弃物的，可以处2万元以下的罚款；利用渗井、渗坑、裂隙排放含有毒污染物的废水的，可以处5万元以下的罚款；

（七）企业事业单位使用无防止渗漏措施的沟渠、坑塘等输送或者存贮含病原体的污水或者其他废弃物的，可以处1万元以下的罚款；使用无防止渗漏措施的沟渠、坑塘等输送或者存贮含有毒污染物的废水的，可以处2万元以下的罚款。

第四十条　依照水污染防治法第四十七条规定处以罚款的，可以处10万元以下的罚款。

第四十一条　依照水污染防治法第四十八条规定处以罚款的，可以处10万元以下的罚款。

第四十二条　依照水污染防治法第五十二条第一款处以罚款的，可以处20万元以下的罚款。

第四十三条　依照水污染防治法第五十三条规定处以罚款的，按照下列规定执行：

（一）对造成水污染事故的企业事业单位，按照直接损失的20%计算罚款，但是最高不得超过20万元；

（二）对造成重大经济损失的，按照直接损失的30%计算罚款，但是最高不得超过100万元。

第四十四条　不按照排污许可证或者临时排污许可证的规定排放污染物的，由颁发许可证的环境保护部门责令限期改正，可以处5万元以下的罚款；情节严重的，并可以吊销排污许可证或者临时排污许可证。

第四十五条　违反本细则第十一条的规定，未按照规定设置排污口、安装总量控制监测设备的，由环境保护部门责令限期改正，可以处1万元以下的罚款。

第四十六条　违反本细则第二十三条第一款的规定，在生活饮用水地表水源二级保护区内新建、扩建向水体排放污染物的建设项目的，或者改建项目未削减污染物排放量的，由县级以上人民政府按照规定的权限责令停业或者关闭。

违反本细则第二十三条第二款的规定，在生活饮用水地表水源二级保护区内，超过国家规定的或者地方规定的污染物排放标准排放污染物的，由县级以上人民政府责令限期治理，可以处10万元以下的罚款；逾期未完成治理任务的，由县级以上人民政府按照规定的权限责令停业或者关闭。

违反本细则第二十三条第三款的规定,在生活饮用水地表水源二级保护区内,设立装卸垃圾、油类及其他有毒有害物品码头的,由县级以上人民政府环境保护部门责令限期拆除,可以处 10 万元以下的罚款。

**第四十七条** 违反本细则第三十三条第(四)项的规定,利用储水层孔隙、裂隙、溶洞及废弃矿坑储存石油、放射性物质、有毒化学品、农药的,由县级以上地方人民政府环境保护部门责令改正,可以处 10 万元以下的罚款。

**第四十八条** 缴纳排污费、超标排污费或者被处以警告、罚款的单位,不免除其消除污染、排除危害和赔偿损失的责任。

## 第六章 附 则

**第四十九条** 本细则自发布之日起施行。1989 年 7 月 12 日国务院批准、国家环境保护局发布的《中华人民共和国水污染防治法实施细则》同时废止。

# 中华人民共和国环境噪声污染防治法

(1996 年 10 月 29 日第八届全国人民代表大会常务委员会第二十二次会议通过,中华人民共和国主席令第七十七号公布,自 1997 年 3 月 1 日起施行)

## 第一章 总 则

**第一条** 为防治环境噪声污染,保护和改善生活环境,保障人体健康,促进经济和社会发展,制定本法。

**第二条** 本法所称环境噪声,是指在工业生产、建筑施工、交通运输和社会生活中所产生的干扰周围生活环境的声音。

本法所称环境噪声污染,是指所产生的环境噪声超过国家规定的环境噪声排放标准,并干扰他人正常生活、工作和学习的现象。

**第三条** 本法适用于中华人民共和国领域内环境噪声污染的防治。

因从事本职生产、经营工作受到噪声危害的防治,不适用本法。

**第四条** 国务院和地方各级人民政府应当将环境噪声污染防治工作纳入环境保护规则,并采取有利于声环境保护的经济、技术政策和措施。

**第五条** 地方各级人民政府在制定城乡建设规划时,应当充分考虑建设项目和区域开发、改造所产生的噪声对周围生活环境的影响,统筹规划,合理安排功能区和建设布局,防止或者减轻环境噪声污染。

**第六条** 国务院环境保护行政主管部门对全国环境噪声污染防治实施统一监督管理。

县级以上地方人民政府环境保护行政主管部门对本行政区域内的环境噪声污染防治实施统一监督管理。

各级公安、交通、铁路、民航等主管部门和港务监督机构,根据各自的职责,对交通运输和社会生活噪声污染防治实施监督管理。

**第七条** 任何单位和个人都有保护声环境的义务,并有权对造成环境噪声污染的单位和个人进行检举和控告。

**第八条** 国家鼓励、支持环境噪声污染防治的科学研究、技术开发、推广先进的防治技术和普及防治环境噪声污染的科学知识。

**第九条** 对在环境噪声污染防治方面成绩显著的单位和个人，由人民政府给予奖励。

## 第二章 环境噪声污染防治的监督管理

**第十条** 国务院环境保护行政主管部门分不同的功能区制定国家声环境质量标准。

县级以上地方人民政府根据国家声环境质量标准的适用区域，划定本行政区内各类声环境质量标准的适用区域，并进行管理。

**第十一条** 国务院环境保护行政主管部门根据国家声环境质量标准和国家经济、技术条件，制定国家环境噪声排放标准。

**第十二条** 城市规划部门在确定建设布局时，应当依据国家声环境质量标准和民用建筑隔声设计规范，合理划定建筑物与交通干线的防噪声距离，并提出相应的规划设计要求。

**第十三条** 新建、改建、扩建的建设项目，必须遵守国家有关建设项目环境保护管理的规定。

建设项目可能产生环境噪声污染的，建设单位必须提出环境影响报告书，规定环境噪声污染的防治措施，并按照国家规定的程序报环境保护行政主管部门批准。

环境影响报告书中，应当有该建设项目所在地单位和居民的意见。

**第十四条** 建设项目的环境噪声污染防治设施必须与主体工程同时设计、同时施工、同时投产使用。

建设项目在投入生产或者使用之前，其环境噪声污染防治设施必须经原审批环境影响报告书的环境保护行政主管部门验收；达不到国家规定要求的，该建设项目不得投入生产或者使用。

**第十五条** 产生环境噪声污染的企业事业单位，必须保持防治环境噪声污染的设施的正常使用；拆除或者闲置环境噪声污染防治设施的，必须事先报经所在地的县级以上地方人民政府环境保护行政主管部门批准。

**第十六条** 产生环境噪声污染的单位，应当采取措施进行治理，并按照国家规定缴纳超标准排污费。

征收的超标准排污费必须用于污染的防治，不得挪作他用。

**第十七条** 对于在噪声敏感建筑物集中区域内造成严重环境噪声污染的企业事业单位，限期治理。被限期治理的单位必须按期完成治理任务。限期治理由县级以上人民政府按照国务院规定的权限决定。对小型企业事业单位的限期治理，可以由县级以上人民政府在国务院规定的权限内授权其环境保护行政主管部门决定。

**第十八条** 国家对环境噪声污染严重的落后设备实行淘汰制度。

国务院经济综合主管部门应当会同国务院有关部门公布限期禁止生产、禁止销售、禁止进口的环境噪声污染严重的设备名录。

生产者、销售者或者进口者必须在国务院经济综合主管部门会同国务院有关部门规定的限期内分别停止生产、销售或者进口列入前款规定的名录中的设备。

第十九条　在城市范围内从事生产活动确需排放偶发性强烈噪声的，必须事先向当地公安机关提出申请，经批准后方可进行。当地公安机关应当向社会公告。

第二十条　国务院环境保护行政主管部门应当建立环境噪声监测制度，制定监测规范，并会同有关部门组织监测网络。

环境噪声监测机构应当按照国务院环境保护行政主管部门的规定报送环境噪声监测结果。

第二十一条　县级以上人民政府环境保护行政主管部门和其他环境噪声防治工作的监督管理部门、机构，有权依据各自的职责对管辖范围内排放环境噪声的单位进行环境检查。被检查的单位必须如实反映情况，并提供必要的资料。检查部门、机构应当为被检查的单位保守技术秘密和业务秘密。

检查人员进行现场检查，应当出示证件。

## 第三章　工业噪声污染防治

第二十二条　本法所称工业噪声，是指在工业生产活动中使用固定的设备时产生的干扰周围生活环境的声音。

第二十三条　在城市范围内向周围生活环境排放工业噪声的，应当符合国家规定的工业企业厂界环境噪声排放标准。

第二十四条　在工业生产中因使用固定的设备造成环境噪声污染的工业企业，必须按照国务院环境保护行政主管部门的规定，向所在地的县级以上地方人民政府环境保护行政主管部门申报拥有的造成环境噪声污染的设备的种类、数量以及在正常作业条件下所发出的噪声值和防治环境噪声污染的设施情况，并提供防治环境噪声的技术资料。

造成环境噪声污染的设备的种类、数量、噪声值和防治设施有重大改变的，必须及时申报，并采取应有的防治措施。

第二十五条　产生环境噪声污染的工业企业，应当采取有效措施，减轻噪声对周围生活环境的影响。

第二十六条　国务院有关主管部门对可能产生环境噪声污染的工业设备，应当根据声环境保护的要求和国家的经济、技术条件，逐步在依法制定的产品的国家标准、行业标准中规定噪声限值。

前款规定的工业设备运行时发出的噪声值，应当在有关技术文件中予以注明。

## 第四章　建筑施工噪声污染防治

第二十七条　本法所称建筑施工噪声，是指在建筑施工过程中产生的干扰周围生活环境的声音。

第二十八条　在城市市区范围内向周围生活环境排放建筑施工噪声的，应当符合国家规定的建筑施工场界环境噪声排放标准。

第二十九条　在城市市区范围内，建筑施工过程中使用机械设备，可能产生环境噪声污染的，施工单位必须在工程开工十五日以前向工程所在地县级以上地方人民政府环境保护行政主管部门申报该工程的项目名称、施工场所和期限、可能产生的环境噪声值以及所采取的环境噪声污染防治措施的情况。

第三十条 在城市市区噪声敏感建筑物集中区域内，禁止夜间进行产生环境噪声污染的建筑施工作业，但抢修、抢险作业和因生产工艺上要求或者特殊需要必须连续作业的除外。

因特殊需要必须连续作业的，必须有县级以上人民政府或者其有关主管部门的证明。

前款规定的夜间作业，必须公告附近居民。

## 第五章 交通运输噪声污染防治

第三十一条 本法所称交通运输噪声，是指机动车辆、铁路机车、机动船舶、航空器等交通运输工具在运行时所产生的干扰周围生活环境的声音。

第三十二条 禁止制造、销售或者进口超过规定的噪声限值的汽车。

第三十三条 在城市市区范围内行驶的机动车辆的消声器和喇叭必须符合国家规定的要求。机动车辆必须加强维修和保养，保持技术性能良好，防治环境噪声污染。

第三十四条 机动车辆在城市市区范围内行驶，机动船舶在城市市区的内河航道航行，铁路机车驶经或者进入城市市区、疗养区时，必须按照规定使用声响装置。

警车、消防车、工程抢险车、救护车等机动车辆安装、使用警报器，必须符合国务院公安部门的规定；在执行非紧急任务时，禁止使用警报器。

第三十五条 城市人民政府公安机关可以根据本地城市市区区域声环境保护的需要，划定禁止机动车辆行驶和禁止其使用声响装置的路段和时间，并向社会公告。

第三十六条 建设经过已有的噪声敏感建筑物集中区域的高速公路和城市高架、轻轨道路，有可能造成环境噪声污染的，应当设置声屏障或者采取其他有效的控制环境噪声污染的措施。

第三十七条 在已有的城市交通干线的两侧建设噪声敏感建筑物的，建设单位应当按照国家规定间隔一定距离，并采取减轻、避免交通噪声影响的措施。

第三十八条 在车站、铁路编组站、港口、码头、航空港等地指挥作业时使用广播喇叭的，应当控制音量，减轻噪声对周围生活环境的影响。

第三十九条 穿越城市居民区、文教区的铁路，因铁路机车运行造成环境噪声污染的，当地城市人民政府应当组织铁路部门和其他有关部门，制定减轻环境噪声的规划。铁路部门和其他有关部门应当按照规定的要求，采取有效措施，减轻环境噪声污染。

第四十条 除起飞、降落或者依法规定的情形以外，民用航空器不得飞越城市市区上空。城市人民政府应当在航空器起飞、降落的净空周围划定限制建设噪声敏感建筑物的区域；在该区域内建设噪声敏感建筑物的，建设单位应当采取减轻、避免航空器运行时产生的噪声影响的措施。民航部门应当采取有效措施，减轻环境噪声污染。

## 第六章 社会生活噪声污染防治

第四十一条 本法所称社会生活噪声，是指人为活动所产生的除工业噪声、建筑施工噪声和交通运输噪声之外的干扰周围生活环境的声音。

第四十二条 在城市市区噪声敏感建筑物集中区域内，因商业经营活动中使用固定设备造成环境噪声污染的商业企业，必须按照国务院环境保护行政主管部门的规定，向所在地的县级以上地方人民政府环境保护行政主管部门申报拥有的造成环境噪声污染的设备的状况和防治环境噪声污染的设施的情况。

**第四十三条** 新建营业性文化娱乐场所的边界噪声必须符合国家规定的环境噪声排放标准，不符合国家规定的环境噪声排放标准的，文化行政主管部门不得核发营业执照。经营中的文化娱乐场所，其经营管理者必须采取有效措施，使其边界噪声不超过国家规定的环境噪声排放标准。

**第四十四条** 禁止在商业经营活动中使用高声广播喇叭或者采用其他发出高噪声的方法招揽顾客。

在商业经营活动中使用空调器、冷却塔等可能产生环境噪声的设备、设施的，其经营管理者应当采取措施，使其边界噪声不超过国家规定的环境噪声排放标准。

**第四十五条** 禁止任何单位、个人在城市市区噪声敏感建筑物集中区域内使用高音广播喇叭。

在城市市区街道、广场、公园等公共场所组织娱乐、集会等活动，使用音响器材可能产生干扰周围生活环境的过大音量的，必须遵守当地公安机关的规定。

**第四十六条** 使用家用电器、乐器或者进行其他家庭内娱乐活动时，应当控制音量或者采取其他有效措施，避免对周围居民造成环境噪声污染。

**第四十七条** 在已竣工交付使用的住宅楼进行室内装修活动，应当限制作业时间，并采取其他有效措施，以减轻、避免对周围居民造成环境噪声污染。

## 第七章 法 律 责 任

**第四十八条** 违反本法第十四条的规定，建设项目中需要配套建设的环境噪声污染防治设施没有建成或者没有达到国家规定的要求，擅自投入生产或者使用的，由批准该建设项目的环境影响报告书的环境保护行政主管部门责令停止生产或者使用，可以并处罚款。

**第四十九条** 违反本法规定，拒报或者谎报规定的环境噪声排放申报事项的，县级以上地方人民政府环境保护行政主管部门可以根据不同情节，给予警告或者处以罚款。

**第五十条** 违反本法第十五条的规定，未经环境保护行政主管部门批准，擅自拆除或者闲置环境噪声污染防治设施，致使环境噪声排放超过规定标准的，由县级以上地方人民政府环境保护行政主管部门责令改正，并处罚款。

**第五十一条** 违反本法第十六条的规定，不按照国家规定缴纳超标准排污费的，县级以上地方人民政府环境保护行政主管部门可以根据不同情节，给予警告或者处以罚款。

**第五十二条** 违反本法第十七条的规定，对经限期治理逾期未完成治理任务的企业事业单位，除依照国家规定加收超标准排污费外，可以根据所造成的危害后果处以罚款，或者责令停业、搬迁、关闭。

前款规定的罚款由环境保护行政主管部门决定。责令停业、搬迁、关闭由县级以上人民政府按照国务院规定的权限决定。

**第五十三条** 违反本法第十八条的规定，生产、销售、进口禁止生产、销售、进口的设备的，由县级以上人民政府经济综合主管部门责令改正；情节严重的，由县级以上人民政府经济综合主管部门提出意见，报请同级人民政府按照国务院规定的权限责令停业、关闭。

**第五十四条** 违反本法第十九条的规定，未经当地公安机关批准，进行产生偶发性强烈噪声活动的由公安机关根据不同情节给予警告或者处以罚款。

**第五十五条** 排放环境噪声的单位违反本法第二十一条的规定，拒绝环境保护行政主管部门或者其他依照本法规定行使环境噪声监督管理权的部门、机构现场检查或者在被检查时弄虚作假的，环境保护行政主管部门或者其他依照本法规定行使环境噪声监督管理权的监督管理部门、机构可以根据不同情节，给予警告或者处以罚款。

**第五十六条** 建筑施工单位违反本法第三十条第一款的规定，在城市市区噪声敏感建筑物集中区域内，夜间进行禁止进行的产生环境噪声污染的建筑施工作业的，由工程所在地县级以上地方人民政府环境保护行政主管部门责令改正，可以并处罚款。

**第五十七条** 违反本法第三十四条的规定，机动车辆不按照规定使用声响装置的，由当地公安机关根据不同情节给予警告或者处以罚款。

机动船舶有前款违法行为的，由港务监督机构根据不同情节给予警告或者处以罚款。

铁路机车有第一款违法行为的，由铁路主管部门对有关责任人员给予行政处分。

**第五十八条** 违反本法规定，有下列行为之一的，由公安机关给予警告，可以并处罚款：

（一）在城市市区噪声敏感建筑物集中区域内使用高音广播喇叭；

（二）违反当地公安机关的规定，在城市市区街道、广场、公园等公共场所组织娱乐、集会等活动，使用音响器材，产生干扰周围生活环境的过大音量的；

（三）未按本法第四十六条和第四十七条规定采取措施，从家庭室内发出严重干扰周围居民生活的环境噪声。

**第五十九条** 违反本法第四十三条第二款、第四十四条第二款的规定，造成环境噪声污染的，由县级以上地方人民政府环境保护行政主管部门责令改正，可以并处罚款。

**第六十条** 违反本法第四十四条第一款的规定，造成环境噪声污染的，由公安机关责令改正，可以并处罚款。

**第六十一条** 受到环境噪声污染危害的单位和个人，有权要求加害人排除危害；造成损失的，依法赔偿损失。

赔偿责任和赔偿金额的纠纷，可以根据当事人的请求，由环境保护行政主管部门或者其他环境噪声污染防治工作的监督管理部门、机构调解处理；调解不成的，当事人可以向人民法院起诉。当事人也可以直接向人民法院起诉。

**第六十二条** 环境噪声污染防治监督管理人员滥用职权、玩忽职守、徇私舞弊的，由其所在单位或者上级主管机关给予行政处分；构成犯罪的，依法追究刑事责任。

## 第八章 附 则

**第六十三条** 本法中下列用语的含义是：

（一）"噪声排放"是指噪声源向周围生活环境辐射噪声。

（二）"噪声敏感建筑物"是指医院、学校、机关、科研单位、住宅等需要保持安静的建筑物。

（三）"噪声敏感建筑物集中区域"是指医疗区、文教科研区和机关或者居民住宅为主的区域。

（四）"夜间"是指晚二十二点至晨六点之间的期间。

（五）"机动车辆"是指汽车和摩托车。

**第六十四条** 本法自 1997 年 3 月 1 日起施行。1989 年 9 月 26 日国务院发布的《中华人民共和国环境噪声污染防治条例》同时废止。

# 中华人民共和国固体废物污染环境防治法

(1995 年 10 月 30 日第八届全国人民代表大会常务委员会第十六次会议通过，2004 年 12 月 29 日第十届全国人民代表大会常务委员会第十三次会议修订，中华人民共和国主席令第三十一号公布，自 2005 年 4 月 1 日起施行）

## 第一章 总 则

**第一条** 为了防治固体废物污染环境，保障人体健康，维护生态安全，促进经济社会可持续发展，制定本法。

**第二条** 本法适用于中华人民共和国境内固体废物污染环境的防治。

固体废物污染海洋环境的防治和放射性固体废物污染环境的防治不适用本法。

**第三条** 国家对固体废物污染环境的防治，实行减少固体废物的产生量和危害性、充分合理利用固体废物和无害化处置固体废物的原则，促进清洁生产和循环经济发展。

国家采取有利于固体废物综合利用活动的经济、技术政策和措施，对固体废物实行充分回收和合理利用。

国家鼓励、支持采取有利于保护环境的集中处置固体废物的措施，促进固体废物污染环境防治产业发展。

**第四条** 县级以上人民政府应当将固体废物污染环境防治工作纳入国民经济和社会发展计划，并采取有利于固体废物污染环境防治的经济、技术政策和措施。

国务院有关部门、县级以上地方人民政府及其有关部门组织编制城乡建设、土地利用、区域开发、产业发展等规划，应当统筹考虑减少固体废物的产生量和危害性、促进固体废物的综合利用和无害化处置。

**第五条** 国家对固体废物污染环境防治实行污染者依法负责的原则。

产品的生产者、销售者、进口者、使用者对其产生的固体废物依法承担污染防治责任。

**第六条** 国家鼓励、支持固体废物污染环境防治的科学研究、技术开发、推广先进的防治技术和普及固体废物污染环境防治的科学知识。

各级人民政府应当加强防治固体废物污染环境的宣传教育，倡导有利于环境保护的生产方式和生活方式。

**第七条** 国家鼓励单位和个人购买、使用再生产品和可重复利用产品。

**第八条** 各级人民政府对在固体废物污染环境防治工作以及相关的综合利用活动中作出显著成绩的单位和个人给予奖励。

**第九条** 任何单位和个人都有保护环境的义务，并有权对造成固体废物污染环境的单位和个人进行检举和控告。

**第十条** 国务院环境保护行政主管部门对全国固体废物污染环境的防治工作实施统一监督管理。国务院有关部门在各自的职责范围内负责固体废物污染环境防治的监督管理工作。

县级以上地方人民政府环境保护行政主管部门对本行政区域内固体废物污染环境的防治工作实施统一监督管理。县级以上地方人民政府有关部门在各自的职责范围内负责固体废物污染环境防治的监督管理工作。

国务院建设行政主管部门和县级以上地方人民政府环境卫生行政主管部门负责生活垃圾清扫、收集、贮存、运输和处置的监督管理工作。

## 第二章 固体废物污染环境防治的监督管理

**第十一条** 国务院环境保护行政主管部门会同国务院有关行政主管部门根据国家环境质量标准和国家经济、技术条件,制定国家固体废物污染环境防治技术标准。

**第十二条** 国务院环境保护行政主管部门建立固体废物污染环境监测制度,制定统一的监测规范,并会同有关部门组织监测网络。

大、中城市人民政府环境保护行政主管部门应当定期发布固体废物的种类、产生量、处置状况等信息。

**第十三条** 建设产生固体废物的项目以及建设贮存、利用、处置固体废物的项目,必须依法进行环境影响评价,并遵守国家有关建设项目环境保护管理的规定。

**第十四条** 建设项目的环境影响评价文件确定需要配套建设的固体废物污染环境防治设施,必须与主体工程同时设计、同时施工、同时投入使用。固体废物污染环境防治设施必须经原审批环境影响评价文件的环境保护行政主管部门验收合格后,该建设项目方可投入生产或者使用。对固体废物污染环境防治设施的验收应当与对主体工程的验收同时进行。

**第十五条** 县级以上人民政府环境保护行政主管部门和其他固体废物污染环境防治工作的监督管理部门,有权依据各自的职责对管辖范围内与固体废物污染环境防治有关的单位进行现场检查。被检查的单位应当如实反映情况,提供必要的资料。检查机关应当为被检查的单位保守技术秘密和业务秘密。

检查机关进行现场检查时,可以采取现场监测、采集样品、查阅或者复制与固体废物污染环境防治相关的资料等措施。检查人员进行现场检查,应当出示证件。

## 第三章 固体废物污染环境的防治

### 第一节 一般规定

**第十六条** 产生固体废物的单位和个人,应当采取措施,防止或者减少固体废物对环境的污染。

**第十七条** 收集、贮存、运输、利用、处置固体废物的单位和个人,必须采取防扬散、防流失、防渗漏或者其他防止污染环境的措施;不得擅自倾倒、堆放、丢弃、遗撒固体废物。

禁止任何单位或者个人向江河、湖泊、运河、渠道、水库及其最高水位线以下的滩地和岸坡等法律、法规规定禁止倾倒、堆放废弃物的地点倾倒、堆放固体废物。

　　第十八条　产品和包装物的设计、制造，应当遵守国家有关清洁生产的规定。国务院标准化行政主管部门应当根据国家经济和技术条件、固体废物污染环境防治状况以及产品的技术要求，组织制定有关标准，防止过度包装造成环境污染。

　　生产、销售、进口依法被列入强制回收目录的产品和包装物的企业，必须按照国家有关规定对该产品和包装物进行回收。

　　第十九条　国家鼓励科研、生产单位研究、生产易回收利用、易处置或者在环境中可降解的薄膜覆盖物和商品包装物。

　　使用农用薄膜的单位和个人，应当采取回收利用等措施，防止或者减少农用薄膜对环境的污染。

　　第二十条　从事畜禽规模养殖应当按照国家有关规定收集、贮存、利用或者处置养殖过程中产生的畜禽粪便，防止污染环境。

　　禁止在人口集中地区、机场周围、交通干线附近以及当地人民政府划定的区域露天焚烧秸秆。

　　第二十一条　对收集、贮存、运输、处置固体废物的设施、设备和场所，应当加强管理和维护，保证其正常运行和使用。

　　第二十二条　在国务院和国务院有关主管部门及省、自治区、直辖市人民政府划定的自然保护区、风景名胜区、饮用水水源保护区、基本农田保护区和其他需要特别保护的区域内，禁止建设工业固体废物集中贮存、处置的设施、场所和生活垃圾填埋场。

　　第二十三条　转移固体废物出省、自治区、直辖市行政区域贮存、处置的，应当向固体废物移出地的省、自治区、直辖市人民政府环境保护行政主管部门提出申请。移出地的省、自治区、直辖市人民政府环境保护行政主管部门应当商经接受地的省、自治区、直辖市人民政府环境保护行政主管部门同意后，方可批准转移该固体废物出省、自治区、直辖市行政区域。未经批准的，不得转移。

　　第二十四条　禁止中华人民共和国境外的固体废物进境倾倒、堆放、处置。

　　第二十五条　禁止进口不能用作原料或者不能以无害化方式利用的固体废物；对可以用作原料的固体废物实行限制进口和自动许可进口分类管理。

　　国务院环境保护行政主管部门会同国务院对外贸易主管部门、国务院经济综合宏观调控部门、海关总署、国务院质量监督检验检疫部门制定、调整并公布禁止进口、限制进口和自动许可进口的固体废物目录。

　　禁止进口列入禁止进口目录的固体废物。进口列入限制进口目录的固体废物，应当经国务院环境保护行政主管部门会同国务院对外贸易主管部门审查许可。进口列入自动许可进口目录的固体废物，应当依法办理自动许可手续。

　　进口的固体废物必须符合国家环境保护标准，并经质量监督检验检疫部门检验合格。

　　进口固体废物的具体管理办法，由国务院环境保护行政主管部门会同国务院对外贸易主管部门、国务院经济综合宏观调控部门、海关总署、国务院质量监督检验检疫部门制定。

　　第二十六条　进口者对海关将其所进口的货物纳入固体废物管理范围不服的，可以依法申请行政复议，也可以向人民法院提起行政诉讼。

## 第二节 工业固体废物污染环境的防治

**第二十七条** 国务院环境保护行政主管部门应当会同国务院经济综合宏观调控部门和其他有关部门对工业固体废物对环境的污染作出界定,制定防治工业固体废物污染环境的技术政策,组织推广先进的防治工业固体废物污染环境的生产工艺和设备。

**第二十八条** 国务院经济综合宏观调控部门应当会同国务院有关部门组织研究、开发和推广减少工业固体废物产生量和危害性的生产工艺和设备,公布限期淘汰产生严重污染环境的工业固体废物的落后生产工艺、落后设备的名录。

生产者、销售者、进口者、使用者必须在国务院经济综合宏观调控部门会同国务院有关部门规定的期限内分别停止生产、销售、进口或者使用列入前款规定的名录中的设备。生产工艺的采用者必须在国务院经济综合宏观调控部门会同国务院有关部门规定的期限内停止采用列入前款规定的名录中的工艺。

列入限期淘汰名录被淘汰的设备,不得转让给他人使用。

**第二十九条** 县级以上人民政府有关部门应当制定工业固体废物污染环境防治工作规划,推广能够减少工业固体废物产生量和危害性的先进生产工艺和设备,推动工业固体废物污染环境防治工作。

**第三十条** 产生工业固体废物的单位应当建立、健全污染环境防治责任制度,采取防治工业固体废物污染环境的措施。

**第三十一条** 企业事业单位应当合理选择和利用原材料、能源和其他资源,采用先进的生产工艺和设备,减少工业固体废物产生量,降低工业固体废物的危害性。

**第三十二条** 国家实行工业固体废物申报登记制度。

产生工业固体废物的单位必须按照国务院环境保护行政主管部门的规定,向所在地县级以上地方人民政府环境保护行政主管部门提供工业固体废物的种类、产生量、流向、贮存、处置等有关资料。

前款规定的申报事项有重大改变的,应当及时申报。

**第三十三条** 企业事业单位应当根据经济、技术条件对其产生的工业固体废物加以利用;对暂时不利用或者不能利用的,必须按照国务院环境保护行政主管部门的规定建设贮存设施、场所,安全分类存放,或者采取无害化处置措施。

建设工业固体废物贮存、处置的设施、场所,必须符合国家环境保护标准。

**第三十四条** 禁止擅自关闭、闲置或者拆除工业固体废物污染环境防治设施、场所;确有必要关闭、闲置或者拆除的,必须经所在地县级以上地方人民政府环境保护行政主管部门核准,并采取措施,防止污染环境。

**第三十五条** 产生工业固体废物的单位需要终止的,应当事先对工业固体废物的贮存、处置的设施、场所采取污染防治措施,并对未处置的工业固体废物作出妥善处置,防止污染环境。

产生工业固体废物的单位发生变更的,变更后的单位应当按照国家有关环境保护的规定对未处置的工业固体废物及其贮存、处置的设施、场所进行安全处置或者采取措施保证该设施、场所安全运行。变更前当事人对工业固体废物及其贮存、处置的设施、场所的污染防治责任另有约定的,从其约定;但是,不得免除当事人的污染防治义务。

对本法施行前已经终止的单位未处置的工业固体废物及其贮存、处置的设施、场所进行安全处置的费用，由有关人民政府承担；但是，该单位享有的土地使用权依法转让的，应当由土地使用权受让人承担处置费用。当事人另有约定的，从其约定；但是，不得免除当事人的污染防治义务。

第三十六条　矿山企业应当采取科学的开采方法和选矿工艺，减少尾矿、矸石、废石等矿业固体废物的产生量和贮存量。

尾矿、矸石、废石等矿业固体废物贮存设施停止使用后，矿山企业应当按照国家有关环境保护规定进行封场，防止造成环境污染和生态破坏。

第三十七条　拆解、利用、处置废弃电器产品和废弃机动车船，应当遵守有关法律、法规的规定，采取措施，防止污染环境。

### 第三节　生活垃圾污染环境的防治

第三十八条　县级以上人民政府应当统筹安排建设城乡生活垃圾收集、运输、处置设施，提高生活垃圾的利用率和无害化处置率，促进生活垃圾收集、处置的产业化发展，逐步建立和完善生活垃圾污染环境防治的社会服务体系。

第三十九条　县级以上地方人民政府环境卫生行政主管部门应当组织对城市生活垃圾进行清扫、收集、运输和处置，可以通过招标等方式选择具备条件的单位从事生活垃圾的清扫、收集、运输和处置。

第四十条　对城市生活垃圾应当按照环境卫生行政主管部门的规定，在指定的地点放置，不得随意倾倒、抛撒或者堆放。

第四十一条　清扫、收集、运输、处置城市生活垃圾，应当遵守国家有关环境保护和环境卫生管理的规定，防止污染环境。

第四十二条　对城市生活垃圾应当及时清运，逐步做到分类收集和运输，并积极开展合理利用和实施无害化处置。

第四十三条　城市人民政府应当有计划地改进燃料结构，发展城市煤气、天然气、液化气和其他清洁能源。

城市人民政府有关部门应当组织净菜进城，减少城市生活垃圾。

城市人民政府有关部门应当统筹规划，合理安排收购网点，促进生活垃圾的回收利用工作。

第四十四条　建设生活垃圾处置的设施、场所，必须符合国务院环境保护行政主管部门和国务院建设行政主管部门规定的环境保护和环境卫生标准。

禁止擅自关闭、闲置或者拆除生活垃圾处置的设施、场所；确有必要关闭、闲置或者拆除的，必须经所在地县级以上地方人民政府环境卫生行政主管部门和环境保护行政主管部门核准，并采取措施，防止污染环境。

第四十五条　从生活垃圾中回收的物质必须按照国家规定的用途或者标准使用，不得用于生产可能危害人体健康的产品。

第四十六条　工程施工单位应当及时清运工程施工过程中产生的固体废物，并按照环境卫生行政主管部门的规定进行利用或者处置。

第四十七条　从事公共交通运输的经营单位，应当按照国家有关规定，清扫、收集运输过程中产生的生活垃圾。

**第四十八条** 从事城市新区开发、旧区改建和住宅小区开发建设的单位,以及机场、码头、车站、公园、商店等公共设施、场所的经营管理单位,应当按照国家有关环境卫生的规定,配套建设生活垃圾收集设施。

**第四十九条** 农村生活垃圾污染环境防治的具体办法,由地方性法规规定。

## 第四章 危险废物污染环境防治的特别规定

**第五十条** 危险废物污染环境的防治,适用本章规定;本章未作规定的,适用本法其他有关规定。

**第五十一条** 国务院环境保护行政主管部门应当会同国务院有关部门制定国家危险废物名录,规定统一的危险废物鉴别标准、鉴别方法和识别标志。

**第五十二条** 对危险废物的容器和包装物以及收集、贮存、运输、处置危险废物的设施、场所,必须设置危险废物识别标志。

**第五十三条** 产生危险废物的单位,必须按照国家有关规定制定危险废物管理计划,并向所在地县级以上地方人民政府环境保护行政主管部门申报危险废物的种类、产生量、流向、贮存、处置等有关资料。

前款所称危险废物管理计划应当包括减少危险废物产生量和危害性的措施以及危险废物贮存、利用、处置措施。危险废物管理计划应当报产生危险废物的单位所在地县级以上地方人民政府环境保护行政主管部门备案。

本条规定的申报事项或者危险废物管理计划内容有重大改变的,应当及时申报。

**第五十四条** 国务院环境保护行政主管部门会同国务院经济综合宏观调控部门组织编制危险废物集中处置设施、场所的建设规划,报国务院批准后实施。

县级以上地方人民政府应当依据危险废物集中处置设施、场所的建设规划组织建设危险废物集中处置设施、场所。

**第五十五条** 产生危险废物的单位,必须按照国家有关规定处置危险废物,不得擅自倾倒、堆放;不处置的,由所在地县级以上地方人民政府环境保护行政主管部门责令限期改正;逾期不处置或者处置不符合国家有关规定的,由所在地县级以上地方人民政府环境保护行政主管部门指定单位按照国家有关规定代为处置,处置费用由产生危险废物的单位承担。

**第五十六条** 以填埋方式处置危险废物不符合国务院环境保护行政主管部门规定的,应当缴纳危险废物排污费。危险废物排污费征收的具体办法由国务院规定。

危险废物排污费用于污染环境的防治,不得挪作他用。

**第五十七条** 从事收集、贮存、处置危险废物经营活动的单位,必须向县级以上人民政府环境保护行政主管部门申请领取经营许可证;从事利用危险废物经营活动的单位,必须向国务院环境保护行政主管部门或者省、自治区、直辖市人民政府环境保护行政主管部门申请领取经营许可证。具体管理办法由国务院规定。

禁止无经营许可证或者不按照经营许可证规定从事危险废物收集、贮存、利用、处置的经营活动。

禁止将危险废物提供或者委托给无经营许可证的单位从事收集、贮存、利用、处置的经营活动。

第五十八条　收集、贮存危险废物，必须按照危险废物特性分类进行。禁止混合收集、贮存、运输、处置性质不相容而未经安全性处置的危险废物。

贮存危险废物必须采取符合国家环境保护标准的防护措施，并不得超过一年；确需延长期限的，必须报经原批准经营许可证的环境保护行政主管部门批准；法律、行政法规另有规定的除外。

禁止将危险废物混入非危险废物中贮存。

第五十九条　转移危险废物的，必须按照国家有关规定填写危险废物转移联单，并向危险废物移出地设区的市级以上地方人民政府环境保护行政主管部门提出申请。移出地设区的市级以上地方人民政府环境保护行政主管部门应当商经接受地设区的市级以上地方人民政府环境保护行政主管部门同意后，方可批准转移该危险废物。未经批准的，不得转移。

转移危险废物途经移出地、接受地以外行政区域的，危险废物移出地设区的市级以上地方人民政府环境保护行政主管部门应当及时通知沿途经过的设区的市级以上地方人民政府环境保护行政主管部门。

第六十条　运输危险废物，必须采取防止污染环境的措施，并遵守国家有关危险货物运输管理的规定。

禁止将危险废物与旅客在同一运输工具上载运。

第六十一条　收集、贮存、运输、处置危险废物的场所、设施、设备和容器、包装物及其他物品转作他用时，必须经过消除污染的处理，方可使用。

第六十二条　产生、收集、贮存、运输、利用、处置危险废物的单位，应当制定意外事故的防范措施和应急预案，并向所在地县级以上地方人民政府环境保护行政主管部门备案；环境保护行政主管部门应当进行检查。

第六十三条　因发生事故或者其他突发性事件，造成危险废物严重污染环境的单位，必须立即采取措施消除或者减轻对环境的污染危害，及时通报可能受到污染危害的单位和居民，并向所在地县级以上地方人民政府环境保护行政主管部门和有关部门报告，接受调查处理。

第六十四条　在发生或者有证据证明可能发生危险废物严重污染环境、威胁居民生命财产安全时，县级以上地方人民政府环境保护行政主管部门或者其他固体废物污染环境防治工作的监督管理部门必须立即向本级人民政府和上一级人民政府有关行政主管部门报告，由人民政府采取防止或者减轻危害的有效措施。有关人民政府可以根据需要责令停止导致或者可能导致环境污染事故的作业。

第六十五条　重点危险废物集中处置设施、场所的退役费用应当预提，列入投资概算或者经营成本。具体提取和管理办法，由国务院财政部门、价格主管部门会同国务院环境保护行政主管部门规定。

第六十六条　禁止经中华人民共和国过境转移危险废物。

## 第五章　法　律　责　任

第六十七条　县级以上人民政府环境保护行政主管部门或者其他固体废物污染环境防

治工作的监督管理部门违反本法规定,有下列行为之一的,由本级人民政府或者上级人民政府有关行政主管部门责令改正,对负有责任的主管人员和其他直接责任人员依法给予行政处分;构成犯罪的,依法追究刑事责任:

(一)不依法作出行政许可或者办理批准文件的;
(二)发现违法行为或者接到对违法行为的举报后不予查处的;
(三)有不依法履行监督管理职责的其他行为的。

第六十八条　违反本法规定,有下列行为之一的,由县级以上人民政府环境保护行政主管部门责令停止违法行为,限期改正,处以罚款:

(一)不按照国家规定申报登记工业固体废物,或者在申报登记时弄虚作假的;
(二)对暂时不利用或者不能利用的工业固体废物未建设贮存的设施、场所安全分类存放,或者未采取无害化处置措施的;
(三)将列入限期淘汰名录被淘汰的设备转让给他人使用的;
(四)擅自关闭、闲置或者拆除工业固体废物污染环境防治设施、场所的;
(五)在自然保护区、风景名胜区、饮用水水源保护区、基本农田保护区和其他需要特别保护的区域内,建设工业固体废物集中贮存、处置的设施、场所和生活垃圾填埋场的;
(六)擅自转移固体废物出省、自治区、直辖市行政区域贮存、处置的;
(七)未采取相应防范措施,造成工业固体废物扬散、流失、渗漏或者造成其他环境污染的;
(八)在运输过程中沿途丢弃、遗撒工业固体废物的。

有前款第一项、第八项行为之一的,处五千元以上五万元以下的罚款;有前款第二项、第三项、第四项、第五项、第六项、第七项行为之一的,处一万元以上十万元以下的罚款。

第六十九条　违反本法规定,建设项目需要配套建设的固体废物污染环境防治设施未建成、未经验收或者验收不合格,主体工程即投入生产或者使用的,由审批该建设项目环境影响评价文件的环境保护行政主管部门责令停止生产或者使用,可以并处十万元以下的罚款。

第七十条　违反本法规定,拒绝县级以上人民政府环境保护行政主管部门或者其他固体废物污染环境防治工作的监督管理部门现场检查的,由执行现场检查的部门责令限期改正;拒不改正或者在检查时弄虚作假的,处二千元以上二万元以下的罚款。

第七十一条　从事畜禽规模养殖未按照国家有关规定收集、贮存、处置畜禽粪便,造成环境污染的,由县级以上地方人民政府环境保护行政主管部门责令限期改正,可以处五万元以下的罚款。

第七十二条　违反本法规定,生产、销售、进口或者使用淘汰的设备,或者采用淘汰的生产工艺的,由县级以上人民政府经济综合宏观调控部门责令改正;情节严重的,由县级以上人民政府经济综合宏观调控部门提出意见,报请同级人民政府按照国务院规定的权限决定停业或者关闭。

第七十三条　尾矿、矸石、废石等矿业固体废物贮存设施停止使用后,未按照国家有关环境保护规定进行封场的,由县级以上地方人民政府环境保护行政主管部门责令限期改正，可以处五万元以上二十万元以下的罚款。

**第七十四条** 违反本法有关城市生活垃圾污染环境防治的规定，有下列行为之一的，由县级以上地方人民政府环境卫生行政主管部门责令停止违法行为，限期改正，处以罚款：

（一）随意倾倒、抛撒或者堆放生活垃圾的；

（二）擅自关闭、闲置或者拆除生活垃圾处置设施、场所的；

（三）工程施工单位不及时清运施工过程中产生的固体废物，造成环境污染的；

（四）工程施工单位不按照环境卫生行政主管部门的规定对施工过程中产生的固体废物进行利用或者处置的；

（五）在运输过程中沿途丢弃、遗撒生活垃圾的。

单位有前款第一项、第三项、第五项行为之一的，处五千元以上五万元以下的罚款；有前款第二项、第四项行为之一的，处一万元以上十万元以下的罚款。个人有前款第一项、第五项行为之一的，处二百元以下的罚款。

**第七十五条** 违反本法有关危险废物污染环境防治的规定，有下列行为之一的，由县级以上人民政府环境保护行政主管部门责令停止违法行为，限期改正，处以罚款：

（一）不设置危险废物识别标志的；

（二）不按照国家规定申报登记危险废物，或者在申报登记时弄虚作假的；

（三）擅自关闭、闲置或者拆除危险废物集中处置设施、场所的；

（四）不按照国家规定缴纳危险废物排污费的；

（五）将危险废物提供或者委托给无经营许可证的单位从事经营活动的；

（六）不按照国家规定填写危险废物转移联单或者未经批准擅自转移危险废物的；

（七）将危险废物混入非危险废物中贮存的；

（八）未经安全性处置，混合收集、贮存、运输、处置具有不相容性质的危险废物的；

（九）将危险废物与旅客在同一运输工具上载运的；

（十）未经消除污染的处理将收集、贮存、运输、处置危险废物的场所、设施、设备和容器、包装物及其他物品转作他用的；

（十一）未采取相应防范措施，造成危险废物扬散、流失、渗漏或者造成其他环境污染的；

（十二）在运输过程中沿途丢弃、遗撒危险废物的；

（十三）未制定危险废物意外事故防范措施和应急预案的。

有前款第一项、第二项、第七项、第八项、第九项、第十项、第十一项、第十二项、第十三项行为之一的，处一万元以上十万元以下的罚款；有前款第三项、第五项、第六项行为之一的，处二万元以上二十万元以下的罚款；有前款第四项行为的，限期缴纳，逾期不缴纳的，处应缴纳危险废物排污费金额一倍以上三倍以下的罚款。

**第七十六条** 违反本法规定，危险废物产生者不处置其产生的危险废物又不承担依法应当承担的处置费用的，由县级以上地方人民政府环境保护行政主管部门责令限期改正，处代为处置费用一倍以上三倍以下的罚款。

**第七十七条** 无经营许可证或者不按照经营许可证规定从事收集、贮存、利用、处置危险废物经营活动的，由县级以上人民政府环境保护行政主管部门责令停止违法行为，没收违法所得,可以并处违法所得三倍以下的罚款。

不按照经营许可证规定从事前款活动的,还可以由发证机关吊销经营许可证。

**第七十八条** 违反本法规定,将中华人民共和国境外的固体废物进境倾倒、堆放、处置的,进口属于禁止进口的固体废物或者未经许可擅自进口属于限制进口的固体废物用作原料的,由海关责令退运该固体废物,可以并处十万元以上一百万元以下的罚款;构成犯罪的,依法追究刑事责任。进口者不明的,由承运人承担退运该固体废物的责任,或者承担该固体废物的处置费用。

逃避海关监管将中华人民共和国境外的固体废物运输进境,构成犯罪的,依法追究刑事责任。

**第七十九条** 违反本法规定,经中华人民共和国过境转移危险废物的,由海关责令退运该危险废物,可以并处五万元以上五十万元以下的罚款。

**第八十条** 对已经非法入境的固体废物,由省级以上人民政府环境保护行政主管部门依法向海关提出处理意见,海关应当依照本法第七十八条的规定作出处罚决定;已经造成环境污染的,由省级以上人民政府环境保护行政主管部门责令进口者消除污染。

**第八十一条** 违反本法规定,造成固体废物严重污染环境的,由县级以上人民政府环境保护行政主管部门按照国务院规定的权限决定限期治理;逾期未完成治理任务的,由本级人民政府决定停业或者关闭。

**第八十二条** 违反本法规定,造成固体废物污染环境事故的,由县级以上人民政府环境保护行政主管部门处二万元以上二十万元以下的罚款;造成重大损失的,按照直接损失的百分之三十计算罚款,但是最高不超过一百万元,对负有责任的主管人员和其他直接责任人员,依法给予行政处分;造成固体废物污染环境重大事故的,并由县级以上人民政府按照国务院规定的权限决定停业或者关闭。

**第八十三条** 违反本法规定,收集、贮存、利用、处置危险废物,造成重大环境污染事故,构成犯罪的,依法追究刑事责任。

**第八十四条** 受到固体废物污染损害的单位和个人,有权要求依法赔偿损失。

赔偿责任和赔偿金额的纠纷,可以根据当事人的请求,由环境保护行政主管部门或者其他固体废物污染环境防治工作的监督管理部门调解处理;调解不成的,当事人可以向人民法院提起诉讼。当事人也可以直接向人民法院提起诉讼。

国家鼓励法律服务机构对固体废物污染环境诉讼中的受害人提供法律援助。

**第八十五条** 造成固体废物污染环境的,应当排除危害,依法赔偿损失,并采取措施恢复环境原状。

**第八十六条** 因固体废物污染环境引起的损害赔偿诉讼,由加害人就法律规定的免责事由及其行为与损害结果之间不存在因果关系承担举证责任。

**第八十七条** 固体废物污染环境的损害赔偿责任和赔偿金额的纠纷,当事人可以委托环境监测机构提供监测数据。环境监测机构应当接受委托,如实提供有关监测数据。

## 第六章 附 则

**第八十八条** 本法下列用语的含义:

(一)固体废物,是指在生产、生活和其他活动中产生的丧失原有利用价值或者虽未丧失利用价值但被抛弃或者放弃的固态、半固态和置于容器中的气态的物品、物质以及法律、行政法规规定纳入固体废物管理的物品、物质。

（二）工业固体废物，是指在工业生产活动中产生的固体废物。

（三）生活垃圾，是指在日常生活中或者为日常生活提供服务的活动中产生的固体废物以及法律、行政法规规定视为生活垃圾的固体废物。

（四）危险废物，是指列入国家危险废物名录或者根据国家规定的危险废物鉴别标准和鉴别方法认定的具有危险特性的固体废物。

（五）贮存，是指将固体废物临时置于特定设施或者场所中的活动。

（六）处置，是指将固体废物焚烧和用其他改变固体废物的物理、化学、生物特性的方法，达到减少已产生的固体废物数量、缩小固体废物体积、减少或者消除其危险成份的活动，或者将固体废物最终置于符合环境保护规定要求的填埋场的活动。

（七）利用，是指从固体废物中提取物质作为原材料或者燃料的活动。

**第八十九条** 液态废物的污染防治，适用本法；但是，排入水体的废水的污染防治适用有关法律，不适用本法。

**第九十条** 中华人民共和国缔结或者参加的与固体废物污染环境防治有关的国际条约与本法有不同规定的，适用国际条约的规定；但是，中华人民共和国声明保留的条款除外。

**第九十一条** 本法自2005年4月1日起施行。

# 中华人民共和国海洋环境保护法

（1999年12月25日第九届全国人民代表大会常务委员会第十三次会议修订，中华人民共和国主席令第二十六号公布，自2000年4月1日起施行）

## 第一章 总 则

**第一条** 为了保护和改善海洋环境，保护海洋资源，防治污染损害，维护生态平衡，保障人体健康，促进经济和社会的可持续发展，制定本法。

**第二条** 本法适用于中华人民共和国内水、领海、毗连区、专属经济区、大陆架以及中华人民共和国管辖的其他海域。

在中华人民共和国管辖海域内从事航行、勘探、开发、生产、旅游、科学研究及其他活动，或者在沿海陆域内从事影响海洋环境活动的任何单位和个人，都必须遵守本法。

在中华人民共和国管辖海域以外，造成中华人民共和国管辖海域污染的，也适用本法。

**第三条** 国家建立并实施重点海域排污总量控制制度，确定主要污染物排海总量控制指标，并对主要污染源分配排放控制数量。具体办法由国务院制定。

**第四条** 一切单位和个人都有保护海洋环境的义务，并有权对污染损害海洋环境的单位和个人，以及海洋环境监督管理人员的违法失职行为进行监督和检举。

**第五条** 国务院环境保护行政主管部门作为对全国环境保护工作统一监督管理的部

门,对全国海洋环境保护工作实施指导、协调和监督,并负责全国防治陆源污染物和海岸工程建设项目对海洋污染损害的环境保护工作。

国家海洋行政主管部门负责海洋环境的监督管理,组织海洋环境的调查、监测、监视、评价和科学研究,负责全国防治海洋工程建设项目和海洋倾倒废弃物对海洋污染损害的环境保护工作。

国家海事行政主管部门负责所辖港区水域内非军事船舶和港区水域外非渔业、非军事船舶污染海洋环境的监督管理,并负责污染事故的调查处理;对在中华人民共和国管辖海域航行、停泊和作业的外国籍船舶造成的污染事故登轮检查处理。船舶污染事故给渔业造成损害的,应当吸收渔业行政主管部门参与调查处理。

国家渔业行政主管部门负责渔港水域内非军事船舶和渔港水域外渔业船舶污染海洋环境的监督管理,负责保护渔业水域生态环境工作,并调查处理前款规定的污染事故以外的渔业污染事故。

军队环境保护部门负责军事船舶污染海洋环境的监督管理及污染事故的调查处理。

沿海县级以上地方人民政府行使海洋环境监督管理权的部门的职责,由省、自治区、直辖市人民政府根据本法及国务院有关规定确定。

## 第二章 海洋环境监督管理

**第六条** 国家海洋行政主管部门会同国务院有关部门和沿海省、自治区、直辖市人民政府拟定全国海洋功能区划,报国务院批准。

沿海地方各级人民政府应当根据全国和地方海洋功能区划,科学合理地使用海域。

**第七条** 国家根据海洋功能区划制定全国海洋环境保护规划和重点海域区域性海洋环境保护规划。

毗邻重点海域的有关沿海省、自治区、直辖市人民政府及行使海洋环境监督管理权的部门,可以建立海洋环境保护区域合作组织,负责实施重点海域区域性海洋环境保护规划、海洋环境污染的防治和海洋生态保护工作。

**第八条** 跨区域的海洋环境保护工作,由有关沿海地方人民政府协商解决,或者由上级人民政府协调解决。

跨部门的重大海洋环境保护工作,由国务院环境保护行政主管部门协调;协调未能解决的,由国务院作出决定。

**第九条** 国家根据海洋环境质量状况和国家经济、技术条件,制定国家海洋环境质量标准。

沿海省、自治区、直辖市人民政府对国家海洋环境质量标准中未作规定的项目,可以制定地方海洋环境质量标准。

沿海地方各级人民政府根据国家和地方海洋环境质量标准的规定和本行政区近岸海域环境质量状况,确定海洋环境保护的目标和任务,并纳入人民政府工作计划,按相应的海洋环境质量标准实施管理。

**第十条** 国家和地方水污染物排放标准的制定,应当将国家和地方海洋环境质量标准作为重要依据之一。在国家建立并实施排污总量控制制度的重点海域,水污染物排放标准的制定,还应当将主要污染物排海总量控制指标作为重要依据。

第十一条　直接向海洋排放污染物的单位和个人,必须按照国家规定缴纳排污费。

向海洋倾倒废弃物,必须按照国家规定缴纳倾倒费。

根据本法规定征收的排污费、倾倒费,必须用于海洋环境污染的整治,不得挪作他用。具体办法由国务院规定。

第十二条　对超过污染物排放标准的,或者在规定的期限内未完成污染物排放削减任务的,或者造成海洋环境严重污染损害的,应当限期治理。

限期治理按照国务院规定的权限决定。

第十三条　国家加强防治海洋环境污染损害的科学技术的研究和开发,对严重污染海洋环境的落后生产工艺和落后设备,实行淘汰制度。

企业应当优先使用清洁能源,采用资源利用率高、污染物排放量少的清洁生产工艺,防止对海洋环境的污染。

第十四条　国家海洋行政主管部门按照国家环境监测、监视规范和标准,管理全国海洋环境的调查、监测、监视,制定具体的实施办法,会同有关部门组织全国海洋环境监测、监视网络,定期评价海洋环境质量,发布海洋巡航监视通报。

依照本法规定行使海洋环境监督管理权的部门分别负责各自所辖水域的监测、监视。

其他有关部门根据全国海洋环境监测网的分工,分别负责对入海河口、主要排污口的监测。

第十五条　国务院有关部门应当向国务院环境保护行政主管部门提供编制全国环境质量公报所必需的海洋环境监测资料。

环境保护行政主管部门应当向有关部门提供与海洋环境监督管理有关的资料。

第十六条　国家海洋行政主管部门按照国家制定的环境监测、监视信息管理制度,负责管理海洋综合信息系统,为海洋环境保护监督管理提供服务。

第十七条　因发生事故或者其他突发性事件,造成或者可能造成海洋环境污染事故的单位和个人,必须立即采取有效措施,及时向可能受到危害者通报,并向依照本法规定行使海洋环境监督管理权的部门报告,接受调查处理。

沿海县级以上地方人民政府在本行政区域近岸海域的环境受到严重污染时,必须采取有效措施,解除或者减轻危害。

第十八条　国家根据防止海洋环境污染的需要,制定国家重大海上污染事故应急计划。

国家海洋行政主管部门负责制定全国海洋石油勘探开发重大海上溢油应急计划,报国务院环境保护行政主管部门备案。

国家海事行政主管部门负责制定全国船舶重大海上溢油污染事故应急计划,报国务院环境保护行政主管部门备案。

沿海可能发生重大海洋环境污染事故的单位,应当依照国家的规定,制定污染事故应急计划,并向当地环境保护行政主管部门、海洋行政主管部门备案。

沿海县级以上地方人民政府及其有关部门在发生重大海上污染事故时,必须按照应急计划解除或者减轻危害。

第十九条　依照本法规定行使海洋环境监督管理权的部门可以在海上实行联合执法,在巡航监视中发现海上污染事故或者违反本法规定的行为时,应当予以制止并调查取证,必要时有权采取有效措施，防止污染事态的扩大，并报告有关主管部门处理。

依照本法规定行使海洋环境监督管理权的部门，有权对管辖范围内排放污染物的单位和个人进行现场检查。被检查者应当如实反映情况，提供必要的资料。

检查机关应当为被检查者保守技术秘密和业务秘密。

## 第三章　海洋生态保护

**第二十条**　国务院和沿海地方各级人民政府应当采取有效措施，保护红树林、珊瑚礁、滨海湿地、海岛、海湾、入海河口、重要渔业水域等具有典型性、代表性的海洋生态系统，珍稀、濒危海洋生物的天然集中分布区，具有重要经济价值的海洋生物生存区域及有重大科学文化价值的海洋自然历史遗迹和自然景观。

对具有重要经济、社会价值的已遭到破坏的海洋生态，应当进行整治和恢复。

**第二十一条**　国务院有关部门和沿海省级人民政府应当根据保护海洋生态的需要，选划、建立海洋自然保护区。

国家级海洋自然保护区的建立，须经国务院批准。

**第二十二条**　凡具有下列条件之一的，应当建立海洋自然保护区：

（一）典型的海洋自然地理区域、有代表性的自然生态区域，以及遭受破坏但经保护能恢复的海洋自然生态区域；

（二）海洋生物物种高度丰富的区域，或者珍稀、濒危海洋生物物种的天然集中分布区域；

（三）具有特殊保护价值的海域、海岸、岛屿、滨海湿地、入海河口和海湾等；

（四）具有重大科学文化价值的海洋自然遗迹所在区域；

（五）其他需要予以特殊保护的区域。

**第二十三条**　凡具有特殊地理条件、生态系统、生物与非生物资源及海洋开发利用特殊需要的区域，可以建立海洋特别保护区，采取有效的保护措施和科学的开发方式进行特殊管理。

**第二十四条**　开发利用海洋资源，应当根据海洋功能区划合理布局，不得造成海洋生态环境破坏。

**第二十五条**　引进海洋动植物物种，应当进行科学论证，避免对海洋生态系统造成危害。

**第二十六条**　开发海岛及周围海域的资源，应当采取严格的生态保护措施，不得造成海岛地形、岸滩、植被以及海岛周围海域生态环境的破坏。

**第二十七条**　沿海地方各级人民政府应当结合当地自然环境的特点，建设海岸防护设施、沿海防护林、沿海城镇园林和绿地，对海岸侵蚀和海水入侵地区进行综合治理。

禁止毁坏海岸防护设施、沿海防护林、沿海城镇园林和绿地。

**第二十八条**　国家鼓励发展生态渔业建设，推广多种生态渔业生产方式，改善海洋生态状况。

新建、改建、扩建海水养殖场，应当进行环境影响评价。

海水养殖应当科学确定养殖密度，并应当合理投饵、施肥，正确使用药物，防止造成海洋环境的污染。

## 第四章　防治陆源污染物对海洋环境的污染损害

**第二十九条**　向海域排放陆源污染物，必须严格执行国家或者地方规定的标准和有关规定。

**第三十条**　入海排污口位置的选择，应当根据海洋功能区划、海水动力条件和有关规定，经科学论证后，报设区的市级以上人民政府环境保护行政主管部门审查批准。

环境保护行政主管部门在批准设置入海排污口之前，必须征求海洋、海事、渔业行政主管部门和军队环境保护部门的意见。

在海洋自然保护区、重要渔业水域、海滨风景名胜区和其他需要特别保护的区域，不得新建排污口。

在有条件的地区，应当将排污口深海设置，实行离岸排放。设置陆源污染物深海离岸排放排污口，应当根据海洋功能区划、海水动力条件和海底工程设施的有关情况确定，具体办法由国务院规定。

**第三十一条**　省、自治区、直辖市人民政府环境保护行政主管部门和水行政主管部门应当按照水污染防治有关法律的规定，加强入海河流管理，防治污染，使入海河口的水质处于良好状态。

**第三十二条**　排放陆源污染物的单位，必须向环境保护行政主管部门申报拥有的陆源污染物排放设施、处理设施和在正常作业条件下排放陆源污染物的种类、数量和浓度，并提供防治海洋环境污染方面的有关技术和资料。

排放陆源污染物的种类、数量和浓度有重大改变的，必须及时申报。

拆除或者闲置陆源污染物处理设施的，必须事先征得环境保护行政主管部门的同意。

**第三十三条**　禁止向海域排放油类、酸液、碱液、剧毒废液和高、中水平放射性废水。

严格限制向海域排放低水平放射性废水；确需排放的，必须严格执行国家辐射防护规定。

严格控制向海域排放含有不易降解的有机物和重金属的废水。

**第三十四条**　含病原体的医疗污水、生活污水和工业废水必须经过处理，符合国家有关排放标准后，方能排入海域。

**第三十五条**　含有机物和营养物质的工业废水、生活污水，应当严格控制向海湾、半封闭海及其他自净能力较差的海域排放。

**第三十六条**　向海域排放含热废水，必须采取有效措施，保证邻近渔业水域的水温符合国家海洋环境质量标准，避免热污染对水产资源的危害。

**第三十七条**　沿海农田、林场施用化学农药，必须执行国家农药安全使用的规定和标准。

沿海农田、林场应当合理使用化肥和植物生长调节剂。

**第三十八条**　在岸滩弃置、堆放和处理尾矿、矿渣、煤灰渣、垃圾和其他固体废物的，依照《中华人民共和国固体废物污染环境防治法》的有关规定执行。

**第三十九条**　禁止经中华人民共和国内水、领海转移危险废物。

经中华人民共和国管辖的其他海域转移危险废物的，必须事先取得国务院环境保护行政主管部门的书面同意。

**第四十条** 沿海城市人民政府应当建设和完善城市排水管网，有计划地建设城市污水处理厂或者其他污水集中处理设施，加强城市污水的综合整治。

建设污水海洋处置工程，必须符合国家有关规定。

**第四十一条** 国家采取必要措施，防止、减少和控制来自大气层或者通过大气层造成的海洋环境污染损害。

## 第五章 防治海岸工程建设项目对海洋环境的污染损害

**第四十二条** 新建、改建、扩建海岸工程建设项目，必须遵守国家有关建设项目环境保护管理的规定，并把防治污染所需资金纳入建设项目投资计划。

在依法划定的海洋自然保护区、海滨风景名胜区、重要渔业水域及其他需要特别保护的区域，不得从事污染环境、破坏景观的海岸工程项目建设或者其他活动。

**第四十三条** 海岸工程建设项目的单位，必须在建设项目可行性研究阶段，对海洋环境进行科学调查，根据自然条件和社会条件，合理选址，编报环境影响报告书。环境影响报告书经海洋行政主管部门提出审核意见后，报环境保护行政主管部门审查批准。

环境保护行政主管部门在批准环境影响报告书之前，必须征求海事、渔业行政主管部门和军队环境保护部门的意见。

**第四十四条** 海岸工程建设项目的环境保护设施，必须与主体工程同时设计、同时施工、同时投产使用。环境保护设施未经环境保护行政主管部门检查批准，建设项目不得试运行；环境保护设施未经环境保护行政主管部门验收，或者经验收不合格的，建设项目不得投入生产或者使用。

**第四十五条** 禁止在沿海陆域内新建不具备有效治理措施的化学制浆造纸、化工、印染、制革、电镀、酿造、炼油、岸边冲滩拆船以及其他严重污染海洋环境的工业生产项目。

**第四十六条** 兴建海岸工程建设项目，必须采取有效措施，保护国家和地方重点保护的野生动植物及其生存环境和海洋水产资源。

严格限制在海岸采挖砂石。露天开采海滨砂矿和从岸上打井开采海底矿产资源，必须采取有效措施，防止污染海洋环境。

## 第六章 防治海洋工程建设项目对海洋环境的污染损害

**第四十七条** 海洋工程建设项目必须符合海洋功能区划、海洋环境保护规划和国家有关环境保护标准，在可行性研究阶段，编报海洋环境影响报告书，由海洋行政主管部门核准，并报环境保护行政主管部门备案，接受环境保护行政主管部门监督。

海洋行政主管部门在核准海洋环境影响报告书之前，必须征求海事、渔业行政主管部门和军队环境保护部门的意见。

**第四十八条** 海洋工程建设项目的环境保护设施，必须与主体工程同时设计、同时施工、同时投产使用。环境保护设施未经海洋行政主管部门检查批准，建设项目不得试运行；环境保护设施未经海洋行政主管部门验收，或者经验收不合格的，建设项目不得投入生产或者使用。

拆除或者闲置环境保护设施，必须事先征得海洋行政主管部门的同意。

第四十九条 海洋工程建设项目，不得使用含超标准放射性物质或者易溶出有毒有害物质的材料。

第五十条 海洋工程建设项目需要爆破作业时，必须采取有效措施，保护海洋资源。

海洋石油勘探开发及输油过程中，必须采取有效措施，避免溢油事故的发生。

第五十一条 海洋石油钻井船、钻井平台和采油平台的含油污水和油性混合物，必须经过处理达标后排放；残油、废油必须予以回收，不得排放入海。经回收处理后排放的，其含油量不得超过国家规定的标准。

钻井所使用的油基泥浆和其他有毒复合泥浆不得排放入海。水基泥浆和无毒复合泥浆及钻屑的排放，必须符合国家有关规定。

第五十二条 海洋石油钻井船、钻井平台和采油平台及其有关海上设施，不得向海域处置含油的工业垃圾。处置其他工业垃圾，不得造成海洋环境污染。

第五十三条 海上试油时，应当确保油气充分燃烧，油和油性混合物不得排放入海。

第五十四条 勘探开发海洋石油，必须按有关规定编制溢油应急计划，报国家海洋行政主管部门审查批准。

## 第七章 防治倾倒废弃物对海洋环境的污染损害

第五十五条 任何单位未经国家海洋行政主管部门批准，不得向中华人民共和国管辖海域倾倒任何废弃物。

需要倾倒废弃物的单位，必须向国家海洋行政主管部门提出书面申请，经国家海洋行政主管部门审查批准，发给许可证后，方可倾倒。

禁止中华人民共和国境外的废弃物在中华人民共和国管辖海域倾倒。

第五十六条 国家海洋行政主管部门根据废弃物的毒性、有毒物质含量和对海洋环境影响程度，制定海洋倾倒废弃物评价程序和标准。

向海洋倾倒废弃物，应当按照废弃物的类别和数量实行分级管理。

可以向海洋倾倒的废弃物名录，由国家海洋行政主管部门拟定，经国务院环境保护行政主管部门提出审核意见后，报国务院批准。

第五十七条 国家海洋行政主管部门按照科学、合理、经济、安全的原则选划海洋倾倒区，经国务院环境保护行政主管部门提出审核意见后，报国务院批准。

临时性海洋倾倒区由国家海洋行政主管部门批准，并报国务院环境保护行政主管部门备案。

国家海洋行政主管部门在选划海洋倾倒区和批准临时性海洋倾倒区之前，必须征求国家海事、渔业行政主管部门的意见。

第五十八条 国家海洋行政主管部门监督管理倾倒区的使用，组织倾倒区的环境监测。对经确认不宜继续使用的倾倒区，国家海洋行政主管部门应当予以封闭，终止在该倾倒区的一切倾倒活动，并报国务院备案。

第五十九条 获准倾倒废弃物的单位，必须按照许可证注明的期限及条件，到指定的区域进行倾倒。废弃物装载之后，批准部门应当予以核实。

第六十条 获准倾倒废弃物的单位，应当详细记录倾倒的情况，并在倾倒后向批准部门作出书面报告。倾倒废弃物的船舶必须向驶出港的海事行政主管部门作出书面报告。

**第六十一条** 禁止在海上焚烧废弃物。

禁止在海上处置放射性废弃物或者其他放射性物质。废弃物中的放射性物质的豁免浓度由国务院制定。

## 第八章 防治船舶及有关作业活动对海洋环境的污染损害

**第六十二条** 在中华人民共和国管辖海域，任何船舶及相关作业不得违反本法规定向海洋排放污染物、废弃物和压载水、船舶垃圾及其他有害物质。

从事船舶污染物、废弃物、船舶垃圾接收、船舶清舱、洗舱作业活动的，必须具备相应的接收处理能力。

**第六十三条** 船舶必须按照有关规定持有防止海洋环境污染的证书与文书，在进行涉及污染物排放及操作时，应当如实记录。

**第六十四条** 船舶必须配置相应的防污设备和器材。

载运具有污染危害性货物的船舶，其结构与设备应当能够防止或者减轻所载货物对海洋环境的污染。

**第六十五条** 船舶应当遵守海上交通安全法律、法规的规定，防止因碰撞、触礁、搁浅、火灾或者爆炸等引起的海难事故，造成海洋环境的污染。

**第六十六条** 国家完善并实施船舶油污损害民事赔偿责任制度；按照船舶油污损害赔偿责任由船东和货主共同承担风险的原则，建立船舶油污保险、油污损害赔偿基金制度。

实施船舶油污保险、油污损害赔偿基金制度的具体办法由国务院规定。

**第六十七条** 载运具有污染危害性货物进出港口的船舶，其承运人、货物所有人或者代理人，必须事先向海事行政主管部门申报。经批准后，方可进出港口、过境停留或者装卸作业。

**第六十八条** 交付船舶装运污染危害性货物的单证、包装、标志、数量限制等，必须符合对所装货物的有关规定。

需要船舶装运污染危害性不明的货物，应当按照有关规定事先进行评估。

装卸油类及有毒有害货物的作业，船岸双方必须遵守安全防污操作规程。

**第六十九条** 港口、码头、装卸站和船舶修造厂必须按照有关规定备有足够的用于处理船舶污染物、废弃物的接收设施，并使该设施处于良好状态。

卸油类的港口、码头、装卸站和船舶必须编制溢油污染应急计划，并配备相应的溢油污染应急设备和器材。

**第七十条** 进行下列活动，应当事先按照有关规定报经有关部门批准或者核准：

（一）船舶在港区水域内使用焚烧炉；

（二）船舶在港区水域内进行洗舱、清舱、驱气、排放压载水、残油、含油污水接收、舷外拷铲及油漆等作业；

（三）船舶、码头、设施使用化学消油剂；

（四）船舶冲洗沾有污染物、有毒有害物质的甲板；

（五）船舶进行散装液体污染危害性货物的过驳作业；

（六）从事船舶水上拆解、打捞、修造和其他水上、水下船舶施工作业。

第七十一条　船舶发生海难事故，造成或者可能造成海洋环境重大污染损害的，国家海事行政主管部门有权强制采取避免或者减少污染损害的措施。

对在公海上因发生海难事故，造成中华人民共和国管辖海域重大污染损害后果或者具有污染威胁的船舶、海上设施，国家海事行政主管部门有权采取与实际的或者可能发生的损害相称的必要措施。

第七十二条　所有船舶均有监视海上污染的义务，在发现海上污染事故或者违反本法规定的行为时，必须立即向就近的依照本法规定行使海洋环境监督管理权的部门报告。

民用航空器发现海上排污或者污染事件，必须及时向就近的民用航空空中交通管制单位报告。接到报告的单位，应当立即向依照本法规定行使海洋环境监督管理权的部门通报。

## 第九章　法　律　责　任

第七十三条　违反本法有关规定，有下列行为之一的，由依照本法规定行使海洋环境监督管理权的部门责令限期改正，并处以罚款：

（一）向海域排放本法禁止排放的污染物或者其他物质的；

（二）不按照本法规定向海洋排放污染物，或者超过标准排放污染物的；

（三）未取得海洋倾倒许可证，向海洋倾倒废弃物的；

（四）因发生事故或者其他突发性事件，造成海洋环境污染事故，不立即采取处理措施的。

有前款第（一）、（三）项行为之一的，处三万元以上二十万元以下的罚款；有前款第（二）、（四）项行为之一的，处二万元以上十万元以下的罚款。

第七十四条　违反本法有关规定，有下列行为之一的，由依照本法规定行使海洋环境监督管理权的部门予以警告，或者处以罚款：

（一）不按照规定申报，甚至拒报污染物排放有关事项，或者在申报时弄虚作假的；

（二）发生事故或者其他突发性事件不按照规定报告的；

（三）不按照规定记录倾倒情况，或者不按照规定提交倾倒报告的；

（四）拒报或者谎报船舶载运污染危害性货物申报事项的。

有前款第（一）、（三）项行为之一的，处二万元以下的罚款；有前款第（二）、（四）项行为之一的，处五万元以下的罚款。

第七十五条　违反本法第十九条第二款的规定，拒绝现场检查，或者在被检查时弄虚作假的，由依照本法规定行使海洋环境监督管理权的部门予以警告，并处二万元以下的罚款。

第七十六条　违反本法规定，造成珊瑚礁、红树林等海洋生态系统及海洋水产资源、海洋保护区破坏的，由依照本法规定行使海洋环境监督管理权的部门责令限期改正和采取补救措施，并处一万元以上十万元以下的罚款；有违法所得的，没收其违法所得。

第七十七条　违反本法第三十条第一款、第三款规定设置入海排污口的，由县级以上地方人民政府环境保护行政主管部门责令其关闭，并处二万元以上十万元以下的罚款。

第七十八条　违反本法第三十二条第三款的规定，擅自拆除、闲置环境保护设施的，由县级以上地方人民政府环境保护行政主管部门责令重新安装使用，并处一万元以上十万元以下的罚款。

第七十九条 违反本法第三十九条第二款的规定，经中华人民共和国管辖海域，转移危险废物的，由国家海事行政主管部门责令非法运输该危险废物的船舶退出中华人民共和国管辖海域，并处五万元以上五十万元以下的罚款。

第八十条 违反本法第四十三条第一款的规定，未持有经审核和批准的环境影响报告书，兴建海岸工程建设项目的，由县级以上地方人民政府环境保护行政主管部门责令其停止违法行为和采取补救措施，并处五万元以上二十万元以下的罚款；或者按照管理权限，由县级以上地方人民政府责令其限期拆除。

第八十一条 违反本法第四十四条的规定，海岸工程建设项目未建成环境保护设施，或者环境保护设施未达到规定要求即投入生产、使用的，由环境保护行政主管部门责令其停止生产或者使用，并处二万元以上十万元以下的罚款。

第八十二条 违反本法第四十五条的规定，新建严重污染海洋环境的工业生产建设项目的，按照管理权限，由县级以上人民政府责令关闭。

第八十三条 违反本法第四十七条第一款、第四十八条的规定，进行海洋工程建设项目，或者海洋工程建设项目未建成环境保护设施、环境保护设施未达到规定要求即投入生产、使用的，由海洋行政主管部门责令其停止施工或者生产、使用，并处五万元以上二十万元以下的罚款。

第八十四条 违反本法第四十九条的规定，使用含超标准放射性物质或者易溶出有毒有害物质材料的，由海洋行政主管部门处五万元以下的罚款，并责令其停止该建设项目的运行，直到消除污染危害。

第八十五条 违反本法规定进行海洋石油勘探开发活动，造成海洋环境污染的，由国家海洋行政主管部门予以警告，并处二万元以上二十万元以下的罚款。

第八十六条 违反本法规定，不按照许可证的规定倾倒，或者向已经封闭的倾倒区倾倒废弃物的，由海洋行政主管部门予以警告，并处三万元以上二十万元以下的罚款；对情节严重的，可以暂扣或者吊销许可证。

第八十七条 违反本法第五十五条第三款的规定，将中华人民共和国境外废弃物运进中华人民共和国管辖海域倾倒的，由国家海洋行政主管部门予以警告，并根据造成或者可能造成的危害后果，处十万元以上一百万元以下的罚款。

第八十八条 违反本法规定，有下列行为之一的，由依照本法规定行使海洋环境监督管理权的部门予以警告，或者处以罚款：

（一）港口、码头、装卸站及船舶未配备防污设施、器材的；

（二）船舶未持有防污证书、防污文书，或者不按照规定记载排污记录的；

（三）从事水上和港区水域拆船、旧船改装、打捞和其他水上、水下施工作业，造成海洋环境污染损害的；

（四）船舶载运的货物不具备防污适运条件的。

有前款第（一）、（四）项行为之一的，处二万元以上十万元以下的罚款；有前款第（二）项行为的，处二万元以下的罚款；有前款第（三）项行为的，处五万元以上二十万元以下的罚款。

第八十九条 违反本法规定，船舶、石油平台和装卸油类的港口、码头、装卸站不编制溢油应急计划的,由依照本法规定行使海洋环境监督管理权的部门予以警告,或者责令限期改正。

**第九十条** 造成海洋环境污染损害的责任者,应当排除危害,并赔偿损失;完全由于第三者的故意或者过失,造成海洋环境污染损害的,由第三者排除危害,并承担赔偿责任。

对破坏海洋生态、海洋水产资源、海洋保护区,给国家造成重大损失的,由依照本法规定行使海洋环境监督管理权的部门代表国家对责任者提出损害赔偿要求。

**第九十一条** 对违反本法规定,造成海洋环境污染事故的单位,由依照本法规定行使海洋环境监督管理权的部门根据所造成的危害和损失处以罚款;负有直接责任的主管人员和其他直接责任人员属于国家工作人员的,依法给予行政处分。

前款规定的罚款数额按照直接损失的百分之三十计算,但最高不得超过三十万元。

对造成重大海洋环境污染事故,致使公私财产遭受重大损失或者人身伤亡严重后果的,依法追究刑事责任。

**第九十二条** 完全属于下列情形之一,经过及时采取合理措施,仍然不能避免对海洋环境造成污染损害的,造成污染损害的有关责任者免予承担责任:

(一)战争;

(二)不可抗拒的自然灾害;

(三)负责灯塔或者其他助航设备的主管部门,在执行职责时的疏忽,或者其他过失行为。

**第九十三条** 对违反本法第十一条、第十二条有关缴纳排污费、倾倒费和限期治理规定的行政处罚,由国务院规定。

**第九十四条** 海洋环境监督管理人员滥用职权、玩忽职守、徇私舞弊,造成海洋环境污染损害的,依法给予行政处分;构成犯罪的,依法追究刑事责任。

## 第十章 附 则

**第九十五条** 本法中下列用语的含义是:

(一)海洋环境污染损害,是指直接或者间接地把物质或者能量引入海洋环境,产生损害海洋生物资源、危害人体健康、妨害渔业和海上其他合法活动、损害海水使用素质和减损环境质量等有害影响。

(二)内水,是指我国领海基线向内陆一侧的所有海域。

(三)滨海湿地,是指低潮时水深浅于六米的水域及其沿岸浸湿地带,包括水深不超过六米的永久性水域、潮间带(或洪泛地带)和沿海低地等。

(四)海洋功能区划,是指依据海洋自然属性和社会属性,以及自然资源和环境特定条件,界定海洋利用的主导功能和使用范畴。

(五)渔业水域,是指鱼虾类的产卵场、索饵场、越冬场、洄游通道和鱼虾贝藻类的养殖场。

(六)油类,是指任何类型的油及其炼制品。

(七)油性混合物,是指任何含有油份的混合物。

(八)排放,是指把污染物排入海洋的行为,包括泵出、溢出、泄出、喷出和倒出。

（九）陆地污染源（简称陆源），是指从陆地向海域排放污染物，造成或者可能造成海洋环境污染的场所、设施等。

（十）陆源污染物，是指由陆地污染源排放的污染物。

（十一）倾倒，是指通过船舶、航空器、平台或者其他载运工具，向海洋处置废弃物和其他有害物质的行为，包括弃置船舶、航空器、平台及其辅助设施和其他浮动工具的行为。

（十二）沿海陆域，是指与海岸相连，或者通过管道、沟渠、设施，直接或者间接向海洋排放污染物及其相关活动的一带区域。

（十三）海上焚烧，是指以热摧毁为目的，在海上焚烧设施上，故意焚烧废弃物或者其他物质的行为，但船舶、平台或者其他人工构造物正常操作中，所附带发生的行为除外。

第九十六条　涉及海洋环境监督管理的有关部门的具体职权划分，本法未作规定的，由国务院规定。

第九十七条　中华人民共和国缔结或者参加的与海洋环境保护有关的国际条约与本法有不同规定的，适用国际条约的规定；但是，中华人民共和国声明保留的条款除外。

第九十八条　本法自 2000 年 4 月 1 日起施行。

# 中华人民共和国放射性污染防治法

（2003 年 6 月 28 日第十届全国人民代表大会常务委员会第三次会议通过，
2003 年 6 月 28 日中华人民共和国主席令第六号公布，自 2003 年 10 月 1 日起施行）

## 第一章　总　　则

第一条　为了防治放射性污染，保护环境，保障人体健康，促进核能、核技术的开发与和平利用，制定本法。

第二条　本法适用于中华人民共和国领域和管辖的其他海域在核设施选址、建造、运行、退役和核技术、铀（钍）矿、伴生放射性矿开发利用过程中发生的放射性污染的防治活动。

第三条　国家对放射性污染的防治，实行预防为主、防治结合、严格管理、安全第一的方针。

第四条　国家鼓励、支持放射性污染防治的科学研究和技术开发利用，推广先进的放射性污染防治技术。

国家支持开展放射性污染防治的国际交流与合作。

第五条　县级以上人民政府应当将放射性污染防治工作纳入环境保护规划。

县级以上人民政府应当组织开展有针对性的放射性污染防治宣传教育，使公众了解放射性污染防治的有关情况和科学知识。

第六条　任何单位和个人有权对造成放射性污染的行为提出检举和控告。

第七条　在放射性污染防治工作中作出显著成绩的单位和个人，由县级以上人民政府给予奖励。

第八条　国务院环境保护行政主管部门对全国放射性污染防治工作依法实施统一监督管理。

国务院卫生行政部门和其他有关部门依据国务院规定的职责，对有关的放射性污染防治工作依法实施监督管理。

## 第二章　放射性污染防治的监督管理

第九条　国家放射性污染防治标准由国务院环境保护行政主管部门根据环境安全要求、国家经济技术条件制定。国家放射性污染防治标准由国务院环境保护行政主管部门和国务院标准化行政主管部门联合发布。

第十条　国家建立放射性污染监测制度。国务院环境保护行政主管部门会同国务院其他有关部门组织环境监测网络，对放射性污染实施监测管理。

第十一条　国务院环境保护行政主管部门和国务院其他有关部门，按照职责分工，各负其责，互通信息，密切配合，对核设施、铀（钍）矿开发利用中的放射性污染防治进行监督检查。

县级以上地方人民政府环境保护行政主管部门和同级其他有关部门，按照职责分工，各负其责，互通信息，密切配合，对本行政区域内核技术利用、伴生放射性矿开发利用中的放射性污染防治进行监督检查。

监督检查人员进行现场检查时，应当出示证件。被检查的单位必须如实反映情况，提供必要的资料。监督检查人员应当为被检查单位保守技术秘密和业务秘密。对涉及国家秘密的单位和部位进行检查时，应当遵守国家有关保守国家秘密的规定，依法办理有关审批手续。

第十二条　核设施营运单位、核技术利用单位、铀（钍）矿和伴生放射性矿开发利用单位，负责本单位放射性污染的防治，接受环境保护行政主管部门和其他有关部门的监督管理，并依法对其造成的放射性污染承担责任。

第十三条　核设施营运单位、核技术利用单位、铀（钍）矿和伴生放射性矿开发利用单位，必须采取安全与防护措施，预防发生可能导致放射性污染的各类事故，避免放射性污染危害。

核设施营运单位、核技术利用单位、铀（钍）矿和伴生放射性矿开发利用单位，应当对其工作人员进行放射性安全教育、培训，采取有效的防护安全措施。

第十四条　国家对从事放射性污染防治的专业人员实行资格管理制度；对从事放射性污染监测工作的机构实行资质管理制度。

第十五条　运输放射性物质和含放射源的射线装置，应当采取有效措施，防止放射性污染。具体办法由国务院规定。

第十六条　放射性物质和射线装置应当设置明显的放射性标识和中文警示说明。生产、销售、使用、贮存、处置放射性物质和射线装置的场所，以及运输放射性物质和含放射源的射线装置的工具，应当设置明显的放射性标志。

第十七条　含有放射性物质的产品，应当符合国家放射性污染防治标准；不符合国家放射性污染防治标准的，不得出厂和销售。

使用伴生放射性矿渣和含有天然放射性物质的石材做建筑和装修材料，应当符合国家建筑材料放射性核素控制标准。

## 第三章 核设施的放射性污染防治

**第十八条** 核设施选址,应当进行科学论证,并按照国家有关规定办理审批手续。在办理核设施选址审批手续前,应当编制环境影响报告书,报国务院环境保护行政主管部门审查批准;未经批准,有关部门不得办理核设施选址批准文件。

**第十九条** 核设施营运单位在进行核设施建造、装料、运行、退役等活动前,必须按照国务院有关核设施安全监督管理的规定,申请领取核设施建造、运行许可证和办理装料、退役等审批手续。

核设施营运单位领取有关许可证或者批准文件后,方可进行相应的建造、装料、运行、退役等活动。

**第二十条** 核设施营运单位应当在申请领取核设施建造、运行许可证和办理退役审批手续前编制环境影响报告书,报国务院环境保护行政主管部门审查批准;未经批准,有关部门不得颁发许可证和办理批准文件。

**第二十一条** 与核设施相配套的放射性污染防治设施,应当与主体工程同时设计、同时施工、同时投入使用。

放射性污染防治设施应当与主体工程同时验收;验收合格的,主体工程方可投入生产或者使用。

**第二十二条** 进口核设施,应当符合国家放射性污染防治标准;没有相应的国家放射性污染防治标准的,采用国务院环境保护行政主管部门指定的国外有关标准。

**第二十三条** 核动力厂等重要核设施外围地区应当划定规划限制区。规划限制区的划定和管理办法,由国务院规定。

**第二十四条** 核设施营运单位应当对核设施周围环境中所含的放射性核素的种类、浓度以及核设施流出物中的放射性核素总量实施监测,并定期向国务院环境保护行政主管部门和所在地省、自治区、直辖市人民政府环境保护行政主管部门报告监测结果。

国务院环境保护行政主管部门负责对核动力厂等重要核设施实施监督性监测,并根据需要对其他核设施的流出物实施监测。监督性监测系统的建设、运行和维护费用由财政预算安排。

**第二十五条** 核设施营运单位应当建立健全安全保卫制度,加强安全保卫工作,并接受公安部门的监督指导。

核设施营运单位应当按照核设施的规模和性质制定核事故场内应急计划,做好应急准备。

出现核事故应急状态时,核设施营运单位必须立即采取有效的应急措施控制事故,并向核设施主管部门和环境保护行政主管部门、卫生行政部门、公安部门以及其他有关部门报告。

**第二十六条** 国家建立健全核事故应急制度。

核设施主管部门、环境保护行政主管部门、卫生行政部门、公安部门以及其他有关部门,在本级人民政府的组织领导下,按照各自的职责依法做好核事故应急工作。

中国人民解放军和中国人民武装警察部队按照国务院、中央军事委员会的有关规定在核事故应急中实施有效的支援。

**第二十七条** 核设施营运单位应当制定核设施退役计划。

核设施的退役费用和放射性废物处置费用应当预提，列入投资概算或者生产成本。核设施的退役费用和放射性废物处置费用的提取和管理办法，由国务院财政部门、价格主管部门会同国务院环境保护行政主管部门、核设施主管部门规定。

## 第四章　核技术利用的放射性污染防治

**第二十八条** 生产、销售、使用放射性同位素和射线装置的单位，应当按照国务院有关放射性同位素与射线装置放射防护的规定申请领取许可证，办理登记手续。

转让、进口放射性同位素和射线装置的单位以及装备有放射性同位素的仪表的单位，应当按照国务院有关放射性同位素与射线装置放射防护的规定办理有关手续。

**第二十九条** 生产、销售、使用放射性同位素和加速器、中子发生器以及含放射源的射线装置的单位，应当在申请领取许可证前编制环境影响评价文件，报省、自治区、直辖市人民政府环境保护行政主管部门审查批准；未经批准，有关部门不得颁发许可证。

国家建立放射性同位素备案制度。具体办法由国务院规定。

**第三十条** 新建、改建、扩建放射工作场所的放射防护设施，应当与主体工程同时设计、同时施工、同时投入使用。

放射防护设施应当与主体工程同时验收；验收合格的，主体工程方可投入生产或者使用。

**第三十一条** 放射性同位素应当单独存放，不得与易燃、易爆、腐蚀性物品等一起存放，其贮存场所应当采取有效的防火、防盗、防射线泄漏的安全防护措施，并指定专人负责保管。贮存、领取、使用、归还放射性同位素时，应当进行登记、检查，做到账物相符。

**第三十二条** 生产、使用放射性同位素和射线装置的单位，应当按照国务院环境保护行政主管部门的规定对其产生的放射性废物进行收集、包装、贮存。

生产放射源的单位，应当按照国务院环境保护行政主管部门的规定回收和利用废旧放射源；使用放射源的单位，应当按照国务院环境保护行政主管部门的规定将废旧放射源交回生产放射源的单位或者送交专门从事放射性固体废物贮存、处置的单位。

**第三十三条** 生产、销售、使用、贮存放射源的单位，应当建立健全安全保卫制度，指定专人负责，落实安全责任制，制定必要的事故应急措施。发生放射源丢失、被盗和放射性污染事故时，有关单位和个人必须立即采取应急措施，并向公安部门、卫生行政部门和环境保护行政主管部门报告。

公安部门、卫生行政部门和环境保护行政主管部门接到放射源丢失、被盗和放射性污染事故报告后，应当报告本级人民政府，并按照各自的职责立即组织采取有效措施，防止放射性污染蔓延，减少事故损失。当地人民政府应当及时将有关情况告知公众，并做好事故的调查、处理工作。

## 第五章　铀（钍）矿和伴生放射性矿开发利用的放射性污染防治

**第三十四条** 开发利用或者关闭铀（钍）矿的单位，应当在申请领取采矿许可证或者办理退役审批手续前编制环境影响报告书，报国务院环境保护行政主管部门审查批准。

开发利用伴生放射性矿的单位，应当在申请领取采矿许可证前编制环境影响报告书，报省级以上人民政府环境保护行政主管部门审查批准。

**第三十五条** 与铀（钍）矿和伴生放射性矿开发利用建设项目相配套的放射性污染防治设施，应当与主体工程同时设计、同时施工、同时投入使用。

放射性污染防治设施应当与主体工程同时验收；验收合格的，主体工程方可投入生产或者使用。

**第三十六条** 铀（钍）矿开发利用单位应当对铀（钍）矿的流出物和周围的环境实施监测，并定期向国务院环境保护行政主管部门和所在地省、自治区、直辖市人民政府环境保护行政主管部门报告监测结果。

**第三十七条** 对铀（钍）矿和伴生放射性矿开发利用过程中产生的尾矿，应当建造尾矿库进行贮存、处置；建造的尾矿库应当符合放射性污染防治的要求。

**第三十八条** 铀（钍）矿开发利用单位应当制定铀（钍）矿退役计划。铀矿退役费用由国家财政预算安排。

## 第六章　放射性废物管理

**第三十九条** 核设施营运单位、核技术利用单位、铀（钍）矿和伴生放射性矿开发利用单位，应当合理选择和利用原材料，采用先进的生产工艺和设备，尽量减少放射性废物的产生量。

**第四十条** 向环境排放放射性废气、废液，必须符合国家放射性污染防治标准。

**第四十一条** 产生放射性废气、废液的单位向环境排放符合国家放射性污染防治标准的放射性废气、废液，应当向审批环境影响评价文件的环境保护行政主管部门申请放射性核素排放量，并定期报告排放计量结果。

**第四十二条** 产生放射性废液的单位，必须按照国家放射性污染防治标准的要求，对不得向环境排放的放射性废液进行处理或者贮存。

产生放射性废液的单位，向环境排放符合国家放射性污染防治标准的放射性废液，必须采用符合国务院环境保护行政主管部门规定的排放方式。

禁止利用渗井、渗坑、天然裂隙、溶洞或者国家禁止的其他方式排放放射性废液。

**第四十三条** 低、中水平放射性固体废物在符合国家规定的区域实行近地表处置。

高水平放射性固体废物实行集中的深地质处置。

α放射性固体废物依照前款规定处置。

禁止在内河水域和海洋上处置放射性固体废物。

**第四十四条** 国务院核设施主管部门会同国务院环境保护行政主管部门根据地质条件和放射性固体废物处置的需要，在环境影响评价的基础上编制放射性固体废物处置场所选址规划，报国务院批准后实施。

有关地方人民政府应当根据放射性固体废物处置场所选址规划，提供放射性固体废物处置场所的建设用地，并采取有效措施支持放射性固体废物的处置。

**第四十五条** 产生放射性固体废物的单位，应当按照国务院环境保护行政主管部门的规定，对其产生的放射性固体废物进行处理后，送交放射性固体废物处置单位处置，并承担处置费用。

放射性固体废物处置费用收取和使用管理办法，由国务院财政部门、价格主管部门会同国务院环境保护行政主管部门规定。

**第四十六条** 设立专门从事放射性固体废物贮存、处置的单位，必须经国务院环境保护行政主管部门审查批准，取得许可证。具体办法由国务院规定。

禁止未经许可或者不按照许可的有关规定从事贮存和处置放射性固体废物的活动。

禁止将放射性固体废物提供或者委托给无许可证的单位贮存和处置。

**第四十七条** 禁止将放射性废物和被放射性污染的物品输入中华人民共和国境内或者经中华人民共和国境内转移。

## 第七章 法律责任

**第四十八条** 放射性污染防治监督管理人员违反法律规定，利用职务上的便利收受他人财物、谋取其他利益，或者玩忽职守，有下列行为之一的，依法给予行政处分；构成犯罪的，依法追究刑事责任：

（一）对不符合法定条件的单位颁发许可证和办理批准文件的；

（二）不依法履行监督管理职责的；

（三）发现违法行为不予查处的。

**第四十九条** 违反本法规定，有下列行为之一的，由县级以上人民政府环境保护行政主管部门或者其他有关部门依据职权责令限期改正，可以处二万元以下罚款：

（一）不按照规定报告有关环境监测结果的；

（二）拒绝环境保护行政主管部门和其他有关部门进行现场检查，或者被检查时不如实反映情况和提供必要资料的。

**第五十条** 违反本法规定，未编制环境影响评价文件，或者环境影响评价文件未经环境保护行政主管部门批准，擅自进行建造、运行、生产和使用等活动的，由审批环境影响评价文件的环境保护行政主管部门责令停止违法行为，限期补办手续或者恢复原状，并处一万元以上二十万元以下罚款。

**第五十一条** 违反本法规定，未建造放射性污染防治设施、放射防护设施，或者防治防护设施未经验收合格，主体工程即投入生产或者使用的，由审批环境影响评价文件的环境保护行政主管部门责令停止违法行为，限期改正，并处五万元以上二十万元以下罚款。

**第五十二条** 违反本法规定，未经许可或者批准，核设施营运单位擅自进行核设施的建造、装料、运行、退役等活动的，由国务院环境保护行政主管部门责令停止违法行为，限期改正，并处二十万元以上五十万元以下罚款；构成犯罪的，依法追究刑事责任。

**第五十三条** 违反本法规定，生产、销售、使用、转让、进口、贮存放射性同位素和射线装置以及装备有放射性同位素的仪表的，由县级以上人民政府环境保护行政主管部门或者其他有关部门依据职权责令停止违法行为，限期改正；逾期不改正的，责令停产停业或者吊销许可证；有违法所得的，没收违法所得；违法所得十万元以上的，并处违法所得一倍以上五倍以下罚款；没有违法所得或者违法所得不足十万元的，并处一万元以上十万元以下罚款；构成犯罪的，依法追究刑事责任。

**第五十四条** 违反本法规定，有下列行为之一的，由县级以上人民政府环境保护行政主管部门责令停止违法行为，限期改正，处以罚款；构成犯罪的，依法追究刑事责任：

（一）未建造尾矿库或者不按照放射性污染防治的要求建造尾矿库，贮存、处置铀（钍）矿和伴生放射性矿的尾矿的；

（二）向环境排放不得排放的放射性废气、废液的；

（三）不按照规定的方式排放放射性废液，利用渗井、渗坑、天然裂隙、溶洞或者国家禁止的其他方式排放放射性废液的；

（四）不按照规定处理或者贮存不得向环境排放的放射性废液的；

（五）将放射性固体废物提供或者委托给无许可证的单位贮存和处置的。

有前款第（一）项、第（二）项、第（三）项、第（五）项行为之一的，处十万元以上二十万元以下罚款；有前款第（四）项行为的，处一万元以上十万元以下罚款。

**第五十五条** 违反本法规定，有下列行为之一的，由县级以上人民政府环境保护行政主管部门或者其他有关部门依据职权责令限期改正；逾期不改正的，责令停产停业，并处二万元以上十万元以下罚款；构成犯罪的，依法追究刑事责任：

（一）不按照规定设置放射性标识、标志、中文警示说明的；

（二）不按照规定建立健全安全保卫制度和制定事故应急计划或者应急措施的；

（三）不按照规定报告放射源丢失、被盗情况或者放射性污染事故的。

**第五十六条** 产生放射性固体废物的单位，不按照本法第四十五条的规定对其产生的放射性固体废物进行处置的，由审批该单位立项环境影响评价文件的环境保护行政主管部门责令停止违法行为，限期改正；逾期不改正的，指定有处置能力的单位代为处置，所需费用由产生放射性固体废物的单位承担，可以并处二十万元以下罚款；构成犯罪的，依法追究刑事责任。

**第五十七条** 违反本法规定，有下列行为之一的，由省级以上人民政府环境保护行政主管部门责令停产停业或者吊销许可证；有违法所得的，没收违法所得；违法所得十万元以上的，并处违法所得一倍以上五倍以下罚款；没有违法所得或者违法所得不足十万元的，并处五万元以上十万元以下罚款；构成犯罪的，依法追究刑事责任：

（一）未经许可，擅自从事贮存和处置放射性固体废物活动的；

（二）不按照许可的有关规定从事贮存和处置放射性固体废物活动的。

**第五十八条** 向中华人民共和国境内输入放射性废物和被放射性污染的物品，或者经中华人民共和国境内转移放射性废物和被放射性污染的物品的，由海关责令退运该放射性废物和被放射性污染的物品，并处五十万元以上一百万元以下罚款；构成犯罪的，依法追究刑事责任。

**第五十九条** 因放射性污染造成他人损害的，应当依法承担民事责任。

## 第八章　附　则

**第六十条** 军用设施、装备的放射性污染防治，由国务院和军队的有关主管部门依照本法规定的原则和国务院、中央军事委员会规定的职责实施监督管理。

**第六十一条** 劳动者在职业活动中接触放射性物质造成的职业病的防治，依照《中华人民共和国职业病防治法》的规定执行。

**第六十二条** 本法中下列用语的含义：

（一）放射性污染，是指由于人类活动造成物料、人体、场所、环境介质表面或者内部出现超过国家标准的放射性物质或者射线。

（二）核设施，是指核动力厂（核电厂、核热电厂、核供汽供热厂等）和其他反应堆（研究堆、实验堆、临界装置等）；核燃料生产、加工、贮存和后处理设施；放射性废物的处理和处置设施等。

（三）核技术利用，是指密封放射源、非密封放射源和射线装置在医疗、工业、农业、地质调查、科学研究和教学等领域中的使用。

（四）放射性同位素，是指某种发生放射性衰变的元素中具有相同原子序数但质量不同的核素。

（五）放射源，是指除研究堆和动力堆核燃料循环范畴的材料以外，永久密封在容器中或者有严密包层并呈固态的放射性材料。

（六）射线装置，是指 X 线机、加速器、中子发生器以及含放射源的装置。

（七）伴生放射性矿，是指含有较高水平天然放射性核素浓度的非铀矿（如稀土矿和磷酸盐矿等）。

（八）放射性废物，是指含有放射性核素或者被放射性核素污染，其浓度或者比活度大于国家确定的清洁解控水平，预期不再使用的废弃物。

**第六十三条** 本法自 2003 年 10 月 1 日起施行。

# 中华人民共和国清洁生产促进法

(2002 年 6 月 29 日第九届全国人民代表大会常务委员会第二十八次会议通过，中华人民共和国主席令第七十二号公布，自 2003 年 1 月 1 日起施行)

## 第一章 总 则

**第一条** 为了促进清洁生产，提高资源利用效率，减少和避免污染物的产生，保护和改善环境，保障人体健康，促进经济与社会可持续发展，制定本法。

**第二条** 本法所称清洁生产，是指不断采取改进设计、使用清洁的能源和原料、采用先进的工艺技术与设备、改善管理、综合利用等措施，从源头削减污染，提高资源利用效率，减少或者避免生产、服务和产品使用过程中污染物的产生和排放，以减轻或者消除对人类健康和环境的危害。

**第三条** 在中华人民共和国领域内，从事生产和服务活动的单位以及从事相关管理活动的部门依照本法规定，组织、实施清洁生产。

**第四条** 国家鼓励和促进清洁生产。国务院和县级以上地方人民政府，应当将清洁生产纳入国民经济和社会发展计划以及环境保护、资源利用、产业发展、区域开发等规划。

**第五条** 国务院经济贸易行政主管部门负责组织、协调全国的清洁生产促进工作。国务院环境保护、计划、科学技术、农业、建设、水利和质量技术监督等行政主管部门，按照各自的职责，负责有关的清洁生产促进工作。

县级以上地方人民政府负责领导本行政区域内的清洁生产促进工作。县级以上地方人民政府经济贸易行政主管部门负责组织、协调本行政区域内的清洁生产促进工作。县级以上地方人民政府环境保护、计划、科学技术、农业、建设、水利和质量技术监督等行政主管部门，按照各自的职责，负责有关的清洁生产促进工作。

**第六条** 国家鼓励开展有关清洁生产的科学研究、技术开发和国际合作，组织宣传、普及清洁生产知识，推广清洁生产技术。

国家鼓励社会团体和公众参与清洁生产的宣传、教育、推广、实施及监督。

## 第二章 清洁生产的推行

**第七条** 国务院应当制定有利于实施清洁生产的财政税收政策。

国务院及其有关行政主管部门和省、自治区、直辖市人民政府，应当制定有利于实施清洁生产的产业政策、技术开发和推广政策。

**第八条** 县级以上人民政府经济贸易行政主管部门，应当会同环境保护、计划、科学技术、农业、建设、水利等有关行政主管部门制定清洁生产的推行规划。

**第九条** 县级以上地方人民政府应当合理规划本行政区域的经济布局，调整产业结构，发展循环经济，促进企业在资源和废物综合利用等领域进行合作，实现资源的高效利用和循环使用。

**第十条** 国务院和省、自治区、直辖市人民政府的经济贸易、环境保护、计划、科学技术、农业等有关行政主管部门，应当组织和支持建立清洁生产信息系统和技术咨询服务体系，向社会提供有关清洁生产方法和技术、可再生利用的废物供求以及清洁生产政策等方面的信息和服务。

**第十一条** 国务院经济贸易行政主管部门会同国务院有关行政主管部门定期发布清洁生产技术、工艺、设备和产品导向目录。

国务院和省、自治区、直辖市人民政府的经济贸易行政主管部门和环境保护、农业、建设等有关行政主管部门组织编制有关行业或者地区的清洁生产指南和技术手册，指导实施清洁生产。

**第十二条** 国家对浪费资源和严重污染环境的落后生产技术、工艺、设备和产品实行限期淘汰制度。国务院经济贸易行政主管部门会同国务院有关行政主管部门制定并发布限期淘汰的生产技术、工艺、设备以及产品的名录。

**第十三条** 国务院有关行政主管部门可以根据需要批准设立节能、节水、废物再生利用等环境与资源保护方面的产品标志，并按照国家规定制定相应标准。

**第十四条** 县级以上人民政府科学技术行政主管部门和其他有关行政主管部门，应当指导和支持清洁生产技术和有利于环境与资源保护的产品的研究、开发以及清洁生产技术的示范和推广工作。

**第十五条** 国务院教育行政主管部门，应当将清洁生产技术和管理课程纳入有关高等教育、职业教育和技术培训体系。

县级以上人民政府有关行政主管部门组织开展清洁生产的宣传和培训，提高国家工作人员、企业经营管理者和公众的清洁生产意识，培养清洁生产管理和技术人员。

新闻出版、广播影视、文化等单位和有关社会团体，应当发挥各自优势做好清洁生产宣传工作。

第十六条　各级人民政府应当优先采购节能、节水、废物再生利用等有利于环境与资源保护的产品。

各级人民政府应当通过宣传、教育等措施，鼓励公众购买和使用节能、节水、废物再生利用等有利于环境与资源保护的产品。

第十七条　省、自治区、直辖市人民政府环境保护行政主管部门，应当加强对清洁生产实施的监督；可以按照促进清洁生产的需要，根据企业污染物的排放情况，在当地主要媒体上定期公布污染物超标排放或者污染物排放总量超过规定限额的污染严重企业的名单，为公众监督企业实施清洁生产提供依据。

## 第三章　清洁生产的实施

第十八条　新建、改建和扩建项目应当进行环境影响评价，对原料使用、资源消耗、资源综合利用以及污染物产生与处置等进行分析论证，优先采用资源利用率高以及污染物产生量少的清洁生产技术、工艺和设备。

第十九条　企业在进行技术改造过程中，应当采取以下清洁生产措施：

（一）采用无毒、无害或者低毒、低害的原料，替代毒性大、危害严重的原料；

（二）采用资源利用率高、污染物产生量少的工艺和设备，替代资源利用率低、污染物产生量多的工艺和设备；

（三）对生产过程中产生的废物、废水和余热等进行综合利用或者循环使用；

（四）采用能够达到国家或者地方规定的污染物排放标准和污染物排放总量控制指标的污染防治技术。

第二十条　产品和包装物的设计，应当考虑其在生命周期中对人类健康和环境的影响，优先选择无毒、无害、易于降解或者便于回收利用的方案。

企业应当对产品进行合理包装，减少包装材料的过度使用和包装性废物的产生。

第二十一条　生产大型机电设备、机动运输工具以及国务院经济贸易行政主管部门指定的其他产品的企业，应当按照国务院标准化行政主管部门或者其授权机构制定的技术规范，在产品的主体构件上注明材料成分的标准牌号。

第二十二条　农业生产者应当科学地使用化肥、农药、农用薄膜和饲料添加剂，改进种植和养殖技术，实现农产品的优质、无害和农业生产废物的资源化，防止农业环境污染。

禁止将有毒、有害废物用作肥料或者用于造田。

第二十三条　餐饮、娱乐、宾馆等服务性企业，应当采用节能、节水和其他有利于环境保护的技术和设备，减少使用或者不使用浪费资源、污染环境的消费品。

第二十四条　建筑工程应当采用节能、节水等有利于环境与资源保护的建筑设计方案、建筑和装修材料、建筑构配件及设备。

建筑和装修材料必须符合国家标准。禁止生产、销售和使用有毒、有害物质超过国家标准的建筑和装修材料。

第二十五条　矿产资源的勘查、开采，应当采用有利于合理利用资源、保护环境和防止污染的勘查、开采方法和工艺技术，提高资源利用水平。

第二十六条　企业应当在经济技术可行的条件下对生产和服务过程中产生的废物、余热等自行回收利用或者转让给有条件的其他企业和个人利用。

**第二十七条** 生产、销售被列入强制回收目录的产品和包装物的企业，必须在产品报废和包装物使用后对该产品和包装物进行回收。强制回收的产品和包装物的目录和具体回收办法，由国务院经济贸易行政主管部门制定。

国家对列入强制回收目录的产品和包装物，实行有利于回收利用的经济措施；县级以上地方人民政府经济贸易行政主管部门应当定期检查强制回收产品和包装物的实施情况，并及时向社会公布检查结果。具体办法由国务院经济贸易行政主管部门制定。

**第二十八条** 企业应当对生产和服务过程中的资源消耗以及废物的产生情况进行监测，并根据需要对生产和服务实施清洁生产审核。

污染物排放超过国家和地方规定的排放标准或者超过经有关地方人民政府核定的污染物排放总量控制指标的企业，应当实施清洁生产审核。

使用有毒、有害原料进行生产或者在生产中排放有毒、有害物质的企业，应当定期实施清洁生产审核，并将审核结果报告所在地的县级以上地方人民政府环境保护行政主管部门和经济贸易行政主管部门。

清洁生产审核办法，由国务院经济贸易行政主管部门会同国务院环境保护行政主管部门制定。

**第二十九条** 企业在污染物排放达到国家和地方规定的排放标准的基础上，可以自愿与有管辖权的经济贸易行政主管部门和环境保护行政主管部门签订进一步节约资源、削减污染物排放量的协议。该经济贸易行政主管部门和环境保护行政主管部门应当在当地主要媒体上公布该企业的名称以及节约资源、防治污染的成果。

**第三十条** 企业可以根据自愿原则，按照国家有关环境管理体系认证的规定，向国家认证认可监督管理部门授权的认证机构提出认证申请，通过环境管理体系认证，提高清洁生产水平。

**第三十一条** 根据本法第十七条规定，列入污染严重企业名单的企业，应当按照国务院环境保护行政主管部门的规定公布主要污染物的排放情况，接受公众监督。

## 第四章 鼓励措施

**第三十二条** 国家建立清洁生产表彰奖励制度。对在清洁生产工作中做出显著成绩的单位和个人，由人民政府给予表彰和奖励。

**第三十三条** 对从事清洁生产研究、示范和培训，实施国家清洁生产重点技术改造项目和本法第二十九条规定的自愿削减污染物排放协议中载明的技术改造项目，列入国务院和县级以上地方人民政府同级财政安排的有关技术进步专项资金的扶持范围。

**第三十四条** 在依照国家规定设立的中小企业发展基金中，应当根据需要安排适当数额用于支持中小企业实施清洁生产。

**第三十五条** 对利用废物生产产品的和从废物中回收原料的，税务机关按照国家有关规定，减征或者免征增值税。

**第三十六条** 企业用于清洁生产审核和培训的费用，可以列入企业经营成本。

## 第五章 法律责任

**第三十七条** 违反本法第二十一条规定，未标注产品材料的成分或者不如实标注的，由县级以上地方人民政府质量技术监督行政主管部门责令限期改正；拒不改正的，处以五万元以下的罚款。

**第三十八条** 违反本法第二十四条第二款规定，生产、销售有毒、有害物质超过国家标准的建筑和装修材料的，依照产品质量法和有关民事、刑事法律的规定，追究行政、民事、刑事法律责任。

**第三十九条** 违反本法第二十七条第一款规定，不履行产品或者包装物回收义务的，由县级以上地方人民政府经济贸易行政主管部门责令限期改正；拒不改正的，处以十万元以下的罚款。

**第四十条** 违反本法第二十八条第三款规定，不实施清洁生产审核或者虽经审核但不如实报告审核结果的，由县级以上地方人民政府环境保护行政主管部门责令限期改正；拒不改正的，处以十万元以下的罚款。

**第四十一条** 违反本法第三十一条规定，不公布或者未按规定要求公布污染物排放情况的，由县级以上地方人民政府环境保护行政主管部门公布，可以并处十万元以下的罚款。

## 第六章 附 则

**第四十二条** 本法自2003年1月1日起施行。

# 中华人民共和国循环经济促进法

(2008年8月29日第十一届全国人民代表大会常务委员会第四次会议通过，中华人民共和国主席令第四号公布，自2009年1月1日起施行)

## 第一章 总 则

**第一条** 为了促进循环经济发展，提高资源利用效率，保护和改善环境，实现可持续发展，制定本法。

**第二条** 本法所称循环经济，是指在生产、流通和消费等过程中进行的减量化、再利用、资源化活动的总称。

本法所称减量化，是指在生产、流通和消费等过程中减少资源消耗和废物产生。

本法所称再利用，是指将废物直接作为产品或者经修复、翻新、再制造后继续作为产品使用，或者将废物的全部或者部分作为其他产品的部件予以使用。

本法所称资源化，是指将废物直接作为原料进行利用或者对废物进行再生利用。

**第三条** 发展循环经济是国家经济社会发展的一项重大战略，应当遵循统筹规划、合理布局，因地制宜、注重实效，政府推动、市场引导，企业实施、公众参与的方针。

**第四条** 发展循环经济应当在技术可行、经济合理和有利于节约资源、保护环境的前提下，按照减量化优先的原则实施。

在废物再利用和资源化过程中，应当保障生产安全，保证产品质量符合国家规定的标准，并防止产生再次污染。

**第五条** 国务院循环经济发展综合管理部门负责组织协调、监督管理全国循环经济发展工作；国务院环境保护等有关主管部门按照各自的职责负责有关循环经济的监督管理工作。

县级以上地方人民政府循环经济发展综合管理部门负责组织协调、监督管理本行政区域的循环经济发展工作；县级以上地方人民政府环境保护等有关主管部门按照各自的职责负责有关循环经济的监督管理工作。

**第六条** 国家制定产业政策，应当符合发展循环经济的要求。

县级以上人民政府编制国民经济和社会发展规划及年度计划，县级以上人民政府有关部门编制环境保护、科学技术等规划，应当包括发展循环经济的内容。

**第七条** 国家鼓励和支持开展循环经济科学技术的研究、开发和推广，鼓励开展循环经济宣传、教育、科学知识普及和国际合作。

**第八条** 县级以上人民政府应当建立发展循环经济的目标责任制，采取规划、财政、投资、政府采购等措施，促进循环经济发展。

**第九条** 企业事业单位应当建立健全管理制度，采取措施，降低资源消耗，减少废物的产生量和排放量，提高废物的再利用和资源化水平。

**第十条** 公民应当增强节约资源和保护环境意识，合理消费，节约资源。

国家鼓励和引导公民使用节能、节水、节材和有利于保护环境的产品及再生产品，减少废物的产生量和排放量。

公民有权举报浪费资源、破坏环境的行为，有权了解政府发展循环经济的信息并提出意见和建议。

**第十一条** 国家鼓励和支持行业协会在循环经济发展中发挥技术指导和服务作用。县级以上人民政府可以委托有条件的行业协会等社会组织开展促进循环经济发展的公共服务。

国家鼓励和支持中介机构、学会和其他社会组织开展循环经济宣传、技术推广和咨询服务，促进循环经济发展。

## 第二章 基本管理制度

**第十二条** 国务院循环经济发展综合管理部门会同国务院环境保护等有关主管部门编制全国循环经济发展规划，报国务院批准后公布施行。设区的市级以上地方人民政府循环经济发展综合管理部门会同本级人民政府环境保护等有关主管部门编制本行政区域循环经济发展规划，报本级人民政府批准后公布施行。

循环经济发展规划应当包括规划目标、适用范围、主要内容、重点任务和保障措施等，并规定资源产出率、废物再利用和资源化率等指标。

**第十三条** 县级以上地方人民政府应当依据上级人民政府下达的本行政区域主要污染物排放、建设用地和用水总量控制指标，规划和调整本行政区域的产业结构，促进循环经济发展。

新建、改建、扩建建设项目，必须符合本行政区域主要污染物排放、建设用地和用水总量控制指标的要求。

**第十四条** 国务院循环经济发展综合管理部门会同国务院统计、环境保护等有关主管部门建立和完善循环经济评价指标体系。

上级人民政府根据前款规定的循环经济主要评价指标，对下级人民政府发展循环经济的状况定期进行考核，并将主要评价指标完成情况作为对地方人民政府及其负责人考核评价的内容。

第十五条　生产列入强制回收名录的产品或者包装物的企业，必须对废弃的产品或者包装物负责回收；对其中可以利用的，由各该生产企业负责利用；对因不具备技术经济条件而不适合利用的，由各该生产企业负责无害化处置。

对前款规定的废弃产品或者包装物，生产者委托销售者或者其他组织进行回收的，或者委托废物利用或者处置企业进行利用或者处置的，受托方应当依照有关法律、行政法规的规定和合同的约定负责回收或者利用、处置。

对列入强制回收名录的产品和包装物，消费者应当将废弃的产品或者包装物交给生产者或者其委托回收的销售者或者其他组织。

强制回收的产品和包装物的名录及管理办法，由国务院循环经济发展综合管理部门规定。

第十六条　国家对钢铁、有色金属、煤炭、电力、石油加工、化工、建材、建筑、造纸、印染等行业年综合能源消费量、用水量超过国家规定总量的重点企业，实行能耗、水耗的重点监督管理制度。

重点能源消费单位的节能监督管理，依照《中华人民共和国节约能源法》的规定执行。

重点用水单位的监督管理办法，由国务院循环经济发展综合管理部门会同国务院有关部门规定。

第十七条　国家建立健全循环经济统计制度，加强资源消耗、综合利用和废物产生的统计管理，并将主要统计指标定期向社会公布。

国务院标准化主管部门会同国务院循环经济发展综合管理和环境保护等有关主管部门建立健全循环经济标准体系，制定和完善节能、节水、节材和废物再利用、资源化等标准。

国家建立健全能源效率标识等产品资源消耗标识制度。

## 第三章　减　量　化

第十八条　国务院循环经济发展综合管理部门会同国务院环境保护等有关主管部门，定期发布鼓励、限制和淘汰的技术、工艺、设备、材料和产品名录。

禁止生产、进口、销售列入淘汰名录的设备、材料和产品，禁止使用列入淘汰名录的技术、工艺、设备和材料。

第十九条　从事工艺、设备、产品及包装物设计，应当按照减少资源消耗和废物产生的要求，优先选择采用易回收、易拆解、易降解、无毒无害或者低毒低害的材料和设计方案，并应当符合有关国家标准的强制性要求。

对在拆解和处置过程中可能造成环境污染的电器电子等产品，不得设计使用国家禁止使用的有毒有害物质。禁止在电器电子等产品中使用的有毒有害物质名录，由国务院循环经济发展综合管理部门会同国务院环境保护等有关主管部门制定。

设计产品包装物应当执行产品包装标准，防止过度包装造成资源浪费和环境污染。

**第二十条** 工业企业应当采用先进或者适用的节水技术、工艺和设备，制定并实施节水计划，加强节水管理，对生产用水进行全过程控制。

工业企业应当加强用水计量管理，配备和使用合格的用水计量器具，建立水耗统计和用水状况分析制度。

新建、改建、扩建建设项目，应当配套建设节水设施。节水设施应当与主体工程同时设计、同时施工、同时投产使用。

国家鼓励和支持沿海地区进行海水淡化和海水直接利用，节约淡水资源。

**第二十一条** 国家鼓励和支持企业使用高效节油产品。

电力、石油加工、化工、钢铁、有色金属和建材等企业，必须在国家规定的范围和期限内，以洁净煤、石油焦、天然气等清洁能源替代燃料油，停止使用不符合国家规定的燃油发电机组和燃油锅炉。

内燃机和机动车制造企业应当按照国家规定的内燃机和机动车燃油经济性标准，采用节油技术，减少石油产品消耗量。

**第二十二条** 开采矿产资源，应当统筹规划，制定合理的开发利用方案，采用合理的开采顺序、方法和选矿工艺。采矿许可证颁发机关应当对申请人提交的开发利用方案中的开采回采率、采矿贫化率、选矿回收率、矿山水循环利用率和土地复垦率等指标依法进行审查；审查不合格的，不予颁发采矿许可证。采矿许可证颁发机关应当依法加强对开采矿产资源的监督管理。

矿山企业在开采主要矿种的同时，应当对具有工业价值的共生和伴生矿实行综合开采、合理利用；对必须同时采出而暂时不能利用的矿产以及含有用组分的尾矿，应当采取保护措施，防止资源损失和生态破坏。

**第二十三条** 建筑设计、建设、施工等单位应当按照国家有关规定和标准，对其设计、建设、施工的建筑物及构筑物采用节能、节水、节地、节材的技术工艺和小型、轻型、再生产品。有条件的地区，应当充分利用太阳能、地热能、风能等可再生能源。

国家鼓励利用无毒无害的固体废物生产建筑材料，鼓励使用散装水泥，推广使用预拌混凝土和预拌砂浆。

禁止损毁耕地烧砖。在国务院或者省、自治区、直辖市人民政府规定的期限和区域内，禁止生产、销售和使用黏土砖。

**第二十四条** 县级以上人民政府及其农业等主管部门应当推进土地集约利用，鼓励和支持农业生产者采用节水、节肥、节药的先进种植、养殖和灌溉技术，推动农业机械节能，优先发展生态农业。

在缺水地区，应当调整种植结构，优先发展节水型农业，推进雨水集蓄利用，建设和管护节水灌溉设施，提高用水效率，减少水的蒸发和漏失。

**第二十五条** 国家机关及使用财政性资金的其他组织应当厉行节约、杜绝浪费，带头使用节能、节水、节地、节材和有利于保护环境的产品、设备和设施，节约使用办公用品。国务院和县级以上地方人民政府管理机关事务工作的机构会同本级人民政府有关部门制定本级国家机关等机构的用能、用水定额指标，财政部门根据该定额指标制定支出标准。

城市人民政府和建筑物的所有者或者使用者，应当采取措施，加强建筑物维护管理，延长建筑物使用寿命。对符合城市规划和工程建设标准，在合理使用寿命内的建筑物，除为了公共利益的需要外，城市人民政府不得决定拆除。

**第二十六条** 餐饮、娱乐、宾馆等服务性企业，应当采用节能、节水、节材和有利于保护环境的产品，减少使用或者不使用浪费资源、污染环境的产品。

本法施行后新建的餐饮、娱乐、宾馆等服务性企业，应当采用节能、节水、节材和有利于保护环境的技术、设备和设施。

**第二十七条** 国家鼓励和支持使用再生水。在有条件使用再生水的地区，限制或者禁止将自来水作为城市道路清扫、城市绿化和景观用水使用。

**第二十八条** 国家在保障产品安全和卫生的前提下，限制一次性消费品的生产和销售。具体名录由国务院循环经济发展综合管理部门会同国务院财政、环境保护等有关主管部门制定。

对列入前款规定名录中的一次性消费品的生产和销售，由国务院财政、税务和对外贸易等主管部门制定限制性的税收和出口等措施。

## 第四章 再利用和资源化

**第二十九条** 县级以上人民政府应当统筹规划区域经济布局，合理调整产业结构，促进企业在资源综合利用等领域进行合作，实现资源的高效利用和循环使用。

各类产业园区应当组织区内企业进行资源综合利用，促进循环经济发展。

国家鼓励各类产业园区的企业进行废物交换利用、能量梯级利用、土地集约利用、水的分类利用和循环使用，共同使用基础设施和其他有关设施。

新建和改造各类产业园区应当依法进行环境影响评价，并采取生态保护和污染控制措施，确保本区域的环境质量达到规定的标准。

**第三十条** 企业应当按照国家规定，对生产过程中产生的粉煤灰、煤矸石、尾矿、废石、废料、废气等工业废物进行综合利用。

**第三十一条** 企业应当发展串联用水系统和循环用水系统，提高水的重复利用率。

企业应当采用先进技术、工艺和设备，对生产过程中产生的废水进行再生利用。

**第三十二条** 企业应当采用先进或者适用的回收技术、工艺和设备，对生产过程中产生的余热、余压等进行综合利用。

建设利用余热、余压、煤层气以及煤矸石、煤泥、垃圾等低热值燃料的并网发电项目，应当依照法律和国务院的规定取得行政许可或者报送备案。电网企业应当按照国家规定，与综合利用资源发电的企业签订并网协议，提供上网服务，并全额收购并网发电项目的上网电量。

**第三十三条** 建设单位应当对工程施工中产生的建筑废物进行综合利用；不具备综合利用条件的，应当委托具备条件的生产经营者进行综合利用或者无害化处置。

**第三十四条** 国家鼓励和支持农业生产者和相关企业采用先进或者适用技术，对农作物秸秆、畜禽粪便、农产品加工业副产品、废农用薄膜等进行综合利用，开发利用沼气等生物质能源。

**第三十五条** 县级以上人民政府及其林业主管部门应当积极发展生态林业，鼓励和支持林业生产者和相关企业采用木材节约和代用技术，开展林业废弃物和次小薪材、沙生灌木等综合利用，提高木材综合利用率。

**第三十六条** 国家支持生产经营者建立产业废物交换信息系统，促进企业交流产业废物信息。

企业对生产过程中产生的废物不具备综合利用条件的，应当提供给具备条件的生产经营者进行综合利用。

**第三十七条** 国家鼓励和推进废物回收体系建设。

地方人民政府应当按照城乡规划，合理布局废物回收网点和交易市场，支持废物回收企业和其他组织开展废物的收集、储存、运输及信息交流。

废物回收交易市场应当符合国家环境保护、安全和消防等规定。

**第三十八条** 对废电器电子产品、报废机动车船、废轮胎、废铅酸电池等特定产品进行拆解或者再利用，应当符合有关法律、行政法规的规定。

**第三十九条** 回收的电器电子产品，经过修复后销售的，必须符合再利用产品标准，并在显著位置标识为再利用产品。

回收的电器电子产品，需要拆解和再生利用的，应当交售给具备条件的拆解企业。

**第四十条** 国家支持企业开展机动车零部件、工程机械、机床等产品的再制造和轮胎翻新。

销售的再制造产品和翻新产品的质量必须符合国家规定的标准，并在显著位置标识为再制造产品或者翻新产品。

**第四十一条** 县级以上人民政府应当统筹规划建设城乡生活垃圾分类收集和资源化利用设施，建立和完善分类收集和资源化利用体系，提高生活垃圾资源化率。

县级以上人民政府应当支持企业建设污泥资源化利用和处置设施，提高污泥综合利用水平，防止产生再次污染。

## 第五章 激 励 措 施

**第四十二条** 国务院和省、自治区、直辖市人民政府设立发展循环经济的有关专项资金，支持循环经济的科技研究开发、循环经济技术和产品的示范与推广、重大循环经济项目的实施、发展循环经济的信息服务等。具体办法由国务院财政部门会同国务院循环经济发展综合管理等有关主管部门制定。

**第四十三条** 国务院和省、自治区、直辖市人民政府及其有关部门应当将循环经济重大科技攻关项目的自主创新研究、应用示范和产业化发展列入国家或者省级科技发展规划和高技术产业发展规划，并安排财政性资金予以支持。

利用财政性资金引进循环经济重大技术、装备的，应当制定消化、吸收和创新方案，报有关主管部门审批并由其监督实施；有关主管部门应当根据实际需要建立协调机制，对重大技术、装备的引进和消化、吸收、创新实行统筹协调，并给予资金支持。

**第四十四条** 国家对促进循环经济发展的产业活动给予税收优惠，并运用税收等措施鼓励进口先进的节能、节水、节材等技术、设备和产品，限制在生产过程中耗能高、污染重的产品的出口。具体办法由国务院财政、税务主管部门制定。

企业使用或者生产列入国家清洁生产、资源综合利用等鼓励名录的技术、工艺、设备或者产品的,按照国家有关规定享受税收优惠。

**第四十五条** 县级以上人民政府循环经济发展综合管理部门在制定和实施投资计划时,应当将节能、节水、节地、节材、资源综合利用等项目列为重点投资领域。

对符合国家产业政策的节能、节水、节地、节材、资源综合利用等项目,金融机构应当给予优先贷款等信贷支持,并积极提供配套金融服务。

对生产、进口、销售或者使用列入淘汰名录的技术、工艺、设备、材料或者产品的企业,金融机构不得提供任何形式的授信支持。

**第四十六条** 国家实行有利于资源节约和合理利用的价格政策,引导单位和个人节约和合理使用水、电、气等资源性产品。

国务院和省、自治区、直辖市人民政府的价格主管部门应当按照国家产业政策,对资源高消耗行业中的限制类项目,实行限制性的价格政策。

对利用余热、余压、煤层气以及煤矸石、煤泥、垃圾等低热值燃料的并网发电项目,价格主管部门按照有利于资源综合利用的原则确定其上网电价。

省、自治区、直辖市人民政府可以根据本行政区域经济社会发展状况,实行垃圾排放收费制度。收取的费用专项用于垃圾分类、收集、运输、贮存、利用和处置,不得挪作他用。

国家鼓励通过以旧换新、押金等方式回收废物。

**第四十七条** 国家实行有利于循环经济发展的政府采购政策。使用财政性资金进行采购的,应当优先采购节能、节水、节材和有利于保护环境的产品及再生产品。

**第四十八条** 县级以上人民政府及其有关部门应当对在循环经济管理、科学技术研究、产品开发、示范和推广工作中做出显著成绩的单位和个人给予表彰和奖励。

企业事业单位应当对在循环经济发展中做出突出贡献的集体和个人给予表彰和奖励。

## 第六章 法 律 责 任

**第四十九条** 县级以上人民政府循环经济发展综合管理部门或者其他有关主管部门发现违反本法的行为或者接到对违法行为的举报后不予查处,或者有其他不依法履行监督管理职责行为的,由本级人民政府或者上一级人民政府有关主管部门责令改正,对直接负责的主管人员和其他直接责任人员依法给予处分。

**第五十条** 生产、销售列入淘汰名录的产品、设备的,依照《中华人民共和国产品质量法》的规定处罚。

使用列入淘汰名录的技术、工艺、设备、材料的,由县级以上地方人民政府循环经济发展综合管理部门责令停止使用,没收违法使用的设备、材料,并处五万元以上二十万元以下的罚款;情节严重的,由县级以上人民政府循环经济发展综合管理部门提出意见,报请本级人民政府按照国务院规定的权限责令停业或者关闭。

违反本法规定,进口列入淘汰名录的设备、材料或者产品的,由海关责令退运,可以处十万元以上一百万元以下的罚款。进口者不明的,由承运人承担退运责任,或者承担有关处置费用。

**第五十一条** 违反本法规定,对在拆解或者处置过程中可能造成环境污染的电器电子等产品,设计使用列入国家禁止使用名录的有毒有害物质的,由县级以上地方人民政府产品质量监督部门责令限期改正；逾期不改正的，处二万元以上二十万元以下的罚款；情节严重的，由县级以上地方人民政府产品质量监督部门向本级工商行政管理部门通报有关情况，由工商行政管理部门依法吊销营业执照。

第五十二条 违反本法规定，电力、石油加工、化工、钢铁、有色金属和建材等企业未在规定的范围或者期限内停止使用不符合国家规定的燃油发电机组或者燃油锅炉的，由县级以上地方人民政府循环经济发展综合管理部门责令限期改正；逾期不改正的，责令拆除该燃油发电机组或者燃油锅炉，并处五万元以上五十万元以下的罚款。

第五十三条 违反本法规定，矿山企业未达到经依法审查确定的开采回采率、采矿贫化率、选矿回收率、矿山水循环利用率和土地复垦率等指标的，由县级以上人民政府地质矿产主管部门责令限期改正，处五万元以上五十万元以下的罚款；逾期不改正的，由采矿许可证颁发机关依法吊销采矿许可证。

第五十四条 违反本法规定，在国务院或者省、自治区、直辖市人民政府规定禁止生产、销售、使用黏土砖的期限或者区域内生产、销售或者使用黏土砖的，由县级以上地方人民政府指定的部门责令限期改正；有违法所得的，没收违法所得；逾期继续生产、销售的，由地方人民政府工商行政管理部门依法吊销营业执照。

第五十五条 违反本法规定，电网企业拒不收购企业利用余热、余压、煤层气以及煤矸石、煤泥、垃圾等低热值燃料生产的电力的，由国家电力监管机构责令限期改正；造成企业损失的，依法承担赔偿责任。

第五十六条 违反本法规定，有下列行为之一的，由地方人民政府工商行政管理部门责令限期改正，可以处五千元以上五万元以下的罚款；逾期不改正的，依法吊销营业执照；造成损失的，依法承担赔偿责任：

（一）销售没有再利用产品标识的再利用电器电子产品的；

（二）销售没有再制造或者翻新产品标识的再制造或者翻新产品的。

第五十七条 违反本法规定，构成犯罪的，依法追究刑事责任。

## 第七章 附 则

第五十八条 本法自 2009 年 1 月 1 日起施行。

# 中华人民共和国水法

（2002 年 8 月 29 日第九届全国人民代表大会常务委员会第二十九次会议修订通过，2002 年 8 月 29 日中华人民共和国主席令第七十四号公布，自 2002 年 10 月 1 日起施行）

## 第一章 总 则

第一条 为了合理开发、利用、节约和保护水资源，防治水害，实现水资源的可持续利用，适应国民经济和社会发展的需要，制定本法。

第二条 在中华人民共和国领域内开发、利用、节约、保护、管理水资源，防治水害，适用本法。

本法所称水资源，包括地表水和地下水。

**第三条** 水资源属于国家所有。水资源的所有权由国务院代表国家行使。农村集体经济组织的水塘和由农村集体经济组织修建管理的水库中的水，归各该农村集体经济组织使用。

**第四条** 开发、利用、节约、保护水资源和防治水害，应当全面规划、统筹兼顾、标本兼治、综合利用、讲求效益，发挥水资源的多种功能，协调好生活、生产经营和生态环境用水。

**第五条** 县级以上人民政府应当加强水利基础设施建设，并将其纳入本级国民经济和社会发展计划。

**第六条** 国家鼓励单位和个人依法开发、利用水资源，并保护其合法权益。开发、利用水资源的单位和个人有依法保护水资源的义务。

**第七条** 国家对水资源依法实行取水许可制度和有偿使用制度。但是，农村集体经济组织及其成员使用本集体经济组织的水塘、水库中的水的除外。国务院水行政主管部门负责全国取水许可制度和水资源有偿使用制度的组织实施。

**第八条** 国家厉行节约用水，大力推行节约用水措施，推广节约用水新技术、新工艺，发展节水型工业、农业和服务业，建立节水型社会。

各级人民政府应当采取措施，加强对节约用水的管理，建立节约用水技术开发推广体系，培育和发展节约用水产业。

单位和个人有节约用水的义务。

**第九条** 国家保护水资源，采取有效措施，保护植被，植树种草，涵养水源，防治水土流失和水体污染，改善生态环境。

**第十条** 国家鼓励和支持开发、利用、节约、保护、管理水资源和防治水害的先进科学技术的研究、推广和应用。

**第十一条** 在开发、利用、节约、保护、管理水资源和防治水害等方面成绩显著的单位和个人，由人民政府给予奖励。

**第十二条** 国家对水资源实行流域管理与行政区域管理相结合的管理体制。

国务院水行政主管部门负责全国水资源的统一管理和监督工作。

国务院水行政主管部门在国家确定的重要江河、湖泊设立的流域管理机构（以下简称流域管理机构），在所管辖的范围内行使法律、行政法规规定的和国务院水行政主管部门授予的水资源管理和监督职责。

县级以上地方人民政府水行政主管部门按照规定的权限，负责本行政区域内水资源的统一管理和监督工作。

**第十三条** 国务院有关部门按照职责分工，负责水资源开发、利用、节约和保护的有关工作。

县级以上地方人民政府有关部门按照职责分工，负责本行政区域内水资源开发、利用、节约和保护的有关工作。

## 第二章 水资源规划

**第十四条** 国家制定全国水资源战略规划。

开发、利用、节约、保护水资源和防治水害，应当按照流域、区域统一制定规划。规划分为流域规划和区域规划。流域规划包括流域综合规划和流域专业规划；区域规划包括区域综合规划和区域专业规划。

前款所称综合规划，是指根据经济社会发展需要和水资源开发利用现状编制的开发、利用、节约、保护水资源和防治水害的总体部署。前款所称专业规划，是指防洪、治涝、灌溉、航运、供水、水力发电、竹木流放、渔业、水资源保护、水土保持、防沙治沙、节约用水等规划。

第十五条　流域范围内的区域规划应当服从流域规划，专业规划应当服从综合规划。

流域综合规划和区域综合规划以及与土地利用关系密切的专业规划，应当与国民经济和社会发展规划以及土地利用总体规划、城市总体规划和环境保护规划相协调，兼顾各地区、各行业的需要。

第十六条　制定规划，必须进行水资源综合科学考察和调查评价。水资源综合科学考察和调查评价，由县级以上人民政府水行政主管部门会同同级有关部门组织进行。

县级以上人民政府应当加强水文、水资源信息系统建设。县级以上人民政府水行政主管部门和流域管理机构应当加强对水资源的动态监测。

基本水文资料应当按照国家有关规定予以公开。

第十七条　国家确定的重要江河、湖泊的流域综合规划，由国务院水行政主管部门会同国务院有关部门和有关省、自治区、直辖市人民政府编制，报国务院批准。跨省、自治区、直辖市的其他江河、湖泊的流域综合规划和区域综合规划，由有关流域管理机构会同江河、湖泊所在地的省、自治区、直辖市人民政府水行政主管部门和有关部门编制，分别经有关省、自治区、直辖市人民政府审查提出意见后，报国务院水行政主管部门审核；国务院水行政主管部门征求国务院有关部门意见后，报国务院或者其授权的部门批准。

前款规定以外的其他江河、湖泊的流域综合规划和区域综合规划，由县级以上地方人民政府水行政主管部门会同同级有关部门和有关地方人民政府编制，报本级人民政府或者其授权的部门批准，并报上一级水行政主管部门备案。

专业规划由县级以上人民政府有关部门编制，征求同级其他有关部门意见后，报本级人民政府批准。其中，防洪规划、水土保持规划的编制、批准，依照防洪法、水土保持法的有关规定执行。

第十八条　规划一经批准，必须严格执行。

经批准的规划需要修改时，必须按照规划编制程序经原批准机关批准。

第十九条　建设水工程，必须符合流域综合规划。在国家确定的重要江河、湖泊和跨省、自治区、直辖市的江河、湖泊上建设水工程，其工程可行性研究报告报请批准前，有关流域管理机构应当对水工程的建设是否符合流域综合规划进行审查并签署意见；在其他江河、湖泊上建设水工程，其工程可行性研究报告报请批准前，县级以上地方人民政府水行政主管部门应当按照管理权限对水工程的建设是否符合流域综合规划进行审查并签署意见。水工程建设涉及防洪的，依照防洪法的有关规定执行；涉及其他地区和行业的，建设单位应当事先征求有关地区和部门的意见。

## 第三章 水资源开发利用

**第二十条** 开发、利用水资源，应当坚持兴利与除害相结合，兼顾上下游、左右岸和有关地区之间的利益，充分发挥水资源的综合效益，并服从防洪的总体安排。

**第二十一条** 开发、利用水资源，应当首先满足城乡居民生活用水，并兼顾农业、工业、生态环境用水以及航运等需要。

在干旱和半干旱地区开发、利用水资源，应当充分考虑生态环境用水需要。

**第二十二条** 跨流域调水，应当进行全面规划和科学论证，统筹兼顾调出和调入流域的用水需要，防止对生态环境造成破坏。

**第二十三条** 地方各级人民政府应当结合本地区水资源的实际情况，按照地表水与地下水统一调度开发、开源与节流相结合、节流优先和污水处理再利用的原则，合理组织开发、综合利用水资源。

国民经济和社会发展规划以及城市总体规划的编制、重大建设项目的布局，应当与当地水资源条件和防洪要求相适应，并进行科学论证；在水资源不足的地区，应当对城市规模和建设耗水量大的工业、农业和服务业项目加以限制。

**第二十四条** 在水资源短缺的地区，国家鼓励对雨水和微咸水的收集、开发、利用和对海水的利用、淡化。

**第二十五条** 地方各级人民政府应当加强对灌溉、排涝、水土保持工作的领导，促进农业生产发展；在容易发生盐碱化和渍害的地区，应当采取措施，控制和降低地下水的水位。

农村集体经济组织或者其成员依法在本集体经济组织所有的集体土地或者承包土地上投资兴建水工程设施的，按照谁投资建设谁管理和谁受益的原则，对水工程设施及其蓄水进行管理和合理使用。

农村集体经济组织修建水库应当经县级以上地方人民政府水行政主管部门批准。

**第二十六条** 国家鼓励开发、利用水能资源。在水能丰富的河流，应当有计划地进行多目标梯级开发。

建设水力发电站，应当保护生态环境，兼顾防洪、供水、灌溉、航运、竹木流放和渔业等方面的需要。

**第二十七条** 国家鼓励开发、利用水运资源。在水生生物洄游通道、通航或者竹木流放的河流上修建永久性拦河闸坝，建设单位应当同时修建过鱼、过船、过木设施，或者经国务院授权的部门批准采取其他补救措施，并妥善安排施工和蓄水期间的水生生物保护、航运和竹木流放，所需费用由建设单位承担。

在不通航的河流或者人工水道上修建闸坝后可以通航的，闸坝建设单位应当同时修建过船设施或者预留过船设施位置。

**第二十八条** 任何单位和个人引水、截（蓄）水、排水，不得损害公共利益和他人的合法权益。

**第二十九条** 国家对水工程建设移民实行开发性移民的方针，按照前期补偿、补助与后期扶持相结合的原则，妥善安排移民的生产和生活，保护移民的合法权益。

移民安置应当与工程建设同步进行。建设单位应当根据安置地区的环境容量和可持续发展的原则，因地制宜，编制移民安置规划，经依法批准后，由有关地方人民政府组织实施。所需移民经费列入工程建设投资计划。

## 第四章　水资源、水域和水工程的保护

**第三十条**　县级以上人民政府水行政主管部门、流域管理机构以及其他有关部门在制定水资源开发、利用规划和调度水资源时，应当注意维持江河的合理流量和湖泊、水库以及地下水的合理水位，维护水体的自然净化能力。

**第三十一条**　从事水资源开发、利用、节约、保护和防治水害等水事活动，应当遵守经批准的规划；因违反规划造成江河和湖泊水域使用功能降低、地下水超采、地面沉降、水体污染的，应当承担治理责任。

开采矿藏或者建设地下工程，因疏干排水导致地下水水位下降、水源枯竭或者地面塌陷，采矿单位或者建设单位应当采取补救措施；对他人生活和生产造成损失的，依法给予补偿。

**第三十二条**　国务院水行政主管部门会同国务院环境保护行政主管部门、有关部门和有关省、自治区、直辖市人民政府，按照流域综合规划、水资源保护规划和经济社会发展要求，拟定国家确定的重要江河、湖泊的水功能区划，报国务院批准。跨省、自治区、直辖市的其他江河、湖泊的水功能区划，由有关流域管理机构会同江河、湖泊所在地的省、自治区、直辖市人民政府水行政主管部门、环境保护行政主管部门和其他有关部门拟定，分别经有关省、自治区、直辖市人民政府审查提出意见后，由国务院水行政主管部门会同国务院环境保护行政主管部门审核，报国务院或者其授权的部门批准。

前款规定以外的其他江河、湖泊的水功能区划，由县级以上地方人民政府水行政主管部门会同同级人民政府环境保护行政主管部门和有关部门拟定，报同级人民政府或者其授权的部门批准，并报上一级水行政主管部门和环境保护行政主管部门备案。

县级以上人民政府水行政主管部门或者流域管理机构应当按照水功能区对水质的要求和水体的自然净化能力，核定该水域的纳污能力，向环境保护行政主管部门提出该水域的限制排污总量意见。

县级以上地方人民政府水行政主管部门和流域管理机构应当对水功能区的水质状况进行监测，发现重点污染物排放总量超过控制指标的，或者水功能区的水质未达到水域使用功能对水质的要求的，应当及时报告有关人民政府采取治理措施，并向环境保护行政主管部门通报。

**第三十三条**　国家建立饮用水水源保护区制度。省、自治区、直辖市人民政府应当划定饮用水水源保护区，并采取措施，防止水源枯竭和水体污染，保证城乡居民饮用水安全。

**第三十四条**　禁止在饮用水水源保护区内设置排污口。

在江河、湖泊新建、改建或者扩大排污口，应当经过有管辖权的水行政主管部门或者流域管理机构同意，由环境保护行政主管部门负责对该建设项目的环境影响报告书进行审批。

**第三十五条**　从事工程建设，占用农业灌溉水源、灌排工程设施，或者对原有灌溉用水、供水水源有不利影响的，建设单位应当采取相应的补救措施；造成损失的，依法给予

补偿。

**第三十六条** 在地下水超采地区，县级以上地方人民政府应当采取措施，严格控制开采地下水。在地下水严重超采地区，经省、自治区、直辖市人民政府批准，可以划定地下水禁止开采或者限制开采区。在沿海地区开采地下水，应当经过科学论证，并采取措施，防止地面沉降和海水入侵。

**第三十七条** 禁止在江河、湖泊、水库、运河、渠道内弃置、堆放阻碍行洪的物体和种植阻碍行洪的林木及高秆作物。

禁止在河道管理范围内建设妨碍行洪的建筑物、构筑物以及从事影响河势稳定、危害河岸堤防安全和其他妨碍河道行洪的活动。

**第三十八条** 在河道管理范围内建设桥梁、码头和其他拦河、跨河、临河建筑物、构筑物，铺设跨河管道、电缆，应当符合国家规定的防洪标准和其他有关的技术要求，工程建设方案应当依照防洪法的有关规定报经有关水行政主管部门审查同意。

因建设前款工程设施，需要扩建、改建、拆除或者损坏原有水工程设施的，建设单位应当负担扩建、改建的费用和损失补偿。但是，原有工程设施属于违法工程的除外。

**第三十九条** 国家实行河道采砂许可制度。河道采砂许可制度实施办法，由国务院规定。

在河道管理范围内采砂，影响河势稳定或者危及堤防安全的，有关县级以上人民政府水行政主管部门应当划定禁采区和规定禁采期，并予以公告。

**第四十条** 禁止围湖造地。已经围垦的，应当按照国家规定的防洪标准有计划地退地还湖。

禁止围垦河道。确需围垦的，应当经过科学论证，经省、自治区、直辖市人民政府水行政主管部门或者国务院水行政主管部门同意后，报本级人民政府批准。

**第四十一条** 单位和个人有保护水工程的义务，不得侵占、毁坏堤防、护岸、防汛、水文监测、水文地质监测等工程设施。

**第四十二条** 县级以上地方人民政府应当采取措施，保障本行政区域内水工程，特别是水坝和堤防的安全，限期消除险情。水行政主管部门应当加强对水工程安全的监督管理。

**第四十三条** 国家对水工程实施保护。国家所有的水工程应当按照国务院的规定划定工程管理和保护范围。

国务院水行政主管部门或者流域管理机构管理的水工程，由主管部门或者流域管理机构商有关省、自治区、直辖市人民政府划定工程管理和保护范围。

前款规定以外的其他水工程，应当按照省、自治区、直辖市人民政府的规定，划定工程保护范围和保护职责。

在水工程保护范围内，禁止从事影响水工程运行和危害水工程安全的爆破、打井、采石、取土等活动。

## 第五章 水资源配置和节约使用

**第四十四条** 国务院发展计划主管部门和国务院水行政主管部门负责全国水资源的宏观调配。全国的和跨省、自治区、直辖市的水中长期供求规划，由国务院水行政主管部门会同有关部门制订，经国务院发展计划主管部门审查批准后执行。地方的水中长期供求规划，由县级以上地方人民政府水行政主管部门会同同级有关部门依据上一级水中长期供求规划和本地区的实际情况制订，经本级人民政府发展计划主管部门审查批准后执行。

水中长期供求规划应当依据水的供求现状、国民经济和社会发展规划、流域规划、区域规划，按照水资源供需协调、综合平衡、保护生态、厉行节约、合理开源的原则制定。

**第四十五条** 调蓄径流和分配水量，应当依据流域规划和水中长期供求规划，以流域为单元制定水量分配方案。

跨省、自治区、直辖市的水量分配方案和旱情紧急情况下的水量调度预案，由流域管理机构商有关省、自治区、直辖市人民政府制订，报国务院或者其授权的部门批准后执行。其他跨行政区域的水量分配方案和旱情紧急情况下的水量调度预案，由共同的上一级人民政府水行政主管部门商有关地方人民政府制订，报本级人民政府批准后执行。

水量分配方案和旱情紧急情况下的水量调度预案经批准后，有关地方人民政府必须执行。

在不同行政区域之间的边界河流上建设水资源开发、利用项目，应当符合该流域经批准的水量分配方案，由有关县级以上地方人民政府报共同的上一级人民政府水行政主管部门或者有关流域管理机构批准。

**第四十六条** 县级以上地方人民政府水行政主管部门或者流域管理机构应当根据批准的水量分配方案和年度预测来水量，制定年度水量分配方案和调度计划，实施水量统一调度；有关地方人民政府必须服从。

国家确定的重要江河、湖泊的年度水量分配方案，应当纳入国家的国民经济和社会发展年度计划。

**第四十七条** 国家对用水实行总量控制和定额管理相结合的制度。

省、自治区、直辖市人民政府有关行业主管部门应当制订本行政区域内行业用水定额，报同级水行政主管部门和质量监督检验行政主管部门审核同意后，由省、自治区、直辖市人民政府公布，并报国务院水行政主管部门和国务院质量监督检验行政主管部门备案。

县级以上地方人民政府发展计划主管部门会同同级水行政主管部门，根据用水定额、经济技术条件以及水量分配方案确定的可供本行政区域使用的水量，制定年度用水计划，对本行政区域内的年度用水实行总量控制。

**第四十八条** 直接从江河、湖泊或者地下取用水资源的单位和个人，应当按照国家取水许可制度和水资源有偿使用制度的规定，向水行政主管部门或者流域管理机构申请领取取水许可证，并缴纳水资源费，取得取水权。但是，家庭生活和零星散养、圈养畜禽饮用等少量取水的除外。

实施取水许可制度和征收管理水资源费的具体办法，由国务院规定。

**第四十九条** 用水应当计量，并按照批准的用水计划用水。

用水实行计量收费和超定额累进加价制度。

**第五十条** 各级人民政府应当推行节水灌溉方式和节水技术，对农业蓄水、输水工程采取必要的防渗漏措施，提高农业用水效率。

**第五十一条** 工业用水应当采用先进技术、工艺和设备，增加循环用水次数，提高水的重复利用率。

国家逐步淘汰落后的、耗水量高的工艺、设备和产品，具体名录由国务院经济综合主管部门会同国务院水行政主管部门和有关部门制定并公布。生产者、销售者或者生产经营中的使用者应当在规定的时间内停止生产、销售或者使用列入名录的工艺、设备和产品。

第五十二条 城市人民政府应当因地制宜采取有效措施，推广节水型生活用水器具，降低城市供水管网漏失率，提高生活用水效率；加强城市污水集中处理，鼓励使用再生水，提高污水再生利用率。

第五十三条 新建、扩建、改建建设项目，应当制订节水措施方案，配套建设节水设施。节水设施应当与主体工程同时设计、同时施工、同时投产。

供水企业和自建供水设施的单位应当加强供水设施的维护管理，减少水的漏失。

第五十四条 各级人民政府应当积极采取措施，改善城乡居民的饮用水条件。

第五十五条 使用水工程供应的水，应当按照国家规定向供水单位缴纳水费。供水价格应当按照补偿成本、合理收益、优质优价、公平负担的原则确定。具体办法由省级以上人民政府价格主管部门会同同级水行政主管部门或者其他供水行政主管部门依据职权制定。

## 第六章 水事纠纷处理与执法监督检查

第五十六条 不同行政区域之间发生水事纠纷的，应当协商处理；协商不成的，由上一级人民政府裁决，有关各方必须遵照执行。在水事纠纷解决前，未经各方达成协议或者共同的上一级人民政府批准，在行政区域交界线两侧一定范围内，任何一方不得修建排水、阻水、取水和截（蓄）水工程，不得单方面改变水的现状。

第五十七条 单位之间、个人之间、单位与个人之间发生的水事纠纷，应当协商解决；当事人不愿协商或者协商不成的，可以申请县级以上地方人民政府或者其授权的部门调解，也可以直接向人民法院提起民事诉讼。县级以上地方人民政府或者其授权的部门调解不成的，当事人可以向人民法院提起民事诉讼。

在水事纠纷解决前，当事人不得单方面改变现状。

第五十八条 县级以上人民政府或者其授权的部门在处理水事纠纷时，有权采取临时处置措施，有关各方或者当事人必须服从。

第五十九条 县级以上人民政府水行政主管部门和流域管理机构应当对违反本法的行为加强监督检查并依法进行查处。

水政监督检查人员应当忠于职守，秉公执法。

第六十条 县级以上人民政府水行政主管部门、流域管理机构及其水政监督检查人员履行本法规定的监督检查职责时，有权采取下列措施：

（一）要求被检查单位提供有关文件、证照、资料；

（二）要求被检查单位就执行本法的有关问题作出说明；

（三）进入被检查单位的生产场所进行调查；

（四）责令被检查单位停止违反本法的行为，履行法定义务。

第六十一条 有关单位或者个人对水政监督检查人员的监督检查工作应当给予配合，不得拒绝或者阻碍水政监督检查人员依法执行职务。

第六十二条 水政监督检查人员在履行监督检查职责时,应当向被检查单位或者个人出示执法证件。

第六十三条 县级以上人民政府或者上级水行政主管部门发现本级或者下级水行政主管部门在监督检查工作中有违法或者失职行为的,应当责令其限期改正。

## 第七章 法 律 责 任

第六十四条 水行政主管部门或者其他有关部门以及水工程管理单位及其工作人员,利用职务上的便利收取他人财物、其他好处或者玩忽职守,对不符合法定条件的单位或者个人核发许可证、签署审查同意意见,不按照水量分配方案分配水量,不按照国家有关规定收取水资源费,不履行监督职责,或者发现违法行为不予查处,造成严重后果,构成犯罪的,对负有责任的主管人员和其他直接责任人员依照刑法的有关规定追究刑事责任;尚不够刑事处罚的,依法给予行政处分。

第六十五条 在河道管理范围内建设妨碍行洪的建筑物、构筑物,或者从事影响河势稳定、危害河岸堤防安全和其他妨碍河道行洪的活动的,由县级以上人民政府水行政主管部门或者流域管理机构依据职权,责令停止违法行为,限期拆除违法建筑物、构筑物,恢复原状;逾期不拆除、不恢复原状的,强行拆除,所需费用由违法单位或者个人负担,并处一万元以上十万元以下的罚款。

未经水行政主管部门或者流域管理机构同意,擅自修建水工程,或者建设桥梁、码头和其他拦河、跨河、临河建筑物、构筑物,铺设跨河管道、电缆,且防洪法未作规定的,由县级以上人民政府水行政主管部门或者流域管理机构依据职权,责令停止违法行为,限期补办有关手续;逾期不补办或者补办未被批准的,责令限期拆除违法建筑物、构筑物;逾期不拆除的,强行拆除,所需费用由违法单位或者个人负担,并处一万元以上十万元以下的罚款。

虽经水行政主管部门或者流域管理机构同意,但未按照要求修建前款所列工程设施的,由县级以上人民政府水行政主管部门或者流域管理机构依据职权,责令限期改正,按照情节轻重,处一万元以上十万元以下的罚款。

第六十六条 有下列行为之一,且防洪法未作规定的,由县级以上人民政府水行政主管部门或者流域管理机构依据职权,责令停止违法行为,限期清除障碍或者采取其他补救措施,处一万元以上五万元以下的罚款:

(一)在江河、湖泊、水库、运河、渠道内弃置、堆放阻碍行洪的物体和种植阻碍行洪的林木及高秆作物的;

(二)围湖造地或者未经批准围垦河道的。

第六十七条 在饮用水水源保护区内设置排污口的,由县级以上地方人民政府责令限期拆除、恢复原状;逾期不拆除、不恢复原状的,强行拆除、恢复原状,并处五万元以上十万元以下的罚款。

未经水行政主管部门或者流域管理机构审查同意,擅自在江河、湖泊新建、改建或者扩大排污口的,由县级以上人民政府水行政主管部门或者流域管理机构依据职权,责令停止违法行为,限期恢复原状,处五万元以上十万元以下的罚款。

第六十八条 生产、销售或者在生产经营中使用国家明令淘汰的落后的、耗水量高的工艺、设备和产品的，由县级以上地方人民政府经济综合主管部门责令停止生产、销售或者使用，处二万元以上十万元以下的罚款。

第六十九条 有下列行为之一的，由县级以上人民政府水行政主管部门或者流域管理机构依据职权，责令停止违法行为，限期采取补救措施，处二万元以上十万元以下的罚款；情节严重的，吊销其取水许可证：

（一）未经批准擅自取水的；

（二）未依照批准的取水许可规定条件取水的。

第七十条 拒不缴纳、拖延缴纳或者拖欠水资源费的，由县级以上人民政府水行政主管部门或者流域管理机构依据职权，责令限期缴纳；逾期不缴纳的，从滞纳之日起按日加收滞纳部分千分之二的滞纳金，并处应缴或者补缴水资源费一倍以上五倍以下的罚款。

第七十一条 建设项目的节水设施没有建成或者没有达到国家规定的要求，擅自投入使用的，由县级以上人民政府有关部门或者流域管理机构依据职权，责令停止使用，限期改正，处五万元以上十万元以下的罚款。

第七十二条 有下列行为之一，构成犯罪的，依照刑法的有关规定追究刑事责任；尚不够刑事处罚，且防洪法未作规定的，由县级以上地方人民政府水行政主管部门或者流域管理机构依据职权，责令停止违法行为，采取补救措施，处一万元以上五万元以下的罚款；违反治安管理处罚条例的，由公安机关依法给予治安管理处罚；给他人造成损失的，依法承担赔偿责任：

（一）侵占、毁坏水工程及堤防、护岸等有关设施，毁坏防汛、水文监测、水文地质监测设施的；

（二）在水工程保护范围内，从事影响水工程运行和危害水工程安全的爆破、打井、采石、取土等活动的。

第七十三条 侵占、盗窃或者抢夺防汛物资，防洪排涝、农田水利、水文监测和测量以及其他水工程设备和器材，贪污或者挪用国家救灾、抢险、防汛、移民安置和补偿及其他水利建设款物，构成犯罪的，依照刑法的有关规定追究刑事责任。

第七十四条 在水事纠纷发生及其处理过程中煽动闹事、结伙斗殴、抢夺或者损坏公私财物、非法限制他人人身自由，构成犯罪的，依照刑法的有关规定追究刑事责任；尚不够刑事处罚的，由公安机关依法给予治安管理处罚。

第七十五条 不同行政区域之间发生水事纠纷，有下列行为之一的，对负有责任的主管人员和其他直接责任人员依法给予行政处分：

（一）拒不执行水量分配方案和水量调度预案的；

（二）拒不服从水量统一调度的；

（三）拒不执行上一级人民政府的裁决的；

（四）在水事纠纷解决前，未经各方达成协议或者上一级人民政府批准，单方面违反本法规定改变水的现状的。

第七十六条 引水、截（蓄）水、排水，损害公共利益或者他人合法权益的，依法承担民事责任。

第七十七条 对违反本法第三十九条有关河道采砂许可制度规定的行政处罚，由国务院规定。

## 第八章 附 则

**第七十八条** 中华人民共和国缔结或者参加的与国际或者国境边界河流、湖泊有关的国际条约、协定与中华人民共和国法律有不同规定的，适用国际条约、协定的规定。但是，中华人民共和国声明保留的条款除外。

**第七十九条** 本法所称水工程，是指在江河、湖泊和地下水源上开发、利用、控制、调配和保护水资源的各类工程。

**第八十条** 海水的开发、利用、保护和管理，依照有关法律的规定执行。

**第八十一条** 从事防洪活动，依照防洪法的规定执行。

水污染防治，依照水污染防治法的规定执行。

**第八十二条** 本法自2002年10月1日起施行。

# 中华人民共和国节约能源法

（1997年11月1日第八届全国人民代表大会常务委员会第二十八次会议通过，2007年10月28日第十届全国人民代表大会常务委员会第三十次会议修订通过，中华人民共和国主席令第七十七号公布，自2008年4月1日起施行）

## 第一章 总 则

**第一条** 为了推动全社会节约能源，提高能源利用效率，保护和改善环境，促进经济社会全面协调可持续发展，制定本法。

**第二条** 本法所称能源，是指煤炭、石油、天然气、生物质能和电力、热力以及其他直接或者通过加工、转换而取得有用能的各种资源。

**第三条** 本法所称节约能源（以下简称节能），是指加强用能管理，采取技术上可行、经济上合理以及环境和社会可以承受的措施，从能源生产到消费的各个环节，降低消耗、减少损失和污染物排放、制止浪费，有效、合理地利用能源。

**第四条** 节约资源是我国的基本国策。国家实施节约与开发并举、把节约放在首位的能源发展战略。

**第五条** 国务院和县级以上地方各级人民政府应当将节能工作纳入国民经济和社会发展规划、年度计划，并组织编制和实施节能中长期专项规划、年度节能计划。

国务院和县级以上地方各级人民政府每年向本级人民代表大会或者其常务委员会报告节能工作。

**第六条** 国家实行节能目标责任制和节能考核评价制度，将节能目标完成情况作为对地方人民政府及其负责人考核评价的内容。

省、自治区、直辖市人民政府每年向国务院报告节能目标责任的履行情况。

**第七条** 国家实行有利于节能和环境保护的产业政策，限制发展高耗能、高污染行业，发展节能环保型产业。

国务院和省、自治区、直辖市人民政府应当加强节能工作，合理调整产业结构、企业结构、产品结构和能源消费结构，推动企业降低单位产值能耗和单位产品能耗，淘汰落后的生产能力，改进能源的开发、加工、转换、输送、储存和供应，提高能源利用效率。

国家鼓励、支持开发和利用新能源、可再生能源。

**第八条** 国家鼓励、支持节能科学技术的研究、开发、示范和推广，促进节能技术创新与进步。

国家开展节能宣传和教育，将节能知识纳入国民教育和培训体系，普及节能科学知识，增强全民的节能意识，提倡节约型的消费方式。

**第九条** 任何单位和个人都应当依法履行节能义务，有权检举浪费能源的行为。

新闻媒体应当宣传节能法律、法规和政策，发挥舆论监督作用。

**第十条** 国务院管理节能工作的部门主管全国的节能监督管理工作。国务院有关部门在各自的职责范围内负责节能监督管理工作，并接受国务院管理节能工作的部门的指导。

县级以上地方各级人民政府管理节能工作的部门负责本行政区域内的节能监督管理工作。县级以上地方各级人民政府有关部门在各自的职责范围内负责节能监督管理工作，并接受同级管理节能工作的部门的指导。

## 第二章 节 能 管 理

**第十一条** 国务院和县级以上地方各级人民政府应当加强对节能工作的领导，部署、协调、监督、检查、推动节能工作。

**第十二条** 县级以上人民政府管理节能工作的部门和有关部门应当在各自的职责范围内，加强对节能法律、法规和节能标准执行情况的监督检查，依法查处违法用能行为。

履行节能监督管理职责不得向监督管理对象收取费用。

**第十三条** 国务院标准化主管部门和国务院有关部门依法组织制定并适时修订有关节能的国家标准、行业标准，建立健全节能标准体系。

国务院标准化主管部门会同国务院管理节能工作的部门和国务院有关部门制定强制性的用能产品、设备能源效率标准和生产过程中耗能高的产品的单位产品能耗限额标准。

国家鼓励企业制定严于国家标准、行业标准的企业节能标准。

省、自治区、直辖市制定严于强制性国家标准、行业标准的地方节能标准，由省、自治区、直辖市人民政府报经国务院批准；本法另有规定的除外。

**第十四条** 建筑节能的国家标准、行业标准由国务院建设主管部门组织制定，并依照法定程序发布。

省、自治区、直辖市人民政府建设主管部门可以根据本地实际情况，制定严于国家标准或者行业标准的地方建筑节能标准，并报国务院标准化主管部门和国务院建设主管部门备案。

**第十五条** 国家实行固定资产投资项目节能评估和审查制度。不符合强制性节能标准的项目，依法负责项目审批或者核准的机关不得批准或者核准建设；建设单位不得开工建设；已经建成的，不得投入生产、使用。具体办法由国务院管理节能工作的部门会同国务院有关部门制定。

**第十六条** 国家对落后的耗能过高的用能产品、设备和生产工艺实行淘汰制度。淘汰的用能产品、设备、生产工艺的目录和实施办法，由国务院管理节能工作的部门会同国务院有关部门制定并公布。

生产过程中耗能高的产品的生产单位,应当执行单位产品能耗限额标准。对超过单位产品能耗限额标准用能的生产单位,由管理节能工作的部门按照国务院规定的权限责令限期治理。

对高耗能的特种设备,按照国务院的规定实行节能审查和监管。

**第十七条** 禁止生产、进口、销售国家明令淘汰或者不符合强制性能源效率标准的用能产品、设备;禁止使用国家明令淘汰的用能设备、生产工艺。

**第十八条** 国家对家用电器等使用面广、耗能量大的用能产品,实行能源效率标识管理。实行能源效率标识管理的产品目录和实施办法,由国务院管理节能工作的部门会同国务院产品质量监督部门制定并公布。

**第十九条** 生产者和进口商应当对列入国家能源效率标识管理产品目录的用能产品标注能源效率标识,在产品包装物上或者说明书中予以说明,并按照规定报国务院产品质量监督部门和国务院管理节能工作的部门共同授权的机构备案。

生产者和进口商应当对其标注的能源效率标识及相关信息的准确性负责。禁止销售应当标注而未标注能源效率标识的产品。

禁止伪造、冒用能源效率标识或者利用能源效率标识进行虚假宣传。

**第二十条** 用能产品的生产者、销售者,可以根据自愿原则,按照国家有关节能产品认证的规定,向经国务院认证认可监督管理部门认可的从事节能产品认证的机构提出节能产品认证申请;经认证合格后,取得节能产品认证证书,可以在用能产品或者其包装物上使用节能产品认证标志。

禁止使用伪造的节能产品认证标志或者冒用节能产品认证标志。

**第二十一条** 县级以上各级人民政府统计部门应当会同同级有关部门,建立健全能源统计制度,完善能源统计指标体系,改进和规范能源统计方法,确保能源统计数据真实、完整。

国务院统计部门会同国务院管理节能工作的部门,定期向社会公布各省、自治区、直辖市以及主要耗能行业的能源消费和节能情况等信息。

**第二十二条** 国家鼓励节能服务机构的发展,支持节能服务机构开展节能咨询、设计、评估、检测、审计、认证等服务。

国家支持节能服务机构开展节能知识宣传和节能技术培训,提供节能信息、节能示范和其他公益性节能服务。

**第二十三条** 国家鼓励行业协会在行业节能规划、节能标准的制定和实施、节能技术推广、能源消费统计、节能宣传培训和信息咨询等方面发挥作用。

## 第三章 合理使用与节约能源

### 第一节 一 般 规 定

**第二十四条** 用能单位应当按照合理用能的原则,加强节能管理,制定并实施节能计划和节能技术措施,降低能源消耗。

**第二十五条** 用能单位应当建立节能目标责任制,对节能工作取得成绩的集体、个人给予奖励。

**第二十六条** 用能单位应当定期开展节能教育和岗位节能培训。

**第二十七条** 用能单位应当加强能源计量管理，按照规定配备和使用经依法检定合格的能源计量器具。

用能单位应当建立能源消费统计和能源利用状况分析制度，对各类能源的消费实行分类计量和统计，并确保能源消费统计数据真实、完整。

**第二十八条** 能源生产经营单位不得向本单位职工无偿提供能源。任何单位不得对能源消费实行包费制。

## 第二节 工业节能

**第二十九条** 国务院和省、自治区、直辖市人民政府推进能源资源优化开发利用和合理配置，推进有利于节能的行业结构调整，优化用能结构和企业布局。

**第三十条** 国务院管理节能工作的部门会同国务院有关部门制定电力、钢铁、有色金属、建材、石油加工、化工、煤炭等主要耗能行业的节能技术政策，推动企业节能技术改造。

**第三十一条** 国家鼓励工业企业采用高效、节能的电动机、锅炉、窑炉、风机、泵类等设备，采用热电联产、余热余压利用、洁净煤以及先进的用能监测和控制等技术。

**第三十二条** 电网企业应当按照国务院有关部门制定的节能发电调度管理的规定，安排清洁、高效和符合规定的热电联产、利用余热余压发电的机组以及其他符合资源综合利用规定的发电机组与电网并网运行，上网电价执行国家有关规定。

**第三十三条** 禁止新建不符合国家规定的燃煤发电机组、燃油发电机组和燃煤热电机组。

## 第三节 建筑节能

**第三十四条** 国务院建设主管部门负责全国建筑节能的监督管理工作。

县级以上地方各级人民政府建设主管部门负责本行政区域内建筑节能的监督管理工作。

县级以上地方各级人民政府建设主管部门会同同级管理节能工作的部门编制本行政区域内的建筑节能规划。建筑节能规划应当包括既有建筑节能改造计划。

**第三十五条** 建筑工程的建设、设计、施工和监理单位应当遵守建筑节能标准。

不符合建筑节能标准的建筑工程，建设主管部门不得批准开工建设；已经开工建设的，应当责令停止施工、限期改正；已经建成的，不得销售或者使用。

建设主管部门应当加强对在建建筑工程执行建筑节能标准情况的监督检查。

**第三十六条** 房地产开发企业在销售房屋时，应当向购买人明示所售房屋的节能措施、保温工程保修期等信息，在房屋买卖合同、质量保证书和使用说明书中载明，并对其真实性、准确性负责。

**第三十七条** 使用空调采暖、制冷的公共建筑应当实行室内温度控制制度。具体办法由国务院建设主管部门制定。

**第三十八条** 国家采取措施，对实行集中供热的建筑分步骤实行供热分户计量、按照用热量收费的制度。新建建筑或者对既有建筑进行节能改造，应当按照规定安装用热计量装置、室内温度调控装置和供热系统调控装置。具体办法由国务院建设主管部门会同国务院有关部门制定。

**第三十九条** 县级以上地方各级人民政府有关部门应当加强城市节约用电管理，严格控制公用设施和大型建筑物装饰性景观照明的能耗。

**第四十条** 国家鼓励在新建建筑和既有建筑节能改造中使用新型墙体材料等节能建筑材料和节能设备，安装和使用太阳能等可再生能源利用系统。

### 第四节 交通运输节能

**第四十一条** 国务院有关交通运输主管部门按照各自的职责负责全国交通运输相关领域的节能监督管理工作。

国务院有关交通运输主管部门会同国务院管理节能工作的部门分别制定相关领域的节能规划。

**第四十二条** 国务院及其有关部门指导、促进各种交通运输方式协调发展和有效衔接，优化交通运输结构，建设节能型综合交通运输体系。

**第四十三条** 县级以上地方各级人民政府应当优先发展公共交通，加大对公共交通的投入，完善公共交通服务体系，鼓励利用公共交通工具出行；鼓励使用非机动交通工具出行。

**第四十四条** 国务院有关交通运输主管部门应当加强交通运输组织管理，引导道路、水路、航空运输企业提高运输组织化程度和集约化水平，提高能源利用效率。

**第四十五条** 国家鼓励开发、生产、使用节能环保型汽车、摩托车、铁路机车车辆、船舶和其他交通运输工具，实行老旧交通运输工具的报废、更新制度。

国家鼓励开发和推广应用交通运输工具使用的清洁燃料、石油替代燃料。

**第四十六条** 国务院有关部门制定交通运输营运车船的燃料消耗量限值标准；不符合标准的，不得用于营运。

国务院有关交通运输主管部门应当加强对交通运输营运车船燃料消耗检测的监督管理。

### 第五节 公共机构节能

**第四十七条** 公共机构应当厉行节约，杜绝浪费，带头使用节能产品、设备，提高能源利用效率。

本法所称公共机构，是指全部或者部分使用财政性资金的国家机关、事业单位和团体组织。

**第四十八条** 国务院和县级以上地方各级人民政府管理机关事务工作的机构会同同级有关部门制定和组织实施本级公共机构节能规划。公共机构节能规划应当包括公共机构既有建筑节能改造计划。

**第四十九条** 公共机构应当制定年度节能目标和实施方案，加强能源消费计量和监测管理，向本级人民政府管理机关事务工作的机构报送上年度的能源消费状况报告。

国务院和县级以上地方各级人民政府管理机关事务工作的机构会同同级有关部门按照

管理权限，制定本级公共机构的能源消耗定额，财政部门根据该定额制定能源消耗支出标准。

**第五十条** 公共机构应当加强本单位用能系统管理，保证用能系统的运行符合国家相关标准。

公共机构应当按照规定进行能源审计，并根据能源审计结果采取提高能源利用效率的措施。

**第五十一条** 公共机构采购用能产品、设备，应当优先采购列入节能产品、设备政府采购名录中的产品、设备。禁止采购国家明令淘汰的用能产品、设备。

节能产品、设备政府采购名录由省级以上人民政府的政府采购监督管理部门会同同级有关部门制定并公布。

### 第六节 重点用能单位节能

**第五十二条** 国家加强对重点用能单位的节能管理。

下列用能单位为重点用能单位：

（一）年综合能源消费总量一万吨标准煤以上的用能单位；

（二）国务院有关部门或者省、自治区、直辖市人民政府管理节能工作的部门指定的年综合能源消费总量五千吨以上不满一万吨标准煤的用能单位。

重点用能单位节能管理办法，由国务院管理节能工作的部门会同国务院有关部门制定。

**第五十三条** 重点用能单位应当每年向管理节能工作的部门报送上年度的能源利用状况报告。能源利用状况包括能源消费情况、能源利用效率、节能目标完成情况和节能效益分析、节能措施等内容。

**第五十四条** 管理节能工作的部门应当对重点用能单位报送的能源利用状况报告进行审查。对节能管理制度不健全、节能措施不落实、能源利用效率低的重点用能单位，管理节能工作的部门应当开展现场调查，组织实施用能设备能源效率检测，责令实施能源审计，并提出书面整改要求，限期整改。

**第五十五条** 重点用能单位应当设立能源管理岗位，在具有节能专业知识、实际经验以及中级以上技术职称的人员中聘任能源管理负责人，并报管理节能工作的部门和有关部门备案。

能源管理负责人负责组织对本单位用能状况进行分析、评价，组织编写本单位能源利用状况报告，提出本单位节能工作的改进措施并组织实施。

能源管理负责人应当接受节能培训。

## 第四章 节能技术进步

**第五十六条** 国务院管理节能工作的部门会同国务院科技主管部门发布节能技术政策大纲，指导节能技术研究、开发和推广应用。

**第五十七条** 县级以上各级人民政府应当把节能技术研究开发作为政府科技投入的重点领域，支持科研单位和企业开展节能技术应用研究，制定节能标准，开发节能共性和关键技术，促进节能技术创新与成果转化。

**第五十八条** 国务院管理节能工作的部门会同国务院有关部门制定并公布节能技术、节能产品的推广目录，引导用能单位和个人使用先进的节能技术、节能产品。

国务院管理节能工作的部门会同国务院有关部门组织实施重大节能科研项目、节能示范项目、重点节能工程。

**第五十九条** 县级以上各级人民政府应当按照因地制宜、多能互补、综合利用、讲求效益的原则，加强农业和农村节能工作，增加对农业和农村节能技术、节能产品推广应用的资金投入。

农业、科技等有关主管部门应当支持、推广在农业生产、农产品加工储运等方面应用节能技术和节能产品，鼓励更新和淘汰高耗能的农业机械和渔业船舶。

国家鼓励、支持在农村大力发展沼气，推广生物质能、太阳能和风能等可再生能源利用技术，按照科学规划、有序开发的原则发展小型水力发电，推广节能型的农村住宅和炉灶等，鼓励利用非耕地种植能源植物，大力发展薪炭林等能源林。

## 第五章 激励措施

**第六十条** 中央财政和省级地方财政安排节能专项资金，支持节能技术研究开发、节能技术和产品的示范与推广、重点节能工程的实施、节能宣传培训、信息服务和表彰奖励等。

**第六十一条** 国家对生产、使用列入本法第五十八条规定的推广目录的需要支持的节能技术、节能产品，实行税收优惠等扶持政策。

国家通过财政补贴支持节能照明器具等节能产品的推广和使用。

**第六十二条** 国家实行有利于节约能源资源的税收政策，健全能源矿产资源有偿使用制度，促进能源资源的节约及其开采利用水平的提高。

**第六十三条** 国家运用税收等政策，鼓励先进节能技术、设备的进口，控制在生产过程中耗能高、污染重的产品的出口。

**第六十四条** 政府采购监督管理部门会同有关部门制定节能产品、设备政府采购名录，应当优先列入取得节能产品认证证书的产品、设备。

**第六十五条** 国家引导金融机构增加对节能项目的信贷支持，为符合条件的节能技术研究开发、节能产品生产以及节能技术改造等项目提供优惠贷款。

国家推动和引导社会有关方面加大对节能的资金投入，加快节能技术改造。

**第六十六条** 国家实行有利于节能的价格政策，引导用能单位和个人节能。

国家运用财税、价格等政策，支持推广电力需求侧管理、合同能源管理、节能自愿协议等节能办法。

国家实行峰谷分时电价、季节性电价、可中断负荷电价制度，鼓励电力用户合理调整用电负荷；对钢铁、有色金属、建材、化工和其他主要耗能行业的企业，分淘汰、限制、允许和鼓励类实行差别电价政策。

**第六十七条** 各级人民政府对在节能管理、节能科学技术研究和推广应用中有显著成绩以及检举严重浪费能源行为的单位和个人，给予表彰和奖励。

## 第六章 法律责任

**第六十八条** 负责审批或者核准固定资产投资项目的机关违反本法规定，对不符合强制性节能标准的项目予以批准或者核准建设的,对直接负责的主管人员和其他直接责任人员依法给予处分。

固定资产投资项目建设单位开工建设不符合强制性节能标准的项目或者将该项目投入生产、使用的,由管理节能工作的部门责令停止建设或者停止生产、使用,限期改造;不能改造或者逾期不改造的生产性项目,由管理节能工作的部门报请本级人民政府按照国务院规定的权限责令关闭。

**第六十九条** 生产、进口、销售国家明令淘汰的用能产品、设备的,使用伪造的节能产品认证标志或者冒用节能产品认证标志的,依照《中华人民共和国产品质量法》的规定处罚。

**第七十条** 生产、进口、销售不符合强制性能源效率标准的用能产品、设备的,由产品质量监督部门责令停止生产、进口、销售,没收违法生产、进口、销售的用能产品、设备和违法所得,并处违法所得一倍以上五倍以下罚款;情节严重的,由工商行政管理部门吊销营业执照。

**第七十一条** 使用国家明令淘汰的用能设备或者生产工艺的,由管理节能工作的部门责令停止使用,没收国家明令淘汰的用能设备;情节严重的,可以由管理节能工作的部门提出意见,报请本级人民政府按照国务院规定的权限责令停业整顿或者关闭。

**第七十二条** 生产单位超过单位产品能耗限额标准用能,情节严重,经限期治理逾期不治理或者没有达到治理要求的,可以由管理节能工作的部门提出意见,报请本级人民政府按照国务院规定的权限责令停业整顿或者关闭。

**第七十三条** 违反本法规定,应当标注能源效率标识而未标注的,由产品质量监督部门责令改正,处三万元以上五万元以下罚款。

违反本法规定,未办理能源效率标识备案,或者使用的能源效率标识不符合规定的,由产品质量监督部门责令限期改正;逾期不改正的,处一万元以上三万元以下罚款。

伪造、冒用能源效率标识或者利用能源效率标识进行虚假宣传的,由产品质量监督部门责令改正,处五万元以上十万元以下罚款;情节严重的,由工商行政管理部门吊销营业执照。

**第七十四条** 用能单位未按照规定配备、使用能源计量器具的,由产品质量监督部门责令限期改正;逾期不改正的,处一万元以上五万元以下罚款。

**第七十五条** 瞒报、伪造、篡改能源统计资料或者编造虚假能源统计数据的,依照《中华人民共和国统计法》的规定处罚。

**第七十六条** 从事节能咨询、设计、评估、检测、审计、认证等服务的机构提供虚假信息的,由管理节能工作的部门责令改正,没收违法所得,并处五万元以上十万元以下罚款。

**第七十七条** 违反本法规定,无偿向本单位职工提供能源或者对能源消费实行包费制的,由管理节能工作的部门责令限期改正;逾期不改正的,处五万元以上二十万元以下罚款。

**第七十八条** 电网企业未按照本法规定安排符合规定的热电联产和利用余热余压发电的机组与电网并网运行,或者未执行国家有关上网电价规定的,由国家电力监管机构责令改正;造成发电企业经济损失的,依法承担赔偿责任。

**第七十九条** 建设单位违反建筑节能标准的,由建设主管部门责令改正,处二十万元以上五十万元以下罚款。

设计单位、施工单位、监理单位违反建筑节能标准的,由建设主管部门责令改正,处十万元以上五十万元以下罚款;情节严重的,由颁发资质证书的部门降低资质等级或者吊销资质证书;造成损失的,依法承担赔偿责任。

**第八十条** 房地产开发企业违反本法规定,在销售房屋时未向购买人明示所售房屋的节能措施、保温工程保修期等信息的,由建设主管部门责令限期改正,逾期不改正的,处三万元以上五万元以下罚款;对以上信息作虚假宣传的,由建设主管部门责令改正,处五万元以上二十万元以下罚款。

**第八十一条** 公共机构采购用能产品、设备,未优先采购列入节能产品、设备政府采购名录中的产品、设备,或者采购国家明令淘汰的用能产品、设备的,由政府采购监督管理部门给予警告,可以并处罚款;对直接负责的主管人员和其他直接责任人员依法给予处分,并予通报。

**第八十二条** 重点用能单位未按照本法规定报送能源利用状况报告或者报告内容不实的,由管理节能工作的部门责令限期改正;逾期不改正的,处一万元以上五万元以下罚款。

**第八十三条** 重点用能单位无正当理由拒不落实本法第五十四条规定的整改要求或者整改没有达到要求的,由管理节能工作的部门处十万元以上三十万元以下罚款。

**第八十四条** 重点用能单位未按照本法规定设立能源管理岗位,聘任能源管理负责人,并报管理节能工作的部门和有关部门备案的,由管理节能工作的部门责令改正;拒不改正的,处一万元以上三万元以下罚款。

**第八十五条** 违反本法规定,构成犯罪的,依法追究刑事责任。

**第八十六条** 国家工作人员在节能管理工作中滥用职权、玩忽职守、徇私舞弊,构成犯罪的,依法追究刑事责任;尚不构成犯罪的,依法给予处分。

## 第七章 附 则

**第八十七条** 本法自 2008 年 4 月 1 日起施行。

# 中华人民共和国防沙治沙法

(2001 年 8 月 31 日第九届全国人民代表大会常务委员会第二十三次会议通过,中华人民共和国主席令第五十五号公布,自 2002 年 1 月 1 日起施行)

## 第一章 总 则

**第一条** 为预防土地沙化,治理沙化土地,维护生态安全,促进经济和社会的可持续发展,制定本法。

**第二条** 在中华人民共和国境内,从事土地沙化的预防、沙化土地的治理和开发利用活动,必须遵守本法。

土地沙化是指因气候变化和人类活动所导致的天然沙漠扩张和沙质土壤上植被破坏、沙土裸露的过程。

本法所称土地沙化，是指主要因人类不合理活动所导致的天然沙漠扩张和沙质土壤上植被及覆盖物被破坏，形成流沙及沙土裸露的过程。

本法所称沙化土地，包括已经沙化的土地和具有明显沙化趋势的土地。具体范围，由国务院批准的全国防沙治沙规划确定。

第三条　防沙治沙工作应当遵循以下原则：

（一）统一规划，因地制宜，分步实施，坚持区域防治与重点防治相结合；

（二）预防为主，防治结合，综合治理；

（三）保护和恢复植被与合理利用自然资源相结合；

（四）遵循生态规律，依靠科技进步；

（五）改善生态环境与帮助农牧民脱贫致富相结合；

（六）国家支持与地方自力更生相结合，政府组织与社会各界参与相结合，鼓励单位、个人承包防治；

（七）保障防沙治沙者的合法权益。

第四条　国务院和沙化土地所在地区的县级以上地方人民政府，应当将防沙治沙纳入国民经济和社会发展计划，保障和支持防沙治沙工作的开展。

沙化土地所在地区的地方各级人民政府，应当采取有效措施，预防土地沙化，治理沙化土地，保护和改善本行政区域的生态质量。

国家在沙化土地所在地区，建立政府行政领导防沙治沙任期目标责任考核奖惩制度。沙化土地所在地区的县级以上地方人民政府，应当向同级人民代表大会及其常务委员会报告防沙治沙工作情况。

第五条　在国务院领导下，国务院林业行政主管部门负责组织、协调、指导全国防沙治沙工作。

国务院林业、农业、水利、土地、环境保护等行政主管部门和气象主管机构，按照有关法律规定的职责和国务院确定的职责分工，各负其责，密切配合，共同做好防沙治沙工作。

县级以上地方人民政府组织、领导所属有关部门，按照职责分工，各负其责，密切配合，共同做好本行政区域的防沙治沙工作。

第六条　使用土地的单位和个人，有防止该土地沙化的义务。

使用已经沙化的土地的单位和个人，有治理该沙化土地的义务。

第七条　国家支持防沙治沙的科学研究和技术推广工作，发挥科研部门、机构在防沙治沙工作中的作用，培养防沙治沙专门技术人员，提高防沙治沙的科学技术水平。

国家支持开展防沙治沙的国际合作。

第八条　在防沙治沙工作中作出显著成绩的单位和个人，由人民政府给予表彰和奖励；对保护和改善生态质量作出突出贡献，应当给予重奖。

第九条　沙化土地所在地区的各级人民政府应当组织有关部门开展防沙治沙知识的宣传教育，增强公民的防沙治沙意识，提高公民防沙治沙的能力。

## 第二章 防沙治沙规划

**第十条** 防沙治沙实行统一规划。从事防沙治沙活动，以及在沙化土地范围内从事开发利用活动，必须遵循防沙治沙规划。

防沙治沙规划应当对遏制土地沙化扩展趋势，逐步减少沙化土地的时限、步骤、措施等作出明确规定，并将具体实施方案纳入国民经济和社会发展五年计划和年度计划。

**第十一条** 国务院林业行政主管部门会同国务院农业、水利、土地、环境保护等有关部门编制全国防沙治沙规划，报国务院批准后实施。

省、自治区、直辖市人民政府依据全国防沙治沙规划，编制本行政区域的防沙治沙规划，报国务院或者国务院指定的有关部门批准后实施。

沙化土地所在地区的市、县人民政府，应当依据上一级人民政府的防沙治沙规划，组织编制本行政区域的防沙治沙规划，报上一级人民政府批准后实施。

防沙治沙规划的修改，须经原批准机关批准；未经批准，任何单位和个人不得改变防沙治沙规划。

**第十二条** 编制防沙治沙规划，应当根据沙化土地所处的地理位置、土地类型、植被状况、气候和水资源状况、土地沙化程度等自然条件及其所发挥的生态、经济功能，对沙化土地实行分类保护、综合治理和合理利用。

在规划期内不具备治理条件的以及因保护生态的需要不宜开发利用的连片沙化土地，应当规划为沙化土地封禁保护区，实行封禁保护。沙化土地封禁保护区的范围，由全国防沙治沙规划以及省、自治区、直辖市防沙治沙规划确定。

**第十三条** 防沙治沙规划应当与土地利用总体规划相衔接；防沙治沙规划中确定的沙化土地用途，应当符合本级人民政府的土地利用总体规划。

## 第三章 土地沙化的预防

**第十四条** 国务院林业行政主管部门组织其他有关行政主管部门对全国土地沙化情况进行监测、统计和分析，并定期公布监测结果。

县级以上地方人民政府林业或者其他有关行政主管部门，应当按照土地沙化监测技术规程，对沙化土地进行监测，并将监测结果向本级人民政府及上一级林业或者其他有关行政主管部门报告。

**第十五条** 县级以上地方人民政府林业或者其他有关行政主管部门，在土地沙化监测过程中，发现土地发生沙化或者沙化程度加重的，应当及时报告本级人民政府。收到报告的人民政府应当责成有关行政主管部门制止导致土地沙化的行为，并采取有效措施进行治理。

各级气象主管机构应当组织对气象干旱和沙尘暴天气进行监测、预报，发现气象干旱或者沙尘暴天气征兆时，应当及时报告当地人民政府。收到报告的人民政府应当采取预防措施，必要时公布灾情预报，并组织林业、农（牧）业等有关部门采取应急措施，避免或者减轻风沙危害。

**第十六条** 沙化土地所在地区的县级以上地方人民政府应当按照防沙治沙规划，划出一定比例的土地，因地制宜地营造防风固沙林网、林带，种植多年生灌木和草本植物。由林业行政主管部门负责确定植树造林的成活率、保存率的标准和具体任务，并逐片组织实施，明确责任，确保完成。

除了抚育更新性质的采伐外，不得批准对防风固沙林网、林带进行采伐。在对防风固沙林网、林带进行抚育更新性质的采伐之前，必须在其附近预先形成接替林网和林带。

对林木更新困难地区已有的防风固沙林网、林带，不得批准采伐。

第十七条　禁止在沙化土地上砍挖灌木、药材及其他固沙植物。

沙化土地所在地区的县级人民政府，应当制定植被管护制度，严格保护植被，并根据需要在乡（镇）、村建立植被管护组织，确定管护人员。

在沙化土地范围内，各类土地承包合同应当包括植被保护责任的内容。

第十八条　草原地区的地方各级人民政府，应当加强草原的管理和建设，由农（牧）业行政主管部门负责指导、组织农牧民建设人工草场，控制载畜量，调整牲畜结构，改良牲畜品种，推行牲畜圈养和草场轮牧，消灭草原鼠害、虫害，保护草原植被，防止草原退化和沙化。

草原实行以产草量确定载畜量的制度。由农（牧）业行政主管部门负责制定载畜量的标准和有关规定，并逐级组织实施，明确责任，确保完成。

第十九条　沙化土地所在地区的县级以上地方人民政府水行政主管部门，应当加强流域和区域水资源的统一调配和管理，在编制流域和区域水资源开发利用规划和供水计划时，必须考虑整个流域和区域植被保护的用水需求，防止因地下水和上游水资源的过度开发利用，导致植被破坏和土地沙化。该规划和计划经批准后，必须严格实施。

沙化土地所在地区的地方各级人民政府应当节约用水，发展节水型农牧业和其他产业。

第二十条　沙化土地所在地区的县级以上地方人民政府，不得批准在沙漠边缘地带和林地、草原开垦耕地；已经开垦并对生态产生不良影响的，应当有计划地组织退耕还林还草。

第二十一条　在沙化土地范围内从事开发建设活动的，必须事先就该项目可能对当地及相关地区生态产生的影响进行环境影响评价，依法提交环境影响报告；环境影响报告应当包括有关防沙治沙的内容。

第二十二条　在沙化土地封禁保护区范围内，禁止一切破坏植被的活动。

禁止在沙化土地封禁保护区范围内安置移民。对沙化土地封禁保护区范围内的农牧民，县级以上地方人民政府应当有计划地组织迁出，并妥善安置。沙化土地封禁保护区范围内尚未迁出的农牧民的生产生活，由沙化土地封禁保护区主管部门妥善安排。

未经国务院或者国务院指定的部门同意，不得在沙化土地封禁保护区范围内进行修建铁路、公路等建设活动。

## 第四章　沙化土地的治理

第二十三条　沙化土地所在地区的地方各级人民政府，应当按照防沙治沙规划，组织有关部门、单位和个人，因地制宜地采取人工造林种草、飞机播种造林种草、封沙育林育草和合理调配生态用水等措施，恢复和增加植被，治理已经沙化的土地。

第二十四条　国家鼓励单位和个人在自愿的前提下，捐资或者以其他形式开展公益性的治沙活动。

县级以上地方人民政府林业或者其他有关行政主管部门，应当为公益性治沙活动提供治理地点和无偿技术指导。

从事公益性治沙的单位和个人，应当按照县级以上地方人民政府林业或者其他有关行政主管部门的技术要求进行治理，并可以将所种植的林、草委托他人管护或者交由当地人民政府有关行政主管部门管护。

第二十五条　使用已经沙化的国有土地的使用权人和农民集体所有土地的承包经营权人，必须采取治理措施，改善土地质量；确实无能力完成治理任务的，可以委托他人治理或者与他人合作治理。委托或者合作治理的，应当签订协议，明确各方的权利和义务。

沙化土地所在地区的地方各级人民政府及其有关行政主管部门、技术推广单位，应当为土地使用权人和承包经营权人的治沙活动提供技术指导。

采取退耕还林还草、植树种草或者封育措施治沙的土地使用权人和承包经营权人，按照国家有关规定，享受人民政府提供的政策优惠。

第二十六条　不具有土地所有权或者使用权的单位和个人从事营利性治沙活动的，应当先与土地所有权人或者使用权人签订协议，依法取得土地使用权。

在治理活动开始之前，从事营利性治沙活动的单位和个人应当向治理项目所在地的县级以上地方人民政府林业行政主管部门或者县级以上地方人民政府指定的其他行政主管部门提出治理申请，并附具下列文件：

（一）被治理土地权属的合法证明文件和治理协议；
（二）符合防沙治沙规划的治理方案；
（三）治理所需的资金证明。

第二十七条　本法第二十六条第二款第二项所称治理方案，应当包括以下内容：
（一）治理范围界限；
（二）分阶段治理目标和治理期限；
（三）主要治理措施；
（四）经当地水行政主管部门同意的用水来源和用水量指标；
（五）治理后的土地用途和植被管护措施；
（六）其他需要载明的事项。

第二十八条　从事营利性治沙活动的单位和个人，必须按照治理方案进行治理。

国家保护沙化土地治理者的合法权益。在治理者取得合法土地权属的治理范围内，未经治理者同意，其他任何单位和个人不得从事治理或者开发利用活动。

第二十九条　治理者完成治理任务后，应当向县级以上地方人民政府受理治理申请的行政主管部门提出验收申请。经验收合格的，受理治理申请的行政主管部门应当发给治理合格证明文件；经验收不合格的，治理者应当继续治理。

第三十条　已经沙化的土地范围内的铁路、公路、河流和水渠两侧，城镇、村庄、厂矿和水库周围，实行单位治理责任制，由县级以上地方人民政府下达治理责任书，由责任单位负责组织造林种草或者采取其他治理措施。

第三十一条　沙化土地所在地区的地方各级人民政府，可以组织当地农村集体经济组织及其成员在自愿的前提下,对已经沙化的土地进行集中治理。农村集体经济组织及其成员投入的资金和劳力,可以折算为治理项目的股份、资本金,也可以采取其他形式给予补偿。

## 第五章 保障措施

**第三十二条** 国务院和沙化土地所在地区的地方各级人民政府应当在本级财政预算中按照防沙治沙规划通过项目预算安排资金,用于本级人民政府确定的防沙治沙工程。在安排扶贫、农业、水利、道路、矿产、能源、农业综合开发等项目时,应当根据具体情况,设立若干防沙治沙子项目。

**第三十三条** 国务院和省、自治区、直辖市人民政府应当制定优惠政策,鼓励和支持单位和个人防沙治沙。

县级以上地方人民政府应当按照国家有关规定,根据防沙治沙的面积和难易程度,给予从事防沙治沙活动的单位和个人资金补助、财政贴息以及税费减免等政策优惠。

单位和个人投资进行防沙治沙的,在投资阶段免征各种税收;取得一定收益后,可以免征或者减征有关税收。

**第三十四条** 使用已经沙化的国有土地从事治沙活动的,经县级以上人民政府依法批准,可以享有不超过七十年的土地使用权。具体年限和管理办法,由国务院规定。

使用已经沙化的集体所有土地从事治沙活动的,治理者应当与土地所有人签订土地承包合同。具体承包期限和当事人的其他权利、义务由承包合同双方依法在土地承包合同中约定。县级人民政府依法根据土地承包合同向治理者颁发土地使用权证书,保护集体所有沙化土地治理者的土地使用权。

**第三十五条** 因保护生态的特殊要求,将治理后的土地批准划为自然保护区或者沙化土地封禁保护区的,批准机关应当给予治理者合理的经济补偿。

**第三十六条** 国家根据防沙治沙的需要,组织设立防沙治沙重点科研项目和示范、推广项目,并对防沙治沙、沙区能源、沙生经济作物、节水灌溉、防止草原退化、沙地旱作农业等方面的科学研究与技术推广给予资金补助、税费减免等政策优惠。

**第三十七条** 任何单位和个人不得截留、挪用防沙治沙资金。

县级以上人民政府审计机关,应当依法对防沙治沙资金使用情况实施审计监督。

## 第六章 法律责任

**第三十八条** 违反本法第二十二条第一款规定,在沙化土地封禁保护区范围内从事破坏植被活动的,由县级以上地方人民政府林业、农(牧)业行政主管部门按照各自的职责,责令停止违法行为;有违法所得的,没收其违法所得;构成犯罪的,依法追究刑事责任。

**第三十九条** 违反本法第二十五条第一款规定,国有土地使用权人和农民集体所有土地承包经营权人未采取防沙治沙措施,造成土地严重沙化的,由县级以上地方人民政府农(牧)业、林业行政主管部门按照各自的职责,责令限期治理;造成国有土地严重沙化的,县级以上人民政府可以收回国有土地使用权。

**第四十条** 违反本法规定,进行营利性治沙活动,造成土地沙化加重的,由县级以上地方人民政府负责受理营利性治沙申请的行政主管部门责令停止违法行为，可以并处每公顷五千元以上五万元以下的罚款。

**第四十一条** 违反本法第二十八条第一款规定，不按照治理方案进行治理的，或者违反本法第二十九条规定，经验收不合格又不按要求继续治理的，由县级以上地方人民政府负责受理营利性治沙申请的行政主管部门责令停止违法行为，限期改正，可以并处相当于治理费用一倍以上三倍以下的罚款。

**第四十二条** 违反本法第二十八条第二款规定，未经治理者同意，擅自在他人的治理范围内从事治理或者开发利用活动的，由县级以上地方人民政府负责受理营利性治沙申请的行政主管部门责令停止违法行为；给治理者造成损失的，应当赔偿损失。

**第四十三条** 违反本法规定，有下列情形之一的，对直接负责的主管人员和其他直接责任人员，由所在单位、监察机关或者上级行政主管部门依法给予行政处分：

（一）违反本法第十五条第一款规定，发现土地发生沙化或者沙化程度加重不及时报告的，或者收到报告后不责成有关行政主管部门采取措施的；

（二）违反本法第十六条第二款、第三款规定，批准采伐防风固沙林网、林带的；

（三）违反本法第二十条规定，批准在沙漠边缘地带和林地、草原开垦耕地的；

（四）违反本法第二十二条第二款规定，在沙化土地封禁保护区范围内安置移民的；

（五）违反本法第二十二条第三款规定，未经批准在沙化土地封禁保护区范围内进行修建铁路、公路等建设活动的。

**第四十四条** 违反本法第三十七条第一款规定，截留、挪用防沙治沙资金的，对直接负责的主管人员和其他直接责任人员，由监察机关或者上级行政主管部门依法给予行政处分；构成犯罪的，依法追究刑事责任。

**第四十五条** 防沙治沙监督管理人员滥用职权、玩忽职守、徇私舞弊，构成犯罪的，依法追究刑事责任。

## 第七章 附 则

**第四十六条** 本法第五条第二款中所称的有关法律，是指《中华人民共和国森林法》、《中华人民共和国草原法》、《中华人民共和国水土保持法》、《中华人民共和国土地管理法》、《中华人民共和国环境保护法》和《中华人民共和国气象法》。

**第四十七条** 本法自 2002 年 1 月 1 日起施行。

# 中华人民共和国草原法

（1985 年 6 月 18 日第六届全国人民代表大会常务委员会第十一次会议通过，2002 年 12 月 28 日第九届全国人民代表大会常务委员会第三十一次会议修订，中华人民共和国主席令第二十六号公布，自 2003 年 3 月 1 日起施行）

## 第一章 总 则

**第一条** 为了保护、建设和合理利用草原，改善生态环境，维护生物多样性，发展现代畜牧业，促进经济和社会的可持续发展，制定本法。

**第二条** 在中华人民共和国领域内从事草原规划、保护、建设、利用和管理活动，适用本法。

本法所称草原，是指天然草原和人工草地。

**第三条** 国家对草原实行科学规划、全面保护、重点建设、合理利用的方针，促进草原的可持续利用和生态、经济、社会的协调发展。

**第四条** 各级人民政府应当加强对草原保护、建设和利用的管理，将草原的保护、建设和利用纳入国民经济和社会发展计划。

各级人民政府应当加强保护、建设和合理利用草原的宣传教育。

**第五条** 任何单位和个人都有遵守草原法律法规、保护草原的义务，同时享有对违反草原法律法规、破坏草原的行为进行监督、检举和控告的权利。

**第六条** 国家鼓励与支持开展草原保护、建设、利用和监测方面的科学研究，推广先进技术和先进成果，培养科学技术人才。

**第七条** 国家对在草原管理、保护、建设、合理利用和科学研究等工作中做出显著成绩的单位和个人，给予奖励。

**第八条** 国务院草原行政主管部门主管全国草原监督管理工作。

县级以上地方人民政府草原行政主管部门主管本行政区域内草原监督管理工作。乡（镇）人民政府应当加强对本行政区域内草原保护、建设和利用情况的监督检查，根据需要可以设专职或者兼职人员负责具体监督检查工作。

## 第二章 草原权属

**第九条** 草原属于国家所有，由法律规定属于集体所有的除外。国家所有的草原，由国务院代表国家行使所有权。

任何单位或者个人不得侵占、买卖或者以其他形式非法转让草原。

**第十条** 国家所有的草原，可以依法确定给全民所有制单位、集体经济组织等使用。

使用草原的单位，应当履行保护、建设和合理利用草原的义务。

**第十一条** 依法确定给全民所有制单位、集体经济组织等使用的国家所有的草原，由县级以上人民政府登记，核发使用权证，确认草原使用权。

未确定使用权的国家所有的草原，由县级以上人民政府登记造册，并负责保护管理。集体所有的草原，由县级人民政府登记，核发所有权证，确认草原所有权。

依法改变草原权属的，应当办理草原权属变更登记手续。

**第十二条** 依法登记的草原所有权和使用权受法律保护，任何单位或者个人不得侵犯。

**第十三条** 集体所有的草原或者依法确定给集体经济组织使用的国家所有的草原，可以由本集体经济组织内的家庭或者联户承包经营。

在草原承包经营期内，不得对承包经营者使用的草原进行调整；个别确需适当调整的，必须经本集体经济组织成员的村（牧）民会议三分之二以上成员或者三分之二以上村（牧）民代表的同意，并报乡（镇）人民政府和县级人民政府草原行政主管部门批准。集体所有的草原或者依法确定给集体经济组织使用的国家所有的草原由本集体经济组织以外的单位或者个人承包经营的，必须经本集体经济组织成员的村（牧）民会议三分之二以上成员或者三分之二以上村（牧）民代表的同意，并报乡（镇）人民政府批准。

第十四条　承包经营草原，发包方和承包方应当签订书面合同。草原承包合同的内容应当包括双方的权利和义务、承包草原四至界限、面积和等级、承包期和起止日期、承包草原用途和违约责任等。承包期届满，原承包经营者在同等条件下享有优先承包权。

承包经营草原的单位和个人，应当履行保护、建设和按照承包合同约定的用途合理利用草原的义务。

第十五条　草原承包经营权受法律保护，可以按照自愿、有偿的原则依法转让。

草原承包经营权转让的受让方必须具有从事畜牧业生产的能力，并应当履行保护、建设和按照承包合同约定的用途合理利用草原的义务。

草原承包经营权转让应当经发包方同意。承包方与受让方在转让合同中约定的转让期限，不得超过原承包合同剩余的期限。

第十六条　草原所有权、使用权的争议，由当事人协商解决；协商不成的，由有关人民政府处理。

单位之间的争议，由县级以上人民政府处理；个人之间、个人与单位之间的争议，由乡（镇）人民政府或者县级以上人民政府处理。

当事人对有关人民政府的处理决定不服的，可以依法向人民法院起诉。

在草原权属争议解决前，任何一方不得改变草原利用现状，不得破坏草原和草原上的设施。

## 第三章　规　　划

第十七条　国家对草原保护、建设、利用实行统一规划制度。国务院草原行政主管部门会同国务院有关部门编制全国草原保护、建设、利用规划，报国务院批准后实施。

县级以上地方人民政府草原行政主管部门会同同级有关部门依据上一级草原保护、建设、利用规划编制本行政区域的草原保护、建设、利用规划，报本级人民政府批准后实施。

经批准的草原保护、建设、利用规划确需调整或者修改时，须经原批准机关批准。

第十八条　编制草原保护、建设、利用规划，应当依据国民经济和社会发展规划并遵循下列原则：

（一）改善生态环境，维护生物多样性，促进草原的可持续利用；
（二）以现有草原为基础，因地制宜，统筹规划，分类指导；
（三）保护为主、加强建设、分批改良、合理利用；
（四）生态效益、经济效益、社会效益相结合。

第十九条　草原保护、建设、利用规划应当包括：草原保护、建设、利用的目标和措施，草原功能分区和各项建设的总体部署，各项专业规划等。

第二十条　草原保护、建设、利用规划应当与土地利用总体规划相衔接，与环境保护规划、水土保持规划、防沙治沙规划、水资源规划、林业长远规划、城市总体规划、村庄和集镇规划以及其他有关规划相协调。

第二十一条　草原保护、建设、利用规划一经批准，必须严格执行。

第二十二条　国家建立草原调查制度。

县级以上人民政府草原行政主管部门会同同级有关部门定期进行草原调查；草原所有者或者使用者应当支持、配合调查，并提供有关资料。

第二十三条　国务院草原行政主管部门会同国务院有关部门制定全国草原等级评定标准。县级以上人民政府草原行政主管部门根据草原调查结果、草原的质量，依据草原等级评定标准，对草原进行评等定级。

第二十四条　国家建立草原统计制度。

县级以上人民政府草原行政主管部门和同级统计部门共同制定草原统计调查办法，依法对草原的面积、等级、产草量、载畜量等进行统计，定期发布草原统计资料。

草原统计资料是各级人民政府编制草原保护、建设、利用规划的依据。

第二十五条　国家建立草原生产、生态监测预警系统。

县级以上人民政府草原行政主管部门对草原的面积、等级、植被构成、生产能力、自然灾害、生物灾害等草原基本状况实行动态监测，及时为本级政府和有关部门提供动态监测和预警信息服务。

## 第四章　建　设

第二十六条　县级以上人民政府应当增加草原建设的投入，支持草原建设。

国家鼓励单位和个人投资建设草原，按照谁投资、谁受益的原则保护草原投资建设者的合法权益。

第二十七条　国家鼓励与支持人工草地建设、天然草原改良和饲草饲料基地建设，稳定和提高草原生产能力。

第二十八条　县级以上人民政府应当支持、鼓励和引导农牧民开展草原围栏、饲草饲料储备、牲畜圈舍、牧民定居点等生产生活设施的建设。

县级以上地方人民政府应当支持草原水利设施建设，发展草原节水灌溉，改善人畜饮水条件。

第二十九条　县级以上人民政府应当按照草原保护、建设、利用规划加强草种基地建设，鼓励选育、引进、推广优良草品种。

新草品种必须经全国草品种审定委员会审定，由国务院草原行政主管部门公告后方可推广。从境外引进草种必须依法进行审批。

县级以上人民政府草原行政主管部门应当依法加强对草种生产、加工、检疫、检验的监督管理，保证草种质量。

第三十条　县级以上人民政府应当有计划地进行火情监测、防火物资储备、防火隔离带等草原防火设施的建设，确保防火需要。

第三十一条　对退化、沙化、盐碱化、石漠化和水土流失的草原，地方各级人民政府应当按照草原保护、建设、利用规划，划定治理区，组织专项治理。

大规模的草原综合治理，列入国家国土整治计划。

第三十二条　县级以上人民政府应当根据草原保护、建设、利用规划，在本级国民经济和社会发展计划中安排资金用于草原改良、人工种草和草种生产，任何单位或者个人不得截留、挪用；县级以上人民政府财政部门和审计部门应当加强监督管理。

## 第五章 利　　用

**第三十三条**　草原承包经营者应当合理利用草原，不得超过草原行政主管部门核定的载畜量；草原承包经营者应当采取种植和储备饲草饲料、增加饲草饲料供应量、调剂处理牲畜、优化畜群结构、提高出栏率等措施，保持草畜平衡。

草原载畜量标准和草畜平衡管理办法由国务院草原行政主管部门规定。

**第三十四条**　牧区的草原承包经营者应当实行划区轮牧，合理配置畜群，均衡利用草原。

**第三十五条**　国家提倡在农区、半农半牧区和有条件的牧区实行牲畜圈养。草原承包经营者应当按照饲养牲畜的种类和数量，调剂、储备饲草饲料，采用青贮和饲草饲料加工等新技术，逐步改变依赖天然草地放牧的生产方式。

在草原禁牧、休牧、轮牧区，国家对实行舍饲圈养的给予粮食和资金补助，具体办法由国务院或者国务院授权的有关部门规定。

**第三十六条**　县级以上地方人民政府草原行政主管部门对割草场和野生草种基地应当规定合理的割草期、采种期以及留茬高度和采割强度，实行轮割轮采。

**第三十七条**　遇到自然灾害等特殊情况，需要临时调剂使用草原的，按照自愿互利的原则，由双方协商解决；需要跨县临时调剂使用草原的，由有关县级人民政府或者共同的上级人民政府组织协商解决。

**第三十八条**　进行矿藏开采和工程建设，应当不占或者少占草原；确需征用或者使用草原的，必须经省级以上人民政府草原行政主管部门审核同意后，依照有关土地管理的法律、行政法规办理建设用地审批手续。

**第三十九条**　因建设征用集体所有的草原的，应当依照《中华人民共和国土地管理法》的规定给予补偿；因建设使用国家所有的草原的，应当依照国务院有关规定对草原承包经营者给予补偿。

因建设征用或者使用草原的，应当交纳草原植被恢复费。草原植被恢复费专款专用，由草原行政主管部门按照规定用于恢复草原植被，任何单位和个人不得截留、挪用。草原植被恢复费的征收、使用和管理办法，由国务院价格主管部门和国务院财政部门会同国务院草原行政主管部门制定。

**第四十条**　需要临时占用草原的，应当经县级以上地方人民政府草原行政主管部门审核同意。

临时占用草原的期限不得超过二年，并不得在临时占用的草原上修建永久性建筑物、构筑物；占用期满，用地单位必须恢复草原植被并及时退还。

**第四十一条**　在草原上修建直接为草原保护和畜牧业生产服务的工程设施，需要使用草原的，由县级以上人民政府草原行政主管部门批准；修筑其他工程，需要将草原转为非畜牧业生产用地的，必须依法办理建设用地审批手续。

前款所称直接为草原保护和畜牧业生产服务的工程设施，是指：

（一）生产、贮存草种和饲草饲料的设施；

（二）牲畜圈舍、配种点、剪毛点、药浴池、人畜饮水设施；

（三）科研、试验、示范基地；

（四）草原防火和灌溉设施。

## 第六章 保　护

**第四十二条**　国家实行基本草原保护制度。下列草原应当划为基本草原，实施严格管理：

（一）重要放牧场；

（二）割草地；

（三）用于畜牧业生产的人工草地、退耕还草地以及改良草地、草种基地；

（四）对调节气候、涵养水源、保持水土、防风固沙具有特殊作用的草原；

（五）作为国家重点保护野生动植物生存环境的草原；

（六）草原科研、教学试验基地；

（七）国务院规定应当划为基本草原的其他草原。

基本草原的保护管理办法，由国务院制定。

**第四十三条**　国务院草原行政主管部门或者省、自治区、直辖市人民政府可以按照自然保护区管理的有关规定在下列地区建立草原自然保护区：

（一）具有代表性的草原类型；

（二）珍稀濒危野生动植物分布区；

（三）具有重要生态功能和经济科研价值的草原。

**第四十四条**　县级以上人民政府应当依法加强对草原珍稀濒危野生植物和种质资源的保护、管理。

**第四十五条**　国家对草原实行以草定畜、草畜平衡制度。县级以上地方人民政府草原行政主管部门应当按照国务院草原行政主管部门制定的草原载畜量标准，结合当地实际情况，定期核定草原载畜量。各级人民政府应当采取有效措施，防止超载过牧。

**第四十六条**　禁止开垦草原。对水土流失严重、有沙化趋势、需要改善生态环境的已垦草原，应当有计划、有步骤地退耕还草；已造成沙化、盐碱化、石漠化的，应当限期治理。

**第四十七条**　对严重退化、沙化、盐碱化、石漠化的草原和生态脆弱区的草原，实行禁牧、休牧制度。

**第四十八条**　国家支持依法实行退耕还草和禁牧、休牧。具体办法由国务院或者省、自治区、直辖市人民政府制定。

对在国务院批准规划范围内实施退耕还草的农牧民，按照国家规定给予粮食、现金、草种费补助。退耕还草完成后，由县级以上人民政府草原行政主管部门核实登记，依法履行土地用途变更手续，发放草原权属证书。

**第四十九条**　禁止在荒漠、半荒漠和严重退化、沙化、盐碱化、石漠化、水土流失的草原以及生态脆弱区的草原上采挖植物和从事破坏草原植被的其他活动。

**第五十条**　在草原上从事采土、采砂、采石等作业活动，应当报县级人民政府草原行政主管部门批准；开采矿产资源的，并应当依法办理有关手续。

经批准在草原上从事本条第一款所列活动的，应当在规定的时间、区域内，按照准许的采挖方式作业，并采取保护草原植被的措施。

在他人使用的草原上从事本条第一款所列活动的,还应当事先征得草原使用者的同意。

**第五十一条** 在草原上种植牧草或者饲料作物,应当符合草原保护、建设、利用规划;县级以上地方人民政府草原行政主管部门应当加强监督管理,防止草原沙化和水土流失。

**第五十二条** 在草原上开展经营性旅游活动,应当符合有关草原保护、建设、利用规划,并事先征得县级以上地方人民政府草原行政主管部门的同意,方可办理有关手续。在草原上开展经营性旅游活动,不得侵犯草原所有者、使用者和承包经营者的合法权益,不得破坏草原植被。

**第五十三条** 草原防火工作贯彻预防为主、防消结合的方针。

各级人民政府应当建立草原防火责任制,规定草原防火期,制定草原防火扑火预案,切实做好草原火灾的预防和扑救工作。

**第五十四条** 县级以上地方人民政府应当做好草原鼠害、病虫害和毒害草防治的组织管理工作。县级以上地方人民政府草原行政主管部门应当采取措施,加强草原鼠害、病虫害和毒害草监测预警、调查以及防治工作,组织研究和推广综合防治的办法。

禁止在草原上使用剧毒、高残留以及可能导致二次中毒的农药。

**第五十五条** 除抢险救灾和牧民搬迁的机动车辆外,禁止机动车辆离开道路在草原上行驶,破坏草原植被;因从事地质勘探、科学考察等活动确需离开道路在草原上行驶的,应当向县级人民政府草原行政主管部门提交行驶区域和行驶路线方案,经确认后执行。

## 第七章 监督检查

**第五十六条** 国务院草原行政主管部门和草原面积较大的省、自治区的县级以上地方人民政府草原行政主管部门设立草原监督管理机构,负责草原法律、法规执行情况的监督检查,对违反草原法律、法规的行为进行查处。

草原行政主管部门和草原监督管理机构应当加强执法队伍建设,提高草原监督检查人员的政治、业务素质。草原监督检查人员应当忠于职守,秉公执法。

**第五十七条** 草原监督检查人员履行监督检查职责时,有权采取下列措施:

(一)要求被检查单位或者个人提供有关草原权属的文件和资料,进行查阅或者复制;

(二)要求被检查单位或者个人对草原权属等问题作出说明;

(三)进入违法现场进行拍照、摄像和勘测;

(四)责令被检查单位或者个人停止违反草原法律、法规的行为,履行法定义务。

**第五十八条** 国务院草原行政主管部门和省、自治区、直辖市人民政府草原行政主管部门,应当加强对草原监督检查人员的培训和考核。

**第五十九条** 有关单位和个人对草原监督检查人员的监督检查工作应当给予支持、配合,不得拒绝或者阻碍草原监督检查人员依法执行职务。

草原监督检查人员在履行监督检查职责时,应当向被检查单位和个人出示执法证件。

**第六十条** 对违反草原法律、法规的行为,应当依法作出行政处理,有关草原行政主管部门不作出行政处理决定的,上级草原行政主管部门有权责令有关草原行政主管部门作出行政处理决定或者直接作出行政处理决定。

## 第八章 法 律 责 任

**第六十一条** 草原行政主管部门工作人员及其他国家机关有关工作人员玩忽职守、滥用职权，不依法履行监督管理职责，或者发现违法行为不予查处，造成严重后果，构成犯罪的，依法追究刑事责任；尚不够刑事处罚的，依法给予行政处分。

**第六十二条** 截留、挪用草原改良、人工种草和草种生产资金或者草原植被恢复费，构成犯罪的，依法追究刑事责任；尚不够刑事处罚的，依法给予行政处分。

**第六十三条** 无权批准征用、使用草原的单位或者个人非法批准征用、使用草原的，超越批准权限非法批准征用、使用草原的，或者违反法律规定的程序批准征用、使用草原，构成犯罪的，依法追究刑事责任；尚不够刑事处罚的，依法给予行政处分。非法批准征用、使用草原的文件无效。非法批准征用、使用的草原应当收回，当事人拒不归还的，以非法使用草原论处。

非法批准征用、使用草原，给当事人造成损失的，依法承担赔偿责任。

**第六十四条** 买卖或者以其他形式非法转让草原，构成犯罪的，依法追究刑事责任；尚不够刑事处罚的，由县级以上人民政府草原行政主管部门依据职权责令限期改正，没收违法所得，并处违法所得一倍以上五倍以下的罚款。

**第六十五条** 未经批准或者采取欺骗手段骗取批准，非法使用草原，构成犯罪的，依法追究刑事责任；尚不够刑事处罚的，由县级以上人民政府草原行政主管部门依据职权责令退还非法使用的草原，对违反草原保护、建设、利用规划擅自将草原改为建设用地的，限期拆除在非法使用的草原上新建的建筑物和其他设施，恢复草原植被，并处草原被非法使用前三年平均产值六倍以上十二倍以下的罚款。

**第六十六条** 非法开垦草原，构成犯罪的，依法追究刑事责任；尚不够刑事处罚的，由县级以上人民政府草原行政主管部门依据职权责令停止违法行为，限期恢复植被，没收非法财物和违法所得，并处违法所得一倍以上五倍以下的罚款；没有违法所得的，并处五万元以下的罚款；给草原所有者或者使用者造成损失的，依法承担赔偿责任。

**第六十七条** 在荒漠、半荒漠和严重退化、沙化、盐碱化、石漠化、水土流失的草原，以及生态脆弱区的草原上采挖植物或者从事破坏草原植被的其他活动的，由县级以上地方人民政府草原行政主管部门依据职权责令停止违法行为，没收非法财物和违法所得，可以并处违法所得一倍以上五倍以下的罚款；没有违法所得的，可以并处五万元以下的罚款；给草原所有者或者使用者造成损失的，依法承担赔偿责任。

**第六十八条** 未经批准或者未按照规定的时间、区域和采挖方式在草原上进行采土、采砂、采石等活动的，由县级人民政府草原行政主管部门责令停止违法行为，限期恢复植被，没收非法财物和违法所得，可以并处违法所得一倍以上二倍以下的罚款；没有违法所得的，可以并处二万元以下的罚款；给草原所有者或者使用者造成损失的，依法承担赔偿责任。

**第六十九条** 违反本法第五十二条规定，擅自在草原上开展经营性旅游活动，破坏草原植被的，由县级以上地方人民政府草原行政主管部门依据职权责令停止违法行为，限期恢复植被，没收违法所得，可以并处违法所得一倍以上二倍以下的罚款；没有违法所得的，可以并处草原被破坏前三年平均产值六倍以上十二倍以下的罚款；给草原所有者或者使用者造成损失的,依法承担赔偿责任。

**第七十条** 非抢险救灾和牧民搬迁的机动车辆离开道路在草原上行驶或者从事地质勘探、科学考察等活动未按照确认的行驶区域和行驶路线在草原上行驶,破坏草原植被的,由县级人民政府草原行政主管部门责令停止违法行为,限期恢复植被,可以并处草原被破坏前三年平均产值三倍以上九倍以下的罚款;给草原所有者或者使用者造成损失的,依法承担赔偿责任。

**第七十一条** 在临时占用的草原上修建永久性建筑物、构筑物的,由县级以上地方人民政府草原行政主管部门依据职权责令限期拆除;逾期不拆除的,依法强制拆除,所需费用由违法者承担。

临时占用草原,占用期届满,用地单位不予恢复草原植被的,由县级以上地方人民政府草原行政主管部门依据职权责令限期恢复;逾期不恢复的,由县级以上地方人民政府草原行政主管部门代为恢复,所需费用由违法者承担。

**第七十二条** 未经批准,擅自改变草原保护、建设、利用规划的,由县级以上人民政府责令限期改正;对直接负责的主管人员和其他直接责任人员,依法给予行政处分。

**第七十三条** 对违反本法有关草畜平衡制度的规定,牲畜饲养量超过县级以上地方人民政府草原行政主管部门核定的草原载畜量标准的纠正或者处罚措施,由省、自治区、直辖市人民代表大会或者其常务委员会规定。

## 第九章 附 则

**第七十四条** 本法第二条第二款中所称的天然草原包括草地、草山和草坡,人工草地包括改良草地和退耕还草地,不包括城镇草地。

**第七十五条** 本法自2003年3月1日起施行。

# 中华人民共和国文物保护法

(1982年11月19日第五届全国人民代表大会常务委员会第二十五次会议通过,
1991年6月29日第七届全国人民代表大会常务委员会第二十次会议修正,
2002年10月28日第九届全国人民代表大会常务委员会第三十次会议修订,
2007年12月29日第十届全国人民代表大会常务委员会第三十一次会议第二次修正)

## 第一章 总 则

**第一条** 为了加强对文物的保护,继承中华民族优秀的历史文化遗产,促进科学研究工作,进行爱国主义和革命传统教育,建设社会主义精神文明和物质文明,根据宪法,制定本法。

**第二条** 在中华人民共和国境内,下列文物受国家保护:

(一)具有历史、艺术、科学价值的古文化遗址、古墓葬、古建筑、石窟寺和石刻、壁画;

(二)与重大历史事件、革命运动或者著名人物有关的以及具有重要纪念意义、教育意义或者史料价值的近代现代重要史迹、实物、代表性建筑；

（三）历史上各时代珍贵的艺术品、工艺美术品；

（四）历史上各时代重要的文献资料以及具有历史、艺术、科学价值的手稿和图书资料等；

（五）反映历史上各时代、各民族社会制度、社会生产、社会生活的代表性实物。

文物认定的标准和办法由国务院文物行政部门制定，并报国务院批准。

具有科学价值的古脊椎动物化石和古人类化石同文物一样受国家保护。

**第三条** 古文化遗址、古墓葬、古建筑、石窟寺、石刻、壁画、近代现代重要史迹和代表性建筑等不可移动文物，根据它们的历史、艺术、科学价值，可以分别确定为全国重点文物保护单位，省级文物保护单位，市、县级文物保护单位。

历史上各时代重要实物、艺术品、文献、手稿、图书资料、代表性实物等可移动文物，分为珍贵文物和一般文物；珍贵文物分为一级文物、二级文物、三级文物。

**第四条** 文物工作贯彻保护为主、抢救第一、合理利用、加强管理的方针。

**第五条** 中华人民共和国境内地下、内水和领海中遗存的一切文物，属于国家所有。

古文化遗址、古墓葬、石窟寺属于国家所有。国家指定保护的纪念建筑物、古建筑、石刻、壁画、近代现代代表性建筑等不可移动文物，除国家另有规定的以外，属于国家所有。

国有不可移动文物的所有权不因其所依附的土地所有权或者使用权的改变而改变。

下列可移动文物，属于国家所有：

（一）中国境内出土的文物，国家另有规定的除外；

（二）国有文物收藏单位以及其他国家机关、部队和国有企业、事业组织等收藏、保管的文物；

（三）国家征集、购买的文物；

（四）公民、法人和其他组织捐赠给国家的文物；

（五）法律规定属于国家所有的其他文物。

属于国家所有的可移动文物的所有权不因其保管、收藏单位的终止或者变更而改变。

国有文物所有权受法律保护，不容侵犯。

**第六条** 属于集体所有和私人所有的纪念建筑物、古建筑和祖传文物以及依法取得的其他文物，其所有权受法律保护。文物的所有者必须遵守国家有关文物保护的法律、法规的规定。

**第七条** 一切机关、组织和个人都有依法保护文物的义务。

**第八条** 国务院文物行政部门主管全国文物保护工作。

地方各级人民政府负责本行政区域内的文物保护工作。县级以上地方人民政府承担文物保护工作的部门对本行政区域内的文物保护实施监督管理。

县级以上人民政府有关行政部门在各自的职责范围内，负责有关的文物保护工作。

**第九条** 各级人民政府应当重视文物保护，正确处理经济建设、社会发展与文物保护的关系，确保文物安全。

基本建设、旅游发展必须遵守文物保护工作的方针，其活动不得对文物造成损害。

公安机关、工商行政管理部门、海关、城乡建设规划部门和其他有关国家机关，应当依法认真履行所承担的保护文物的职责,维护文物管理秩序。

**第十条** 国家发展文物保护事业。县级以上人民政府应当将文物保护事业纳入本级国民经济和社会发展规划,所需经费列入本级财政预算。

国家用于文物保护的财政拨款随着财政收入增长而增加。

国有博物馆、纪念馆、文物保护单位等的事业性收入,专门用于文物保护,任何单位或者个人不得侵占、挪用。

国家鼓励通过捐赠等方式设立文物保护社会基金,专门用于文物保护,任何单位或者个人不得侵占、挪用。

**第十一条** 文物是不可再生的文化资源。国家加强文物保护的宣传教育,增强全民文物保护的意识,鼓励文物保护的科学研究,提高文物保护的科学技术水平。

**第十二条** 有下列事迹的单位或者个人,由国家给予精神鼓励或者物质奖励:

(一)认真执行文物保护法律、法规,保护文物成绩显著的;

(二)为保护文物与违法犯罪行为作坚决斗争的;

(三)将个人收藏的重要文物捐献给国家或者为文物保护事业作出捐赠的;

(四)发现文物及时上报或者上交,使文物得到保护的;

(五)在考古发掘工作中作出重大贡献的;

(六)在文物保护科学技术方面有重要发明创造或者其他重要贡献的;

(七)在文物面临破坏危险时,抢救文物有功的;

(八)长期从事文物工作,作出显著成绩的。

## 第二章 不可移动文物

**第十三条** 国务院文物行政部门在省级、市、县级文物保护单位中,选择具有重大历史、艺术、科学价值的确定为全国重点文物保护单位,或者直接确定为全国重点文物保护单位,报国务院核定公布。

省级文物保护单位,由省、自治区、直辖市人民政府核定公布,并报国务院备案。

市级和县级文物保护单位,分别由设区的市、自治州和县级人民政府核定公布,并报省、自治区、直辖市人民政府备案。

尚未核定公布为文物保护单位的不可移动文物,由县级人民政府文物行政部门予以登记并公布。

**第十四条** 保存文物特别丰富并且具有重大历史价值或者革命纪念意义的城市,由国务院核定公布为历史文化名城。

保存文物特别丰富并且具有重大历史价值或者革命纪念意义的城镇、街道、村庄,由省、自治区、直辖市人民政府核定公布为历史文化街区、村镇,并报国务院备案。

历史文化名城和历史文化街区、村镇所在地的县级以上地方人民政府应当组织编制专门的历史文化名城和历史文化街区、村镇保护规划,并纳入城市总体规划。

历史文化名城和历史文化街区、村镇的保护办法,由国务院制定。

**第十五条** 各级文物保护单位,分别由省、自治区、直辖市人民政府和市、县级人民政府划定必要的保护范围,作出标志说明,建立记录档案,并区别情况分别设置专门机构或者专人负责管理。全国重点文物保护单位的保护范围和记录档案,由省、自治区、直辖市人民政府文物行政部门报国务院文物行政部门备案。

县级以上地方人民政府文物行政部门应当根据不同文物的保护需要,制定文物保护单位和未核定为文物保护单位的不可移动文物的具体保护措施,并公告施行。

**第十六条** 各级人民政府制定城乡建设规划,应当根据文物保护的需要,事先由城乡建设规划部门会同文物行政部门商定对本行政区域内各级文物保护单位的保护措施,并纳入规划。

**第十七条** 文物保护单位的保护范围内不得进行其他建设工程或者爆破、钻探、挖掘等作业。但是,因特殊情况需要在文物保护单位的保护范围内进行其他建设工程或者爆破、钻探、挖掘等作业的,必须保证文物保护单位的安全,并经核定公布该文物保护单位的人民政府批准,在批准前应当征得上一级人民政府文物行政部门同意;在全国重点文物保护单位的保护范围内进行其他建设工程或者爆破、钻探、挖掘等作业的,必须经省、自治区、直辖市人民政府批准,在批准前应当征得国务院文物行政部门同意。

**第十八条** 根据保护文物的实际需要,经省、自治区、直辖市人民政府批准,可以在文物保护单位的周围划出一定的建设控制地带,并予以公布。

在文物保护单位的建设控制地带内进行建设工程,不得破坏文物保护单位的历史风貌;工程设计方案应当根据文物保护单位的级别,经相应的文物行政部门同意后,报城乡建设规划部门批准。

**第十九条** 在文物保护单位的保护范围和建设控制地带内,不得建设污染文物保护单位及其环境的设施,不得进行可能影响文物保护单位安全及其环境的活动。对已有的污染文物保护单位及其环境的设施,应当限期治理。

**第二十条** 建设工程选址,应当尽可能避开不可移动文物;因特殊情况不能避开的,对文物保护单位应当尽可能实施原址保护。

实施原址保护的,建设单位应当事先确定保护措施,根据文物保护单位的级别报相应的文物行政部门批准,并将保护措施列入可行性研究报告或者设计任务书。

无法实施原址保护,必须迁移异地保护或者拆除的,应当报省、自治区、直辖市人民政府批准;迁移或者拆除省级文物保护单位的,批准前须征得国务院文物行政部门同意。全国重点文物保护单位不得拆除;需要迁移的,须由省、自治区、直辖市人民政府报国务院批准。

依照前款规定拆除的国有不可移动文物中具有收藏价值的壁画、雕塑、建筑构件等,由文物行政部门指定的文物收藏单位收藏。

本条规定的原址保护、迁移、拆除所需费用,由建设单位列入建设工程预算。

**第二十一条** 国有不可移动文物由使用人负责修缮、保养;非国有不可移动文物由所有人负责修缮、保养。非国有不可移动文物有损毁危险,所有人不具备修缮能力的,当地人民政府应当给予帮助;所有人具备修缮能力而拒不依法履行修缮义务的,县级以上人民政府可以给予抢救修缮,所需费用由所有人负担。

对文物保护单位进行修缮,应当根据文物保护单位的级别报相应的文物行政部门批准;对未核定为文物保护单位的不可移动文物进行修缮,应当报登记的县级人民政府文物行政部门批准。

文物保护单位的修缮、迁移、重建,由取得文物保护工程资质证书的单位承担。

对不可移动文物进行修缮、保养、迁移，必须遵守不改变文物原状的原则。

**第二十二条** 不可移动文物已经全部毁坏的，应当实施遗址保护，不得在原址重建。但是，因特殊情况需要在原址重建的，由省、自治区、直辖市人民政府文物行政部门报省、自治区、直辖市人民政府批准；全国重点文物保护单位需要在原址重建的，由省、自治区、直辖市人民政府报国务院批准。

**第二十三条** 核定为文物保护单位的属于国家所有的纪念建筑物或者古建筑，除可以建立博物馆、保管所或者辟为参观游览场所外，作其他用途的，市、县级文物保护单位应当经核定公布该文物保护单位的人民政府文物行政部门征得上一级文物行政部门同意后，报核定公布该文物保护单位的人民政府批准；省级文物保护单位应当经核定公布该文物保护单位的省级人民政府的文物行政部门审核同意后，报该省级人民政府批准；全国重点文物保护单位作其他用途的，应当由省、自治区、直辖市人民政府报国务院批准。国有未核定为文物保护单位的不可移动文物作其他用途的，应当报告县级人民政府文物行政部门。

**第二十四条** 国有不可移动文物不得转让、抵押。建立博物馆、保管所或者辟为参观游览场所的国有文物保护单位，不得作为企业资产经营。

**第二十五条** 非国有不可移动文物不得转让、抵押给外国人。

非国有不可移动文物转让、抵押或者改变用途的，应当根据其级别报相应的文物行政部门备案；由当地人民政府出资帮助修缮的，应当报相应的文物行政部门批准。

**第二十六条** 使用不可移动文物，必须遵守不改变文物原状的原则，负责保护建筑物及其附属文物的安全，不得损毁、改建、添建或者拆除不可移动文物。

对危害文物保护单位安全、破坏文物保护单位历史风貌的建筑物、构筑物，当地人民政府应当及时调查处理，必要时，对该建筑物、构筑物予以拆迁。

## 第三章 考 古 发 掘

**第二十七条** 一切考古发掘工作，必须履行报批手续；从事考古发掘的单位，应当经国务院文物行政部门批准。

地下埋藏的文物，任何单位或者个人都不得私自发掘。

**第二十八条** 从事考古发掘的单位，为了科学研究进行考古发掘，应当提出发掘计划，报国务院文物行政部门批准；对全国重点文物保护单位的考古发掘计划，应当经国务院文物行政部门审核后报国务院批准。国务院文物行政部门在批准或者审核前，应当征求社会科学研究机构及其他科研机构和有关专家的意见。

**第二十九条** 进行大型基本建设工程，建设单位应当事先报请省、自治区、直辖市人民政府文物行政部门组织从事考古发掘的单位在工程范围内有可能埋藏文物的地方进行考古调查、勘探。

考古调查、勘探中发现文物的，由省、自治区、直辖市人民政府文物行政部门根据文物保护的要求会同建设单位共同商定保护措施；遇有重要发现的，由省、自治区、直辖市人民政府文物行政部门及时报国务院文物行政部门处理。

**第三十条** 需要配合建设工程进行的考古发掘工作，应当由省、自治区、直辖市文物行政部门在勘探工作的基础上提出发掘计划，报国务院文物行政部门批准。国务院文物行政部门在批准前，应当征求社会科学研究机构及其他科研机构和有关专家的意见。

确因建设工期紧迫或者有自然破坏危险,对古文化遗址、古墓葬急需进行抢救发掘的,由省、自治区、直辖市人民政府文物行政部门组织发掘,并同时补办审批手续。

**第三十一条** 凡因进行基本建设和生产建设需要的考古调查、勘探、发掘,所需费用由建设单位列入建设工程预算。

**第三十二条** 在进行建设工程或者在农业生产中,任何单位或者个人发现文物,应当保护现场,立即报告当地文物行政部门,文物行政部门接到报告后,如无特殊情况,应当在二十四小时内赶赴现场,并在七日内提出处理意见。文物行政部门可以报请当地人民政府通知公安机关协助保护现场;发现重要文物的,应当立即上报国务院文物行政部门,国务院文物行政部门应当在接到报告后十五日内提出处理意见。

依照前款规定发现的文物属于国家所有,任何单位或者个人不得哄抢、私分、藏匿。

**第三十三条** 非经国务院文物行政部门报国务院特别许可,任何外国人或者外国团体不得在中华人民共和国境内进行考古调查、勘探、发掘。

**第三十四条** 考古调查、勘探、发掘的结果,应当报告国务院文物行政部门和省、自治区、直辖市人民政府文物行政部门。

考古发掘的文物,应当登记造册,妥善保管,按照国家有关规定移交给由省、自治区、直辖市人民政府文物行政部门或者国务院文物行政部门指定的国有博物馆、图书馆或者其他国有收藏文物的单位收藏。经省、自治区、直辖市人民政府文物行政部门或者国务院文物行政部门批准,从事考古发掘的单位可以保留少量出土文物作为科研标本。

考古发掘的文物,任何单位或者个人不得侵占。

**第三十五条** 根据保证文物安全、进行科学研究和充分发挥文物作用的需要,省、自治区、直辖市人民政府文物行政部门经本级人民政府批准,可以调用本行政区域内的出土文物;国务院文物行政部门经国务院批准,可以调用全国的重要出土文物。

## 第四章 馆藏文物

**第三十六条** 博物馆、图书馆和其他文物收藏单位对收藏的文物,必须区分文物等级,设置藏品档案,建立严格的管理制度,并报主管的文物行政部门备案。

县级以上地方人民政府文物行政部门应当分别建立本行政区域内的馆藏文物档案;国务院文物行政部门应当建立国家一级文物藏品档案和其主管的国有文物收藏单位馆藏文物档案。

**第三十七条** 文物收藏单位可以通过下列方式取得文物:

(一)购买;

(二)接受捐赠;

(三)依法交换;

(四)法律、行政法规规定的其他方式。

国有文物收藏单位还可以通过文物行政部门指定保管或者调拨方式取得文物。

**第三十八条** 文物收藏单位应当根据馆藏文物的保护需要,按照国家有关规定建立、健全管理制度,并报主管的文物行政部门备案。未经批准,任何单位或者个人不得调取馆藏文物。

文物收藏单位的法定代表人对馆藏文物的安全负责。国有文物收藏单位的法定代表人离任时，应当按照馆藏文物档案办理馆藏文物移交手续。

第三十九条　国务院文物行政部门可以调拨全国的国有馆藏文物。省、自治区、直辖市人民政府文物行政部门可以调拨本行政区域内其主管的国有文物收藏单位馆藏文物；调拨国有馆藏一级文物，应当报国务院文物行政部门备案。

国有文物收藏单位可以申请调拨国有馆藏文物。

第四十条　文物收藏单位应当充分发挥馆藏文物的作用，通过举办展览、科学研究等活动，加强对中华民族优秀的历史文化和革命传统的宣传教育。

国有文物收藏单位之间因举办展览、科学研究等需借用馆藏文物的，应当报主管的文物行政部门备案；借用馆藏一级文物的，应当经省、自治区、直辖市人民政府文物行政部门批准，并报国务院文物行政部门备案。

非国有文物收藏单位和其他单位举办展览需借用国有馆藏文物的，应当报主管的文物行政部门批准；借用国有馆藏一级文物，应当经国务院文物行政部门批准。

文物收藏单位之间借用文物的最长期限不得超过三年。

第四十一条　已经建立馆藏文物档案的国有文物收藏单位，经省、自治区、直辖市人民政府文物行政部门批准，并报国务院文物行政部门备案，其馆藏文物可以在国有文物收藏单位之间交换；交换馆藏一级文物的，必须经国务院文物行政部门批准。

第四十二条　未建立馆藏文物档案的国有文物收藏单位，不得依照本法第四十条、第四十一条的规定处置其馆藏文物。

第四十三条　依法调拨、交换、借用国有馆藏文物，取得文物的文物收藏单位可以对提供文物的文物收藏单位给予合理补偿，具体管理办法由国务院文物行政部门制定。

国有文物收藏单位调拨、交换、出借文物所得的补偿费用，必须用于改善文物的收藏条件和收集新的文物，不得挪作他用；任何单位或者个人不得侵占。

调拨、交换、借用的文物必须严格保管，不得丢失、损毁。

第四十四条　禁止国有文物收藏单位将馆藏文物赠与、出租或者出售给其他单位、个人。

第四十五条　国有文物收藏单位不再收藏的文物的处置办法，由国务院另行制定。

第四十六条　修复馆藏文物，不得改变馆藏文物的原状；复制、拍摄、拓印馆藏文物，不得对馆藏文物造成损害。具体管理办法由国务院制定。

不可移动文物的单体文物的修复、复制、拍摄、拓印，适用前款规定。

第四十七条　博物馆、图书馆和其他收藏文物的单位应当按照国家有关规定配备防火、防盗、防自然损坏的设施，确保馆藏文物的安全。

第四十八条　馆藏一级文物损毁的，应当报国务院文物行政部门核查处理。其他馆藏文物损毁的，应当报省、自治区、直辖市人民政府文物行政部门核查处理；省、自治区、直辖市人民政府文物行政部门应当将核查处理结果报国务院文物行政部门备案。

馆藏文物被盗、被抢或者丢失的，文物收藏单位应当立即向公安机关报案，并同时向主管的文物行政部门报告。

第四十九条　文物行政部门和国有文物收藏单位的工作人员不得借用国有文物，不得非法侵占国有文物。

## 第五章 民间收藏文物

**第五十条** 文物收藏单位以外的公民、法人和其他组织可以收藏通过下列方式取得的文物：

（一）依法继承或者接受赠与；

（二）从文物商店购买；

（三）从经营文物拍卖的拍卖企业购买；

（四）公民个人合法所有的文物相互交换或者依法转让；

（五）国家规定的其他合法方式。

文物收藏单位以外的公民、法人和其他组织收藏的前款文物可以依法流通。

**第五十一条** 公民、法人和其他组织不得买卖下列文物：

（一）国有文物，但是国家允许的除外；

（二）非国有馆藏珍贵文物；

（三）国有不可移动文物中的壁画、雕塑、建筑构件等，但是依法拆除的国有不可移动文物中的壁画、雕塑、建筑构件等不属于本法第二十条第四款规定的应由文物收藏单位收藏的除外；

（四）来源不符合本法第五十条规定的文物。

**第五十二条** 国家鼓励文物收藏单位以外的公民、法人和其他组织将其收藏的文物捐赠给国有文物收藏单位或者出借给文物收藏单位展览和研究。

国有文物收藏单位应当尊重并按照捐赠人的意愿，对捐赠的文物妥善收藏、保管和展示。

国家禁止出境的文物，不得转让、出租、质押给外国人。

**第五十三条** 文物商店应当由国务院文物行政部门或者省、自治区、直辖市人民政府文物行政部门批准设立，依法进行管理。

文物商店不得从事文物拍卖经营活动，不得设立经营文物拍卖的拍卖企业。

**第五十四条** 依法设立的拍卖企业经营文物拍卖的，应当取得国务院文物行政部门颁发的文物拍卖许可证。

经营文物拍卖的拍卖企业不得从事文物购销经营活动，不得设立文物商店。

**第五十五条** 文物行政部门的工作人员不得举办或者参与举办文物商店或者经营文物拍卖的拍卖企业。

文物收藏单位不得举办或者参与举办文物商店或者经营文物拍卖的拍卖企业。

禁止设立中外合资、中外合作和外商独资的文物商店或者经营文物拍卖的拍卖企业。

除经批准的文物商店、经营文物拍卖的拍卖企业外，其他单位或者个人不得从事文物的商业经营活动。

**第五十六条** 文物商店销售的文物，在销售前应当经省、自治区、直辖市人民政府文物行政部门审核；对允许销售的，省、自治区、直辖市人民政府文物行政部门应当作出标识。

拍卖企业拍卖的文物，在拍卖前应当经省、自治区、直辖市人民政府文物行政部门审核，并报国务院文物行政部门备案；省、自治区、直辖市人民政府文物行政部门不能确定是否可以拍卖的，应当报国务院文物行政部门审核。

**第五十七条** 文物商店购买、销售文物，拍卖企业拍卖文物，应当按照国家有关规定作出记录，并报原审核的文物行政部门备案。

拍卖文物时，委托人、买受人要求对其身份保密的，文物行政部门应当为其保密；但是，法律、行政法规另有规定的除外。

**第五十八条** 文物行政部门在审核拟拍卖的文物时，可以指定国有文物收藏单位优先购买其中的珍贵文物。购买价格由文物收藏单位的代表与文物的委托人协商确定。

**第五十九条** 银行、冶炼厂、造纸厂以及废旧物资回收单位，应当与当地文物行政部门共同负责拣选掺杂在金银器和废旧物资中的文物。拣选文物除供银行研究所必需的历史货币可以由人民银行留用外，应当移交当地文物行政部门。移交拣选文物，应当给予合理补偿。

## 第六章 文物出境进境

**第六十条** 国有文物、非国有文物中的珍贵文物和国家规定禁止出境的其他文物，不得出境；但是依照本法规定出境展览或者因特殊需要经国务院批准出境的除外。

**第六十一条** 文物出境，应当经国务院文物行政部门指定的文物进出境审核机构审核。经审核允许出境的文物，由国务院文物行政部门发给文物出境许可证，从国务院文物行政部门指定的口岸出境。

任何单位或者个人运送、邮寄、携带文物出境，应当向海关申报；海关凭文物出境许可证放行。

**第六十二条** 文物出境展览，应当报国务院文物行政部门批准；一级文物超过国务院规定数量的，应当报国务院批准。

一级文物中的孤品和易损品，禁止出境展览。

出境展览的文物出境，由文物进出境审核机构审核、登记。海关凭国务院文物行政部门或者国务院的批准文件放行。出境展览的文物复进境，由原文物进出境审核机构审核查验。

**第六十三条** 文物临时进境，应当向海关申报，并报文物进出境审核机构审核、登记。

临时进境的文物复出境，必须经原审核、登记的文物进出境审核机构审核查验；经审核查验无误的，由国务院文物行政部门发给文物出境许可证，海关凭文物出境许可证放行。

## 第七章 法律责任

**第六十四条** 违反本法规定，有下列行为之一，构成犯罪的，依法追究刑事责任：

（一）盗掘古文化遗址、古墓葬的；
（二）故意或者过失损毁国家保护的珍贵文物的；
（三）擅自将国有馆藏文物出售或者私自送给非国有单位或者个人的；
（四）将国家禁止出境的珍贵文物私自出售或者送给外国人的；
（五）以牟利为目的倒卖国家禁止经营的文物的；

（六）走私文物的；

（七）盗窃、哄抢、私分或者非法侵占国有文物的；

（八）应当追究刑事责任的其他妨害文物管理行为。

**第六十五条** 违反本法规定，造成文物灭失、损毁的，依法承担民事责任。

违反本法规定，构成违反治安管理行为的，由公安机关依法给予治安管理处罚。

违反本法规定，构成走私行为，尚不构成犯罪的，由海关依照有关法律、行政法规的规定给予处罚。

**第六十六条** 有下列行为之一，尚不构成犯罪的，由县级以上人民政府文物主管部门责令改正，造成严重后果的，处五万元以上五十万元以下的罚款；情节严重的，由原发证机关吊销资质证书：

（一）擅自在文物保护单位的保护范围内进行建设工程或者爆破、钻探、挖掘等作业的；

（二）在文物保护单位的建设控制地带内进行建设工程，其工程设计方案未经文物行政部门同意、报城乡建设规划部门批准，对文物保护单位的历史风貌造成破坏的；

（三）擅自迁移、拆除不可移动文物的；

（四）擅自修缮不可移动文物，明显改变文物原状的；

（五）擅自在原址重建已全部毁坏的不可移动文物，造成文物破坏的；

（六）施工单位未取得文物保护工程资质证书，擅自从事文物修缮、迁移、重建的。

刻划、涂污或者损坏文物尚不严重的，或者损毁依照本法第十五条第一款规定设立的文物保护单位标志的，由公安机关或者文物所在单位给予警告，可以并处罚款。

**第六十七条** 在文物保护单位的保护范围内或者建设控制地带内建设污染文物保护单位及其环境的设施的，或者对已有的污染文物保护单位及其环境的设施未在规定的期限内完成治理的，由环境保护行政部门依照有关法律、法规的规定给予处罚。

**第六十八条** 有下列行为之一的，由县级以上人民政府文物主管部门责令改正，没收违法所得，违法所得一万元以上的，并处违法所得二倍以上五倍以下的罚款；违法所得不足一万元的，并处五千元以上二万元以下的罚款：

（一）转让或者抵押国有不可移动文物，或者将国有不可移动文物作为企业资产经营的；

（二）将非国有不可移动文物转让或者抵押给外国人的；

（三）擅自改变国有文物保护单位的用途的。

**第六十九条** 历史文化名城的布局、环境、历史风貌等遭到严重破坏的，由国务院撤销其历史文化名城称号；历史文化城镇、街道、村庄的布局、环境、历史风貌等遭到严重破坏的，由省、自治区、直辖市人民政府撤销其历史文化街区、村镇称号；对负有责任的主管人员和其他直接责任人员依法给予行政处分。

**第七十条** 有下列行为之一，尚不构成犯罪的，由县级以上人民政府文物主管部门责令改正，可以并处二万元以下的罚款，有违法所得的，没收违法所得：

（一）文物收藏单位未按照国家有关规定配备防火、防盗、防自然损坏的设施的；

（二）国有文物收藏单位法定代表人离任时未按照馆藏文物档案移交馆藏文物，或者所移交的馆藏文物与馆藏文物档案不符的；

（三）将国有馆藏文物赠与、出租或者出售给其他单位、个人的；

（四）违反本法第四十条、第四十一条、第四十五条规定处置国有馆藏文物的；

（五）违反本法第四十三条规定挪用或者侵占依法调拨、交换、出借文物所得补偿费用的。

第七十一条　买卖国家禁止买卖的文物或者将禁止出境的文物转让、出租、质押给外国人，尚不构成犯罪的，由县级以上人民政府文物主管部门责令改正，没收违法所得，违法经营额一万元以上的，并处违法经营额二倍以上五倍以下的罚款；违法经营额不足一万元的，并处五千元以上二万元以下的罚款。

第七十二条　未经许可，擅自设立文物商店、经营文物拍卖的拍卖企业，或者擅自从事文物的商业经营活动，尚不构成犯罪的，由工商行政管理部门依法予以制止，没收违法所得、非法经营的文物，违法经营额五万元以上的，并处违法经营额二倍以上五倍以下的罚款；违法经营额不足五万元的，并处二万元以上十万元以下的罚款。

第七十三条　有下列情形之一的，由工商行政管理部门没收违法所得、非法经营的文物，违法经营额五万元以上的，并处违法经营额一倍以上三倍以下的罚款；违法经营额不足五万元的，并处五千元以上五万元以下的罚款；情节严重的，由原发证机关吊销许可证书：

（一）文物商店从事文物拍卖经营活动的；

（二）经营文物拍卖的拍卖企业从事文物购销经营活动的；

（三）文物商店销售的文物、拍卖企业拍卖的文物，未经审核的；

（四）文物收藏单位从事文物的商业经营活动的。

第七十四条　有下列行为之一，尚不构成犯罪的，由县级以上人民政府文物主管部门会同公安机关追缴文物；情节严重的，处五千元以上五万元以下的罚款：

（一）发现文物隐匿不报或者拒不上交的；

（二）未按照规定移交拣选文物的。

第七十五条　有下列行为之一的，由县级以上人民政府文物主管部门责令改正：

（一）改变国有未核定为文物保护单位的不可移动文物的用途，未依照本法规定报告的；

（二）转让、抵押非国有不可移动文物或者改变其用途，未依照本法规定备案的；

（三）国有不可移动文物的使用人拒不依法履行修缮义务的；

（四）考古发掘单位未经批准擅自进行考古发掘，或者不如实报告考古发掘结果的；

（五）文物收藏单位未按照国家有关规定建立馆藏文物档案、管理制度，或者未将馆藏文物档案、管理制度备案的；

（六）违反本法第三十八条规定，未经批准擅自调取馆藏文物的；

（七）馆藏文物损毁未报文物行政部门核查处理，或者馆藏文物被盗、被抢或者丢失，文物收藏单位未及时向公安机关或者文物行政部门报告的；

（八）文物商店销售文物或者拍卖企业拍卖文物，未按照国家有关规定作出记录或者未将所作记录报文物行政部门备案的。

第七十六条　文物行政部门、文物收藏单位、文物商店、经营文物拍卖的拍卖企业的工作人员，有下列行为之一的，依法给予行政处分，情节严重的，依法开除公职或者吊销其从业资格；构成犯罪的，依法追究刑事责任：

（一）文物行政部门的工作人员违反本法规定，滥用审批权限、不履行职责或者发现违法行为不予查处，造成严重后果的；

（二）文物行政部门和国有文物收藏单位的工作人员借用或者非法侵占国有文物的；

（三）文物行政部门的工作人员举办或者参与举办文物商店或者经营文物拍卖的拍卖企业的；

（四）因不负责任造成文物保护单位、珍贵文物损毁或者流失的；

（五）贪污、挪用文物保护经费的。

前款被开除公职或者被吊销从业资格的人员，自被开除公职或者被吊销从业资格之日起十年内不得担任文物管理人员或者从事文物经营活动。

**第七十七条** 有本法第六十六条、第六十八条、第七十条、第七十一条、第七十四条、第七十五条规定所列行为之一的，负有责任的主管人员和其他直接责任人员是国家工作人员的，依法给予行政处分。

**第七十八条** 公安机关、工商行政管理部门、海关、城乡建设规划部门和其他国家机关，违反本法规定滥用职权、玩忽职守、徇私舞弊，造成国家保护的珍贵文物损毁或者流失的，对负有责任的主管人员和其他直接责任人员依法给予行政处分；构成犯罪的，依法追究刑事责任。

**第七十九条** 人民法院、人民检察院、公安机关、海关和工商行政管理部门依法没收的文物应当登记造册，妥善保管，结案后无偿移交文物行政部门，由文物行政部门指定的国有文物收藏单位收藏。

## 第八章 附 则

**第八十条** 本法自公布之日起施行。

# 中华人民共和国森林法

（1984年9月20日第六届全国人民代表大会常务委员会第七次会议通过；
1998年4月29日第九届全国人民代表大会常务委员会第二次会议修正，
中华人民共和国主席令第三号公布，自1998年7月1日起施行）

## 第一章 总 则

**第一条** 为了保护、培育和合理利用森林资源，加快国土绿化，发挥森林蓄水保土、调节气候、改善环境和提供林产品的作用，适应社会主义建设和人民生活的需要，特制定本法。

**第二条** 在中华人民共和国领域内从事森林、林木的培育种植、采伐利用和森林、林木、林地的经营管理活动，都必须遵守本法。

**第三条** 森林资源属于国家所有，由法律规定属于集体所有的除外。

国家所有的和集体所有的森林、林木和林地，个人所有的林木和使用的林地，由县级以上地方人民政府登记造册，发放证书，确认所有权或者使用权。国务院可以授权国务院林业主管部门，对国务院确定的国家所有的重点林区的森林、林木和林地登记造册，发放证书，并通知有关地方人民政府。

森林、林木、林地的所有者和使用者的合法权益，受法律保护，任何单位和个人不得侵犯。

**第四条** 森林分为以下五类：

（一）防护林：以防护为主要目的的森林、林木和灌木丛，包括水源涵养林，水土保持林，防风固沙林，农田、牧场防护林，护岸林，护路林；

（二）用材林：以生产木材为主要目的的森林和林木，包括以生产竹材为主要目的的竹林；

（三）经济林：以生产果品，食用油料、饮料、调料，工业原料和药材等为主要目的的林木；

（四）薪炭林：以生产燃料为主要目的的林木；

（五）特种用途林：以国防、环境保护、科学实验等为主要目的的森林和林木，包括国防林、实验林、母树林、环境保护林、风景林，名胜古迹和革命纪念地的林木，自然保护区的森林。

**第五条** 林业建设实行以营林为基础，普遍护林，大力造林，采育结合，永续利用的方针。

**第六条** 国家鼓励林业科学研究，推广林业先进技术，提高林业科学技术水平。

**第七条** 国家保护林农的合法权益，依法减轻林农的负担，禁止向林农违法收费、罚款，禁止向林农进行摊派和强制集资。

国家保护承包造林的集体和个人的合法权益，任何单位和个人不得侵犯承包造林的集体和个人依法享有的林木所有权和其他合法权益。

**第八条** 国家对森林资源实行以下保护性措施：

（一）对森林实行限额采伐，鼓励植树造林、封山育林，扩大森林覆盖面积；

（二）根据国家和地方人民政府有关规定，对集体和个人造林、育林给予经济扶持或者长期贷款；

（三）提倡木材综合利用和节约使用木材，鼓励开发、利用木材代用品；

（四）征收育林费，专门用于造林育林；

（五）煤炭、造纸等部门，按照煤炭和木浆纸张等产品的产量提取一定数额的资金，专门用于营造坑木、造纸等用材林；

（六）建立林业基金制度。

国家设立森林生态效益补偿基金，用于提供生态效益的防护林和特种用途林的森林资源、林木的营造、抚育、保护和管理。森林生态效益补偿基金必须专款专用，不得挪作他用。具体办法由国务院规定。

**第九条** 国家和省、自治区人民政府，对民族自治地方的林业生产建设，依照国家对民族自治地方自治权的规定，在森林开发、木材分配和林业基金使用方面，给予比一般地区更多的自主权和经济利益。

**第十条** 国务院林业主管部门主管全国林业工作。县级以上地方人民政府林业主管部门，主管本地区的林业工作。乡级人民政府设专职或者兼职人员负责林业工作。

第十一条　植树造林、保护森林，是公民应尽的义务。各级人民政府应当组织全民义务植树，开展植树造林活动。

第十二条　在植树造林、保护森林、森林管理以及林业科学研究等方面成绩显著的单位或者个人，由各级人民政府给予奖励。

## 第二章　森林经营管理

第十三条　各级林业主管部门依照本法规定，对森林资源的保护、利用、更新，实行管理和监督。

第十四条　各级林业主管部门负责组织森林资源清查，建立资源档案制度，掌握资源变化情况。

第十五条　下列森林、林木、林地使用权可以依法转让，也可以依法作价入股或者作为合资、合作造林、经营林木的出资、合作条件，但不得将林地改为非林地：

（一）用材林、经济林、薪炭林；

（二）用材林、经济林、薪炭林的林地使用权；

（三）用材林、经济林、薪炭林的采伐迹地、火烧迹地的林地使用权；

（四）国务院规定的其他森林、林木和其他林地使用权。

依照前款规定转让、作价入股或者作为合资、合作造林、经营林木的出资、合作条件的，已经取得的林木采伐许可证可以同时转让，同时转让双方都必须遵守本法关于森林、林木采伐和更新造林的规定。

除本条第一款规定的情形外，其他森林、林木和其他林地使用权不得转让。

具体办法由国务院规定。

第十六条　各级人民政府应当制定林业长远规划。国有林业企业事业单位和自然保护区，应当根据林业长远规划，编制森林经营方案，报上级主管部门批准后实行。

林业主管部门应当指导农村集体经济组织和国有的农场、牧场、工矿企业等单位编制森林经营方案。

第十七条　单位之间发生的林木、林地所有权和使用权争议，由县级以上人民政府依法处理。

个人之间、个人与单位之间发生的林木所有权和林地使用权争议，由当地县级或者乡级人民政府依法处理。

当事人对人民政府的处理决定不服的，可以在接到通知之日起一个月内，向人民法院起诉。

在林木、林地权属争议解决以前，任何一方不得砍伐有争议的林木。

第十八条　进行勘查、开采矿藏和各项建设工程，应当不占或者少占林地；必须占用或者征用林地的，经县级以上人民政府林业主管部门审核同意后，依照有关土地管理的法律、行政法规办理建设用地审批手续，并由用地单位依照国务院有关规定缴纳森林植被恢复费。森林植被恢复费专款专用，由林业主管部门依照有关规定统一安排植树造林，恢复森林植被，植树造林面积不得少于因占用、征用林地而减少的森林植被面积。上级林业主管部门应当定期督促、检查下级林业主管部门组织植树造林、恢复森林植被的情况。

任何单位和个人不得挪用森林植被恢复费。县级以上人民政府审计机关应当加强对森林植被恢复费使用情况的监督。

## 第三章 森 林 保 护

**第十九条** 地方各级人民政府应当组织有关部门建立护林组织，负责护林工作；根据实际需要在大面积林区增加护林设施，加强森林保护；督促有林的和林区的基层单位，订立护林公约，组织群众护林，划定护林责任区，配备专职或者兼职护林员。

护林员可以由县级或者乡级人民政府委任。护林员的主要职责是：巡护森林，制止破坏森林资源的行为。对造成森林资源破坏的，护林员有权要求当地有关部门处理。

**第二十条** 依照国家有关规定在林区设立的森林公安机关，负责维护辖区社会治安秩序，保护辖区内的森林资源，并可以依照本法规定，在国务院林业主管部门授权的范围内，代行本法第三十九条、第四十二条、第四十三条、第四十四条规定的行政处罚权。

武装森林警察部队执行国家赋予的预防和扑救森林火灾的任务。

**第二十一条** 地方各级人民政府应当切实做好森林火灾的预防和扑救工作：

（一）规定森林防火期，在森林防火期内，禁止在林区野外用火；因特殊情况需要用火的，必须经过县级人民政府或者县级人民政府授权的机关批准；

（二）在林区设置防火设施；

（三）发生森林火灾，必须立即组织当地军民和有关部门扑救；

（四）因扑救森林火灾负伤、致残、牺牲的，国家职工由所在单位给予医疗、抚恤；非国家职工由起火单位按照国务院有关主管部门的规定给予医疗、抚恤，起火单位对起火没有责任或者确实无力负担的，由当地人民政府给予医疗、抚恤。

**第二十二条** 各级林业主管部门负责组织森林病虫害防治工作。

林业主管部门负责规定林木种苗的检疫对象，划定疫区和保护区，对林木种苗进行检疫。

**第二十三条** 禁止毁林开垦和毁林采石、采砂、采土以及其他毁林行为。

禁止在幼林地和特种用途林内砍柴、放牧。

进入森林和森林边缘地区的人员，不得擅自移动或者损坏为林业服务的标志。

**第二十四条** 国务院林业主管部门和省、自治区、直辖市人民政府，应当在不同自然地带的典型森林生态地区、珍贵动物和植物生长繁殖的林区、天然热带雨林区和具有特殊保护价值的其他天然林区，划定自然保护区，加强保护管理。

自然保护区的管理办法，由国务院林业主管部门制定，报国务院批准施行。

对自然保护区以外的珍贵树木和林区内具有特殊价值的植物资源，应当认真保护；未经省、自治区、直辖市林业主管部门批准，不得采伐和采集。

**第二十五条** 林区内列为国家保护的野生动物，禁止猎捕；因特殊需要猎捕的，按照国家有关法规办理。

## 第四章 植 树 造 林

**第二十六条** 各级人民政府应当制定植树造林规划，因地制宜地确定本地区提高森林覆盖率的奋斗目标。

各级人民政府应当组织各行各业和城乡居民完成植树造林规划确定的任务。

宜林荒山荒地，属于国家所有的，由林业主管部门和其他主管部门组织造林；属于集体所有的，由集体经济组织组织造林。

铁路公路两旁、江河两侧、湖泊水库周围，由各有关主管单位因地制宜地组织造林；工矿区，机关、学校用地，部队营区以及农场、牧场、渔场经营地区，由各该单位负责造林。

国家所有和集体所有的宜林荒山荒地可以由集体或者个人承包造林。

**第二十七条** 国有企业事业单位、机关、团体、部队营造的林木，由营造单位经营并按照国家规定支配林木收益。

集体所有制单位营造的林木，归该单位所有。

农村居民在房前屋后、自留地、自留山种植的林木，归个人所有。城镇居民和职工在自有房屋的庭院内种植的林木，归个人所有。

集体或者个人承包国家所有和集体所有的宜林荒山荒地造林的，承包后种植的林木归承包的集体或者个人所有；承包合同另有规定的，按照承包合同的规定执行。

**第二十八条** 新造幼林地和其他必须封山育林的地方，由当地人民政府组织封山育林。

## 第五章 森 林 采 伐

**第二十九条** 国家根据用材林的消耗量低于生长量的原则，严格控制森林年采伐量。国家所有的森林和林木以国有林业企业事业单位、农场、厂矿为单位，集体所有的森林和林木、个人所有的林木以县为单位，制定年采伐限额，由省、自治区、直辖市林业主管部门汇总，经同级人民政府审核后，报国务院批准。

**第三十条** 国家制定统一的年度木材生产计划。年度木材生产计划不得超过批准的年采伐限额。计划管理的范围由国务院规定。

**第三十一条** 采伐森林和林木必须遵守下列规定：

（一）成熟的用材林应当根据不同情况，分别采取择伐、皆伐和渐伐方式，皆伐应当严格控制，并在采伐的当年或者次年内完成更新造林；

（二）防护林和特种用途林中的国防林、母树林、环境保护林、风景林，只准进行抚育和更新性质的采伐；

（三）特种用途林中的名胜古迹和革命纪念地的林木、自然保护区的森林，严禁采伐。

**第三十二条** 采伐林木必须申请采伐许可证，按许可证的规定进行采伐；农村居民采伐自留地和房前屋后个人所有的零星林木除外。

国有林业企业事业单位、机关、团体、部队、学校和其他国有企业事业单位采伐林木，由所在地县级以上林业主管部门依照有关规定审核发放采伐许可证。

铁路、公路的护路林和城镇林木的更新采伐，由有关主管部门依照有关规定审核发放采伐许可证。

农村集体经济组织采伐林木，由县级林业主管部门依照有关规定审核发放采伐许可证。

农村居民采伐自留山和个人承包集体的林木，由县级林业主管部门或者其委托的乡、镇人民政府依照有关规定审核发放采伐许可证。

采伐以生产竹材为主要目的的竹林，适用以上各款规定。

**第三十三条** 审核发放采伐许可证的部门，不得超过批准的年采伐限额发放采伐许可证。

**第三十四条** 国有林业企业事业单位申请采伐许可证时，必须提出伐区调查设计文件。其他单位申请采伐许可证时，必须提出有关采伐的目的、地点、林种、林况、面积、蓄积、方式和更新措施等内容的文件。

对伐区作业不符合规定的单位，发放采伐许可证的部门有权收缴采伐许可证，中止其采伐，直到纠正为止。

**第三十五条** 采伐林木的单位或者个人，必须按照采伐许可证规定的面积、株数、树种、期限完成更新造林任务，更新造林的面积和株数不得少于采伐的面积和株数。

**第三十六条** 林区木材的经营和监督管理办法，由国务院另行规定。

**第三十七条** 从林区运出木材，必须持有林业主管部门发给的运输证件，国家统一调拨的木材除外。

依法取得采伐许可证后，按照许可证的规定采伐的木材，从林区运出时，林业主管部门应当发给运输证件。

经省、自治区、直辖市人民政府批准，可以在林区设立木材检查站，负责检查木材运输。对未取得运输证件或者物资主管部门发给的调拨通知书运输木材的，木材检查站有权制止。

**第三十八条** 国家禁止、限制出口珍贵树木及其制品、衍生物。禁止、限制出口的珍贵树木及其制品、衍生物的名录和年度限制出口总量，由国务院林业主管部门会同国务院有关部门制定，报国务院批准。

出口前款规定限制出口的珍贵树木或者其制品、衍生物的，必须经出口人所在地省、自治区、直辖市人民政府林业主管部门审核，报国务院林业主管部门批准，海关凭国务院林业主管部门的批准文件放行。进出口的树木或者其制品、衍生物属于中国参加的国际公约限制进出口的濒危物种的，并必须向国家濒危物种进出口管理机构申请办理允许进出口证明书，海关并凭允许进出口证明书放行。

## 第六章 法 律 责 任

**第三十九条** 盗伐森林或者其他林木的，依法赔偿损失；由林业主管部门责令补种盗伐株数十倍的树木，没收盗伐的林木或者变卖所得，并处盗伐林木价值三倍以上十倍以下的罚款。

滥伐森林或者其他林木，由林业主管部门责令补种滥伐株数五倍的树木，并处滥伐林木价值二倍以上五倍以下的罚款。

拒不补种树木或者补种不符合国家有关规定的，由林业主管部门代为补种，所需费用由违法者支付。

盗伐、滥伐森林或者其他林木，构成犯罪的，依法追究刑事责任。

**第四十条** 违反本法规定，非法采伐、毁坏珍贵树木的，依法追究刑事责任。

**第四十一条** 违反本法规定，超过批准的年采伐限额发放林木采伐许可证或者超越职权发放林木采伐许可证、木材运输证件、批准出口文件、允许进出口证明书的，由上一级人民政府林业主管部门责令纠正，对直接负责的主管人员和其他直接责任人员依法给予行政处分；有关人民政府林业主管部门未予纠正的，国务院林业主管部门可以直接处理；构成犯罪的，依法追究刑事责任。

第四十二条 违反本法规定，买卖林木采伐许可证、木材运输证件、批准出口文件、允许进出口证明书的，由林业主管部门没收违法买卖的证件、文件和违法所得，并处违法买卖证件、文件的价款一倍以上三倍以下的罚款；构成犯罪的，依法追究刑事责任。

伪造林木采伐许可证、木材运输证件、批准出口文件、允许进出口证明书的，依法追究刑事责任。

第四十三条 在林区非法收购明知是盗伐、滥伐的林木的，由林业主管部门责令停止违法行为，没收违法收购的盗伐、滥伐的林木或者变卖所得，可以并处违法收购林木的价款一倍以上三倍以下的罚款；构成犯罪的，依法追究刑事责任。

第四十四条 违反本法规定，进行开垦、采石、采砂、采土、采种、采脂和其他活动，致使森林、林木受到毁坏的，依法赔偿损失；由林业主管部门责令停止违法行为，补种毁坏株数一倍以上三倍以下的树木，可以处毁坏林木价值一倍以上五倍以下的罚款。

违反本法规定，在幼林地和特种用途林内砍柴、放牧致使森林、林木受到毁坏的，依法赔偿损失；由林业主管部门责令停止违法行为，补种毁坏株数一倍以上三倍以下的树木。

拒不补种树木或者补种不符合国家有关规定的，由林业主管部门代为补种，所需费用由违法者支付。

第四十五条 采伐林木的单位或者个人没有按照规定完成更新造林任务的，发放采伐许可证的部门有权不再发给采伐许可证，直到完成更新造林任务为止；情节严重的，可以由林业主管部门处以罚款，对直接责任人员由所在单位或者上级主管机关给予行政处分。

第四十六条 从事森林资源保护、林业监督管理工作的林业主管部门的工作人员和其他国家机关的有关工作人员滥用职权、玩忽职守、徇私舞弊，构成犯罪的，依法追究刑事责任；尚不构成犯罪的，依法给予行政处分。

## 第七章 附 则

第四十七条 国务院林业主管部门根据本法制定实施办法，报国务院批准施行。

第四十八条 民族自治地方不能全部适用本法规定的，自治机关可以根据本法的原则，结合民族自治地方的特点，制定变通或者补充规定，依照法定程序报省、自治区或者全国人民代表大会常务委员会批准施行。

第四十九条 本法自1985年1月1日起施行。

# 中华人民共和国渔业法

(1986年1月20日第六届全国人民代表大会常务委员会第十四次会议通过，2000年10月31日第九届全国人民代表大会常务委员会第十八次会议第一次修正，2004年8月28日第十届全国人民代表大会常务委员会第十一次会议第二次修正，中华人民共和国主席令第二十五号公布，自公布之日起施行)

## 第一章 总 则

**第一条** 为了加强渔业资源的保护、增殖、开发和合理利用，发展人工养殖，保障渔业生产者的合法权益，促进渔业生产的发展，适应社会主义建设和人民生活的需要，特制定本法。

**第二条** 在中华人民共和国的内水、滩涂、领海、专属经济区以及中华人民共和国管辖的一切其他海域从事养殖和捕捞水生动物、水生植物等渔业生产活动，都必须遵守本法。

**第三条** 国家对渔业生产实行以养殖为主，养殖、捕捞、加工并举，因地制宜，各有侧重的方针。各级人民政府应当把渔业生产纳入国民经济发展计划，采取措施，加强水域的统一规划和综合利用。

**第四条** 国家鼓励渔业科学技术研究，推广先进技术，提高渔业科学技术水平。

**第五条** 在增殖和保护渔业资源、发展渔业生产、进行渔业科学技术研究等方面成绩显著的单位和个人，由各级人民政府给予精神的或者物质的奖励。

**第六条** 国务院渔业行政主管部门主管全国的渔业工作。县级以上地方人民政府渔业行政主管部门主管本行政区域内的渔业工作。县级以上人民政府渔业行政主管部门可以在重要渔业水域、渔港设渔政监督管理机构。县级以上人民政府渔业行政主管部门及其所属的渔政监督管理机构可以设渔政检查人员。渔政检查人员执行渔业行政主管部门及其所属的渔政监督管理机构交付的任务。

**第七条** 国家对渔业的监督管理，实行统一领导、分级管理。

海洋渔业，除国务院划定由国务院渔业行政主管部门及其所属的渔政监督管理机构监督管理的海域和特定渔业资源渔场外，由毗邻海域的省、自治区、直辖市人民政府渔业行政主管部门监督管理。

江河、湖泊等水域的渔业，按照行政区划由有关县级以上人民政府渔业行政主管部门监督管理；跨行政区域的，由有关县级以上地方人民政府协商制定管理办法，或者由上一级人民政府渔业行政主管部门及其所属的渔政监督管理机构监督管理。

**第八条** 外国人、外国渔业船舶进入中华人民共和国管辖水域，从事渔业生产或者渔业资源调查活动，必须经国务院有关主管部门批准，并遵守本法和中华人民共和国其他有关法律、法规的规定；同中华人民共和国订有条约、协定的，按照条约、协定办理。

国家渔政渔港监督管理机构对外行使渔政渔港监督管理权。

**第九条** 渔业行政主管部门和其所属的渔政监督管理机构及其工作人员不得参与和从事渔业生产经营活动。

## 第二章 养 殖 业

**第十条** 国家鼓励全民所有制单位、集体所有制单位和个人充分利用适于养殖的水域、滩涂，发展养殖业。

**第十一条** 国家对水域利用进行统一规划，确定可以用于养殖业的水域和滩涂。单位和个人使用国家规划确定用于养殖业的全民所有的水域、滩涂的，使用者应当向县级以上地方人民政府渔业行政主管部门提出申请，由本级人民政府核发养殖证，许可其使用该水域、滩涂从事养殖生产。核发养殖证的具体办、法由国务院规定。集体所有的或者全民所有由农业集体经济组织使用的水域、滩涂，可以由个人或者集体承包，从事养殖生产。

**第十二条** 县级以上地方人民政府在核发养殖证时，应当优先安排当地的渔业生产者。

**第十三条** 当事人因使用国家规划确定用于养殖业的水域、滩涂，从事养殖生产发生争议的，按照有关法律规定的程序处理。在争议解决以前，任何一方不得破坏养殖生产。

**第十四条** 国家建设征用集体所有的水域、滩涂，按照《中华人民共和国土地管理法》有关征地的规定办理。

**第十五条** 县级以上地方人民政府应当采取措施，加强对商品鱼生产基地和城市郊区重要养殖水域的保护。

**第十六条** 国家鼓励和支持水产优良品种的选育、培育和推广。水产新品种必须经全国水产原种和良种审定委员会审定，由国务院渔业行政主管部门公告后推广。水产苗种的进口、出口由国务院渔业行政主管部门或者省、自治区、直辖市人民政府渔业行政主管部门审批。水产苗种的生产由县级以上地方人民政府渔业行政主管部门审批。但是，渔业生产者自育、自用水产苗种的除外。

**第十七条** 水产苗种的进口、出口必须实施检疫，防止病害传入境内和传出境外，具体检疫工作按照有关动植物进出境检疫法律、行政法规的规定执行。引进转基因水产苗种必须进行安全性评价，具体管理工作按照国务院有关规定执行。

**第十八条** 县级以上人民政府渔业行政主管部门应当加强对养殖生产的技术指导和病害防治工作。

**第十九条** 从事养殖生产不得使用含有毒有害物质的饵料、饲料。

**第二十条** 从事养殖生产应当保护水域生态环境，科学确定养殖密度，合理投饵、施肥、使用药物，不得造成水域的环境污染。

## 第三章 捕 捞 业

**第二十一条** 国家在财政、信贷和税收等方面采取措施，鼓励、扶持远洋捕捞业的发展，并根据渔业资源的可捕捞量，安排内水和近海捕捞力量。

**第二十二条** 国家根据捕捞量低于渔业资源增长量的原则，确定渔业资源的总可捕捞量，实行捕捞限额制度。国务院渔业行政主管部门负责组织渔业资源的调查和评估，为实行捕捞限额制度提供科学依据。中华人民共和国内海、领海、专属经济区和其他管辖海域的捕捞限额总量由国务院渔业行政主管部门确定，报国务院批准后逐级分解下达；国家确定的重要江河、湖泊的捕捞限额总量由有关省、自治区、直辖市人民政府确定或者协商确定，逐级分解下达。捕捞限额总量的分配应当体现公平、公正的原则，分配办法和分配结果必须向社会公开，并接受监督。国务院渔业行政主管部门和省、自治区、直辖市人民政府渔业行政主管部门应当加强对捕捞限额制度实施情况的监督检查，对超过上级下达的捕捞限额指标的，应当在其次年捕捞限额指标中予以核减。

第二十三条　国家对捕捞业实行捕捞许可证制度。海洋大型拖网、围网作业以及到中华人民共和国与有关国家缔结的协定确定的共同管理的渔区或者公海从事捕捞作业的捕捞许可证，由国务院渔业行政主管部门批准发放。其他作业的捕捞许可证，由县级以上地方人民政府渔业行政主管部门批准发放；但是，批准发放海洋作业的捕捞许可证不得超过国家下达的船网工具控制指标，具体办法由省、自治区、直辖市人民政府规定。捕捞许可证不得买卖、出租和以其他形式转让，不得涂改、伪造、变造。

到他国管辖海域从事捕捞作业的，应当经国务院渔业行政主管部门批准，并遵守中华人民共和国缔结的或者参加的有关条约、协定和有关国家的法律。

第二十四条　具备下列条件的，方可发给捕捞许可证：

（一）有渔业船舶检验证书；

（二）有渔业船舶登记证书；

（三）符合国务院渔业行政主管部门规定的其他条件。

县级以上地方人民政府渔业行政主管部门批准发放的捕捞许可证，应当与上级人民政府渔业行政主管部门下达的捕捞限额指标相适应。

第二十五条　从事捕捞作业的单位和个人，必须按照捕捞许可证关于作业类型、场所、时限、渔具数量和捕捞限额的规定进行作业，并遵守国家有关保护渔业资源的规定，大中型渔船应当填写渔捞日志。

第二十六条　制造、更新改造、购置、进口的从事捕捞作业的船舶必须经渔业船舶检验部门检验合格后，方可下水作业。具体管理办法由国务院规定。

第二十七条　渔港建设应当遵守国家的统一规划，实行谁投资谁受益的原则。县级以上地方人民政府应当对位于本行政区域内的渔港加强监督管理，维护渔港的正常秩序。

## 第四章　渔业资源的增殖和保护

第二十八条　县级以上人民政府渔业行政主管部门应当对其管理的渔业水域统一规划，采取措施，增殖渔业资源。县级以上人民政府渔业行政主管部门可以向受益的单位和个人征收渔业资源增殖保护费，专门用于增殖和保护渔业资源。渔业资源增殖保护费的征收办法由国务院渔业行政主管部门会同财政部门制定，报国务院批准后施行。

第二十九条　国家保护水产种质资源及其生存环境，并在具有较高经济价值和遗传育种价值的水产种质资源的主要生长繁育区域建立水产种质资源保护区。未经国务院渔业行政主管部门批准，任何单位或者个人不得在水产种质资源保护区内从事捕捞活动。

第三十条　禁止使用炸鱼、毒鱼、电鱼等破坏渔业资源的方法进行捕捞。禁止制造、销售、使用禁用的渔具。禁止在禁渔区、禁渔期进行捕捞。禁止使用小于最小网目尺寸的网具进行捕捞。捕捞的渔获物中幼鱼不得超过规定的比例。在禁渔区或者禁渔期内禁止销售非法捕捞的渔获物。

重点保护的渔业资源品种及其可捕捞标准，禁渔区和禁渔期，禁止使用或者限制使用的渔具和捕捞方法,最小网目尺寸以及其他保护渔业资源的措施,由国务院渔业行政主管部门或者省、自治区、直辖市人民政府渔业行政主管部门规定。

第三十一条 禁止捕捞有重要经济价值的水生动物苗种。因养殖或者其他特殊需要,捕捞有重要经济价值的苗种或者禁捕的怀卵亲体的,必须经国务院渔业行政主管部门或者省、自治区、直辖市人民政府渔业行政主管部门批准,在指定的区域和时间内,按照限额捕捞。在水生动物苗种重点产区引水用水时,应当采取措施,保护苗种。

第三十二条 在鱼、虾、蟹洄游通道建闸、筑坝,对渔业资源有严重影响的,建设单位应当建造过鱼设施或者采取其他补救措施。

第三十三条 用于渔业并兼有调蓄、灌溉等功能的水体,有关主管部门应当确定渔业生产所需的最低水位线。

第三十四条 禁止围湖造田。沿海滩涂未经县级以上人民政府批准,不得围垦;重要的苗种基地和养殖场所不得围垦。

第三十五条 进行水下爆破、勘探、施工作业,对渔业资源有严重影响的,作业单位应当事先同有关县级以上人民政府渔业行政主管部门协商,采取措施,防止或者减少对渔业资源的损害;造成渔业资源损失的,由有关县级以上人民政府责令赔偿。

第三十六条 各级人民政府应当采取措施,保护和改善渔业水域的生态环境,防治污染。

渔业水域生态环境的监督管理和渔业污染事故的调查处理,依照《中华人民共和国海洋环境保护法》和《中华人民共和国水污染防治法》的有关规定执行。

第三十七条 国家对白鳍豚等珍贵、濒危水生野生动物实行重点保护,防止其灭绝。禁止捕杀、伤害国家重点保护的水生野生动物。因科学研究、驯养繁殖、展览或者其他特殊情况,需要捕捞国家重点保护的水生野生动物的,依照《中华人民共和国野生动物保护法》的规定执行。

## 第五章 法 律 责 任

第三十八条 使用炸鱼、毒鱼、电鱼等破坏渔业资源方法进行捕捞的,违反关于禁渔区、禁渔期的规定进行捕捞的,或者使用禁用的渔具、捕捞方法和小于最小网目尺寸的网具进行捕捞或者渔获物中幼鱼超过规定比例的,没收渔获物和违法所得,处五万元以下的罚款;情节严重的,没收渔具,吊销捕捞许可证;情节特别严重的,可以没收渔船;构成犯罪的,依法追究刑事责任。在禁渔区或者禁渔期内销售非法捕捞的渔获物的,县级以上地方人民政府渔业行政主管部门应当及时进行调查处理。

制造、销售禁用的渔具的,没收非法制造、销售的渔具和违法所得,并处一万元以下的罚款。

第三十九条 偷捕、抢夺他人养殖的水产品的,或者破坏他人养殖水体、养殖设施的,责令改正,可以处二万元以下的罚款;造成他人损失的,依法承担赔偿责任;构成犯罪的,依法追究刑事责任。

第四十条 使用全民所有的水域、滩涂从事养殖生产,无正当理由使水域、滩涂荒芜满一年的,由发放养殖证的机关责令限期开发利用;逾期未开发利用的,吊销养殖证,可以并处一万元以下的罚款。

未依法取得养殖证擅自在全民所有的水域从事养殖生产的，责令改正，补办养殖证或者限期拆除养殖设施。未依法取得养殖证或者超越养殖证许可范围在全民所有的水域从事养殖生产，妨碍航运、行洪的，责令限期拆除养殖设施，可以并处一万元以下的罚款。

第四十一条　未依法取得捕捞许可证擅自进行捕捞的，没收渔获物和违法所得，并处十万元以下的罚款；情节严重的，并可以没收渔具和渔船。

第四十二条　违反捕捞许可证关于作业类型、场所、时限和渔具数量的规定进行捕捞的，没收渔获物和违法所得，可以并处五万元以下的罚款；情节严重的，并可以没收渔具，吊销捕捞许可证。

第四十三条　涂改、买卖、出租或者以其他形式转让捕捞许可证的，没收违法所得，吊销捕捞许可证，可以并处一万元以下的罚款；伪造、变造、买卖捕捞许可证，构成犯罪的，依法追究刑事责任。

第四十四条　非法生产、进口、出口水产苗种的，没收苗种和违法所得，并处五万元以下的罚款。经营未经审定的水产苗种的，责令立即停止经营，没收违法所得，可以并处五万元以下的罚款。

第四十五条　未经批准在水产种质资源保护区内从事捕捞活动的，责令立即停止捕捞，没收渔获物和渔具，可以并处一万元以下的罚款。

第四十六条　外国人、外国渔船违反本法规定，擅自进入中华人民共和国管辖水域从事渔业生产和渔业资源调查活动的，责令其离开或者将其驱逐，可以没收渔获物、渔具，并处五十万元以下的罚款；情节严重的，可以没收渔船；构成犯罪的，依法追究刑事责任。

第四十七条　造成渔业水域生态环境破坏或者渔业污染事故的，依照《中华人民共和国海洋环境保护法》和《中华人民共和国水污染防治法》的规定追究法律责任。

第四十八条　本法规定的行政处罚，由县级以上人民政府渔业行政主管部门或者其所属的渔政监督管理机构决定。但是，本法已对处罚机关作出规定的除外。在海上执法时，对违反禁渔区、禁渔期的规定或者使用禁用的渔具、捕捞方法进行捕捞，以及未取得捕捞许可证进行捕捞的，事实清楚、证据充分，但是当场不能按照法定程序作出和执行行政处罚决定的，可以先暂时扣押捕捞许可证、渔具或者渔船，回港后依法作出和执行行政处罚决定。

第四十九条　渔业行政主管部门和其所属的渔政监督管理机构及其工作人员违反本法规定核发许可证、分配捕捞限额或者从事渔业生产经营活动的，或者有其他玩忽职守不履行法定义务、滥用职权、徇私舞弊的行为的，依法给予行政处分；构成犯罪的，依法追究刑事责任。

## 第六章　附　　则

第五十条　本法自 1986 年 7 月 1 日起施行。

# 中华人民共和国矿产资源法

(1986年3月19日第六届全国人民代表大会常务委员会第十五次会议通过，1996年8月29日第八届全国人民代表大会常务委员会第二十一次会议修正，中华人民共和国主席令第七十四号，自1997年1月1日起施行)

## 第一章 总 则

**第一条** 为了发展矿业，加强矿产资源的勘查，开发利用和保护工作，保障社会主义现代化建设的当前和长远的需要，根据中华人民共和国宪法，特制定本法。

**第二条** 在中华人民共和国领域及管辖海域勘查、开采矿产资源，必须遵守本法。

**第三条** 矿产资源属于国家所有，由国务院行使国家对矿产资源的所有权。地表或者地下的矿产资源的国家所有权，不因其所依附的土地的所有权或者使用权的不同而改变。

国家保障矿产资源的合理开发利用。禁止任何组织或者个人用任何手段侵占或者破坏矿产资源。各级人民政府必须加强矿产资源的保护工作。

勘查、开采矿产资源，必须依法分别申请，经批准取得探矿权、采矿权，并办理登记；但是，已经依法申请取得采矿权的矿山企业在划定的矿区范围内为本企业的生产而进行的勘查除外。国家保护探矿权和采矿权不受侵犯，保障矿区和勘查作业区的生产秩序、工作秩序不受影响和破坏。

从事矿产资源勘查和开采的，必须符合规定的资质条件。

**第四条** 国家保障依法设立的矿山企业开采矿产资源的合法权益。

国有矿山企业是开采矿产资源的主体。国家保障国有矿业经济的巩固和发展。

**第五条** 国家实行探矿权、采矿权有偿取得的制度。但是，国家对探矿权、采矿权有偿取得的费用，可以根据不同情况规定予以减缴、免缴。具体办法和实施步骤由国务院规定。

开采矿产资源，必须按照国家有关规定缴纳资源税和资源补偿费。

**第六条** 除按下列规定可以转让外，探矿权、采矿权不得转让：

（一）探矿权人有权在划定的勘查作业区内进行规定的勘查作业，有权优先取得勘查作业区内矿产资源的采矿权。探矿权人在完成规定的最低勘查投入后，经依法批准，可以将探矿权转让他人。

（二）已取得采矿权的矿山企业，因企业合并、分立，与他人合资、合作经营，或者因企业资产出售以及有其他变更企业资产产权的情形而需要变更采矿权主体的，经依法批准可以将采矿权转让他人采矿。

前款规定的具体办法和实施步骤由国务院规定。

禁止将探矿权、采矿权倒卖牟利。

**第七条** 国家对矿产资源的勘查、开发实行统一规划、合理布局、综合勘查、合理开采和综合利用的方针。

**第八条** 国家鼓励矿产资源勘查、开发的科学技术研究，推广先进技术，提高矿产资源勘查、开发的科学技术水平。

第九条 在勘查、开发、保护矿产资源和进行科学技术研究等方面成绩显著的单位和个人，由各级人民政府给予奖励。

第十条 国家在民族自治地方开采矿产资源，应当照顾民族自治地方的利益，作出有利于民族自治地方经济建设的安排，照顾当地少数民族群众的生产和生活。

民族自治地方的自治机关根据法律规定和国家的统一规划，对可以由本地方开发的矿产资源，优先合理开发利用。

第十一条 国务院地质矿产主管部门主管全国矿产资源勘查、开采的监督管理工作。国务院有关主管部门协助国务院地质矿产主管部门进行矿产资源勘查、开采的监督管理工作。

省、自治区、直辖市人民政府地质矿产主管部门主管本行政区域内矿产资源勘查、开采的监督管理工作。省、自治区、直辖市人民政府有关主管部门协助同级地质矿产主管部门进行矿产资源勘查、开采的监督管理工作。

## 第二章 矿产资源勘查的登记和开采的审批

第十二条 国家对矿产资源勘查实行统一的区块登记管理制度。矿产资源勘查登记工作，由国务院地质矿产主管部门负责；特定矿种的矿产资源勘查登记工作，可以由国务院授权有关主管部门负责。矿产资源勘查区块登记管理办法由国务院制定。

第十三条 国务院矿产储量审批机构或者省、自治区、直辖市矿产储量审批机构负责审查批准供矿山建设设计使用的勘探报告，并在规定的期限内批复报送单位。勘探报告未经批准，不得作为矿山建设设计的依据。

第十四条 矿产资源勘查成果档案资料和各类矿产储量的统计资料，实行统一的管理制度，按照国务院规定汇交或者填报。

第十五条 设立矿山企业，必须符合国家规定的资质条件，并依照法律和国家有关规定，由审批机关对其矿区范围、矿山设计或者开采方案、生产技术条件、安全措施和环境保护措施等进行审查；审查合格的，方予批准。

第十六条 开采下列矿产资源的，由国务院地质矿产主管部门审批，并颁发采矿许可证：

（一）国家规划矿区和对国民经济具有重要价值的矿区的矿产资源；
（二）前项规定区域以外可供开采的矿产储量规模在大型以上的矿产资源；
（三）国家规定实行保护性开采的特定矿种；
（四）领海及中国管辖的其他海域的矿产资源；
（五）国务院规定的其他矿产资源。

开采石油、天然气、放射性矿产等特定矿种的，可以由国务院授权的有关主管部门审批，并颁发采矿许可证。

开采第一款、第二款规定以外的矿产资源，其可供开采的矿产的储量规模为中型的，由省、自治区、直辖市人民政府地质矿产主管部门审批和颁发采矿许可证。

开采第一款、第二款和第三款规定以外的矿产资源的管理办法，由省、自治区、直辖市人民代表大会常务委员会依法制定。

依照第三款、第四款的规定审批和颁发采矿许可证的、由省、自治区、直辖市人民政府地质矿产主管部门汇总向国务院地质矿产主管部门备案。

矿产储量规模的大型、中型的划分标准，由国务院矿产储量审批机构规定。

**第十七条** 国家对国家规划矿区、对国民经济具有重要价值的矿区和国家规定实行保护性开采的特定矿种，实行有计划的开采；未经国务院有关主管部门批准，任何单位和个人不得开采。

**第十八条** 国家规划矿区的范围、对国民经济具有重要价值的矿区的范围、矿山企业矿区的范围依法划定后，由划定矿区范围的主管机关通知有关县级人民政府予以公告。

矿山企业变更矿区范围，必须报请原审批机关批准，并报请原颁发采矿许可证的机关重新核发采矿许可证。

**第十九条** 地方各级人民政府应当采取措施，维护本行政区域内的国有矿山企业和其他矿山企业矿区范围内的正常秩序。

禁止任何单位和个人进入他人依法设立的国有矿山企业和其他矿山企业矿区范围内采矿。

**第二十条** 非经国务院授权的有关主管部门同意，不得在下列地区开采矿产资源：

（一）港口、机场、国防工程设施圈定地区以内；

（二）重要工业区、大型水利工程设施、城镇市政工程设施附近一定距离以内；

（三）铁路、重要公路两侧一定距离以内；

（四）重要河流、堤坝两侧一定距离以内；

（五）国家划定的自然保护区、重要风景区，国家重点保护的不能移动的历史文物和名胜古迹所在地；

（六）国家规定不得开采矿产资源的其他地区。

**第二十一条** 关闭矿山，必须提出矿山闭坑报告及有关采掘工程、不安全隐患、土地复垦利用、环境保护的资料，并按照国家规定报请审查批准。

**第二十二条** 勘查、开采矿产资源时，发现具有重大科学文化价值的罕见地质现象以及文化古迹，应当加以保护并及时报告有关部门。

### 第三章 矿产资源的勘查

**第二十三条** 区域地质调查按照国家统一规划进行。区域地质调查的报告和图件按照国家规定验收，提供有关部门使用。

**第二十四条** 矿产资源普查在完成主要矿种普查任务的同时，应当对工作区内包括共生或者伴生矿产的成矿地质条件和矿床工业远景作出初步综合评价。

**第二十五条** 矿床勘探必须对矿区内具有工业价值的共生和伴生矿产进行综合评价，并计算其储量。未作综合评价的勘探报告不予批准。但是，国务院计划部门另有规定的矿床勘探项目除外。

**第二十六条** 普查、勘探易损坏的特种非金属矿产、流体矿产、易燃易爆易溶矿产和含有放射性元素的矿产，必须采用省级以上人民政府有关主管部门规定的普查、勘探方法，并有必要的技术装备和安全措施。

**第二十七条** 矿产资源勘查的原始地质编录和图件，岩矿心、测试样品和其他实物标本资料，各种勘查标志，应当按照有关规定保护和保存。

第二十八条 矿床勘探报告及其他有价值的勘查资料，按照国务院规定实行有偿使用。

## 第四章 矿产资源的开采

第二十九条 开采矿产资源，必须采取合理的开采顺序、开采方法和选矿工艺。矿山企业的开采回采率、采矿贫化率和选矿回收率应当达到设计要求。

第三十条 在开采主要矿产的同时，对具有工业价值的共生和伴生矿产应当统一规划，综合开采，综合利用，防止浪费；对暂时不能综合开采或者必须同时采出而暂时还不能综合利用的矿产以及含有有用组分的尾矿，应当采取有效的保护措施，防止损失破坏。

第三十一条 开采矿产资源，必须遵守国家劳动安全卫生规定，具备保障安全生产的必要条件。

第三十二条 开采矿产资源，必须遵守有关环境保护的法律规定，防止污染环境。

开采矿产资源，应当节约用电。耕地、草原、林地因采矿受到破坏的，矿山企业应当因地制宜地采取复垦利用、植树种草或者其他利用措施。

开采矿产资源给他人生产、生活造成损失的，应当负责赔偿，并采取必要的补救措施。

第三十三条 在建设铁路、工厂、水库、输油管道、输电线路和各种大型建设物或者建筑群之前，建设单位必须向所在省、自治区、直辖市地质矿产主管部门了解拟建工程所在地区的矿产资源分布和开采情况。非经国务院授权的部门批准，不得压覆重要矿床。

第三十四条 国务院规定由指定的单位统一收购的矿产品，任何其他单位或者个人不得收购；开采者不得向非指定单位销售。

## 第五章 集体矿山企业和个体采矿

第三十五条 国家对集体矿山企业和个体采矿实行积极扶持、合理规划、正确引导、加强管理的方针，鼓励集体矿山企业开采国家指定范围内的矿产资源，允许个人采挖零星分散资源和只能用作普通建筑材料的砂、石、黏土以及为生活自用采挖少量矿产。

矿产储量规模适宜由矿山企业开采的矿产资源、国家规定实行保护性开采的特定矿种和国家规定禁止个人开采的其他矿产资源，个人不得开采。

国家指导、帮助集体矿山企业和个体采矿不断提高技术水平、资源利用率和经济效益。

地质矿产主管部门、地质工作单位和国有矿山企业应当按照积极支持、有偿互惠的原则向集体矿山企业和个体采矿提供地质资料和技术服务。

第三十六条 国务院和国务院有关主管部门批准开办矿山企业矿区范围内已有的集体矿山企业，应当关闭或者到指定的其他地点开采，由矿山建设单位给予合理的补偿，并妥善安置群众生活；也可以按照该矿山企业的统筹安排，实行联合经营。

第三十七条 集体矿山企业和个体采矿应当提高技术水平，提高矿产资源回收率。禁止乱挖滥采，破坏矿产资源。

集体矿山企业必须测绘井上、井下工程对照图。

第三十八条 县级以上人民政府应当指导、帮助集体矿山企业和个体采矿进行技术改造、改善经营管理,加强安全生产。

## 第六章 法 律 责 任

**第三十九条** 违反本法规定,未取得采矿许可证擅自采矿的,擅自进入国家规划矿区、对国民经济具有重要价值的矿区范围采矿的,擅自开采国家规定实行保护性开采的特定矿种的,责令停止开采、赔偿损失,没收采出的矿产品和违法所得,可以并处罚款;拒不停止开采,造成矿产资源破坏的,依照刑法第一百五十六条的规定对直接责任人员追究刑事责任。

单位和个人进入他人依法设立的国有矿山企业和其他矿山企业矿区范围内采矿的,依照前款规定处罚。

**第四十条** 超越批准的矿山范围采矿的,责令退回本矿区范围内开采、赔偿损失,没收越界开采的矿产品和违法所得,可以并处罚款;拒不退回本矿区范围内开采,造成矿产资源破坏的,吊销采矿许可证,依照刑法第一百五十六条的规定对直接责任人员追究刑事责任。

**第四十一条** 盗窃、抢夺矿山企业和勘查单位的矿产品和其他财物的,破坏采矿、勘查设施的,扰乱矿区和勘查作业区的生产秩序、工作秩序的,分别依照刑法有关规定追究刑事责任;情节显著轻微的,依照治安管理处罚条例有关规定予以处罚。

**第四十二条** 买卖、出租或者以其他形式转让矿产资源的,没收违法所得,予以罚款。

违反本法第六条的规定将探矿权、采矿权倒卖牟利的,吊销勘查许可证、采矿许可证,没收违法所得,处以罚款。

**第四十三条** 违反本法规定收购和销售国家统一收购的矿产品的,没收矿产品和违法所得,可以并处罚款;情节严重的,依照刑法第一百一十七条、第一百一十八条的规定,追究刑事责任。

**第四十四条** 违反本法规定,采取破坏性的开采方法开采矿产资源的,处以罚款,可以吊销采矿许可证;造成矿产资源严重破坏的,依照刑法第一百五十六条的规定对直接责任人追究刑事责任。

**第四十五条** 本法第三十九条、第四十条、第四十二条规定的行政处罚,由县级以上人民政府负责地质矿产管理工作的部门按照国务院地质矿产主管部门规定的权限决定。

第四十三条规定的行政处罚,由县级以上人民政府工商行政管理部门决定。第四十四条规定的行政处罚,由省、自治区、直辖市人民政府地质矿产主管部门决定。给予吊销勘查许可证或者采矿许可证处罚的,须由原发证机关决定。

依照第三十九条、第四十条、第四十二条、第四十四条规定应当给予行政处罚而不给予行政处罚的,上级人民政府地质矿产主管部门有权责令改正或者直接给予行政处罚。

**第四十六条** 当事人对行政处罚决定不服的,可以依法申请复议,也可以依法直接向人民法院起诉。

当事人逾期不申请复议也不向人民法院起诉,又不履行处罚决定的,由作出处罚决定的机关申请人民法院强制执行。

**第四十七条** 负责矿产资源勘查、开采监督管理工作的国家工作人员和其他有关国家工作人员徇私舞弊、滥用职权或者玩忽职守，违反本法规定批准勘查、开采矿产资源和颁发勘查许可证、采矿许可证，或者对违法采矿行为不依法予以制止、处罚、构成犯罪的，依法追究刑事责任；不构成犯罪的，给予行政处分。违法颁发的勘查许可证、采矿许可证，上级人民政府地质矿产主管部门有权予以撤销。

第四十八条 以暴力、威胁方法阻碍从事矿产资源勘查、开采监督管理工作的国家工作人员依法执行职务的，依照刑法第一百五十七条的规定追究刑事责任；拒绝、阻碍从事矿产资源勘查开采监督管理工作的国家工作人员依法执行职务未使用暴力、威胁方法的，由公安机关依照治安管理处罚条例的规定处罚。

第四十九条 矿山企业之间的矿区范围的争议，由当事人协商解决，协调不成的，由有关县级以上地方人民政府根据依法核定的矿区范围处理；跨省、自治区、直辖市的矿区范围的争议，由有关省、自治区、直辖市人民政府协商解决，协商不成的，由国务院处理。

## 第七章 附　则

第五十条 外商投资勘查、开采矿产资源，法律、行政法规另有规定的，从其规定。

第五十一条 本法施行以前，未办理批准手续、未划定矿区范围、未取得采矿许可证开采矿产资源的，应当依照本法有关规定申请补办手续。

第五十二条 本法实施细则由国务院制定。

第五十三条 本法自1986年10月1日起施行。

# 中华人民共和国土地管理法

（1986年6月25日第六届全国人民代表大会常务委员会第十六次会议通过，1988年12月29日第七届全国人民代表大会常务委员会第五次会议第一次修正，1998年8月29日第九届全国人民代表大会常务委员会第四次会议修订，2004年8月28日第十届全国人民代表大会常务委员会第十一次会议第二次修正，2004年8月28日中华人民共和国主席令第二十八号公布，自公布之日起施行）

## 第一章 总　则

第一条 为了加强土地管理，维护土地的社会主义公有制，保护、开发土地资源，合理利用土地，切实保护耕地，促进社会经济的可持续发展，根据宪法，制定本法。

第二条 中华人民共和国实行土地的社会主义公有制，即全民所有制和劳动群众集体所有制。

全民所有，即国家所有土地的所有权由国务院代表国家行使。

任何单位和个人不得侵占、买卖或者以其他形式非法转让土地。土地使用权可以依法转让。

国家为了公共利益的需要，可以依法对土地实行征收或者征用并给予补偿。

国家依法实行国有土地有偿使用制度。但是，国家在法律规定的范围内划拨国有土地使用权的除外。

**第三条** 十分珍惜、合理利用土地和切实保护耕地是我国的基本国策。各级人民政府应当采取措施，全面规划，严格管理，保护、开发土地资源，制止非法占用土地的行为。

**第四条** 国家实行土地用途管制制度。

国家编制土地利用总体规划，规定土地用途，将土地分为农用地、建设用地和未利用地。严格限制农用地转为建设用地，控制建设用地总量，对耕地实行特殊保护。

前款所称农用地是指直接用于农业生产的土地，包括耕地、林地、草地、农田水利用地、养殖水面等；建设用地是指建造建筑物、构筑物的土地，包括城乡住宅和公共设施用地、工矿用地、交通水利设施用地、旅游用地、军事设施用地等；未利用地是指农用地和建设用地以外的土地。

使用土地的单位和个人必须严格按照土地利用总体规划确定的用途使用土地。

**第五条** 国务院土地行政主管部门统一负责全国土地的管理和监督工作。

县级以上地方人民政府土地行政主管部门的设置及其职责，由省、自治区、直辖市人民政府根据国务院有关规定确定。

**第六条** 任何单位和个人都有遵守土地管理法律、法规的义务，并有权对违反土地管理法律、法规的行为提出检举和控告。

**第七条** 在保护和开发土地资源、合理利用土地以及进行有关的科学研究等方面成绩显著的单位和个人，由人民政府给予奖励。

## 第二章 土地的所有权和使用权

**第八条** 城市市区的土地属于国家所有。

农村和城市郊区的土地，除由法律规定属于国家所有的以外，属于农民集体所有；宅基地和自留地、自留山，属于农民集体所有。

**第九条** 国有土地和农民集体所有的土地，可以依法确定给单位或者个人使用。使用土地的单位和个人，有保护、管理和合理利用土地的义务。

**第十条** 农民集体所有的土地依法属于村农民集体所有的，由村集体经济组织或者村民委员会经营、管理；已经分别属于村内两个以上农村集体经济组织的农民集体所有的，由村内各该农村集体经济组织或者村民小组经营、管理；已经属于乡（镇）农民集体所有的，由乡（镇）农村集体经济组织经营、管理。

**第十一条** 农民集体所有的土地，由县级人民政府登记造册，核发证书，确认所有权。

农民集体所有的土地依法用于非农业建设的，由县级人民政府登记造册，核发证书，确认建设用地使用权。

单位和个人依法使用的国有土地，由县级以上人民政府登记造册，核发证书，确认使用权；其中，中央国家机关使用的国有土地的具体登记发证机关，由国务院确定。

确认林地、草原的所有权或者使用权，确认水面、滩涂的养殖使用权，分别依照《中华人民共和国森林法》、《中华人民共和国草原法》和《中华人民共和国渔业法》的有关规定办理。

**第十二条** 依法改变土地权属和用途的，应当办理土地变更登记手续。

**第十三条** 依法登记的土地的所有权和使用权受法律保护,任何单位和个人不得侵犯。

**第十四条** 农民集体所有的土地由本集体经济组织的成员承包经营,从事种植业、林业、畜牧业、渔业生产。土地承包经营期限为三十年。发包方和承包方应当订立承包合同,约定双方的权利和义务。承包经营土地的农民有保护和按照承包合同约定的用途合理利用土地的义务。农民的土地承包经营权受法律保护。

在土地承包经营期限内,对个别承包经营者之间承包的土地进行适当调整的,必须经村民会议三分之二以上成员或者三分之二以上村民代表的同意,并报乡(镇)人民政府和县级人民政府农业行政主管部门批准。

**第十五条** 国有土地可以由单位或者个人承包经营,从事种植业、林业、畜牧业、渔业生产。农民集体所有的土地,可以由本集体经济组织以外的单位或者个人承包经营,从事种植业、林业、畜牧业、渔业生产。发包方和承包方应当订立承包合同,约定双方的权利和义务。土地承包经营的期限由承包合同约定。承包经营土地的单位和个人,有保护和按照承包合同约定的用途合理利用土地的义务。

农民集体所有的土地由本集体经济组织以外的单位或者个人承包经营的,必须经村民会议三分之二以上成员或者三分之二以上村民代表的同意,并报乡(镇)人民政府批准。

**第十六条** 土地所有权和使用权争议,由当事人协商解决;协商不成的,由人民政府处理。

单位之间的争议,由县级以上人民政府处理;个人之间、个人与单位之间的争议,由乡级人民政府或者县级以上人民政府处理。

当事人对有关人民政府的处理决定不服的,可以自接到处理决定通知之日起三十日内,向人民法院起诉。

在土地所有权和使用权争议解决前,任何一方不得改变土地利用现状。

## 第三章 土地利用总体规划

**第十七条** 各级人民政府应当依据国民经济和社会发展规划、国土整治和资源环境保护的要求、土地供给能力以及各项建设对土地的需求,组织编制土地利用总体规划。

土地利用总体规划的规划期限由国务院规定。

**第十八条** 下级土地利用总体规划应当依据上一级土地利用总体规划编制。

地方各级人民政府编制的土地利用总体规划中的建设用地总量不得超过上一级土地利用总体规划确定的控制指标,耕地保有量不得低于上一级土地利用总体规划确定的控制指标。

省、自治区、直辖市人民政府编制的土地利用总体规划,应当确保本行政区域内耕地总量不减少。

**第十九条** 土地利用总体规划按照下列原则编制:

(一)严格保护基本农田,控制非农业建设占用农用地;

(二)提高土地利用率;

(三)统筹安排各类、各区域用地;

(四)保护和改善生态环境,保障土地的可持续利用;

（五）占用耕地与开发复垦耕地相平衡。

**第二十条** 县级土地利用总体规划应当划分土地利用区，明确土地用途。

乡（镇）土地利用总体规划应当划分土地利用区，根据土地使用条件，确定每一块土地的用途，并予以公告。

**第二十一条** 土地利用总体规划实行分级审批。

省、自治区、直辖市的土地利用总体规划，报国务院批准。

省、自治区人民政府所在地的市、人口在一百万以上的城市以及国务院指定的城市的土地利用总体规划，经省、自治区人民政府审查同意后，报国务院批准。

本条第二款、第三款规定以外的土地利用总体规划，逐级上报省、自治区、直辖市人民政府批准；其中，乡（镇）土地利用总体规划可以由省级人民政府授权的设区的市、自治州人民政府批准。

土地利用总体规划一经批准，必须严格执行。

**第二十二条** 城市建设用地规模应当符合国家规定的标准，充分利用现有建设用地，不占或者尽量少占农用地。

城市总体规划、村庄和集镇规划，应当与土地利用总体规划相衔接，城市总体规划、村庄和集镇规划中建设用地规模不得超过土地利用总体规划确定的城市和村庄、集镇建设用地规模。

在城市规划区内、村庄和集镇规划区内，城市和村庄、集镇建设用地应当符合城市规划、村庄和集镇规划。

**第二十三条** 江河、湖泊综合治理和开发利用规划，应当与土地利用总体规划相衔接。在江河、湖泊、水库的管理和保护范围以及蓄洪滞洪区内，土地利用应当符合江河、湖泊综合治理和开发利用规划，符合河道、湖泊行洪、蓄洪和输水的要求。

**第二十四条** 各级人民政府应当加强土地利用计划管理，实行建设用地总量控制。

土地利用年度计划，根据国民经济和社会发展计划、国家产业政策、土地利用总体规划以及建设用地和土地利用的实际状况编制。土地利用年度计划的编制审批程序与土地利用总体规划的编制审批程序相同，一经审批下达，必须严格执行。

**第二十五条** 省、自治区、直辖市人民政府应当将土地利用年度计划的执行情况列为国民经济和社会发展计划执行情况的内容，向同级人民代表大会报告。

**第二十六条** 经批准的土地利用总体规划的修改，须经原批准机关批准；未经批准，不得改变土地利用总体规划确定的土地用途。

经国务院批准的大型能源、交通、水利等基础设施建设用地，需要改变土地利用总体规划的，根据国务院的批准文件修改土地利用总体规划。

经省、自治区、直辖市人民政府批准的能源、交通、水利等基础设施建设用地，需要改变土地利用总体规划的，属于省级人民政府土地利用总体规划批准权限内的，根据省级人民政府的批准文件修改土地利用总体规划。

**第二十七条** 国家建立土地调查制度。

县级以上人民政府土地行政主管部门会同同级有关部门进行土地调查。土地所有者或者使用者应当配合调查，并提供有关资料。

**第二十八条** 县级以上人民政府土地行政主管部门会同同级有关部门根据土地调查成

果、规划土地用途和国家制定的统一标准，评定土地等级。

**第二十九条** 国家建立土地统计制度。

县级以上人民政府土地行政主管部门和同级统计部门共同制定统计调查方案，依法进行土地统计，定期发布土地统计资料。土地所有者或者使用者应当提供有关资料，不得虚报、瞒报、拒报、迟报。

土地行政主管部门和统计部门共同发布的土地面积统计资料是各级人民政府编制土地利用总体规划的依据。

**第三十条** 国家建立全国土地管理信息系统，对土地利用状况进行动态监测。

## 第四章 耕 地 保 护

**第三十一条** 国家保护耕地，严格控制耕地转为非耕地。

国家实行占用耕地补偿制度。非农业建设经批准占用耕地的，按照"占多少，垦多少"的原则，由占用耕地的单位负责开垦与所占用耕地的数量和质量相当的耕地；没有条件开垦或者开垦的耕地不符合要求的，应当按照省、自治区、直辖市的规定缴纳耕地开垦费，专款用于开垦新的耕地。

省、自治区、直辖市人民政府应当制定开垦耕地计划，监督占用耕地的单位按照计划开垦耕地或者按照计划组织开垦耕地，并进行验收。

**第三十二条** 县级以上地方人民政府可以要求占用耕地的单位将所占用耕地耕作层的土壤用于新开垦耕地、劣质地或者其他耕地的土壤改良。

**第三十三条** 省、自治区、直辖市人民政府应当严格执行土地利用总体规划和土地利用年度计划，采取措施，确保本行政区域内耕地总量不减少；耕地总量减少的，由国务院责令在规定期限内组织开垦与所减少耕地的数量与质量相当的耕地，并由国务院土地行政主管部门会同农业行政主管部门验收。个别省、直辖市确因土地后备资源匮乏，新增建设用地后，新开垦耕地的数量不足以补偿所占用耕地的数量的，必须报经国务院批准减免本行政区域内开垦耕地的数量，进行易地开垦。

**第三十四条** 国家实行基本农田保护制度。下列耕地应当根据土地利用总体规划划入基本农田保护区，严格管理：

（一）经国务院有关主管部门或者县级以上地方人民政府批准确定的粮、棉、油生产基地内的耕地；

（二）有良好的水利与水土保持设施的耕地，正在实施改造计划以及可以改造的中、低产田；

（三）蔬菜生产基地；

（四）农业科研、教学试验田；

（五）国务院规定应当划入基本农田保护区的其他耕地。

各省、自治区、直辖市划定的基本农田应当占本行政区域内耕地的百分之八十以上。

基本农田保护区以乡（镇）为单位进行划区定界，由县级人民政府土地行政主管部门会同同级农业行政主管部门组织实施。

**第三十五条** 各级人民政府应当采取措施，维护排灌工程设施，改良土壤，提高地力，防止土地荒漠化、盐渍化、水土流失和污染土地。

**第三十六条** 非农业建设必须节约使用土地，可以利用荒地的，不得占用耕地；可以利用劣地的，不得占用好地。

禁止占用耕地建窑、建坟或者擅自在耕地上建房、挖砂、采石、采矿、取土等。

禁止占用基本农田发展林果业和挖塘养鱼。

**第三十七条** 禁止任何单位和个人闲置、荒芜耕地。已经办理审批手续的非农业建设占用耕地，一年内不用而又可以耕种并收获的，应当由原耕种该幅耕地的集体或者个人恢复耕种，也可以由用地单位组织耕种；一年以上未动工建设的，应当按照省、自治区、直辖市的规定缴纳闲置费；连续二年未使用的，经原批准机关批准，由县级以上人民政府无偿收回用地单位的土地使用权；该幅土地原为农民集体所有的，应当交由原农村集体经济组织恢复耕种。

在城市规划区范围内，以出让方式取得土地使用权进行房地产开发的闲置土地，依照《中华人民共和国城市房地产管理法》的有关规定办理。

承包经营耕地的单位或者个人连续二年弃耕抛荒的，原发包单位应当终止承包合同，收回发包的耕地。

**第三十八条** 国家鼓励单位和个人按照土地利用总体规划，在保护和改善生态环境、防止水土流失和土地荒漠化的前提下，开发未利用的土地；适宜开发为农用地的，应当优先开发成农用地。

国家依法保护开发者的合法权益。

**第三十九条** 开垦未利用的土地，必须经过科学论证和评估，在土地利用总体规划划定的可开垦的区域内，经依法批准后进行。禁止毁坏森林、草原开垦耕地，禁止围湖造田和侵占江河滩地。

根据土地利用总体规划，对破坏生态环境开垦、围垦的土地，有计划有步骤地退耕还林、还牧、还湖。

**第四十条** 开发未确定使用权的国有荒山、荒地、荒滩从事种植业、林业、畜牧业、渔业生产的，经县级以上人民政府依法批准，可以确定给开发单位或者个人长期使用。

**第四十一条** 国家鼓励土地整理。县、乡（镇）人民政府应当组织农村集体经济组织，按照土地利用总体规划，对田、水、路、林、村综合整治，提高耕地质量，增加有效耕地面积，改善农业生产条件和生态环境。

地方各级人民政府应当采取措施，改造中、低产田，整治闲散地和废弃地。

**第四十二条** 因挖损、塌陷、压占等造成土地破坏，用地单位和个人应当按照国家有关规定负责复垦；没有条件复垦或者复垦不符合要求的，应当缴纳土地复垦费，专项用于土地复垦。复垦的土地应当优先用于农业。

## 第五章 建 设 用 地

**第四十三条** 任何单位和个人进行建设，需要使用土地的，必须依法申请使用国有土地；但是，兴办乡镇企业和村民建设住宅经依法批准使用本集体经济组织农民集体所有的土地的，或者乡（镇）村公共设施和公益事业建设经依法批准使用农民集体所有的土地的除外。

前款所称依法申请使用的国有土地包括国家所有的土地和国家征收的原属于农民集体

所有的土地。

**第四十四条** 建设占用土地，涉及农用地转为建设用地的，应当办理农用地转用审批手续。

省、自治区、直辖市人民政府批准的道路、管线工程和大型基础设施建设项目、国务院批准的建设项目占用土地，涉及农用地转为建设用地的，由国务院批准。

在土地利用总体规划确定的城市和村庄、集镇建设用地规模范围内，为实施该规划而将农用地转为建设用地的，按土地利用年度计划分批次由原批准土地利用总体规划的机关批准。在已批准的农用地转用范围内，具体建设项目用地可以由市、县人民政府批准。

本条第二款、第三款规定以外的建设项目占用土地，涉及农用地转为建设用地的，由省、自治区、直辖市人民政府批准。

**第四十五条** 征收下列土地的，由国务院批准：

（一）基本农田；

（二）基本农田以外的耕地超过三十五公顷的；

（三）其他土地超过七十公顷的。

征收前款规定以外的土地的，由省、自治区、直辖市人民政府批准，并报国务院备案。

征收农用地的，应当依照本法第四十四条的规定先行办理农用地转用审批。其中，经国务院批准农用地转用的，同时办理征地审批手续，不再另行办理征地审批；经省、自治区、直辖市人民政府在征地批准权限内批准农用地转用的，同时办理征地审批手续，不再另行办理征地审批，超过征地批准权限的，应当依照本条第一款的规定另行办理征地审批。

**第四十六条** 国家征收土地的，依照法定程序批准后，由县级以上地方人民政府予以公告并组织实施。

被征收土地的所有权人、使用权人应当在公告规定期限内，持土地权属证书到当地人民政府土地行政主管部门办理征地补偿登记。

**第四十七条** 征收土地的，按照被征收土地的原用途给予补偿。

征收耕地的补偿费用包括土地补偿费、安置补助费以及地上附着物和青苗的补偿费。征收耕地的土地补偿费，为该耕地被征收前三年平均年产值的六至十倍。征收耕地的安置补助费，按照需要安置的农业人口数计算。需要安置的农业人口数，按照被征收的耕地数量除以征地前被征收单位平均每人占有耕地的数量计算。每一个需要安置的农业人口的安置补助费标准，为该耕地被征收前三年平均年产值的四至六倍。但是，每公顷被征收耕地的安置补助费，最高不得超过被征收前三年平均年产值的十五倍。

征收其他土地的土地补偿费和安置补助费标准，由省、自治区、直辖市参照征收耕地的土地补偿费和安置补助费的标准规定。

被征收土地上的附着物和青苗的补偿标准，由省、自治区、直辖市规定。

征收城市郊区的菜地，用地单位应当按照国家有关规定缴纳新菜地开发建设基金。

依照本条第二款的规定支付土地补偿费和安置补助费，尚不能使需要安置的农民保持原有生活水平的，经省、自治区、直辖市人民政府批准，可以增加安置补助费。但是，土地补偿费和安置补助费的总和不得超过土地被征收前三年平均年产值的三十倍。

国务院根据社会、经济发展水平，在特殊情况下，可以提高征收耕地的土地补偿费和安置补助费的标准。

**第四十八条** 征地补偿安置方案确定后，有关地方人民政府应当公告，并听取被征地的农村集体经济组织和农民的意见。

**第四十九条** 被征地的农村集体经济组织应当将征收土地的补偿费用的收支状况向本集体经济组织的成员公布，接受监督。

禁止侵占、挪用被征收土地单位的征地补偿费用和其他有关费用。

**第五十条** 地方各级人民政府应当支持被征地的农村集体经济组织和农民从事开发经营，兴办企业。

**第五十一条** 大中型水利、水电工程建设征收土地的补偿费标准和移民安置办法，由国务院另行规定。

**第五十二条** 建设项目可行性研究论证时，土地行政主管部门可以根据土地利用总体规划、土地利用年度计划和建设用地标准，对建设用地有关事项进行审查，并提出意见。

**第五十三条** 经批准的建设项目需要使用国有建设用地的，建设单位应当持法律、行政法规规定的有关文件，向有批准权的县级以上人民政府土地行政主管部门提出建设用地申请，经土地行政主管部门审查，报本级人民政府批准。

**第五十四条** 建设单位使用国有土地，应当以出让等有偿使用方式取得；但是，下列建设用地，经县级以上人民政府依法批准，可以以划拨方式取得：

（一）国家机关用地和军事用地；

（二）城市基础设施用地和公益事业用地；

（三）国家重点扶持的能源、交通、水利等基础设施用地；

（四）法律、行政法规规定的其他用地。

**第五十五条** 以出让等有偿使用方式取得国有土地使用权的建设单位，按照国务院规定的标准和办法，缴纳土地使用权出让金等土地有偿使用费和其他费用后，方可使用土地。

自本法施行之日起，新增建设用地的土地有偿使用费，百分之三十上缴中央财政，百分之七十留给有关地方人民政府，都专项用于耕地开发。

**第五十六条** 建设单位使用国有土地的，应当按照土地使用权出让等有偿使用合同的约定或者土地使用权划拨批准文件的规定使用土地；确需改变该幅土地建设用途的，应当经有关人民政府土地行政主管部门同意，报原批准用地的人民政府批准。其中，在城市规划区内改变土地用途的，在报批前，应当先经有关城市规划行政主管部门同意。

**第五十七条** 建设项目施工和地质勘查需要临时使用国有土地或者农民集体所有的土地的，由县级以上人民政府土地行政主管部门批准。其中，在城市规划区内的临时用地，在报批前，应当先经有关城市规划行政主管部门同意。土地使用者应当根据土地权属，与有关土地行政主管部门或者农村集体经济组织、村民委员会签订临时使用土地合同，并按照合同的约定支付临时使用土地补偿费。

临时使用土地的使用者应当按照临时使用土地合同约定的用途使用土地，并不得修建永久性建筑物。

临时使用土地期限一般不超过二年。

第五十八条 有下列情形之一的,由有关人民政府土地行政主管部门报经原批准用地的人民政府或者有批准权的人民政府批准,可以收回国有土地使用权:
(一)为公共利益需要使用土地的;
(二)为实施城市规划进行旧城区改建,需要调整使用土地的;
(三)土地出让等有偿使用合同约定的使用期限届满,土地使用者未申请续期或者申请续期未获批准的;
(四)因单位撤销、迁移等原因,停止使用原划拨的国有土地的;
(五)公路、铁路、机场、矿场等经核准报废的。
依照前款第(一)项、第(二)项的规定收回国有土地使用权的,对土地使用权人应当给予适当补偿。

第五十九条 乡镇企业、乡(镇)村公共设施、公益事业、农村村民住宅等乡(镇)村建设,应当按照村庄和集镇规划,合理布局,综合开发,配套建设;建设用地,应当符合乡(镇)土地利用总体规划和土地利用年度计划,并依照本法第四十四条、第六十条、第六十一条、第六十二条的规定办理审批手续。

第六十条 农村集体经济组织使用乡(镇)土地利用总体规划确定的建设用地兴办企业或者与其他单位、个人以土地使用权入股、联营等形式共同举办企业的,应当持有关批准文件,向县级以上地方人民政府土地行政主管部门提出申请,按照省、自治区、直辖市规定的批准权限,由县级以上地方人民政府批准;其中,涉及占用农用地的,依照本法第四十四条的规定办理审批手续。

按照前款规定兴办企业的建设用地,必须严格控制。省、自治区、直辖市可以按照乡镇企业的不同行业和经营规模,分别规定用地标准。

第六十一条 乡(镇)村公共设施、公益事业建设,需要使用土地的,经乡(镇)人民政府审核,向县级以上地方人民政府土地行政主管部门提出申请,按照省、自治区、直辖市规定的批准权限,由县级以上地方人民政府批准;其中,涉及占用农用地的,依照本法第四十四条的规定办理审批手续。

第六十二条 农村村民一户只能拥有一处宅基地,其宅基地的面积不得超过省、自治区、直辖市规定的标准。

农村村民建住宅,应当符合乡(镇)土地利用总体规划,并尽量使用原有的宅基地和村内空闲地。

农村村民住宅用地,经乡(镇)人民政府审核,由县级人民政府批准;其中,涉及占用农用地的,依照本法第四十四条的规定办理审批手续。

农村村民出卖、出租住房后,再申请宅基地的,不予批准。

第六十三条 农民集体所有的土地的使用权不得出让、转让或者出租用于非农业建设;但是,符合土地利用总体规划并依法取得建设用地的企业,因破产、兼并等情形致使土地使用权依法发生转移的除外。

第六十四条 在土地利用总体规划制定前已建的不符合土地利用总体规划确定的用途的建筑物、构筑物,不得重建、扩建。

第六十五条 有下列情形之一的,农村集体经济组织报经原批准用地的人民政府批准,可以收回土地使用权:

（一）为乡（镇）村公共设施和公益事业建设，需要使用土地的；

（二）不按照批准的用途使用土地的；

（三）因撤销、迁移等原因而停止使用土地的。

依照前款第（一）项规定收回农民集体所有的土地的，对土地使用权人应当给予适当补偿。

## 第六章 监 督 检 查

**第六十六条** 县级以上人民政府土地行政主管部门对违反土地管理法律、法规的行为进行监督检查。

土地管理监督检查人员应当熟悉土地管理法律、法规，忠于职守、秉公执法。

**第六十七条** 县级以上人民政府土地行政主管部门履行监督检查职责时，有权采取下列措施：

（一）要求被检查的单位或者个人提供有关土地权利的文件和资料，进行查阅或者予以复制；

（二）要求被检查的单位或者个人就有关土地权利的问题作出说明；

（三）进入被检查单位或者个人非法占用的土地现场进行勘测；

（四）责令非法占用土地的单位或者个人停止违反土地管理法律、法规的行为。

**第六十八条** 土地管理监督检查人员履行职责，需要进入现场进行勘测、要求有关单位或者个人提供文件、资料和作出说明的，应当出示土地管理监督检查证件。

**第六十九条** 有关单位和个人对县级以上人民政府土地行政主管部门就土地违法行为进行的监督检查应当支持与配合，并提供工作方便，不得拒绝与阻碍土地管理监督检查人员依法执行职务。

**第七十条** 县级以上人民政府土地行政主管部门在监督检查工作中发现国家工作人员的违法行为，依法应当给予行政处分的，应当依法予以处理；自己无权处理的，应当向同级或者上级人民政府的行政监察机关提出行政处分建议书，有关行政监察机关应当依法予以处理。

**第七十一条** 县级以上人民政府土地行政主管部门在监督检查工作中发现土地违法行为构成犯罪的，应当将案件移送有关机关，依法追究刑事责任；尚不构成犯罪的，应当依法给予行政处罚。

**第七十二条** 依照本法规定应当给予行政处罚，而有关土地行政主管部门不给予行政处罚的，上级人民政府土地行政主管部门有权责令有关土地行政主管部门作出行政处罚决定或者直接给予行政处罚，并给予有关土地行政主管部门的负责人行政处分。

## 第七章 法 律 责 任

**第七十三条** 买卖或者以其他形式非法转让土地的，由县级以上人民政府土地行政主管部门没收违法所得；对违反土地利用总体规划擅自将农用地改为建设用地的，限期拆除在非法转让的土地上新建的建筑物和其他设施，恢复土地原状，对符合土地利用总体规划的，没收在非法转让的土地上新建的建筑物和其他设施，可以并处罚款；对直接负责的主管人员和其他直接责任人员，依法给予行政处分；构成犯罪的，依法追究刑事责任。

**第七十四条** 违反本法规定，占用耕地建窑、建坟或者擅自在耕地上建房、挖砂、采石、采矿、取土等，破坏种植条件的，或者因开发土地造成土地荒漠化、盐渍化的，由县级以上人民政府土地行政主管部门责令限期改正或者治理，可以并处罚款；构成犯罪的，依法追究刑事责任。

**第七十五条** 违反本法规定，拒不履行土地复垦义务的，由县级以上人民政府土地行政主管部门责令限期改正；逾期不改正的，责令缴纳复垦费，专项用于土地复垦，可以处以罚款。

**第七十六条** 未经批准或者采取欺骗手段骗取批准，非法占用土地的，由县级以上人民政府土地行政主管部门责令退还非法占用的土地，对违反土地利用总体规划擅自将农用地改为建设用地的，限期拆除在非法占用的土地上新建的建筑物和其他设施，恢复土地原状，对符合土地利用总体规划的，没收在非法占用的土地上新建的建筑物和其他设施，可以并处罚款；对非法占用土地单位的直接负责的主管人员和其他直接责任人员，依法给予行政处分；构成犯罪的，依法追究刑事责任。

超过批准的数量占用土地，多占的土地以非法占用土地论处。

**第七十七条** 农村村民未经批准或者采取欺骗手段骗取批准，非法占用土地建住宅的，由县级以上人民政府土地行政主管部门责令退还非法占用的土地，限期拆除在非法占用的土地上新建的房屋。

超过省、自治区、直辖市规定的标准，多占的土地以非法占用土地论处。

**第七十八条** 无权批准征收、使用土地的单位或者个人非法批准占用土地的，超越批准权限非法批准占用土地的，不按照土地利用总体规划确定的用途批准用地的，或者违反法律规定的程序批准占用、征收土地的，其批准文件无效，对非法批准征收、使用土地的直接负责的主管人员和其他直接责任人员，依法给予行政处分；构成犯罪的，依法追究刑事责任。非法批准、使用的土地应当收回，有关当事人拒不归还的，以非法占用土地论处。

非法批准征收、使用土地，对当事人造成损失的，依法应当承担赔偿责任。

**第七十九条** 侵占、挪用被征收土地单位的征地补偿费用和其他有关费用，构成犯罪的，依法追究刑事责任；尚不构成犯罪的，依法给予行政处分。

**第八十条** 依法收回国有土地使用权当事人拒不交出土地的，临时使用土地期满拒不归还的，或者不按照批准的用途使用国有土地的，由县级以上人民政府土地行政主管部门责令交还土地，处以罚款。

**第八十一条** 擅自将农民集体所有的土地的使用权出让、转让或者出租用于非农业建设的，由县级以上人民政府土地行政主管部门责令限期改正，没收违法所得，并处罚款。

**第八十二条** 不依照本法规定办理土地变更登记的，由县级以上人民政府土地行政主管部门责令其限期办理。

**第八十三条** 依照本法规定，责令限期拆除在非法占用的土地上新建的建筑物和其他设施的，建设单位或者个人必须立即停止施工，自行拆除；对继续施工的，作出处罚决定的机关有权制止。建设单位或者个人对责令限期拆除的行政处罚决定不服的，可以在接到责令限期拆除决定之日起十五日内，向人民法院起诉；期满不起诉又不自行拆除的，由作出处罚决定的机关依法申请人民法院强制执行，费用由违法者承担。

**第八十四条** 土地行政主管部门的工作人员玩忽职守、滥用职权、徇私舞弊，构成犯罪的，依法追究刑事责任；尚不构成犯罪的，依法给予行政处分。

## 第八章 附 则

**第八十五条** 中外合资经营企业、中外合作经营企业、外资企业使用土地的，适用本法；法律另有规定的，从其规定。

**第八十六条** 本法自1999年1月1日起施行。

# 中华人民共和国水土保持法

(1991年6月29日第七届全国人民代表大会常务委员会第二十八次会议通过，2010年12月25日第十一届全国人民代表大会常务委员会第十八次会议修订通过，中华人民共和国主席令第三十九号公布，自2011年3月1日起施行)

## 第一章 总 则

**第一条** 为了预防和治理水土流失，保护和合理利用水土资源，减轻水、旱、风沙灾害，改善生态环境，保障经济社会可持续发展，制定本法。

**第二条** 在中华人民共和国境内从事水土保持活动，应当遵守本法。

本法所称水土保持，是指对自然因素和人为活动造成水土流失所采取的预防和治理措施。

**第三条** 水土保持工作实行预防为主、保护优先、全面规划、综合治理、因地制宜、突出重点、科学管理、注重效益的方针。

**第四条** 县级以上人民政府应当加强对水土保持工作的统一领导，将水土保持工作纳入本级国民经济和社会发展规划，对水土保持规划确定的任务，安排专项资金，并组织实施。

国家在水土流失重点预防区和重点治理区，实行地方各级人民政府水土保持目标责任制和考核奖惩制度。

**第五条** 国务院水行政主管部门主管全国的水土保持工作。

国务院水行政主管部门在国家确定的重要江河、湖泊设立的流域管理机构（以下简称流域管理机构），在所管辖范围内依法承担水土保持监督管理职责。

县级以上地方人民政府水行政主管部门主管本行政区域的水土保持工作。

县级以上人民政府林业、农业、国土资源等有关部门按照各自职责，做好有关的水土流失预防和治理工作。

**第六条** 各级人民政府及其有关部门应当加强水土保持宣传和教育工作，普及水土保持科学知识，增强公众的水土保持意识。

**第七条** 国家鼓励和支持水土保持科学技术研究，提高水土保持科学技术水平，推广先进的水土保持技术，培养水土保持科学技术人才。

**第八条** 任何单位和个人都有保护水土资源、预防和治理水土流失的义务，并有权对破坏水土资源、造成水土流失的行为进行举报。

**第九条** 国家鼓励和支持社会力量参与水土保持工作。

对水土保持工作中成绩显著的单位和个人，由县级以上人民政府给予表彰和奖励。

## 第二章 规 划

**第十条** 水土保持规划应当在水土流失调查结果及水土流失重点预防区和重点治理区划定的基础上，遵循统筹协调、分类指导的原则编制。

**第十一条** 国务院水行政主管部门应当定期组织全国水土流失调查并公告调查结果。

省、自治区、直辖市人民政府水行政主管部门负责本行政区域的水土流失调查并公告调查结果，公告前应当将调查结果报国务院水行政主管部门备案。

**第十二条** 县级以上人民政府应当依据水土流失调查结果划定并公告水土流失重点预防区和重点治理区。

对水土流失潜在危险较大的区域，应当划定为水土流失重点预防区；对水土流失严重的区域，应当划定为水土流失重点治理区。

**第十三条** 水土保持规划的内容应当包括水土流失状况、水土流失类型区划分、水土流失防治目标、任务和措施等。

水土保持规划包括对流域或者区域预防和治理水土流失、保护和合理利用水土资源作出的整体部署，以及根据整体部署对水土保持专项工作或者特定区域预防和治理水土流失作出的专项部署。

水土保持规划应当与土地利用总体规划、水资源规划、城乡规划和环境保护规划等相协调。

编制水土保持规划，应当征求专家和公众的意见。

**第十四条** 县级以上人民政府水行政主管部门会同同级人民政府有关部门编制水土保持规划，报本级人民政府或者其授权的部门批准后，由水行政主管部门组织实施。

水土保持规划一经批准，应当严格执行；经批准的规划根据实际情况需要修改的，应当按照规划编制程序报原批准机关批准。

**第十五条** 有关基础设施建设、矿产资源开发、城镇建设、公共服务设施建设等方面的规划，在实施过程中可能造成水土流失的，规划的组织编制机关应当在规划中提出水土流失预防和治理的对策和措施，并在规划报请审批前征求本级人民政府水行政主管部门的意见。

## 第三章 预 防

**第十六条** 地方各级人民政府应当按照水土保持规划，采取封育保护、自然修复等措施，组织单位和个人植树种草，扩大林草覆盖面积，涵养水源，预防和减轻水土流失。

**第十七条** 地方各级人民政府应当加强对取土、挖砂、采石等活动的管理，预防和减轻水土流失。

禁止在崩塌、滑坡危险区和泥石流易发区从事取土、挖砂、采石等可能造成水土流失的活动。崩塌、滑坡危险区和泥石流易发区的范围，由县级以上地方人民政府划定并公告。崩塌、滑坡危险区和泥石流易发区的划定，应当与地质灾害防治规划确定的地质灾害易发区、重点防治区相衔接。

**第十八条** 水土流失严重、生态脆弱的地区，应当限制或者禁止可能造成水土流失的生产建设活动，严格保护植物、沙壳、结皮、地衣等。

在侵蚀沟的沟坡和沟岸、河流的两岸以及湖泊和水库的周边，土地所有权人、使用权人或者有关管理单位应当营造植物保护带。禁止开垦、开发植物保护带。

**第十九条** 水土保持设施的所有权人或者使用权人应当加强对水土保持设施的管理与维护，落实管护责任，保障其功能正常发挥。

**第二十条** 禁止在二十五度以上陡坡地开垦种植农作物。在二十五度以上陡坡地种植经济林的，应当科学选择树种，合理确定规模，采取水土保持措施，防止造成水土流失。

省、自治区、直辖市根据本行政区域的实际情况，可以规定小于二十五度的禁止开垦坡度。禁止开垦的陡坡地的范围由当地县级人民政府划定并公告。

**第二十一条** 禁止毁林、毁草开垦和采集发菜。禁止在水土流失重点预防区和重点治理区铲草皮、挖树兜或者滥挖虫草、甘草、麻黄等。

**第二十二条** 林木采伐应当采用合理方式，严格控制皆伐；对水源涵养林、水土保持林、防风固沙林等防护林只能进行抚育和更新性质的采伐；对采伐区和集材道应当采取防止水土流失的措施，并在采伐后及时更新造林。

在林区采伐林木的，采伐方案中应当有水土保持措施。采伐方案经林业主管部门批准后，由林业主管部门和水行政主管部门监督实施。

**第二十三条** 在五度以上坡地植树造林、抚育幼林、种植中药材等，应当采取水土保持措施。

在禁止开垦坡度以下、五度以上的荒坡地开垦种植农作物，应当采取水土保持措施。具体办法由省、自治区、直辖市根据本行政区域的实际情况规定。

**第二十四条** 生产建设项目选址、选线应当避让水土流失重点预防区和重点治理区；无法避让的，应当提高防治标准，优化施工工艺，减少地表扰动和植被损坏范围，有效控制可能造成的水土流失。

**第二十五条** 在山区、丘陵区、风沙区以及水土保持规划确定的容易发生水土流失的其他区域开办可能造成水土流失的生产建设项目，生产建设单位应当编制水土保持方案，报县级以上人民政府水行政主管部门审批，并按照经批准的水土保持方案，采取水土流失预防和治理措施。没有能力编制水土保持方案的，应当委托具备相应技术条件的机构编制。

水土保持方案应当包括水土流失预防和治理的范围、目标、措施和投资等内容。

水土保持方案经批准后，生产建设项目的地点、规模发生重大变化的，应当补充或者修改水土保持方案并报原审批机关批准。水土保持方案实施过程中，水土保持措施需要作出重大变更的，应当经原审批机关批准。

生产建设项目水土保持方案的编制和审批办法，由国务院水行政主管部门制定。

**第二十六条** 依法应当编制水土保持方案的生产建设项目，生产建设单位未编制水土保持方案或者水土保持方案未经水行政主管部门批准的，生产建设项目不得开工建设。

**第二十七条** 依法应当编制水土保持方案的生产建设项目中的水土保持设施，应当与主体工程同时设计、同时施工、同时投产使用；生产建设项目竣工验收，应当验收水土保持设施；水土保持设施未经验收或者验收不合格的，生产建设项目不得投产使用。

**第二十八条** 依法应当编制水土保持方案的生产建设项目，其生产建设活动中排弃的砂、石、土、矸石、尾矿、废渣等应当综合利用；不能综合利用，确需废弃的，应当堆放在水土保持方案确定的专门存放地，并采取措施保证不产生新的危害。

**第二十九条** 县级以上人民政府水行政主管部门、流域管理机构，应当对生产建设项目水土保持方案的实施情况进行跟踪检查，发现问题及时处理。

## 第四章 治 理

**第三十条** 国家加强水土流失重点预防区和重点治理区的坡耕地改梯田、淤地坝等水土保持重点工程建设，加大生态修复力度。

县级以上人民政府水行政主管部门应当加强对水土保持重点工程的建设管理，建立和完善运行管护制度。

**第三十一条** 国家加强江河源头区、饮用水水源保护区和水源涵养区水土流失的预防和治理工作，多渠道筹集资金，将水土保持生态效益补偿纳入国家建立的生态效益补偿制度。

**第三十二条** 开办生产建设项目或者从事其他生产建设活动造成水土流失的，应当进行治理。

在山区、丘陵区、风沙区以及水土保持规划确定的容易发生水土流失的其他区域开办生产建设项目或者从事其他生产建设活动，损坏水土保持设施、地貌植被，不能恢复原有水土保持功能的，应当缴纳水土保持补偿费，专项用于水土流失预防和治理。专项水土流失预防和治理由水行政主管部门负责组织实施。水土保持补偿费的收取使用管理办法由国务院财政部门、国务院价格主管部门会同国务院水行政主管部门制定。

生产建设项目在建设过程中和生产过程中发生的水土保持费用，按照国家统一的财务会计制度处理。

**第三十三条** 国家鼓励单位和个人按照水土保持规划参与水土流失治理，并在资金、技术、税收等方面予以扶持。

**第三十四条** 国家鼓励和支持承包治理荒山、荒沟、荒丘、荒滩，防治水土流失，保护和改善生态环境，促进土地资源的合理开发和可持续利用，并依法保护土地承包合同当事人的合法权益。

承包治理荒山、荒沟、荒丘、荒滩和承包水土流失严重地区农村土地的，在依法签订的土地承包合同中应当包括预防和治理水土流失责任的内容。

**第三十五条** 在水力侵蚀地区，地方各级人民政府及其有关部门应当组织单位和个人，以天然沟壑及其两侧山坡地形成的小流域为单元，因地制宜地采取工程措施、植物措施和保护性耕作等措施，进行坡耕地和沟道水土流失综合治理。

在风力侵蚀地区，地方各级人民政府及其有关部门应当组织单位和个人，因地制宜地采取轮封轮牧、植树种草、设置人工沙障和网格林带等措施，建立防风固沙防护体系。

在重力侵蚀地区，地方各级人民政府及其有关部门应当组织单位和个人，采取监测、径流排导、削坡减载、支挡固坡、修建拦挡工程等措施，建立监测、预报、预警体系。

**第三十六条** 在饮用水水源保护区，地方各级人民政府及其有关部门应当组织单位和个人，采取预防保护、自然修复和综合治理措施，配套建设植物过滤带，积极推广沼气，开展清洁小流域建设，严格控制化肥和农药的使用，减少水土流失引起的面源污染，保护饮用水水源。

**第三十七条** 已在禁止开垦的陡坡地上开垦种植农作物的，应当按照国家有关规定退耕，植树种草；耕地短缺、退耕确有困难的，应当修建梯田或者采取其他水土保持措施。

在禁止开垦坡度以下的坡耕地上开垦种植农作物的，应当根据不同情况，采取修建梯田、坡面水系整治、蓄水保土耕作或者退耕等措施。

**第三十八条** 对生产建设活动所占用土地的地表土应当进行分层剥离、保存和利用，做到土石方挖填平衡，减少地表扰动范围；对废弃的砂、石、土、矸石、尾矿、废渣等存放地，应当采取拦挡、坡面防护、防洪排导等措施。生产建设活动结束后，应当及时在取土场、开挖面和存放地的裸露土地上植树种草、恢复植被，对闭库的尾矿库进行复垦。

在干旱缺水地区从事生产建设活动，应当采取防止风力侵蚀措施，设置降水蓄渗设施，充分利用降水资源。

**第三十九条** 国家鼓励和支持在山区、丘陵区、风沙区以及容易发生水土流失的其他区域，采取下列有利于水土保持的措施：

（一）免耕、等高耕作、轮耕轮作、草田轮作、间作套种等；
（二）封禁抚育、轮封轮牧、舍饲圈养；
（三）发展沼气、节柴灶，利用太阳能、风能和水能，以煤、电、气代替薪柴等；
（四）从生态脆弱地区向外移民；
（五）其他有利于水土保持的措施。

## 第五章 监测和监督

**第四十条** 县级以上人民政府水行政主管部门应当加强水土保持监测工作，发挥水土保持监测工作在政府决策、经济社会发展和社会公众服务中的作用。县级以上人民政府应当保障水土保持监测工作经费。

国务院水行政主管部门应当完善全国水土保持监测网络，对全国水土流失进行动态监测。

**第四十一条** 对可能造成严重水土流失的大中型生产建设项目，生产建设单位应当自行或者委托具备水土保持监测资质的机构，对生产建设活动造成的水土流失进行监测，并将监测情况定期上报当地水行政主管部门。

从事水土保持监测活动应当遵守国家有关技术标准、规范和规程，保证监测质量。

**第四十二条** 国务院水行政主管部门和省、自治区、直辖市人民政府水行政主管部门应当根据水土保持监测情况，定期对下列事项进行公告：

（一）水土流失类型、面积、强度、分布状况和变化趋势；
（二）水土流失造成的危害；
（三）水土流失预防和治理情况。

**第四十三条** 县级以上人民政府水行政主管部门负责对水土保持情况进行监督检查。流域管理机构在其管辖范围内可以行使国务院水行政主管部门的监督检查职权。

**第四十四条** 水政监督检查人员依法履行监督检查职责时，有权采取下列措施：

（一）要求被检查单位或者个人提供有关文件、证照、资料；
（二）要求被检查单位或者个人就预防和治理水土流失的有关情况作出说明；
（三）进入现场进行调查、取证。

被检查单位或者个人拒不停止违法行为，造成严重水土流失的，报经水行政主管部门批准，可以查封、扣押实施违法行为的工具及施工机械、设备等。

第四十五条 水政监督检查人员依法履行监督检查职责时，应当出示执法证件。被检查单位或者个人对水土保持监督检查工作应当给予配合，如实报告情况，提供有关文件、证照、资料；不得拒绝或者阻碍水政监督检查人员依法执行公务。

第四十六条 不同行政区域之间发生水土流失纠纷应当协商解决；协商不成的，由共同的上一级人民政府裁决。

## 第六章 法 律 责 任

第四十七条 水行政主管部门或者其他依照本法规定行使监督管理权的部门，不依法作出行政许可决定或者办理批准文件的，发现违法行为或者接到对违法行为的举报不予查处的，或者有其他未依照本法规定履行职责的行为的，对直接负责的主管人员和其他直接责任人员依法给予处分。

第四十八条 违反本法规定，在崩塌、滑坡危险区或者泥石流易发区从事取土、挖砂、采石等可能造成水土流失的活动的，由县级以上地方人民政府水行政主管部门责令停止违法行为，没收违法所得，对个人处一千元以上一万元以下的罚款，对单位处二万元以上二十万元以下的罚款。

第四十九条 违反本法规定，在禁止开垦坡度以上陡坡地开垦种植农作物，或者在禁止开垦、开发的植物保护带内开垦、开发的，由县级以上地方人民政府水行政主管部门责令停止违法行为，采取退耕、恢复植被等补救措施；按照开垦或者开发面积，可以对个人处每平方米二元以下的罚款、对单位处每平方米十元以下的罚款。

第五十条 违反本法规定，毁林、毁草开垦的，依照《中华人民共和国森林法》、《中华人民共和国草原法》的有关规定处罚。

第五十一条 违反本法规定，采集发菜，或者在水土流失重点预防区和重点治理区铲草皮、挖树兜、滥挖虫草、甘草、麻黄等的，由县级以上地方人民政府水行政主管部门责令停止违法行为，采取补救措施，没收违法所得，并处违法所得一倍以上五倍以下的罚款；没有违法所得的，可以处五万元以下的罚款。

在草原地区有前款规定违法行为的，依照《中华人民共和国草原法》的有关规定处罚。

第五十二条 在林区采伐林木不依法采取防止水土流失措施的，由县级以上地方人民政府林业主管部门、水行政主管部门责令限期改正，采取补救措施；造成水土流失的，由水行政主管部门按照造成水土流失的面积处每平方米二元以上十元以下的罚款。

第五十三条 违反本法规定，有下列行为之一的，由县级以上人民政府水行政主管部门责令停止违法行为，限期补办手续；逾期不补办手续的，处五万元以上五十万元以下的罚款；对生产建设单位直接负责的主管人员和其他直接责任人员依法给予处分：

（一）依法应当编制水土保持方案的生产建设项目，未编制水土保持方案或者编制的水土保持方案未经批准而开工建设的；

（二）生产建设项目的地点、规模发生重大变化，未补充、修改水土保持方案或者补充、修改的水土保持方案未经原审批机关批准的；

（三）水土保持方案实施过程中，未经原审批机关批准，对水土保持措施作出重大变更的。

**第五十四条** 违反本法规定，水土保持设施未经验收或者验收不合格将生产建设项目投产使用的，由县级以上人民政府水行政主管部门责令停止生产或者使用，直至验收合格，并处五万元以上五十万元以下的罚款。

**第五十五条** 违反本法规定，在水土保持方案确定的专门存放地以外的区域倾倒砂、石、土、矸石、尾矿、废渣等的，由县级以上地方人民政府水行政主管部门责令停止违法行为，限期清理，按照倾倒数量处每立方米十元以上二十元以下的罚款；逾期仍不清理的，县级以上地方人民政府水行政主管部门可以指定有清理能力的单位代为清理，所需费用由违法行为人承担。

**第五十六条** 违反本法规定，开办生产建设项目或者从事其他生产建设活动造成水土流失，不进行治理的，由县级以上人民政府水行政主管部门责令限期治理；逾期仍不治理的，县级以上人民政府水行政主管部门可以指定有治理能力的单位代为治理，所需费用由违法行为人承担。

**第五十七条** 违反本法规定，拒不缴纳水土保持补偿费的，由县级以上人民政府水行政主管部门责令限期缴纳；逾期不缴纳的，自滞纳之日起按日加收滞纳部分万分之五的滞纳金，可以处应缴水土保持补偿费三倍以下的罚款。

**第五十八条** 违反本法规定，造成水土流失危害的，依法承担民事责任；构成违反治安管理行为的，由公安机关依法给予治安管理处罚；构成犯罪的，依法追究刑事责任。

## 第七章 附 则

**第五十九条** 县级以上地方人民政府根据当地实际情况确定的负责水土保持工作的机构，行使本法规定的水行政主管部门水土保持工作的职责。

**第六十条** 本法自2011年3月1日起施行。

# 中华人民共和国野生动物保护法

（1988年11月8日第七届全国人民代表大会常务委员会第四次会议通过，2004年8月28日第十届全国人民代表大会常务委员会第十一次会议修正，2004年8月28日中华人民共和国主席令第二十四号公布，自公布之日起施行）

## 第一章 总 则

**第一条** 为保护、拯救珍贵、濒危野生动物，保护、发展和合理利用野生动物资源，维护生态平衡，制定本法。

**第二条** 在中华人民共和国境内从事野生动物的保护、驯养繁殖、开发利用活动，必须遵守本法。

本法规定保护的野生动物，是指珍贵、濒危的陆生、水生野生动物和有益的或者有重要经济、科学研究价值的陆生野生动物。

本法各条款所提野生动物，均系指前款规定的受保护的野生动物。

珍贵、濒危的水生野生动物以外的其他水生野生动物的保护，适用渔业法的规定。

第三条　野生动物资源属于国家所有。

国家保护依法开发利用野生动物资源的单位和个人的合法权益。

第四条　国家对野生动物实行加强资源保护、积极驯养繁殖、合理开发利用的方针，鼓励开展野生动物科学研究。

在野生动物资源保护、科学研究和驯养繁殖方面成绩显著的单位和个人，由政府给予奖励。

第五条　中华人民共和国公民有保护野生动物资源的义务，对侵占或者破坏野生动物资源的行为有权检举和控告。

第六条　各级政府应当加强对野生动物资源的管理，制定保护、发展和合理利用野生动物资源的规划和措施。

第七条　国务院林业、渔业行政主管部门分别主管全国陆生、水生野生动物管理工作。省、自治区、直辖市政府林业行政主管部门主管本行政区域内陆生野生动物管理工作。自治州、县和市政府陆生野生动物管理工作的行政主管部门，由省、自治区、直辖市政府确定。

县级以上地方政府渔业行政主管部门主管本行政区域内水生野生动物管理工作。

## 第二章　野生动物保护

第八条　国家保护野生动物及其生存环境，禁止任何单位和个人非法猎捕或者破坏。

第九条　国家对珍贵、濒危的野生动物实行重点保护。国家重点保护的野生动物分为一级保护野生动物和二级保护野生动物。国家重点保护的野生动物名录及其调整，由国务院野生动物行政主管部门制定，报国务院批准公布。

地方重点保护野生动物，是指国家重点保护野生动物以外，由省、自治区、直辖市重点保护的野生动物。地方重点保护的野生动物名录，由省、自治区、直辖市政府制定并公布，报国务院备案。

国家保护的有益的或者有重要经济、科学研究价值的陆生野生动物名录及其调整，由国务院野生动物行政主管部门制定并公布。

第十条　国务院野生动物行政主管部门和省、自治区、直辖市政府，应当在国家和地方重点保护野生动物的主要生息繁衍的地区和水域，划定自然保护区，加强对国家和地方重点保护野生动物及其生存环境的保护管理。

自然保护区的划定和管理，按照国务院有关规定办理。

第十一条　各级野生动物行政主管部门应当监视、监测环境对野生动物的影响。由于环境影响对野生动物造成危害时，野生动物行政主管部门应当会同有关部门进行调查处理。

第十二条　建设项目对国家或者地方重点保护野生动物的生存环境产生不利影响的，

建设单位应当提交环境影响报告书；环境保护部门在审批时，应当征求同级野生动物行政主管部门的意见。

第十三条 国家和地方重点保护野生动物受到自然灾害威胁时，当地政府应当及时采取拯救措施。

第十四条 因保护国家和地方重点保护野生动物，造成农作物或者其他损失的，由当地政府给予补偿。补偿办法由省、自治区、直辖市政府制定。

## 第三章 野生动物管理

第十五条 野生动物行政主管部门应当定期组织对野生动物资源的调查，建立野生动物资源档案。

第十六条 禁止猎捕、杀害国家重点保护野生动物。因科学研究、驯养繁殖、展览或者其他特殊情况，需要捕捉、捕捞国家一级保护野生动物的，必须向国务院野生动物行政主管部门申请特许猎捕证；猎捕国家二级保护野生动物的，必须向省、自治区、直辖市政府野生动物行政主管部门申请特许猎捕证。

第十七条 国家鼓励驯养繁殖野生动物。

驯养繁殖国家重点保护野生动物的，应当持有许可证。许可证的管理办法由国务院野生动物行政主管部门制定。

第十八条 猎捕非国家重点保护野生动物的，必须取得狩猎证，并且服从猎捕量限额管理。

持枪猎捕的，必须取得县、市公安机关核发的持枪证。

第十九条 猎捕者应当按照特许猎捕证、狩猎证规定的种类、数量、地点和期限进行猎捕。

第二十条 在自然保护区、禁猎区和禁猎期内，禁止猎捕和其他妨碍野生动物生息繁衍的活动。

禁猎区和禁猎期以及禁止使用的猎捕工具和方法，由县级以上政府或者其野生动物行政主管部门规定。

第二十一条 禁止使用军用武器、毒药、炸药进行猎捕。

猎枪及弹具的生产、销售和使用管理办法，由国务院林业行政主管部门会同公安部门制定，报国务院批准施行。

第二十二条 禁止出售、收购国家重点保护野生动物或者其产品。因科学研究、驯养繁殖、展览等特殊情况，需要出售、收购、利用国家一级保护野生动物或者其产品的，必须经国务院野生动物行政主管部门或者其授权的单位批准；需要出售、收购、利用国家二级保护野生动物或者其产品的，必须经省、自治区、直辖市政府野生动物行政主管部门或者其授权的单位批准。

驯养繁殖国家重点保护野生动物的单位和个人可以凭驯养繁殖许可证向政府指定的收购单位，按照规定出售国家重点保护野生动物或者其产品。

工商行政管理部门对进入市场的野生动物或者其产品，应当进行监督管理。

第二十三条 运输、携带国家重点保护野生动物或者其产品出县境的，必须经省、自治区、直辖市政府野生动物行政主管部门或者其授权的单位批准。

第二十四条 出口国家重点保护野生动物或者其产品的，进出口中国参加的国际公约所限制进出口的野生动物或者其产品的，必须经国务院野生动物行政主管部门或者国务院批准，并取得国家濒危物种进出口管理机构核发的允许进出口证明书。海关凭允许进出口证明书查验放行。

涉及科学技术保密的野生动物物种的出口，按照国务院有关规定办理。

第二十五条 禁止伪造、倒卖、转让特许猎捕证、狩猎证、驯养繁殖许可证和允许进出口证明书。

第二十六条 外国人在中国境内对国家重点保护野生动物进行野外考察或者在野外拍摄电影、录像，必须经国务院野生动物行政主管部门或者其授权的单位批准。

建立对外国人开放的猎捕场所，应当报国务院野生动物行政主管部门备案。

第二十七条 经营利用野生动物或者其产品的，应当缴纳野生动物资源保护管理费。收费标准和办法由国务院野生动物行政主管部门会同财政、物价部门制定，报国务院批准后施行。

第二十八条 因猎捕野生动物造成农作物或者其他损失的，由猎捕者负责赔偿。

第二十九条 有关地方政府应当采取措施，预防、控制野生动物所造成的危害，保障人畜安全和农业、林业生产。

第三十条 地方重点保护野生动物和其他非国家重点保护野生动物的管理办法，由省、自治区、直辖市人民代表大会常务委员会制定。

## 第四章 法 律 责 任

第三十一条 非法捕杀国家重点保护野生动物的，依照关于惩治捕杀国家重点保护的珍贵、濒危野生动物犯罪的补充规定追究刑事责任。

第三十二条 违反本法规定，在禁猎区、禁猎期或者使用禁用的工具、方法猎捕野生动物的，由野生动物行政主管部门没收猎获物、猎捕工具和违法所得，处以罚款；情节严重、构成犯罪的，依照刑法第一百三十条的规定追究刑事责任。

第三十三条 违反本法规定，未取得狩猎证或者未按狩猎证规定猎捕野生动物的，由野生动物行政主管部门没收猎获物和违法所得，处以罚款，并可以没收猎捕工具，吊销狩猎证。

违反本法规定，未取得持枪证持枪猎捕野生动物的，由公安机关比照治安管理处罚条例的规定处罚。

第三十四条 违反本法规定，在自然保护区、禁猎区破坏国家或者地方重点保护野生动物主要生息繁衍场所的，由野生动物行政主管部门责令停止破坏行为，限期恢复原状，处以罚款。

第三十五条 违反本法规定，出售、收购、运输、携带国家或者地方重点保护野生动物或者其产品的，由工商行政管理部门没收实物和违法所得，可以并处罚款。

违反本法规定，出售、收购国家重点保护野生动物或者其产品，情节严重、构成犯罪的，依照刑法有关规定追究刑事责任。

没收的实物，由野生动物行政主管部门或者其授权的单位按照规定处理。

第三十六条 非法进出口野生动物或者其产品的，由海关依照海关法处罚；情节严重、构成犯罪的，依照刑法关于走私罪的规定追究刑事责任。

第三十七条 伪造、倒卖、转让特许猎捕证、狩猎证、驯养繁殖许可证或者允许进出口证明书的，由野生动物行政主管部门或者工商行政管理部门吊销证件，没收违法所得，可以并处罚款。

伪造、倒卖特许猎捕证或者允许进出口证明书，情节严重、构成犯罪的，比照刑法第一百六十七条的规定追究刑事责任。

第三十八条 野生动物行政主管部门的工作人员玩忽职守、滥用职权、徇私舞弊的，由其所在单位或者上级主管机关给予行政处分；情节严重、构成犯罪的，依法追究刑事责任。

第三十九条 当事人对行政处罚决定不服的，可以在接到处罚通知之日起十五日内，向作出处罚决定机关的上一级机关申请复议；对上一级机关的复议决定不服的，可以在接到复议决定通知之日起十五日内，向法院起诉。当事人也可以在接到处罚通知之日起十五日内，直接向法院起诉。当事人逾期不申请复议或者不向法院起诉又不履行处罚决定的，由作出处罚决定的机关申请法院强制执行。

对海关处罚或者治安管理处罚不服的，依照海关法或者治安管理处罚条例的规定办理。

## 第五章 附 则

第四十条 中华人民共和国缔结或者参加的与保护野生动物有关的国际条约与本法有不同规定的，适用国际条约的规定，但中华人民共和国声明保留的条款除外。

第四十一条 国务院野生动物行政主管部门根据本法制定实施条例，报国务院批准施行。省、自治区、直辖市人民代表大会常务委员会可以根据本法制定实施办法。

第四十二条 本法自1989年3月1日起施行。

# 中华人民共和国防洪法

《全国人民代表大会常务委员会关于修改部分法律的决定》已由中华人民共和国第十一届全国人民代表大会常务委员会第十次会议于2009年8月27日通过，现予公布，自公布之日起施行。（主席令第十八号）

5. 删去《中华人民共和国防洪法》第五十二条。

四、对下列法律和有关法律问题的决定中关于治安管理处罚的规定作出修改（一）将下列法律和有关法律问题的决定中引用的"治安管理处罚条例"修改为"治安管理处罚法"。

76.《中华人民共和国防洪法》第六十一条、第六十二条、第六十四条。

# 中华人民共和国防洪法

(1997年8月29日第八届全国人民代表大会常务委员会第二十七次会议通过，1997年8月29日中华人民共和国主席令第八十八号公布，自1998年1月1日起施行)

## 第一章 总 则

**第一条** 为了防治洪水，防御、减轻洪涝灾害，维护人民的生命财产安全，保障社会主义现代化建设顺利进行，制定本法。

**第二条** 防洪工程实行全面规划、统筹兼顾、预防为主、综合治理、局部利益服从全局利益原则。

**第三条** 防洪工程设施建设，应当纳入国民经济和社会发展计划。

防洪费用按照政府投入同受益者合理承担相结合的原则筹集。

**第四条** 开发利用和保护水资源，应当服从防洪总体安排，实行兴利与除害相结合的原则。

江河、湖泊治理以及防洪工程设施建设，应当符合流域综合规划，与流域水资源的综合开发相结合。

本法所称综合规划是指开发利用水资源和防治水害的综合规划。

**第五条** 防洪工作按照流域或者区域实行统一规划、分级实施和流域管理与行政区域管理相结合的制度。

**第六条** 任何单位和个人都有保护防洪工程设施和依法参加防汛的义务。

**第七条** 各级人民政府应当加强对防洪工作的统一领导，组织有关部门、单位，动员社会力量，依靠科技进步，有计划地进行江河、湖泊治理，采取措施加强防洪工程设施建设，巩固、提高防洪能力。

各级人民政府应当组织有关部门、单位，动员社会力量，做好防汛抗洪和涝涝灾害后的恢复与救济工作。

各级人民政府应当对蓄滞洪区予以扶持；蓄滞洪后，应当依照国家规定予以补偿或者救助。

**第八条** 国务院水行政主管部门在国务院的领导下，负责全国防洪的组织、协调、监督、指导等日常工作。国务院水行政主管部门在国家确定的重要江河、湖泊设立的流域管理机构，在所管辖的范围内行使法律、行政法规规定和国务院水行政主管部门授权的防洪协调和监督管理职责。

国务院建设行政主管部门和其他有关部门在国务院的领导下，按照各自的职责，负责有关的防洪工作。

县级以上地方人民政府水行政主管部门在本级人民政府的领导下，负责本行政区域内防洪的组织、协调、监督、指导等日常工作。县级以上地方人民政府建设行政主管部门和其他有关部门在本级人民政府的领导下，按照各自的职责，负责有关的防洪工作。

## 第二章 防 洪 规 划

**第九条** 防洪规划是指为防治某一流域、河段或者区域的洪涝灾害而制定的总体部署，包括国家确定的重要江河、湖泊的流域防洪规划，其他江河、河段、湖泊的防洪规划以及区域防洪规划。

防洪规划应当服从所在流域、区域的综合规划；区域防洪规划应当服从所在流域的流域防洪规划。

防洪规划是江河、湖泊治理和防洪工程设施建设的基本依据。

**第十条** 国家确定的重要江河、湖泊的防洪规划，由国务院水行政主管部门依据该江河、湖泊的流域综合规划，会同有关部门和有关省、自治区、直辖市人民政府编制，报国务院批准。

其他江河、河段、湖泊的防洪规划或者区域防洪规划，由县级以上地方人民政府水行政主管部门分别依据流域综合规划、区域综合规划，会同有关部门和有关地区编制，报本级人民政府批准，并报上一级人民政府水行政主管部门备案；跨省、自治区、直辖市的江河、河段、湖泊的防洪规划由有关流域管理机构会同江河、河段、湖泊所在地的省、自治区、直辖市人民政府水行政主管部门、有关主管部门拟定，分别经有关省、自治区、直辖市人民政府审查提出意见后，报国务院水行政主管部门批准。

城市防洪规划，由城市人民政府组织水行政主管部门、建设行政主管部门和其他有关部门依据流域防洪规划、上一级人民政府区域防洪规划编制，按照国务院规定的审批程序批准后纳入城市总体规划。

修改防洪规划，应当报经原批准机关批准。

**第十一条** 编制防洪规划，应当遵循确保重点、兼顾一般，以及防汛和抗旱相结合、工程措施和非工程措施相结合的原则，充分考虑洪涝规律和上下游、左右岸的关系以及国民经济对防洪的要求，并与国土规划和土地利用总体规划相协调。

防洪规划应当确定防护对象、治理目标和任务、防洪措施和实施方案，划定洪泛区、蓄滞洪区和防洪保护区的范围，规定蓄滞洪区的使用原则。

**第十二条** 受风暴潮威胁的沿海地区的县级以上地方人民政府，应当把防御风暴潮纳入本地区的防洪规划，加强海堤（海塘）、挡潮闸和沿海防护林等防御风暴潮工程体系建设，监督建筑物、构筑物的设计和施工符合防御风暴潮的需要。

**第十三条** 山洪可能诱发山体滑坡、崩塌和泥石流的地区以及其他共多发地区的县级以上地方人民政府，应当组织负责地质矿产管理工作的部门、水行政主管部门和其他有关部门对山体滑坡、崩塌和泥石流隐患进行全面调查，划定重点防治区，采取防洪措施。

城市、村镇和其他居民点以及工厂、矿山、铁路和公路干线的布局，应当避开山洪威胁；已经建在受山洪威胁的地方的，应当采取防御措施。

**第十四条** 平原、洼地、水网圩区、山谷、盆地等易涝地区的有关地方人民政府，应当制定除涝治涝规划，组织有关部门、单位采取相应的治理措施，完善排水系统，发展耐涝农作物种类和品种，开展洪涝、干旱、盐碱综合治理。

城市人民政府应当加强对城区排涝管网、泵站的建设和管理。

**第十五条** 国务院水行政主管部门应当会同有关部门和省、自治区、直辖市人民政府制定长江、黄河、珠江、辽河、淮河、海河入海河口的整治规划。

在前款入海河口围海造地,应当符合河口整治规划。

**第十六条** 防洪规划确定的河道整治计划用地和规划建设的堤防用地范围内的土地,经土地管理部门和水行政主管部门会同有关地区核定,报经县级以上人民政府按照国务院规定的权限批准后,可以划定为规划保留区;该规划保留区范围内的土地涉及其他项目用地的,有关土地管理部门和水行政主管部门核定时,应当征求有关部门的意见。

规划保留区依照前款规定划定后,应当公告。

前款规划保留区内不得建设与防洪无关的工矿工程设施;在特殊情况下,国家工矿建设项目确需占用前款规划保留区内的土地的,应当按照国家规定的基本建设程序报请批准,并征求有关水行政主管部门的意见。

防洪规划确定的扩大或者开辟的人工排洪道用地范围内的土地,经省级以上人民政府土地管理部门和水行政主管部门会同有关部门、有关地区核定,报省级以上人民政府按照国务院规定的权限批准后,可以划定为规划保留区,适用前款规定。

**第十七条** 在江河、湖泊上建设防洪工程和其他水工程、水电站等,应当符合防洪规划的要求;水库应当按照防洪规划的要求留足防洪库容。

前款规定的防洪工程和其他水工程、水电站的可行性研究报告按照国家规定的基本建设程序报请批准时,应当附具有关水行政主管部门签署的符合防洪规划要求的规划同意书。

## 第三章 治理与防护

**第十八条** 防治江河洪水,应当蓄泄兼施,充分发挥河道行洪能力和水库、洼淀、湖泊调蓄洪水的功能,加强河道防护,因地制宜地采取定期清淤疏浚等措施,保持行洪畅通。

防治江河洪水,应当保护、扩大流域林草植被,涵养水源,加强流域水土保持综合治理。

**第十九条** 整治河道和修建控制引导河水流向、保护堤岸等工程,应当兼顾上下游、左右岸的关系,按照规划治导线实施,不得任意改变河水流向。

国家确定的重要江河的规划治导线由流域管理机构拟定,报国务院水行政主管部门批准。

其他江河、河段的规划治导线由县级以上地方人民政府水行政主管部门拟定,报本级人民政府批准;跨省、自治区、直辖市的江河、河段和省、自治区、直辖市之间的省界河道的规划治导线由有关流域管理机构组织江河、河段所在地的省、自治区、直辖市人民政府水行政主管部门拟定,经有关省、自治区、直辖市人民政府水行政主管部门拟定,经有关省、自治区、直辖市人民政府审查提出意见后,报国务院水行政主管部门批准。

**第二十条** 整治河道、湖泊,涉及航道的,应当兼顾航运需要,并事先征求交通主管部门的意见。整治航道,应当符合江河、湖泊防洪安全要求,并事先征求水行政主管部门的意见。

在竹木流放的河流和渔业水域整治河道的,应当兼顾竹木水运和渔业发展的需要,并事先征求林业、渔业行下主管部门的意见。在河道中流放竹木,不得影响行洪和防洪工程设施的安全。

**第二十一条** 河道、湖泊管理实行按水系统一管理和分级管理相结合的原则，加强防护，确保畅通。

国家确定的重要江河、湖泊的主要河段，跨省、自治区、直辖市的重要河段、湖泊，省、自治区、直辖市之间的省界河道、湖泊以及国（边）界河道、湖泊，由流域管理机构和江河、湖泊所在地的省、自治区、直辖市人民政府水行政主管部门按照国务院水行政主管部门的划定依法实施管理。其他河道、湖泊，由县级以上地方人民政府水行政主管部门按照国务院水行政主管部门或者国务院水行政主管部门授权的机构的划定依法实施管理。

有堤防的河道、湖泊，其管理范围为两岸堤防之间的水域、沙洲、滩地、行洪区和堤防及护堤地；无堤防的河道、湖泊，其管理范围为历史最高洪水位或者设计洪水位之间的水域、沙洲、滩地和行洪区。

流域管理机构直接管理的河道、湖泊管理范围，由流域管理机构会同有关县级以上地方人民政府依照前款规定界定；其他河道、湖泊管理范围，由有关县级以上地方人民政府依照前款规定界定。

**第二十二条** 河道、湖泊管理范围内的土地和岸线的利用，应当符合行洪、输水的要求。

禁止在河道、湖泊管理范围内建设妨碍行洪的建筑物、构筑物，倾倒垃圾、渣土，从事影响河势稳定、危害河岸堤防安全和其他妨碍河道行洪的活动。

禁止在行洪河道内种植阻碍行洪的林木和高秆作物。

在船舶航行可能危及堤岸安全的河段，应当限定航速。限定航速的标志，由交通主管部门与水行政主管部门商定后设置。

**第二十三条** 禁止围湖造地。已经围垦的，应当按照国家规定的防洪标准进行治理，有计划地退地还湖。

禁止围垦河道。确需围垦的，应当进行科学论证，经水行政主管部门确认不妨碍行洪、输水后，报省级以上人民政府批准。

**第二十四条** 对居住在行洪河道内的居民，当地人民政府应当有计划地组织外迁。

**第二十五条** 护堤护岸的林木，由河道、湖泊管理机构组织营造和管理。护堤护岸林木，不得任意砍伐。采伐护堤护岸林木的，须经河道、湖泊管理机构同意后，依法办理采伐许可手续，并完成规定的更新补种任务。

**第二十六条** 对壅水、阻水严重的桥梁、引道、码头和其他跨河工程设施，根据防洪标准，有关水行政主管部门可以报请县级以上人民政府按照国务院规定的权限责令建设单位限期改建或者拆除。

**第二十七条** 建设跨河、穿河、穿堤、临河的桥梁、码头、道路、渡口、管道、缆线、取水、排水等工程设施，应当符合防洪标准、岸线规划、航运要求和其他技术要求，不得危害堤防安全，影响河势稳定、妨碍行洪畅通；其可行性研究报告按照国家规定的基本建设程序报请批准前，其中的工程建设方案应当经有关水行政主管部门根据前述防洪要求审查同意。

前款工程设施需要占用河道、湖泊管理范围内土地，跨越河道、湖泊空间或者穿越河床的，建设单位应当经有关水行政主管部门对该工程设施建设的位置和界限审查批准后，方可依法办理开工手续；安排施工时，应当按照水行政主管部门审查批准的位置和界限进行。

**第二十八条** 对于河道、湖泊管理范围内依照本法规定建设的工程设施，水行政主管部门有权依法检查；水行政主管部门检查时，被检查者应当如实提供有关的情况和资料。

前款规定的工程设施竣工验收时，应当有水行政主管部门参加。

## 第四章 防洪区和防洪工程设施的管理

**第二十九条** 防洪区是指洪水泛滥可能淹及的地区，分为洪泛区、蓄滞洪区和防洪保护区。

洪泛区是指尚无工程设施保护的洪水泛滥所及的地区。

蓄滞洪区是指包括分洪口在内的河堤背水面以外临时贮存洪水的低洼地区及湖泊等。

防洪保护区是指在防洪标准内受防洪工程设施保护的地区。

洪泛区、蓄滞洪区和防洪保护区的范围，在防洪规划或者防御洪水方案中划定，并报请省级以上人民政府按照国务院规定的权限批准后予以公告。

**第三十条** 各级人民政府应当按照防洪规划对防洪区内的土地利用实行分区管理。

**第三十一条** 地方各级人民政府应当加强对防洪区安全建设工作的领导，组织有关部门、单位对防洪区内的单位和居民进行防洪教育，普及防洪知识，提高水患意识；按照防洪规划和防御洪水方案建立并完善防洪体系和水文、气象、通信、预警以及洪涝灾害监测系统，提高防御洪水能力；组织防洪区内的单位和居民积极参加防洪工作，因地制宜地采取防洪避洪措施。

**第三十二条** 洪泛区、蓄滞洪区所在地的省、自治区、直辖市人民政府应当组织有关地区和部门，按照防洪规划的要求，制定洪泛区、蓄滞洪区安全建设计划，控制蓄滞洪区人口增长，对居住在经常使用的蓄滞洪区的居民，有计划地组织外迁，并采取其他必要的安全保护措施。

因蓄滞洪区而直接受益的地区和单位，应当对蓄滞洪区承担国家规定的补偿、救助义务。国务院和有关的省、自治区、直辖市人民政府应当建立对蓄滞洪区的扶持和补偿、救助制度。

国务院和有关的省、自治区、直辖市人民政府可以制定洪泛区、蓄滞洪区安全建设管理办法以及对蓄滞洪区的扶持和补偿、救助办法。

**第三十三条** 在洪泛区、蓄滞洪区内建设非防洪建设项目，应当就洪水对建设项目可能产生的影响和建设项目对防洪可能产生的影响作出评价，编制洪水影响评价报告，提出防御措施。建设项目可行性研究报告按照国家规定的基本建设程序报请批准时，应当附具有关水行政主管部门审查批准的洪水影响评价报告。

在蓄滞洪区内建设的油田、铁路、公路、矿山、电厂、电信设施和管道，其洪水影响评价报告应当包括建设单位自行安排的防洪避洪方案。建设项目投入生产或者使用时，其防洪工程设施应当经水行政主管部门验收。

在蓄滞洪区内建造房屋应当采用平顶式结构。

**第三十四条** 大中城市，重要的铁路、公路干线，大型骨干企业，应当列为防洪重点，确保安全。

受洪水威胁的城市、经济开发区、工矿区和国家重要的农业生产基地等,应当重点保护,建设必要的防洪工程设施。

城市建设不得擅自填堵原有河道沟汊、贮水湖塘洼淀和废除原有防洪围堤;确需填堵或者废除的,应当经水行政主管部门审查同意,并报城市人民政府批准。

**第三十五条** 属于国家所有的防洪工程设施,应当按照经批准的设计,在竣工验收前由县级以上人民政府按照国家规定,划定管理和保护范围。

属于集体所有的防洪工程设施,应当按照省、自治区、直辖市人民政府的规定,划定保护范围。

在防洪工程设施保护范围内,禁止进行爆破、打井、采石、取土等危害防洪工程设施安全的活动。

**第三十六条** 各级人民政府应当组织有关部门加强对水库大坝的定期检查和监督管理。对未达到设计洪水标准、抗震设防要求或者有严重质量缺陷的险坝,大坝主管部门应当组织有关单位采取除险加固措施,限期消除危险或者重建,有关人民政府应当优先安排所需资金。对可能出现垮坝的水库,应当事先制定应急抢险和居民临时撤离方案。

各级人民政府和有关主管部门应当加强对尾矿坝的监督管理,采取措施,避免因洪水导致垮坝。

**第三十七条** 任何单位和个人不得破坏、侵占、毁损水库大坝、堤防、水闸、护岸、抽水站、排水渠系等防洪工程和水文、通信设施以及防汛备用的器材、物料等。

## 第五章 防 汛 抗 洪

**第三十八条** 防汛抗洪工作实行各级人民政府行政首长负责制,统一指挥、分级分部门负责。

**第三十九条** 国务院设立国家防汛指挥机构,负责领导、组织全国的防汛抗洪工作,其办事机构设在国务院水行政主管部门。

在国家确定的重要江河、湖泊可以设立由有关省、自治区、直辖市人民政府和该江河、湖泊的流域管理机构负责人等组成的防汛指挥机构,指挥所管辖范围内的防汛抗洪工作,其办事机构设在流域管理机构。

有防汛抗洪任务的县级以上地方人民政府设立由有关部门、当地驻军、人民武装部负责人等组成的防汛指挥机构,在上级防汛指挥机构和本级人民政府的领导下,指挥本地区的防汛抗洪工作,其办事机构设在同级水行政主管部门;必要时,经城市人民政府决定,防汛指挥机构也可以在建设行政主管部门设城市市区办事机构,在防汛指挥机构的统一领导下,负责城市市区的防汛抗洪日常工作。

**第四十条** 有防汛抗洪任务的县级以上地方人民政府根据流域综合规划、防洪工程实际状况和国家规定的防洪标准,制定防御洪水方案(包括对特大洪水的处置措施)。

长江、黄河、淮河、海河的防御洪水方案,由国家防汛指挥机构制定,报国务院批准;跨省、自治区、直辖市的其他江河的防御洪水方案,由有关流域管理机构会同有关省、自治区、直辖市人民政府制定,报国务院或者国务院授权的有关部门批准。防御洪水方案经批准后,有关地方人民政府必须执行。

各级防汛指挥机构和承担防汛抗洪任务的部门和单位,必须根据防御洪水方案做好防汛抗洪准备工作。

**第四十一条** 省、自治区、直辖市人民政府防汛指挥机构根据当地的洪水规律，规定汛期起止日期。

当江河、湖泊的水情接近保证水位或者安全流量，水库水位接近设计洪水位，或者防洪工程设施发生重大险情时，有关县级以上人民政府防汛指挥机构可以宣布进入紧急防汛期。

**第四十二条** 对河道、湖泊范围内阻碍行洪的障碍物，按照谁设障、谁清除的原则，由防汛指挥机构责令限期清除；逾期不清除的，由防汛指挥机构组织强行清除，所需费用由设障者承担。

在紧急防汛期，国家防汛指挥机构或者其授权的流域、省、自治区、直辖市防汛指挥机构有权对壅水、阻水严重的桥梁、引道、码头和其它跨河工程设施作出紧急处置。

**第四十三条** 在汛期，气象、水文、海洋等有关部门应当按照各自的职责，及时向有关防汛指挥机构提供天气、水文等实时信息和风暴潮预报；电信部门应当优先提供防汛抗洪通信的服务；运输、电力、物资材料供应等有关部门应当优先为防汛抗洪服务。

中国人民解放军、中国人民武装警察部队和民兵应当执行国家赋予的抗洪抢险任务。

**第四十四条** 在汛期，水库、闸坝和其他水工工程设施的运用，必须服从有关的防汛指挥机构的调度指挥和监督。

在汛期，水库不得擅自在汛期限制水位以上蓄水，其汛期限制水位以上的防洪库容的运用，必须服从防汛指挥机构的调度指挥和监督。

在凌汛期，有防凌汛任务的江河的上游水库的下泄水量必须征得有关的防汛指挥机构的同意，并接受其监督。

**第四十五条** 在紧急防汛期，防汛指挥机构根据防汛抗洪的需要，有权在其管辖范围内调用物资、设备、交通运输工具和人力，决定采取取土占地、砍伐林木、清除阻水障碍物和其他必要的紧急措施；必要时，公安、交通等有关部门按照防汛指挥机构的决定，依法实施陆地和水面交通管制。

依照前款规定调用的物资、设备、交通运输工具等，在汛期结束后应当及时归还；造成损坏或者无法归还的，按照国务院有关规定给予适当补偿或者作其他处理。取土占地、砍伐林木的，在汛期结束后依法向有关部门补办手续；有关地方人民政府对取土后的土地组织复垦，对砍伐的林木组织补种。

**第四十六条** 江河、湖泊水位或者流量达到国家规定的分洪标准，需要启用蓄滞洪区时，国务院、国家防汛指挥机构，流域防汛指挥机构，省、自治区、直辖市人民政府。省、自治区、直辖市防汛指挥机构，按照依法经批准的防御洪水方案中规定的启用条件和批准程序，决定启用蓄滞洪区。依法启用蓄滞洪区，任何单位和个人不得阻拦、拖延；遇到阻拦、拖延时，由有关县级以上地方人民政府强制实施。

**第四十七条** 发生洪涝灾害后，有关人民政府应当组织有关部门、单位做好灾区的生活供给、卫生防疫、救灾物资供应、治安管理、学校复课、恢复生产和重建家园等救灾工作以及所管辖地区的各项水毁工程设施修复工作。水毁防洪工程设施的修复，应当优先列入有关部门的年度建设计划。

国家鼓励、扶持开展洪水保险。

## 第六章 保 障 措 施

**第四十八条** 各级人民政府应当采取措施，提高防洪投入的总体水平。

**第四十九条** 江河、湖泊的治理和防洪工程设施的建设和维护所需投资，按照事权和财权相统一的原则，分级负责，由中央和地方财政承担。城市防洪工程设施的建设和维护所需投资，由城市人民政府承担。

受洪水威胁地区的油田、管道、铁路、公路、矿山、电力、电信等企业、事业单位应当自筹资金，兴建必要的防洪自保工程。

**第五十条** 中央财政应当安排资金，用于国家确定的重要江河、湖泊的堤坝遭受特大洪涝灾害时的抗洪抢险和水毁防洪工程修复。省、自治区、直辖市人民政府应当在本级财政预算中安排资金，用于本行政区域内遭受特大洪涝灾害地区的抗洪抢险和水毁防洪工程修复。

**第五十一条** 国家设立水利建设基金，用于防洪工程和水利工程的维护和建设。具体办法由国务院规定。受洪水威胁的省、自治区、直辖市为加强本行政区域内防洪工程设施建设，提高防御洪水能力，按照国务院的有关规定，可以规定在防洪保护区范围内征收河道工程修建维护管理费。

**第五十二条** 有防洪任务的地方各级人民政府应当根据国务院的有关规定，安排一定比例的农村义务工和劳动积累工，用于防洪工程设施的建设、维护。

**第五十三条** 任何单位和个人不得截留、挪用防洪、救灾资金和物资。各级人民政府审计机关应当加强对防洪、救灾资金使用情况的审计监督。

## 第七章 法 律 责 任

**第五十四条** 违反本法第十七条规定，未经水行政主管部门签署规划同意书，擅自在江河、湖泊上建设防洪工程和其他水工程、水电站的，责令停止违法行为，补办规划同意书手续；违反规划同意书的要求，严重影响防洪的，责令限期拆除；违反规划同意书的要求，影响防洪但尚可采取补偿措施的，责令限期采取补救措施，可以处一万元以上十万元以下的罚款。

**第五十五条** 违反本法第十九条规定，未按照规划治导线整治河道和修建控制引导河水流向、保护堤岸等工程，影响防洪的，责令停止违法行为，恢复原状或者采取其他补救措施，可以处一万元以上十万元以下的罚款。

**第五十六条** 违反本法第二十二条第二款、第三款规定，有下列行为之一的，责令停止违法行为，排除阻碍或者采取其他补救措施，可以处五万元以下的罚款：

（一）在河道、湖泊管理范围内建设妨碍行洪的建筑物、构筑物的；

（二）在河道、湖泊管理范围内倾倒垃圾、渣土，从事影响河势稳定、危害河岸堤防安全的其他妨碍河道行洪的活动的；

（三）在行洪河道内种植阻碍行洪的林木和高秆作物的。

**第五十七条** 违反本法第十五条第二款、第二十三条规定，围海造地、围湖造地、围垦河道的，责令停止违法行为，恢复原状或者采取其他补救措施，可以处五万元以下的罚款；既不恢复原状也不采取其他补救措施的，代为恢复原状或者采取其他补救措施，所需费用由违法者承担。

**第五十八条** 违反本法第二十七条规定，未经水行政主管部门对其工程建设方案审查同意或者未按照有关水行政主管部门审查批准的位置、界限，在河道、湖泊管理范围内从事工程设施建设活动的，责令停止违法行为，补办审查同意或者审查批准手续；工程设施建设严重影响防洪的，责令限期拆除，逾期不拆除的，强行拆除，所需费用由建设单位承担；影响行洪但尚可采取补救措施的，责令限期采取补救措施，可以处一万元以上十万元以下的罚款。

**第五十九条** 违反本法第三十三条第一款规定，在洪泛区、蓄滞洪区内建设非防洪建设项目，未编制洪水影响评价报告的，责令限期改正；逾期不改正的，处五万元以下的罚款。

违反本法第三十三条第二款规定，防洪工程设施未经验收，即将建设项目投资生产或者使用，责令停止生产或者使用，限期验收防洪工程设施，可以处五万元以下的罚款。

**第六十条** 违反本法第三十四条规定，因城市建设擅自填堵原有河道沟汊、贮水湖塘洼淀和废除原有防洪围堤的，城市人民政府应当责令停止违法行为，限期恢复原状或者采取其他补救措施。

**第六十一条** 违反本法规定，破坏、侵占、毁损堤防、水闸、护岸、抽水站、排水渠系等防洪工程和水文、通信设施以及防汛备用的器材、物料的，责令停止违法行为，采取补救措施，可以处五万元以下的罚款；造成损坏的，依法承担民事责任；应当给予治安管理处罚的，依照治安管理处罚条例的规定处罚；构成犯罪的，依法追究刑事责任。

**第六十二条** 阻碍、威胁防汛指挥机构、水行政主管部门或者流域管理机构的工作人员依法执行职务，构成犯罪的，依法追究刑事责任；尚不构成犯罪，应当给予治安管理处罚的，依照治安管理处罚条例的规定处罚。

**第六十三条** 截留、挪用防洪、救灾资金和物资，构成犯罪的，依法追究刑事责任；尚不构成犯罪的，给予行政处分。

**第六十四条** 除本法第六十条的规定外，本章规定的行政处罚和行政措施，由县级以上人民政府水行政主管部门决定，或者由流域管理机构按照国务院水行政主管部门规定的权限决定。但是，本法第六十一条、第六十二条规定的治安管理处罚的决定机关，按照治安管理处罚条例的规定执行。

**第六十五条** 国家工作人员，有下列行为之一，构成犯罪的，依法追究刑事责任；尚不构成犯罪的，给予行政处分：

（一）违反本法第十七条、第十九条、第二十二条第二款、第二十二条第三款、第二十七条或者第三十四条规定，严重规定，严重影响防洪的；

（二）滥用职权，玩忽职守，徇私舞弊，致使防汛抗洪工作遭受重大损失；

（三）拒不执行防御洪水方案、防汛抢险指令或者蓄滞洪方案、措施、汛期调度运用计划等防汛调度方案的；

（四）违反本法规定，导致或者加重毗邻地区或者其他单位洪灾损失的。

## 第八章 附 则

**第六十六条** 本法自 1998 年 1 月 1 日起施行。

# 中华人民共和国城乡规划法

(2007年10月28日第十届全国人民代表大会常务委员会第三十次会议通过，2007年10月28日公布，自2008年1月1日起施行)

## 第一章 总 则

**第一条** 为了加强城乡规划管理，协调城乡空间布局，改善人居环境，促进城乡经济社会全面协调可持续发展，制定本法。

**第二条** 制定和实施城乡规划，在规划区内进行建设活动，必须遵守本法。

本法所称城乡规划，包括城镇体系规划、城市规划、镇规划、乡规划和村庄规划。城市规划、镇规划分为总体规划和详细规划。详细规划分为控制性详细规划和修建性详细规划。

本法所称规划区，是指城市、镇和村庄的建成区以及因城乡建设和发展需要，必须实行规划控制的区域。规划区的具体范围由有关人民政府在组织编制的城市总体规划、镇总体规划、乡规划和村庄规划中，根据城乡经济社会发展水平和统筹城乡发展的需要划定。

**第三条** 城市和镇应当依照本法制定城市规划和镇规划。城市、镇规划区内的建设活动应当符合规划要求。

县级以上地方人民政府根据本地农村经济社会发展水平，按照因地制宜、切实可行的原则，确定应当制定乡规划、村庄规划的区域。在确定区域内的乡、村庄，应当依照本法制定规划，规划区内的乡、村庄建设应当符合规划要求。

县级以上地方人民政府鼓励、指导前款规定以外的区域的乡、村庄制定和实施乡规划、村庄规划。

**第四条** 制定和实施城乡规划，应当遵循城乡统筹、合理布局、节约土地、集约发展和先规划后建设的原则，改善生态环境，促进资源、能源节约和综合利用，保护耕地等自然资源和历史文化遗产，保持地方特色、民族特色和传统风貌，防止污染和其他公害，并符合区域人口发展、国防建设、防灾减灾和公共卫生、公共安全的需要。

在规划区内进行建设活动，应当遵守土地管理、自然资源和环境保护等法律、法规的规定。

县级以上地方人民政府应当根据当地经济社会发展的实际，在城市总体规划、镇总体规划中合理确定城市、镇的发展规模、步骤和建设标准。

**第五条** 城市总体规划、镇总体规划以及乡规划和村庄规划的编制，应当依据国民经济和社会发展规划，并与土地利用总体规划相衔接。

**第六条** 各级人民政府应当将城乡规划的编制和管理经费纳入本级财政预算。

**第七条** 经依法批准的城乡规划，是城乡建设和规划管理的依据，未经法定程序不得修改。

**第八条** 城乡规划组织编制机关应当及时公布经依法批准的城乡规划。但是，法律、行政法规规定不得公开的内容除外。

**第九条** 任何单位和个人都应当遵守经依法批准并公布的城乡规划，服从规划管理，并有权就涉及其利害关系的建设活动是否符合规划的要求向城乡规划主管部门查询。

任何单位和个人都有权向城乡规划主管部门或者其他有关部门举报或者控告违反城乡规划的行为。城乡规划主管部门或者其他有关部门对举报或者控告，应当及时受理并组织核查、处理。

**第十条** 国家鼓励采用先进的科学技术，增强城乡规划的科学性，提高城乡规划实施及监督管理的效能。

**第十一条** 国务院城乡规划主管部门负责全国的城乡规划管理工作。

县级以上地方人民政府城乡规划主管部门负责本行政区域内的城乡规划管理工作。

## 第二章 城乡规划的制定

**第十二条** 国务院城乡规划主管部门会同国务院有关部门组织编制全国城镇体系规划，用于指导省域城镇体系规划、城市总体规划的编制。

全国城镇体系规划由国务院城乡规划主管部门报国务院审批。

**第十三条** 省、自治区人民政府组织编制省域城镇体系规划，报国务院审批。

省域城镇体系规划的内容应当包括：城镇空间布局和规模控制，重大基础设施的布局，为保护生态环境、资源等需要严格控制的区域。

**第十四条** 城市人民政府组织编制城市总体规划。

直辖市的城市总体规划由直辖市人民政府报国务院审批。省、自治区人民政府所在地的城市以及国务院确定的城市的总体规划，由省、自治区人民政府审查同意后，报国务院审批。其他城市的总体规划，由城市人民政府报省、自治区人民政府审批。

**第十五条** 县人民政府组织编制县人民政府所在地镇的总体规划，报上一级人民政府审批。其他镇的总体规划由镇人民政府组织编制，报上一级人民政府审批。

**第十六条** 省、自治区人民政府组织编制的省域城镇体系规划，城市、县人民政府组织编制的总体规划，在报上一级人民政府审批前，应当先经本级人民代表大会常务委员会审议，常务委员会组成人员的审议意见交由本级人民政府研究处理。

镇人民政府组织编制的镇总体规划，在报上一级人民政府审批前，应当先经镇人民代表大会审议，代表的审议意见交由本级人民政府研究处理。

规划的组织编制机关报送审批省域城镇体系规划、城市总体规划或者镇总体规划，应当将本级人民代表大会常务委员会组成人员或者镇人民代表大会代表的审议意见和根据审议意见修改规划的情况一并报送。

**第十七条** 城市总体规划、镇总体规划的内容应当包括：城市、镇的发展布局，功能分区，用地布局，综合交通体系，禁止、限制和适宜建设的地域范围，各类专项规划等。

规划区范围、规划区内建设用地规模、基础设施和公共服务设施用地、水源地和水系、基本农田和绿化用地、环境保护、自然与历史文化遗产保护以及防灾减灾等内容，应当作为城市总体规划、镇总体规划的强制性内容。

城市总体规划、镇总体规划的规划期限一般为二十年。城市总体规划还应当对城市更长远的发展作出预测性安排。

**第十八条** 乡规划、村庄规划应当从农村实际出发，尊重村民意愿，体现地方和农村特色。

乡规划、村庄规划的内容应当包括：规划区范围，住宅、道路、供水、排水、供电、垃圾收集、畜禽养殖场所等农村生产、生活服务设施、公益事业等各项建设的用地布局、建设要求，以及对耕地等自然资源和历史文化遗产保护、防灾减灾等的具体安排。乡规划还应当包括本行政区域内的村庄发展布局。

第十九条　城市人民政府城乡规划主管部门根据城市总体规划的要求，组织编制城市的控制性详细规划，经本级人民政府批准后，报本级人民代表大会常务委员会和上一级人民政府备案。

第二十条　镇人民政府根据镇总体规划的要求，组织编制镇的控制性详细规划，报上一级人民政府审批。县人民政府所在地镇的控制性详细规划，由县人民政府城乡规划主管部门根据镇总体规划的要求组织编制，经县人民政府批准后，报本级人民代表大会常务委员会和上一级人民政府备案。

第二十一条　城市、县人民政府城乡规划主管部门和镇人民政府可以组织编制重要地块的修建性详细规划。修建性详细规划应当符合控制性详细规划。

第二十二条　乡、镇人民政府组织编制乡规划、村庄规划，报上一级人民政府审批。村庄规划在报送审批前，应当经村民会议或者村民代表会议讨论同意。

第二十三条　首都的总体规划、详细规划应当统筹考虑中央国家机关用地布局和空间安排的需要。

第二十四条　城乡规划组织编制机关应当委托具有相应资质等级的单位承担城乡规划的具体编制工作。

从事城乡规划编制工作应当具备下列条件，并经国务院城乡规划主管部门或者省、自治区、直辖市人民政府城乡规划主管部门依法审查合格，取得相应等级的资质证书后，方可在资质等级许可的范围内从事城乡规划编制工作：

（一）有法人资格；

（二）有规定数量的经国务院城乡规划主管部门注册的规划师；

（三）有规定数量的相关专业技术人员；

（四）有相应的技术装备；

（五）有健全的技术、质量、财务管理制度。

规划师执业资格管理办法，由国务院城乡规划主管部门会同国务院人事行政部门制定。

编制城乡规划必须遵守国家有关标准。

第二十五条　编制城乡规划，应当具备国家规定的勘察、测绘、气象、地震、水文、环境等基础资料。

县级以上地方人民政府有关主管部门应当根据编制城乡规划的需要，及时提供有关基础资料。

第二十六条　城乡规划报送审批前，组织编制机关应当依法将城乡规划草案予以公告，并采取论证会、听证会或者其他方式征求专家和公众的意见。公告的时间不得少于三十日。

组织编制机关应当充分考虑专家和公众的意见，并在报送审批的材料中附具意见采纳情况及理由。

第二十七条  省域城镇体系规划、城市总体规划、镇总体规划批准前，审批机关应当组织专家和有关部门进行审查。

## 第三章  城乡规划的实施

第二十八条  地方各级人民政府应当根据当地经济社会发展水平，量力而行，尊重群众意愿，有计划、分步骤地组织实施城乡规划。

第二十九条  城市的建设和发展，应当优先安排基础设施以及公共服务设施的建设，妥善处理新区开发与旧区改建的关系，统筹兼顾进城务工人员生活和周边农村经济社会发展、村民生产与生活的需要。

镇的建设和发展，应当结合农村经济社会发展和产业结构调整，优先安排供水、排水、供电、供气、道路、通信、广播电视等基础设施和学校、卫生院、文化站、幼儿园、福利院等公共服务设施的建设，为周边农村提供服务。

乡、村庄的建设和发展，应当因地制宜、节约用地，发挥村民自治组织的作用，引导村民合理进行建设，改善农村生产、生活条件。

第三十条  城市新区的开发和建设，应当合理确定建设规模和时序，充分利用现有市政基础设施和公共服务设施，严格保护自然资源和生态环境，体现地方特色。

在城市总体规划、镇总体规划确定的建设用地范围以外，不得设立各类开发区和城市新区。

第三十一条  旧城区的改建，应当保护历史文化遗产和传统风貌，合理确定拆迁和建设规模，有计划地对危房集中、基础设施落后等地段进行改建。

历史文化名城、名镇、名村的保护以及受保护建筑物的维护和使用，应当遵守有关法律、行政法规和国务院的规定。

第三十二条  城乡建设和发展，应当依法保护和合理利用风景名胜资源，统筹安排风景名胜区及周边乡、镇、村庄的建设。

风景名胜区的规划、建设和管理，应当遵守有关法律、行政法规和国务院的规定。

第三十三条  城市地下空间的开发和利用，应当与经济和技术发展水平相适应，遵循统筹安排、综合开发、合理利用的原则，充分考虑防灾减灾、人民防空和通信等需要，并符合城市规划，履行规划审批手续。

第三十四条  城市、县、镇人民政府应当根据城市总体规划、镇总体规划、土地利用总体规划和年度计划以及国民经济和社会发展规划，制定近期建设规划，报总体规划审批机关备案。

近期建设规划应当以重要基础设施、公共服务设施和中低收入居民住房建设以及生态环境保护为重点内容，明确近期建设的时序、发展方向和空间布局。近期建设规划的规划期限为五年。

第三十五条  城乡规划确定的铁路、公路、港口、机场、道路、绿地、输配电设施及输电线路走廊、通信设施、广播电视设施、管道设施、河道、水库、水源地、自然保护区、防汛通道、消防通道、核电站、垃圾填埋场及焚烧厂、污水处理厂和公共服务设施的用地以及其他需要依法保护的用地，禁止擅自改变用途。

第三十六条  按照国家规定需要有关部门批准或者核准的建设项目，以划拨方式提供国有土地使用权的，建设单位在报送有关部门批准或者核准前，应当向城乡规划主管部门申请核发选址意见书。

前款规定以外的建设项目不需要申请选址意见书。

**第三十七条** 在城市、镇规划区内以划拨方式提供国有土地使用权的建设项目，经有关部门批准、核准、备案后，建设单位应当向城市、县人民政府城乡规划主管部门提出建设用地规划许可申请，由城市、县人民政府城乡规划主管部门依据控制性详细规划核定建设用地的位置、面积、允许建设的范围，核发建设用地规划许可证。

建设单位在取得建设用地规划许可证后，方可向县级以上地方人民政府土地主管部门申请用地，经县级以上人民政府审批后，由土地主管部门划拨土地。

**第三十八条** 在城市、镇规划区内以出让方式提供国有土地使用权的，在国有土地使用权出让前，城市、县人民政府城乡规划主管部门应当依据控制性详细规划，提出出让地块的位置、使用性质、开发强度等规划条件，作为国有土地使用权出让合同的组成部分。未确定规划条件的地块，不得出让国有土地使用权。

以出让方式取得国有土地使用权的建设项目，在签订国有土地使用权出让合同后，建设单位应当持建设项目的批准、核准、备案文件和国有土地使用权出让合同，向城市、县人民政府城乡规划主管部门领取建设用地规划许可证。

城市、县人民政府城乡规划主管部门不得在建设用地规划许可证中，擅自改变作为国有土地使用权出让合同组成部分的规划条件。

**第三十九条** 规划条件未纳入国有土地使用权出让合同的，该国有土地使用权出让合同无效；对未取得建设用地规划许可证的建设单位批准用地的，由县级以上人民政府撤销有关批准文件；占用土地的，应当及时退回；给当事人造成损失的，应当依法给予赔偿。

**第四十条** 在城市、镇规划区内进行建筑物、构筑物、道路、管线和其他工程建设的，建设单位或者个人应当向城市、县人民政府城乡规划主管部门或者省、自治区、直辖市人民政府确定的镇人民政府申请办理建设工程规划许可证。

申请办理建设工程规划许可证，应当提交使用土地的有关证明文件、建设工程设计方案等材料。需要建设单位编制修建性详细规划的建设项目，还应当提交修建性详细规划。对符合控制性详细规划和规划条件的，由城市、县人民政府城乡规划主管部门或者省、自治区、直辖市人民政府确定的镇人民政府核发建设工程规划许可证。

城市、县人民政府城乡规划主管部门或者省、自治区、直辖市人民政府确定的镇人民政府应当依法将经审定的修建性详细规划、建设工程设计方案的总平面图予以公布。

**第四十一条** 在乡、村庄规划区内进行乡镇企业、乡村公共设施和公益事业建设的，建设单位或者个人应当向乡、镇人民政府提出申请，由乡、镇人民政府报城市、县人民政府城乡规划主管部门核发乡村建设规划许可证。

在乡、村庄规划区内使用原有宅基地进行农村村民住宅建设的规划管理办法，由省、自治区、直辖市制定。

在乡、村庄规划区内进行乡镇企业、乡村公共设施和公益事业建设以及农村村民住宅建设，不得占用农用地；确需占用农用地的，应当依照《中华人民共和国土地管理法》有关规定办理农用地转用审批手续后，由城市、县人民政府城乡规划主管部门核发乡村建设规划许可证。

建设单位或者个人在取得乡村建设规划许可证后,方可办理用地审批手续。

**第四十二条** 城乡规划主管部门不得在城乡规划确定的建设用地范围以外作出规划许可。

**第四十三条** 建设单位应当按照规划条件进行建设;确需变更的,必须向城市、县人民政府城乡规划主管部门提出申请。变更内容不符合控制性详细规划的,城乡规划主管部门不得批准。城市、县人民政府城乡规划主管部门应当及时将依法变更后的规划条件通报同级土地主管部门并公示。

建设单位应当及时将依法变更后的规划条件报有关人民政府土地主管部门备案。

**第四十四条** 在城市、镇规划区内进行临时建设的,应当经城市、县人民政府城乡规划主管部门批准。临时建设影响近期建设规划或者控制性详细规划的实施以及交通、市容、安全等的,不得批准。

临时建设应当在批准的使用期限内自行拆除。

临时建设和临时用地规划管理的具体办法,由省、自治区、直辖市人民政府制定。

**第四十五条** 县级以上地方人民政府城乡规划主管部门按照国务院规定对建设工程是否符合规划条件予以核实。未经核实或者经核实不符合规划条件的,建设单位不得组织竣工验收。

建设单位应当在竣工验收后六个月内向城乡规划主管部门报送有关竣工验收资料。

## 第四章 城乡规划的修改

**第四十六条** 省域城镇体系规划、城市总体规划、镇总体规划的组织编制机关,应当组织有关部门和专家定期对规划实施情况进行评估,并采取论证会、听证会或者其他方式征求公众意见。组织编制机关应当向本级人民代表大会常务委员会、镇人民代表大会和原审批机关提出评估报告并附具征求意见的情况。

**第四十七条** 有下列情形之一的,组织编制机关方可按照规定的权限和程序修改省域城镇体系规划、城市总体规划、镇总体规划:

(一)上级人民政府制定的城乡规划发生变更,提出修改规划要求的;

(二)行政区划调整确需修改规划的;

(三)因国务院批准重大建设工程确需修改规划的;

(四)经评估确需修改规划的;

(五)城乡规划的审批机关认为应当修改规划的其他情形。

修改省域城镇体系规划、城市总体规划、镇总体规划前,组织编制机关应当对原规划的实施情况进行总结,并向原审批机关报告;修改涉及城市总体规划、镇总体规划强制性内容的,应当先向原审批机关提出专题报告,经同意后,方可编制修改方案。

修改后的省域城镇体系规划、城市总体规划、镇总体规划,应当依照本法第十三条、第十四条、第十五条和第十六条规定的审批程序报批。

**第四十八条** 修改控制性详细规划的,组织编制机关应当对修改的必要性进行论证,征求规划地段内利害关系人的意见,并向原审批机关提出专题报告,经原审批机关同意后,方可编制修改方案。修改后的控制性详细规划,应当依照本法第十九条、第二十条规定的审批程序报批。控制性详细规划修改涉及城市总体规划、镇总体规划的强制性内容的，应当先修改总体规划。

修改乡规划、村庄规划的，应当依照本法第二十二条规定的审批程序报批。

**第四十九条** 城市、县、镇人民政府修改近期建设规划的，应当将修改后的近期建设规划报总体规划审批机关备案。

**第五十条** 在选址意见书、建设用地规划许可证、建设工程规划许可证或者乡村建设规划许可证发放后，因依法修改城乡规划给被许可人合法权益造成损失的，应当依法给予补偿。

经依法审定的修建性详细规划、建设工程设计方案的总平面图不得随意修改；确需修改的，城乡规划主管部门应当采取听证会等形式，听取利害关系人的意见；因修改给利害关系人合法权益造成损失的，应当依法给予补偿。

## 第五章 监督检查

**第五十一条** 县级以上人民政府及其城乡规划主管部门应当加强对城乡规划编制、审批、实施、修改的监督检查。

**第五十二条** 地方各级人民政府应当向本级人民代表大会常务委员会或者乡、镇人民代表大会报告城乡规划的实施情况，并接受监督。

**第五十三条** 县级以上人民政府城乡规划主管部门对城乡规划的实施情况进行监督检查，有权采取以下措施：

（一）要求有关单位和人员提供与监督事项有关的文件、资料，并进行复制；

（二）要求有关单位和人员就监督事项涉及的问题作出解释和说明，并根据需要进入现场进行勘测；

（三）责令有关单位和人员停止违反有关城乡规划的法律、法规的行为。

城乡规划主管部门的工作人员履行前款规定的监督检查职责，应当出示执法证件。被监督检查的单位和人员应当予以配合，不得妨碍和阻挠依法进行的监督检查活动。

**第五十四条** 监督检查情况和处理结果应当依法公开，供公众查阅和监督。

**第五十五条** 城乡规划主管部门在查处违反本法规定的行为时，发现国家机关工作人员依法应当给予行政处分的，应当向其任免机关或者监察机关提出处分建议。

**第五十六条** 依照本法规定应当给予行政处罚，而有关城乡规划主管部门不给予行政处罚的，上级人民政府城乡规划主管部门有权责令其作出行政处罚决定或者建议有关人民政府责令其给予行政处罚。

**第五十七条** 城乡规划主管部门违反本法规定作出行政许可的，上级人民政府城乡规划主管部门有权责令其撤销或者直接撤销该行政许可。因撤销行政许可给当事人合法权益造成损失的，应当依法给予赔偿。

## 第六章 法律责任

**第五十八条** 对依法应当编制城乡规划而未组织编制，或者未按法定程序编制、审批、修改城乡规划的，由上级人民政府责令改正，通报批评；对有关人民政府负责人和其他直接责任人员依法给予处分。

**第五十九条** 城乡规划组织编制机关委托不具有相应资质等级的单位编制城乡规划

的，由上级人民政府责令改正，通报批评；对有关人民政府负责人和其他直接责任人员依法给予处分。

**第六十条** 镇人民政府或者县级以上人民政府城乡规划主管部门有下列行为之一的，由本级人民政府、上级人民政府城乡规划主管部门或者监察机关依据职权责令改正，通报批评；对直接负责的主管人员和其他直接责任人员依法给予处分：

（一）未依法组织编制城市的控制性详细规划、县人民政府所在地镇的控制性详细规划的；

（二）超越职权或者对不符合法定条件的申请人核发选址意见书、建设用地规划许可证、建设工程规划许可证、乡村建设规划许可证的；

（三）对符合法定条件的申请人未在法定期限内核发选址意见书、建设用地规划许可证、建设工程规划许可证、乡村建设规划许可证的；

（四）未依法对经审定的修建性详细规划、建设工程设计方案的总平面图予以公布的；

（五）同意修改修建性详细规划、建设工程设计方案的总平面图前未采取听证会等形式听取利害关系人的意见的；

（六）发现未依法取得规划许可或者违反规划许可的规定在规划区内进行建设的行为，而不予查处或者接到举报后不依法处理的。

**第六十一条** 县级以上人民政府有关部门有下列行为之一的，由本级人民政府或者上级人民政府有关部门责令改正，通报批评；对直接负责的主管人员和其他直接责任人员依法给予处分：

（一）对未依法取得选址意见书的建设项目核发建设项目批准文件的；

（二）未依法在国有土地使用权出让合同中确定规划条件或者改变国有土地使用权出让合同中依法确定的规划条件的；

（三）对未依法取得建设用地规划许可证的建设单位划拨国有土地使用权的。

**第六十二条** 城乡规划编制单位有下列行为之一的，由所在地城市、县人民政府城乡规划主管部门责令限期改正，处合同约定的规划编制费一倍以上二倍以下的罚款；情节严重的，责令停业整顿，由原发证机关降低资质等级或者吊销资质证书；造成损失的，依法承担赔偿责任：

（一）超越资质等级许可的范围承揽城乡规划编制工作的；

（二）违反国家有关标准编制城乡规划的。

未依法取得资质证书承揽城乡规划编制工作的，由县级以上地方人民政府城乡规划主管部门责令停止违法行为，依照前款规定处以罚款；造成损失的，依法承担赔偿责任。

以欺骗手段取得资质证书承揽城乡规划编制工作的，由原发证机关吊销资质证书，依照本条第一款规定处以罚款；造成损失的，依法承担赔偿责任。

**第六十三条** 城乡规划编制单位取得资质证书后，不再符合相应的资质条件的，由原发证机关责令限期改正；逾期不改正的，降低资质等级或者吊销资质证书。

**第六十四条** 未取得建设工程规划许可证或者未按照建设工程规划许可证的规定进行建设的，由县级以上地方人民政府城乡规划主管部门责令停止建设；尚可采取改正措施消除对规划实施的影响的，限期改正，处建设工程造价百分之五以上百分之十以下的罚款；无法采取改正措施消除影响的，限期拆除，不能拆除的，没收实物或者违法收入，可以并处建设工程造价百分之十以下的罚款。

**第六十五条** 在乡、村庄规划区内未依法取得乡村建设规划许可证或者未按照乡村建设规划许可证的规定进行建设的，由乡、镇人民政府责令停止建设、限期改正；逾期不改正的，可以拆除。

**第六十六条** 建设单位或者个人有下列行为之一的，由所在地城市、县人民政府城乡规划主管部门责令限期拆除，可以并处临时建设工程造价一倍以下的罚款：

（一）未经批准进行临时建设的；

（二）未按照批准内容进行临时建设的；

（三）临时建筑物、构筑物超过批准期限不拆除的。

**第六十七条** 建设单位未在建设工程竣工验收后六个月内向城乡规划主管部门报送有关竣工验收资料的，由所在地城市、县人民政府城乡规划主管部门责令限期补报；逾期不补报的，处一万元以上五万元以下的罚款。

**第六十八条** 城乡规划主管部门作出责令停止建设或者限期拆除的决定后，当事人不停止建设或者逾期不拆除的，建设工程所在地县级以上地方人民政府可以责成有关部门采取查封施工现场、强制拆除等措施。

**第六十九条** 违反本法规定，构成犯罪的，依法追究刑事责任。

## 第七章 附 则

**第七十条** 本法自 2008 年 1 月 1 日起施行。《中华人民共和国城市规划法》同时废止。

# 中华人民共和国河道管理条例

（1988 年 6 月 3 日国务院第七次常务会议通过，
1988 年 6 月 10 日中华人民共和国国务院令第三号公布，自公布之日起施行）

## 第一章 总 则

**第一条** 为加强河道管理，保障防洪安全，发挥江河湖泊的综合效益，根据《中华人民共和国水法》，制定本条例。

**第二条** 本条例适用于中华人民共和国领域内的河道（包括湖泊、人工水道、行洪区、蓄洪区、滞洪区）。

河道内的航道，同时适用《中华人民共和国航道管理条例》。

**第三条** 开发利用江河湖泊水资源和防治水害，应当全面规划、统筹兼顾、综合利用、讲求效益，服从防洪的总体安排，促进各项事业的发展。

**第四条** 国务院水利行政主管部门是全国河道的主管机关。

各省、自治区、直辖市的水利行政主管部门是该行政区域的河道主管机关。

**第五条** 国家对河道实行按水系统一管理和分级管理相结合的原则。

长江、黄河、淮河、海河、珠江、松花江、辽河等大江大河的主要河段，跨省、自治区、直辖市的重要河段，省、自治区、直辖市之间的边界河道以及国境边界河道，由国家授权的江河流域管理机构实施管理。其他河道由省、自治区、直辖市的河道主管机关根据流域统一规划实施管理。其他河道由省、自治区、直辖市或市、县的河道主管机关实施管理。

**第六条** 河道划分等级。河道等级标准由国务院水利行政主管部门制定。

**第七条** 河道防汛和清障工作实行地方人民政府行政首长负责制。

**第八条** 各级人民政府河道主管机关以及河道监理人员，必须按照国家法律、法规，加强河道管理，执行洪水计划和防洪调度命令，维护水工程和人民生命财产安全。

**第九条** 一切单位和个人都有保护河道堤防安全和参加防汛抢险的义务。

## 第二章 河道整治与建设

**第十条** 河道的整治与建设，应当服从流域综合规划，符合国家规定的防洪标准、通航标准和其他有关技术要求，维护堤防安全，保持河势稳定和行洪、航运通畅。

**第十一条** 修建开发水利、防治水害、整治河道的各类工程和跨河、穿河、穿堤、临河的桥梁、码头、道路、渡口、管道、缆线等建设物及设施，建设单位必须按照河道管理权限，将工程建设方案报送河道主管机关审查同意后，方可按照基本建设程序履行审批手续。

建设项目经批准后，建设单位应当将施工安排告知河道主管机关。

**第十二条** 修建桥梁、码头和其他设施，必须按照国家规定的防洪标准所确定的河宽进行，不得缩窄行洪通道。

桥梁和栈桥的梁底必须高于设计洪水位，并按照防洪和航运的要求，留有一定的超高。设计洪水位由河道主管机关根据防洪规划确定。

跨越河道的管道、线路的净空高度必须符合防洪和航运的要求。

**第十三条** 交通部门进行航道整治，应当符合防洪安全要求，并事先征求河道主管机关对有关设计和计划的意见。

水利部门进行河道整治，涉及航道的，应当兼顾航运的需要，并事先征求交通部门对有关设计和计划的意见。

在国家规定可以流放竹木的河流和重要的渔业水域进行河道、航道整治，建设单位应当兼顾竹木水运和渔业发展的需要，并事先将有关设计和计划送同级林业、渔业主管部门征求意见。

**第十四条** 堤防上已修建的涵闸、泵站和埋设的穿堤管道、缆线等建筑物及设施，河道主管机关应当定期检查，对不符合工程安全要求的，限期改建。

在堤防上新建前款所指建筑物及设施，必须经河道主管机关验收合格后方可启用，并服从河道主管机关的安全管理。

**第十五条** 确需利用堤顶或者戗台兼做公路的，须经上级河道主管机关批准。堤身和堤顶公路的管理和维护办法，由河道主管机关商交通部门制定。

**第十六条** 城镇建设和发展不得占用河道滩地。城镇规划的临河界限，由河道主管机关会同城镇规划等有关部门确定。沿河城镇在编制和审查城镇规划时，应当事先征求河道主管机关的意见。

**第十七条** 河道岸线的利用和建设，应当服从河道整治规划和航道整治规划。计划部门在审批利用河道岸线的建设项目时，应当事先征求河道主管机关的意见。

河道岸线的界限，由河道主管机关会同交通等有关部门报县级以上地方人民政府划定。

**第十八条** 河道清淤和加固堤防取土以及按照防洪规划进行河道整治需要占用的土地，由当地人民政府调剂解决。

因修建水库、整治河道所增加的可利用土地，属于国家所有，可以由县级以上人民政府用于移民安置和河道整治工程。

**第十九条** 省、自治区、直辖市以河道为边界的，在河道两岸外侧各10公里之内，以及跨省、自治区、直辖市的河道，未经有关各方达成协议或者国务院水利行政主管部门批准，禁止单方面修建排水、阻水、引水、蓄水工程以及河道整治工程。

## 第三章　河　道　保　护

**第二十条** 有堤防的河道，其管理范围为两岸堤防之间的水域、沙洲、滩地（包括可耕地）、行洪区、两岸堤防及护堤地。

无堤防的河道，其管理范围根据历史最高洪水位或者设计洪水位确定。

河道的具体管理范围，由县级以上地方人民政府负责划定。

**第二十一条** 在河道管理范围内，水域和土地的利用应当符合江河行洪、输水和航运的要求；滩地的利用，应当由河道主管机关会同土地管理等有关部门制定规划，报县级以上地方人民政府批准后实施。

**第二十二条** 禁止损毁堤防、护岸、闸坝等水工程建筑物和防汛设施、水文监测和测量设施、河岸地质监测设施以及通信照明等设施。

在防汛抢险期间，无关人员和车辆不得上堤。

因降雨雪等造成堤顶泥泞期间，禁止车辆通行，但防汛抢险车辆除外。

**第二十三条** 禁止非管理人员操作河道上的涵闸闸门，禁止任何组织和个人干扰河道管理单位的正常工作。

**第二十四条** 在河道管理范围内，禁止修建围堤、阻水渠道、阻水道路；种植高杆农作物、芦苇、杞柳、荻柴和树木（堤防防护林除外）；设置拦河渔具；弃置矿渣、石渣、煤灰、泥土、垃圾等。

在堤防和护堤地，禁止建房、放牧、开渠、打井、挖窖、葬坟、晒粮、存放物料、开采地下资源、进行考古发掘以及开展集市贸易活动。

**第二十五条** 在河道管理范围内进行下列活动，必须报经河道主管机关批准；涉及其他部门的，由河道主管机关会同有关部门批准：

（一）采砂、取土、淘金、弃置砂石或者淤泥；

（二）爆破、钻探、挖筑鱼塘；

（三）在河道滩地存放物料、修建厂房或者其他建筑设施；

（四）在河道滩地开采地下资源及进行考古发掘。

**第二十六条** 根据堤防的重要程度、堤基土质条件等，河道主管机关报经县级以上人民政府批准，可以在河道管理范围的相连地域划定堤防安全保护区。在堤防安全保护区内，禁止进行打井、钻探、爆破、挖筑鱼塘、采石、取土等危害堤防安全的活动。

**第二十七条** 禁止围湖造田。已经围垦的，应当按照国家规定的防洪标准进行治理，逐步退田还湖。湖泊的开发利用规划必须经河道主管机关审查同意。

禁止围垦河流，确需围垦的，必须经过科学论证，并经省级以上人民政府批准。

**第二十八条** 加强河道滩地、堤防和河岸的水土保持工作，防止水土流失、河道淤积。

**第二十九条** 江河的故道、旧堤、原有工程设施等，非经河道主管机关批准，不得填堵、占用或者拆毁。

**第三十条** 护堤护岸林木的，由河道管理单位组织营造和管理，其他任何单位和个人不得侵占、砍伐或者破坏。

河道管理单位对护堤护岸林木进行抚育和更新性质的采伐及用于防汛抢险的采伐，根据国家有关规定免交育林基金。

**第三十一条** 在为保证堤岸安全需要限制航速的河段，河道主管机关应当会同交通部门设立限制航速的标志，通行的船舶不得超速行驶。

在汛期，船舶的行驶和停靠必须遵守防汛指挥部的规定。

**第三十二条** 山区河道有山体滑坡、崩岸、泥石流街自然灾害的河段，河道主管机关应当会同地质、交通等部门加强监测。在上述河段，禁止从事开山采石、采矿、开荒等危及山体稳定的活动。

**第三十三条** 在河道中流放竹木，不得影响行洪、航运和水工程安全，并服从当地河道主管机关的安全管理。

在汛期，河道主管机关有权对河道上的竹木和其他漂流物进行紧急处置。

**第三十四条** 向河道、湖泊排污的排污口的设置和扩大，排污单位在向环境保护部门申报之前，应当征得河道主管机关的同意。

**第三十五条** 在河道管理范围内，禁止堆放、倾倒、掩埋、排放污染水体的物体。禁止在河道内清洗装贮过油类或者有毒污染物的车辆、容器。

河道主管机关应当开展河道水质监测工作，协同环境保护部门对水污染防治实施监督管理。

## 第四章 河 道 清 障

**第三十六条** 对河道管理范围内的阻水障碍物，按照"谁设障、谁清除"的原则，由河道主管机关提出清障计划和实施方案，由防汛指挥部责令设障者在规定的期限内清除。逾期不清除的，由防汛指挥部组织强行清除，并由设障者负担全部清障费用。

**第三十七条** 对壅水、阻水严重的桥梁、引道、码头和其他跨河工程设施，根据国家规定的防洪标准，由河道主管机关提出意见并报经人民政府批准，责成原建设单位在规定的期限内改建或者拆除。汛期影响防洪安全的，必须服从防汛指挥部的紧急处理决定。

## 第五章 经 费

**第三十八条** 河道堤防的防汛岁修费，按照分级管理的原则，分别由中央财政和地方财政负担，列入中央和地方年度财政预算。

第三十九条 受益范围明确的堤防、护岸、水闸、圩垸、海塘和排涝工程设施,河道主管机关可以向受益的工商企业等单位和农户收取河道工程修建维护管理费,其标准应当根据工程修建和维护管理费用确定。收费的具体标准和计收办法由省、自治区、直辖市人民政府制定。

第四十条 在河道管理范围内采砂、取土、淘金,必须按照经批准的范围和作业方式进行,并向河道主管机关缴纳管理费。收费的标准和计收办法由国务院水利行政主管部门会同国务院财政主管部门制定。

第四十一条 任何单位和个人、凡对堤防、护岸和其他水工程设施造成损坏或者造成河道淤积的,由责任者负责修复、清淤或者承担维修费用。

第四十二条 河道主管机关收取的各项费用,用于河道堤防工程的建设、管理、维修和设施的更新改造。结余资金可以连年结转使用,任何部门不得截取或者挪用。

第四十三条 河道两岸的城镇和农村,当地县级以上人民政府可以在汛期组织堤防保护区域内的单位和个人义务出工,对河道堤防工程进行维修和加固。

## 第六章 罚 则

第四十四条 违反本条例规定,有下列行为之一的,县级以上地方人民政府河道主管机关除责令其纠正违法行为、采取补救措施外,可以并处警告、罚款、没收非法所得;对有关责任人员,由其所在单位或者上级主管机关给予行政处分;构成犯罪的,依法追究刑事责任:

(一)在河道管理范围内弃置、堆放阻碍行洪物体的;种植阻碍行洪的林木或者高杆植物的;修建围堤、阻水渠道、阻水道路的;

(二)在堤防、护堤地建房、放牧、开渠、打井、挖窖、葬坟、晒粮、存放物料、开采地下资源、进行考古发掘以及开展集市贸易活动的;

(三)未经批准或者不按照国家规定的防洪标准、工程安全标准整治河道或者修建水工程建筑物和其他设施的;

(四)未经批准或者不按照河道主管机关的规定在河道管理范围内采砂、取土、淘金、弃置砂石或者淤泥、爆破、钻探、挖筑鱼塘的;

(五)未经批准在河道滩地存放物料、修建厂房或者其他建筑设施,以及开采地下资源或者进行考古发掘的;

(六)违反本条例第二十七条的规定,围垦湖泊、河流的;

(七)擅自砍伐护堤护岸林木的;

(八)汛期违反防汛指挥部的规定或者指令的。

第四十五条 违反本条规定,有下列行为之一的,县级以上地方人民政府河道主管机关除责令其纠正违法行为、赔偿损失、采取补救措施外,可以并处警告、罚款;应当给予治安管理处罚的,按照《中华人民共和国治安管理处罚条例》的规定处罚;构成犯罪的,依法追究刑事责任:

(一)损毁堤防、护岸、闸坝、水工程建筑物,损毁防汛设施、水文监测和测量设施、河岸地质监测设施以及通信照明等设施;

(二)在堤防安全保护区内进行打井、钻探、爆破、挖筑鱼塘、采石、取土等危害堤防安全的活动的；

（三）非管理人员操作河道上的涵闸闸门或者干扰河道管理单位正常工作的。

**第四十六条** 当事人对行政处罚决定不服的，可以在接到处罚通知之日起15日内，向作出处罚决定的机关的上一级机关申请复议，对复议决定不服的，可以在接到复议决定之日起15日内，向人民法院起诉。当事人也可以在接到处罚通知之日起15日内，直接向人民法院起诉。当事人逾期不申请复议或者不向人民法院起诉又不履行处罚决定的，由作出处罚决定的机关申请人民法院强制执行。对治安管理处罚不服的，按照《中华人民共和国治安管理处罚条例》的规定办理。

**第四十七条** 对违反本条例规定，造成国家、集体、个人经济损失的，受害方可以请求县级以上河道主管机关处理。受害方也可以直接向人民法院起诉。

当事人对河道主管机关的处理决定不服的，可以在接到通知之日起15日内，向人民法院起诉。

**第四十八条** 河道主管机关的工作人员以及河道监理人员玩忽职守、滥用职权、徇私舞弊的，由其所在单位或者上级主管机关给予行政处分；对公共财产、国家和人民利益造成重大损失的，依法追究刑事责任。

## 第七章 附 则

**第四十九条** 各省、自治区、直辖市人民政府，可以根据本条例的规定，结合本地区的实际情况，制定实施办法。

**第五十条** 本条例由国务院水利行政主管部门负责解释。

**第五十一条** 本条例自发布之日起施行。

# 中华人民共和国自然保护区条例

（1994年9月2日国务院第24次常务会议通过，1994年10月9日中华人民共和国国务院令第167号公布，自1994年12月1日起施行）

## 第一章 总 则

**第一条** 为了加强自然保护区的建设和管理，保护自然环境和自然资源，制定本条例。

**第二条** 本条例所称自然保护区，是指对有代表性的自然生态系统、珍稀濒危野生动植物物种的天然集中分布区、有特殊意义的自然遗迹等保护对象所在的陆地、陆地水体或者海域，依法划出一定面积予以特殊保护和管理的区域。

**第三条** 凡在中华人民共和国领域和中华人民共和国管辖的其他海域内建设和管理自然保护区，必须遵守本条例。

**第四条** 国家采取有利于发展自然保护区的经济、技术政策和措施，将自然保护区的发展规划纳入国民经济和社会发展计划。

**第五条** 建设和管理自然保护区，应当妥善处理与当地经济建设和居民生产、生活的关系。

**第六条** 自然保护区管理机构或者其行政主管部门可以接受国内外组织和个人的捐赠，用于自然保护区的建设和管理。

**第七条** 县级以上人民政府应当加强对自然保护区工作的领导。

一切单位和个人都有保护自然保护区内自然环境和自然资源的义务，并有权对破坏、侵占自然保护区的单位和个人进行检举、控告。

**第八条** 国家对自然保护区实行综合管理与分部门管理相结合的管理体制。

国务院环境保护行政主管部门负责全国自然保护区的综合管理。

国务院林业、农业、地质矿产、水利、海洋等有关行政主管部门在各自的职责范围内，主管有关的自然保护区。

县级以上地方人民政府负责自然保护区管理的部门的设置和职责，由省、自治区、直辖市人民政府根据当地具体情况确定。

**第九条** 对建设、管理自然保护区以及在有关的科学研究中做出显著成绩的单位和个人，由人民政府给予奖励。

## 第二章 自然保护区的建设

**第十条** 凡具有下列条件之一的，应当建立自然保护区：

（一）典型的自然地理区域、有代表性的自然生态系统区域以及已经遭受破坏但经保护能够恢复的同类自然生态系统区域；

（二）珍稀、濒危野生动植物物种的天然集中分布区域；

（三）具有特殊保护价值的海域、海岸、岛屿、湿地、内陆水域、森林、草原和荒漠；

（四）具有重大科学文化价值的地质构造、著名溶洞、化石分布区、冰川、火山、温泉等自然遗迹；

（五）经国务院或者省、自治区、直辖市人民政府批准，需要予以特殊保护的其他自然区域。

**第十一条** 自然保护区分为国家级自然保护区和地方级自然保护区。

在国内外有典型意义、在科学上有重大国际影响或者有特殊科学研究价值的自然保护区，列为国家级自然保护区。

除列为国家级自然保护区的外，其他具有典型意义或者重要科学研究价值的自然保护区列为地方自然保护区。地方级自然保护区可以分级管理，具体办法由国务院有关自然保护区行政主管部门或者省、自治区、直辖市人民政府根据实际情况规定，报国务院环境保护行政主管部门备案。

**第十二条** 国家级自然保护区的建立，由自然保护区所在省、自治区、直辖市人民政府或者国务院有关自然保护区行政主管部门提出申请，经国家级自然保护区评审委员会评审后，由国务院环境保护行政主管部门进行协调并提出审批建议，报国务院批准。

地方级自然保护区的建立，由自然保护区所在县、自治县、市、自治州人民政府或者省、自治区、直辖市人民政府有关自然保护区行政主管部门提出申请，经地方级自然保护区评审委员会评审后，由省、自治区、直辖市人民政府环境保护行政主管部门进行协调并提出审批建议，报省、自治区、直辖市人民政府批准，并报国务院环境保护行政主管部门和国务院有关自然保护区行政主管部门备案。

跨两个以上行政区域的自然保护区的建立,由有关行政区域的人民政府协商一致后提出申请,并按照前两款规定的程序审批。

建立海上自然保护区,须经国务院批准。

**第十三条** 申请建立自然保护区,应当按照国家有关规定填报建立自然保护区申报书。

**第十四条** 自然保护区的范围和界线由批准建立自然保护区的人民政府确定,并标明区界,予以公告。

确定自然保护区的范围和界线,应当兼顾保护对象的完整性和适度性,以及当地经济建设和居民生产、生活的需要。

**第十五条** 自然保护区的撤销及其性质、范围、界线的调整或者改变,应当经原批准建立自然保护区的人民政府批准。

任何单位和个人,不得擅自移动自然保护区的界标。

**第十六条** 自然保护区按照下列方法命名:

国家级自然保护区:自然保护区所在地地名加"国家级自然保护区"。

地方级自然保护区:自然保护区所在地地名加"地方级自然保护区"。

有特殊保护对象的自然保护区,可以在自然保护区所在地地名后加特殊保护对象的名称。

**第十七条** 国务院环境保护行政主管部门应当会同国务院有关自然保护区行政主管部门,在对全国自然环境和自然资源状况进行调查和评价的基础上,拟订国家级自然保护区发展规划,经国务院计划部门综合平衡后,报国务院批准实施。

自然保护区管理机构或者该自然保护区行政主管部门应当组织编制自然保护区的建设规划,按照规定的程序纳入国家的、地方的或者部门的投资计划,并组织实施。

**第十八条** 自然保护区可以分为核心区、缓冲区和实验区。

自然保护区内保存完好的天然状态的生态系统以及珍稀、濒危动植物的集中分布地,应当划为核心区,禁止任何单位和个人进入;除依照本条例第二十七条的规定经批准外,也不允许进入从事科学研究活动。

核心区外围可以划定一定面积的缓冲区,只准进入从事科学研究观测活动。

缓冲区外围划为实验区,可以进入从事科学试验、教学实习、参观考察、旅游以及驯化、繁殖珍稀、濒危野生动植物等活动。

原批准建立自然保护区的人民政府认为必要时,可以在自然保护区的外围划定一定面积的外围保护地带。

## 第三章 自然保护区的管理

**第十九条** 全国自然保护区管理的技术规范和标准,由国务院环境保护行政主管部门组织国务院有关自然保护区行政主管部门制定。

国务院有关自然保护区行政主管部门可以按照职责分工,制定有关类型自然保护区管理的技术规范,报国务院环境保护行政主管部门备案。

**第二十条** 县级以上人民政府环境保护行政主管部门有权对本行政区域内各类自然保

护区的管理进行监督检查；县级以上人民政府有关自然保护区行政主管部门有权对其主管的自然保护区的管理进行监督检查。被检查的单位应当如实反映情况，提供必要的资料。检查者应当为被检查的单位保守技术秘密和业务秘密。

第二十一条　国家级自然保护区，由其所在地的省、自治区、直辖市人民政府有关自然保护区行政主管部门或者国务院有关自然保护区行政主管部门管理。地方级自然保护区，由其所在地的县级以上地方人民政府有关自然保护区行政主管部门管理。

有关自然保护区行政主管部门应当在自然保护区内设立专门的管理机构，配备专业技术人员，负责自然保护区的具体管理工作。

第二十二条　自然保护区管理机构的主要职责是：

（一）贯彻执行国家有关自然保护的法律、法规和方针、政策；

（二）制定自然保护区的各项管理制度，统一管理自然保护区；

（三）调查自然资源并建立档案，组织环境监测，保护自然保护区内自然环境和自然资源；

（四）组织或者协助有关部门开展自然保护区的科学研究工作；

（五）进行自然保护的宣传教育；

（六）在不影响保护自然保护区的自然环境和自然资源的前提下，组织开展参观、旅游等活动。

第二十三条　管理自然保护区所需经费，由自然保护区所在地的县级以上地方人民政府安排。国家对国家级自然保护区的管理，给予适当的资金补助。

第二十四条　自然保护区所在地的公安机关，可以根据需要在自然保护区设置公安派出机构，维护自然保护区内的治安秩序。

第二十五条　在自然保护区内的单位、居民和经批准进入自然保护区的人员，必须遵守自然保护区的各项管理制度，接受自然保护区管理机构的管理。

第二十六条　禁止在自然保护区内进行砍伐、放牧、狩猎、捕捞、采药、开垦、烧荒、开矿、采石、挖沙等活动；但是，法律、行政法规另有规定的除外。

第二十七条　禁止任何人进入自然保护区的核心区。因科学研究的需要，必须进入核心区从事科学研究观测、调查活动的，应当事先向自然保护区管理机构提交申请和活动计划，并经省级以上人民政府有关自然保护区行政主管部门批准；其中，进入国家级自然保护区核心区的，必须经国务院有关自然保护区行政主管部门批准。

自然保护区核心区内原有居民确有必要迁出的，由自然保护区所在地的地方人民政府予以妥善安置。

第二十八条　禁止在自然保护区的缓冲区开展旅游和生产经营活动。因教学科研的目的，需要进入自然保护区的缓冲区从事非破坏性的科学研究、教学实习和标本采集活动的，应当事先向自然保护区管理机构提交申请和活动计划，经自然保护区管理机构批准。

从事前款活动的单位和个人，应当将其活动成果的副本提交自然保护区管理机构。

第二十九条　在国家级自然保护区的实验区开展参观、旅游活动的，由自然保护区管理机构提出方案，经省、自治区、直辖市人民政府有关自然保护区行政主管部门审核后，报国务院有关自然保护区行政主管部门批准；在地方级自然保护区的实验区开展参观、旅游活动的，由自然保护区管理机构提出方案，经省、自治区、直辖市人民政府有关自然保护区行政主管部门批准。

在自然保护区组织参观、旅游活动的，必须按照批准的方案进行，并加强管理；进入自然保护区参观、旅游的单位和个人，应当服从自然保护区管理机构的管理。

严禁开设与自然保护区保护方向不一致的参观、旅游项目。

第三十条 自然保护区的内部未分区的，依照本条例有关核心区和缓冲区的规定管理。

第三十一条 外国人进入地方级自然保护区的，接待单位应当事先报经省、自治区、直辖市人民政府有关自然保护区行政主管部门批准；进入国家级自然保护区的，接待单位应当报经国务院有关自然保护区行政主管部门批准。

进入自然保护区的外国人，应当遵守有关自然保护区的法律、法规和规定。

第三十二条 在自然保护区的核心区和缓冲区内，不得建设任何生产设施。在自然保护区的实验区内，不得建设污染环境、破坏资源或者景观的生产设施；建设其他项目，其污染物排放不得超过国家和地方规定的污染物排放标准。在自然保护区的实验区内已经建成的设施，其污染物排放超过国家和地方规定的排放标准的，应当限期治理；造成损害的，必须采取补救措施。

在自然保护区的外围保护地带建设的项目，不得损害自然保护区内的环境质量；已造成损害的，应当限期治理。

限期治理决定由法律、法规规定的机关作出，被限期治理的企业事业单位必须按期完成治理任务。

第三十三条 因发生事故或者其他突然性事件，造成或者可能造成自然保护区污染或者破坏的单位和个人，必须立即采取措施处理，及时通报可能受到危害的单位和居民，并向自然保护区管理机构、当地环境保护行政主管部门和自然保护区行政主管部门报告，接受调查处理。

## 第四章 法 律 责 任

第三十四条 违反本条例规定，有下列行为之一的单位和个人，由自然保护区管理机构责令其改正，并可以根据不同情节处以 100 元以上 5000 元以下的罚款：

（一）擅自移动或者破坏自然保护区界标的；

（二）未经批准进入自然保护区或者在自然保护区内不服从管理机构管理的；

（三）经批准在自然保护区的缓冲区内从事科学研究、教学实习和标本采集的单位和个人，不向自然保护区管理机构提交活动成果副本的。

第三十五条 违反本条例规定，在自然保护区进行砍伐、放牧、狩猎、捕捞、采药、开垦、烧荒、开矿、采石、挖沙等活动的单位和个人，除可以依照有关法律、行动法规规定给予处罚的以外，由县级以上人民政府有关自然保护区行政主管部门或者其授权的自然保护区管理机构没收违法所得，责令停止违法行为，限期恢复原状或者采取其他补救措施；对自然保护区造成破坏的，可以处以 300 元以上 10000 元以下的罚款。

第三十六条 自然保护区管理机构违反本条例规定，拒绝环境保护行政主管部门或者有关自然保护区行政主管部门监督检查，或者在被检查时弄虚作假的，由县级以上人民政府环境保护行政主管部门或者有关自然保护区行政主管部门给予 300 元以上 3000 元以下的罚款。

**第三十七条** 自然保护区管理机构违反本条例规定,有下列行为之一的,由县级以上人民政府有关自然保护区行政主管部门责令限期改正;对直接责任人员,由其所在单位或者上级机关给予行政处分。

(一)未经批准在自然保护区开展参观、旅游活动的;

(二)开设与自然保护区保护方向不一致的参观、旅游项目的;

(三)不按照批准的方案开展参观、旅游活动的。

**第三十八条** 违反本条例规定,给自然保护区造成损失的,由县级以上人民政府有关自然保护区行政主管部门责令赔偿损失。

**第三十九条** 妨碍自然保护区管理人员执行公务的,由公安机关依照《中华人民共和国治安管理处罚条例》的规定给予处罚;情节严重,构成犯罪的,依法追究刑事责任。

**第四十条** 违反本条例规定,造成自然保护区重大污染或者破坏事故,导致公私财产重大损失或者人身伤亡的严重后果,构成犯罪的,对直接负责的主管人员和其他直接责任人员依法追究刑事责任。

**第四十一条** 自然保护区管理人员滥用职权、玩忽职守、徇私舞弊,构成犯罪的,依法追究刑事责任;情节轻微,尚不构成犯罪的,由其所在单位或者上级机关给予行政处分。

## 第五章 附 则

**第四十二条** 国务院有关自然保护区行政主管部门可以根据本条例,制定有关类型自然保护区的管理办法。

**第四十三条** 各省、自治区、直辖市人民政府可以根据本条例,制定实施办法。

**第四十四条** 本条例自1994年12月1日起施行。

# 风景名胜区条例

(2006年9月6日国务院第149次常务会议通过,
中华人民共和国国务院令第474号公布,自2006年12月1日起施行)

## 第一章 总 则

**第一条** 为了加强对风景名胜区的管理,有效保护和合理利用风景名胜资源,制定本条例。

**第二条** 风景名胜区的设立、规划、保护、利用和管理,适用本条例。

本条例所称风景名胜区,是指具有观赏、文化或者科学价值,自然景观、人文景观比较集中,环境优美,可供人们游览或者进行科学、文化活动的区域。

**第三条** 国家对风景名胜区实行科学规划、统一管理、严格保护、永续利用的原则。

**第四条** 风景名胜区所在地县级以上地方人民政府设置的风景名胜区管理机构,负责风景名胜区的保护、利用和统一管理工作。

**第五条** 国务院建设主管部门负责全国风景名胜区的监督管理工作。国务院其他有关部门按照国务院规定的职责分工,负责风景名胜区的有关监督管理工作。

省、自治区人民政府建设主管部门和直辖市人民政府风景名胜区主管部门,负责本行政区域内风景名胜区的监督管理工作。省、自治区、直辖市人民政府其他有关部门按照规定的职责分工,负责风景名胜区的有关监督管理工作。

**第六条** 任何单位和个人都有保护风景名胜资源的义务,并有权制止、检举破坏风景名胜资源的行为。

## 第二章 设 立

**第七条** 设立风景名胜区,应当有利于保护和合理利用风景名胜资源。

新设立的风景名胜区与自然保护区不得重合或者交叉;已设立的风景名胜区与自然保护区重合或者交叉的,风景名胜区规划与自然保护区规划应当相协调。

**第八条** 风景名胜区划分为国家级风景名胜区和省级风景名胜区。

自然景观和人文景观能够反映重要自然变化过程和重大历史文化发展过程,基本处于自然状态或者保持历史原貌,具有国家代表性的,可以申请设立国家级风景名胜区;具有区域代表性的,可以申请设立省级风景名胜区。

**第九条** 申请设立风景名胜区应当提交包含下列内容的有关材料:

(一)风景名胜资源的基本状况;
(二)拟设立风景名胜区的范围以及核心景区的范围;
(三)拟设立风景名胜区的性质和保护目标;
(四)拟设立风景名胜区的游览条件;
(五)与拟设立风景名胜区内的土地、森林等自然资源和房屋等财产的所有权人、使用权人协商的内容和结果。

**第十条** 设立国家级风景名胜区,由省、自治区、直辖市人民政府提出申请,国务院建设主管部门会同国务院环境保护主管部门、林业主管部门、文物主管部门等有关部门组织论证,提出审查意见,报国务院批准公布。

设立省级风景名胜区,由县级人民政府提出申请,省、自治区人民政府建设主管部门或者直辖市人民政府风景名胜区主管部门,会同其他有关部门组织论证,提出审查意见,报省、自治区、直辖市人民政府批准公布。

**第十一条** 风景名胜区内的土地、森林等自然资源和房屋等财产的所有权人、使用权人的合法权益受法律保护。

申请设立风景名胜区的人民政府应当在报请审批前,与风景名胜区内的土地、森林等自然资源和房屋等财产的所有权人、使用权人充分协商。

因设立风景名胜区对风景名胜区内的土地、森林等自然资源和房屋等财产的所有权人、使用权人造成损失的,应当依法给予补偿。

## 第三章 规 划

**第十二条** 风景名胜区规划分为总体规划和详细规划。

**第十三条** 风景名胜区总体规划的编制,应当体现人与自然和谐相处、区域协调发展和经济社会全面进步的要求，坚持保护优先、开发服从保护的原则，突出风景名胜资源的自然特性、文化内涵和地方特色。

风景名胜区总体规划应当包括下列内容：

（一）风景资源评价；

（二）生态资源保护措施、重大建设项目布局、开发利用强度；

（三）风景名胜区的功能结构和空间布局；

（四）禁止开发和限制开发的范围；

（五）风景名胜区的游客容量；

（六）有关专项规划。

**第十四条** 风景名胜区应当自设立之日起2年内编制完成总体规划。总体规划的规划期一般为20年。

**第十五条** 风景名胜区详细规划应当根据核心景区和其他景区的不同要求编制，确定基础设施、旅游设施、文化设施等建设项目的选址、布局与规模，并明确建设用地范围和规划设计条件。

风景名胜区详细规划，应当符合风景名胜区总体规划。

**第十六条** 国家级风景名胜区规划由省、自治区人民政府建设主管部门或者直辖市人民政府风景名胜区主管部门组织编制。

省级风景名胜区规划由县级人民政府组织编制。

**第十七条** 编制风景名胜区规划，应当采用招标等公平竞争的方式选择具有相应资质等级的单位承担。

风景名胜区规划应当按照经审定的风景名胜区范围、性质和保护目标，依照国家有关法律、法规和技术规范编制。

**第十八条** 编制风景名胜区规划，应当广泛征求有关部门、公众和专家的意见；必要时，应当进行听证。

风景名胜区规划报送审批的材料应当包括社会各界的意见以及意见采纳的情况和未予采纳的理由。

**第十九条** 国家级风景名胜区的总体规划，由省、自治区、直辖市人民政府审查后，报国务院审批。

国家级风景名胜区的详细规划，由省、自治区人民政府建设主管部门或者直辖市人民政府风景名胜区主管部门报国务院建设主管部门审批。

**第二十条** 省级风景名胜区的总体规划，由省、自治区、直辖市人民政府审批，报国务院建设主管部门备案。

省级风景名胜区的详细规划，由省、自治区人民政府建设主管部门或者直辖市人民政府风景名胜区主管部门审批。

**第二十一条** 风景名胜区规划经批准后，应当向社会公布，任何组织和个人有权查阅。

风景名胜区内的单位和个人应当遵守经批准的风景名胜区规划，服从规划管理。

风景名胜区规划未经批准的，不得在风景名胜区内进行各类建设活动。

**第二十二条** 经批准的风景名胜区规划不得擅自修改。确需对风景名胜区总体规划中的风景名胜区范围、性质、保护目标、生态资源保护措施、重大建设项目布局、开发利用强度以及风景名胜区的功能结构、空间布局、游客容量进行修改的，应当报原审批机关批准；对其他内容进行修改的，应当报原审批机关备案。

风景名胜区详细规划确需修改的，应当报原审批机关批准。

政府或者政府部门修改风景名胜区规划对公民、法人或者其他组织造成财产损失的，应当依法给予补偿。

第二十三条 风景名胜区总体规划的规划期届满前2年，规划的组织编制机关应当组织专家对规划进行评估，作出是否重新编制规划的决定。在新规划批准前，原规划继续有效。

## 第四章 保 护

第二十四条 风景名胜区内的景观和自然环境，应当根据可持续发展的原则，严格保护，不得破坏或者随意改变。

风景名胜区管理机构应当建立健全风景名胜资源保护的各项管理制度。

风景名胜区内的居民和游览者应当保护风景名胜区的景物、水体、林草植被、野生动物和各项设施。

第二十五条 风景名胜区管理机构应当对风景名胜区内的重要景观进行调查、鉴定，并制定相应的保护措施。

第二十六条 在风景名胜区内禁止进行下列活动：

（一）开山、采石、开矿、开荒、修坟立碑等破坏景观、植被和地形地貌的活动；

（二）修建储存爆炸性、易燃性、放射性、毒害性、腐蚀性物品的设施；

（三）在景物或者设施上刻划、涂污；

（四）乱扔垃圾。

第二十七条 禁止违反风景名胜区规划，在风景名胜区内设立各类开发区和在核心景区内建设宾馆、招待所、培训中心、疗养院以及与风景名胜资源保护无关的其他建筑物；已经建设的，应当按照风景名胜区规划，逐步迁出。

第二十八条 在风景名胜区内从事本条例第二十六条、第二十七条禁止范围以外的建设活动，应当经风景名胜区管理机构审核后，依照有关法律、法规的规定办理审批手续。

在国家级风景名胜区内修建缆车、索道等重大建设工程，项目的选址方案应当报国务院建设主管部门核准。

第二十九条 在风景名胜区内进行下列活动，应当经风景名胜区管理机构审核后，依照有关法律、法规的规定报有关主管部门批准：

（一）设置、张贴商业广告；

（二）举办大型游乐等活动；

（三）改变水资源、水环境自然状态的活动；

（四）其他影响生态和景观的活动。

第三十条 风景名胜区内的建设项目应当符合风景名胜区规划，并与景观相协调，不得破坏景观、污染环境、妨碍游览。

在风景名胜区内进行建设活动的，建设单位、施工单位应当制定污染防治和水土保持方案，并采取有效措施，保护好周围景物、水体、林草植被、野生动物资源和地形地貌。

第三十一条　国家建立风景名胜区管理信息系统，对风景名胜区规划实施和资源保护情况进行动态监测。

国家级风景名胜区所在地的风景名胜区管理机构应当每年向国务院建设主管部门报送风景名胜区规划实施和土地、森林等自然资源保护的情况；国务院建设主管部门应当将土地、森林等自然资源保护的情况，及时抄送国务院有关部门。

## 第五章　利用和管理

第三十二条　风景名胜区管理机构应当根据风景名胜区的特点，保护民族民间传统文化，开展健康有益的游览观光和文化娱乐活动，普及历史文化和科学知识。

第三十三条　风景名胜区管理机构应当根据风景名胜区规划，合理利用风景名胜资源，改善交通、服务设施和游览条件。

风景名胜区管理机构应当在风景名胜区内设置风景名胜区标志和路标、安全警示等标牌。

第三十四条　风景名胜区内宗教活动场所的管理，依照国家有关宗教活动场所管理的规定执行。

风景名胜区内涉及自然资源保护、利用、管理和文物保护以及自然保护区管理的，还应当执行国家有关法律、法规的规定。

第三十五条　国务院建设主管部门应当对国家级风景名胜区的规划实施情况、资源保护状况进行监督检查和评估。对发现的问题，应当及时纠正、处理。

第三十六条　风景名胜区管理机构应当建立健全安全保障制度，加强安全管理，保障游览安全，并督促风景名胜区内的经营单位接受有关部门依据法律、法规进行的监督检查。

禁止超过允许容量接纳游客和在没有安全保障的区域开展游览活动。

第三十七条　进入风景名胜区的门票，由风景名胜区管理机构负责出售。门票价格依照有关价格的法律、法规的规定执行。

风景名胜区内的交通、服务等项目，应当由风景名胜区管理机构依照有关法律、法规和风景名胜区规划，采用招标等公平竞争的方式确定经营者。

风景名胜区管理机构应当与经营者签订合同，依法确定各自的权利义务。经营者应当缴纳风景名胜资源有偿使用费。

第三十八条　风景名胜区的门票收入和风景名胜资源有偿使用费，实行收支两条线管理。

风景名胜区的门票收入和风景名胜资源有偿使用费应当专门用于风景名胜资源的保护和管理以及风景名胜区内财产的所有权人、使用权人损失的补偿。具体管理办法，由国务院财政部门、价格主管部门会同国务院建设主管部门等有关部门制定。

第三十九条　风景名胜区管理机构不得从事以营利为目的的经营活动，不得将规划、管理和监督等行政管理职能委托给企业或者个人行使。

风景名胜区管理机构的工作人员，不得在风景名胜区内的企业兼职。

## 第六章 法 律 责 任

**第四十条** 违反本条例的规定,有下列行为之一的,由风景名胜区管理机构责令停止违法行为、恢复原状或者限期拆除,没收违法所得,并处50万元以上100万元以下的罚款:

(一)在风景名胜区内进行开山、采石、开矿等破坏景观、植被、地形地貌的活动的;

(二)在风景名胜区内修建储存爆炸性、易燃性、放射性、毒害性、腐蚀性物品的设施的;

(三)在核心景区内建设宾馆、招待所、培训中心、疗养院以及与风景名胜资源保护无关的其他建筑物的。

县级以上地方人民政府及其有关主管部门批准实施本条第一款规定的行为的,对直接负责的主管人员和其他直接责任人员依法给予降级或者撤职的处分;构成犯罪的,依法追究刑事责任。

**第四十一条** 违反本条例的规定,在风景名胜区内从事禁止范围以外的建设活动,未经风景名胜区管理机构审核的,由风景名胜区管理机构责令停止建设、限期拆除,对个人处2万元以上5万元以下的罚款,对单位处20万元以上50万元以下的罚款。

**第四十二条** 违反本条例的规定,在国家级风景名胜区内修建缆车、索道等重大建设工程,项目的选址方案未经国务院建设主管部门核准,县级以上地方人民政府有关部门核发选址意见书的,对直接负责的主管人员和其他直接责任人员依法给予处分;构成犯罪的,依法追究刑事责任。

**第四十三条** 违反本条例的规定,个人在风景名胜区内进行开荒、修坟立碑等破坏景观、植被、地形地貌的活动的,由风景名胜区管理机构责令停止违法行为、限期恢复原状或者采取其他补救措施,没收违法所得,并处1000元以上1万元以下的罚款。

**第四十四条** 违反本条例的规定,在景物、设施上刻划、涂污或者在风景名胜区内乱扔垃圾的,由风景名胜区管理机构责令恢复原状或者采取其他补救措施,处50元的罚款;刻划、涂污或者以其他方式故意损坏国家保护的文物、名胜古迹的,按照治安管理处罚法的有关规定予以处罚;构成犯罪的,依法追究刑事责任。

**第四十五条** 违反本条例的规定,未经风景名胜区管理机构审核,在风景名胜区内进行下列活动的,由风景名胜区管理机构责令停止违法行为、限期恢复原状或者采取其他补救措施,没收违法所得,并处5万元以上10万元以下的罚款;情节严重的,并处10万元以上20万元以下的罚款:

(一)设置、张贴商业广告的;

(二)举办大型游乐等活动的;

(三)改变水资源、水环境自然状态的活动的;

(四)其他影响生态和景观的活动。

**第四十六条** 违反本条例的规定,施工单位在施工过程中,对周围景物、水体、林草植被、野生动物资源和地形地貌造成破坏的,由风景名胜区管理机构责令停止违法行为、限期恢复原状或者采取其他补救措施,并处2万元以上10万元以下的罚款;逾期未恢复原状或者采取有效措施的,由风景名胜区管理机构责令停止施工。

**第四十七条** 违反本条例的规定，国务院建设主管部门、县级以上地方人民政府及其有关主管部门有下列行为之一的，对直接负责的主管人员和其他直接责任人员依法给予处分；构成犯罪的，依法追究刑事责任：

（一）违反风景名胜区规划在风景名胜区内设立各类开发区的；
（二）风景名胜区自设立之日起未在2年内编制完成风景名胜区总体规划的；
（三）选择不具有相应资质等级的单位编制风景名胜区规划的；
（四）风景名胜区规划批准前批准在风景名胜区内进行建设活动的；
（五）擅自修改风景名胜区规划的；
（六）不依法履行监督管理职责的其他行为。

**第四十八条** 违反本条例的规定，风景名胜区管理机构有下列行为之一的，由设立该风景名胜区管理机构的县级以上地方人民政府责令改正；情节严重的，对直接负责的主管人员和其他直接责任人员给予降级或者撤职的处分；构成犯罪的，依法追究刑事责任：

（一）超过允许容量接纳游客或者在没有安全保障的区域开展游览活动的；
（二）未设置风景名胜区标志和路标、安全警示等标牌的；
（三）从事以营利为目的的经营活动的；
（四）将规划、管理和监督等行政管理职能委托给企业或者个人行使的；
（五）允许风景名胜区管理机构的工作人员在风景名胜区内的企业兼职的；
（六）审核同意在风景名胜区内进行不符合风景名胜区规划的建设活动的；
（七）发现违法行为不予查处的。

**第四十九条** 本条例第四十条第一款、第四十一条、第四十三条、第四十四条、第四十五条、第四十六条规定的违法行为，依照有关法律、行政法规的规定，有关部门已经予以处罚的，风景名胜区管理机构不再处罚。

**第五十条** 本条例第四十条第一款、第四十一条、第四十三条、第四十四条、第四十五条、第四十六条规定的违法行为，侵害国家、集体或者个人的财产的，有关单位或者个人应当依法承担民事责任。

**第五十一条** 依照本条例的规定，责令限期拆除在风景名胜区内违法建设的建筑物、构筑物或者其他设施的，有关单位或者个人必须立即停止建设活动，自行拆除；对继续进行建设的，作出责令限期拆除决定的机关有权制止。有关单位或者个人对责令限期拆除决定不服的，可以在接到责令限期拆除决定之日起15日内，向人民法院起诉；期满不起诉又不自行拆除的，由作出责令限期拆除决定的机关依法申请人民法院强制执行，费用由违法者承担。

## 第七章 附 则

**第五十二条** 本条例自2006年12月1日起施行。1985年6月7日国务院发布的《风景名胜区管理暂行条例》同时废止。

# 基本农田保护条例

(1998年12月24日国务院第12次常务会议通过，
中华人民共和国国务院令第257号公布，自1999年1月1日起施行)

## 第一章 总 则

**第一条** 为了对基本农田实行特殊保护，促进农业生产和社会经济的可持续发展，根据《中华人民共和国农业法》和《中华人民共和国土地管理法》，制定本条例。

**第二条** 国家实行基本农田保护制度。

本条例所称基本农田，是指为对基本农田实行特殊保护而依据土地利用总体规划和依照法定程序确定的特定保护区域。

**第三条** 基本农田保护实行全面规划、合理利用、用养结合、严格保护的方针。

**第四条** 县级以上地方各级人民政府应当将基本农田保护工作纳入国民经济和社会发展计划，作为政府领导任期目标责任制的一项内容，并由上一级人民政府监督实施。

**第五条** 任何单位和个人都有保护基本农田的义务，并有权检举、控告侵占、破坏基本农田和其他违反本条例的行为。

**第六条** 国务院土地行政主管部门和农业行政主管部门按照国务院规定的职责分工，依照本条例负责全国的基本农田保护管理工作。

县级以上地方各级人民政府土地行政主管部门和农业行政主管部门按照本级人民政府规定的职责分工，依照本条例负责本行政区域内的基本农田保护管理工作。

乡（镇）人民政府负责本行政区域内的基本农田保护管理工作。

**第七条** 国家对在基本农田保护工作中取得显著成绩的单位和个人，给予奖励。

## 第二章 划 定

**第八条** 各级人民政府在编制土地利用总体规划时，应当将基本农田保护作为规划的一项内容，明确基本农田保护的布局安排，数量指标和质量要求。

县级和乡（镇）土地利用总体规划应当确定基本农田保护区。

**第九条** 省、自治区、直辖市划定的基本农田应当占本行政区域内耕地总面积的百分之八十以上，具体数量指标根据全国土地利用总体规划逐级分解下达。

**第十条** 下列耕地应当划入基本农田保护区，严格管理：

（一）经国务院有关主管部门或者县级和地方人民政府批准确定的粮、棉、油生产基地内的耕地；

（二）有良好的水利与水土保持设施的耕地，正在实施改造计划以及可以改造的中、低产田；

（三）蔬菜生产基地；

（四）农业科研、教学实验田。

根据土地利用总体规划，铁路、公路等交通沿线，城市和村庄、集镇建设用地区周边的耕地，应当优先划入基本农田保护区；需要退耕还林、还牧、还湖的耕地，不应当划入基本农田保护区。

**第十一条** 基本农田保护区以乡（镇）为单位划区定界，由县级人民政府土地行政主管部门会同同级农业行政主管部门组织实施。

划定的基本农田保护区，由县级人民政府设立保护标志，予以公告，由县级人民政府土地行政主管部门建立档案，并抄送同级农业行政主管部门。任何单位和个人不得破坏或者擅自改变基本农田保护区的保护标志。

基本农田划区定界后，由省、自治区、直辖市人民政府组织土地行政主管部门和农业行政主管部门验收确认，或者由省、自治区人民政府授权社区的市、自治州人民政府组织土地行政主管部门和农业行政主管部门验收确认。

**第十二条** 划定基本农田保护区时，不得改变土地承包者的承包经营权。

**第十三条** 划定基本农田保护区的技术规程，由国务院土地行政主管部门会同国务院农业行政主管部门制定。

### 第三章　保　护

**第十四条** 地方各级人民政府应当采取措施，确保土地利用总体规划确定的本行政区域内基本农田的数量不减少。

**第十五条** 基本农田保护区经依法划定后，任何单位和个人不得改变或者占用。国家能源、交通、水利、军事设施等终点建设项目选址确实无法避开基本农田保护区，需要占用基本农田，涉及农用地转用或者征用土地的，必须经国务院批准。

**第十六条** 经国务院批准占用基本农田的，当地人民政府应当按照国务院的批准文件修改土地利用总体规划，并补充划入数量和质量相当的基本农田。占用单位应当按照占多少、垦多少的原则，负责开垦与所占基本农田的数量与质量相当的耕地；没有条件开垦或者开垦的耕地不符合要求的，应当按照省、自治区、直辖市的规定缴纳耕地开垦费，专款用于开垦新的耕地。

**第十七条** 禁止任何单位和个人在基本农田保护区内建窑、建房、建坟、挖砂、采石、采矿、取土、堆放固体废弃物或者进行其他破坏基本农田的活动。

禁止任何单位和个人占用基本农田发展林果业和挖塘养鱼。

**第十八条** 禁止任何单位和个人闲置、荒芜基本农田。经国务院批准的重点建设项目占用基本农田的，满1年不适用而又可以耕种并收获的，应当由原耕种该幅基本农田的集体或者个人恢复耕种，也可以由用地单位组织耕种；1年以上未动工建设的，应当按照省、自治区、直辖市的规定缴纳闲置费；连续2年未适用的，经国务院批准，由县级以上人民政府无偿收回用地单位的土地使用权；该幅土地原为农民集体所有的，应当交由原农村集体经济组织恢复耕种，重新划入基本农田保护区。

承包经营基本农田的单位或者个人连续2年弃耕抛荒的，原发包单位应当终止承包合同，收回发包的基本农田。

**第十九条** 国家提倡和鼓励农业生产者对其经营的基本农田施用有机肥料，合理施用化肥和农药。利用基本农田从事农业生产的单位和个人应当保持和培肥地力。

**第二十条** 县级人民政府应当根据当地实际情况制定基本农田地力分等定级办法，由农业行政主管部门会同土地行政主管部门组织实施,对基本农田地力分等定级,并建立档案。

**第二十一条** 农村集体经济组织或者村民委员会应当定期评定基本农田地力等级。

**第二十二条** 县级以上地方各级人民政府农业行政主管部门应当逐步建立基本农田地力与施肥效益长期定位检测网点,定期向本级人民政府提出基本农田地力变化状况报告以及相应的地力保护措施,并为农业生产者提供施肥指导服务。

**第二十三条** 县级以上人民政府农业行政主管部门应当会同同级环境保护行政主管部门对基本农田环境污染进行检测和评价,并定期向本级人民政府提出环境质量与发展趋势的报告。

**第二十四条** 经国务院批准占用基本农田兴建国家重点建设项目的,必须遵守国家有关建设项目环境保护管理的规定。在建设项目环境影响报告书中,应当有基本农田环境保护方案。

**第二十五条** 向基本农田保护区提供肥料和作为肥料的城市垃圾、污泥的,应当符合国家有关标准。

**第二十六条** 因放生事故或者其他突然性事件,造成或者可能造成基本农田环境污染事件,当事人必须立即采取措施处理,并向当地环境保护行政主管部门和农业行政主管部门报告,接受调查处理。

## 第四章 监 督 管 理

**第二十七条** 在建立基本农田保护区的地方,县级以上地方人民政府应当与下一级人民政府签订基本农田保护责任书;乡(镇)人民政府应当根据与县级人民政府签订的基本农田保护责任书的要求,与农村集体经济组织或者村民委员会签订基本农田保护责任书。

基本农田保护责任书应当包括下列内容:

(一)基本农田的范围、面积、地块;

(二)基本农田的地力等级;

(三)保护措施;

(四)当事人的权利与义务;

(五)奖励与处罚。

**第二十八条** 县级以上地方人民政府应当建立基本农田保护监督检查制度,定期组织土地行政主管部门、农业行政主管部门以及其他有关部门对基本农田保护情况进行检查,将检查情况书面报告上一级人民政府。被检查的单位和个人应当如实提供有关情况和资料,不得拒绝。

**第二十九条** 县级以上地方人民政府土地行政主管部门、农业行政主管部门对本行政区域内发生的破坏基本农田的行为,有权责令纠正。

## 第五章 法 律 责 任

**第三十条** 违反本条例规定,有下列行为之一的,依照《中华人民共和国土地管理法》和《中华人民共和国土地管理法实施条例》的有关规定,从重给予处罚:

(一)未经批准或者采取欺骗手段骗取批准,非法占用基本农田的;

（二）超过批准数量，非法占用基本农田的；

（三）非法批准占用基本农田的；

（四）买卖或者以其他形式非法转让基本农田的。

**第三十一条** 违反本条例规定，应当将耕地划入基本农田保护区而不划入的，由上一级人民政府责令限期改正；拒不改正的，对直接负责的主管人员和其他直接责任人员依法给予行政处分或者纪律处分。

**第三十二条** 违反本条例规定，破坏或者擅自改变基本农田保护区标志的，由县级以上地方人民政府土地行政主管部门或者农业行政主管部门责令恢复原状，可以处1000元以下罚款。

**第三十三条** 违反本条例规定，占用基本农田建窑、建房、建坟、挖砂、采石、采矿、取土、堆放固体废物或者从事其他活动破坏基本农田，毁坏种植条件的，由县级以上人民政府土地行政主管部门责令改正或治理，恢复原种植条件，处占用基本农田的耕地开垦费1倍以上2倍以下的罚款；构成犯罪的依法追究刑事责任。

**第三十四条** 侵占、挪用基本农田的耕地开垦费，构成犯罪的，依法追究刑事责任；尚不构成犯罪的，依法给予行政处分或者纪律处分。

## 第六章 附 则

**第三十五条** 省、自治区、直辖市人民政府可以根据当地实际情况，将其他农业生产用地划为保护区。保护区内的其他农业生产用地的保护和管理，可以参照本条例执行。

**第三十六条** 本条例自1999年1月1日起施行。1994年8月18日国务院发布的《基本农田保护条例》同时废止。

# 土地复垦条例

(2011年2月22日国务院第145次常务会议通过，
2011年2月22日国务院第592号令公布，自公布之日起施行)

## 第一章 总 则

**第一条** 为了落实十分珍惜、合理利用土地和切实保护耕地的基本国策，规范土地复垦活动，加强土地复垦管理，提高土地利用的社会效益、经济效益和生态效益，根据《中华人民共和国土地管理法》，制定本条例。

**第二条** 本条例所称土地复垦，是指对生产建设活动和自然灾害损毁的土地，采取整治措施，使其达到可供利用状态的活动。

**第三条** 生产建设活动损毁的土地，按照"谁损毁，谁复垦"的原则，由生产建设单位或者个人（以下称土地复垦义务人）负责复垦。但是，由于历史原因无法确定土地复垦义务人的生产建设活动损毁的土地（以下称历史遗留损毁土地），由县级以上人民政府负责组织复垦。

自然灾害损毁的土地，由县级以上人民政府负责组织复垦。

**第四条** 生产建设活动应当节约集约利用土地，不占或者少占耕地；对依法占用的土地应当采取有效措施，减少土地损毁面积，降低土地损毁程度。

土地复垦应当坚持科学规划、因地制宜、综合治理、经济可行、合理利用的原则。复垦的土地应当优先用于农业。

**第五条** 国务院国土资源主管部门负责全国土地复垦的监督管理工作。县级以上地方人民政府国土资源主管部门负责本行政区域土地复垦的监督管理工作。

县级以上人民政府其他有关部门依照本条例的规定和各自的职责做好土地复垦有关工作。

**第六条** 编制土地复垦方案、实施土地复垦工程、进行土地复垦验收等活动，应当遵守土地复垦国家标准；没有国家标准的，应当遵守土地复垦行业标准。

制定土地复垦国家标准和行业标准，应当根据土地损毁的类型、程度、自然地理条件和复垦的可行性等因素，分类确定不同类型损毁土地的复垦方式、目标和要求等。

**第七条** 县级以上地方人民政府国土资源主管部门应当建立土地复垦监测制度，及时掌握本行政区域土地资源损毁和土地复垦效果等情况。

国务院国土资源主管部门和省、自治区、直辖市人民政府国土资源主管部门应当建立健全土地复垦信息管理系统，收集、汇总和发布土地复垦数据信息。

**第八条** 县级以上人民政府国土资源主管部门应当依据职责加强对土地复垦情况的监督检查。被检查的单位或者个人应当如实反映情况，提供必要的资料。

任何单位和个人不得扰乱、阻挠土地复垦工作，破坏土地复垦工程、设施和设备。

**第九条** 国家鼓励和支持土地复垦科学研究和技术创新，推广先进的土地复垦技术。

对在土地复垦工作中作出突出贡献的单位和个人，由县级以上人民政府给予表彰。

## 第二章 生产建设活动损毁土地的复垦

**第十条** 下列损毁土地由土地复垦义务人负责复垦：

（一）露天采矿、烧制砖瓦、挖沙取土等地表挖掘所损毁的土地；

（二）地下采矿等造成地表塌陷的土地；

（三）堆放采矿剥离物、废石、矿渣、粉煤灰等固体废弃物压占的土地；

（四）能源、交通、水利等基础设施建设和其他生产建设活动临时占用所损毁的土地。

**第十一条** 土地复垦义务人应当按照土地复垦标准和国务院国土资源主管部门的规定编制土地复垦方案。

**第十二条** 土地复垦方案应当包括下列内容：

（一）项目概况和项目区土地利用状况；

（二）损毁土地的分析预测和土地复垦的可行性评价；

（三）土地复垦的目标任务；

（四）土地复垦应当达到的质量要求和采取的措施；

（五）土地复垦工程和投资估（概）算；

（六）土地复垦费用的安排；

（七）土地复垦工作计划与进度安排；

（八）国务院国土资源主管部门规定的其他内容。

**第十三条** 土地复垦义务人应当在办理建设用地申请或者采矿权申请手续时，随有关报批材料报送土地复垦方案。

土地复垦义务人未编制土地复垦方案或者土地复垦方案不符合要求的，有批准权的人民政府不得批准建设用地，有批准权的国土资源主管部门不得颁发采矿许可证。

本条例施行前已经办理建设用地手续或者领取采矿许可证，本条例施行后继续从事生产建设活动造成土地损毁的，土地复垦义务人应当按照国务院国土资源主管部门的规定补充编制土地复垦方案。

**第十四条** 土地复垦义务人应当按照土地复垦方案开展土地复垦工作。矿山企业还应当对土地损毁情况进行动态监测和评价。

生产建设周期长、需要分阶段实施复垦的，土地复垦义务人应当对土地复垦工作与生产建设活动统一规划、统筹实施，根据生产建设进度确定各阶段土地复垦的目标任务、工程规划设计、费用安排、工程实施进度和完成期限等。

**第十五条** 土地复垦义务人应当将土地复垦费用列入生产成本或者建设项目总投资。

**第十六条** 土地复垦义务人应当建立土地复垦质量控制制度，遵守土地复垦标准和环境保护标准，保护土壤质量与生态环境，避免污染土壤和地下水。

土地复垦义务人应当首先对拟损毁的耕地、林地、牧草地进行表土剥离，剥离的表土用于被损毁土地的复垦。

禁止将重金属污染物或者其他有毒有害物质用作回填或者充填材料。受重金属污染物或者其他有毒有害物质污染的土地复垦后，达不到国家有关标准的，不得用于种植食用农作物。

**第十七条** 土地复垦义务人应当于每年12月31日前向县级以上地方人民政府国土资源主管部门报告当年的土地损毁情况、土地复垦费用使用情况以及土地复垦工程实施情况。

县级以上地方人民政府国土资源主管部门应当加强对土地复垦义务人使用土地复垦费用和实施土地复垦工程的监督。

**第十八条** 土地复垦义务人不复垦，或者复垦验收中经整改仍不合格的，应当缴纳土地复垦费，由有关国土资源主管部门代为组织复垦。

确定土地复垦费的数额，应当综合考虑损毁前的土地类型、实际损毁面积、损毁程度、复垦标准、复垦用途和完成复垦任务所需的工程量等因素。土地复垦费的具体征收使用管理办法，由国务院财政、价格主管部门商国务院有关部门制定。

土地复垦义务人缴纳的土地复垦费专项用于土地复垦。任何单位和个人不得截留、挤占、挪用。

**第十九条** 土地复垦义务人对在生产建设活动中损毁的由其他单位或者个人使用的国有土地或者农民集体所有的土地，除负责复垦外，还应当向遭受损失的单位或者个人支付损失补偿费。

损失补偿费由土地复垦义务人与遭受损失的单位或者个人按照造成的实际损失协商确定；协商不成的，可以向土地所在地人民政府国土资源主管部门申请调解或者依法向人民法院提起民事诉讼。

**第二十条** 土地复垦义务人不依法履行土地复垦义务的，在申请新的建设用地时，有批准权的人民政府不得批准；在申请新的采矿许可证或者申请采矿许可证延续、变更、注销时，有批准权的国土资源主管部门不得批准。

### 第三章 历史遗留损毁土地和自然灾害损毁土地的复垦

**第二十一条** 县级以上人民政府国土资源主管部门应当对历史遗留损毁土地和自然灾害损毁土地进行调查评价。

**第二十二条** 县级以上人民政府国土资源主管部门应当在调查评价的基础上，根据土地利用总体规划编制土地复垦专项规划，确定复垦的重点区域以及复垦的目标任务和要求，报本级人民政府批准后组织实施。

**第二十三条** 对历史遗留损毁土地和自然灾害损毁土地，县级以上人民政府应当投入资金进行复垦，或者按照"谁投资，谁受益"的原则，吸引社会投资进行复垦。土地权利人明确的，可以采取扶持、优惠措施，鼓励土地权利人自行复垦。

**第二十四条** 国家对历史遗留损毁土地和自然灾害损毁土地的复垦按项目实施管理。

县级以上人民政府国土资源主管部门应当根据土地复垦专项规划和年度土地复垦资金安排情况确定年度复垦项目。

**第二十五条** 政府投资进行复垦的，负责组织实施土地复垦项目的国土资源主管部门应当组织编制土地复垦项目设计书，明确复垦项目的位置、面积、目标任务、工程规划设计、实施进度及完成期限等。

土地权利人自行复垦或者社会投资进行复垦的，土地权利人或者投资单位、个人应当组织编制土地复垦项目设计书，并报负责组织实施土地复垦项目的国土资源主管部门审查同意后实施。

**第二十六条** 政府投资进行复垦的，有关国土资源主管部门应当依照招标投标法律法规的规定，通过公开招标的方式确定土地复垦项目的施工单位。

土地权利人自行复垦或者社会投资进行复垦的，土地复垦项目的施工单位由土地权利人或者投资单位、个人依法自行确定。

**第二十七条** 土地复垦项目的施工单位应当按照土地复垦项目设计书进行复垦。

负责组织实施土地复垦项目的国土资源主管部门应当健全项目管理制度，加强项目实施中的指导、管理和监督。

### 第四章 土地复垦验收

**第二十八条** 土地复垦义务人按照土地复垦方案的要求完成土地复垦任务后，应当按照国务院国土资源主管部门的规定向所在地县级以上地方人民政府国土资源主管部门申请验收，接到申请的国土资源主管部门应当会同同级农业、林业、环境保护等有关部门进行验收。

进行土地复垦验收，应当邀请有关专家进行现场踏勘，查验复垦后的土地是否符合土地复垦标准以及土地复垦方案的要求，核实复垦后的土地类型、面积和质量等情况，并将初步验收结果公告，听取相关权利人的意见。相关权利人对土地复垦完成情况提出异议的，国土资源主管部门应当会同有关部门进一步核查，并将核查情况向相关权利人反馈；情况属实的，应当向土地复垦义务人提出整改意见。

第二十九条 负责组织验收的国土资源主管部门应当会同有关部门在接到土地复垦验收申请之日起60个工作日内完成验收，经验收合格的，向土地复垦义务人出具验收合格确认书；经验收不合格的，向土地复垦义务人出具书面整改意见，列明需要整改的事项，由土地复垦义务人整改完成后重新申请验收。

第三十条 政府投资的土地复垦项目竣工后，负责组织实施土地复垦项目的国土资源主管部门应当依照本条例第二十八条第二款的规定进行初步验收。初步验收完成后，负责组织实施土地复垦项目的国土资源主管部门应当按照国务院国土资源主管部门的规定向上级人民政府国土资源主管部门申请最终验收。上级人民政府国土资源主管部门应当会同有关部门及时组织验收。

土地权利人自行复垦或者社会投资进行复垦的土地复垦项目竣工后，由负责组织实施土地复垦项目的国土资源主管部门会同有关部门进行验收。

第三十一条 复垦为农用地的，负责组织验收的国土资源主管部门应当会同有关部门在验收合格后的5年内对土地复垦效果进行跟踪评价，并提出改善土地质量的建议和措施。

## 第五章 土地复垦激励措施

第三十二条 土地复垦义务人在规定的期限内将生产建设活动损毁的耕地、林地、牧草地等农用地复垦恢复原状的，依照国家有关税收法律法规的规定退还已经缴纳的耕地占用税。

第三十三条 社会投资复垦的历史遗留损毁土地或者自然灾害损毁土地，属于无使用权人的国有土地的，经县级以上人民政府依法批准，可以确定给投资单位或者个人长期从事种植业、林业、畜牧业或者渔业生产。

社会投资复垦的历史遗留损毁土地或者自然灾害损毁土地，属于农民集体所有土地或者有使用权人的国有土地的，有关国土资源主管部门应当组织投资单位或者个人与土地权利人签订土地复垦协议，明确复垦的目标任务以及复垦后的土地使用和收益分配。

第三十四条 历史遗留损毁和自然灾害损毁的国有土地的使用权人，以及历史遗留损毁和自然灾害损毁的农民集体所有土地的所有权人、使用权人，自行将损毁土地复垦为耕地的，由县级以上地方人民政府给予补贴。

第三十五条 县级以上地方人民政府将历史遗留损毁和自然灾害损毁的建设用地复垦为耕地的，按照国家有关规定可以作为本省、自治区、直辖市内进行非农建设占用耕地时的补充耕地指标。

## 第六章 法 律 责 任

第三十六条 负有土地复垦监督管理职责的部门及其工作人员有下列行为之一的，对直接负责的主管人员和其他直接责任人员，依法给予处分；直接负责的主管人员和其他直接责任人员构成犯罪的，依法追究刑事责任：

（一）违反本条例规定批准建设用地或者批准采矿许可证及采矿许可证的延续、变更、注销的；

（二）截留、挤占、挪用土地复垦费的；

（三）在土地复垦验收中弄虚作假的；
（四）不依法履行监督管理职责或者对发现的违反本条例的行为不依法查处的；
（五）在审查土地复垦方案、实施土地复垦项目、组织土地复垦验收以及实施监督检查过程中，索取、收受他人财物或者谋取其他利益的；
（六）其他徇私舞弊、滥用职权、玩忽职守行为。

第三十七条　本条例施行前已经办理建设用地手续或者领取采矿许可证，本条例施行后继续从事生产建设活动造成土地损毁的土地复垦义务人未按照规定补充编制土地复垦方案的，由县级以上地方人民政府国土资源主管部门责令限期改正；逾期不改正的，处10万元以上20万元以下的罚款。

第三十八条　土地复垦义务人未按照规定将土地复垦费用列入生产成本或者建设项目总投资的，由县级以上地方人民政府国土资源主管部门责令限期改正；逾期不改正的，处10万元以上50万元以下的罚款。

第三十九条　土地复垦义务人未按照规定对拟损毁的耕地、林地、牧草地进行表土剥离，由县级以上地方人民政府国土资源主管部门责令限期改正；逾期不改正的，按照应当进行表土剥离的土地面积处每公顷1万元的罚款。

第四十条　土地复垦义务人将重金属污染物或者其他有毒有害物质用作回填或者充填材料的，由县级以上地方人民政府环境保护主管部门责令停止违法行为，限期采取治理措施，消除污染，处10万元以上50万元以下的罚款；逾期不采取治理措施的，环境保护主管部门可以指定有治理能力的单位代为治理，所需费用由违法者承担。

第四十一条　土地复垦义务人未按照规定报告土地损毁情况、土地复垦费用使用情况或者土地复垦工程实施情况的，由县级以上地方人民政府国土资源主管部门责令限期改正；逾期不改正的，处2万元以上5万元以下的罚款。

第四十二条　土地复垦义务人依照本条例规定应当缴纳土地复垦费而不缴纳的，由县级以上地方人民政府国土资源主管部门责令限期缴纳；逾期不缴纳的，处应缴纳土地复垦费1倍以上2倍以下的罚款，土地复垦义务人为矿山企业的，由颁发采矿许可证的机关吊销采矿许可证。

第四十三条　土地复垦义务人拒绝、阻碍国土资源主管部门监督检查，或者在接受监督检查时弄虚作假的，由国土资源主管部门责令改正，处2万元以上5万元以下的罚款；有关责任人员构成违反治安管理行为的，由公安机关依法予以治安管理处罚；有关责任人员构成犯罪的，依法追究刑事责任。

破坏土地复垦工程、设施和设备，构成违反治安管理行为的，由公安机关依法予以治安管理处罚；构成犯罪的，依法追究刑事责任。

## 第七章　附　　则

第四十四条　本条例自公布之日起施行。1988年11月8日国务院发布的《土地复垦规定》同时废止。

# 医疗废物管理条例

(2003年6月4日国务院第四次常务会议通过，
中华人民共和国国务院令第380号公布，自公布之日起施行)

## 第一章 总 则

**第一条** 为了加强医疗废物的安全管理，防止疾病传播，保护环境，保障人体健康，根据《中华人民共和国传染病防治法》和《中华人民共和国固体废物污染环境防治法》，制定本条例。

**第二条** 本条例所称医疗废物，是指医疗卫生机构在医疗、预防、保健以及其他相关活动中产生的具有直接或者间接感染性、毒性以及其他危害性的废物。

医疗废物分类目录，由国务院卫生行政主管部门和环境保护行政主管部门共同制定、公布。

**第三条** 本条例适用于医疗废物的收集、运送、贮存、处置以及监督管理等活动。

医疗卫生机构收治的传染病病人或者疑似传染病病人产生的生活垃圾，按照医疗废物进行管理和处置。

医疗卫生机构废弃的麻醉、精神、放射性、毒性等药品及其相关的废物的管理，依照有关法律、行政法规和国家有关规定、标准执行。

**第四条** 国家推行医疗废物集中无害化处置，鼓励有关医疗废物安全处置技术的研究与开发。

县级以上地方人民政府负责组织建设医疗废物集中处置设施。

国家对边远贫困地区建设医疗废物集中处置设施给予适当的支持。

**第五条** 县级以上各级人民政府卫生行政主管部门，对医疗废物收集、运送、贮存、处置活动中的疾病防治工作实施统一监督管理；环境保护行政主管部门，对医疗废物收集、运送、贮存、处置活动中的环境污染防治工作实施统一监督管理。

县级以上各级人民政府其他有关部门在各自的职责范围内负责与医疗废物处置有关的监督管理工作。

**第六条** 任何单位和个人有权对医疗卫生机构、医疗废物集中处置单位和监督管理部门及其工作人员的违法行为进行举报、投诉、检举和控告。

## 第二章 医疗废物管理的一般规定

**第七条** 医疗卫生机构和医疗废物集中处置单位，应当建立、健全医疗废物管理责任制，其法定代表人为第一责任人，切实履行职责，防止因医疗废物导致传染病传播和环境污染事故。

**第八条** 医疗卫生机构和医疗废物集中处置单位，应当制定与医疗废物安全处置有关的规章制度和在发生意外事故时的应急方案；设置监控部门或者专（兼）职人员，负责检查、督促、落实本单位医疗废物的管理工作，防止违反本条例的行为发生。

**第九条** 医疗卫生机构和医疗废物集中处置单位，应当对本单位从事医疗废物收集、运送、贮存、处置等工作的人员和管理人员，进行相关法律和专业技术、安全防护以及紧急处理等知识的培训。

**第十条** 医疗卫生机构和医疗废物集中处置单位，应当采取有效的职业卫生防护措施，为从事医疗废物收集、运送、贮存、处置等工作的人员和管理人员，配备必要的防护用品，定期进行健康检查；必要时，对有关人员进行免疫接种，防止其受到健康损害。

**第十一条** 医疗卫生机构和医疗废物集中处置单位，应当依照《中华人民共和国固体废物污染环境防治法》的规定，执行危险废物转移联单管理制度。

**第十二条** 医疗卫生机构和医疗废物集中处置单位，应当对医疗废物进行登记，登记内容应当包括医疗废物的来源、种类、重量或者数量、交接时间、处置方法、最终去向以及经办人签名等项目。登记资料至少保存3年。

**第十三条** 医疗卫生机构和医疗废物集中处置单位，应当采取有效措施，防止医疗废物流失、泄漏、扩散。

发生医疗废物流失、泄漏、扩散时，医疗卫生机构和医疗废物集中处置单位应当采取减少危害的紧急处理措施，对致病人员提供医疗救护和现场救援；同时向所在地的县级人民政府卫生行政主管部门、环境保护行政主管部门报告，并向可能受到危害的单位和居民通报。

**第十四条** 禁止任何单位和个人转让、买卖医疗废物。

禁止在运送过程中丢弃医疗废物；禁止在非贮存地点倾倒、堆放医疗废物或者将医疗废物混入其他废物和生活垃圾。

**第十五条** 禁止邮寄医疗废物。

禁止通过铁路、航空运输医疗废物。

有陆路通道的，禁止通过水路运输医疗废物；没有陆路通道必需经水路运输医疗废物的，应当经设区的市级以上人民政府环境保护行政主管部门批准，并采取严格的环境保护措施后，方可通过水路运输。

禁止将医疗废物与旅客在同一运输工具上载运。

禁止在饮用水源保护区的水体上运输医疗废物。

## 第三章 医疗卫生机构对医疗废物的管理

**第十六条** 医疗卫生机构应当及时收集本单位产生的医疗废物，并按照类别分置于防渗漏、防锐器穿透的专用包装物或者密闭的容器内。

医疗废物专用包装物、容器，应当有明显的警示标识和警示说明。

医疗废物专用包装物、容器的标准和警示标识的规定，由国务院卫生行政主管部门和环境保护行政主管部门共同制定。

**第十七条** 医疗卫生机构应当建立医疗废物的暂时贮存设施、设备，不得露天存放医疗废物；医疗废物暂时贮存的时间不得超过2天。

医疗废物的暂时贮存设施、设备，应当远离医疗区、食品加工区和人员活动区以及生活垃圾存放场所，并设置明显的警示标识和防渗漏、防鼠、防蚊蝇、防蟑螂、防盗以及预防儿童接触等安全措施。

医疗废物的暂时贮存设施、设备应当定期消毒和清洁。

第十八条 医疗卫生机构应当使用防渗漏、防遗撒的专用运送工具，按照本单位确定的内部医疗废物运送时间、路线，将医疗废物收集、运送至暂时贮存地点。

运送工具使用后应当在医疗卫生机构内指定的地点及时消毒和清洁。

第十九条 医疗卫生机构应当根据就近集中处置的原则，及时将医疗废物交由医疗废物集中处置单位处置。

医疗废物中病原体的培养基、标本和菌种、毒种保存液等高危险废物，在交医疗废物集中处置单位处置前应当就地消毒。

第二十条 医疗卫生机构产生的污水、传染病病人或者疑似传染病病人的排泄物，应当按照国家规定严格消毒；达到国家规定的排放标准后，方可排入污水处理系统。

第二十一条 不具备集中处置医疗废物条件的农村，医疗卫生机构应当按照县级人民政府卫生行政主管部门、环境保护行政主管部门的要求，自行就地处置其产生的医疗废物。自行处置医疗废物的，应当符合下列基本要求：

（一）使用后的一次性医疗器具和容易致人损伤的医疗废物，应当消毒并作毁形处理；

（二）能够焚烧的，应当及时焚烧；

（三）不能焚烧的，消毒后集中填埋。

## 第四章　医疗废物的集中处置

第二十二条 从事医疗废物集中处置活动的单位，应当向县级以上人民政府环境保护行政主管部门申请领取经营许可证；未取得经营许可证的单位，不得从事有关医疗废物集中处置的活动。

第二十三条 医疗废物集中处置单位，应当符合下列条件：

（一）具有符合环境保护和卫生要求的医疗废物贮存、处置设施或者设备；

（二）具有经过培训的技术人员以及相应的技术工人；

（三）具有负责医疗废物处置效果检测、评价工作的机构和人员；

（四）具有保证医疗废物安全处置的规章制度。

第二十四条 医疗废物集中处置单位的贮存、处置设施，应当远离居（村）民居住区、水源保护区和交通干道，与工厂、企业等工作场所有适当的安全防护距离，并符合国务院环境保护行政主管部门的规定。

第二十五条 医疗废物集中处置单位应当至少每2天到医疗卫生机构收集、运送一次医疗废物，并负责医疗废物的贮存、处置。

第二十六条 医疗废物集中处置单位运送医疗废物，应当遵守国家有关危险货物运输管理的规定，使用有明显医疗废物标识的专用车辆。医疗废物专用车辆应当达到防渗漏、防遗撒以及其他环境保护和卫生要求。

运送医疗废物的专用车辆使用后，应当在医疗废物集中处置场所内及时进行消毒和清洁。

运送医疗废物的专用车辆不得运送其他物品。

第二十七条 医疗废物集中处置单位在运送医疗废物过程中应当确保安全，不得丢弃、遗撒医疗废物。

第二十八条 医疗废物集中处置单位应当安装污染物排放在线监控装置，并确保监控装置经常处于正常运行状态。

**第二十九条** 医疗废物集中处置单位处置医疗废物，应当符合国家规定的环境保护、卫生标准、规范。

**第三十条** 医疗废物集中处置单位应当按照环境保护行政主管部门和卫生行政主管部门的规定，定期对医疗废物处置设施的环境污染防治和卫生学效果进行检测、评价。检测、评价结果存入医疗废物集中处置单位档案，每半年向所在地环境保护行政主管部门和卫生行政主管部门报告一次。

**第三十一条** 医疗废物集中处置单位处置医疗废物，按照国家有关规定向医疗卫生机构收取医疗废物处置费用。

医疗卫生机构按照规定支付的医疗废物处置费用，可以纳入医疗成本。

**第三十二条** 各地区应当利用和改造现有固体废物处置设施和其他设施，对医疗废物集中处置，并达到基本的环境保护和卫生要求。

**第三十三条** 尚无集中处置设施或者处置能力不足的城市，自本条例施行之日起，设区的市级以上城市应当在1年内建成医疗废物集中处置设施；县级市应当在2年内建成医疗废物集中处置设施。县（旗）医疗废物集中处置设施的建设，由省、自治区、直辖市人民政府规定。

在尚未建成医疗废物集中处置设施期间，有关地方人民政府应当组织制定符合环境保护和卫生要求的医疗废物过渡性处置方案，确定医疗废物收集、运送、处置方式和处置单位。

## 第五章 监 督 管 理

**第三十四条** 县级以上地方人民政府卫生行政主管部门、环境保护行政主管部门，应当依照本条例的规定，按照职责分工，对医疗卫生机构和医疗废物集中处置单位进行监督检查。

**第三十五条** 县级以上地方人民政府卫生行政主管部门，应当对医疗卫生机构和医疗废物集中处置单位从事医疗废物的收集、运送、贮存、处置中的疾病防治工作，以及工作人员的卫生防护等情况进行定期监督检查或者不定期的抽查。

**第三十六条** 县级以上地方人民政府环境保护行政主管部门，应当对医疗卫生机构和医疗废物集中处置单位从事医疗废物收集、运送、贮存、处置中的环境污染防治工作进行定期监督检查或者不定期的抽查。

**第三十七条** 卫生行政主管部门、环境保护行政主管部门应当定期交换监督检查和抽查结果。在监督检查或者抽查中发现医疗卫生机构和医疗废物集中处置单位存在隐患时，应当责令立即消除隐患。

**第三十八条** 卫生行政主管部门、环境保护行政主管部门接到对医疗卫生机构、医疗废物集中处置单位和监督管理部门及其工作人员违反本条例行为的举报、投诉、检举和控告后，应当及时核实，依法作出处理，并将处理结果予以公布。

**第三十九条** 卫生行政主管部门、环境保护行政主管部门履行监督检查职责时，有权采取下列措施：

（一）对有关单位进行实地检查，了解情况，现场监测，调查取证；

（二）查阅或者复制医疗废物管理的有关资料，采集样品；

（三）责令违反本条例规定的单位和个人停止违法行为；

（四）查封或者暂扣涉嫌违反本条例规定的场所、设备、运输工具和物品；

（五）对违反本条例规定的行为进行查处。

**第四十条** 发生因医疗废物管理不当导致传染病传播或者环境污染事故，或者有证据证明传染病传播或者环境污染的事故有可能发生时，卫生行政主管部门、环境保护行政主管部门应当采取临时控制措施，疏散人员，控制现场，并根据需要责令暂停导致或者可能导致传染病传播或者环境污染事故的作业。

**第四十一条** 医疗卫生机构和医疗废物集中处置单位，对有关部门的检查、监测、调查取证，应当予以配合，不得拒绝和阻碍，不得提供虚假材料。

## 第六章 法 律 责 任

**第四十二条** 县级以上地方人民政府未依照本条例的规定，组织建设医疗废物集中处置设施或者组织制定医疗废物过渡性处置方案的，由上级人民政府通报批评，责令限期建成医疗废物集中处置设施或者组织制定医疗废物过渡性处置方案；并可以对政府主要领导人、负有责任的主管人员，依法给予行政处分。

**第四十三条** 县级以上各级人民政府卫生行政主管部门、环境保护行政主管部门或者其他有关部门，未按照本条例的规定履行监督检查职责，发现医疗卫生机构和医疗废物集中处置单位的违法行为不及时处理，发生或者可能发生传染病传播或者环境污染事故时未及时采取减少危害措施，以及有其他玩忽职守、失职、渎职行为的，由本级人民政府或者上级人民政府有关部门责令改正，通报批评；造成传染病传播或者环境污染事故的，对主要负责人、负有责任的主管人员和其他直接责任人员依法给予降级、撤职、开除的行政处分；构成犯罪的，依法追究刑事责任。

**第四十四条** 县级以上人民政府环境保护行政主管部门，违反本条例的规定发给医疗废物集中处置单位经营许可证的，由本级人民政府或者上级人民政府环境保护行政主管部门通报批评，责令收回违法发给的证书；并可以对主要负责人、负有责任的主管人员和其他直接责任人员依法给予行政处分。

**第四十五条** 医疗卫生机构、医疗废物集中处置单位违反本条例规定，有下列情形之一的，由县级以上地方人民政府卫生行政主管部门或者环境保护行政主管部门按照各自的职责责令限期改正，给予警告；逾期不改正的，处 2000 元以上 5000 元以下的罚款：

（一）未建立、健全医疗废物管理制度，或者未设置监控部门或者专（兼）职人员的；

（二）未对有关人员进行相关法律和专业技术、安全防护以及紧急处理等知识的培训的；

（三）未对从事医疗废物收集、运送、贮存、处置等工作的人员和管理人员采取职业卫生防护措施的；

（四）未对医疗废物进行登记或者未保存登记资料的；

（五）对使用后的医疗废物运送工具或者运送车辆未在指定地点及时进行消毒和清洁的；

（六）未及时收集、运送医疗废物的；

（七）未定期对医疗废物处置设施的环境污染防治和卫生学效果进行检测、评价，或者未将检测、评价效果存档、报告的。

第四十六条　医疗卫生机构、医疗废物集中处置单位违反本条例规定，有下列情形之一的，由县级以上地方人民政府卫生行政主管部门或者环境保护行政主管部门按照各自的职责责令限期改正，给予警告，可以并处 5000 元以下的罚款；逾期不改正的，处 5000 元以上 3 万元以下的罚款：

（一）贮存设施或者设备不符合环境保护、卫生要求的；

（二）未将医疗废物按照类别分置于专用包装物或者容器的；

（三）未使用符合标准的专用车辆运送医疗废物或者使用运送医疗废物的车辆运送其他物品的；

（四）未安装污染物排放在线监控装置或者监控装置未经常处于正常运行状态的。

第四十七条　医疗卫生机构、医疗废物集中处置单位有下列情形之一的，由县级以上地方人民政府卫生行政主管部门或者环境保护行政主管部门按照各自的职责责令限期改正，给予警告，并处 5000 元以上 1 万元以下的罚款；逾期不改正的，处 1 万元以上 3 万元以下的罚款；造成传染病传播或者环境污染事故的，由原发证部门暂扣或者吊销执业许可证件或者经营许可证件；构成犯罪的，依法追究刑事责任：

（一）在运送过程中丢弃医疗废物，在非贮存地点倾倒、堆放医疗废物或者将医疗废物混入其他废物和生活垃圾的；

（二）未执行危险废物转移联单管理制度的；

（三）将医疗废物交给未取得经营许可证的单位或者个人收集、运送、贮存、处置的；

（四）对医疗废物的处置不符合国家规定的环境保护、卫生标准、规范的；

（五）未按照本条例的规定对污水、传染病病人或者疑似传染病病人的排泄物，进行严格消毒，或者未达到国家规定的排放标准，排入污水处理系统的；

（六）对收治的传染病病人或者疑似传染病病人产生的生活垃圾，未按照医疗废物进行管理和处置的。

第四十八条　医疗卫生机构违反本条例规定，将未达到国家规定标准的污水、传染病病人或者疑似传染病病人的排泄物排入城市排水管网的，由县级以上地方人民政府建设行政主管部门责令限期改正，给予警告，并处 5000 元以上 1 万元以下的罚款；逾期不改正的，处 1 万元以上 3 万元以下的罚款；造成传染病传播或者环境污染事故的，由原发证部门暂扣或者吊销执业许可证件；构成犯罪的，依法追究刑事责任。

第四十九条　医疗卫生机构、医疗废物集中处置单位发生医疗废物流失、泄漏、扩散时，未采取紧急处理措施，或者未及时向卫生行政主管部门和环境保护行政主管部门报告的，由县级以上地方人民政府卫生行政主管部门或者环境保护行政主管部门按照各自的职责责令改正，给予警告，并处 1 万元以上 3 万元以下的罚款；造成传染病传播或者环境污染事故的，由原发证部门暂扣或者吊销执业许可证件或者经营许可证件；构成犯罪的，依法追究刑事责任。

第五十条　医疗卫生机构、医疗废物集中处置单位，无正当理由，阻碍卫生行政主管部门或者环境保护行政主管部门执法人员执行职务，拒绝执法人员进入现场，或者不配合执法部门的检查、监测、调查取证的，由县级以上地方人民政府卫生行政主管部门或者环境保护行政主管部门按照各自的职责责令改正，给予警告；拒不改正的，由原发证部门暂扣或者吊销执业许可证件或者经营许可证件；触犯《中华人民共和国治安管理处罚条例》，构成违反治安管理行为的，由公安机关依法予以处罚；构成犯罪的，依法追究刑事责任。

第五十一条 不具备集中处置医疗废物条件的农村，医疗卫生机构未按照本条例的要求处置医疗废物的，由县级人民政府卫生行政主管部门或者环境保护行政主管部门按照各自的职责责令限期改正，给予警告；逾期不改正的，处1000元以上5000元以下的罚款；造成传染病传播或者环境污染事故的，由原发证部门暂扣或者吊销执业许可证件；构成犯罪的，依法追究刑事责任。

第五十二条 未取得经营许可证从事医疗废物的收集、运送、贮存、处置等活动的，由县级以上地方人民政府环境保护行政主管部门责令立即停止违法行为，没收违法所得，可以并处违法所得1倍以下的罚款。

第五十三条 转让、买卖医疗废物，邮寄或者通过铁路、航空运输医疗废物，或者违反本条例规定通过水路运输医疗废物的，由县级以上地方人民政府环境保护行政主管部门责令转让、买卖双方、邮寄人、托运人立即停止违法行为，给予警告，没收违法所得；违法所得5000元以上的，并处违法所得2倍以上5倍以下的罚款；没有违法所得或者违法所得不足5000元的，并处5000元以上2万元以下的罚款。

承运人明知托运人违反本条例的规定运输医疗废物，仍予以运输的，或者承运人将医疗废物与旅客在同一工具上载运的，按照前款的规定予以处罚。

第五十四条 医疗卫生机构、医疗废物集中处置单位违反本条例规定，导致传染病传播或者发生环境污染事故，给他人造成损害的，依法承担民事赔偿责任。

## 第七章 附 则

第五十五条 计划生育技术服务、医学科研、教学、尸体检查和其他相关活动中产生的具有直接或者间接感染性、毒性以及其他危害性废物的管理，依照本条例执行。

第五十六条 军队医疗卫生机构医疗废物的管理由中国人民解放军卫生主管部门参照本条例制定管理办法。

第五十七条 本条例自公布之日起施行。

# 危险化学品安全管理条例

（2002年1月9日国务院第52次常务会议通过，
2002年1月26日中华人民共和国国务院令第344号公布，自2002年3月15日起施行）

## 第一章 总 则

第一条 为了加强对危险化学品的安全管理，保障人民生命、财产安全，保护环境，制定本条例。

第二条 在中华人民共和国境内生产、经营、储存、运输、使用危险化学品和处置废弃危险化学品，必须遵守本条例和国家有关安全生产的法律、其他行政法规的规定。

第三条 本条例所称危险化学品，包括爆炸品、压缩气体和液化气体、易燃液体、易燃固体、自燃物品和遇湿易燃物品、氧化剂和有机过氧化物、有毒品和腐蚀品等。

危险化学品列入以国家标准公布的《危险货物品名表》GB 12268；剧毒化学品目录和未列入《危险货物品名表》的其他危险化学品，由国务院经济贸易综合管理部门会同国务院公安、环境保护、卫生、质检、交通部门确定并公布。

第四条 生产、经营、储存、运输、使用危险化学品和处置废弃危险化学品的单位（以下统称危险化学品单位），其主要负责人必须保证本单位危险化学品的安全管理符合有关法律、法规、规章的规定和国家标准的要求，并对本单位危险化学品的安全负责。

危险化学品单位从事生产、经营、储存、运输、使用危险化学品或者处置废弃危险化学品活动的人员，必须接受有关法律、法规、规章和安全知识、专业技术、职业卫生防护和应急救援知识的培训，并经考核合格，方可上岗作业。

第五条 对危险化学品的生产、经营、储存、运输、使用和对废弃危险化学品处置实施监督管理的有关部门，依照下列规定履行职责：

（一）国务院经济贸易综合管理部门和省、自治区、直辖市人民政府经济贸易管理部门，依照本条例的规定，负责危险化学品安全监督管理综合工作，负责危险化学品生产、储存企业设立及其改建、扩建的审查，负责危险化学品包装物、容器（包括用于运输工具的槽罐，下同）专业生产企业的审查和定点，负责危险化学品经营许可证的发放，负责国内危险化学品的登记，负责危险化学品事故应急救援的组织和协调，并负责前述事项的监督检查；设区的市级人民政府和县级人民政府的负责危险化学品安全监督管理综合工作的部门，由各该级人民政府确定，依照本条例的规定履行职责。

（二）公安部门负责危险化学品的公共安全管理，负责发放剧毒化学品购买凭证和准购证，负责审查核发剧毒化学品公路运输通行证，对危险化学品道路运输安全实施监督，并负责前述事项的监督检查。

（三）质检部门负责发放危险化学品及其包装物、容器的生产许可证，负责对危险化学品包装物、容器的产品质量实施监督，并负责前述事项的监督检查。

（四）环境保护部门负责废弃危险化学品处置的监督管理，负责调查重大危险化学品污染事故和生态破坏事件，负责有毒化学品事故现场的应急监测和进口危险化学品的登记，并负责前述事项的监督检查。

（五）铁路、民航部门负责危险化学品铁路、航空运输和危险化学品铁路、民航运输单位及其运输工具的安全管理及监督检查。交通部门负责危险化学品公路、水路运输单位及其运输工具的安全管理，对危险化学品水路运输安全实施监督，负责危险化学品公路、水路运输单位、驾驶人员、船员、装卸人员和押运人员的资质认定，并负责前述事项的监督检查。

（六）卫生行政部门负责危险化学品的毒性鉴定和危险化学品事故伤亡人员的医疗救护工作。

（七）工商行政管理部门依据有关部门的批准、许可文件，核发危险化学品生产、经营、储存、运输单位营业执照，并监督管理危险化学品市场经营活动。

（八）邮政部门负责邮寄危险化学品的监督检查。

第六条 依照本条例对危险化学品单位实施监督管理的有关部门，依法进行监督检

查,可以行使下列职权:

(一)进入危险化学品作业场所进行现场检查,调取有关资料,向有关人员了解情况,向危险化学品单位提出整改措施和建议;

(二)发现危险化学品事故隐患时,责令立即排除或者限期排除;

(三)对有根据认为不符合有关法律、法规、规章规定和国家标准要求的设施、设备、器材和运输工具,责令立即停止使用;

(四)发现违法行为,当场予以纠正或者责令限期改正。

危险化学品单位应当接受有关部门依法实施的监督检查,不得拒绝、阻挠。

有关部门派出的工作人员依法进行监督检查时,应当出示证件。

## 第二章 危险化学品的生产、储存和使用

**第七条** 国家对危险化学品的生产和储存实行统一规划、合理布局和严格控制,并对危险化学品生产、储存实行审批制度;未经审批,任何单位和个人都不得生产、储存危险化学品。

设区的市级人民政府根据当地经济发展的实际需要,在编制总体规划时,应当按照确保安全的原则规划适当区域专门用于危险化学品的生产、储存。

**第八条** 危险化学品生产、储存企业,必须具备下列条件:

(一)有符合国家标准的生产工艺、设备或者储存方式、设施;

(二)工厂、仓库的周边防护距离符合国家标准或者国家有关规定;

(三)有符合生产或者储存需要的管理人员和技术人员;

(四)有健全的安全管理制度;

(五)符合法律、法规规定和国家标准要求的其他条件。

**第九条** 设立剧毒化学品生产、储存企业和其他危险化学品生产、储存企业,应当分别向省、自治区、直辖市人民政府经济贸易管理部门和设区的市级人民政府负责危险化学品安全监督管理综合工作的部门提出申请,并提交下列文件:

(一)可行性研究报告;

(二)原料、中间产品、最终产品或者储存的危险化学品的燃点、自燃点、闪点、爆炸极限、毒性等理化性能指标;

(三)包装、储存、运输的技术要求;

(四)安全评价报告;

(五)事故应急救援措施;

(六)符合本条例第八条规定条件的证明文件。

省、自治区、直辖市人民政府经济贸易管理部门或者设区的市级人民政府负责危险化学品安全监督管理综合工作的部门收到申请和提交的文件后,应当组织有关专家进行审查,提出审查意见后,报本级人民政府作出批准或者不予批准的决定。依据本级人民政府的决定,予以批准的,由省、自治区、直辖市人民政府经济贸易管理部门或者设区的市级人民政府负责危险化学品安全监督管理综合工作的部门颁发批准书;不予批准的,书面通知申请人。

申请人凭批准书向工商行政管理部门办理登记注册手续。

第十条　除运输工具加油站、加气站外，危险化学品的生产装置和储存数量构成重大危险源的储存设施，与下列场所、区域的距离必须符合国家标准或者国家有关规定：

（一）居民区、商业中心、公园等人口密集区域；

（二）学校、医院、影剧院、体育场（馆）等公共设施；

（三）供水水源、水厂及水源保护区；

（四）车站、码头（按照国家规定，经批准，专门从事危险化学品装卸作业的除外）、机场以及公路、铁路、水路交通干线、地铁风亭及出入口；

（五）基本农田保护区、畜牧区、渔业水域和种子、种畜、水产苗种生产基地；

（六）河流、湖泊、风景名胜区和自然保护区；

（七）军事禁区、军事管理区；

（八）法律、行政法规规定予以保护的其他区域。

已建危险化学品的生产装置和储存数量构成重大危险源的储存设施不符合前款规定的，由所在地设区的市级人民政府负责危险化学品安全监督管理综合工作的部门监督其在规定期限内进行整顿；需要转产、停产、搬迁、关闭的，报本级人民政府批准后实施。

本条例所称重大危险源，是指生产、运输、使用、储存危险化学品或者处置废弃危险化学品，且危险化学品的数量等于或者超过临界量的单元（包括场所和设施）。

第十一条　危险化学品生产、储存企业改建、扩建的，必须依照本条例第九条的规定经审查批准。

第十二条　依法设立的危险化学品生产企业，必须向国务院质检部门申请领取危险化学品生产许可证；未取得危险化学品生产许可证的，不得开工生产。

国务院质检部门应当将颁发危险化学品生产许可证的情况通报国务院经济贸易综合管理部门、环境保护部门和公安部门。

第十三条　任何单位和个人不得生产、经营、使用国家明令禁止的危险化学品。

禁止用剧毒化学品生产灭鼠药以及其他可能进入人民日常生活的化学产品和日用化学品。

第十四条　生产危险化学品的，应当在危险化学品的包装内附有与危险化学品完全一致的化学品安全技术说明书，并在包装（包括外包装件）上加贴或者拴挂与包装内危险化学品完全一致的化学品安全标签。

危险化学品生产企业发现其生产的危险化学品有新的危害特性时，应当立即公告，并及时修订安全技术说明书和安全标签。

第十五条　使用危险化学品从事生产的单位，其生产条件必须符合国家标准和国家有关规定，并依照国家有关法律、法规的规定取得相应的许可，必须建立、健全危险化学品使用的安全管理规章制度，保证危险化学品的安全使用和管理。

第十六条　生产、储存、使用危险化学品的，应当根据危险化学品的种类、特性，在车间、库房等作业场所设置相应的监测、通风、防晒、调温、防火、灭火、防爆、泄压、防毒、消毒、中和、防潮、防雷、防静电、防腐、防渗漏、防护围堤或者隔离操作等安全设施、设备，并按照国家标准和国家有关规定进行维护、保养，保证符合安全运行要求。

第十七条　生产、储存、使用剧毒化学品的单位，应当对本单位的生产、储存装置每年进行一次安全评价；生产、储存、使用其他危险化学品的单位，应当对本单位的生产、储存装置每两年进行一次安全评价。

安全评价报告应当对生产、储存装置存在的安全问题提出整改方案。安全评价中发现生产、储存装置存在现实危险的，应当立即停止使用，予以更换或者修复，并采取相应的安全措施。

安全评价报告应当报所在地设区的市级人民政府负责危险化学品安全监督管理综合工作的部门备案。

**第十八条** 危险化学品的生产、储存、使用单位，应当在生产、储存和使用场所设置通讯、报警装置，并保证在任何情况下处于正常适用状态。

**第十九条** 剧毒化学品的生产、储存、使用单位，应当对剧毒化学品的产量、流向、储存量和用途如实记录，并采取必要的保安措施，防止剧毒化学品被盗、丢失或者误售、误用；发现剧毒化学品被盗、丢失或者误售、误用时，必须立即向当地公安部门报告。

**第二十条** 危险化学品的包装必须符合国家法律、法规、规章的规定和国家标准的要求。

危险化学品包装的材质、型式、规格、方法和单件质量（重量），应当与所包装的危险化学品的性质和用途相适应，便于装卸、运输和储存。

**第二十一条** 危险化学品的包装物、容器，必须由省、自治区、直辖市人民政府经济贸易管理部门审查合格的专业生产企业定点生产，并经国务院质检部门认可的专业检测、检验机构检测、检验合格，方可使用。

重复使用的危险化学品包装物、容器在使用前，应当进行检查，并作出记录；检查记录应当至少保存2年。

质检部门应当对危险化学品的包装物、容器的产品质量进行定期的或者不定期的检查。

**第二十二条** 危险化学品必须储存在专用仓库、专用场地或者专用储存室（以下统称专用仓库）内，储存方式、方法与储存数量必须符合国家标准，并由专人管理。

危险化学品出入库，必须进行核查登记。库存危险化学品应当定期检查。

剧毒化学品以及储存数量构成重大危险源的其他危险化学品必须在专用仓库内单独存放，实行双人收发、双人保管制度。储存单位应当将储存剧毒化学品以及构成重大危险源的其他危险化学品的数量、地点以及管理人员的情况，报当地公安部门和负责危险化学品安全监督管理综合工作的部门备案。

**第二十三条** 危险化学品专用仓库，应当符合国家标准对安全、消防的要求，设置明显标志。危险化学品专用仓库的储存设备和安全设施应当定期检测。

**第二十四条** 处置废弃危险化学品，依照固体废物污染环境防治法和国家有关规定执行。

**第二十五条** 危险化学品的生产、储存、使用单位转产、停产、停业或者解散的，应当采取有效措施，处置危险化学品的生产或者储存设备、库存产品及生产原料，不得留有事故隐患。处置方案应当报所在地设区的市级人民政府负责危险化学品安全监督管理综合工作的部门和同级环境保护部门、公安部门备案。负责危险化学品安全监督管理综合工作的部门应当对处置情况进行监督检查。

**第二十六条** 公众上交的危险化学品，由公安部门接收。公安部门接收的危险化学品和其他有关部门收缴的危险化学品，交由环境保护部门认定的专业单位处理。

## 第三章 危险化学品的经营

**第二十七条** 国家对危险化学品经营销售实行许可制度。未经许可，任何单位和个人都不得经营销售危险化学品。

**第二十八条** 危险化学品经营企业，必须具备下列条件：

（一）经营场所和储存设施符合国家标准；

（二）主管人员和业务人员经过专业培训，并取得上岗资格；

（三）有健全的安全管理制度；

（四）符合法律、法规规定和国家标准要求的其他条件。

**第二十九条** 经营剧毒化学品和其他危险化学品的，应当分别向省、自治区、直辖市人民政府经济贸易管理部门或者设区的市级人民政府负责危险化学品安全监督管理综合工作的部门提出申请，并附送本条例第二十八条规定条件的相关证明材料。省、自治区、直辖市人民政府经济贸易管理部门或者设区的市级人民政府负责危险化学品安全监督管理综合工作的部门接到申请后，应当依照本条例的规定对申请人提交的证明材料和经营场所进行审查。经审查，符合条件的，颁发危险化学品经营许可证，并将颁发危险化学品经营许可证的情况通报同级公安部门和环境保护部门；不符合条件的，书面通知申请人并说明理由。

申请人凭危险化学品经营许可证向工商行政管理部门办理登记注册手续。

**第三十条** 经营危险化学品，不得有下列行为：

（一）从未取得危险化学品生产许可证或者危险化学品经营许可证的企业采购危险化学品；

（二）经营国家明令禁止的危险化学品和用剧毒化学品生产的灭鼠药以及其他可能进入人民日常生活的化学产品和日用化学品；

（三）销售没有化学品安全技术说明书和化学品安全标签的危险化学品。

**第三十一条** 危险化学品生产企业不得向未取得危险化学品经营许可证的单位或者个人销售危险化学品。

**第三十二条** 危险化学品经营企业储存危险化学品，应当遵守本条例第二章的有关规定。危险化学品商店内只能存放民用小包装的危险化学品，其总量不得超过国家规定的限量。

**第三十三条** 剧毒化学品经营企业销售剧毒化学品，应当记录购买单位的名称、地址和购买人员的姓名、身份证号码及所购剧毒化学品的品名、数量、用途。记录应当至少保存1年。

剧毒化学品经营企业应当每天核对剧毒化学品的销售情况；发现被盗、丢失、误售等情况时，必须立即向当地公安部门报告。

**第三十四条** 购买剧毒化学品，应当遵守下列规定：

（一）生产、科研、医疗等单位经常使用剧毒化学品的，应当向设区的市级人民政府公安部门申请领取购买凭证，凭购买凭证购买；

（二）单位临时需要购买剧毒化学品的，应当凭本单位出具的证明（注明品名、数量、用途）向设区的市级人民政府公安部门申请领取准购证，凭准购证购买；

（三）个人不得购买农药、灭鼠药、灭虫药以外的剧毒化学品。

剧毒化学品生产企业、经营企业不得向个人或者无购买凭证、准购证的单位销售剧毒化学品。剧毒化学品购买凭证、准购证不得伪造、变造、买卖、出借或者以其他方式转让，不得使用作废的剧毒化学品购买凭证、准购证。

剧毒化学品购买凭证和准购证的式样和具体申领办法由国务院公安部门制定。

## 第四章　危险化学品的运输

**第三十五条**　国家对危险化学品的运输实行资质认定制度；未经资质认定，不得运输危险化学品

危险化学品运输企业必须具备的条件由国务院交通部门规定。

**第三十六条**　用于危险化学品运输工具的槽罐以及其他容器，必须依照本条例第二十一条的规定，由专业生产企业定点生产，并经检测、检验合格，方可使用。

质检部门应当对前款规定的专业生产企业定点生产的槽罐以及其他容器的产品质量进行定期的或者不定期的检查。

**第三十七条**　危险化学品运输企业，应当对其驾驶员、船员、装卸管理人员、押运人员进行有关安全知识培训；驾驶员、船员、装卸管理人员、押运人员必须掌握危险化学品运输的安全知识，并经所在地设区的市级人民政府交通部门考核合格（船员经海事管理机构考核合格），取得上岗资格证，方可上岗作业。危险化学品的装卸作业必须在装卸管理人员的现场指挥下进行。

运输危险化学品的驾驶员、船员、装卸人员和押运人员必须了解所运载的危险化学品的性质、危害特性、包装容器的使用特性和发生意外时的应急措施。运输危险化学品，必须配备必要的应急处理器材和防护用品。

**第三十八条**　通过公路运输危险化学品的，托运人只能委托有危险化学品运输资质的运输企业承运。

**第三十九条**　通过公路运输剧毒化学品的，托运人应当向目的地的县级人民政府公安部门申请办理剧毒化学品公路运输通行证。

办理剧毒化学品公路运输通行证，托运人应当向公安部门提交有关危险化学品的品名、数量、运输始发地和目的地、运输路线、运输单位、驾驶人员、押运人员、经营单位和购买单位资质情况的材料。

剧毒化学品公路运输通行证的式样和具体申领办法由国务院公安部门制定。

**第四十条**　禁止利用内河以及其他封闭水域等航运渠道运输剧毒化学品以及国务院交通部门规定禁止运输的其他危险化学品。

利用内河以及其他封闭水域等航运渠道运输前款规定以外的危险化学品的，只能委托有危险化学品运输资质的水运企业承运，并按照国务院交通部门的规定办理手续，接受有关交通部门（港口部门、海事管理机构，下同）的监督管理。

运输危险化学品的船舶及其配载的容器必须按照国家关于船舶检验的规范进行生产，并经海事管理机构认可的船舶检验机构检验合格，方可投入使用。

**第四十一条**　托运人托运危险化学品，应当向承运人说明运输的危险化学品的品名、

数量、危害、应急措施等情况。

运输危险化学品需要添加抑制剂或者稳定剂的,托运人交付托运时应当添加抑制剂或者稳定剂,并告知承运人。

托运人不得在托运的普通货物中夹带危险化学品,不得将危险化学品匿报或者谎报为普通货物托运。

**第四十二条** 运输、装卸危险化学品,应当依照有关法律、法规、规章的规定和国家标准的要求并按照危险化学品的危险特性,采取必要的安全防护措施。

运输危险化学品的槽罐以及其他容器必须封口严密,能够承受正常运输条件下产生的内部压力和外部压力,保证危险化学品在运输中不因温度、湿度或者压力的变化而发生任何渗(洒)漏。

**第四十三条** 通过公路运输危险化学品,必须配备押运人员,并随时处于押运人员的监管之下,不得超装、超载,不得进入危险化学品运输车辆禁止通行的区域;确需进入禁止通行区域的,应当事先向当地公安部门报告,由公安部门为其指定行车时间和路线,运输车辆必须遵守公安部门规定的行车时间和路线。

危险化学品运输车辆禁止通行区域,由设区的市级人民政府公安部门划定,并设置明显的标志。

运输危险化学品途中需要停车住宿或者遇有无法正常运输的情况时,应当向当地公安部门报告。

**第四十四条** 剧毒化学品在公路运输途中发生被盗、丢失、流散、泄漏等情况时,承运人及押运人员必须立即向当地公安部门报告,并采取一切可能的警示措施。公安部门接到报告后,应当立即向其他有关部门通报情况;有关部门应当采取必要的安全措施。

**第四十五条** 任何单位和个人不得邮寄或者在邮件内夹带危险化学品,不得将危险化学品匿报或者谎报为普通物品邮寄。

**第四十六条** 通过铁路、航空运输危险化学品的,按照国务院铁路、民航部门的有关规定执行。

## 第五章 危险化学品的登记与事故应急救援

**第四十七条** 国家实行危险化学品登记制度,并为危险化学品安全管理、事故预防和应急救援提供技术、信息支持。

**第四十八条** 危险化学品生产、储存企业以及使用剧毒化学品和数量构成重大危险源的其他危险化学品的单位,应当向国务院经济贸易综合管理部门负责危险化学品登记的机构办理危险化学品登记。危险化学品登记的具体办法由国务院经济贸易综合管理部门制定。

负责危险化学品登记的机构应当向环境保护、公安、质检、卫生等有关部门提供危险化学品登记的资料。

**第四十九条** 县级以上地方各级人民政府负责危险化学品安全监督管理综合工作的部门应当会同同级其他有关部门制定危险化学品事故应急救援预案,报经本级人民政府批准后实施。

**第五十条** 危险化学品单位应当制定本单位事故应急救援预案,配备应急救援人员和必要的应急救援器材、设备,并定期组织演练。

危险化学品事故应急救援预案应当报设区的市级人民政府负责危险化学品安全监督管理综合工作的部门备案。

**第五十一条** 发生危险化学品事故,单位主要负责人应当按照本单位制定的应急救援预案,立即组织救援,并立即报告当地负责危险化学品安全监督管理综合工作的部门和公安、环境保护、质检部门。

**第五十二条** 发生危险化学品事故,有关地方人民政府应当做好指挥、领导工作。负责危险化学品安全监督管理综合工作的部门和环境保护、公安、卫生等有关部门,应当按照当地应急救援预案组织实施救援,不得拖延、推诿。有关地方人民政府及其有关部门并应当按照下列规定,采取必要措施,减少事故损失,防止事故蔓延、扩大:

(一)立即组织营救受害人员,组织撤离或者采取其他措施保护危害区域内的其他人员;

(二)迅速控制危害源,并对危险化学品造成的危害进行检验、监测,测定事故的危害区域、危险化学品性质及危害程度;

(三)针对事故对人体、动植物、土壤、水源、空气造成的现实危害和可能产生的危害,迅速采取封闭、隔离、洗消等措施;

(四)对危险化学品事故造成的危害进行监测、处置,直至符合国家环境保护标准。

**第五十三条** 危险化学品生产企业必须为危险化学品事故应急救援提供技术指导和必要的协助。

**第五十四条** 危险化学品事故造成环境污染的信息,由环境保护部门统一公布。

## 第六章 法 律 责 任

**第五十五条** 对生产、经营、储存、运输、使用危险化学品和处置废弃危险化学品依法实施监督管理的有关部门工作人员,有下列行为之一的,依法给予降级或者撤职的行政处分;触犯刑律的,依照刑法关于受贿罪、滥用职权罪、玩忽职守罪或者其他罪的规定,依法追究刑事责任:

(一)利用职务上的便利收受他人财物或者其他好处,对不符合本条例规定条件的涉及生产、经营、储存、运输、使用危险化学品和处置废弃危险化学品的事项予以批准或者许可的;

(二)发现未依法取得批准或者许可的单位和个人擅自从事有关活动或者接到举报后不予取缔或者不依法予以处理的;

(三)对已经依法取得批准或者许可的单位和个人不履行监督管理职责,发现其不再具备本条例规定的条件而不撤销原批准、许可或者发现违反本条例的行为不予查处的。

**第五十六条** 发生危险化学品事故,有关部门未依照本条例的规定履行职责,组织实施救援或者采取必要措施,减少事故损失,防止事故蔓延、扩大,或者拖延、推诿的,对负有责任的主管人员和其他直接责任人员依法给予降级或者撤职的行政处分;触犯刑律的,依照刑法关于滥用职权罪、玩忽职守罪或者其他罪的规定,依法追究刑事责任。

**第五十七条** 违反本条例的规定,有下列行为之一的,分别由工商行政管理部门、质检部门、负责危险化学品安全监督管理综合工作的部门依据各自的职权予以关闭或者责令停产停业整顿，责令无害化销毁国家明令禁止生产、经营、使用的危险化学品或者用剧毒化学品生产的灭鼠药以及其他可能进入人民日常生活的化学产品和日用化学品；有违法所得的，没收违法所得；违法所得10万元以上的，并处违法所得1倍以上5倍以下的罚款；没有违法所得或者违法所得不足10万元的，并处5万元以上50万元以下的罚款；触犯刑律的，对负有责任的主管人员和其他直接责任人员依照刑法关于危险物品肇事罪、非法经营罪或者其他罪的规定，依法追究刑事责任：

（一）未经批准或者未经工商登记注册，擅自从事危险化学品生产、储存的；

（二）未取得危险化学品生产许可证，擅自开工生产危险化学品的；

（三）未经审查批准，危险化学品生产、储存企业擅自改建、扩建的；

（四）未取得危险化学品经营许可证或者未经工商登记注册，擅自从事危险化学品经营的；

（五）生产、经营、使用国家明令禁止的危险化学品，或者用剧毒化学品生产灭鼠药以及其他可能进入人民日常生活的化学产品和日用化学品的。

第五十八条 危险化学品单位违反本条例的规定，未根据危险化学品的种类、特性，在车间、库房等作业场所设置相应的监测、通风、防晒、调温、防火、灭火、防爆、泄压、防毒、消毒、中和、防潮、防雷、防静电、防腐、防渗漏、防护围堤或者隔离操作等安全设施、设备的，由负责危险化学品安全监督管理综合工作的部门或者公安部门依据各自的职权责令立即或者限期改正，处2万元以上10万元以下的罚款；触犯刑律的，对负有责任的主管人员和其他直接责任人员依照刑法关于危险物品肇事罪、重大责任事故罪或者其他罪的规定，依法追究刑事责任。

第五十九条 违反本条例的规定，有下列行为之一的，由负责危险化学品安全监督管理综合工作的部门、质检部门或者交通部门依据各自的职权责令立即或者限期改正，处2万元以上20万元以下的罚款；逾期未改正的，责令停产停业整顿；触犯刑律的，对负有责任的主管人员和其他直接责任人员依照刑法关于危险物品肇事罪、生产销售伪劣商品罪或者其他罪的规定，依法追究刑事责任：

（一）未经定点，擅自生产危险化学品包装物、容器的；

（二）运输危险化学品的船舶及其配载的容器未按照国家关于船舶检验的规范进行生产，并经检验合格的；

（三）危险化学品包装的材质、型式、规格、方法和单件质量（重量）与所包装的危险化学品的性质和用途不相适应的；

（四）对重复使用的危险化学品的包装物、容器在使用前，不进行检查的；

（五）使用非定点企业生产的或者未经检测、检验合格的包装物、容器包装、盛装、运输危险化学品的。

第六十条 危险化学品单位违反本条例的规定，有下列行为之一的，由负责危险化学品安全监督管理综合工作的部门责令立即或者限期改正，处1万元以上5万元以下的罚款；逾期不改正的，责令停产停业整顿：

（一）危险化学品生产企业未在危险化学品包装内附有与危险化学品完全一致的化学品安全技术说明书，或者未在包装（包括外包装件）上加贴、拴挂与包装内危险化学品完全一致的化学品安全标签的；

（二）危险化学品生产企业发现危险化学品有新的危害特性时，不立即公告并及时修订其安全技术说明书和安全标签的；

（三）危险化学品经营企业销售没有化学品安全技术说明书和安全标签的危险化学品的。

**第六十一条** 危险化学品单位违反本条例的规定，有下列行为之一的，由负责危险化学品安全监督管理综合工作的部门或者公安部门依据各自的职权责令立即或者限期改正，处1万元以上5万元以下的罚款；逾期不改正的，由原发证机关吊销危险化学品生产许可证、经营许可证和营业执照；触犯刑律的，对负有责任的主管人员和其他直接责任人员依照刑法关于危险物品肇事罪、重大责任事故罪或者其他罪的规定，依法追究刑事责任：

（一）未对其生产、储存装置进行定期安全评价，并报所在地设区的市级人民政府负责危险化学品安全监督管理综合工作的部门备案，或者对安全评价中发现的存在现实危险的生产、储存装置不立即停止使用，予以更换或者修复，并采取相应的安全措施的；

（二）未在生产、储存和使用危险化学品场所设置通讯、报警装置，并保持正常适用状态的；

（三）危险化学品未储存在专用仓库内或者未设专人管理的；

（四）危险化学品出入库未进行核查登记或者入库后未定期检查的；

（五）危险化学品专用仓库不符合国家标准对安全、消防的要求，未设置明显标志，或者未对专用仓库的储存设备和安全设施定期检测的；

（六）危险化学品经销商店存放非民用小包装的危险化学品或者危险化学品民用小包装的存放量超过国家规定限量的；

（七）剧毒化学品以及构成重大危险源的其他危险化学品未在专用仓库内单独存放，或者未实行双人收发、双人保管，或者未将储存剧毒化学品以及构成重大危险源的其他危险化学品的数量、地点以及管理人员的情况，报当地公安部门和负责危险化学品安全监督管理综合工作的部门备案的；

（八）危险化学品生产单位不如实记录剧毒化学品的产量、流向、储存量和用途，或者未采取必要的保安措施防止剧毒化学品被盗、丢失、误售、误用，或者发生剧毒化学品被盗、丢失、误售、误用后不立即向当地公安部门报告的；

（九）危险化学品经营企业不记录剧毒化学品购买单位的名称、地址，购买人员的姓名、身份证号码及所购剧毒化学品的品名、数量、用途，或者不每天核对剧毒化学品的销售情况，或者发现被盗、丢失、误售不立即向当地公安部门报告的。

**第六十二条** 危险化学品单位违反本条例的规定，在转产、停产、停业或者解散时未采取有效措施，处置危险化学品生产、储存设备、库存产品及生产原料的，由负责危险化学品安全监督管理综合工作的部门责令改正，处2万元以上10万元以下的罚款；触犯刑律的，对负有责任的主管人员和其他直接责任人员依照刑法关于重大环境污染事故罪、危险物品肇事罪或者其他罪的规定，依法追究刑事责任。

**第六十三条** 违反本条例的规定，有下列行为之一的，由工商行政管理部门责令改正，有违法所得的，没收违法所得；违法所得5万元以上的，并处违法所得1倍以上5倍以下的罚款；没有违法所得或者违法所得不足5万元的，并处2万元以上20万元以下的罚款；不改正的，由原发证机关吊销生产许可证、经营许可证和营业执照；触犯刑律的，

对负有责任的主管人员和其他直接责任人员依照刑法关于非法经营罪、危险物品肇事罪或者其他罪的规定,依法追究刑事责任:

(一)危险化学品经营企业从未取得危险化学品生产许可证或者危险化学品经营许可证的企业采购危险化学品的;

(二)危险化学品生产企业向未取得危险化学品经营许可证的经营单位销售其产品的;

(三)剧毒化学品经营企业向个人或者无购买凭证、准购证的单位销售剧毒化学品的。

第六十四条 违反本条例的规定,伪造、变造、买卖、出借或者以其他方式转让剧毒化学品购买凭证、准购证以及其他有关证件,或者使用作废的上述有关证件的,由公安部门责令改正,处1万元以上5万元以下的罚款;触犯刑律的,对负有责任的主管人员和其他直接责任人员依照刑法关于伪造、变造、买卖国家机关公文、证件、印章罪或者其他罪的规定,依法追究刑事责任。

第六十五条 违反本条例的规定,未取得危险化学品运输企业资质,擅自从事危险化学品公路、水路运输,有违法所得的,由交通部门没收违法所得;违法所得5万元以上的,并处违法所得1倍以上5倍以下的罚款;没有违法所得或者违法所得不足5万元的,处2万元以上20万元以下的罚款;触犯刑律的,对负有责任的主管人员和其他直接责任人员依照刑法关于危险物品肇事罪或者其他罪的规定,依法追究刑事责任。

第六十六条 违反本条例的规定,有下列行为之一的,由交通部门处2万元以上10万元以下的罚款;触犯刑律的,依照刑法关于危险物品肇事罪或者其他罪的规定,依法追究刑事责任:

(一)从事危险化学品公路、水路运输的驾驶员、船员、装卸管理人员、押运人员未经考核合格,取得上岗资格证的;

(二)利用内河以及其他封闭水域等航运渠道运输剧毒化学品和国家禁止运输的其他危险化学品的;

(三)托运人未按照规定向交通部门办理水路运输手续,擅自通过水路运输剧毒化学品和国家禁止运输的其他危险化学品以外的危险化学品的;

(四)托运人托运危险化学品,不向承运人说明运输的危险化学品的品名、数量、危害、应急措施等情况,或者需要添加抑制剂或者稳定剂,交付托运时未添加的;

(五)运输、装卸危险化学品不符合国家有关法律、法规、规章的规定和国家标准,并按照危险化学品的特性采取必要安全防护措施的。

第六十七条 违反本条例的规定,有下列行为之一的,由公安部门责令改正,处2万元以上10万元以下的罚款;触犯刑律的,依照刑法关于危险物品肇事罪、重大环境污染事故罪或者其他罪的规定,依法追究刑事责任:

(一)托运人未向公安部门申请领取剧毒化学品公路运输通行证,擅自通过公路运输剧毒化学品的;

(二)危险化学品运输企业运输危险化学品,不配备押运人员或者脱离押运人员监管、超装、超载,中途停车住宿或者遇有无法正常运输的情况,不向当地公安部门报告的;

(三)危险化学品运输企业运输危险化学品,未向公安部门报告,擅自进入危险化学品运输车辆禁止通行区域,或者进入禁止通行区域不遵守公安部门规定的行车时间和路线的;

（四）危险化学品运输企业运输剧毒化学品，在公路运输途中发生被盗、丢失、流散、泄露等情况，不立即向当地公安部门报告，并采取一切可能的警示措施的；

（五）托运人在托运的普通货物中夹带危险化学品或者将危险化学品匿报、谎报为普通货物托运的。

**第六十八条** 违反本条例的规定，邮寄或者在邮件内夹带危险化学品，或者将危险化学品匿报、谎报为普通物品邮寄的，由公安部门处 2000 元以上 2 万元以下的罚款；触犯刑律的，依照刑法关于危险物品肇事罪或者其他罪的规定，依法追究刑事责任。

**第六十九条** 危险化学品单位发生危险化学品事故，未按照本条例的规定立即组织救援，或者不立即向负责危险化学品安全监督管理综合工作的部门和公安、环境保护、质检部门报告，造成严重后果的，对负有责任的主管人员和其他直接责任人员依照刑法关于国有公司、企业工作人员失职罪或者其他罪的规定，依法追究刑事责任。

**第七十条** 危险化学品单位发生危险化学品事故造成人员伤亡、财产损失的，应当依法承担赔偿责任；拒不承担赔偿责任或者其负责人逃匿的，依法拍卖其财产，用于赔偿。

## 第七章 附 则

**第七十一条** 监控化学品、属于药品的危险化学品和农药的安全管理，依照本条例的规定执行；国家另有规定的，依照其规定。

民用爆炸品、放射性物品、核能物质和城镇燃气的安全管理，不适用本条例。

**第七十二条** 危险化学品的进出口管理依照国家有关规定执行；进口危险化学品的经营、储存、运输、使用和处置进口废弃危险化学品，依照本条例的规定执行。

**第七十三条** 依照本条例的规定，对生产、经营、储存、运输、使用危险化学品和处置废弃危险化学品进行审批、许可并实施监督管理的国务院有关部门，应当根据本条例的规定制定并公布审批、许可的期限和程序。

本条例规定的国家标准和涉及危险化学品安全管理的国家有关规定，由国务院质检部门或者国务院有关部门分别依照国家标准化法律和其他有关法律、行政法规以及本条例的规定制定、调整并公布。

**第七十四条** 本条例自 2002 年 3 月 15 日起施行。1987 年 2 月 17 日国务院发布的《化学危险物品安全管理条例》同时废止。

# 中华人民共和国防治海岸工程建设项目污染损害海洋环境管理条例

（1990 年 6 月 25 日中华人民共和国国务院令第 62 号公布，根据 2007 年 9 月 25 日《国务院关于修改〈中华人民共和国防治海岸工程建设项目污染损害海洋环境管理条例〉的决定》修订，2007 年 9 月 25 日中华人民共和国国务院令第 507 号公布，自 2008 年 1 月 1 日起施行）

**第一条** 为加强海岸工程建设项目的环境保护管理，严格控制新的污染，保护和改善海洋环境，根据《中华人民共和国海洋环境保护法》，制定本条例。

**第二条** 本条例所称海岸工程建设项目，是指位于海岸或者与海岸连接，工程主体位于海岸线向陆一侧，对海洋环境产生影响的新建、改建、扩建工程项目。具体包括：

（一）港口、码头、航道、滨海机场工程项目；

（二）造船厂、修船厂；

（三）滨海火电站、核电站、风电站；

（四）滨海物资存储设施工程项目；

（五）滨海矿山、化工、轻工、冶金等工业工程项目；

（六）固体废弃物、污水等污染物处理处置排海工程项目；

（七）滨海大型养殖场；

（八）海岸防护工程、砂石场和入海河口处的水利设施；

（九）滨海石油勘探开发工程项目；

（十）国务院环境保护主管部门会同国家海洋主管部门规定的其他海岸工程项目。

**第三条** 本条例适用于在中华人民共和国境内兴建海岸工程建设项目的一切单位和个人。

拆船厂建设项目的环境保护管理，依照《防止拆船污染环境管理条例》执行。

**第四条** 建设海岸工程建设项目，应当符合所在经济区的区域环境保护规划的要求。

**第五条** 国务院环境保护主管部门，主管全国海岸工程建设项目的环境保护工作。

沿海县级以上地方人民政府环境保护主管部门，主管本行政区域内的海岸工程建设项目的环境保护工作。

**第六条** 新建、改建、扩建海岸工程建设项目，应当遵守国家有关建设项目环境保护管理的规定。

**第七条** 海岸工程建设项目的建设单位，应当在可行性研究阶段，编制环境影响报告书（表），按照环境保护法律法规的规定，经有关部门预审后，报环境保护主管部门审批。

环境保护主管部门在批准海岸工程建设项目的环境影响报告书之前，应当征求海事、渔业主管部门和军队环境保护部门的意见。

禁止在天然港湾有航运价值的区域、重要苗种基地和养殖场所及水面、滩涂中的鱼、虾、蟹、贝、藻类的自然产卵场、繁殖场、索饵场及重要的洄游通道围海造地。

**第八条** 海岸工程建设项目环境影响报告书的内容，除按有关规定编制外，还应当包括：

（一）所在地及其附近海域的环境状况；

（二）建设过程中和建成后可能对海洋环境造成的影响；

（三）海洋环境保护措施及其技术、经济可行性论证结论；

（四）建设项目海洋环境影响评价结论。

海岸工程建设项目环境影响报告表，应当参照前款规定填报。

**第九条** 禁止兴建向中华人民共和国海域及海岸转嫁污染的中外合资经营企业、中外合作经营企业和外资企业；海岸工程建设项目引进技术和设备，应当有相应的防治污染措施，防止转嫁污染。

**第十条** 在海洋特别保护区、海上自然保护区、海滨风景游览区、盐场保护区、海水浴场、重要渔业水域和其他需要特殊保护的区域内不得建设污染环境、破坏景观的海岸工程建设项目；在其区域外建设海岸工程建设项目的，不得损害上述区域的环境质量。法律法规另有规定的除外。

第十一条　承担海岸工程建设项目环境影响评价的单位，应当依法取得《建设项目环境影响评价资质证书》，按照证书中规定的范围承担评价任务。

第十二条　海岸工程建设项目竣工验收时，建设项目的环境保护设施，应当经环境保护主管部门验收合格后，该建设项目方可正式投入生产或者使用。

第十三条　县级以上人民政府环境保护主管部门，按照项目管理权限，可以会同有关部门对海岸工程建设项目进行现场检查，被检查者应当如实反映情况、提供资料。检查者有责任为被检查者保守技术秘密和业务秘密。法律法规另有规定的除外。

第十四条　设置向海域排放废水设施的，应当合理利用海水自净能力，选择好排污口的位置。采用暗沟或者管道方式排放的，出水管口位置应当在低潮线以下。

第十五条　建设港口、码头，应当设置与其吞吐能力和货物种类相适应的防污设施。

港口、油码头、化学危险品码头，应当配备海上重大污染损害事故应急设备和器材。

现有港口、码头未达到前两款规定要求的，由环境保护主管部门会同港口、码头主管部门责令其限期设置或者配备。

第十六条　建设岸边造船厂、修船厂，应当设置与其性质、规模相适应的残油、废油接收处理设施，含油废水接收处理设施，拦油、收油、消油设施，工业废水接收处理设施，工业和船舶垃圾接收处理设施等。

第十七条　建设滨海核电站和其他核设施，应当严格遵守国家有关核环境保护和放射防护的规定及标准。

第十八条　建设岸边油库，应当设置含油废水接收处理设施，库场地面冲刷废水的集接、处理设施和事故应急设施；输油管线和储油设施应当符合国家关于防渗漏、防腐蚀的规定。

第十九条　建设滨海矿山，在开采、选矿、运输、贮存、冶炼和尾矿处理等过程中，应当按照有关规定采取防止污染损害海洋环境的措施。

第二十条　建设滨海垃圾场或者工业废渣填埋场，应当建造防护堤坝和场底封闭层，设置渗液收集、导出、处理系统和可燃性气体防爆装置。

第二十一条　修筑海岸防护工程，在入海河口处兴建水利设施、航道或者综合整治工程，应当采取措施，不得损害生态环境及水产资源。

第二十二条　兴建海岸工程建设项目，不得改变、破坏国家和地方重点保护的野生动植物的生存环境。不得兴建可能导致重点保护的野生动植物生存环境污染和破坏的海岸工程建设项目；确需兴建的，应当征得野生动植物行政主管部门同意，并由建设单位负责组织采取易地繁育等措施，保证物种延续。

在鱼、虾、蟹、贝类的洄游通道建闸、筑坝，对渔业资源有严重影响的，建设单位应当建造过鱼设施或者采取其他补救措施。

第二十三条　集体所有制单位或者个人在全民所有的水域、海涂，建设构不成基本建设项目的养殖工程的，应当在县级以上地方人民政府规划的区域内进行。

集体所有制单位或者个人零星经营性采挖砂石，应当在县级以上地方人民政府指定的区域内采挖。

**第二十四条** 禁止在红树林和珊瑚礁生长的地区，建设毁坏红树林和珊瑚礁生态系统的海岸工程建设项目。

**第二十五条** 兴建海岸工程建设项目，应当防止导致海岸非正常侵蚀。

禁止在海岸保护设施管理部门规定的海岸保护设施的保护范围内从事爆破、采挖砂石、取土等危害海岸保护设施安全的活动。非经国务院授权的有关主管部门批准，不得占用或者拆除海岸保护设施。

**第二十六条** 未持有经审核和批准的环境影响报告书（表），兴建海岸工程建设项目的，依照《中华人民共和国海洋环境保护法》第八十条的规定予以处罚。

**第二十七条** 拒绝、阻挠环境保护主管部门进行现场检查，或者在被检查时弄虚作假的，由县级以上人民政府环境保护主管部门依照《中华人民共和国海洋环境保护法》第七十五条的规定予以处罚。

**第二十八条** 海岸工程建设项目的环境保护设施未建成或者未达到规定要求，该项目即投入生产、使用的，依照《中华人民共和国海洋环境保护法》第八十一条的规定予以处罚。

**第二十九条** 环境保护主管部门工作人员滥用职权、玩忽职守、徇私舞弊的，由其所在单位或者上级主管机关给予行政处分；构成犯罪的，依法追究刑事责任。

**第三十条** 本条例自1990年8月1日起施行。

# 中华人民共和国防治海洋工程建设项目污染损害海洋环境管理条例

（2006年8月30日国务院第148次常务会议通过，2006年9月19日中华人民共和国国务院令第475号公布，自2006年11月1日起施行）

## 第一章 总 则

**第一条** 为了防治和减轻海洋工程建设项目（以下简称海洋工程）污染损害海洋环境，维护海洋生态平衡，保护海洋资源，根据《中华人民共和国海洋环境保护法》，制定本条例。

**第二条** 在中华人民共和国管辖海域内从事海洋工程污染损害海洋环境防治活动，适用本条例。

**第三条** 本条例所称海洋工程，是指以开发、利用、保护、恢复海洋资源为目的，并且工程主体位于海岸线向海一侧的新建、改建、扩建工程。具体包括：

（一）围填海、海上堤坝工程；

（二）人工岛、海上和海底物资储藏设施、跨海桥梁、海底隧道工程；

（三）海底管道、海底电（光）缆工程；

（四）海洋矿产资源勘探开发及其附属工程；

（五）海上潮汐电站、波浪电站、温差电站等海洋能源开发利用工程；

（六）大型海水养殖场、人工鱼礁工程；
（七）盐田、海水淡化等海水综合利用工程；
（八）海上娱乐及运动、景观开发工程；
（九）国家海洋主管部门会同国务院环境保护主管部门规定的其他海洋工程。

**第四条** 国家海洋主管部门负责全国海洋工程环境保护工作的监督管理，并接受国务院环境保护主管部门的指导、协调和监督。沿海县级以上地方人民政府海洋主管部门负责本行政区域毗邻海域海洋工程环境保护工作的监督管理。

**第五条** 海洋工程的选址和建设应当符合海洋功能区划、海洋环境保护规划和国家有关环境保护标准，不得影响海洋功能区的环境质量或者损害相邻海域的功能。

**第六条** 国家海洋主管部门根据国家重点海域污染物排海总量控制指标，分配重点海域海洋工程污染物排海控制数量。

**第七条** 任何单位和个人对海洋工程污染损害海洋环境、破坏海洋生态等违法行为，都有权向海洋主管部门进行举报。

接到举报的海洋主管部门应当依法进行调查处理，并为举报人保密。

## 第二章 环境影响评价

**第八条** 国家实行海洋工程环境影响评价制度。

海洋工程的环境影响评价，应当以工程对海洋环境和海洋资源的影响为重点进行综合分析、预测和评估，并提出相应的生态保护措施，预防、控制或者减轻工程对海洋环境和海洋资源造成的影响和破坏。

海洋工程环境影响报告书应当依据海洋工程环境影响评价技术标准及其他相关环境保护标准编制。编制环境影响报告书应当使用符合国家海洋主管部门要求的调查、监测资料。

**第九条** 海洋工程环境影响报告书应当包括下列内容：
（一）工程概况；
（二）工程所在海域环境现状和相邻海域开发利用情况；
（三）工程对海洋环境和海洋资源可能造成影响的分析、预测和评估；
（四）工程对相邻海域功能和其他开发利用活动影响的分析及预测；
（五）工程对海洋环境影响的经济损益分析和环境风险分析；
（六）拟采取的环境保护措施及其经济、技术论证；
（七）公众参与情况；
（八）环境影响评价结论。海洋工程可能对海岸生态环境产生破坏的，其环境影响报告书中应当增加工程对近岸自然保护区等陆地生态系统影响的分析和评价。

**第十条** 新建、改建、扩建海洋工程的建设单位，应当委托具有相应环境影响评价资质的单位编制环境影响报告书，报有核准权的海洋主管部门核准。

海洋主管部门在核准海洋工程环境影响报告书前，应当征求海事、渔业主管部门和军队环境保护部门的意见；必要时，可以举行听证会。其中，围填海工程必须举行听证会。

海洋主管部门在核准海洋工程环境影响报告书后，应当将核准后的环境影响报告书报同级环境保护主管部门备案，接受环境保护主管部门的监督。

海洋工程建设单位在办理项目审批、核准、备案手续时，应当提交经海洋主管部门核准的海洋工程环境影响报告书。

**第十一条** 下列海洋工程的环境影响报告书，由国家海洋主管部门核准：

（一）涉及国家海洋权益、国防安全等特殊性质的工程；

（二）海洋矿产资源勘探开发及其附属工程；

（三）50公顷以上的填海工程，100公顷以上的围海工程；

（四）潮汐电站、波浪电站、温差电站等海洋能源开发利用工程；

（五）由国务院或者国务院有关部门审批的海洋工程。

前款规定以外的海洋工程的环境影响报告书，由沿海县级以上地方人民政府海洋主管部门根据沿海省、自治区、直辖市人民政府规定的权限核准。

海洋工程可能造成跨区域环境影响并且有关海洋主管部门对环境影响评价结论有争议的，该工程的环境影响报告书由其共同的上一级海洋主管部门核准。

**第十二条** 海洋主管部门应当自收到海洋工程环境影响报告书之日起60个工作日内，作出是否核准的决定，书面通知建设单位。

需要补充材料的，应当及时通知建设单位，核准期限从材料补齐之日起重新计算。

**第十三条** 海洋工程环境影响报告书核准后，工程的性质、规模、地点、生产工艺或者拟采取的环境保护措施等发生重大改变的，建设单位应当委托具有相应环境影响评价资质的单位重新编制环境影响报告书，报原核准该工程环境影响报告书的海洋主管部门核准；海洋工程自环境影响报告书核准之日起超过5年方开工建设的，应当在工程开工建设前，将该工程的环境影响报告书报原核准该工程环境影响报告书的海洋主管部门重新核准。

海洋主管部门在重新核准海洋工程环境影响报告书后，应当将重新核准后的环境影响报告书报同级环境保护主管部门备案。

**第十四条** 建设单位可以采取招标方式确定海洋工程的环境影响评价单位。其他任何单位和个人不得为海洋工程指定环境影响评价单位。

**第十五条** 从事海洋工程环境影响评价的单位和有关技术人员，应当按照国务院环境保护主管部门的规定，取得相应的资质证书和资格证书。

国务院环境保护主管部门在颁发海洋工程环境影响评价单位的资质证书前，应当征求国家海洋主管部门的意见。

## 第三章 海洋工程的污染防治

**第十六条** 海洋工程的环境保护设施应当与主体工程同时设计、同时施工、同时投产使用。

**第十七条** 海洋工程的初步设计，应当按照环境保护设计规范和经核准的环境影响报告书的要求，编制环境保护篇章，落实环境保护措施和环境保护投资概算。

**第十八条** 建设单位应当在海洋工程投入运行之日30个工作日前，向原核准该工程环境影响报告书的海洋主管部门申请环境保护设施的验收；海洋工程投入试运行的，应当自该工程投入试运行之日起60个工作日内，向原核准该工程环境影响报告书的海洋主管部门申请环境保护设施的验收。

分期建设、分期投入运行的海洋工程，其相应的环境保护设施应当分期验收。

**第十九条** 海洋主管部门应当自收到环境保护设施验收申请之日起30个工作日内完成验收；验收不合格的，应当限期整改。

海洋工程需要配套建设的环境保护设施未经海洋主管部门验收或者经验收不合格的，该工程不得投入运行。

建设单位不得擅自拆除或者闲置海洋工程的环境保护设施。

**第二十条** 海洋工程在建设、运行过程中产生不符合经核准的环境影响报告书的情形的，建设单位应当自该情形出现之日起20个工作日内组织环境影响的后评价，根据后评价结论采取改进措施，并将后评价结论和采取的改进措施报原核准该工程环境影响报告书的海洋主管部门备案；原核准该工程环境影响报告书的海洋主管部门也可以责成建设单位进行环境影响的后评价，采取改进措施。

**第二十一条** 严格控制围填海工程。禁止在经济生物的自然产卵场、繁殖场、索饵场和鸟类栖息地进行围填海活动。

围填海工程使用的填充材料应当符合有关环境保护标准。

**第二十二条** 建设海洋工程，不得造成领海基点及其周围环境的侵蚀、淤积和损害，危及领海基点的稳定。

进行海上堤坝、跨海桥梁、海上娱乐及运动、景观开发工程建设的，应当采取有效措施防止对海岸的侵蚀或者淤积。

**第二十三条** 污水离岸排放工程排污口的设置应当符合海洋功能区划和海洋环境保护规划，不得损害相邻海域的功能。

污水离岸排放不得超过国家或者地方规定的排放标准。在实行污染物排海总量控制的海域，不得超过污染物排海总量控制指标。

**第二十四条** 从事海水养殖的养殖者，应当采取科学的养殖方式，减少养殖饵料对海洋环境的污染。因养殖污染海域或者严重破坏海洋景观的，养殖者应当予以恢复和整治。

**第二十五条** 建设单位在海洋固体矿产资源勘探开发工程的建设、运行过程中，应当采取有效措施，防止污染物大范围悬浮扩散，破坏海洋环境。

**第二十六条** 海洋油气矿产资源勘探开发作业中应当配备油水分离设施、含油污水处理设备、排油监控装置、残油和废油回收设施、垃圾粉碎设备。

海洋油气矿产资源勘探开发作业中所使用的固定式平台、移动式平台、浮式储油装置、输油管线及其他辅助设施，应当符合防渗、防漏、防腐蚀的要求；作业单位应当经常检查，防止发生漏油事故。

前款所称固定式平台和移动式平台，是指海洋油气矿产资源勘探开发作业中所使用的钻井船、钻井平台、采油平台和其他平台。

**第二十七条** 海洋油气矿产资源勘探开发单位应当办理有关污染损害民事责任保险。

**第二十八条** 海洋工程建设过程中需要进行海上爆破作业的，建设单位应当在爆破作业前报告海洋主管部门，海洋主管部门应当及时通报海事、渔业等有关部门。

进行海上爆破作业，应当设置明显的标志、信号，并采取有效措施保护海洋资源。在重要渔业水域进行炸药爆破作业或者进行其他可能对渔业资源造成损害的作业活动的，应当避开主要经济类鱼虾的产卵期。

第二十九条　海洋工程需要拆除或者改作他用的，应当报原核准该工程环境影响报告书的海洋主管部门批准。拆除或者改变用途后可能产生重大环境影响的，应当进行环境影响评价。

海洋工程需要在海上弃置的，应当拆除可能造成海洋环境污染损害或者影响海洋资源开发利用的部分，并按照有关海洋倾倒废弃物管理的规定进行。

海洋工程拆除时，施工单位应当编制拆除的环境保护方案，采取必要的措施，防止对海洋环境造成污染和损害。

## 第四章　污染物排放管理

第三十条　海洋油气矿产资源勘探开发作业中产生的污染物的处置，应当遵守下列规定：

（一）含油污水不得直接或者经稀释排放入海，应当经处理符合国家有关排放标准后再排放；

（二）塑料制品、残油、废油、油基泥浆、含油垃圾和其他有毒有害残液残渣，不得直接排放或者弃置入海，应当集中储存在专门容器中，运回陆地处理。

第三十一条　严格控制向水基泥浆中添加油类，确需添加的，应当如实记录并向原核准该工程环境影响报告书的海洋主管部门报告添加油的种类和数量。禁止向海域排放含油量超过国家规定标准的水基泥浆和钻屑。

第三十二条　建设单位在海洋工程试运行或者正式投入运行后，应当如实记录污染物排放设施、处理设备的运转情况及其污染物的排放、处置情况，并按照国家海洋主管部门的规定，定期向原核准该工程环境影响报告书的海洋主管部门报告。

第三十三条　县级以上人民政府海洋主管部门，应当按照各自的权限核定海洋工程排放污染物的种类、数量，根据国务院价格主管部门和财政部门制定的收费标准确定排污者应当缴纳的排污费数额。

排污者应当到指定的商业银行缴纳排污费。

第三十四条　海洋油气矿产资源勘探开发作业中应当安装污染物流量自动监控仪器，对生产污水、机舱污水和生活污水的排放进行计量。

第三十五条　禁止向海域排放油类、酸液、碱液、剧毒废液和高、中水平放射性废水；严格限制向海域排放低水平放射性废水，确需排放的，应当符合国家放射性污染防治标准。

严格限制向大气排放含有毒物质的气体，确需排放的，应当经过净化处理，并不得超过国家或者地方规定的排放标准；向大气排放含放射性物质的气体，应当符合国家放射性污染防治标准。

严格控制向海域排放含有不易降解的有机物和重金属的废水；其他污染物的排放应当符合国家或者地方标准。

第三十六条　海洋工程排污费全额纳入财政预算，实行"收支两条线"管理，并全部专项用于海洋环境污染防治。具体办法由国务院财政部门会同国家海洋主管部门制定。

## 第五章　污染事故的预防和处理

第三十七条　建设单位应当在海洋工程正式投入运行前制定防治海洋工程污染损害海

洋环境的应急预案，报原核准该工程环境影响报告书的海洋主管部门和有关主管部门备案。

**第三十八条** 防治海洋工程污染损害海洋环境的应急预案应当包括以下内容：

（一）工程及其相邻海域的环境、资源状况；

（二）污染事故风险分析；

（三）应急设施的配备；

（四）污染事故的处理方案。

**第三十九条** 海洋工程在建设、运行期间，由于发生事故或者其他突发性事件，造成或者可能造成海洋环境污染事故时，建设单位应当立即向可能受到污染的沿海县级以上地方人民政府海洋主管部门或者其他有关主管部门报告，并采取有效措施，减轻或者消除污染，同时通报可能受到危害的单位和个人。

沿海县级以上地方人民政府海洋主管部门或者其他有关主管部门接到报告后，应当按照污染事故分级规定及时向县级以上人民政府和上级有关主管部门报告。县级以上人民政府和有关主管部门应当按照各自的职责，立即派人赶赴现场，采取有效措施，消除或者减轻危害，对污染事故进行调查处理。

**第四十条** 在海洋自然保护区内进行海洋工程建设活动，应当按照国家有关海洋自然保护区的规定执行。

## 第六章 监督检查

**第四十一条** 县级以上人民政府海洋主管部门负责海洋工程污染损害海洋环境防治的监督检查，对违反海洋污染防治法律、法规的行为进行查处。

县级以上人民政府海洋主管部门的监督检查人员应当严格按照法律、法规规定的程序和权限进行监督检查。

**第四十二条** 县级以上人民政府海洋主管部门依法对海洋工程进行现场检查时，有权采取下列措施：

（一）要求被检查单位或者个人提供与环境保护有关的文件、证件、数据以及技术资料等，进行查阅或者复制；

（二）要求被检查单位负责人或者相关人员就有关问题作出说明；

（三）进入被检查单位的工作现场进行监测、勘查、取样检验、拍照、摄像；

（四）检查各项环境保护设施、设备和器材的安装、运行情况；

（五）责令违法者停止违法活动，接受调查处理；

（六）要求违法者采取有效措施，防止污染事态扩大。

**第四十三条** 县级以上人民政府海洋主管部门的监督检查人员进行现场执法检查时，应当出示规定的执法证件。用于执法检查、巡航监视的公务飞机、船舶和车辆应当有明显的执法标志。

**第四十四条** 被检查单位和个人应当如实提供材料，不得拒绝或者阻碍监督检查人员依法执行公务。

有关单位和个人对海洋主管部门的监督检查工作应当予以配合。

**第四十五条** 县级以上人民政府海洋主管部门对违反海洋污染防治法律、法规的行为，应当依法作出行政处理决定；有关海洋主管部门不依法作出行政处理决定的，上级海洋主管部门有权责令其依法作出行政处理决定或者直接作出行政处理决定。

## 第七章 法 律 责 任

**第四十六条** 建设单位违反本条例规定，有下列行为之一的，由负责核准该工程环境影响报告书的海洋主管部门责令停止建设、运行，限期补办手续，并处 5 万元以上 20 万元以下的罚款：

（一）环境影响报告书未经核准，擅自开工建设的；

（二）海洋工程环境保护设施未申请验收或者经验收不合格即投入运行的。

**第四十七条** 建设单位违反本条例规定，有下列行为之一的，由原核准该工程环境影响报告书的海洋主管部门责令停止建设、运行，限期补办手续，并处 5 万元以上 20 万元以下的罚款：

（一）海洋工程的性质、规模、地点、生产工艺或者拟采取的环境保护措施发生重大改变，未重新编制环境影响报告书报原核准该工程环境影响报告书的海洋主管部门核准的；

（二）自环境影响报告书核准之日起超过 5 年，海洋工程方开工建设，其环境影响报告书未重新报原核准该工程环境影响报告书的海洋主管部门核准的；

（三）海洋工程需要拆除或者改作他用时，未报原核准该工程环境影响报告书的海洋主管部门批准或者未按要求进行环境影响评价的。

**第四十八条** 建设单位违反本条例规定，有下列行为之一的，由原核准该工程环境影响报告书的海洋主管部门责令限期改正；逾期不改正的，责令停止运行，并处 1 万元以上 10 万元以下的罚款：

（一）擅自拆除或者闲置环境保护设施的；

（二）未在规定时间内进行环境影响后评价或者未按要求采取整改措施的。

**第四十九条** 建设单位违反本条例规定，有下列行为之一的，由县级以上人民政府海洋主管部门责令停止建设、运行，限期恢复原状；逾期未恢复原状的，海洋主管部门可以指定具有相应资质的单位代为恢复原状，所需费用由建设单位承担，并处恢复原状所需费用 1 倍以上 2 倍以下的罚款：

（一）造成领海基点及其周围环境被侵蚀、淤积或者损害的；

（二）违反规定在海洋自然保护区内进行海洋工程建设活动的。

**第五十条** 建设单位违反本条例规定，在围填海工程中使用的填充材料不符合有关环境保护标准的，由县级以上人民政府海洋主管部门责令限期改正；逾期不改正的，责令停止建设、运行，并处 5 万元以上 20 万元以下的罚款；造成海洋环境污染事故，直接负责的主管人员和其他直接责任人员构成犯罪的，依法追究刑事责任。

**第五十一条** 建设单位违反本条例规定，有下列行为之一的，由原核准该工程环境影响报告书的海洋主管部门责令限期改正；逾期不改正的，处 1 万元以上 5 万元以下的罚款：

（一）未按规定报告污染物排放设施、处理设备的运转情况或者污染物的排放、处置情况的；

（二）未按规定报告其向水基泥浆中添加油的种类和数量的；

（三）未按规定将防治海洋工程污染损害海洋环境的应急预案备案的；

（四）在海上爆破作业前未按规定报告海洋主管部门的；

（五）进行海上爆破作业时，未按规定设置明显标志、信号的。

**第五十二条** 建设单位违反本条例规定，进行海上爆破作业时未采取有效措施保护海洋资源的，由县级以上人民政府海洋主管部门责令限期改正；逾期未改正的，处1万元以上10万元以下的罚款。

建设单位违反本条例规定，在重要渔业水域进行炸药爆破或者进行其他可能对渔业资源造成损害的作业，未避开主要经济类鱼虾产卵期的，由县级以上人民政府海洋主管部门予以警告、责令停止作业，并处5万元以上20万元以下的罚款。

**第五十三条** 海洋油气矿产资源勘探开发单位违反本条例规定向海洋排放含油污水，或者将塑料制品、残油、废油、油基泥浆、含油垃圾和其他有毒有害残液残渣直接排放或者弃置入海的，由国家海洋主管部门或者其派出机构责令限期清理，并处2万元以上20万元以下的罚款；逾期未清理的，国家海洋主管部门或者其派出机构可以指定有相应资质的单位代为清理，所需费用由海洋油气矿产资源勘探开发单位承担；造成海洋环境污染事故，直接负责的主管人员和其他直接责任人员构成犯罪的，依法追究刑事责任。

**第五十四条** 海水养殖者未按规定采取科学的养殖方式，对海洋环境造成污染或者严重影响海洋景观的，由县级以上人民政府海洋主管部门责令限期改正；逾期不改止的，责令停止养殖活动，并处清理污染或者恢复海洋景观所需费用1倍以上2倍以下的罚款。

**第五十五条** 建设单位未按本条例规定缴纳排污费的，由县级以上人民政府海洋主管部门责令限期缴纳；逾期拒不缴纳的，处应缴纳排污费数额2倍以上3倍以下的罚款。

**第五十六条** 违反本条例规定，造成海洋环境污染损害的，责任者应当排除危害，赔偿损失。完全由于第三者的故意或者过失造成海洋环境污染损害的，由第三者排除危害，承担赔偿责任。

违反本条例规定，造成海洋环境污染事故，直接负责的主管人员和其他直接责任人员构成犯罪的，依法追究刑事责任。

**第五十七条** 海洋主管部门的工作人员违反本条例规定，有下列情形之一的，依法给予行政处分；构成犯罪的，依法追究刑事责任：

（一）未按规定核准海洋工程环境影响报告书的；

（二）未按规定验收环境保护设施的；

（三）未按规定对海洋环境污染事故进行报告和调查处理的；

（四）未按规定征收排污费的；

（五）未按规定进行监督检查的。

## 第八章 附 则

**第五十八条** 船舶污染的防治按照国家有关法律、行政法规的规定执行。

**第五十九条** 本条例自2006年11月1日起施行。

# 四、环境政策与产业政策

# 国务院关于落实科学发展观加强环境保护的决定

(国发〔2005〕39号)

为全面落实科学发展观,加快构建社会主义和谐社会,实现全面建设小康社会的奋斗目标,必须把环境保护摆在更加重要的战略位置。现作出如下决定:

**一、充分认识做好环境保护工作的重要意义**

(一)环境保护工作取得积极进展。党中央、国务院高度重视环境保护,采取了一系列重大政策措施,各地区、各部门不断加大环境保护工作力度,在国民经济快速增长、人民群众消费水平显著提高的情况下,全国环境质量基本稳定,部分城市和地区环境质量有所改善,多数主要污染物排放总量得到控制,工业产品的污染排放强度下降,重点流域、区域环境治理不断推进,生态保护和治理得到加强,核与辐射监管体系进一步完善,全社会的环境意识和人民群众的参与度明显提高,我国认真履行国际环境公约,树立了良好的国际形象。

(二)环境形势依然十分严峻。我国环境保护虽然取得了积极进展,但环境形势严峻的状况仍然没有改变。主要污染物排放量超过环境承载能力,流经城市的河段普遍受到污染,许多城市空气污染严重,酸雨污染加重,持久性有机污染物的危害开始显现,土壤污染面积扩大,近岸海域污染加剧,核与辐射环境安全存在隐患。生态破坏严重,水土流失量大面广,石漠化、草原退化加剧,生物多样性减少,生态系统功能退化。发达国家上百年工业化过程中分阶段出现的环境问题,在我国近20多年来集中出现,呈现结构型、复合型、压缩型的特点。环境污染和生态破坏造成了巨大经济损失,危害群众健康,影响社会稳定和环境安全。未来15年我国人口将继续增加,经济总量将再翻两番,资源、能源消耗持续增长,环境保护面临的压力越来越大。

(三)环境保护的法规、制度、工作与任务要求不相适应。目前一些地方重GDP增长、轻环境保护。环境保护法制不够健全,环境立法未能完全适应形势需要,有法不依、执法不严现象较为突出。环境保护机制不完善,投入不足,历史欠账多,污染治理进程缓慢,市场化程度偏低。环境管理体制未完全理顺,环境管理效率有待提高。监管能力薄弱,国家环境监测、信息、科技、宣教和综合评估能力不足,部分领导干部环境保护意识和公众参与水平有待增强。

(四)把环境保护摆上更加重要的战略位置。加强环境保护是落实科学发展观的重要举措,是全面建设小康社会的内在要求,是坚持执政为民、提高执政能力的实际行动,是构建社会主义和谐社会的有力保障。加强环境保护,有利于促进经济结构调整和增长方式转变,实现更快更好地发展;有利于带动环保和相关产业发展,培育新的经济增长点和增加就业;有利于提高全社会的环境意识和道德素质,促进社会主义精神文明建设;有利于保障人民群众身体健康,提高生活质量和延长人均寿命;有利于维护中华民族的长远利益,为子孙后代留下良好的生存和发展空间。因此,必须用科学发展观统领环境保护工作,痛下决心解决环境问题。

## 二、用科学发展观统领环境保护工作

（五）指导思想。以邓小平理论和"三个代表"重要思想为指导，认真贯彻党的十六届五中全会精神，按照全面落实科学发展观、构建社会主义和谐社会的要求，坚持环境保护基本国策，在发展中解决环境问题。积极推进经济结构调整和经济增长方式的根本性转变，切实改变"先污染后治理、边治理边破坏"的状况，依靠科技进步，发展循环经济，倡导生态文明，强化环境法治，完善监管体制，建立长效机制，建设资源节约型和环境友好型社会，努力让人民群众喝上干净的水、呼吸清洁的空气、吃上放心的食物，在良好的环境中生产生活。

（六）基本原则。

——协调发展，互惠共赢。正确处理环境保护与经济发展和社会进步的关系，在发展中落实保护，在保护中促进发展，坚持节约发展、安全发展、清洁发展，实现可持续的科学发展。

——强化法治，综合治理。坚持依法行政，不断完善环境法律法规，严格环境执法；坚持环境保护与发展综合决策，科学规划，突出预防为主的方针，从源头防治污染和生态破坏，综合运用法律、经济、技术和必要的行政手段解决环境问题。

——不欠新账，多还旧账。严格控制污染物排放总量；所有新建、扩建和改建项目必须符合环保要求，做到增产不增污，努力实现增产减污；积极解决历史遗留的环境问题。

——依靠科技，创新机制。大力发展环境科学技术，以技术创新促进环境问题的解决；建立政府、企业、社会多元化投入机制和部分污染治理设施市场化运营机制，完善环保制度，健全统一、协调、高效的环境监管体制。

——分类指导，突出重点。因地制宜，分区规划，统筹城乡发展，分阶段解决制约经济发展和群众反映强烈的环境问题，改善重点流域、区域、海域、城市的环境质量。

（七）环境目标。到2010年，重点地区和城市的环境质量得到改善，生态环境恶化趋势基本遏制。主要污染物的排放总量得到有效控制，重点行业污染物排放强度明显下降，重点城市空气质量、城市集中饮用水水源和农村饮水水质、全国地表水水质和近岸海域海水水质有所好转，草原退化趋势有所控制，水土流失治理和生态修复面积有所增加，矿山环境明显改善，地下水超采及污染趋势减缓，重点生态功能保护区、自然保护区等的生态功能基本稳定，村镇环境质量有所改善，确保核与辐射环境安全。

到2020年，环境质量和生态状况明显改善。

## 三、经济社会发展必须与环境保护相协调

（八）促进地区经济与环境协调发展。各地区要根据资源禀赋、环境容量、生态状况、人口数量以及国家发展规划和产业政策，明确不同区域的功能定位和发展方向，将区域经济规划和环境保护目标有机结合起来。在环境容量有限、自然资源供给不足而经济相对发达的地区实行优化开发，坚持环境优先，大力发展高新技术，优化产业结构，加快产业和产品的升级换代，同时率先完成排污总量削减任务，做到增产减污。在环境仍有一定容量、资源较为丰富、发展潜力较大的地区实行重点开发，加快基础设施建设，科学合理利用环境承载能力，推进工业化和城镇化，同时严格控制污染物排放总量，做到增产不增污。在生态环境脆弱的地区和重要生态功能保护区实行限制开发，在坚持保护优先的前提下，合理选择发展方向，发展特色优势产业，确保生态功能的恢复与保育，逐步恢复生态

平衡。在自然保护区和具有特殊保护价值的地区实行禁止开发，依法实施保护，严禁不符合规定的任何开发活动。要认真做好生态功能区划工作，确定不同地区的主导功能，形成各具特色的发展格局。必须依照国家规定对各类开发建设规划进行环境影响评价。对环境有重大影响的决策，应当进行环境影响论证。

（九）大力发展循环经济。各地区、各部门要把发展循环经济作为编制各项发展规划的重要指导原则，制订和实施循环经济推进计划，加快制定促进发展循环经济的政策、相关标准和评价体系，加强技术开发和创新体系建设。要按照"减量化、再利用、资源化"的原则，根据生态环境的要求，进行产品和工业区的设计与改造，促进循环经济的发展。在生产环节，要严格排放强度准入，鼓励节能降耗，实行清洁生产并依法强制审核；在废物产生环节，要强化污染预防和全过程控制，实行生产者责任延伸，合理延长产业链，强化对各类废物的循环利用；在消费环节，要大力倡导环境友好的消费方式，实行环境标识、环境认证和政府绿色采购制度，完善再生资源回收利用体系。大力推行建筑节能，发展绿色建筑。推进污水再生利用和垃圾处理与资源化回收，建设节水型城市。推动生态省（市、县）、环境保护模范城市、环境友好企业和绿色社区、绿色学校等创建活动。

（十）积极发展环保产业。要加快环保产业的国产化、标准化、现代化产业体系建设。加强政策扶持和市场监管，按照市场经济规律，打破地方和行业保护，促进公平竞争，鼓励社会资本参与环保产业的发展。重点发展具有自主知识产权的重要环保技术装备和基础装备，在立足自主研发的基础上，通过引进消化吸收，努力掌握环保核心技术和关键技术。大力提高环保装备制造企业的自主创新能力，推进重大环保技术装备的自主制造。培育一批拥有著名品牌、核心技术能力强、市场占有率高、能够提供较多就业机会的优势环保企业。加快发展环保服务业，推进环境咨询市场化，充分发挥行业协会等中介组织的作用。

四、切实解决突出的环境问题

（十一）以饮水安全和重点流域治理为重点，加强水污染防治。要科学划定和调整饮用水水源保护区，切实加强饮用水水源保护，建设好城市备用水源，解决好农村饮水安全问题。坚决取缔水源保护区内的直接排污口，严防养殖业污染水源，禁止有毒有害物质进入饮用水水源保护区，强化水污染事故的预防和应急处理，确保群众饮水安全。把淮河、海河、辽河、松花江、三峡水库库区及上游，黄河小浪底水库库区及上游，南水北调水源地及沿线，太湖、滇池、巢湖作为流域水污染治理的重点。把渤海等重点海域和河口地区作为海洋环保工作重点。严禁直接向江河湖海排放超标的工业污水。

（十二）以强化污染防治为重点，加强城市环境保护。要加强城市基础设施建设，到2010年，全国设市城市污水处理率不低于70%，生活垃圾无害化处理率不低于60%；着力解决颗粒物、噪声和餐饮业污染，鼓励发展节能环保型汽车。对污染企业搬迁后的原址进行土壤风险评估和修复。城市建设应注重自然和生态条件，尽可能保留天然林草、河湖水系、滩涂湿地、自然地貌及野生动物等自然遗产，努力维护城市生态平衡。

（十三）以降低二氧化硫排放总量为重点，推进大气污染防治。加快原煤洗选步伐，降低商品煤含硫量。加强燃煤电厂二氧化硫治理，新（扩）建燃煤电厂除燃用特低硫煤的坑口电厂外，必须同步建设脱硫设施或者采取其他降低二氧化硫排放量的措施。在大中城市及其近郊，严格控制新（扩）建除热电联产外的燃煤电厂，禁止新（扩）建钢铁、冶炼等高耗能企业。2004年年底前投运的二氧化硫排放超标的燃煤电厂,应在2010年底前安装脱硫设施;要根据环境状况,确定不同区域的脱硫目标,制订并实施酸雨和二氧化硫污染防治规划。对投产20年以上或装机容量10万千瓦以下的电厂,限期改造或者关停。制订燃煤电厂氮氧化物治理规划,开展试点示范。加大烟尘、粉尘治理力度。采取节能措施,提高能源利用效率;大力发展风能、太阳能、地热、生物质能等新能源,积极发展核电,有序开发水能,提高清洁能源比重,减少大气污染物排放。

(十四)以防治土壤污染为重点,加强农村环境保护。结合社会主义新农村建设,实施农村小康环保行动计划。开展全国土壤污染状况调查和超标耕地综合治理,污染严重且难以修复的耕地应依法调整;合理使用农药、化肥,防治农用薄膜对耕地的污染;积极发展节水农业与生态农业,加大规模化养殖业污染治理力度。推进农村改水、改厕工作,搞好作物秸秆等资源化利用,积极发展农村沼气,妥善处理生活垃圾和污水,解决农村环境"脏、乱、差"问题,创建环境优美乡镇、文明生态村。发展县域经济要选择适合本地区资源优势和环境容量的特色产业,防止污染向农村转移。

(十五)以促进人与自然和谐为重点,强化生态保护。坚持生态保护与治理并重,重点控制不合理的资源开发活动。优先保护天然植被,坚持因地制宜,重视自然恢复;继续实施天然林保护、天然草原植被恢复、退耕还林、退牧还草、退田还湖、防沙治沙、水土保持和防治石漠化等生态治理工程;严格控制土地退化和草原沙化。经济社会发展要与水资源条件相适应,统筹生活、生产和生态用水,建设节水型社会;发展适应抗灾要求的避灾经济;水资源开发利用活动,要充分考虑生态用水。加强生态功能保护区和自然保护区的建设与管理。加强矿产资源和旅游开发的环境监管。做好红树林、滨海湿地、珊瑚礁、海岛等海洋、海岸带典型生态系统的保护工作。

(十六)以核设施和放射源监管为重点,确保核与辐射环境安全。全面加强核安全与辐射环境管理,国家对核设施的环境保护实行统一监管。核电发展的规划和建设要充分考虑核安全、环境安全和废物处理处置等问题;加强在建和在役核设施的安全监管,加快核设施退役和放射性废物处理处置步伐;加强电磁辐射和伴生放射性矿产资源开发的环境监督管理;健全放射源安全监管体系。

(十七)以实施国家环保工程为重点,推动解决当前突出的环境问题。国家环保重点工程是解决环境问题的重要举措,从"十一五"开始,要将国家重点环保工程纳入国民经济和社会发展规划及有关专项规划,认真组织落实。国家重点环保工程包括:危险废物处置工程、城市污水处理工程、垃圾无害化处理工程、燃煤电厂脱硫工程、重要生态功能保护区和自然保护区建设工程、农村小康环保行动工程、核与辐射环境安全工程、环境管理能力建设工程。

**五、建立和完善环境保护的长效机制**

(十八)健全环境法规和标准体系。要抓紧拟订有关土壤污染、化学物质污染、生态保护、遗传资源、生物安全、臭氧层保护、核安全、循环经济、环境损害赔偿和环境监测等方面的法律法规草案,配合做好《中华人民共和国环境保护法》的修改工作。通过认真评估环境立法和各地执法情况,完善环境法律法规,作出加大对违法行为处罚的规定,重点解决"违法成本低、守法成本高"的问题。完善环境技术规范和标准体系,科学确定环境基准,努力使环境标准与环保目标相衔接。

（十九）严格执行环境法律法规。要强化依法行政意识，加大环境执法力度，对不执行环境影响评价、违反建设项目环境保护设施"三同时"制度（同时设计、同时施工、同时投产使用）、不正常运转治理设施、超标排污、不遵守排污许可证规定、造成重大环境污染事故，在自然保护区内违法开发建设和开展旅游或者违规采矿造成生态破坏等违法行为，予以重点查处。加大对各类工业开发区的环境监管力度，对达不到环境质量要求的，要限期整改。加强部门协调，完善联合执法机制。规范环境执法行为，实行执法责任追究制，加强对环境执法活动的行政监察。完善对污染受害者的法律援助机制，研究建立环境民事和行政公诉制度。

（二十）完善环境管理体制。按照区域生态系统管理方式，逐步理顺部门职责分工，增强环境监管的协调性、整体性。建立健全国家监察、地方监管、单位负责的环境监管体制。国家加强对地方环保工作的指导、支持和监督，健全区域环境督查派出机构，协调跨省域环境保护，督促检查突出的环境问题。地方人民政府对本行政区域环境质量负责，监督下一级人民政府的环保工作和重点单位的环境行为，并建立相应的环保监管机制。法人和其他组织负责解决所辖范围有关的环境问题。建立企业环境监督员制度，实行职业资格管理。县级以上地方人民政府要加强环保机构建设，落实职能、编制和经费。进一步总结和探索设区城市环保派出机构监管模式，完善地方环境管理体制。各级环保部门要严格执行各项环境监管制度，责令严重污染单位限期治理和停产整治，负责召集有关部门专家和代表提出开发建设规划环境影响评价的审查意见。完善环境犯罪案件的移送程序，配合司法机关办理各类环境案件。

（二十一）加强环境监管制度。要实施污染物总量控制制度，将总量控制指标逐级分解到地方各级人民政府并落实到排污单位。推行排污许可证制度，禁止无证或超总量排污。严格执行环境影响评价和"三同时"制度，对超过污染物总量控制指标、生态破坏严重或者尚未完成生态恢复任务的地区，暂停审批新增污染物排放总量和对生态有较大影响的建设项目；建设项目未履行环评审批程序即擅自开工建设或者擅自投产的，责令其停建或者停产，补办环评手续，并追究有关人员的责任。对生态治理工程实行充分论证和后评估。要结合经济结构调整，完善强制淘汰制度，根据国家产业政策，及时制订和调整强制淘汰污染严重的企业和落后的生产能力、工艺、设备与产品目录。强化限期治理制度，对不能稳定达标或超总量的排污单位实行限期治理，治理期间应予限产、限排，并不得建设增加污染物排放总量的项目；逾期未完成治理任务的，责令其停产整治。完善环境监察制度，强化现场执法检查。严格执行突发环境事件应急预案，地方各级人民政府要按照有关规定全面负责突发环境事件应急处置工作，环保总局及国务院相关部门根据情况给予协调支援。建立跨省界河流断面水质考核制度，省级人民政府应当确保出境水质达到考核目标。国家加强跨省界环境执法及污染纠纷的协调，上游省份排污对下游省份造成污染事故的，上游省级人民政府应当承担赔付补偿责任，并依法追究相关单位和人员的责任。赔付补偿的具体办法由环保总局会同有关部门拟定。

（二十二）完善环境保护投入机制。创造良好的生态环境是各级人民政府的重要职责，各级人民政府要将环保投入列入本级财政支出的重点内容并逐年增加。要加大对污染防治、生态保护、环保试点示范和环保监管能力建设的资金投入。当前，地方政府投入重点解决污水管网和生活垃圾收运设施的配套和完善，国家继续安排投资予以支持。各级人民政府要严格执行国家定员定额标准,确保环保行政管理、监察、监测、信息、宣教等行政和事业经费支出,切实解决"收支两条线"问题。要引导社会资金参与城乡环境保护基础设施和有关工作的投入,完善政府、企业、社会多元化环保投融资机制。

(二十三)推行有利于环境保护的经济政策。建立健全有利于环境保护的价格、税收、信贷、贸易、土地和政府采购等政策体系。政府定价要充分考虑资源的稀缺性和环境成本,对市场调节的价格也要进行有利于环保的指导和监管。对可再生能源发电厂和垃圾焚烧发电厂实行有利于发展的电价政策,对可再生能源发电项目的上网电量实行全额收购政策。对不符合国家产业政策和环保标准的企业,不得审批用地,并停止信贷,不予办理工商登记或者依法取缔。对通过境内非营利社会团体、国家机关向环保事业的捐赠依法给予税收优惠。要完善生态补偿政策,尽快建立生态补偿机制。中央和地方财政转移支付应考虑生态补偿因素,国家和地方可分别开展生态补偿试点。建立遗传资源惠益共享机制。

(二十四)运用市场机制推进污染治理。全面实施城市污水、生活垃圾处理收费制度,收费标准要达到保本微利水平,凡收费不到位的地方,当地财政要对运营成本给予补助。鼓励社会资本参与污水、垃圾处理等基础设施的建设和运营。推动城市污水和垃圾处理单位加快转制改企,采用公开招标方式,择优选择投资主体和经营单位,实行特许经营,并强化监管。对污染处理设施建设运营的用地、用电、设备折旧等实行扶持政策,并给予税收优惠。生产者要依法负责或委托他人回收和处置废弃产品,并承担费用。推行污染治理工程的设计、施工和运营一体化模式,鼓励排污单位委托专业化公司承担污染治理或设施运营。有条件的地区和单位可实行二氧化硫等排污权交易。

(二十五)推动环境科技进步。强化环保科技基础平台建设,将重大环保科研项目优先列入国家科技计划。开展环保战略、标准、环境与健康等研究,鼓励对水体、大气、土壤、噪声、固体废物、农业面源等污染防治,以及生态保护、资源循环利用、饮水安全、核安全等领域的研究,组织对污水深度处理、燃煤电厂脱硫脱硝、洁净煤、汽车尾气净化等重点难点技术的攻关,加快高新技术在环保领域的应用。积极开展技术示范和成果推广,提高自主创新能力。

(二十六)加强环保队伍和能力建设。健全环境监察、监测和应急体系。规范环保人员管理,强化培训,提高素质,建设一支思想好、作风正、懂业务、会管理的环保队伍。各级人民政府要选派政治觉悟高、业务素质强的领导干部充实环保部门。下级环保部门负责人的任免,应当事先征求上级环保部门的意见。按照政府机构改革与事业单位改革的总体思路和有关要求,研究解决环境执法人员纳入公务员序列问题。要完善环境监测网络,建设"金环工程",实现"数字环保",加快环境与核安全信息系统建设,实行信息资源共享机制。建立环境事故应急监控和重大环境突发事件预警体系。

(二十七)健全社会监督机制。实行环境质量公告制度,定期公布各省(区、市)有关环境保护指标,发布城市空气质量、城市噪声、饮用水水源水质、流域水质、近岸海域水质和生态状况评价等环境信息,及时发布污染事故信息,为公众参与创造条件。公布环境质量不达标的城市,并实行投资环境风险预警机制。发挥社会团体的作用,鼓励检举和揭发各种环境违法行为,推动环境公益诉讼。企业要公开环境信息。对涉及公众环境权益的发展规划和建设项目,通过听证会、论证会或社会公示等形式,听取公众意见,强化社会监督。

（二十八）扩大国际环境合作与交流。要积极引进国外资金、先进环保技术与管理经验，提高我国环保的技术、装备和管理水平。积极宣传我国环保工作的成绩和举措，参与气候变化、生物多样性保护、荒漠化防治、湿地保护、臭氧层保护、持久性有机污染物控制、核安全等国际公约和有关贸易与环境的谈判，履行相应的国际义务，维护国家环境与发展权益。努力控制温室气体排放，加快消耗臭氧层物质的淘汰进程。要完善对外贸易产品的环境标准，建立环境风险评估机制和进口货物的有害物质监控体系，既要合理引进可利用再生资源和物种资源，又要严格防范污染转入、废物非法进口、有害外来物种入侵和遗传资源流失。

**六、加强对环境保护工作的领导**

（二十九）落实环境保护领导责任制。地方各级人民政府要把思想统一到科学发展观上来，充分认识保护环境就是保护生产力，改善环境就是发展生产力，增强环境忧患意识和做好环保工作的责任意识，抓住制约环境保护的难点问题和影响群众健康的重点问题，一抓到底，抓出成效。地方人民政府主要领导和有关部门主要负责人是本行政区域和本系统环境保护的第一责任人，政府和部门都要有一位领导分管环保工作，确保认识到位、责任到位、措施到位、投入到位。地方人民政府要定期听取汇报，研究部署环保工作，制订并组织实施环保规划，检查落实情况，及时解决问题，确保实现环境目标。各级人民政府要向同级人大、政协报告或通报环保工作，并接受监督。

（三十）科学评价发展与环境保护成果。研究绿色国民经济核算方法，将发展过程中的资源消耗、环境损失和环境效益逐步纳入经济发展的评价体系。要把环境保护纳入领导班子和领导干部考核的重要内容，并将考核情况作为干部选拔任用和奖惩的依据之一。坚持和完善地方各级人民政府环境目标责任制，对环境保护主要任务和指标实行年度目标管理，定期进行考核，并公布考核结果。评优创先活动要实行环保一票否决。对环保工作作出突出贡献的单位和个人应给予表彰和奖励。建立问责制，切实解决地方保护主义干预环境执法的问题。对因决策失误造成重大环境事故、严重干扰正常环境执法的领导干部和公职人员，要追究责任。

（三十一）深入开展环境保护宣传教育。保护环境是全民族的事业，环境宣传教育是实现国家环境保护意志的重要方式。要加大环境保护基本国策和环境法制的宣传力度，弘扬环境文化，倡导生态文明，以环境补偿促进社会公平，以生态平衡推进社会和谐，以环境文化丰富精神文明。新闻媒体要大力宣传科学发展观对环境保护的内在要求，把环保公益宣传作为重要任务，及时报道党和国家环保政策措施，宣传环保工作中的新进展新经验，努力营造节约资源和保护环境的舆论氛围。各级干部培训机构要加强对领导干部、重点企业负责人的环保培训。加强环保人才培养，强化青少年环境教育，开展全民环保科普活动，提高全民保护环境的自觉性。

（三十二）健全环境保护协调机制。建立环境保护综合决策机制，完善环保部门统一监督管理、有关部门分工负责的环境保护协调机制，充分发挥全国环境保护部际联席会议的作用。国务院环境保护行政主管部门是环境保护的执法主体，要会同有关部门健全国家环境监测网络，规范环境信息的发布。抓紧编制全国生态功能区划并报国务院批准实施。经济综合和有关主管部门要制定有利于环境保护的财政、税收、金融、价格、贸易、科技等政策。建设、国土、水利、农业、林业、海洋等有关部门要依法做好各自领域的环境保护和资源管理工作。宣传教育部门要积极开展环保宣传教育，普及环保知识。充分发挥人民解放军在环境保护方面的重要作用。

各省、自治区、直辖市人民政府和国务院各有关部门要按照本决定的精神，制订措施，抓好落实。环保总局要会同监察部监督检查本决定的贯彻执行情况，每年向国务院作出报告。

# 国务院关于加强环境保护重点工作的意见

(国发［2011］35号)

各省、自治区、直辖市人民政府，国务院各部委、各直属机构：

多年来，我国积极实施可持续发展战略，将环境保护放在重要的战略位置，不断加大解决环境问题的力度，取得了明显成效。但由于产业结构和布局仍不尽合理，污染防治水平仍然较低，环境监管制度尚不完善等原因，环境保护形势依然十分严峻。为深入贯彻落实科学发展观，加快推动经济发展方式转变，提高生态文明建设水平，现就加强环境保护重点工作提出如下意见：

**一、全面提高环境保护监督管理水平**

（一）严格执行环境影响评价制度。凡依法应当进行环境影响评价的重点流域、区域开发和行业发展规划以及建设项目，必须严格履行环境影响评价程序，并把主要污染物排放总量控制指标作为新改扩建项目环境影响评价审批的前置条件。环境影响评价过程要公开透明，充分征求社会公众意见。建立健全规划环境影响评价和建设项目环境影响评价的联动机制。对环境影响评价文件未经批准即擅自开工建设、建设过程中擅自作出重大变更、未经环境保护验收即擅自投产等违法行为，要依法追究管理部门、相关企业和人员的责任。

（二）继续加强主要污染物总量减排。完善减排统计、监测和考核体系，鼓励各地区实施特征污染物排放总量控制。对造纸、印染和化工行业实行化学需氧量和氨氮排放总量控制。加强污水处理设施、污泥处理处置设施、污水再生利用设施和垃圾渗滤液处理设施建设。对现有污水处理厂进行升级改造。完善城镇污水收集管网，推进雨、污分流改造。强化城镇污水、垃圾处理设施运行监管。对电力行业实行二氧化硫和氮氧化物排放总量控制，继续加强燃煤电厂脱硫，全面推行燃煤电厂脱硝，新建燃煤机组应同步建设脱硫脱硝设施。对钢铁行业实行二氧化硫排放总量控制，强化水泥、石化、煤化工等行业二氧化硫和氮氧化物治理。在大气污染联防联控重点区域开展煤炭消费总量控制试点。开展机动车船尾气氮氧化物治理。提高重点行业环境准入和排放标准。促进农业和农村污染减排，着力抓好规模化畜禽养殖污染防治。

（三）强化环境执法监管。抓紧推动制定和修订相关法律法规，为环境保护提供更加完备、有效的法制保障。健全执法程序，规范执法行为，建立执法责任制。加强环境保护日常监管和执法检查。继续开展整治违法排污企业保障群众健康环保专项行动，对环境法律法规执行和环境问题整改情况进行后督察。建立建设项目全过程环境监管制度以及农村和生态环境监察制度。完善跨行政区域环境执法合作机制和部门联动执法机制。依法处置环境污染和生态破坏事件。执行流域、区域、行业限批和挂牌督办等督查制度。对未完成环保目标任务或发生重特大突发环境事件负有责任的地方政府领导进行约谈，落实整改措施。推行生产者责任延伸制度。深化企业环境监督员制度，实行资格化管理。建立健全环境保护举报制度，广泛实行信息公开，加强环境保护的社会监督。

（四）有效防范环境风险和妥善处置突发环境事件。完善以预防为主的环境风险管理制度，实行环境应急分级、动态和全过程管理，依法科学妥善处置突发环境事件。建设更加高效的环境风险管理和应急救援体系，提高环境应急监测处置能力。制定切实可行的环境应急预案，配备必要的应急救援物资和装备，加强环境应急管理、技术支撑和处置救援队伍建设，定期组织培训和演练。开展重点流域、区域环境与健康调查研究。全力做好污染事件应急处置工作，及时准确发布信息，减少人民群众生命财产损失和生态环境损害。健全责任追究制度，严格落实企业环境安全主体责任，强化地方政府环境安全监管责任。

## 二、着力解决影响科学发展和损害群众健康的突出环境问题

（五）切实加强重金属污染防治。对重点防控的重金属污染地区、行业和企业进行集中治理。合理调整涉重金属企业布局，严格落实卫生防护距离，坚决禁止在重点防控区域新改扩建增加重金属污染物排放总量的项目。加强重金属相关企业的环境监管，确保达标排放。对造成污染的重金属污染企业，加大处罚力度，采取限期整治措施，仍然达不到要求的，依法关停取缔。规范废弃电器电子产品的回收处理活动，建设废旧物品回收体系和集中加工处理园区。积极妥善处理重金属污染历史遗留问题。

（六）严格化学品环境管理。对化学品项目布局进行梳理评估，推动石油、化工等项目科学规划和合理布局。对化学品生产经营企业进行环境隐患排查，对海洋、江河湖泊沿岸化工企业进行综合整治，强化安全保障措施。把环境风险评估作为危险化学品项目评估的重要内容，提高化学品生产的环境准入条件和建设标准，科学确定并落实化学品建设项目环境安全防护距离。依法淘汰高毒、难降解、高环境危害的化学品，限制生产和使用高环境风险化学品。推行工业产品生态设计。健全化学品全过程环境管理制度。加强持久性有机污染物排放重点行业监督管理。建立化学品环境污染责任终身追究制和全过程行政问责制。

（七）确保核与辐射安全。以运行核设施为监管重点，强化对新建、扩建核设施的安全审查和评估，推进老旧核设施退役和放射性废物治理。加强对核材料、放射性物品生产、运输、贮存等环节的安全管理和辐射防护，促进铀矿和伴生放射性矿环境保护。强化放射源、射线装置、高压输变电及移动通信工程等辐射环境管理。完善核与辐射安全审评方法，健全辐射环境监测监督体系，推动国家核与辐射安全监管技术研发基地建设，构建监管技术支撑平台。

（八）深化重点领域污染综合防治。严格饮用水水源保护区划分与管理，定期开展水质全分析，实施水源地环境整治、恢复和建设工程，提高水质达标率。开展地下水污染状况调查、风险评估、修复示范。继续推进重点流域水污染防治，完善考核机制。加强鄱阳湖、洞庭湖、洪泽湖等湖泊污染治理。加大对水质良好或生态脆弱湖泊的保护力度。禁止在可能造成生态严重失衡的地方进行围填海活动，加强入海河流污染治理与入海排污口监督管理，重点改善渤海和长江、黄河、珠江等河口海域环境质量。修订环境空气质量标

准,增加大气污染物监测指标,改进环境质量评价方法。健全重点区域大气污染联防联控机制,实施多种污染物协同控制,严格控制挥发性有机污染物排放。加强恶臭、噪声和餐饮油烟污染控制。加大城市生活垃圾无害化处理力度。加强工业固体废物污染防治,强化危险废物和医疗废物管理。被污染场地再次进行开发利用的,应进行环境评估和无害化治理。推行重点企业强制性清洁生产审核。推进污染企业环境绩效评估,严格上市企业环保核查。深入开展城市环境综合整治和环境保护模范城市创建活动。

(九)大力发展环保产业。加大政策扶持力度,扩大环保产业市场需求。鼓励多渠道建立环保产业发展基金,拓宽环保产业发展融资渠道。实施环保先进适用技术研发应用、重大环保技术装备及产品产业化示范工程。着重发展环保设施社会化运营、环境咨询、环境监理、工程技术设计、认证评估等环境服务业。鼓励使用环境标志、环保认证和绿色印刷产品。开展污染减排技术攻关,实施水体污染控制与治理等科技重大专项。制定环保产业统计标准。加强环境基准研究,推进国家环境保护重点实验室、工程技术中心建设。加强高等院校环境学科和专业建设。

(十)加快推进农村环境保护。实行农村环境综合整治目标责任制。深化"以奖促治"和"以奖代补"政策,扩大连片整治范围,集中整治存在突出环境问题的村庄和集镇,重点治理农村土壤和饮用水水源地污染。继续开展土壤环境调查,进行土壤污染治理与修复试点示范。推动环境保护基础设施和服务向农村延伸,加强农村生活垃圾和污水处理设施建设。发展生态农业和有机农业,科学使用化肥、农药和农膜,切实减少面源污染。严格农作物秸秆禁烧管理,推进农业生产废弃物资源化利用。加强农村人畜粪便和农药包装无害化处理。加大农村地区工矿企业污染防治力度,防止污染向农村转移。开展农业和农村环境统计。

(十一)加大生态保护力度。国家编制环境功能区划,在重要生态功能区、陆地和海洋生态环境敏感区、脆弱区等区域划定生态红线,对各类主体功能区分别制定相应的环境标准和环境政策。加强青藏高原生态屏障、黄土高原—川滇生态屏障、东北森林带、北方防沙带和南方丘陵山地带以及大江大河重要水系的生态环境保护。推进生态修复,让江河湖泊等重要生态系统休养生息。强化生物多样性保护,建立生物多样性监测、评估与预警体系以及生物遗传资源获取与惠益共享制度,有效防范物种资源丧失和流失。加强自然保护区综合管理。开展生态系统状况评估。加强矿产、水电、旅游资源开发和交通基础设施建设中的生态保护。推进生态文明建设试点,进一步开展生态示范创建活动。

三、改革创新环境保护体制机制

(十二)继续推进环境保护历史性转变。坚持在发展中保护,在保护中发展,不断强化并综合运用法律、经济、技术和必要的行政手段,以改革创新为动力,积极探索代价小、效益好、排放低、可持续的环境保护新道路,建立与我国国情相适应的环境保护宏观战略体系、全面高效的污染防治体系、健全的环境质量评价体系、完善的环境保护法规政策和科技标准体系、完备的环境管理和执法监督体系、全民参与的社会行动体系。

(十三)实施有利于环境保护的经济政策。把环境保护列入各级财政年度预算并逐步增加投入。适时增加同级环保能力建设经费安排。加大对重点流域水污染防治的投入力度,完善重点流域水污染防治专项资金管理办法。完善中央财政转移支付制度,加大对中西部地区、民族自治地方和重点生态功能区环境保护的转移支付力度。加快建立生态补偿机制和国家生态补偿专项资金,扩大生态补偿范围。积极推进环境税费改革,研究开征环境保护税。对生产符合下一阶段标准车用燃油的企业,在消费税政策上予以优惠。制定和完善环境保护综合名录。对"高污染、高环境风险"产品,研究调整进出口关税政策。支持符合条件的企业发行债券用于环境保护项目。加大对符合环保要求和信贷原则的企业和项目的信贷支持。建立企业环境行为信用评价制度。健全环境污染责任保险制度,开展环境污染强制责任保险试点。严格落实燃煤电厂烟气脱硫电价政策,制定脱硝电价政策。对可再生能源发电、余热发电和垃圾焚烧发电实行优先上网等政策支持。对高耗能、高污染行业实行差别电价,对污水处理、污泥无害化处理设施、非电力行业脱硫脱硝和垃圾处理设施等鼓励类企业实行政策优惠。按照污泥、垃圾和医疗废物无害化处置的要求,完善收费标准,推进征收方式改革。推行排污许可证制度,开展排污权有偿使用和交易试点,建立国家排污权交易中心,发展排污权交易市场。

(十四)不断增强环境保护能力。全面推进监测、监察、宣教、信息等环境保护能力标准化建设。完善地级以上城市空气质量、重点流域、地下水、农产品产地国家重点监控点位和自动监测网络,扩大监测范围,建设国家环境监测网。推进环境专用卫星建设及其应用,提高遥感监测能力。加强污染源自动监控系统建设、监督管理和运行维护。开展全民环境宣传教育行动计划,培育壮大环保志愿者队伍,引导和支持公众及社会组织开展环保活动。增强环境信息基础能力、统计能力和业务应用能力。建设环境信息资源中心,加强物联网在污染源自动监控、环境质量实时监测、危险化学品运输等领域的研发应用,推动信息资源共享。

(十五)健全环境管理体制和工作机制。构建环境保护工作综合决策机制。完善环境监测和督查体制机制,加强国家环境监察职能。继续实行环境保护部门领导干部双重管理体制。鼓励有条件的地区开展环境保护体制综合改革试点。结合地方人民政府机构改革和乡镇机构改革,探索实行设区城市环境保护派出机构监管模式,完善基层环境管理体制。加强核与辐射安全监管职能和队伍建设。实施生态环境保护人才发展中长期规划。

(十六)强化对环境保护工作的领导和考核。地方各级人民政府要切实把环境保护放在全局工作的突出位置,列入重要议事日程,明确目标任务,完善政策措施,组织实施国家重点环保工程。制定生态文明建设的目标指标体系,纳入地方各级人民政府绩效考核,考核结果作为领导班子和领导干部综合考核评价的重要内容,作为干部选拔任用、管理监督的重要依据,实行环境保护一票否决制。对未完成目标任务考核的地方实施区域限批,暂停审批该地区除民生工程、节能减排、生态环境保护和基础设施建设以外的项目,并追究有关领导责任。

各地区、各部门要加强协调配合,明确责任、分工和进度要求,认真落实本意见。环境保护部要会同有关部门加强对本意见落实情况的监督检查,重大情况向国务院报告。

国务院

二〇一一年十月十七日

# 国家环境保护"十二五"规划

(国发〔2011〕42号)

保护环境是我国的基本国策。为推进"十二五"期间环境保护事业的科学发展,加快资源节约型、环境友好型社会建设,制定本规划。

**一、环境形势**

党中央、国务院高度重视环境保护工作,将其作为贯彻落实科学发展观的重要内容,作为转变经济发展方式的重要手段,作为推进生态文明建设的根本措施。"十一五"期间,国家将主要污染物排放总量显著减少作为经济社会发展的约束性指标,着力解决突出环境问题,在认识、政策、体制和能力等方面取得重要进展。化学需氧量、二氧化硫排放总量比2005年分别下降12.45%、14.29%,超额完成减排任务。污染治理设施快速发展,设市城市污水处理率由2005年的52%提高到72%,火电脱硫装机比重由12%提高到82.6%。让江河湖泊休养生息全面推进,重点流域、区域污染防治不断深化,环境质量有所改善,全国地表水国控断面水质优于Ⅲ类的比重提高到51.9%,全国城市空气二氧化硫平均浓度下降26.3%。环境执法监管力度不断加大,农村环境综合整治成效明显,生态保护切实加强,核与辐射安全可控,全社会环境意识不断增强,人民群众参与程度进一步提高,"十一五"环境保护目标和重点任务全面完成。

当前,我国环境状况总体恶化的趋势尚未得到根本遏制,环境矛盾凸显,压力继续加大。一些重点流域、海域水污染严重,部分区域和城市大气灰霾现象突出,许多地区主要污染物排放量超过环境容量。农村环境污染加剧,重金属、化学品、持久性有机污染物以及土壤、地下水等污染显现。部分地区生态损害严重,生态系统功能退化,生态环境比较脆弱。核与辐射安全风险增加。人民群众环境诉求不断提高,突发环境事件的数量居高不下,环境问题已成为威胁人体健康、公共安全和社会稳定的重要因素之一。生物多样性保护等全球性环境问题的压力不断加大。环境保护法制尚不完善,投入仍然不足,执法力量薄弱,监管能力相对滞后。同时,随着人口总量持续增长,工业化、城镇化快速推进,能源消费总量不断上升,污染物产生量将继续增加,经济增长的环境约束日趋强化。

**二、指导思想、基本原则和主要目标**

(一)指导思想。

以邓小平理论和"三个代表"重要思想为指导,深入贯彻落实科学发展观,努力提高生态文明水平,切实解决影响科学发展和损害群众健康的突出环境问题,加强体制机制创新和能力建设,深化主要污染物总量减排,努力改善环境质量,防范环境风险,全面推进环境保护历史性转变,积极探索代价小、效益好、排放低、可持续的环境保护新道路,加快建设资源节约型、环境友好型社会。

(二)基本原则。

——科学发展,强化保护。坚持科学发展,加快转变经济发展方式,以资源环境承载力为基础,在保护中发展,在发展中保护,促进经济社会与资源环境协调发展。

——环保惠民,促进和谐。坚持以人为本,将喝上干净水、呼吸清洁空气、吃上放心食物等摆上更加突出的战略位置,切实解决关系民生的突出环境问题。逐步实现环境保护基本公共服务均等化,维护人民群众环境权益,促进社会和谐稳定。

——预防为主,防治结合。坚持从源头预防,把环境保护贯穿于规划、建设、生产、流通、消费各环节,提升可持续发展能力。提高治污设施建设和运行水平,加强生态保护与修复。

——全面推进,重点突破。坚持将解决全局性、普遍性环境问题与集中力量解决重点流域、区域、行业环境问题相结合,建立与我国国情相适应的环境保护战略体系、全面高效的污染防治体系、健全的环境质量评价体系、完善的环境保护法规政策和科技标准体系、完备的环境管理和执法监督体系、全民参与的社会行动体系。

——分类指导,分级管理。坚持因地制宜,在不同地区和行业实施有差别的环境政策。鼓励有条件的地区采取更加积极的环境保护措施。健全国家监察、地方监管、单位负责的环境监管体制,落实环境保护目标责任制。

——政府引导,协力推进。坚持政府引导,明确企业主体责任,加强部门协调配合。加强环境信息公开和舆论监督,动员全社会参与环境保护。探索以市场化手段推进环境保护。

(三)主要目标。

到2015年,主要污染物排放总量显著减少;城乡饮用水水源地环境安全得到有效保障,水质大幅提高;重金属污染得到有效控制,持久性有机污染物、危险化学品、危险废物等污染防治成效明显;城镇环境基础设施建设和运行水平得到提升;生态环境恶化趋势得到扭转;核与辐射安全监管能力明显增强,核与辐射安全水平进一步提高;环境监管体系得到健全。

| 专栏1:"十二五"环境保护主要指标 | | | | |
|---|---|---|---|---|
| 序号 | 指标 | 2010年 | 2015年 | 2015年比2010年增长 |
| 1 | 化学需氧量排放总量(万吨) | 2551.7 | 2347.6 | −8% |
| 2 | 氨氮排放总量(万吨) | 264.4 | 238.0 | −10% |
| 3 | 二氧化硫排放总量(万吨) | 2267.8 | 2086.4 | −8% |
| 4 | 氮氧化物排放总量(万吨) | 2273.6 | 2046.2 | −10% |
| 5 | 地表水国控断面劣Ⅴ类水质的比例(%) | 17.7 | <15 | −2.7个百分点 |
|   | 七大水系国控断面水质好于Ⅲ类的比例(%) | 55 | >60 | 5个百分点 |
| 6 | 地级以上城市空气质量达到二级标准以上的比例(%) | 72 | ≥80 | 8个百分点 |

注:①化学需氧量和氨氮排放总量包括工业、城镇生活和农业源排放总量,依据2010年污染源普查动态更新结果核定。

②"十二五"期间,地表水国控断面个数由759个增加到970个,其中七大水系国控断面个数由419个增加到574个;同时,将评价因子由12项增加到21项。据此测算,2010年全国地表水国控断面劣Ⅴ类水质比例为17.7%,七大水系国控断面好于Ⅲ类水质的比例为55%。

③"十二五"期间,空气环境质量评价范围由113个重点城市增加到333个全国地级以上城市,按照可吸入颗粒物、二氧化硫、二氧化氮的年均值测算,2010年地级以上城市空气质量达到二级标准以上的比例为72%。

**三、推进主要污染物减排**

（一）加大结构调整力度。

加快淘汰落后产能。严格执行《产业结构调整指导目录》、《部分工业行业淘汰落后生产工艺装备和产品指导目录》。加大钢铁、有色、建材、化工、电力、煤炭、造纸、印染、制革等行业落后产能淘汰力度。制定年度实施方案，将任务分解落实到地方、企业，并向社会公告淘汰落后产能企业名单。建立新建项目与污染减排、淘汰落后产能相衔接的审批机制，落实产能等量或减量置换制度。重点行业新建、扩建项目环境影响审批要将主要污染物排放总量指标作为前置条件。

着力减少新增污染物排放量。合理控制能源消费总量，促进非化石能源发展，到2015年，非化石能源占一次能源消费比重达到11.4%。提高煤炭洗选加工水平。增加天然气、煤层气供给，降低煤炭在一次能源消费中的比重。在大气联防联控重点区域开展煤炭消费总量控制试点。进一步提高高耗能、高排放和产能过剩行业准入门槛。探索建立单位产品污染物产生强度评价制度。积极培育节能环保、新能源等战略性新兴产业，鼓励发展节能环保型交通运输方式。

大力推行清洁生产和发展循环经济。提高造纸、印染、化工、冶金、建材、有色、制革等行业污染物排放标准和清洁生产评价指标，鼓励各地制定更加严格的污染物排放标准。全面推行排污许可证制度。推进农业、工业、建筑、商贸服务等领域清洁生产示范。深化循环经济示范试点，加快资源再生利用产业化，推进生产、流通、消费各环节循环经济发展，构建覆盖全社会的资源循环利用体系。

（二）着力削减化学需氧量和氨氮排放量。

加大重点地区、行业水污染物减排力度。在已富营养化的湖泊水库和东海、渤海等易发生赤潮的沿海地区实施总氮或总磷排放总量控制。在重金属污染综合防治重点区域实施重点重金属污染物排放总量控制。推进造纸、印染和化工等行业化学需氧量和氨氮排放总量控制，削减比例较2010年不低于10%。严格控制长三角、珠三角等区域的造纸、印染、制革、农药、氮肥等行业新建单纯扩大产能项目。禁止在重点流域江河源头新建有色、造纸、印染、化工、制革等项目。

提升城镇污水处理水平。加大污水管网建设力度，推进雨、污分流改造，加快县城和重点建制镇污水处理厂建设，到2015年，全国新增城镇污水管网约16万公里，新增污水日处理能力4200万吨，基本实现所有县和重点建制镇具备污水处理能力，污水处理设施负荷率提高到80%以上，城市污水处理率达到85%。推进污泥无害化处理处置和污水再生利用。加强污水处理设施运行和污染物削减评估考核，推进城市污水处理厂监控平台建设。滇池、巢湖、太湖等重点流域和沿海地区城镇污水处理厂要提高脱氮除磷水平。

推动规模化畜禽养殖污染防治。优化养殖场布局，合理确定养殖规模，改进养殖方式，推行清洁养殖，推进养殖废弃物资源化利用。严格执行畜禽养殖业污染物排放标准，对养殖小区、散养密集区污染物实行统一收集和治理。到2015年，全国规模化畜禽养殖场和养殖小区配套建设固体废物和污水贮存处理设施的比例达到50%以上。

（三）加大二氧化硫和氮氧化物减排力度。

持续推进电力行业污染减排。新建燃煤机组要同步建设脱硫脱硝设施，未安装脱硫设施的现役燃煤机组要加快淘汰或建设脱硫设施，烟气脱硫设施要按照规定取消烟气旁路。

加快燃煤机组低氮燃烧技术改造和烟气脱硝设施建设，单机容量30万千瓦以上（含）的燃煤机组要全部加装脱硝设施。加强对脱硫脱硝设施运行的监管，对不能稳定达标排放的，要限期进行改造。

加快其他行业脱硫脱硝步伐。推进钢铁行业二氧化硫排放总量控制，全面实施烧结机烟气脱硫，新建烧结机应配套建设脱硫脱硝设施。加强水泥、石油石化、煤化工等行业二氧化硫和氮氧化物治理。石油石化、有色、建材等行业的工业窑炉要进行脱硫改造。新型干法水泥窑要进行低氮燃烧技术改造，新建水泥生产线要安装效率不低于60%的脱硝设施。因地制宜开展燃煤锅炉烟气治理，新建燃煤锅炉要安装脱硫脱硝设施，现有燃煤锅炉要实施烟气脱硫，东部地区的现有燃煤锅炉还应安装低氮燃烧装置。

开展机动车船氮氧化物控制。实施机动车环境保护标志管理。加速淘汰老旧汽车、机车、船舶，到2015年，基本淘汰2005年以前注册运营的"黄标车"。提高机动车环境准入要求，加强生产一致性检查，禁止不符合排放标准的车辆生产、销售和注册登记。鼓励使用新能源车。全面实施国家第四阶段机动车排放标准，在有条件的地区实施更严格的排放标准。提升车用燃油品质，鼓励使用新型清洁燃料，在全国范围供应符合国家第四阶段标准的车用燃油。积极发展城市公共交通，探索调控特大型和大型城市机动车保有总量。

**四、切实解决突出环境问题**

（一）改善水环境质量。

严格保护饮用水水源地。全面完成城市集中式饮用水水源保护区审批工作，取缔水源保护区内违法建设项目和排污口。推进水源地环境整治、恢复和规范化建设。加强对水源保护区外汇水区有毒有害物质的监管。地级以上城市集中式饮用水水源地要定期开展水质全分析。健全饮用水水源环境信息公开制度，加强风险防范和应急预警。

深化重点流域水污染防治。明确各重点流域的优先控制单元，实行分区控制。淮河流域要突出抓好氨氮控制，重点推进淮河干流及郑州、开封、淮北、淮南、蚌埠、亳州、菏泽、济宁、枣庄、临沂、徐州等城市水污染防治，干流水质基本达到Ⅲ类。海河流域要加强水资源利用与水污染防治统筹，以饮用水安全保障、城市水环境改善和跨界水污染协同治理为重点，大幅减少污染负荷，实现劣Ⅴ类水质断面比重明显下降。辽河流域要加强城市水系环境综合整治，推进辽河保护区建设，实现辽河干流以及招苏台河、条子河、大辽河等支流水质明显好转。三峡库区及其上游要加强污染治理、水生态保护及水源涵养，确保上游及库区水质保持优良。松花江流域要加强城市水系环境综合整治和面源污染治理，国控断面水质基本消除劣Ⅴ类。黄河中上游要重点推进渭河、汾河、湟水河等支流水污染防治，加强宁东、鄂尔多斯和陕北等能源化工基地的环境风险防控，加强河套灌区农业面源污染防治，实现支流水质大幅改善，干流稳定达到使用功能要求。太湖流域要着力降低入湖总氮、总磷等污染负荷，湖体水质由劣Ⅴ类提高到Ⅴ类，富营养化趋势得到遏制。巢湖流域要加强养殖和入湖污染控制，削减氨氮、总氮和总磷污染负荷，加强湖区生态修复，遏制湖体富营养化趋势，主要入湖支流基本消除劣Ⅴ类水质。滇池流域要综合推进湖体、生态防护区域、引导利用区域和水源涵养区域的水污染防治，改善入湖河流和湖体水质。南水北调中线丹江口库区及上游要加强水污染防治和水土流失治理，推进农业面源污染治理，实现水质全面达标；东线水源区及沿线要进一步深化污染治理，确保调水水质。

抓好其他流域水污染防治。加大长江中下游、珠江流域污染防治力度，实现水质稳定并有所好转。将西南诸河、西北内陆诸河、东南诸河，鄱阳湖、洞庭湖、洪泽湖、抚仙湖、梁子湖、博斯腾湖、艾比湖、微山湖、青海湖和洱海等作为保障和提升水生态安全的重点地区，探索建立水生态环境质量评价指标体系，开展水生态安全综合评估，落实水污染防治和水生态安全保障措施。加强湖北省长湖、三湖、白露湖、洪湖和云南省异龙湖等综合治理。加大对黑龙江、乌苏里江、图们江、额尔齐斯河、伊犁河等河流的环境监管和污染防治力度。加大对水质良好或生态脆弱湖泊的保护力度。

综合防控海洋环境污染和生态破坏。坚持陆海统筹、河海兼顾，推进渤海等重点海域综合治理。落实重点海域排污总量控制制度。加强近岸海域与流域污染防治的衔接。加强对海岸工程、海洋工程、海洋倾废和船舶污染的环境监管，在生态敏感地区严格控制围填海活动。降低海水养殖污染物排放强度。加强海岸防护林建设，保护和恢复滨海湿地、红树林、珊瑚礁等典型海洋生态系统。加强海洋生物多样性保护。在重点海域逐步增加生物、赤潮和溢油监测项目，强化海上溢油等事故应急处置。建立海洋环境监测数据共享机制。到2015年，近岸海域水质总体保持稳定，长江、黄河、珠江等河口和渤海等重点海湾的水质有所改善。

推进地下水污染防控。开展地下水污染状况调查和评估，划定地下水污染治理区、防控区和一般保护区。加强重点行业地下水环境监管。取缔渗井、渗坑等地下水污染源，切断废弃钻井、矿井等污染途径。防范地下工程设施、地下勘探、采矿活动污染地下水。控制危险废物、城镇污染、农业面源污染对地下水的影响。严格防控污染土壤和污水灌溉对地下水的污染。在地下水污染突出区域进行修复试点，重点加强华北地区地下水污染防治。开展海水入侵综合防治示范。

（二）实施多种大气污染物综合控制。

深化颗粒物污染控制。加强工业烟粉尘控制，推进燃煤电厂、水泥厂除尘设施改造，钢铁行业现役烧结（球团）设备要全部采用高效除尘器，加强工艺过程除尘设施建设。20蒸吨（含）以上的燃煤锅炉要安装高效除尘器，鼓励其他中小型燃煤工业锅炉使用低灰分煤或清洁能源。加强施工工地、渣土运输及道路等扬尘控制。

加强挥发性有机污染物和有毒废气控制。加强石化行业生产、输送和存储过程挥发性有机污染物排放控制。鼓励使用水性、低毒或低挥发性的有机溶剂，推进精细化工行业有机废气污染治理，加强有机废气回收利用。实施加油站、油库和油罐车的油气回收综合治理工程。开展挥发性有机污染物和有毒废气监测，完善重点行业污染物排放标准。严格污染源监管，减少含汞、铅和二口恶英等有毒有害废气排放。

推进城市大气污染防治。在大气污染联防联控重点区域，建立区域空气环境质量评价体系，开展多种污染物协同控制，实施区域大气污染物特别排放限值，对火电、钢铁、有色、石化、建材、化工等行业进行重点防控。在京津冀、长三角和珠三角等区域开展臭氧、细颗粒物（PM2.5）等污染物监测，开展区域联合执法检查，到2015年，上述区域复合型大气污染得到控制，所有城市空气环境质量达到或好于国家二级标准，酸雨、灰霾和光化学烟雾污染明显减少。实施城市清洁空气行动，加强乌鲁木齐等城市大气污染防治。实行城市空气质量分级管理，尚未达到标准的城市要制定并实施达标方案。加强餐饮油烟污染控制和恶臭污染治理。

加强城乡声环境质量管理。加大交通、施工、工业、社会生活等领域噪声污染防治力度。划定或调整声环境功能区，强化城市声环境达标管理，扩大达标功能区面积。做好重点噪声源控制，解决噪声扰民问题。强化噪声监管能力建设。

（三）加强土壤环境保护。

加强土壤环境保护制度建设。完善土壤环境质量标准，制定农产品产地土壤环境保护监督管理办法和技术规范。研究建立建设项目用地土壤环境质量评估与备案制度及污染土壤调查、评估和修复制度，明确治理、修复的责任主体和要求。

强化土壤环境监管。深化土壤环境调查，对粮食、蔬菜基地等敏感区和矿产资源开发影响区进行重点调查。开展农产品产地土壤污染评估与安全等级划分试点。加强城市和工矿企业污染场地环境监管，开展污染场地再利用的环境风险评估，将场地环境风险评估纳入建设项目环境影响评价，禁止未经评估和无害化治理的污染场地进行土地流转和开发利用。经评估认定对人体健康有严重影响的污染场地，应采取措施防止污染扩散，且不得用于住宅开发，对已有居民要实施搬迁。

推进重点地区污染场地和土壤修复。以大中城市周边、重污染工矿企业、集中治污设施周边、重金属污染防治重点区域、饮用水水源地周边、废弃物堆存场地等典型污染场地和受污染农田为重点，开展污染场地、土壤污染治理与修复试点示范。对责任主体灭失等历史遗留场地土壤污染要加大治理修复的投入力度。

（四）强化生态保护和监管。

强化生态功能区保护和建设。加强大小兴安岭森林、长白山森林等25个国家重点生态功能区的保护和管理，制定管理办法，完善管理机制。加强生态环境监测与评估体系建设，开展生态系统结构和功能的连续监测和定期评估。实施生态保护和修复工程。严格控制重点生态功能区污染物排放总量和产业准入环境标准。

提升自然保护区建设与监管水平。开展自然保护区基础调查与评估，统筹完善全国自然保护区发展规划。加强自然保护区建设和管理，严格控制自然保护区范围和功能分区的调整，严格限制涉及自然保护区的开发建设活动，规范自然保护区内土地和海域管理。加强国家级自然保护区规范化建设。优化自然保护区空间结构和布局，重点加强西南高山峡谷区、中南西部山地丘陵区、近岸海域等区域和河流水生生态系统自然保护区建设力度。抢救性保护中东部地区人类活动稠密区域残存的自然生境。到2015年，陆地自然保护区面积占国土面积的比重稳定在15%。

加强生物多样性保护。继续实施《中国生物多样性保护战略与行动计划（2011－2030年）》，加大生物多样性保护优先区域的保护力度，完成8至10个优先区域生物多样性本底调查与评估。开展生物多样性监测试点以及生物多样性保护示范区、恢复示范区等建设。推动重点地区和行业的种质资源库建设。加强生物物种资源出入境监管。研究建立生物遗传资源获取与惠益共享制度。研究制定防止外来物种入侵和加强转基因生物安全管理的法规。强化对转基因生物体环境释放和环境改善用途微生物利用的监管，开展外来有害物种防治。发布受威胁动植物和外来入侵物种名录。到2015年，90%的国家重点保护物种和典型生态系统得到保护。

推进资源开发生态环境监管。落实生态功能区划，规范资源开发利用活动。加强矿产、水电、旅游资源开发和交通基础设施建设中的生态监管，落实相关企业在生态保护与恢复中的责任。实施矿山环境治理和生态恢复保证金制度。

### 五、加强重点领域环境风险防控

（一）推进环境风险全过程管理。

开展环境风险调查与评估。以排放重金属、危险废物、持久性有机污染物和生产使用危险化学品的企业为重点，全面调查重点环境风险源和环境敏感点，建立环境风险源数据库。研究环境风险的产生、传播、防控机制。开展环境污染与健康损害调查，建立环境与健康风险评估体系。

完善环境风险管理措施。完善以预防为主的环境风险管理制度，落实企业主体责任。制定环境风险评估规范，完善相关技术政策、标准、工程建设规范。建设项目环境影响评价审批要对防范环境风险提出明确要求。建立企业突发环境事件报告与应急处理制度、特征污染物监测报告制度。对重点风险源、重要和敏感区域定期进行专项检查，对高风险企业要予以挂牌督办、限期整改或搬迁，对不具备整改条件的，应依法予以关停。建立环境应急救援网络，完善环境应急预案，定期开展环境事故应急演练。完善突发环境事件应急救援体系，构建政府引导、部门协调、分级负责、社会参与的环境应急救援机制，依法科学妥善处置突发环境事件。

建立环境事故处置和损害赔偿恢复机制。将有效防范和妥善应对重大突发环境事件作为地方人民政府的重要任务，纳入环境保护目标责任制。推进环境污染损害鉴定评估机构建设，建立鉴定评估工作机制，完善损害赔偿制度。建立损害评估、损害赔偿以及损害修复技术体系。健全环境污染责任保险制度，研究建立重金属排放等高环境风险企业强制保险制度。

（二）加强核与辐射安全管理。

提高核能与核技术利用安全水平。加强重大自然灾害对核设施影响的分析和预测预警。进一步提高核安全设备设计、制造、安装、运行的可靠性。加强研究堆和核燃料循环设施的安全整改，对不能满足安全要求的设施要限制运行或逐步关停。规范核技术利用行为，开展核技术利用单位综合安全检查，对安全隐患大的核技术利用项目实施强制退役。

加强核与辐射安全监管。完善核与辐射安全审评方法。加强运行核设施安全监管，强化对在建、拟建核设施的安全分析和评估，完善核安全许可证制度。完善早期核设施的安全管理。加强对核材料、放射性物品生产、运输、存储等环节的安全监管。加强核技术利用安全监管，完善核技术利用辐射安全管理信息系统。加强辐射环境质量监测和核设施流出物监督性监测。完善核与辐射安全监管国际合作机制，加强核安全宣传和科普教育。

加强放射性污染防治。推进早期核设施退役和放射性污染治理。开展民用辐射照射装置退役和废源回收工作。加快放射性废物贮存、处理和处置能力建设，基本消除历史遗留中低放废液的安全风险。加快铀矿、伴生放射性矿污染治理，关停不符合安全要求的铀矿冶设施，建立铀矿冶退役治理工程长期监护机制。

（三）遏制重金属污染事件高发态势。

加强重点行业和区域重金属污染防治。以有色金属矿（含伴生矿）采选业、有色金属冶炼业、铅蓄电池制造业、皮革及其制品业、化学原料及化学制品制造业等行业为重点，加大防控力度，加快重金属相关企业落后产能淘汰步伐。合理调整重金属相关企业布局，逐步提高行业准入门槛，严格落实卫生防护距离。坚持新增产能与淘汰产能等量置换或减量置换，禁止在重点区域新改扩建增加重金属污染物排放量的项目。鼓励各省（区、市）

在其非重点区域内探索重金属排放量置换、交易试点。制定并实施重点区域、行业重金属污染物特别排放限值。加强湘江等流域、区域重金属污染综合治理。到2015年,重点区域内重点重金属污染物排放量比2007年降低15%,非重点区域重点重金属污染物排放量不超过2007年水平。

实施重金属污染源综合防治。将重金属相关企业作为重点污染源进行管理,建立重金属污染物产生、排放台账,强化监督性监测和检查制度。对重点企业每两年进行一次强制清洁生产审核。推动重金属相关产业技术进步,鼓励企业开展深度处理。鼓励铅蓄电池制造业、有色金属冶炼业、皮革及其制品业、电镀等行业实施同类整合、园区化管理,强化园区的环境保护要求。健全重金属污染健康危害监测与诊疗体系。

(四)推进固体废物安全处理处置。

加强危险废物污染防治。落实危险废物全过程管理制度,确定重点监管的危险废物产生单位清单,加强危险废物产生单位和经营单位规范化管理,杜绝危险废物非法转移。对企业自建的利用处置设施进行排查、评估,促进危险废物利用和处置产业化、专业化和规模化发展。控制危险废物填埋量。取缔废弃铅酸蓄电池非法加工利用设施。规范实验室等非工业源危险废物管理。加快推进历史堆存铬渣的安全处置,确保新增铬渣得到无害化利用处置。加强医疗废物全过程管理和无害化处置设施建设,因地制宜推进农村、乡镇和偏远地区医疗废物无害化管理,到2015年,基本实现地级以上城市医疗废物得到无害化处置。

加大工业固体废物污染防治力度。完善鼓励工业固体废物利用和处置的优惠政策,强化工业固体废物综合利用和处置技术开发,加强煤矸石、粉煤灰、工业副产石膏、冶炼和化工废渣等大宗工业固体废物的污染防治,到2015年,工业固体废物综合利用率达到72%。推行生产者责任延伸制度,规范废弃电器电子产品的回收处理活动,建设废旧物品回收体系和集中加工处理园区,推进资源综合利用。加强进口废物圈区管理。

提高生活垃圾处理水平。加快城镇生活垃圾处理设施建设,到2015年,全国城市生活垃圾无害化处理率达到80%,所有县具有生活垃圾无害化处理能力。健全生活垃圾分类回收制度,完善分类回收、密闭运输、集中处理体系,加强设施运行监管。对垃圾简易处理或堆放设施和场所进行整治,对已封场的垃圾填埋场和旧垃圾场要进行生态修复、改造。鼓励垃圾厌氧制气、焚烧发电和供热、填埋气发电、餐厨废弃物资源化利用。推进垃圾渗滤液和垃圾焚烧飞灰处置工程建设。开展工业生产过程协同处理生活垃圾和污泥试点。

(五)健全化学品环境风险防控体系。

严格化学品环境监管。完善危险化学品环境管理登记及新化学物质环境管理登记制度。制定有毒有害化学品淘汰清单,依法淘汰高毒、难降解、高环境危害的化学品。制定重点环境管理化学品清单,限制生产和使用高环境风险化学品。完善相关行业准入标准、环境质量标准、排放标准和监测技术规范,推行排放、转移报告制度,开展强制清洁生产审核。健全化学品环境管理机构。建立化学品环境污染责任终身追究制和全过程行政问责制。

加强化学品风险防控。加强化工园区环境管理,严格新建化工园区的环境影响评价审批,加强现有化工企业集中区的升级改造。新建涉及危险化学品的项目应进入化工园区或化工聚集区，现有化工园区外的企业应逐步搬迁入园。制定化工园区环境保护设施建设标准，完善园区相关设施和环境应急体系建设。加强重点环境管理类危险化学品废弃物和污染场地的管理与处置。推进危险化学品企业废弃危险化学品暂存库建设和处理处置能力建设。以铁矿石烧结、电弧炉炼钢、再生有色金属生产、废弃物焚烧等行业为重点，加强二口恶英污染防治，建立完善的二口恶英污染防治体系和长效监管机制；到2015年，重点行业二口恶英排放强度降低10%。

**六、完善环境保护基本公共服务体系**

（一）推进环境保护基本公共服务均等化。

制定国家环境功能区划。根据不同地区主要环境功能差异，以维护环境健康、保育自然生态安全、保障食品产地环境安全等为目标，结合全国主体功能区规划，编制国家环境功能区划，在重点生态功能区、陆地和海洋生态环境敏感区、脆弱区等区域划定"生态红线"，制定不同区域的环境目标、政策和环境标准，实行分类指导、分区管理。

加大对优化开发和重点开发地区的环境治理力度，结合环境容量实施严格的污染物排放标准，大幅度削减污染物排放总量，加强环境风险防范，保护和扩大生态空间。加强对农产品主产区的环境监管，加强土壤侵蚀和养殖污染防治。对自然文化资源保护区依法实施强制性保护，维护自然生态和文化遗产的原真性、完整性，依法关闭或迁出污染企业，实现污染物"零排放"。严格能源基地和矿产资源基地等区域环境准入，引导自然资源合理有序开发。

实施区域环境保护战略。西部地区要坚持生态优先，加强水能、矿产等资源能源开发活动的环境监管，保护和提高其生态服务功能，构筑国家生态安全屏障。三江源地区要深入推进生态保护综合试验区建设。塔里木河流域要加强生态治理和荒漠化防治。呼包鄂榆、关中—天水、兰州—西宁、宁夏沿黄、天山北坡等区域要严格限制高耗水行业发展，提高水资源利用水平，控制采暖期煤烟型大气污染。成渝、黔中、滇中、藏中南等区域要强化酸雨污染防治，加强石漠化治理和高原湖泊保护。

东北地区要加强森林等生态系统保护，开展三江平原、松嫩平原湿地修复，强化黑土地水土流失和荒漠化综合治理，加强东北平原农产品产地土壤环境保护。辽中南、长吉图、哈大齐和牡绥等区域要加强采暖期城市大气污染治理，推进松花江、辽河流域和近岸海域污染防治，加强采煤沉陷区综合治理和矿山环境修复，强化对石油等资源开发活动的生态环境监管。

中部地区要有效维护区域资源环境承载能力，提高城乡环境基础设施建设水平，维持环境质量总体稳定。太原城市群、中原经济区要加强区域大气污染治理合作，严格限制高耗水行业发展，加强采煤沉陷区的生态恢复。武汉城市圈、环长株潭城市群、皖江城市带等区域要把区域资源承载力和生态环境容量作为承接产业转移的重要依据，严格资源节约和环保准入门槛，统筹城乡环境保护，加快推进资源节约型、环境友好型社会建设。加强鄱阳湖生态经济区生态环境保护。

东部地区要大幅度削减污染物排放总量，加快推进经济发展方式转变，化解资源环境瓶颈制约。京津冀、长三角、珠三角等区域要加快环境管理体制机制创新，有效控制区域性复合型大气污染。河北沿海、江苏沿海、浙江舟山群岛新区、海峡西岸、山东半岛等区域要进一步提高资源能源利用效率，保护海岸带和生物多样性。加快推进海南国际旅游岛环境基础设施建设。

推进区域环境保护基本公共服务均等化。合理确定环境保护基本公共服务的范围和标准，加强城乡和区域统筹，健全环境保护基本公共服务体系。中央财政通过一般性转移支付和生态补偿等措施，加大对西部地区、禁止开发区域和限制开发区域、特殊困难地区的支持力度，提高环境保护基本公共服务供给水平。地方各级人民政府要保障环境保护基本公共服务支出，加强基层环境监管能力建设。

（二）提高农村环境保护工作水平。

保障农村饮用水安全。开展农村饮用水水源地调查评估，推进农村饮用水水源保护区或保护范围的划定工作。强化饮用水水源环境综合整治。建立和完善农村饮用水水源地环境监管体系，加大执法检查力度。开展环境保护宣传教育，提高农村居民水源保护意识。在有条件的地区推行城乡供水一体化。

提高农村生活污水和垃圾处理水平。鼓励乡镇和规模较大村庄建设集中式污水处理设施，将城市周边村镇的污水纳入城市污水收集管网统一处理，居住分散的村庄要推进分散式、低成本、易维护的污水处理设施建设。加强农村生活垃圾的收集、转运、处置设施建设，统筹建设城市和县城周边的村镇无害化处理设施和收运系统；交通不便的地区要探索就地处理模式，引导农村生活垃圾实现源头分类、就地减量、资源化利用。

提高农村种植、养殖业污染防治水平。引导农民使用生物农药或高效、低毒、低残留农药，农药包装应进行无害化处理。大力推进测土配方施肥。推动生态农业和有机农业发展。加强废弃农膜、秸秆等农业生产废弃物资源化利用。开展水产养殖污染调查，减少太湖、巢湖、洪泽湖等湖泊的水产养殖面积和投饵数量。

改善重点区域农村环境质量。实行农村环境综合整治目标责任制，实施农村清洁工程，开发推广适用的综合整治模式与技术，着力解决环境污染问题突出的村庄和集镇，到2015年，完成6万个建制村的环境综合整治任务。优化农村地区工业发展布局，严格工业项目环境准入，防止城市和工业污染向农村转移。对农村地区化工、电镀等企业搬迁和关停后的遗留污染要进行综合治理。

（三）加强环境监管体系建设。

以基础、保障、人才等工程为重点，推进环境监管基本公共服务均等化建设，到2015年，基本形成污染源与总量减排监管体系、环境质量监测与评估考核体系、环境预警与应急体系，初步建成环境监管基本公共服务体系。

完善污染减排统计、监测、考核体系。加强污染源自动监控系统建设、监督管理和运行维护。加强农村和机动车减排监管能力建设。全面推进监测、监察、宣教、统计、信息等环境保护能力标准化建设，大幅提升市县环境基础监管能力。在京津冀、长三角、珠三角等经济发达地区和重污染地区，以及其他有条件的地区，将环境监察队伍向乡镇、街道延伸。以中西部地区县级和部分地市级监测监察机构为重点，推进基层环境监测执法业务用房建设。开展农业和农村环境统计。开展面源污染物排放总量控制研究，探索建立面源污染减排核证体系。

推进环境质量监测与评估考核体系建设。优化国家环境监测断面（点位），建设环境质量评价、考核与预警网络。在重点地区建设环境监测国家站点，提升国家监测网自动监测水平。提升区域特征污染物监测能力，开展重金属、挥发性有机物等典型环境问题特征污染因子排放源的监测，鼓励将特征污染物监测纳入地方日常监测范围。开展农村饮用水源地、村庄河流（水库）水质监测试点，推进典型农村地区空气背景站或区域站建设，加强流动监测能力建设，提高农村地区环境监测覆盖率，启动农村环境质量调查评估。开展生物监测。推进环境专用卫星建设及其应用，建立卫星遥感监测和地面监测相结合的国家生态环境监测网络，开展生态环境质量监测与评估。建设全国辐射环境监测网络。

加强环境预警与应急体系建设。加快国家、省、市三级自动监控系统建设，建立预警监测系统。提高环境信息的基础、统计和业务应用能力，建设环境信息资源中心。利用物联网和电子标识等手段，对危险化学品等存储、运输等环节实施全过程监控。强化环境应急能力标准化建设。加强重点流域、区域环境应急与监管机构建设。健全核与辐射环境监测体系，建立重要核设施的监督性监测系统和其他核设施的流出物实时在线监测系统，推动国家核与辐射安全监督技术研发基地、重点实验室、业务用房建设。加强核与辐射事故应急响应、反恐能力建设，完善应急决策、指挥调度系统及应急物资储备。

提高环境监管基本公共服务保障能力。建立经费保障渠道和机制，按照运行经费定额标准及更新机制，保障国家与地方环境监管网络运行、设备更新及业务用房维修改造。加强队伍建设，提升人员素质。研究建立核与辐射安全监管及核安全重要岗位人员技术资质管理制度。完善培训机制，加强市、县两级特别是中西部地区环境监管人员培训。培养引进高端人才。定期开展环境专业技能竞赛。

## 七、实施重大环保工程

为把"十二五"环境保护目标和任务落到实处，要积极实施各项环境保护工程（全社会环保投资需求约3.4万亿元），其中，优先实施8项环境保护重点工程，开展一批环境基础调查与试点示范，投资需求约1.5万亿元。要充分利用市场机制，形成多元化的投入格局，确保工程投资到位。工程投入以企业和地方各级人民政府为主，中央政府区别不同情况给予支持。要定期开展工程项目绩效评价，提高投资效益。

---

**专栏2："十二五"环境保护重点工程**

主要污染物减排工程。包括城镇生活污水处理设施及配套管网、污泥处理处置、工业水污染防治、畜禽养殖污染防治等水污染物减排工程，电力行业脱硫脱硝、钢铁烧结机脱硫脱硝、其他非电力重点行业脱硫、水泥行业与工业锅炉脱硝等大气污染物减排工程。

改善民生环境保障工程。包括重点流域水污染防治及水生态修复、地下水污染防治、重点区域大气污染联防联控、受污染场地和土壤污染治理与修复等工程。

农村环保惠民工程。包括农村环境综合整治、农业面源污染防治等工程。

生态环境保护工程。包括重点生态功能区和自然保护区建设、生物多样性保护等工程。

重点领域环境风险防范工程。包括重金属污染防治、持久性有机污染物和危险化学品污染防治、危险废物和医疗废物无害化处置等工程。

核与辐射安全保障工程。包括核安全与放射性污染防治法规标准体系建设、核与辐射安全监管技术研发基地建设以及辐射环境监测、执法能力建设、人才培养等工程。

环境基础设施公共服务工程。包括城镇生活污染、危险废物处理处置设施建设，城乡饮用水水源地安全保障等工程。

环境监管能力基础保障及人才队伍建设工程。包括环境监测、监察、预警、应急和评估能力建设，污染源在线自动监控设施建设与运行，人才、宣教、信息、科技和基础调查等工程建设，建立健全省市县三级环境监管体系。

**八、完善政策措施**

（一）落实环境目标责任制。

制定生态文明建设指标体系，纳入地方各级人民政府政绩考核。实行环境保护一票否决制。继续推进主要污染物总量减排考核，探索开展环境质量监督考核。落实环境目标责任制，定期发布主要污染物减排、环境质量、重点流域污染防治规划实施情况等考核结果，对未完成环保目标任务或对发生重特大突发环境事件负有责任的地方政府要进行约谈，实施区域限批，并追究有关领导责任。

（二）完善综合决策机制。

完善政府负责、环保部门统一监督管理、有关部门协调配合、全社会共同参与的环境管理体系。充分发挥环境保护部际联席会议的作用，促进部门间协同联动与信息共享。把主要污染物总量控制要求、环境容量、环境功能区划和环境风险评估等作为区域和产业发展的决策依据。依法对重点流域、区域开发和行业发展规划以及建设项目开展环境影响评价。健全规划环境影响评价和建设项目环境影响评价的联动机制。完善建设项目环境保护验收制度。加强对环境影响评价审查的监督管理。对环境保护重点城市的城市总体规划进行环境影响评估，探索编制城市环境保护总体规划。

（三）加强法规体系建设。

加强环境保护法、大气污染防治法、清洁生产促进法、固体废物污染环境防治法、环境噪声污染防治法、环境影响评价法等法律修订的基础研究工作，研究拟订污染物总量控制、饮用水水源保护、土壤环境保护、排污许可证管理、畜禽养殖污染防治、机动车污染防治、有毒有害化学品管理、核安全与放射性污染防治、环境污染损害赔偿等法律法规。

统筹开展环境质量标准、污染物排放标准、核电标准、民用核安全设备标准、环境监测规范、环境基础标准制修订规范、管理规范类环境保护标准等制（修）订工作。完善大气、水、海洋、土壤等环境质量标准，完善污染物排放标准中常规污染物和有毒有害污染物排放控制要求，加强水污染物间接排放控制和企业周围环境质量监控要求。推进环境风险源识别、环境风险评估和突发环境事件应急环境保护标准建设。鼓励地方制订并实施地方污染物排放标准。

（四）完善环境经济政策。

落实燃煤电厂烟气脱硫电价政策，研究制定脱硝电价政策，对污水处理、污泥无害化处理设施、非电力行业脱硫脱硝和垃圾处理设施等企业实行政策优惠。对非居民用水要逐步实行超额累进加价制度，对高耗水行业实行差别水价政策。研究鼓励企业废水"零排放"的政策措施。健全排污权有偿取得和使用制度，发展排污权交易市场。

推进环境税费改革，完善排污收费制度。全面落实污染者付费原则，完善污水处理收费制度，收费标准要逐步满足污水处理设施稳定运行和污泥无害化处置需求。改革垃圾处理费征收方式，加大征收力度，适度提高垃圾处理收费标准和财政补贴水平。

建立企业环境行为信用评价制度，加大对符合环保要求和信贷原则企业和项目的信贷支持。建立银行绿色评级制度，将绿色信贷成效与银行工作人员履职评价、机构准入、业务发展相挂钩。推行政府绿色采购，逐步提高环保产品比重，研究推行环保服务政府采购。制定和完善环境保护综合名录。

探索建立国家生态补偿专项资金。研究制定实施生态补偿条例。建立流域、重点生态功能区等生态补偿机制。推行资源型企业可持续发展准备金制度。

（五）加强科技支撑。

提升环境科技基础研究和应用能力。夯实环境基准、标准制订的科学基础，完善环境调查评估、监测预警、风险防范等环境管理技术体系。推进国家环境保护重点实验室、工程技术中心、野外观测研究站等建设。组织实施好水体污染控制与治理等国家科技重大专项，大力研发污染控制、生态保护和环境风险防范的高新技术、关键技术、共性技术。研发氮氧化物、重金属、持久性有机污染物、危险化学品等控制技术和适合我国国情的土壤修复、农业面源污染治理等技术。大力推动脱硫脱硝一体化、除磷脱氮一体化以及脱除重金属等综合控制技术研发。强化先进技术示范与推广。

（六）发展环保产业。

围绕重点工程需求，强化政策驱动，大力推动以污水处理、垃圾处理、脱硫脱硝、土壤修复和环境监测为重点的装备制造业发展，研发和示范一批新型环保材料、药剂和环境友好型产品。推动跨行业、跨企业循环利用联合体建设。实行环保设施运营资质许可制度，推进烟气脱硫脱硝、城镇污水垃圾处理、危险废物处理处置等污染设施建设和运营的专业化、社会化、市场化进程，推行烟气脱硫设施特许经营。制定环保产业统计标准。研究制定提升工程投融资、设计和建设、设施运营和维护、技术咨询、清洁生产审核、产品认证和人才培训等环境服务业水平的政策措施。

（七）加大投入力度。

把环境保护列入各级财政年度预算并逐步增加投入。适时增加同级环境保护能力建设经费安排。加大对中西部地区环境保护的支持力度。围绕推进环境基本公共服务均等化和改善环境质量状况，完善一般性转移支付制度，加大对国家重点生态功能区、中西部地区和民族自治地方环境保护的转移支付力度。深化"以奖促防"、"以奖促治"、"以奖代补"等政策，强化各级财政资金的引导作用。

推进环境金融产品创新，完善市场化融资机制。探索排污权抵押融资模式。推动建立财政投入与银行贷款、社会资金的组合使用模式。鼓励符合条件的地方融资平台公司以直接、间接的融资方式拓宽环境保护投融资渠道。支持符合条件的环保企业发行债券或改制上市，鼓励符合条件的环保上市公司实施再融资。探索发展环保设备设施的融资租赁业务。鼓励多渠道建立环保产业发展基金。引导各类创业投资企业、股权投资企业、社会捐赠资金和国际援助资金增加对环境保护领域的投入。

（八）严格执法监管。

完善环境监察体制机制，明确执法责任和程序，提高执法效率。建立跨行政区环境执法合作机制和部门联动执法机制。深入开展整治违法排污企业保障群众健康环保专项行动，改进对环境违法行为的处罚方式，加大执法力度。持续开展环境安全监察，消除环境安全隐患。强化承接产业转移环境监管。深化流域、区域、行业限批和挂牌督办等督查制度。开展环境法律法规执行和环境问题整改情况后督察，健全重大环境事件和污染事故责任追究制度。鼓励设立环境保护法庭。

（九）发挥地方人民政府积极性。

进一步深化环境保护激励措施，充分发挥地方人民政府预防和治理环境污染的积极性。进一步完善领导干部政绩综合评价体系，引导地方各级人民政府把环境保护放在全局工作的突出位置，及时研究解决本地区环境保护重大问题。完善中央环境保护投入管理机制，带动地方人民政府加大投入力度。推进生态文明建设试点，鼓励开展环境保护模范城市、生态示范区等创建活动。

（十）部门协同推进环境保护。

环境保护部门要加强环境保护的指导、协调、监督和综合管理。发展改革、财政等综合部门要制定有利于环境保护的财税、产业、价格和投资政策。科技部门要加强对控制污染物排放、改善环境质量等关键技术的研发与示范支持。工业部门要加大企业技术改造力度，严格行业准入，完善落后产能退出机制，加强工业污染防治。国土资源部门要控制生态用地的开发，加强矿产资源开发的环境治理恢复，保障环境保护重点工程建设用地。住房城乡建设部门要加强城乡污水、垃圾处理设施的建设和运营管理。交通运输、铁道等部门要加强公路、铁路、港口、航道建设与运输中的生态环境保护。水利部门要优化水资源利用和调配，统筹协调生活、生产经营和生态环境用水，严格入河排污口管理，加强水资源管理和保护，强化水土流失治理。农业部门要加强对科学施用肥料、农药的指导和引导，加强畜禽养殖污染防治、农业节水、农业物种资源、水生生物资源、渔业水域和草地生态保护，加强外来物种管理。商务部门要严格宾馆、饭店污染控制，推动开展绿色贸易，应对贸易环境壁垒。卫生部门要积极推进环境与健康相关工作，加大重金属诊疗系统建设力度。海关部门要加强废物进出境监管，加大对走私废物等危害环境安全行为的查处力度，阻断危险废物非法跨境转移。林业部门要加强林业生态建设力度。旅游部门要合理开发旅游资源，加强旅游区的环境保护。能源部门要合理调控能源消费总量，实施能源结构战略调整，提高能源利用效率。气象部门要加强大气污染防治和水环境综合治理气象监测预警服务以及核安全与放射性污染气象应急响应服务。海洋部门要加强海洋生态保护，推进海洋保护区建设，强化对海洋工程、海洋倾废等的环境监管。

（十一）积极引导全民参与。

实施全民环境教育行动计划，动员全社会参与环境保护。推进绿色创建活动，倡导绿色生产、生活方式。完善新闻发布和重大环境信息披露制度。推进城镇环境质量、重点污染源、重点城市饮用水水质、企业环境和核电厂安全信息公开，建立涉及有毒有害物质排放企业的环境信息强制披露制度。引导企业进一步增强社会责任感。建立健全环境保护举报制度，畅通环境信访、12369环保热线、网络邮箱等信访投诉渠道，鼓励实行有奖举报。支持环境公益诉讼。

（十二）加强国际环境合作。

加强与其他国家、国际组织的环境合作，积极引进国外先进的环境保护理念、管理模式、污染治理技术和资金，宣传我国环境保护政策和进展。大力推进国际环境公约、核安全和放射性废物管理安全等公约的履约工作，完善国内协调机制，加大中央财政对履约工作的投入力度，探索国际资源与其他渠道资金相结合的履约资金保障机制。

积极参与环境与贸易相关谈判和相关规则的制定，加强环境与贸易的协调，维护我国环境权益。研究调整"高污染、高环境风险"产品的进出口关税政策，遏制高耗能、高排放产品出口。全面加强进出口贸易环境监管，禁止不符合环境保护标准的产品、技术、设施等引进，大力推动绿色贸易。

### 九、加强组织领导和评估考核

地方人民政府是规划实施的责任主体,要把规划目标、任务、措施和重点工程纳入本地区国民经济和社会发展总体规划,把规划执行情况作为地方政府领导干部综合考核评价的重要内容。国务院各有关部门要各司其责,密切配合,完善体制机制,加大资金投入,推进规划实施。要在2013年年底和2015年年底,分别对规划执行情况进行中期评估和终期考核,评估和考核结果向国务院报告,向社会公布,并作为对地方人民政府政绩考核的重要内容。

# "十二五"节能减排综合性工作方案

(国发〔2011〕26号)

### 一、节能减排总体要求和主要目标

(一)总体要求。以邓小平理论和"三个代表"重要思想为指导,深入贯彻落实科学发展观,坚持降低能源消耗强度、减少主要污染物排放总量、合理控制能源消费总量相结合,形成加快转变经济发展方式的倒逼机制;坚持强化责任、健全法制、完善政策、加强监管相结合,建立健全激励和约束机制;坚持优化产业结构、推动技术进步、强化工程措施、加强管理引导相结合,大幅度提高能源利用效率,显著减少污染物排放;进一步形成政府为主导、企业为主体、市场有效驱动、全社会共同参与的推进节能减排工作格局,确保实现"十二五"节能减排约束性目标,加快建设资源节约型、环境友好型社会。

(二)主要目标。到2015年,全国万元国内生产总值能耗下降到0.869吨标准煤(按2005年价格计算),比2010年的1.034吨标准煤下降16%,比2005年的1.276吨标准煤下降32%;"十二五"期间,实现节约能源6.7亿吨标准煤。2015年,全国化学需氧量和二氧化硫排放总量分别控制在2347.6万吨、2086.4万吨,比2010年的2551.7万吨、2267.8万吨分别下降8%;全国氨氮和氮氧化物排放总量分别控制在238.0万吨、2046.2万吨,比2010年的264.4万吨、2273.6万吨分别下降10%。

### 二、强化节能减排目标责任

(三)合理分解节能减排指标。综合考虑经济发展水平、产业结构、节能潜力、环境容量及国家产业布局等因素,将全国节能减排目标合理分解到各地区、各行业。各地区要将国家下达的节能减排指标层层分解落实,明确下一级政府、有关部门、重点用能单位和重点排污单位的责任。

(四)健全节能减排统计、监测和考核体系。加强能源生产、流通、消费统计,建立和完善建筑、交通运输、公共机构能耗统计制度以及分地区单位国内生产总值能耗指标季度统计制度,完善统计核算与监测方法,提高能源统计的准确性和及时性。修订完善减排统计监测和核查核算办法,统一标准和分析方法,实现监测数据共享。加强氨氮、氮氧化物排放统计监测,建立农业源和机动车排放统计监测指标体系。完善节能减排考核办法,继续做好全国和各地区单位国内生产总值能耗、主要污染物排放指标公报工作。

(五)加强目标责任评价考核。把地区目标考核与行业目标评价相结合,把落实五年目标与完成年度目标相结合,把年度目标考核与进度跟踪相结合。省级人民政府每年要向国务院报告节能减排目标完成情况。有关部门每年要向国务院报告节能减排措施落实情况。国务院每年组织开展省级人民政府节能减排目标责任评价考核,考核结果向社会公告。强化考核结果运用,将节能减排目标完成情况和政策措施落实情况作为领导班子和领导干部综合考核评价的重要内容,纳入政府绩效和国有企业业绩管理,实行问责制和"一票否决"制,并对成绩突出的地区、单位和个人给予表彰奖励。

**三、调整优化产业结构**

(六)抑制高耗能、高排放行业过快增长。严格控制高耗能、高排放和产能过剩行业新上项目,进一步提高行业准入门槛,强化节能、环保、土地、安全等指标约束,依法严格节能评估审查、环境影响评价、建设用地审查,严格贷款审批。建立健全项目审批、核准、备案责任制,严肃查处越权审批、分拆审批、未批先建、边批边建等行为,依法追究有关人员责任。严格控制高耗能、高排放产品出口。中西部地区承接产业转移必须坚持高标准,严禁污染产业和落后生产能力转入。

(七)加快淘汰落后产能。抓紧制定重点行业"十二五"淘汰落后产能实施方案,将任务按年度分解落实到各地区。完善落后产能退出机制,指导、督促淘汰落后产能企业做好职工安置工作。地方各级人民政府要积极安排资金,支持淘汰落后产能工作。中央财政统筹支持各地区淘汰落后产能工作,对经济欠发达地区通过增加转移支付加大支持和奖励力度。完善淘汰落后产能公告制度,对未按期完成淘汰任务的地区,严格控制国家安排的投资项目,暂停对该地区重点行业建设项目办理核准、审批和备案手续;对未按期淘汰的企业,依法吊销排污许可证、生产许可证和安全生产许可证;对虚假淘汰行为,依法追究企业负责人和地方政府有关人员的责任。

(八)推动传统产业改造升级。严格落实《产业结构调整指导目录》。加快运用高新技术和先进适用技术改造提升传统产业,促进信息化和工业化深度融合,重点支持对产业升级带动作用大的重点项目和重污染企业搬迁改造。调整《加工贸易禁止类商品目录》,提高加工贸易准入门槛,促进加工贸易转型升级。合理引导企业兼并重组,提高产业集中度。

(九)调整能源结构。在做好生态保护和移民安置的基础上发展水电,在确保安全的基础上发展核电,加快发展天然气,因地制宜大力发展风能、太阳能、生物质能、地热能等可再生能源。到2015年,非化石能源占一次能源消费总量比重达到11.4%。

(十)提高服务业和战略性新兴产业在国民经济中的比重。到2015年,服务业增加值和战略性新兴产业增加值占国内生产总值比重分别达到47%和8%左右。

**四、实施节能减排重点工程**

(十一)实施节能重点工程。实施锅炉窑炉改造、电机系统节能、能量系统优化、余热余压利用、节约替代石油、建筑节能、绿色照明等节能改造工程,以及节能技术产业化示范工程、节能产品惠民工程、合同能源管理推广工程和节能能力建设工程。到2015年,工业锅炉、窑炉平均运行效率比2010年分别提高5个和2个百分点,电机系统运行效率提高2~3个百分点,新增余热余压发电能力2000万千瓦,北方采暖地区既有居住建筑供热计量和节能改造4亿平方米以上,夏热冬冷地区既有居住建筑节能改造5000万平方米,公共建筑节能改造6000万平方米,高效节能产品市场份额大幅度提高。"十二五"时期,形成3亿吨标准煤的节能能力。

（十二）实施污染物减排重点工程。推进城镇污水处理设施及配套管网建设，改造提升现有设施，强化脱氮除磷，大力推进污泥处理处置，加强重点流域区域污染综合治理。到2015年，基本实现所有县和重点建制镇具备污水处理能力，全国新增污水日处理能力4200万吨，新建配套管网约16万公里，城市污水处理率达到85%，形成化学需氧量和氨氮削减能力280万吨、30万吨。实施规模化畜禽养殖场污染治理工程，形成化学需氧量和氨氮削减能力140万吨、10万吨。实施脱硫脱硝工程，推动燃煤电厂、钢铁行业烧结机脱硫，形成二氧化硫削减能力277万吨；推动燃煤电厂、水泥等行业脱硝，形成氮氧化物削减能力358万吨。

（十三）实施循环经济重点工程。实施资源综合利用、废旧商品回收体系、"城市矿产"示范基地、再制造产业化、餐厨废弃物资源化、产业园区循环化改造、资源循环利用技术示范推广等循环经济重点工程，建设100个资源综合利用示范基地、80个废旧商品回收体系示范城市、50个"城市矿产"示范基地、5个再制造产业集聚区、100个城市餐厨废弃物资源化利用和无害化处理示范工程。

（十四）多渠道筹措节能减排资金。节能减排重点工程所需资金主要由项目实施主体通过自有资金、金融机构贷款、社会资金解决，各级人民政府应安排一定的资金予以支持和引导。地方各级人民政府要切实承担城镇污水处理设施和配套管网建设的主体责任，严格城镇污水处理费征收和管理，国家对重点建设项目给予适当支持。

**五、加强节能减排管理**

（十五）合理控制能源消费总量。建立能源消费总量控制目标分解落实机制，制定实施方案，把总量控制目标分解落实到地方政府，实行目标责任管理，加大考核和监督力度。将固定资产投资项目节能评估审查作为控制地区能源消费增量和总量的重要措施。建立能源消费总量预测预警机制，跟踪监测各地区能源消费总量和高耗能行业用电量等指标，对能源消费总量增长过快的地区及时预警调控。在工业、建筑、交通运输、公共机构以及城乡建设和消费领域全面加强用能管理，切实改变敞开口子供应能源、无节制使用能源的现象。在大气联防联控重点区域开展煤炭消费总量控制试点。

（十六）强化重点用能单位节能管理。依法加强年耗能万吨标准煤以上用能单位节能管理，开展万家企业节能低碳行动，实现节能2.5亿吨标准煤。落实目标责任，实行能源审计制度，开展能效水平对标活动，建立健全企业能源管理体系，扩大能源管理师试点；实行能源利用状况报告制度，加快实施节能改造，提高能源管理水平。地方节能主管部门每年组织对进入万家企业节能低碳行动的企业节能目标完成情况进行考核，公告考核结果。对未完成年度节能任务的企业，强制进行能源审计，限期整改。中央企业要接受所在地区节能主管部门的监管，争当行业节能减排的排头兵。

（十七）加强工业节能减排。重点推进电力、煤炭、钢铁、有色金属、石油石化、化工、建材、造纸、纺织、印染、食品加工等行业节能减排，明确目标任务，加强行业指导，推动技术进步，强化监督管理。发展热电联产，推广分布式能源。开展智能电网试点。推广煤炭清洁利用，提高原煤入洗比例，加快煤层气开发利用。实施工业和信息产业能效提升计划。推动信息数据中心、通信机房和基站节能改造。实行电力、钢铁、造纸、印染等行业主要污染物排放总量控制。新建燃煤机组全部安装脱硫脱硝设施，现役燃煤机组必须安装脱硫设施，不能稳定达标排放的要进行更新改造，烟气脱硫设施要按照规定取消烟气旁路。单机容量30万千瓦及以上燃煤机组全部加装脱硝设施。钢铁行业全面实施烧结机烟气脱硫，新建烧结机配套安装脱硫脱硝设施。石油石化、有色金属、建材等重点行业实施脱硫改造。新型干法水泥窑实施低氮燃烧技术改造，配套建设脱硝设施。加强重点区域、重点行业和重点企业重金属污染防治，以湘江流域为重点开展重金属污染治理与修复试点示范。

（十八）推动建筑节能。制定并实施绿色建筑行动方案，从规划、法规、技术、标准、设计等方面全面推进建筑节能。新建建筑严格执行建筑节能标准，提高标准执行率。推进北方采暖地区既有建筑供热计量和节能改造，实施"节能暖房"工程，改造供热老旧管网，实行供热计量收费和能耗定额管理。做好夏热冬冷地区建筑节能改造。推动可再生能源与建筑一体化应用，推广使用新型节能建材和再生建材，继续推广散装水泥。加强公共建筑节能监管体系建设，完善能源审计、能效公示，推动节能改造与运行管理。研究建立建筑使用全寿命周期管理制度，严格建筑拆除管理。加强城市照明管理，严格防止和纠正过度装饰和亮化。

（十九）推进交通运输节能减排。加快构建综合交通运输体系，优化交通运输结构。积极发展城市公共交通，科学合理配置城市各种交通资源，有序推进城市轨道交通建设。提高铁路电气化比重。实施低碳交通运输体系建设城市试点，深入开展"车船路港"千家企业低碳交通运输专项行动，推广公路甩挂运输，全面推行不停车收费系统，实施内河船型标准化，优化航路航线，推进航空、远洋运输业节能减排。开展机场、码头、车站节能改造。加速淘汰老旧汽车、机车、船舶，基本淘汰2005年以前注册运营的"黄标车"，加快提升车用燃油品质。实施第四阶段机动车排放标准，在有条件的重点城市和地区逐步实施第五阶段排放标准。全面推行机动车环保标志管理，探索城市调控机动车保有总量，积极推广节能与新能源汽车。

（二十）促进农业和农村节能减排。加快淘汰老旧农用机具，推广农用节能机械、设备和渔船。推进节能型住宅建设，推动省柴节煤灶更新换代，开展农村水电增效扩容改造。发展户用沼气和大中型沼气，加强运行管理和维护服务。治理农业面源污染，加强农村环境综合整治，实施农村清洁工程，规模化养殖场和养殖小区配套建设废弃物处理设施的比例达到50%以上，鼓励污染物统一收集、集中处理。因地制宜推进农村分布式、低成本、易维护的污水处理设施建设。推广测土配方施肥，鼓励使用高效、安全、低毒农药，推动有机农业发展。

（二十一）推动商业和民用节能。在零售业等商贸服务和旅游业开展节能减排行动，加快设施节能改造，严格用能管理，引导消费行为。宾馆、商厦、写字楼、机场、车站等要严格执行夏季、冬季空调温度设置标准。在居民中推广使用高效节能家电、照明产品，鼓励购买节能环保型汽车，支持乘用公共交通，提倡绿色出行。减少一次性用品使用，限制过度包装，抑制不合理消费。

（二十二）加强公共机构节能减排。公共机构新建建筑实行更加严格的建筑节能标准。加快公共机构办公区节能改造，完成办公建筑节能改造6000万平方米。国家机关供热实行按热量收费。开展节约型公共机构示范单位创建活动，创建2000家示范单位。推进公务用车制度改革，严格用车油耗定额管理，提高节能与新能源汽车比例。建立完善公共机构能源审计、能效公示和能耗定额管理制度,加强能耗监测平台和节能监管体系建设。支持军队重点用能设施设备节能改造。

**六、大力发展循环经济**

(二十三)加强对发展循环经济的宏观指导。研究提出进一步加快发展循环经济的意见。编制全国循环经济发展规划和重点领域专项规划,指导各地做好规划编制和实施工作。研究制定循环经济发展的指导目录。制定循环经济专项资金使用管理办法及实施方案。深化循环经济示范试点,推广循环经济典型模式。建立完善循环经济统计评价制度。

(二十四)全面推行清洁生产。编制清洁生产推行规划,制(修)订清洁生产评价指标体系,发布重点行业清洁生产推行方案。重点围绕主要污染物减排和重金属污染治理,全面推进农业、工业、建筑、商贸服务等领域清洁生产示范,从源头和全过程控制污染物产生和排放,降低资源消耗。发布清洁生产审核方案,公布清洁生产强制审核企业名单。实施清洁生产示范工程,推广应用清洁生产技术。

(二十五)推进资源综合利用。加强共伴生矿产资源及尾矿综合利用,建设绿色矿山。推动煤矸石、粉煤灰、工业副产石膏、冶炼和化工废渣、建筑和道路废弃物以及农作物秸秆综合利用、农林废物资源化利用,大力发展利废新型建筑材料。废弃物实现就地消化,减少转移。到2015年,工业固体废物综合利用率达到72%以上。

(二十六)加快资源再生利用产业化。加快"城市矿产"示范基地建设,推进再生资源规模化利用。培育一批汽车零部件、工程机械、矿山机械、办公用品等再制造示范企业,发布再制造产品目录,完善再制造旧件回收体系和再制造产品标准体系,推动再制造的规模化、产业化发展。加快建设城市社区和乡村回收站点、分拣中心、集散市场"三位一体"的再生资源回收体系。

(二十七)促进垃圾资源化利用。健全城市生活垃圾分类回收制度,完善分类回收、密闭运输、集中处理体系。鼓励开展垃圾焚烧发电和供热、填埋气体发电、餐厨废弃物资源化利用。鼓励在工业生产过程中协同处理城市生活垃圾和污泥。

(二十八)推进节水型社会建设。确立用水效率控制红线,实施用水总量控制和定额管理,制定区域、行业和产品用水效率指标体系。推广普及高效节水灌溉技术。加快重点用水行业节水技术改造,提高工业用水循环利用率。加强城乡生活节水,推广应用节水器具。推进再生水、矿井水、海水等非传统水资源利用。建设海水淡化及综合利用示范工程,创建示范城市。到2015年,实现单位工业增加值用水量下降30%。

**七、加快节能减排技术开发和推广应用**

(二十九)加快节能减排共性和关键技术研发。在国家、部门和地方相关科技计划和专项中,加大对节能减排科技研发的支持力度,完善技术创新体系。继续推进节能减排科技专项行动,组织高效节能、废物资源化以及小型分散污水处理、农业面源污染治理等共性、关键和前沿技术攻关。组建一批国家级节能减排工程实验室及专家队伍。推动组建节能减排技术与装备产业联盟,继续通过国家工程(技术)研究中心加大节能减排科技研发力度。加强资源环境高技术领域创新团队和研发基地建设。

(三十)加大节能减排技术产业化示范。实施节能减排重大技术与装备产业化工程,重点支持稀土永磁无铁芯电机、半导体照明、低品位余热利用、地热和浅层地温能应用、生物脱氮除磷、烧结机烟气脱硫脱硝一体化、高浓度有机废水处理、污泥和垃圾渗滤液处理处置、废弃电器电子产品资源化、金属无害化处理等关键技术与设备产业化，加快产业化基地建设。

（三十一）加快节能减排技术推广应用。编制节能减排技术政策大纲。继续发布国家重点节能技术推广目录、国家鼓励发展的重大环保技术装备目录，建立节能减排技术遴选、评定及推广机制。重点推广能量梯级利用、低温余热发电、先进煤气化、高压变频调速、干熄焦、蓄热式加热炉、吸收式热泵供暖、冰蓄冷、高效换热器，以及干法和半干法烟气脱硫、膜生物反应器、选择性催化还原氮氧化物控制等节能减排技术。加强与有关国际组织、政府在节能环保领域的交流与合作，积极引进、消化、吸收国外先进节能环保技术，加大推广力度。

**八、完善节能减排经济政策**

（三十二）推进价格和环保收费改革。深化资源性产品价格改革，理顺煤、电、油、气、水、矿产等资源性产品价格关系。推行居民用电、用水阶梯价格。完善电力峰谷分时电价政策。深化供热体制改革，全面推行供热计量收费。对能源消耗超过国家和地区规定的单位产品能耗（电耗）限额标准的企业和产品，实行惩罚性电价。各地可在国家规定基础上，按程序加大差别电价、惩罚性电价实施力度。严格落实脱硫电价，研究制定燃煤电厂烟气脱硝电价政策。进一步完善污水处理费政策，研究将污泥处理费用逐步纳入污水处理成本问题。改革垃圾处理收费方式，加大征收力度，降低征收成本。

（三十三）完善财政激励政策。加大中央预算内投资和中央财政节能减排专项资金的投入力度，加快节能减排重点工程实施和能力建设。深化"以奖代补"、"以奖促治"以及采用财政补贴方式推广高效节能家用电器、照明产品、节能汽车、高效电机产品等支持机制，强化财政资金的引导作用。国有资本经营预算要继续支持企业实施节能减排项目。地方各级人民政府要加大对节能减排的投入。推行政府绿色采购，完善强制采购和优先采购制度，逐步提高节能环保产品比重，研究实行节能环保服务政府采购。

（三十四）健全税收支持政策。落实国家支持节能减排所得税、增值税等优惠政策。积极推进资源税费改革，将原油、天然气和煤炭资源税计征办法由从量征收改为从价征收并适当提高税负水平，依法清理取消涉及矿产资源的不合理收费基金项目。积极推进环境税费改革，选择防治任务重、技术标准成熟的税目开征环境保护税，逐步扩大征收范围。完善和落实资源综合利用和可再生能源发展的税收优惠政策。调整进出口税收政策，遏制高耗能、高排放产品出口。对用于制造大型环保及资源综合利用设备确有必要进口的关键零部件及原材料，抓紧研究制定税收优惠政策。

（三十五）强化金融支持力度。加大各类金融机构对节能减排项目的信贷支持力度，鼓励金融机构创新适合节能减排项目特点的信贷管理模式。引导各类创业投资企业、股权投资企业、社会捐赠资金和国际援助资金增加对节能减排领域的投入。提高高耗能、高排放行业贷款门槛，将企业环境违法信息纳入人民银行企业征信系统和银监会信息披露系统，与企业信用等级评定、贷款及证券融资联动。推行环境污染责任保险，重点区域涉重金属企业应当购买环境污染责任保险。建立银行绿色评级制度，将绿色信贷成效与银行机构高管人员履职评价、机构准入、业务发展相挂钩。

**九、强化节能减排监督检查**

（三十六）健全节能环保法律法规。推进环境保护法、大气污染防治法、清洁生产促进法、建设项目环境保护管理条例的修订工作，加快制定城镇排水与污水处理条例、排污许可证管理条例、畜禽养殖污染防治条例、机动车污染防治条例等行政法规。修订重点用能单位节能管理办法、能效标识管理办法、节能产品认证管理办法等部门规章。

（三十七）严格节能评估审查和环境影响评价制度。把污染物排放总量指标作为环评审批的前置条件，对年度减排目标未完成、重点减排项目未按目标责任书落实的地区和企业，实行阶段性环评限批。对未通过能评、环评审查的投资项目，有关部门不得审批、核准、批准开工建设，不得发放生产许可证、安全生产许可证、排污许可证，金融机构不得发放贷款，有关单位不得供水、供电。加强能评和环评审查的监督管理，严肃查处各种违规审批行为。能评费用由节能审查机关同级财政部门安排。

（三十八）加强重点污染源和治理设施运行监管。严格排污许可证管理。强化重点流域、重点地区、重点行业污染源监管，适时发布主要污染物超标严重的国家重点环境监控企业名单。列入国家重点环境监控范围的电力、钢铁、造纸、印染等重点行业的企业，要安装运行管理监控平台和污染物排放自动监控系统，定期报告运行情况及污染物排放信息，推动污染源自动监控数据联网共享。加强城市污水处理厂监控平台建设，提高污水收集率，做好运行和污染物削减评估考核，考核结果作为核拨污水处理费的重要依据。对城市污水处理设施建设严重滞后、收费政策不落实、污水处理厂建成后一年内实际处理水量达不到设计能力60%，以及已建成污水处理设施但无故不运行的地区，暂缓审批该城市项目环评，暂缓下达有关项目的国家建设资金。

（三十九）加强节能减排执法监督。各级人民政府要组织开展节能减排专项检查，督促各项措施落实，严肃查处违法违规行为。加大对重点用能单位和重点污染源的执法检查力度，加大对高耗能特种设备节能标准和建筑施工阶段标准执行情况、国家机关办公建筑和大型公共建筑节能监管体系建设情况，以及节能环保产品质量和能效标识的监督检查力度。对严重违反节能环保法律法规，未按要求淘汰落后产能、违规使用明令淘汰用能设备、虚标产品能效标识、减排设施未按要求运行等行为，公开通报或挂牌督办，限期整改，对有关责任人进行严肃处理。实行节能减排执法责任制，对行政不作为、执法不严等行为，严肃追究有关主管部门和执法机构负责人的责任。

**十、推广节能减排市场化机制**

（四十）加大能效标识和节能环保产品认证实施力度。扩大终端用能产品能效标识实施范围，加强宣传和政策激励，引导消费者购买高效节能产品。继续推进节能产品、环境标志产品、环保装备认证，规范认证行为，扩展认证范围，建立有效的国际协调互认机制。加强标识、认证质量的监管。

（四十一）建立"领跑者"标准制度。研究确定高耗能产品和终端用能产品的能效先进水平，制定"领跑者"能效标准，明确实施时限。将"领跑者"能效标准与新上项目能评审查、节能产品推广应用相结合，推动企业技术进步，加快标准的更新换代，促进能效水平快速提升。

（四十二）加强节能发电调度和电力需求侧管理。改革发电调度方式，电网企业要按照节能、经济的原则，优先调度水电、风电、太阳能发电、核电以及余热余压、煤层气、填埋气、煤矸石和垃圾等发电上网，优先安排节能、环保、高效火电机组发电上网。研究推行发电权交易。电网企业要及时、真实、准确、完整地公布节能发电调度信息，电力监管部门要加强对节能发电调度工作的监督。落实电力需求侧管理办法，制定配套政策，规范有序用电。以建设技术支撑平台为基础，开展城市综合试点，推广能效电厂。

（四十三）加快推行合同能源管理。落实财政、税收和金融等扶持政策，引导专业化节能服务公司采用合同能源管理方式为用能单位实施节能改造，扶持壮大节能服务产业。研究建立合同能源管理项目节能量审核和交易制度，培育第三方审核评估机构。鼓励大型重点用能单位利用自身技术优势和管理经验，组建专业化节能服务公司。引导和支持各类融资担保机构提供风险分担服务。

（四十四）推进排污权和碳排放权交易试点。完善主要污染物排污权有偿使用和交易试点，建立健全排污权交易市场，研究制定排污权有偿使用和交易试点的指导意见。开展碳排放交易试点，建立自愿减排机制，推进碳排放权交易市场建设。

（四十五）推行污染治理设施建设运行特许经营。总结燃煤电厂烟气脱硫特许经营试点经验，完善相关政策措施。鼓励采用多种建设运营模式开展城镇污水垃圾处理、工业园区污染物集中治理，确保处理设施稳定高效运行。实行环保设施运营资质许可制度，推进环保设施的专业化、社会化运营服务。完善市场准入机制，规范市场行为，打破地方保护，为企业创造公平竞争的市场环境。

**十一、加强节能减排基础工作和能力建设**

（四十六）加快节能环保标准体系建设。加快制（修）订重点行业单位产品能耗限额、产品能效和污染物排放等强制性国家标准，以及建筑节能标准和设计规范，提高准入门槛。制定和完善环保产品及装备标准。完善机动车燃油消耗量限值标准、低速汽车排放标准。制（修）订轻型汽车第五阶段排放标准，颁布实施第四、第五阶段车用燃油国家标准。建立满足氨氮、氮氧化物控制目标要求的排放标准。鼓励地方依法制定更加严格的节能环保地方标准。

（四十七）强化节能减排管理能力建设。建立健全节能管理、监察、服务"三位一体"的节能管理体系，加强政府节能管理能力建设，完善机构，充实人员。加强节能监察机构能力建设，配备监测和检测设备，加强人员培训，提高执法能力，完善覆盖全国的省、市、县三级节能监察体系。继续推进能源统计能力建设。推动重点用能单位按要求配备计量器具，推行能源计量数据在线采集、实时监测。开展城市能源计量建设示范。加强减排监管能力建设，推进环境监管机构标准化，提高污染源监测、机动车污染监控、农业源污染检测和减排管理能力，建立健全国家、省、市三级减排监控体系，加强人员培训和队伍建设。

**十二、动员全社会参与节能减排**

（四十八）加强节能减排宣传教育。把节能减排纳入社会主义核心价值观宣传教育体系以及基础教育、高等教育、职业教育体系。组织好全国节能宣传周、世界环境日等主题宣传活动，加强日常性节能减排宣传教育。新闻媒体要积极宣传节能减排的重要性、紧迫性以及国家采取的政策措施和取得的成效，宣传先进典型，普及节能减排知识和方法，加强舆论监督和对外宣传，积极为节能减排营造良好的国内和国际环境。

（四十九）深入开展节能减排全民行动。抓好家庭社区、青少年、企业、学校、军营、农村、政府机构、科技、科普和媒体等十个节能减排专项行动，通过典型示范、专题活动、展览展示、岗位创建、合理化建议等多种形式，广泛动员全社会参与节能减排，发挥职工节能减排义务监督员队伍作用，倡导文明、节约、绿色、低碳的生产方式、消费模式和生活习惯。

（五十）政府机关带头节能减排。各级人民政府机关要将节能减排作为机关工作的一项重要任务来抓，健全规章制度，落实岗位责任，细化管理措施，树立节约意识，践行节约行动，作节能减排的表率。

# 全国生态环境保护纲要

(国发〔2000〕58号)

生态环境保护是功在当代、惠及子孙的伟大事业和宏伟工程。坚持不懈地搞好生态环境保护是保证经济社会健康发展，实现中华民族伟大复兴的需要。为全面实施可持续发展战略，落实环境保护基本国策，巩固生态建设成果，努力实现祖国秀美山川的宏伟目标，特制订本纲要。

**一、当前全国生态环境保护状况**

（一）当前生态环境保护工作取得的成绩和存在的问题

1. 全国生态环境保护取得了一定成绩。改革开放以来，党和政府高度重视环境保护工作，采取了一系列保护和改善生态环境的重大举措，加大了生态环境建设力度，使我国一些地区的生态环境得到了有效保护和改善。主要表现在：植树造林、水土保持、草原建设和国土整治等重点生态工程取得进展；长江、黄河上中游水土保持重点防治工程全面实施；重点地区天然林资源保护和退耕还林还草工程开始启动；建立了一批不同类型的自然保护区、风景名胜区和森林公园；生态农业试点示范、生态示范区建设稳步发展；环境保护法制建设逐步完善。

2. 全国生态环境状况仍面临严峻形势。目前，一些地区生态环境恶化的趋势还没有得到有效遏制，生态环境破坏的范围在扩大，程度在加剧，危害在加重。突出表现在：长江、黄河等大江大河源头的生态环境恶化呈加速趋势，沿江沿河的重要湖泊、湿地日趋萎缩，特别是北方地区的江河断流、湖泊干涸、地下水位下降严重，加剧了洪涝灾害的危害和植被退化、土地沙化；草原地区的超载放牧、过度开垦和樵采，有林地、多林区的乱砍滥伐，致使林草植被遭到破坏，生态功能衰退，水土流失加剧；矿产资源的乱采滥挖，尤其是沿江、沿岸、沿坡的开发不当，导致崩塌、滑坡、泥石流、地面塌陷、沉降、海水倒灌等地质灾害频繁发生；全国野生动植物物种丰富区的面积不断减少，珍稀野生动植物栖息地环境恶化，珍贵药用野生植物数量锐减，生物资源总量下降；近岸海域污染严重，海洋渔业资源衰退，珊瑚礁、红树林遭到破坏，海岸侵蚀问题突出。生态环境继续恶化，将严重影响我国经济社会的可持续发展和国家生态环境安全。

（二）当前生态环境恶化的原因

3. 资源不合理开发利用是造成生态环境恶化的主要原因。一些地区环境保护意识不强，重开发轻保护，重建设轻维护，对资源采取掠夺式、粗放型开发利用方式，超过了生态环境承载能力；一些部门和单位监管薄弱，执法不严，管理不力，致使许多生态环境破坏的现象屡禁不止，加剧了生态环境的退化。同时，长期以来对生态环境保护和建设的投入不足，也是造成生态环境恶化的重要原因。切实解决生态环境保护的矛盾与问题，是我们面临的一项长期而艰巨的任务。

**二、全国生态环境保护的指导思想、基本原则与目标**

（一）全国生态环境保护的指导思想和基本原则

4. 全国生态环境保护的指导思想。高举邓小平理论伟大旗帜，以实施可持续发展战略和促进经济增长方式转变为中心，以改善生态环境质量和维护国家生态环境安全为目标，紧紧围绕重点地区、重点生态环境问题，统一规划，分类指导，分区推进，加强法治，严格监管，坚决打击人为破坏生态环境行为，动员和组织全社会力量，保护和改善自然恢复能力，巩固生态建设成果，努力遏制生态环境恶化的趋势，为实现祖国秀美山川的宏伟目标打下坚实基础。

5. 全国生态环境保护的基本原则。坚持生态环境保护与生态环境建设并举。在加大生态环境建设力度的同时，必须坚持保护优先、预防为主、防治结合，彻底扭转一些地区边建设边破坏的被动局面。

坚持污染防治与生态环境保护并重。应充分考虑区域和流域环境污染与生态环境破坏的相互影响和作用，坚持污染防治与生态环境保护统一规划，同步实施，把城乡污染防治与生态环境保护有机结合起来，努力实现城乡环境保护一体化。

坚持统筹兼顾，综合决策，合理开发。正确处理资源开发与环境保护的关系，坚持在保护中开发，在开发中保护。经济发展必须遵循自然规律，近期与长远统一、局部与全局兼顾。进行资源开发活动必须充分考虑生态环境承载能力，绝不允许以牺牲生态环境为代价，换取眼前的和局部的经济利益。

坚持谁开发谁保护，谁破坏谁恢复，谁使用谁付费制度。要明确生态环境保护的权、责、利，充分运用法律、经济、行政和技术手段保护生态环境。

（二）全国生态环境保护的目标

6. 全国生态环境保护目标是通过生态环境保护，遏制生态环境破坏，减轻自然灾害的危害；促进自然资源的合理、科学利用，实现自然生态系统良性循环；维护国家生态环境安全，确保国民经济和社会的可持续发展。

近期目标。到2010年，基本遏制生态环境破坏趋势。建设一批生态功能保护区，力争使长江、黄河等大江大河的源头区，长江、松花江流域和西南、西北地区的重要湖泊、湿地，西北重要的绿洲，水土保持重点预防保护区及重点监督区等重要生态功能区的生态系统和生态功能得到保护与恢复；在切实抓好现有自然保护区建设与管理的同时，抓紧建设一批新的自然保护区，使各类良好自然生态系统及重要物种得到有效保护；建立、健全生态环境保护监管体系，使生态环境保护措施得到有效执行，重点资源开发区的各类开发活动严格按规划进行，生态环境破坏恢复率有较大幅度提高；加强生态示范区和生态农业县建设，全国部分县（市、区）基本实现秀美山川、自然生态系统良性循环。

远期目标。到2030年，全面遏制生态环境恶化的趋势，使重要生态功能区、物种丰富区和重点资源开发区的生态环境得到有效保护，各大水系的一级支流源头区和国家重点保护湿地的生态环境得到改善；部分重要生态系统得到重建与恢复；全国50％的县（市、区）实现秀美山川、自然生态系统良性循环，30％以上的城市达到生态城市和园林城市标准。到2050年，力争全国生态环境得到全面改善，实现城乡环境清洁和自然生态系统良性循环，全国大部分地区实现秀美山川的宏伟目标。

### 三、全国生态环境保护的主要内容与要求

（一）重要生态功能区的生态环境保护

7. 建立生态功能保护区。江河源头区、重要水源涵养区、水土保持的重点预防保护区和重点监督区、江河洪水调蓄区、防风固沙区和重要渔业水域等重要生态功能区，在保持流域、区域生态平衡，减轻自然灾害，确保国家和地区生态环境安全方面具有重要作用。对这些区域的现有植被和自然生态系统应严加保护，通过建立生态功能保护区，实施保护措施，防止生态环境的破坏和生态功能的退化。跨省域和重点流域、重点区域的重要生态功能区，建立国家级生态功能保护区；跨地（市）和县（市）的重要生态功能区，建立省级和地（市）级生态功能保护区。

8. 对生态功能保护区采取以下保护措施：停止一切导致生态功能继续退化的开发活动和其他人为破坏活动；停止一切产生严重环境污染的工程项目建设；严格控制人口增长，区内人口已超出承载能力的应采取必要的移民措施；改变粗放生产经营方式，走生态经济型发展道路，对已经破坏的重要生态系统，要结合生态环境建设措施，认真组织重建与恢复，尽快遏制生态环境恶化趋势。

9. 各类生态功能保护区的建立，由各级环保部门会同有关部门组成评审委员会评审，报同级政府批准。生态功能保护区的管理以地方政府为主，国家级生态功能保护区可由省级政府委派的机构管理，其中跨省域的由国家统一规划批建后，分省按属地管理；各级政府对生态功能保护区的建设应给予积极扶持；农业、林业、水利、环保、国土资源等有关部门要按照各自的职责加强对生态功能保护区管理、保护与建设的监督。

（二）重点资源开发的生态环境保护

10. 切实加强对水、土地、森林、草原、海洋、矿产等重要自然资源的环境管理，严格资源开发利用中的生态环境保护工作。各类自然资源的开发，必须遵守相关的法律法规，依法履行生态环境影响评价手续；资源开发重点建设项目，应编报水土保持方案，否则一律不得开工建设。

11. 水资源开发利用的生态环境保护。水资源的开发利用要全流域统筹兼顾，生产、生活和生态用水综合平衡，坚持开源与节流并重，节流优先，治污为本，科学开源，综合利用。建立缺水地区高耗水项目管制制度，逐步调整用水紧缺地区的高耗水产业，停止新上高耗水项目，确保流域生态用水。在发生江河断流、湖泊萎缩、地下水超采的流域和地区，应停上新的加重水平衡失调的蓄水、引水和灌溉工程；合理控制地下水开采，做到采补平衡；在地下水严重超采地区，划定地下水禁采区，抓紧清理不合理的抽水设施，防止出现大面积的地下漏斗和地表塌陷。继续加大二氧化硫和酸雨控制力度，合理开发利用和保护大气水资源；对于擅自围垦的湖泊和填占的河道，要限期退耕还湖还水。通过科学的监测评价和功能区划，规范排污许可证制度和排污口管理制度。严禁向水体倾倒垃圾和建筑、工业废料，进一步加大水污染特别是重点江河湖泊水污染治理力度，加快城市污水处理设施、垃圾集中处理设施建设。加大农业面源污染控制力度，鼓励畜禽粪便资源化，确保养殖废水达标排放，严格控制氮、磷严重超标地区的氮肥、磷肥施用量。

12. 土地资源开发利用的生态环境保护。依据土地利用总体规划，实施土地用途管制

制度，明确土地承包者的生态环境保护责任，加强生态用地保护，冻结征用具有重要生态功能的草地、林地、湿地。建设项目确需占用生态用地的，应严格依法报批和补偿，并实行"占一补一"的制度，确保恢复面积不少于占用面积。加强对交通、能源、水利等重大基础设施建设的生态环境保护监管，建设线路和施工场址要科学选比，尽量减少占用林地、草地和耕地，防止水土流失和土地沙化。加强非牧场草地开发利用的生态监管。大江大河上中游陡坡耕地要按照有关规划，有计划、分步骤地实行退耕还林还草，并加强对退耕地的管理，防止复耕。

13. 森林、草原资源开发利用的生态环境保护。对具有重要生态功能的林区、草原，应划为禁垦区、禁伐区或禁牧区，严格管护；已经开发利用的，要退耕退牧，育林育草，使其休养生息。实施天然林保护工程，最大限度地保护和发挥好森林的生态效益；要切实保护好各类水源涵养林、水土保持林、防风固沙林、特种用途林等生态公益林；对毁林、毁草开垦的耕地和造成的废弃地，要按照"谁批准谁负责，谁破坏谁恢复"的原则，限期退耕还林还草。加强森林、草原防火和病虫鼠害防治工作，努力减少林草资源灾害性损失；加大火烧迹地、采伐迹地的封山育林育草力度，加速林区、草原生态环境的恢复和生态功能的提高。大力发展风能、太阳能、生物质能等可再生能源技术，减少樵采对林草植被的破坏。

发展牧业要坚持以草定畜，防止超载过牧。严重超载过牧的，应核定载畜量，限期压减牲畜头数。采取保护和利用相结合的方针，严格实行草场禁牧期、禁牧区和轮牧制度，积极开发秸秆饲料，逐步推行舍饲圈养办法，加快退化草场的恢复。在干旱、半干旱地区要因地制宜调整粮畜生产比重，大力实施种草养畜富民工程。在农牧交错区进行农业开发，不得造成新的草场破坏；发展绿洲农业，不得破坏天然植被。对牧区的已垦草场，应限期退耕还草，恢复植被。

14. 生物物种资源开发利用的生态环境保护。生物物种资源的开发应在保护物种多样性和确保生物安全的前提下进行。依法禁止一切形式的捕杀、采集濒危野生动植物的活动。严厉打击濒危野生动植物的非法贸易。严格限制捕杀、采集和销售益虫、益鸟、益兽。鼓励野生动植物的驯养、繁育。加强野生生物资源开发管理，逐步划定准采区，规范采挖方式，严禁乱采滥挖；严格禁止采集和销售发菜，取缔一切发菜贸易，坚决制止在干旱、半干旱草原滥挖具有重要固沙作用的各类野生药用植物。切实搞好重要鱼类的产卵场、索饵场、越冬场、回游通道和重要水生生物及其生境的保护。加强生物安全管理，建立转基因生物活体及其产品的进出口管理制度和风险评估制度；对引进外来物种必须进行风险评估，加强进口检疫工作，防止国外有害物种进入国内。

15. 海洋和渔业资源开发利用的生态环境保护。海洋和渔业资源开发利用必须按功能区划进行，做到统一规划，合理开发利用。切实加强海岸带的管理，严格围垦造地建港、海岸工程和旅游设施建设的审批，严格保护红树林、珊瑚礁、沿海防护林。加强重点渔场、江河出海口、海湾及其他渔业水域等重要水生资源繁育区的保护，严格渔业资源开发的生态环境保护监管。加大海洋污染防治力度，逐步建立污染物排海总量控制制度，加强对海上油气勘探开发、海洋倾废、船舶排污和港口的环境管理，逐步建立海上重大污染事故应急体系。

16. 矿产资源开发利用的生态环境保护。严禁在生态功能保护区、自然保护区、风景名胜区、森林公园内采矿。严禁在崩塌滑坡危险区、泥石流易发区和易导致自然景观破坏的区域采石、采砂、取土。矿产资源开发利用必须严格规划管理，开发应选取有利于生态环境保护的工期、区域和方式，把开发活动对生态环境的破坏减少到最低限度。矿产资源开发必须防止次生地质灾害的发生。在沿江、沿河、沿湖、沿库、沿海地区开采矿产资源，必须落实生态环境保护措施，尽量避免和减少对生态环境的破坏。已造成破坏的，开发者必须限期恢复。已停止采矿或关闭的矿山、坑口，必须及时做好土地复垦。

17. 旅游资源开发利用的生态环境保护。旅游资源的开发必须明确环境保护的目标与要求，确保旅游设施建设与自然景观相协调。科学确定旅游区的游客容量，合理设计旅游线路，使旅游基础设施建设与生态环境的承载能力相适应。加强自然景观、景点的保护，限制对重要自然遗迹的旅游开发，从严控制重点风景名胜区的旅游开发，严格管制索道等旅游设施的建设规模与数量，对不符合规划要求建设的设施，要限期拆除。旅游区的污水、烟尘和生活垃圾处理，必须实现达标排放和科学处置。

（三）生态良好地区的生态环境保护

18. 生态良好地区特别是物种丰富区是生态环境保护的重点区域，要采取积极的保护措施，保证这些区域的生态系统和生态功能不被破坏。在物种丰富、具有自然生态系统代表性、典型性、未受破坏的地区，应抓紧抢建一批新的自然保护区。要把横断山区、新青藏接壤高原山地、湘黔川鄂边境山地、浙闽赣交界山地、秦巴山地、滇南西双版纳、海南岛和东北大小兴安岭、三江平原等地区列为重点，分期规划建设为各级自然保护区。对西部地区有重要保护价值的物种和生态系统分布区，特别是重要荒漠生态系统和典型荒漠野生动植物分布区，应抢建一批不同类型的自然保护区。

19. 重视城市生态环境保护。在城镇化进程中，要切实保护好各类重要生态用地。大中城市要确保一定比例的公共绿地和生态用地，深入开展园林城市创建活动，加强城市公园、绿化带、片林、草坪的建设与保护，大力推广庭院、墙面、屋顶、桥体的绿化和美化。严禁在城区和城镇郊区随意开山填海、开发湿地，禁止随意填占溪、河、渠、塘。继续开展城镇环境综合整治，进一步加快能源结构调整和工业污染源治理，切实加强城镇建设项目和建筑工地的环境管理，积极推进环保模范城市和环境优美城镇创建工作。

20. 加大生态示范区和生态农业县建设力度。国家鼓励和支持生态良好地区，在实施可持续发展战略中发挥示范作用。进一步加快县（市）生态示范区和生态农业县建设步伐。在有条件的地区，应努力推动地级和省级生态示范区的建设。

四、全国生态环境保护的对策与措施

（一）加强领导和协调，建立生态环境保护综合决策机制

21. 建立和完善生态环境保护责任制。要把地方各级政府对本辖区生态环境质量负责、各部门对本行业和本系统生态环境保护负责的责任制落到实处。明确资源开发单位、法人的生态环境保护责任。实行严格的考核、奖罚制度。对于严格履行职责，在生态环境保护中做出重大贡献的单位和个人，应给予表彰、奖励。对于失职、渎职，造成生态环境破坏的，应依照有关法律法规予以追究。要把生态环境保护和建设规划纳入各级经济和社会发展的长远规划和年度计划，保证各级政府对生态环境保护的投入。建立生态环境保护与建设的审计制度，确保投入与产出的合理性和生态效益、经济效益与社会效益的统一。

22. 积极协调和配合，建立行之有效的生态环境保护监管体系。国务院各有关部门要

各司其职，密切配合，齐心协力，共同推进全国生态环境保护工作。环保部门要做好综合协调与监督工作，计划、农业、林业、水利、国土资源和建设等部门要加强自然资源开发的规划和管理，做好生态环境保护与恢复治理工作。在国家确定生态环境重点保护与监管区域的基础上，地方各级政府要结合本地实际，确定本辖区的生态环境重点保护与监管区域，形成上下配套的生态环境保护与监管体系。西部地区各级政府和有关部门要把搞好西部地区的生态环境保护和建设放在优先位置，确保国家西部大开发战略的顺利实施。

23. 保障生态环境保护的科技支持能力。各级政府要把生态环境保护科学研究纳入科技发展计划，鼓励科技创新，加强农村生态环境保护、生物多样性保护、生态恢复和水土保持等重点生态环境保护领域的技术开发和推广工作。在生态环境保护经费中，应确定一定比例的资金用于生态环境保护的科学研究和技术推广，推动科研成果的转化，提高生态环境保护的科技含量和水平。建立早期预警制度，加强生态环境恶化趋势的预测预报。

24. 建立经济社会发展与生态环境保护综合决策机制。各地要抓紧编制生态功能区划，指导自然资源开发和产业合理布局，推动经济社会与生态环境保护协调、健康发展。制定重大经济技术政策、社会发展规划、经济发展计划时，应依据生态功能区划，充分考虑生态环境影响问题。自然资源的开发和植树种草、水土保持、草原建设等重大生态环境建设项目，必须开展环境影响评价。对可能造成生态环境破坏和不利影响的项目，必须做到生态环境保护和恢复措施与资源开发和建设项目同步设计，同步施工，同步检查验收。对可能造成生态环境严重破坏的，应严格评审，坚决禁止。

（二）加强法制建设，提高全民的生态环境保护意识

25. 加强立法和执法，把生态环境保护纳入法治轨道。严格执行环境保护和资源管理的法律、法规，严厉打击破坏生态环境的犯罪行为。抓紧有关生态环境保护与建设法律法规的制定和修改工作，制定生态功能保护区生态环境保护管理条例，健全、完善地方生态环境保护法规和监管制度。

26. 认真履行国际公约，广泛开展国际交流与合作。认真履行《生物多样性公约》、《国际湿地公约》、《联合国防治荒漠化公约》、《濒危野生动植物国际贸易公约》和《保护世界文化和自然遗产公约》等国际公约，维护国家生态环境保护的权益，承担与我国发展水平相适应的国际义务，为全球生态环境保护做出贡献。广泛开展国际交流与合作，积极引进国外的资金、技术和管理经验，推动我国生态环境保护的全面发展。

27. 加强生态环境保护的宣传教育，不断提高全民的生态环境保护意识。深入开展环境国情、国策教育，分级开展生态环境保护培训，提高生态环境保护与经济社会发展的综合决策能力。重视生态环境保护的基础教育、专业教育，积极搞好社会公众教育。城市动物园、植物园等各类公园，要增加宣传设施，组织特色宣传教育活动，向公众普及生态环境保护知识。进一步加强新闻舆论监督，表扬先进典型，揭露违法行为，完善信访、举报和听证制度，充分调动广大人民群众和民间团体参与生态环境保护的积极性，为实现祖国秀美山川的宏伟目标而努力奋斗。

# 国家重点生态功能保护区规划纲要

(环发〔2007〕165号)

## 前 言

生态功能保护区是指在涵养水源、保持水土、调蓄洪水、防风固沙、维系生物多样性等方面具有重要作用的重要生态功能区内，有选择地划定一定面积予以重点保护和限制开发建设的区域。建立生态功能保护区，保护区域重要生态功能，对于防止和减轻自然灾害，协调流域及区域生态保护与经济社会发展，保障国家和地方生态安全具有重要意义。国家重点生态功能保护区是指对保障国家生态安全具有重要意义，需要国家和地方共同保护和管理的生态功能保护区。

党中央、国务院对重要生态功能区的保护工作十分重视。2000年国务院印发的《全国生态环境保护纲要》明确提出，要通过建立生态功能保护区，实施保护措施，防止生态环境的破坏和生态功能的退化。《中华人民共和国国民经济和社会发展第十一个五年规划纲要》将重要生态功能区建设作为推进形成主体功能区，构建资源节约型、环境友好型社会的重要任务之一。《国务院关于落实科学发展观加强环境保护的决定》将保持"重点生态功能保护区、自然保护区等的生态功能基本稳定"作为我国环境保护的目标之一。

党和国家领导人高度重视生态功能保护区建设工作，作出了一系列重要指示和批示。胡锦涛总书记在2004年中央人口资源环境工作座谈会上强调："做好生态功能区划和生态保护规划，加大重要生态功能保护区、自然保护区建设力度，提高保护质量"。2003年9月，曾培炎副总理在听取全国生态环境调查评估汇报时指出："在目前条件下，要以生态功能保护区抢救性保护为重点"，"根据我国人口多、自然资源短缺的国情，加强重点生态功能保护区建设，是生态环境保护工作的重大突破和重要举措"，"环保总局应抓紧有关规划和项目的前期准备工作"。

根据党中央、国务院对建立生态功能保护区的要求，我局组织编制了《国家重点生态功能保护区规划纲要》(以下简称《纲要》)。《纲要》根据我国生态功能重要性和生态敏感性评价结果，结合《中华人民共和国国民经济和社会发展第十一个五年规划纲要》和《国务院关于编制全国主体功能区规划的意见》提出的限制开发区域有关要求，确定了我国重点生态功能保护区建设的主要目标和任务，以此来指导我国生态功能保护区的建设。根据《中华人民共和国国民经济和社会发展第十一个五年规划纲要》和《国务院关于落实科学发展观加强环境保护的决定》，生态功能保护区实行限制开发，在坚持保护优先、防治结合的前提下，合理选择发展方向，发展特色优势产业，防止各种不合理的开发建设活动导致生态功能的退化，从而减轻区域自然生态系统的压力，保护和恢复区域生态功能，逐步恢复生态平衡。

## 一、我国重要生态功能区保护面临的形势和机遇

重要生态功能区的保护事关我国生态安全，是我国生态保护的重要内容。重要生态功能区的保护工作既存在严峻挑战，同时也面临重大机遇。

(一)重要生态功能区生态恶化趋势尚未扭转

我国重要生态功能区生态破坏严重，部分区域生态功能整体退化甚至丧失，严重威胁国家和区域的生态安全。突出表现在：大江大河源头区生态功能退化，水源涵养功能下降，对下游地区的生态安全带来威胁；北方重要防风固沙区植被破坏和绿洲萎缩，沙尘暴威胁严重；江河、湖泊湿地萎缩，生态系统退化，洪水调蓄功能下降；部分地区水土流失加剧，威胁区域可持续发展；近岸海域生态系统遭到破坏，重要渔业水域生产能力衰退；部分重要物种资源集中分布区自然生境退化加剧，生物多样性维系功能衰退。我国重要生态功能区生态恶化的主要原因有：经济发展与生态保护之间的矛盾突出，落后的生产生活方式是造成区域生态功能破坏；条块式的管理方式阻碍了重要生态功能区的整体性保护；监管能力薄弱，执法不严，管理不力，致使许多生态环境破坏的现象屡禁不止，加剧了生态环境的退化。

（二）生态功能保护区建设面临重大机遇

建立生态功能保护区是保护我国重要生态功能区的主要措施。

目前，我国存在加快生态功能保护区建设的有利条件。在国际上，"综合生态系统管理"方法在越来越受到重视，"生态功能"整体性和综合性保护的理念逐步得到社会各界的承认和支持。以建立生态功能保护区的方式保护重要生态功能区得到相关部门的一致认可。我国正在开展主体功能区划规划的编制，其中限制开发区将为生态功能保护区的建设提供保障。

**二、指导思想、原则及目标**

（一）指导思想及原则

1. 指导思想

以科学发展观为指导，以保障国家和区域生态安全为出发点，以维护并改善区域重要生态功能为目标，以调整产业结构为主段，统筹人与自然和谐发展，把生态保护和建设与地方社会经济发展、群众生活水平提高有机结合起来，统一规划，优先保护，限制开发，严格监管，促进我国重要生态功能区经济、社会和环境的协调发展。

2. 基本原则

（1）统筹规划，分步实施

生态功能保护区建设是一个长期的系统工程，应统筹规划，分步实施，在明确重点生态功能保护区建设布局的基础上，分期分批开展，逐步推进，积极探索生态功能保护区建设多样化模式，建立符合我国国情的生态功能保护区格局体系。

（2）高度重视，精心组织

各级环保部门要将重点生态功能保护区的规划编制、相关配套政策的制定和研究、管理技术规范研究作为生态环境保护的重要内容。并通过与相关部门的协调和衔接，力争将生态功能保护区的建设纳入当地经济社会发展规划。

（3）保护优先，限制开发

生态功能保护区属于限制开发区，应坚持保护优先、限制开发、点状发展的原则，因地制宜地制定生态功能保护区的财政、产业、投资、人口和绩效考核等社会经济政策，强化生态环境保护执法监督，加强生态功能保护和恢复，引导资源环境可承载的特色产业发展，限制损害主导生态功能的产业扩张，走生态经济型的发展道路。

（4）避免重复，互为补充

生态功能保护区属于限制开发区，自然保护区、世界文化自然遗产、风景名胜区、森林公园等各类特别保护区域属于禁止开发区，生态功能保护区建设要考虑两者之间的协调与补充。在空间范围上，生态功能保护区不包含自然保护区、世界文化自然遗产、风景名胜区、森林公园、地质公园等特别保护区域；在建设内容上，避免重复，互相补充；在管理机制上，各类特别保护区域的隶属关系和管理方式不变。

（二）主要目标

以《中华人民共和国国民经济和社会发展第十一个五年规划纲要》明确的国家限制开发区为重点，合理布局国家重点生态功能保护区，建设一批水源涵养、水土保持、防风固沙、洪水调蓄、生物多样性维护生态功能保护区，形成较完善的生态功能保护区建设体系，建立较完备的生态功能保护区相关政策、法规、标准和技术规范体系，使我国重要生态功能区的生态恶化趋势得到遏制，主要生态功能得到有效恢复和完善，限制开发区有关政策得到有效落实。

三、主要任务

重点生态功能保护区属于限制开发区，要在保护优先的前提下，合理选择发展方向，发展特色优势产业，加强生态环境保护和修复，加大生态环境监管力度，保护和恢复区域生态功能。

（一）合理引导产业发展

充分利用生态功能保护区的资源优势，合理选择发展方向，调整区域产业结构，发展有益于区域主导生态功能发挥的资源环境可承载的特色产业，限制不符合主导生态功能保护需要的产业发展，鼓励使用清洁能源。

1. 限制损害区域生态功能的产业扩张。根据生态功能保护区的资源禀赋、环境容量，合理确定区域产业发展方向，限制高污染、高能耗、高物耗产业的发展。要依法淘汰严重污染环境、严重破坏区域生态、严重浪费资源能源的产业，要依法关闭破坏资源、污染环境和损害生态系统功能的企业。

2. 发展资源环境可承载的特色产业。依据资源禀赋的差异，积极发展生态农业、生态林业、生态旅游业；在中药材资源丰富的地区，建设药材基地，推动生物资源的开发；在畜牧业为主的区域，建立稳定、优质、高产的人工饲草基地，推行舍饲圈养；在重要防风固沙区，合理发展沙产业；在蓄滞洪区，发展避洪经济；在海洋生态功能保护区，发展海洋生态养殖、生态旅游等海洋生态产业。

3. 推广清洁能源。积极推广沼气、风能、小水电、太阳能、地热能及其他清洁能源，解决农村能源需求，减少对自然生态系统的破坏。

（二）保护和恢复生态功能

遵循先急后缓、突出重点，保护优先、积极治理，因地制宜、因害设防的原则，结合已实施或规划实施的生态治理工程，加大区域自然生态系统的保护和恢复力度，恢复和维护区域生态功能。

1. 提高水源涵养能力。在水源涵养生态功能保护区内，结合已有的生态保护和建设重大工程，加强森林、草地和湿地的管护和恢复，严格监管矿产、水资源开发，严肃查处毁林、毁草、破坏湿地等行为，合理开发水电，提高区域水源涵养生态功能。

2. 恢复水土保持功能。在水土保持生态功能保护区内，实施水土流失的预防监督和水土保持生态修复工程，加强小流域综合治理，营造水土保持林，禁止毁林开荒、烧山开荒和陡坡地开垦，合理开发自然资源，保护和恢复自然生态系统，增强区域水土保持能力。

3. 增强防风固沙功能。在防风固沙生态功能保护区内，积极实施防沙治沙等生态治理工程，严禁过度放牧、樵采、开荒，合理利用水资源，保障生态用水，提高区域生态系统防沙固沙的能力。

4. 提高调洪蓄洪能力。在洪水调蓄生态功能保护区内，严禁围垦湖泊、湿地，积极实施退田还湖还湿工程，禁止在蓄滞洪区建设与行洪泄洪无关的工程设施，巩固平垸行洪、退田还湿的成果，增强区内调洪蓄洪能力。

5. 增强生物多样性维护能力。在生物多样性维护生态功能保护区内，采取严格的保护措施，构建生态走廊，防止人为破坏，促进自然生态系统的恢复。对于生境遭受严重破坏的地区，采用生物措施和工程措施相结合的方式，积极恢复自然生境，建立野生动植物救护中心和繁育基地。禁止滥捕、乱采、乱猎等行为，加强外来入侵物种管理。

6. 保护重要海洋生态功能。在海洋生态功能保护区内，合理开发利用海洋资源，禁止过度捕捞，保护海洋珍稀濒危物种及其栖息地，防治海洋污染，开展海洋生态恢复，维护海洋生态系统的主要生态功能。

（三）强化生态环境监管

通过加强法律法规和监管能力建设，提高环境执法能力，避免边建设、边破坏；通过强化监测和科研，提高区内生态环境监测、预报、预警水平，及时准确掌握区内主导生态功能的动态变化情况，为生态功能保护区的建设和管理提供决策依据；通过强化宣传教育，增强区内广大群众对区域生态功能重要性的认识，自觉维护区域和流域生态安全。

1. 强化监督管理能力。健全完善相关法律法规，加大生态环境监察力度，抓紧制订生态功能保护区法规，建立生态功能保护区监管协调机制，制定不同类型生态功能保护区管理办法，发布禁止、限制发展的产业名录。加强生态功能保护区环境执法能力，组织相关部门开展联合执法检查。

2. 提高监测预警能力。开展生态功能保护区生态环境监测，制定生态环境质量评价与监测技术规范，建立生态功能保护区生态环境状况评价的定期通报制度。充分利用相关部门的生态环境监测资料，实现生态功能保护区生态环境监测信息共享，并建立重点生态功能保护区生态环境监测网络和管理信息系统，为生态功能保护区的管理和决策提供科学依据。

3. 增强宣传教育能力。结合各地已有的生态环境保护宣教基地，在生态功能保护区内建立生态教育警示基地，提高公众参与生态功能保护区建设的积极性。加强生态环境保护法规、知识和技术培训，提高生态功能保护区管理人员和技术人员的专业知识和技术水平。

4. 加强科研支撑能力。开展生态功能保护区建设与管理的理论和应用技术研究，揭示不同区域生态系统结构和生态服务功能作用机理及其演变规律。引导科研机构积极开展生态修复技术、生态监测技术等应用技术的研究。

四、保障措施

（一）加强部门协调，促进部门合作

生态功能保护区具有涉及面广、政策性强、周期长等特点，需要各级政府各级部门通力合作，加强协调，建立综合决策机制。各级环保部门要主动加强与其他相关部门的协调，充分沟通，推动建立相关部门共同参与的生态功能保护区建设和管理的协调机制，统筹考虑生态功能保护区的建设。各级环保部门应优先将生态保护和建设项目优先安排在生态功能保护区内，并积极与其他相关部门开展联合执法检查，严厉查处生态功能保护区内各种破坏生态环境、损害生态功能的行为。

（二）科学制定重点生态功能保护区实施规划

各重点生态功能保护区的具体实施规划是重点生态功能保护区建设的重要依据。省级环保部门应积极制定重点生态功能保护区的具体实施规划，并报国家相关部门审批后实施。实施规划要在充分考察、论证的基础上，科学划定生态功能保护区的具体范围，明确生态功能保护区的主要建设任务、重点项目和投资需求。主要建设任务应根据区内主导生态功能保护的需要，并结合现有生态建设和保护工程进行确定，重点开展生态功能保护和恢复、产业引导以及监管能力建设等方面的工作。要积极争取将实施规划的主要内容纳入各级政府国民经济和社会发展规划。

（三）建立多渠道的投资体系

要探索建立生态功能保护区建设的多元化投融资机制，充分发挥市场机制作用，吸引社会资金和国际资金的投入。要将生态功能保护区的运行费用纳入地方财政。同时，应综合运用经济、行政和法律手段，研究制定有利于生态功能保护区建设的投融资、税收等优惠政策，拓宽融资渠道，吸引各类社会资金和国际资金参与生态功能保护区建设。要开展生态环境补偿机制的政策研究，在近期建设的重点生态功能保护区内开展生态环境补偿试点，逐步建立和完善生态环境补偿机制。

（四）加强对科学研究和技术创新的支持

生态功能保护区建设是一项复杂的系统工程，要依靠科技进步搞好生态功能保护区建设。要围绕影响主导生态功能发挥的自然、社会和经济因素，深入开展基础理论和应用技术研究。积极筛选并推广适宜不同类型生态功能保护区的保护和治理技术。要重视新技术、新成果的推广，加快现有科技成果的转化，努力减少资源消耗，控制环境污染，促进生态恢复。要加强资源综合利用、生态重建与恢复等方面的科技攻关，为生态功能保护区的建设提供技术支撑。

（五）增强公众参与意识，形成社区共管机制

生态功能保护区建设涉及各行各业，只有得到全社会的关心和支持，尤其是当地居民的广泛参与，才能实现建设目标。要充分利用广播、电视、报刊等媒体，广泛深入地宣传生态功能保护区建设的重要作用和意义，不断提高全民的生态环境保护意识，增强全社会公众参与的积极性。各级政府要通过与农、牧户签订生态管护合同，建设环境优美乡镇、生态村等多种形式，建立良性互动的社区共管机制，提高当地居民参与生态功能保护区建设的积极性，使当地的经济发展与生态功能保护区的建设融为一体。

# 全国生态脆弱区保护规划纲要

(环发［2008］92号)

## 前　言

我国是世界上生态脆弱区分布面积最大、脆弱生态类型最多、生态脆弱性表现最明显的国家之一。我国生态脆弱区大多位于生态过渡区和植被交错区，处于农牧、林牧、农林等复合交错带，是我国目前生态问题突出、经济相对落后和人民生活贫困区。同时，也是我国环境监管的薄弱地区。加强生态脆弱区保护，增强生态环境监管力度，促进生态脆弱区经济发展，有利于维护生态系统的完整性，实现人与自然的和谐发展，是贯彻落实科学发展观，牢固树立生态文明观念，促进经济社会又好又快发展的必然要求。

党中央、国务院高度重视生态脆弱区的保护。温家宝总理多次强调，我国许多地方生态脆弱，环境承载力很低；保护环境，就是保护我们赖以生存的家园，就是保护中华民族发展的根基。《国务院关于落实科学发展观加强环境保护的决定》明确指出在生态脆弱地区要实行限制开发。为此，"十一五"期间，环境保护部将通过实施"三区推进"（即自然保护区、重要生态功能保护区和生态脆弱区）的生态保护战略，为改善生态脆弱区生态环境提供政策保障。

本纲要明确了生态脆弱区的地理分布、现状特征及其生态保护的指导思想、原则和任务，为恢复和重建生态脆弱区生态环境提供科学依据。

## 一、生态脆弱区特征及其空间分布

生态脆弱区也称生态交错区（Ecotone），是指两种不同类型生态系统交界过渡区域。这些交界过渡区域生态环境条件与两个不同生态系统核心区域有明显的区别，是生态环境变化明显的区域，已成为生态保护的重要领域。

(一)生态脆弱区基本特征

1. 系统抗干扰能力弱。生态脆弱区生态系统结构稳定性较差，对环境变化反映相对敏感，容易受到外界的干扰发生退化演替，而且系统自我修复能力较弱，自然恢复时间较长。

2. 对全球气候变化敏感。生态脆弱区生态系统中，环境与生物因子均处于相变的临界状态，对全球气候变化反应灵敏。具体表现为气候持续干旱，植被旱生化现象明显，生物生产力下降，自然灾害频发等。

3. 时空波动性强。波动性是生态系统的自身不稳定性在时空尺度上的位移。在时间上表现为气候要素、生产力等在季节和年际间的变化；在空间上表现为系统生态界面的摆动或状态类型的变化。

4. 边缘效应显著。生态脆弱区具有生态交错带的基本特征，因处于不同生态系统之间的交接带或重合区，是物种相互渗透的群落过渡区和环境梯度变化明显区，具有显著的边缘效应。

5. 环境异质性高。生态脆弱区的边缘效应使区内气候、植被、景观等相互渗透，并发生梯度突变，导致环境异质性增大。具体表现为植被景观破碎化，群落结构复杂化，生态系统退化明显，水土流失加重等。

（二）生态脆弱区的空间分布

我国生态脆弱区主要分布在北方干旱半干旱区、南方丘陵区、西南山地区、青藏高原区及东部沿海水陆交接地区，行政区域涉及黑龙江、内蒙古、吉林、辽宁、河北、山西、陕西、宁夏、甘肃、青海、新疆、西藏、四川、云南、贵州、广西、重庆、湖北、湖南、江西、安徽等21个省（自治区、直辖市）。主要类型包括：

1. 东北林草交错生态脆弱区

该区主要分布于大兴安岭山地和燕山山地森林外围与草原接壤的过渡区域，行政区域涉及内蒙古呼伦贝尔市、兴安盟、通辽市、赤峰市和河北省承德市、张家口市等部分县（旗、市、区）。生态环境脆弱性表现为：生态过渡带特征明显，群落结构复杂，环境异质性大，对外界反应敏感等。重要生态系统类型包括：北极泰加林、沙地樟子松林；疏林草甸、草甸草原、典型草原、疏林沙地、湿地、水体等。

2. 北方农牧交错生态脆弱区

该区主要分布于年降水量300～450毫米、干燥度1.0～2.0北方干旱半干旱草原区，行政区域涉及蒙、吉、辽、冀、晋、陕、宁、甘等8省区。生态环境脆弱性表现为：气候干旱，水资源短缺，土壤结构疏松，植被覆盖度低，容易受风蚀、水蚀和人为活动的强烈影响。重要生态系统类型包括：典型草原、荒漠草原、疏林沙地、农田等。

3. 西北荒漠绿洲交接生态脆弱区

该区主要分布于河套平原及贺兰山以西，新疆天山南北广大绿洲边缘区，行政区域涉及新、甘、青、蒙等地区。生态环境脆弱性表现为：典型荒漠绿洲过渡区，呈非地带性岛状或片状分布，环境异质性大，自然条件恶劣，年降水量少、蒸发量大，水资源极度短缺，土壤瘠薄，植被稀疏，风沙活动强烈，土地荒漠化严重。重要生态系统类型包括：高山亚高山冻原、高寒草甸、荒漠胡杨林、荒漠灌丛以及珍稀、濒危物种栖息地等。

4. 南方红壤丘陵山地生态脆弱区

该区主要分布于我国长江以南红土层盆地及红壤丘陵山地，行政区域涉及浙、闽、赣、湘、鄂、苏等六省。生态环境脆弱性表现为：土层较薄，肥力瘠薄，人为活动强烈，土地严重过垦，土壤质量下降明显，生产力逐年降低；丘陵坡地林木资源砍伐严重，植被覆盖度低，暴雨频繁、强度大，地表水蚀严重。重要生态系统类型包括：亚热带红壤丘陵山地森林、热性灌丛及草山草坡植被生态系统，亚热带红壤丘陵山地河流湿地水体生态系统。

5. 西南岩溶山地石漠化生态脆弱区

该区主要分布于我国西南石灰岩岩溶山地区域，行政区域涉及川、黔、滇、渝、桂等省区市。生态环境脆弱性表现为：全年降水量大，融水侵蚀严重，而且岩溶山地土层薄，成土过程缓慢，加之过度砍伐山体林木资源，植被覆盖度低，造成严重水土流失，山体滑坡、泥石流灾害频繁发生。重要生态系统类型包括：典型喀斯特岩溶地貌景观生态系统，喀斯特森林生态系统，喀斯特河流、湖泊水体生态系统，喀斯特岩溶山地特有和濒危动植物栖息地等。

6. 西南山地农牧交错生态脆弱区

该区主要分布于青藏高原向四川盆地过渡的横断山区，行政区域涉及四川阿坝、甘孜、凉山等州，云南省迪庆、丽江、怒江以及黔西北六盘水等40余个县市。生态环境脆弱性表现为：地形起伏大、地质结构复杂，水热条件垂直变化明显，土层发育不全，土壤瘠薄，植被稀疏；受人为活动的强烈影响，区域生态退化明显。重要生态系统类型包括：亚热带高山针叶林生态系统，亚热带高山峡谷区热性灌丛草地生态系统，亚热带高山高寒草甸及冻原生态系统，河流水体生态系统等。

7. 青藏高原复合侵蚀生态脆弱区

该区主要分布于雅鲁藏布江中游高寒山地沟谷地带、藏北高原和青海三江源地区等。生态环境脆弱性表现为：地势高寒，气候恶劣，自然条件严酷，植被稀疏，具有明显的风蚀、水蚀、冻蚀等多种土壤侵蚀现象，是我国生态环境十分脆弱的地区之一。重要生态系统类型包括：高原冰川、雪线及冻原生态系统，高山灌丛化草地生态系统，高寒草甸生态系统，高山沟谷区河流湿地生态系统等。

8. 沿海水陆交接带生态脆弱区

该区主要分布于我国东部水陆交接地带，行政区域涉及我国东部沿海诸省（市），典型区域为滨海水线500米以内、向陆地延伸1～10公里之内的狭长地域。生态环境脆弱性表现为：潮汐、台风及暴雨等气候灾害频发，土壤含盐量高，植被单一，防护效果差。重要生态系统类型包括：滨海堤岸林植被生态系统、滨海三角洲及滩涂湿地生态系统、近海水域水生生态系统等。

## 二、生态脆弱区的主要压力

（一）主要问题

1. 草地退化、土地沙化面积巨大

2005年我国共有各类沙漠化土地174.0万平方公里，其中，生态环境极度脆弱的西部8省区就占96.3%。我国北方有近3.0亿公顷天然草地，其中60%以上分布在生态环境比较脆弱的农牧交错区，目前，该区中度以上退沙化面积已占草地总面积的53.6%，并已成为我国北方重要沙尘源区，而且每年退沙化草地扩展速度平均在200万公顷以上。

2. 土壤侵蚀强度大，水土流失严重

西部12省（自治区、直辖市）是我国生态脆弱区的集中分布区。最近20年，由于人为过度干扰，植被退化趋势明显，水土流失面积平均每年净增3%以上，土壤侵蚀模数平均高达3000吨/平方公里·年，云贵川石漠化发生区，每年流失表土约1厘米，输入江河水体的泥沙总量约40～60亿吨。

3. 自然灾害频发，地区贫困不断加剧

我国生态脆弱区每年因沙尘暴、泥石流、山体滑坡、洪涝灾害等各种自然灾害所造成的经济损失约2000多亿元人民币，自然灾害损失率年均递增9%，普遍高于生态脆弱区GDP增长率。我国《"八七"扶贫计划》共涉及592个贫困县，中西部地区占52%，其中80%以上地处生态脆弱区。2005年全国绝对贫困人口2365万，其中95%以上分布在生态环境极度脆弱的老少边穷地区。

4. 气候干旱，水资源短缺，资源环境矛盾突出

我国北方生态脆弱区耕地面积占全国的64.8%，实际可用水量仅占全国的15.6%，70%以上地区全年降水不足300毫米，每年因缺水而使1300～4000万公顷农田受旱。西北荒漠绿洲区主要依赖雪山融水维系绿洲生态平衡，最近几年，雪山融水量比20年前普遍下降30%～40%，绿洲萎缩后外围胡杨林及荒漠灌丛生态退化日益明显，并已严重威

胁到绿洲区的生态安全。

5. 湿地退化，调蓄功能下降，生物多样性丧失

20世纪50年代以来，全国共围垦湿地3.0万平方公里，直接导致6.0～8.0万平方公里湿地退化，蓄水能力降低约200～300亿立方米，许多两栖类、鸟类等关键物种栖息地遭到严重破坏，生物多样性严重受损。此外，湿地退化，土壤次生盐渍化程度增加，每年受灾农田约100万公顷，粮食减产约2亿公斤。

（二）成因及压力

造成我国生态脆弱区生态退化、自然环境脆弱的原因除生态本底脆弱外，人类活动的过度干扰是直接成因。主要表现在：

1. 经济增长方式粗放

我国经济增长方式粗放的特征主要表现在重要资源单位产出效率较低，生产环节能耗和水耗较高，污染物排放强度较大，再生资源回收利用率低下，社会交易率低而交易成本较高。2006年中国GDP约占世界的5.5%，但能耗占到15%、钢材占到30%、水泥占到54%；2000年中国单位GDP排放$CO_2$0.62公斤、有机污水0.5公斤，污染物排放强度大大高于世界平均水平；而矿产资源综合利用率、工业用水重复率均高于世界先进水平15～25个百分点；社会交易成本普遍比发达国家高30%-40%。

2. 人地矛盾突出

我国以占世界9%的耕地、6%的水资源、4%的森林、1.8%的石油，养活着占世界22%的人口，人地矛盾突出已是我国生态脆弱区退化的根本原因，如长期过牧引起的草地退化，过度开垦导致干旱区土地沙化，过量砍伐森林资源引发大面积水土流失等。据报道，我国环境污染损失约占GDP的3%～8%，生态破坏（草原、湿地、森林、土壤侵蚀等）约占GDP的6%～7%。

3. 监测与监管能力低下

我国生态监管机制由于部门分割、协调不力，导致监管效率低下。同时，由于相关政策法规、技术标准不完善，经济发展与生态保护矛盾突出，特别是生态监测、评估与预警技术落后，生态脆弱区基线不清、资源环境信息不畅，难以为环境管理与决策提供良好的技术支撑。

4. 生态保护意识薄弱

我国人口众多，环保宣传和文教事业严重滞后。许多地方政府重发展轻保护思想普遍，有的甚至以牺牲环境为代价，单纯追求眼前的经济利益；个别企业受经济利益驱动，违法采矿、超标排放十分普遍，严重破坏人类的生存环境。许多民众环保观念淡漠，对当前严峻的环境形势认知水平低，而且消费观念陈旧，缺乏主动参与和积极维护生态环境的思想意识，资源掠夺性开发和浪费使用不能有效遏制，生态破坏、系统退化日趋严重。

**三、规划指导思想、原则及目标**

（一）指导思想

以邓小平理论和"三个代表"重要思想为指导，贯彻落实科学发展观，建设生态文明，以维护生态系统完整性、恢复和改善脆弱生态系统为目标，在坚持优先保护、限制开发、统筹规划、防治结合的前提下，通过适时监测、科学评估和预警服务，及时掌握脆弱区生态环境演变动态，因地制宜，合理选择发展方向，优化产业结构，力争在发展中解决

生态环境问题。同时，强化法制监管，倡导生态文明，积极增进群众参与意识，全面恢复脆弱区生态系统。

（二）基本原则

——预防为主，保护优先。建立健全脆弱区生态监测与预警体系，以科学监测、合理评估和预警服务为手段，强化"环境准入"，科学指导脆弱区生态保育与产业发展活动，促进脆弱区的生态恢复。

——分区推进，分类指导。按照区域生态特点，优化资源配置和生产力空间布局，以科技促保护，以保护促发展，维护生态脆弱区自然生态平衡。

——强化监管，适度开发。强化生态环境监管执法力度，坚持适度开发，积极引导资源环境可承载的特色产业发展，保护和恢复脆弱区生态系统，是维护区域生态系统完整性、实现生态环境质量明显改善和区域可持续发展的必由之路。

——统筹规划，分步实施。在明确区域分布、地理环境特点、重点生态问题和成因的基础上，制定相应的应对战略，分期分批开展，逐步推进，积极探索生态脆弱区保护的多样化模式，形成生态脆弱区保护格局。

（三）规划期限

规划的基准年为2008年。

规划期为2009~2020年。

（四）编制依据

1.《中华人民共和国国民经济和社会发展第十一个五年规划纲要》（2006年3月16日十届全国人大第四次会议通过）；

2.《全国生态环境保护纲要》（国发［2000］38号）；

3.《全国生态环境建设规划》（国发［1998］36号）；

4.《国务院关于落实科学发展观加强环境保护的决定》（国发［2005］39号）；

5.《国家环境保护"十一五"规划》（国发［2007］37号）；

6.《全国生态保护"十一五"规划》（环发［2006］158号）；

7.《国家重点生态功能保护区规划纲要》（环发［2007］165号）；

8.《全国生态功能区划》（环境保护部公告2008年第35号）。

（五）规划目标

1. 总体目标

到2020年，在生态脆弱区建立起比较完善的生态保护与建设的政策保障体系、生态监测预警体系和资源开发监管执法体系；生态脆弱区40％以上适宜治理的土地得到不同程度治理，水土流失得到基本控制，退化生态系统基本得到恢复，生态环境质量总体良好；区域可更新资源不断增值，生物多样性保护水平稳步提高；生态产业成为脆弱区的主导产业，生态保护与产业发展有序、协调，区域经济、社会、生态复合系统结构基本合理，系统服务功能呈现持续、稳定态势；生态文明融入社会各个层面，民众参与生态保护的意识明显增强，人与自然基本和谐。

2. 阶段目标

（1）近期（2009~2015年）目标

明确生态脆弱区空间分布、重要生态问题及其成因和压力，初步建立起有利于生态脆弱区保护和建设的政策法规体系、监测预警体系和长效监管机制；研究构建生态脆弱区产业准入机制，全面限制有损生态系统健康发展的产业扩张，防止因人为过度干扰所产生新的生态退化。到2015年，生态脆弱区战略环境影响评价执行率达到100%，新增治理面积达到30%以上；生态产业示范已在生态脆弱区全面开展。

（2）中远期（2016~2020年）目标

生态脆弱区生态退化趋势已得到基本遏止，人地矛盾得到有效缓减，生态系统基本处于健康、稳定发展状态。到2020年，生态脆弱区40%以上适宜治理的土地得到不同程度治理，退化生态系统已得到基本恢复，可更新资源不断增值，生态产业已基本成为区域经济发展的主导产业，并呈现持续、强劲的发展态势，区域生态环境已步入良性循环轨道。

## 四、规划主要任务

（一）总体任务

以维护区域生态系统完整性、保证生态过程连续性和改善生态系统服务功能为中心，优化产业布局，调整产业结构，全面限制有损于脆弱区生态环境的产业扩张，发展与当地资源环境承载力相适应的特色产业和环境友好产业，从源头控制生态退化；加强生态保育，增强脆弱区生态系统的抗干扰能力；建立健全脆弱区生态环境监测、评估及预警体系；强化资源开发监管和执法力度，促进脆弱区资源环境协调发展。

（二）具体任务

1. 调整产业结构，促进脆弱区生态与经济的协调发展

根据生态脆弱区资源禀赋、自然环境特点及容量，调整产业结构，优化产业布局，重点发展与脆弱区资源环境相适宜的特色产业和环境友好产业。同时，按流域或区域编制生态脆弱区环境友好产业发展规划，严格限制有损于脆弱区生态环境的产业扩张，研究并探索有利于生态脆弱区经济发展与生态保育耦合模式，全面推行生态脆弱区产业发展规划战略环境影响评价制度。

2. 加强生态保育，促进生态脆弱区修复进程

在全面分析和研究不同类型生态脆弱区生态环境脆弱性成因、机制、机理及演变规律的基础上，确立适宜的生态保育对策。通过技术集成、技术创新以及新成果、新工艺的应用，提高生态修复效果，保障脆弱区自然生态系统和人工生态系统的健康发展。同时，高度重视环境极度脆弱、生态退化严重、具有重要保护价值的地区如重要江河源头区、重大工程水土保持区、国家生态屏障区和重度水土流失区的生态应急工程建设与技术创新；密切关注具有明显退化趋势的潜在生态脆弱区环境演变动态的监测与评估，因地制宜，科学规划，采取不同保育措施，快速恢复脆弱区植被，增强脆弱区自身防护效果，全面遏制生态退化。

3. 加强生态监测与评估能力建设，构建脆弱区生态安全预警体系

在全国生态脆弱典型区建立长期定位生态监测站，全面构建全国生态脆弱区生态安全预警网络体系；同时，研究制定适宜不同生态脆弱区生态环境质量评估指标体系，科学监测和合理评估脆弱生态系统结构、功能和生态过程动态演变规律，建立脆弱区生态背景数据库资源共享平台，并利用网络视频和模型预测技术，实现脆弱区生态系统健康网络诊断与安全预警服务，为国家环境决策与管理提供技术支撑。

4. 强化资源开发监管执法力度，防止无序开发和过度开发

加强资源开发监管与执法力度，全面开展脆弱区生态环境监察工作，严格禁止超采、过牧、乱垦、滥挖以及非法采矿、无序修路等资源破坏行为发生；以生态脆弱区资源禀赋和生态环境承载力基线为基础，通过科学规划，确立适宜的资源开发模式与强度、可持续利用途径、资源开发监管办法以及资源开发过程中生态保护措施；研究制定生态脆弱区资源开发监管条例，编制适宜不同生态脆弱区资源开发生态恢复与重建技术标准及技术规范，积极推进脆弱区生态保育、系统恢复与重建进程。

（三）重点生态脆弱区建设任务

根据全国生态脆弱区空间分布及其生态环境现状，本规划重点对全国八大生态脆弱区中的19个重点区域进行分区规划建设。

1. 东北林草交错生态脆弱区

重点保护区域：大兴安岭西麓山地林草交错生态脆弱重点区域。主要保护对象包括大兴安岭西麓北极泰加林、落叶阔叶林、沙地樟子松林、呼伦贝尔草原、湿地等。

具体保护措施：以维护区域生态完整性为核心，调整产业结构，集中发展生态旅游业，通过北繁南育发展畜牧业，以减轻草地的压力；实施退耕还林还草工程，对已经发生退化或沙化的天然草地，实施严格的休牧、禁牧政策，通过围封改良与人工补播措施恢复植被；强化湿地管理，合理营建沙地灌木林，重点突出生态监测与预警服务，从保护源头遏止生态退化；加大林草过渡区资源开发监管力度，严格执行林草采伐限额制度，控制超强采伐。

2. 北方农牧交错生态脆弱区

重点保护区域：辽西以北丘陵灌丛草原垦殖退沙化生态脆弱重点区域，冀北坝上典型草原垦殖退沙化生态脆弱重点区域，阴山北麓荒漠草原垦殖退沙化生态脆弱重点区域，鄂尔多斯荒漠草原垦殖退沙化生态脆弱重点区域。

具体保护措施：实施退耕还林、还草和沙化土地治理为重点，加强退化草场的改良和建设，合理放牧，舍饲圈养，开展以草原植被恢复为主的草原生态建设；垦殖区大力营造防风固沙林和农田防护林，变革生产经营方式，积极发展替代产业和特色产业，降低人为活动对土地的扰动。同时，合理开发、利用水资源，增加生态用水量，建设沙漠地区绿色屏障；对少数沙化严重地区，有计划生态移民，全面封育保护，促进区域生态恢复。

3. 西北荒漠绿洲交接生态脆弱区

重点保护区域：贺兰山及蒙宁河套平原外围荒漠绿洲生态脆弱重点区域，新疆塔里木盆地外缘荒漠绿洲生态脆弱重点区域，青海柴达木高原盆地荒漠绿洲生态脆弱重点区域。

具体保护措施：以水资源承载力评估为基础，重视生态用水，合理调整绿洲区产业结构，以水定绿洲发展规模，限制水稻等高耗水作物的种植；严格保护自然本底，禁止毁林开荒、过度放牧，积极采取禁牧休牧措施，保护绿洲外围荒漠植被。同时，突出生态保育，采取生态移民、禁牧休牧、围封补播等措施，保护高寒草甸和冻原生态系统，恢复高山草甸植被，切实保障水资源供给。

4. 南方红壤丘陵山地生态脆弱区

重点保护区域：南方红壤丘陵山地流水侵蚀生态脆弱重点区域，南方红壤山间盆地流水侵蚀生态脆弱重点区域。

具体保护措施：合理调整产业结构，因地制宜种植茶、果等经济树种，增加植被覆盖度；坡耕地实施梯田化，发展水源涵养林，积极推广草田轮作制度，广种优良牧草，发展以草畜沼肥"四位一体"生态农业，改良土壤，减少地表径流，促进生态系统良性循环。同时，强化山地林木植被法制监管力度，全面封山育林、退耕还林；退化严重地段，实施生物措施和工程措施相结合的办法，控制水土流失。

5. 西南岩溶山地石漠化生态脆弱区

重点保护区域：西南岩溶山地丘陵流水侵蚀生态脆弱重点区域，西南岩溶山间盆地流水侵蚀生态脆弱重点区域。

具体保护措施：全面改造坡耕地，严格退耕还林、封山育林政策，严禁破坏山体植被，保护天然林资源；开展小流域和山体综合治理，采用补播方式播种优良灌草植物，提高山体林草植被覆盖度，控制水土流失。选择典型地域，建立野外生态监测站，加强区域石漠化生态监测与预警；同时，合理调整产业结构，发展林果业、营养体农业和生态旅游业为主的特色产业，促进地区经济发展；强化生态保护监管力度，快速恢复山体植被，逐步实现石漠化区生态系统的良性循环。

6. 西南山地农牧交错生态脆弱区

重点保护区域：横断山高中山农林牧复合生态脆弱重点区域，云贵高原山地石漠化农林牧复合生态脆弱重点区域。

具体保护措施：全面退耕还林还草，严禁樵采、过垦、过牧和无序开矿等破坏植被行为；积极推广封山育林育草技术，有计划、有步骤地营建水土保持林、水源涵养林和人工草地，快速恢复山体植被，全面控制水土流失；同时，加强小流域综合治理，合理利用当地水土资源、草山草坡，利用冬闲田发展营养体农业、山坡地林果业和生态旅游业，降低人为干扰强度，增强区域减灾防灾能力。

7. 青藏高原复合侵蚀生态脆弱区

重点保护区域：青藏高原山地林牧复合侵蚀生态脆弱重点区域，青藏高原山间河谷风蚀水蚀生态脆弱重点区域。

具体保护措施：以维护现有自然生态系统完整性为主，全面封山育林，强化退耕还林还草政策，恢复高原山地天然植被，减少水土流失。同时，加强生态监测及预警服务，严格控制雪域高原人类经济活动，保护冰川、雪域、冻原及高寒草甸生态系统，遏制生态退化。

8. 沿海水陆交接带生态脆弱区

重点保护区域：辽河、黄河、长江、珠江等滨海三角洲湿地及其近海水域，渤海、黄海、南海等滨海水陆交接带及其近海水域，华北滨海平原内涝盐碱化生态脆弱重点区域。

具体保护措施：加强滨海区域生态防护工程建设，合理营建堤岸防护林，构建近海海岸复合植被防护体系，缓减台风、潮汐对堤岸及近海海域的破坏；合理调整湿地利用结构，全面退耕还湿，重点发展生态养殖业和滨海区生态旅游业；加强湿地及水域生态监测，强化区域水污染监管力度，严格控制污染陆源，防止水体污染，保护滩涂湿地及近海海域生物多样性。

（四）近期建设重点

1. 生态脆弱区现状调查与基线评估

以"3S"技术为主要手段，结合地面生态调查，全面开展全国八大类生态脆弱区资源、环境现状调查与基线评估，建立脆弱区生态背景数据库，明确不同生态脆弱区时空演变动态,制定符合中国国情的生态脆弱区评价指标体系,编制符合不同生态脆弱区植被恢复与系统重建的技术规范与技术标准,确定不同生态脆弱区资源、环境承载力阈值(生态警戒线),为脆弱区生态保育奠定科学基础。

2. 生态脆弱区监测网络与预警体系建设

在全国八大类典型生态脆弱区,建立长期定位生态监测站,运用互联网技术,与国家环境保护生态背景数据网络平台联网,实施数据信息共享,构建全国生态脆弱区生态监测网络。同时,利用遥感和地理信息系统技术,开展生态系统健康诊断与预测评估,对全国生态脆弱区实施动态监测与中长期预警,定期发布生态安全预警信息,为国家环境管理、资源开发及生态保护提供技术支撑。

3. 开展生态脆弱区保护、修复与产业示范

针对不同类型生态脆弱区资源与环境特点,编制适合不同生态脆弱区持续发展的生态保护与修复示范产业规划,并选择典型区域进行试点示范。同时,研究制定不同生态脆弱区限制类、优化类和鼓励类产业准入分类指导目录,指导脆弱区产业发展;此外,开展生态脆弱区资源开发、生态恢复及重建技术规范及标准研究,以及自然资源生态价值评估指标及评估方法研究,积极探索生态保护与经济发展耦合模式,促进示范产业的开展实施。

4. 典型示范工程整合与技术推广

编制全国生态脆弱区生态保护与建设工程实施管理办法及技术规范,研究制定全国生态脆弱区重大生态建设工程效益评估指标及评估方法,逐步开展生态脆弱区重大生态建设工程效益后评估,并按照评估结果进行整合与推广,为确保脆弱区生态工程质量提供技术保障。

**五、对策措施**

(一)完善生态脆弱区的政策与法律法规体系

由于我国脆弱区生态保护与建设法律法规体系不健全,政策措施不完善,导致环境监察与行政执法能力薄弱,资源过度开发、人为破坏生态等仍是引发生态脆弱区土地退化和水土流失的主要因素。因此,加快制定国家《生态保护法》、《生态补偿条例》等法律法规,健全生态保护行政执法体制,建设高素质执法队伍、严格管理制度、强化行政执法能力,是杜绝生态脆弱区资源不合理利用、防止滥砍乱伐、滥搂乱采、无节制开垦、非法采矿等人为破坏现象的有效措施,也是保证规划目标如期实现的关键。

(二)强化生态督查,促进生态脆弱区保护与建设

加强生态督查力度,研究制定生态脆弱区重大生态建设工程生态督查专员管理办法和有利于生态脆弱区保护与建设的环境督查、生态监理技术规范以及工程质量验收标准。地方政府应建立由主管领导牵头、相关部门共同参与的生态保护协调机制和政府决策机制,定期或不定期开展联合执法检查,统一生态保护行政执法权限,严厉查处生态脆弱区内各种破坏生态环境和有损生态功能的不法行为,如非法采矿、盗砍森林资源、草原挖药等现象,切实保障生态脆弱区生态环境保护和建设事业的顺利进行。

(三)增强公众参与意识,建立多元化社区共管机制

以政府为主导,调动各方积极因素,充分利用广播、电视、报刊等现代媒体,深入宣传保护脆弱区生态环境的重要作用和意义,不断提高全民的生态环境保护意识,积极倡导生态文明,增强全社会公众参与的积极性。同时,各级政府要借助国家新农村建设的有利

时机,逐级建立生态保护目标责任制,并与农牧民签订生态管护合同,逐步建成完善的多元化社区共管机制,使生态保护与全民利益融为一体,从根本上实现生态保护社会化。

(四)构建生态补偿机制,多渠道筹措脆弱区保护资金

生态脆弱区为国家生态安全做出的公益性贡献大。因此,继续实施生态建设项目向脆弱区倾斜政策,建立有利于脆弱区生态保护的财政转移支付制度和资金横向转移补偿模式,通过横向转移改变地区间既得利益格局,实现公共服务水平的均衡,增加脆弱区资金投入。

(五)加强科技创新,促进脆弱区生态保育

围绕区域重点生态问题进行协同攻关,深入开展与脆弱区生态保护和建设相关的基础理论与应用研究;积极筛选并推广适宜不同生态脆弱区的保护和治理技术。同时,加快科技成果的转化,通过提高资源利用效率,减少资源消耗,降低开发强度,促进脆弱区生态保育。

(六)探索产业准入管理,从源头遏制脆弱区生态退化

脆弱区生态环境脆弱性的根源一方面是受脆弱区本身地形地貌、自然气候、土壤质地及自然植被等结构因素的限制,另一方面是受到人类经济与社会活动的强烈干扰所致。其中,人类的经济开发活动是加剧脆弱区生态环境脆弱性的根本因素。因此,积极探索生态脆弱区合理的经济开发强度与方式,建立适宜的产业准入制度,限制或降低人类的干扰程度,缓减人口对土地的压力,是有效克服脆弱区生态环境脆弱性的根本所在。

# 全国主体功能区规划
## ——构建高效、协调、可持续的国土空间开发格局

(国发[2010]46号)

## 序 言

国土空间[1]是宝贵资源,是我们赖以生存和发展的家园。我国辽阔的陆地国土和海洋国土,是中华民族繁衍生息和永续发展的家园。为了我们的家园更美好、经济更发达、区域更协调、人民更富裕、社会更和谐,为了给我们的子孙留下天更蓝、地更绿、水更清的家园,必须推进形成主体功能区,科学开发我们的家园。

推进形成主体功能区,就是要根据不同区域的资源环境承载能力、现有开发强度和发展潜力,统筹谋划人口分布、经济布局、国土利用和城镇化格局,确定不同区域的主体功能,并据此明确开发方向,完善开发政策,控制开发强度,规范开发秩序,逐步形成人口、经济、资源环境相协调的国土空间开发格局[2]。

推进形成主体功能区,是深入贯彻落实科学发展观的重大举措,有利于推进经济结构战略性调整,加快转变经济发展方式,实现科学发展;有利于按照以人为本的理念推进区域协调发展,缩小地区间基本公共服务和人民生活水平的差距;有利于引导人口分布、经济布局与资源环境承载能力相适应,促进人口、经济、资源环境的空间均衡;有利于从源头上扭转生态环境恶化趋势,促进资源节约和环境保护,应对和减缓气候变化,实现可持续发展;有利于打破行政区划界限,制定实施更有针对性的区域政策和绩效考核评价体

系,加强和改善区域调控。

《全国主体功能区规划》(以下简称本规划)根据中国共产党第十七次全国代表大会报告、《中华人民共和国国民经济和社会发展第十一个五年规划纲要》和《国务院关于编制全国主体功能区规划的意见》(国发〔2007〕21号)编制,是推进形成主体功能区的基本依据,是科学开发国土空间的行动纲领和远景蓝图,是国土空间开发的战略性、基础性和约束性规划[3],各地区、各部门必须切实组织实施,健全法律法规,加强监测评估,建立奖惩机制,严格贯彻执行。

本规划推进实现主体功能区主要目标的时间是2020年,规划任务是更长远的,实施中将根据形势变化和评估结果适时调整修订。本规划的规划范围为全国陆地国土空间以及内水和领海(不包括港澳台地区)。海洋既是目前我国资源开发、经济发展的重要载体,也是未来我国实现可持续发展的重要战略空间。鉴于海洋国土空间在全国主体功能区中的特殊性,国家有关部门将根据本规划编制全国海洋主体功能区规划,作为本规划的重要组成部分,另行发布实施。

# 第一篇 规划背景

巍峨的群山,纵横的河流,广袤的草原,肥沃的农田,辽阔的海洋,是中华民族的美好家园。自古以来,中华民族在这里繁衍生息,创造了辉煌历史和灿烂文化。新中国成立以来特别是改革开放以来,我国现代化建设全面展开,工业化城镇化快速推进,一家家工厂不断涌现,一条条公路纵横南北,一座座城市拔地而起,一个个村庄焕然一新,我们的家园发生了深刻变化。构建美好家园,首先要了解我们这片家园的自然状况,认识已经发生的变化以及还将发生怎样的变化。

## 第一章 规划背景
——认识我们变化着的家园

### 第一节 自然状况

我国位于亚欧大陆东部,太平洋西岸,地理位置独特,地形地貌复杂,气候类型多样。

——地形。我国地势西高东低,自西向东呈现海拔差异明显的三大阶梯。地形种类多样,山地、高原、盆地、平原和丘陵均有分布[4]。西部高山广布,以山地、高原和盆地为主;东部平坦低缓,以丘陵和平原为主(图1 中国地形图)。

——气候。我国受地形地貌和季风环流影响,既有热带、亚热带和温带季风气候,也有温带大陆性、高原山地和海洋性气候。由东南沿海向西北内陆,水热条件空间分异明显。青藏高原为高寒气候,热量不足;青藏高原以东地区为大陆性季风气候,雨热同期;青藏高原以北地区为干旱气候,降雨稀少。

——植被。我国植被类型丰富,有森林、灌丛、草原、草甸、荒漠和草本沼泽等。森林覆盖率较低,主要分布在南方和东北地区,草原主要分布在北方和青藏高原地区。

——灾害。我国自然灾害[5]种类多,区域性、季节性和阶段性特征突出,并具有显著的共生性和伴生性。自然灾害发生频繁,除现代火山活动导致的灾害外,其他自然灾害几乎每年都有发生。

——海洋。我国海域辽阔,跨越热带、亚热带和温带,大陆海岸线长达1.8万多公里。海洋资源种类繁多,海洋生物、石油天然气、固体矿产、可再生能源等资源丰富,开发潜力大。

## 第二节 综 合 评 价

经对全国陆地国土空间土地资源、水资源、环境容量、生态系统脆弱性、生态系统重要性、自然灾害危险性、人口集聚度以及经济发展水平和交通优势度等因素的综合评价,从工业化城镇化开发角度,我国国土空间具有以下特点:

——陆地国土空间辽阔,但适宜开发的面积少。我国陆地国土空间面积广大,居世界第三位,但山地多,平地少,约60%的陆地国土空间为山地和高原。适宜工业化城镇化开发的面积有180余万平方公里,但扣除必须保护的耕地和已有建设用地,今后可用于工业化城镇化开发及其他方面建设的面积只有28万平方公里左右,约占全国陆地国土总面积的3%。适宜开发的国土面积较少,决定了我国必须走空间节约集约的发展道路(图2人均可利用土地资源评价图)。

——水资源总量丰富,但空间分布不均。我国水资源总量为2.8万亿立方米,居世界第六位,但人均水资源量仅为世界人均占有量的28%。水资源空间分布不均,水资源分布与土地资源、经济布局不相匹配[6]。南方地区水资源量占全国的81%,北方地区仅占19%;北方地区水资源供需紧张,水资源开发利用程度达到了48%。水体污染、水生态环境恶化问题突出,南方一些水资源充裕地区出现水质型缺水。水资源短缺,既影响着经济发展,也制约着人口和经济的均衡分布,还带来了许多生态问题(图3人均可利用水资源评价图)。

——能源和矿产资源丰富,但总体上相对短缺。我国能源和矿产资源比较丰富,品种齐全,但主要化石能源[7]和重要矿产资源的人均占有量大大低于世界平均水平,难以满足现代化建设需要。能源和矿产资源主要分布在生态脆弱或生态功能重要的地区,并与主要消费地呈逆向分布[8]。能源结构以煤为主,优质化石能源资源严重不足,新能源和可再生能源开发潜力巨大。能源和矿产资源的总量、分布、结构与满足消费需求、保护生态环境、应对气候变化之间的矛盾十分突出。

——生态类型多样,但生态环境比较脆弱。我国生态类型多样,森林、湿地、草原、荒漠、海洋等生态系统均有分布。但生态脆弱区域面积广大,脆弱因素复杂。中度以上生态脆弱区域占全国陆地国土空间的55%,其中极度脆弱区域占9.7%,重度脆弱区域占19.8%,中度脆弱区域占25.5%。脆弱的生态环境,使大规模高强度的工业化城镇化开发只能在适宜开发的有限区域集中展开(图4生态脆弱性评价图)。

——自然灾害频繁,灾害威胁较大。我国受灾害影响的区域及人口较多,巨灾风险很大。部分县级行政区位于自然灾害威胁严重的区域范围内。频发的自然灾害,加大了工业化城镇化的成本并给人民生命财产安全带来许多隐患(图5自然灾害危险性评价图)。

## 第三节 突 出 问 题

国土空间的开发利用[9],一方面有力地支撑了国民经济的快速发展和社会进步,另一方面也出现了一些必须高度重视和着力解决的突出问题。

——耕地减少过多过快，保障粮食安全压力大。全国耕地面积从1996年的19.51亿亩减少到2008年的18.26亿亩，人均耕地由1.59亩减少到1.37亩，逼近保障我国农产品供给安全的"红线"。

——生态损害严重，生态系统[10]功能退化。全球气候变化以及一些地区不顾资源环境承载能力的肆意开发，导致部分地区森林破坏，湿地萎缩，河湖干涸，水土流失，沙漠化、石漠化和草原退化[11]，近岸海域生态系统恶化，气象灾害、地质灾害和海洋灾害频发。

——资源开发强度大，环境问题凸显。一些地区粗放式、无节制的过度开发，导致水资源短缺、能源不足等问题越来越突出，大规模长距离调水、运煤、送电、输气的压力越来越大，也带来了交通拥挤、地面沉降[12]、绿色生态空间锐减等问题。环境污染严重，大气与地表水环境质量总体状况较差，许多地区主要污染物排放量超过环境容量。

——空间结构不合理，空间利用效率低。绿色生态空间减少过多，工矿建设占用空间偏多，开发区占地面积较多且过于分散。城市建设空间和工矿建设空间单位面积的产出较低，城市和建制镇建成区空间利用效率不高。

——城乡和区域发展不协调，公共服务和生活条件差距大。人口分布与经济布局失衡，劳动人口与赡养人口异地居住，城乡之间和不同区域之间的公共服务及人民生活水平的差距过大。

## 第四节 面 临 趋 势

今后一个时期，是全面建设小康社会的关键时期，也是加快推进社会主义现代化的重要阶段，必须深刻认识并全面把握国土空间开发的趋势，妥善应对由此带来的严峻挑战。

——人民生活不断改善，满足居民生活的空间需求面临挑战。我国处于人口总量持续增加和居民消费结构快速升级的阶段，既对扩大居住等生活空间提出了新的需求，也因农产品需求增加等因素，对保护耕地提出了更高要求。

——城镇化水平不断提高，满足城市建设的空间需求面临挑战。我国正处于城镇化加快发展阶段。农村人口进入城市，既增加了扩大城市建设空间的要求，也带来了农村居住用地闲置等问题，优化城乡空间结构面临许多新课题。

——基础设施不断完善，满足基础设施建设的空间需求面临挑战。我国交通、能源等基础设施尚处于继续发展完善的阶段。基础设施的建设必然占用更多空间，甚至不可避免地占用一些耕地和绿色生态空间。

——经济增长趋于多极化，满足中西部地区的建设空间需求面临挑战。我国经济增长呈现多极化趋势。随着东部部分地区资源环境承载能力逐步饱和，经济增长加快向中西部适宜开发的区域拓展，这就需要继续扩大这些区域的工业建设和城市建设空间。

——水资源供求矛盾日益突出，满足水源涵养的空间需求面临挑战。我国将长期面临水资源严重短缺的局面。随着全球气候变化和用水需求增加，水资源短缺将更趋严重，生活、生产、生态用水都面临极大压力。满足用水需求，既要依靠水资源的节约和科学配置，又要恢复并扩大河流、湖泊、湿地、草原和森林等水源涵养的空间。

——全球气候变化影响不断加剧，保护和扩大绿色生态空间面临挑战。控制温室气体排放已成为全球共识。我国仍是发展中国家，既要进一步发展经济，又要为应对全球气候变化作出不懈努力和积极贡献。这就需要改变以往的开发模式，尽可能少地改变土地的自然状况，扩大绿色生态空间，增强固碳能力。

总之，我们既要满足人口增加、人民生活改善、经济增长、工业化城镇化发展、基础设施建设等对国土空间的巨大需求，又要为保障国家农产品供给安全而保护耕地，还要为保障生态安全和人民健康，应对水资源短缺、环境污染、气候变化等，保护并扩大绿色生态空间，我国国土空间开发面临诸多两难挑战。

## 第二篇　指导思想与规划目标

在工业化城镇化快速推进、空间结构急剧变动的时期，坚持科学的国土空间开发导向极为重要[13]。为有效解决国土空间开发中的突出问题，应对未来诸多挑战，必须遵循经济社会发展规律和自然规律，立足我国国土空间的自然状况，明确国土空间开发的指导思想和原则。

### 第二章　指　导　思　想
——开发我们家园的新理念

推进形成主体功能区，要以邓小平理论和"三个代表"重要思想为指导，深入贯彻落实科学发展观[14]，全面贯彻党的十七大精神，树立新的开发理念，调整开发内容，创新开发方式，规范开发秩序，提高开发效率，构建高效、协调、可持续的国土空间开发格局，建设中华民族美好家园。

#### 第一节　开　发　理　念

本规划的优化开发、重点开发、限制开发、禁止开发中的"开发"[15]，特指大规模高强度的工业化城镇化开发。限制开发，特指限制大规模高强度的工业化城镇化开发，并不是限制所有的开发活动。对农产品主产区，要限制大规模高强度的工业化城镇化开发，但仍要鼓励农业开发；对重点生态功能区，要限制大规模高强度的工业化城镇化开发，但仍允许一定程度的能源和矿产资源开发。将一些区域确定为限制开发区域，并不是限制发展，而是为了更好地保护这类区域的农业生产力和生态产品生产力，实现科学发展。

——根据自然条件适宜性开发的理念。不同的国土空间，自然状况不同。海拔很高、地形复杂、气候恶劣以及其他生态脆弱或生态功能重要的区域，并不适宜大规模高强度的工业化城镇化开发，有的区域甚至不适宜高强度的农牧业开发。否则，将对生态系统造成破坏，对提供生态产品的能力造成损害。因此，必须尊重自然、顺应自然，根据不同国土空间的自然属性确定不同的开发内容。

——区分主体功能的理念。一定的国土空间具有多种功能，但必有一种主体功能。从提供产品的角度划分，或者以提供工业品和服务产品为主体功能，或者以提供农产品为主体功能，或者以提供生态产品为主体功能。在关系全局生态安全的区域，应把提供生态产品作为主体功能，把提供农产品和服务产品及工业品作为从属功能，否则，就可能损害生态产品的生产能力。比如，草原的主体功能是提供生态产品，若超载过牧，就会造成草原退化沙化。在农业发展条件较好的区域，应把提供农产品作为主体功能，否则，大量占用耕地就可能损害农产品的生产能力。因此，必须区分不同国土空间的主体功能，根据主体功能定位确定开发的主体内容和发展的主要任务[16]。

——根据资源环境承载能力开发的理念。不同国土空间的主体功能不同，因而集聚人口和经济的规模不同。生态功能区和农产品主产区由于不适宜或不应该进行大规模高强度的工业化城镇化开发，因而难以承载较多消费人口[17]。在工业化城镇化的过程中，必然会有一部分人口主动转移到就业机会多的城市化地区。同时，人口和经济的过度集聚以及不合理的产业结构也会给资源环境、交通等带来难以承受的压力。因此，必须根据资源环境中的"短板"因素确定可承载的人口规模、经济规模以及适宜的产业结构[18]。

——控制开发强度[19]的理念。我国不适宜工业化城镇化开发的国土空间占很大比重。平原及其他自然条件较好的国土空间尽管适宜工业化城镇化开发，但这类国土空间更加适宜发展农业，为保障农产品供给安全，不能过度占用耕地推进工业化城镇化。由此决定了我国可用来推进工业化城镇化的国土空间并不宽裕。即使是城市化地区，也要保持必要的耕地和绿色生态空间，在一定程度上满足当地人口对农产品和生态产品的需求。因此，各类主体功能区都要有节制地开发，保持适当的开发强度（图6目前开发强度示意图）。

——调整空间结构[20]的理念。空间结构是城市空间、农业空间和生态空间等不同类型空间在国土空间开发中的反映，是经济结构和社会结构的空间载体。空间结构的变化在一定程度上决定着经济发展方式及资源配置效率。从总量上看，目前我国的城市建成区、建制镇建成区、独立工矿区、农村居民点和各类开发区的总面积已经相当大，但空间结构不合理，空间利用效率不高。因此，必须把调整空间结构纳入经济结构调整的内涵中，把国土空间开发的着力点从占用土地为主转到调整和优化空间结构、提高空间利用效率上来。

——提供生态产品[21]的理念。人类需求既包括对农产品、工业品和服务产品的需求，也包括对清新空气、清洁水源、宜人气候等生态产品的需求。从需求角度，这些自然要素在某种意义上也具有产品的性质。保护和扩大自然界提供生态产品能力的过程也是创造价值的过程，保护生态环境、提供生态产品的活动也是发展。总体上看，我国提供工业品的能力迅速增强，提供生态产品的能力却在减弱，而随着人民生活水平的提高，人们对生态产品的需求在不断增强。因此，必须把提供生态产品作为发展的重要内容，把增强生态产品生产能力作为国土空间开发的重要任务。

## 第二节　主体功能区划分

根据以上开发定义和开发理念，本规划将我国国土空间分为以下主体功能区：按开发方式，分为优化开发区域、重点开发区域、限制开发区域和禁止开发区域[22]；按开发内容，分为城市化地区、农产品主产区和重点生态功能区；按层级，分为国家和省级两个层面。

优化开发区域、重点开发区域、限制开发区域和禁止开发区域，是基于不同区域的资源环境承载能力、现有开发强度和未来发展潜力，以是否适宜或如何进行大规模高强度工业化城镇化开发为基准划分的。

城市化地区、农产品主产区和重点生态功能区，是以提供主体产品的类型为基准划分的。城市化地区是以提供工业品和服务产品为主体功能的地区，也提供农产品和生态产品；农产品主产区是以提供农产品为主体功能的地区，也提供生态产品、服务产品和部分工业品；重点生态功能区是以提供生态产品为主体功能的地区，也提供一定的农产品、服务产品和工业品。

优化开发区域是经济比较发达、人口比较密集、开发强度较高、资源环境问题更加突出，从而应该优化进行工业化城镇化开发的城市化地区。

重点开发区域是有一定经济基础、资源环境承载能力较强、发展潜力较大、集聚人口和经济的条件较好，从而应该重点进行工业化城镇化开发的城市化地区。优化开发和重点开发区域都属于城市化地区，开发内容总体上相同，开发强度和开发方式不同。

限制开发区域分为两类：一类是农产品主产区，即耕地较多、农业发展条件较好，尽管也适宜工业化城镇化开发，但从保障国家农产品安全以及中华民族永续发展的需要出发，必须把增强农业综合生产能力作为发展的首要任务，从而应该限制进行大规模高强度工业化城镇化开发的地区；一类是重点生态功能区，即生态系统脆弱或生态功能重要，资源环境承载能力较低，不具备大规模高强度工业化城镇化开发的条件，必须把增强生态产品生产能力作为首要任务，从而应该限制进行大规模高强度工业化城镇化开发的地区。

禁止开发区域是依法设立的各级各类自然文化资源保护区域，以及其他禁止进行工业化城镇化开发、需要特殊保护的重点生态功能区。国家层面禁止开发区域，包括国家级自然保护区、世界文化自然遗产、国家级风景名胜区、国家森林公园和国家地质公园。省级层面的禁止开发区域，包括省级及以下各级各类自然文化资源保护区域、重要水源地以及其他省级人民政府根据需要确定的禁止开发区域。

各类主体功能区，在全国经济社会发展中具有同等重要的地位，只是主体功能不同，开发方式不同，保护内容不同，发展首要任务不同，国家支持重点不同。对城市化地区主要支持其集聚人口和经济，对农产品主产区主要支持其增强农业综合生产能力，对重点生态功能区主要支持其保护和修复生态环境。

**主体功能区分类及其功能**

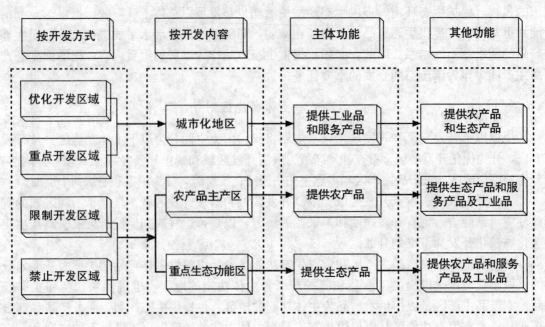

## 第三节 重大关系

推进形成主体功能区,应处理好以下重大关系:

——主体功能与其他功能的关系。主体功能不等于唯一功能。明确一定区域的主体功能及其开发的主体内容和发展的主要任务,并不排斥该区域发挥其他功能。优化开发区域和重点开发区域作为城市化地区,主体功能是提供工业品和服务产品,集聚人口和经济,但也必须保护好区域内的基本农田等农业空间,保护好森林、草原、水面、湿地等生态空间,也要提供一定数量的农产品和生态产品。限制开发区域作为农产品主产区和重点生态功能区,主体功能是提供农产品和生态产品,保障国家农产品供给安全和生态系统稳定,但也允许适度开发能源和矿产资源,允许发展那些不影响主体功能定位、当地资源环境可承载的产业,允许进行必要的城镇建设。对禁止开发区域,要依法实施强制性保护。政府从履行职能的角度,对各类主体功能区都要提供公共服务和加强社会管理。

——主体功能区与农业发展的关系。把农产品主产区作为限制进行大规模高强度工业化城镇化开发的区域,是为了切实保护这类农业发展条件较好区域的耕地,使之能集中各种资源发展现代农业,不断提高农业综合生产能力。同时,也可以使国家强农惠农的政策更集中地落实到这类区域,确保农民收入不断增长,农村面貌不断改善。此外,通过集中布局、点状开发,在县城适度发展非农产业,可以避免过度分散发展工业带来的对耕地过度占用等问题。

——主体功能区与能源和矿产资源开发的关系。能源和矿产资源富集的地区,往往生态系统比较脆弱或生态功能比较重要,并不适宜大规模高强度的工业化城镇化开发。能源和矿产资源开发,往往只是"点"的开发,主体功能区中的工业化城镇化开发,更多地是"片"的开发。将一些能源和矿产资源富集的区域确定为限制开发区域,并不是要限制能源和矿产资源的开发,而是应该按照该区域的主体功能定位实行"点上开发、面上保护"。

——主体功能区与区域发展总体战略的关系。推进形成主体功能区是为了落实好区域发展总体战略,深化细化区域政策,更有力地支持区域协调发展。把环渤海、长江三角洲、珠江三角洲地区确定为优化开发区域,就是要促进这类人口密集、开发强度高、资源环境负荷过重的区域,率先转变经济发展方式,促进产业转移,从而也可以为中西部地区腾出更多发展空间。把中西部地区一些资源环境承载能力较强、集聚人口和经济条件较好的区域确定为重点开发区域,是为了引导生产要素向这类区域集中,促进工业化城镇化,加快经济发展。把西部地区一些不具备大规模高强度工业化城镇化开发条件的区域确定为限制开发的重点生态功能区,是为了更好地保护这类区域的生态产品生产力,使国家支持生态环境保护和改善民生的政策能更集中地落实到这类区域,尽快改善当地公共服务和人民生活条件。

——政府与市场的关系。推进形成主体功能区,是政府对国土空间开发的战略设计和总体谋划,体现了国家战略意图,是确保中华民族长远发展的战略需要。主体功能区的划定,是按照自然规律和经济规律,根据资源环境承载能力综合评价,在各地区各部门充分沟通协调基础上确定的。促进主体功能区的形成,要正确处理好政府与市场的关系,既要发挥政府的科学引导作用,更要发挥市场配置资源的基础性作用。政府在推进形成主体功能区中的主要职责是,明确主体功能定位并据此配置公共资源,完善法律法规和区域政策,综合运用各种手段,引导市场主体根据相关区域主体功能定位,有序进行开发,促进经济社会全面协调可持续发展。优化开发和重点开发区域主体功能定位的形成,主要依靠市场机制发挥作用,政府主要是通过编制规划和制定政策,引导生产要素向这类区域集聚。限制开发和禁止开发区域主体功能定位的形成,要通过健全法律法规和规划体系来约束不符合主体功能定位的开发行为,通过建立补偿机制引导地方人民政府和市场主体自觉推进主体功能建设。

## 第三章 开 发 原 则
### ——科学开发我们家园的准则

推进形成主体功能区,要坚持以人为本,把提高全体人民的生活质量、增强可持续发展能力作为基本原则。各类主体功能区都要推动科学发展,但不同主体功能区在推动科学发展中的主体内容和主要任务不同。根据主体功能定位推动发展,就是深入贯彻落实科学发展观、坚持把发展作为第一要务的现实行动。城市化地区要把增强综合经济实力作为首要任务,同时要保护好耕地和生态;农产品主产区要把增强农业综合生产能力作为首要任务,同时要保护好生态,在不影响主体功能的前提下适度发展非农产业;重点生态功能区要把增强提供生态产品能力作为首要任务,同时可适度发展不影响主体功能的适宜产业。

### 第一节 优 化 结 构

要将国土空间开发从占用土地的外延扩张为主,转向调整优化空间结构为主[23]。

——按照生产发展、生活富裕、生态良好的要求调整空间结构。保证生活空间,扩大绿色生态空间,保持农业生产空间,适度压缩工矿建设空间。

——严格控制城市空间总面积的扩张,减少工矿建设空间。在城市建设空间中,主要扩大城市居住、公共设施和绿地等空间,严格控制并压缩工业空间。在工矿建设空间中,压缩并修复采掘业空间。

——坚持最严格的耕地保护制度。稳定全国耕地总面积,确保基本农田总量不减少、用途不改变、质量有提高。坚守18亿亩耕地"红线",对耕地按限制开发要求进行管理,对基本农田按禁止开发要求进行管理。

——严格控制各类建设占用耕地。各类开发建设活动都要严格贯彻尽量不占或少占耕地的原则,确需占用耕地的,要在依法报批用地前,补充数量相等、质量相同的耕地。

——实行基本草原保护制度。禁止开垦草原,实行禁牧休牧划区轮牧,稳定草原面积,在有条件的地区建设人工草地。

——增加农村公共设施空间。按照农村人口向城市转移的规模和速度,逐步适度减少农村生活空间,将闲置的农村居民点等复垦整理成农业生产空间或绿色生态空间。

——适度扩大交通设施空间。重点扩大城市群内的轨道交通空间,对扩大公路建设空间要严格把关。

——调整城市空间的区域分布。适度扩大优化开发区域的城市建设空间,从严控制工矿建设空间和各类开发区扩大面积。扩大重点开发区域的城市建设空间,适度扩大先进制造业和服务业空间。严格控制限制开发区域城市建设空间和工矿建设空间,从严控制开发区总面积(图7 开发区分布图)。

## 第二节 保护自然

要按照建设环境友好型社会的要求,根据国土空间的不同特点,以保护自然生态为前提、以水土资源承载能力和环境容量为基础进行有度有序开发,走人与自然和谐的发展道路。

——把保护水面、湿地、林地和草地放到与保护耕地同等重要位置。

——工业化城镇化开发必须建立在对所在区域资源环境承载能力综合评价的基础上,严格控制在水资源承载能力和环境容量允许的范围内。编制区域规划等应事先进行资源环境承载能力综合评价,并把保持一定比例的绿色生态空间作为规划的主要内容。

——在水资源严重短缺、生态脆弱、生态系统重要、环境容量小、地震和地质灾害等自然灾害危险性大的地区,要严格控制工业化城镇化开发,适度控制其他开发活动,缓解开发活动对自然生态的压力。

——严禁各类破坏生态环境的开发活动。能源和矿产资源开发,要尽可能不损害生态环境并应最大限度地修复原有生态环境。

——加强对河流原始生态的保护。实现从事后治理向事前保护转变,实行严格的水资源管理制度,明确水资源开发利用、水功能区限制纳污及用水效率控制指标。在保护河流生态的基础上有序开发水能资源。严格控制地下水超采,加强对超采的治理和对地下水源的涵养与保护。加强水土流失综合治理及预防监督。

——交通、输电等基础设施建设要尽量避免对重要自然景观和生态系统的分割,从严控制穿越禁止开发区域。

——农业开发要充分考虑对自然生态系统的影响,积极发挥农业的生态、景观和间隔功能。严禁有损自然生态系统的开荒以及侵占水面、湿地、林地、草地等农业开发活动。

——在确保省域内耕地和基本农田面积不减少的前提下,继续在适宜的地区实行退耕还林、退牧还草、退田还湖。在农业用水严重超出区域水资源承载能力的地区实行退耕还水[24]。

——生态遭到破坏的地区要尽快偿还生态欠账。生态修复行为要有利于构建生态廊道和生态网络。

——保护天然草地、沼泽地、苇地、滩涂、冻土、冰川及永久积雪等自然空间。

## 第三节 集约开发

要按照建设资源节约型社会的要求,把提高空间利用效率作为国土空间开发的重要任务,引导人口相对集中分布、经济相对集中布局,走空间集约利用的发展道路。

——严格控制开发强度,把握开发时序,使绝大部分国土空间成为保障生态安全和农产品供给安全的空间。

——资源环境承载能力较强、人口密度较高的城市化地区,要把城市群作为推进城镇化的主体形态。其他城市化地区要依托现有城市集中布局、据点式开发[25],建设好县城和有发展潜力的小城镇,严格控制乡镇建设用地扩张。

——各类开发活动都要充分利用现有建设空间,尽可能利用闲置地、空闲地和废弃地。

——工业项目建设要按照发展循环经济和有利于污染集中治理的原则集中布局。以工业开发为主的开发区要提高建筑密度和容积率,国家级、省级经济技术开发区要率先提高空间利用效率。各类开发区在空间未得到充分利用之前,不得扩大面积。

——交通建设要尽可能利用现有基础扩能改造,必须新建的也要尽可能利用既有交通走廊。跨江(河、湖、海)的公路、铁路应尽可能共用桥位。

## 第四节 协调开发

要按照人口、经济、资源环境相协调以及统筹城乡发展、统筹区域发展的要求进行开发,促进人口、经济、资源环境的空间均衡。

——按照人口与经济相协调的要求进行开发。优化开发和重点开发区域在集聚经济的同时要集聚相应规模的人口,引导限制开发和禁止开发区域人口有序转移到重点开发区域。

——按照人口与土地相协调的要求进行开发。城市化地区和各城市在扩大城市建设空间的同时,要增加相应规模的人口,提高建成区人口密度。农产品主产区和重点生态功能区在减少人口规模的同时,要相应减少人口占地的规模。

——按照人口与水资源相协调的要求进行开发。确定城市化地区和各城市集聚的人口和经济规模以及产业结构,要充分考虑水资源的承载能力。

——按照大区域相对均衡的要求进行开发。在优化提升东部地区城市群的同时,在中西部地区资源环境承载能力较强的区域,培育形成若干人口和经济密集的城市群,通过推进城镇化带动中西部地区发展。

——按照统筹城乡的要求进行开发。城市建设必须为农村人口进入城市预留生活空间,有条件的地区要将城市基础设施和公共服务设施延伸到农村居民点。

——按照统筹上下游的要求进行开发。大江大河上游地区的各类开发要充分考虑对下游地区的影响。下游地区要积极吸纳上游地区人口,上解财政收入,帮助上游地区修复生态环境和实现脱贫。

——按照统筹地上地下的要求进行开发。各类开发活动都要充分考虑水文地质、工程地质和环境地质等地下要素,充分考虑地下矿产的赋存规律和特点。在条件允许的情况下,城市建设和交通基础设施建设应积极利用地下空间。

——交通基础设施的建设规模、布局、密度等,要与各主体功能区的人口、经济规模和产业结构相协调,宜密则密,宜疏则疏。加强综合运输体系建设,提高铁路、公路、水运、空运等多种运输方式之间的中转和衔接能力。

## 第五节 陆海统筹

要根据陆地国土空间与海洋国土空间的统一性,以及海洋系统的相对独立性进行开发,促进陆地国土空间与海洋国土空间协调开发。

——海洋主体功能区的划分要充分考虑维护我国海洋权益、海洋资源环境承载能力、海洋开发内容及开发现状,并与陆地国土空间的主体功能区相协调。

——沿海地区集聚人口和经济的规模要与海洋环境承载能力相适应,统筹考虑海洋环境保护与陆源污染防治。

——严格保护海岸线资源，合理划分海岸线功能，做到分段明确，相对集中，互不干扰。港口建设和涉海工业要集约利用岸线资源和近岸海域。

——各类开发活动都要以保护好海洋自然生态为前提，尽可能避免改变海域的自然属性。控制围填海造地规模，统筹海岛保护、开发与建设。

——保护河口湿地，合理开发利用沿海滩涂，保护和恢复红树林、珊瑚礁、海草床等，修复受损的海洋生态系统。

## 第四章 战 略 目 标
——我们未来的美好家园

### 第一节 主 要 目 标

根据党的十七大关于到2020年基本形成主体功能区布局的总体要求，推进形成主体功能区的主要目标是：

——空间开发格局清晰。"两横三纵"为主体的城市化战略格局基本形成，全国主要城市化地区集中全国大部分人口和经济总量；"七区二十三带"为主体的农业战略格局基本形成，农产品供给安全得到切实保障；"两屏三带"为主体的生态安全战略格局基本形成，生态安全得到有效保障；海洋主体功能区战略格局基本形成，海洋资源开发、海洋经济发展和海洋环境保护取得明显成效。

——空间结构得到优化。全国陆地国土空间的开发强度控制在3.91%[26]，城市空间控制在10.65万平方公里以内，农村居民点占地面积减少到16万平方公里以下，各类建设占用耕地新增面积控制在3万平方公里以内，工矿建设空间适度减少。耕地保有量不低于120.33万平方公里（18.05亿亩），其中基本农田不低于104万平方公里（15.6亿亩）。绿色生态空间扩大，林地保有量增加到312万平方公里，草原面积占陆地国土空间面积的比例保持在40%以上，河流、湖泊、湿地面积有所增加。

——空间利用效率提高。单位面积城市空间创造的生产总值大幅度提高，城市建成区人口密度明显提高。粮食和棉油糖单产水平稳步提高。单位面积绿色生态空间蓄积的林木数量、产草量和涵养的水量明显增加。

——区域发展协调性增强。不同区域之间城镇居民人均可支配收入、农村居民人均纯收入和生活条件的差距缩小，扣除成本因素后的人均财政支出大体相当，基本公共服务均等化取得重大进展。

——可持续发展能力提升。生态系统稳定性明显增强，生态退化面积减少，主要污染物排放总量减少，环境质量明显改善。生物多样性得到切实保护，森林覆盖率提高到23%，森林蓄积量达到150亿立方米以上。草原植被覆盖度明显提高。主要江河湖库水功能区水质达标率提高到80%左右。自然灾害防御水平提升。应对气候变化能力明显增强。

表1 全国陆地国土空间开发的规划指标

| 指 标 | 2008年 | 2020年 |
|---|---|---|
| 开发强度（%） | 3.48 | 3.91 |
| 城市空间（万平方公里） | 8.21 | 10.65 |

续表

| 指 标 | 2008年 | 2020年 |
|---|---|---|
| 农村居民点（万平方公里） | 16.53 | 16 |
| 耕地保有量（万平方公里） | 121.72 | 120.33 |
| 林地保有量（万平方公里） | 303.78 | 312 |
| 森林覆盖率（%） | 20.36 | 23 |

## 第二节 战 略 任 务

从建设富强民主文明和谐的社会主义现代化国家、确保中华民族永续发展出发，推进形成主体功能区要着力构建我国国土空间的"三大战略格局"。

——构建"两横三纵"为主体的城市化战略格局。构建以陆桥通道[27]、沿长江通道为两条横轴，以沿海、京哈京广、包昆通道为三条纵轴，以国家优化开发和重点开发的城市化地区为主要支撑，以轴线上其他城市化地区为重要组成的城市化战略格局。推进环渤海、长江三角洲、珠江三角洲地区的优化开发，形成3个特大城市群；推进哈长、江淮、海峡西岸、中原、长江中游、北部湾、成渝、关中—天水等地区的重点开发，形成若干新的大城市群和区域性的城市群（图8城市化战略格局示意图）。

——构建"七区二十三带"为主体的农业战略格局。构建以东北平原、黄淮海平原、长江流域、汾渭平原、河套灌区、华南和甘肃新疆等农产品主产区为主体，以基本农田为基础，以其他农业地区为重要组成的农业战略格局。东北平原农产品主产区，要建设优质水稻、专用玉米、大豆和畜产品产业带；黄淮海平原农产品主产区，要建设优质专用小麦、优质棉花、专用玉米、大豆和畜产品产业带；长江流域农产品主产区，要建设优质水稻、优质专用小麦、优质棉花、油菜、畜产品和水产品产业带；汾渭平原农产品主产区，要建设优质专用小麦和专用玉米产业带；河套灌区农产品主产区，要建设优质专用小麦产业带；华南农产品主产区，要建设优质水稻、甘蔗和水产品产业带；甘肃新疆农产品主产区，要建设优质专用小麦和优质棉花产业带（图9农业战略格局示意图）。

——构建"两屏三带"为主体的生态安全战略格局。构建以青藏高原生态屏障、黄土高原—川滇生态屏障、东北森林带、北方防沙带和南方丘陵山地带以及大江大河重要水系为骨架，以其他国家重点生态功能区为重要支撑，以点状分布的国家禁止开发区域为重要组成的生态安全战略格局。青藏高原生态屏障，要重点保护好多样、独特的生态系统，发挥涵养大江大河水源和调节气候的作用；黄土高原—川滇生态屏障，要重点加强水土流失防治和天然植被保护，发挥保障长江、黄河中下游地区生态安全的作用；东北森林带，要重点保护好森林资源和生物多样性，发挥东北平原生态安全屏障的作用；北方防沙带，要重点加强防护林建设、草原保护和防风固沙，对暂不具备治理条件的沙化土地实行封禁保护，发挥"三北"地区生态安全屏障的作用；南方丘陵山地带，要重点加强植被修复和水土流失防治，发挥华南和西南地区生态安全屏障的作用（图10生态安全战略格局示意图）。

## 第三节 未 来 展 望

到2020年全国主体功能区布局基本形成之时，我们的家园将呈现生产空间集约高效、生活空间舒适宜居、生态空间山青水碧，人口、经济、资源环境相协调的美好情景。

——经济布局更趋集中均衡[28]。工业化城镇化将在适宜开发的一部分国土空间集中展开，产业集聚布局、人口集中居住、城镇密集分布。在继续提升现有特大城市群整体功能和国际竞争力基础上，在其他适宜开发的区域，培育若干新的大城市群和区域性城市群，形成多元、多极、网络化的城市化格局，使经济增长的空间由东向西、由南向北拓展，人口和经济在国土空间的分布更趋集中均衡。

——城乡区域发展更趋协调。农村人口将继续向城市有序转移，所腾出的闲置生活空间将得到复垦还耕还林还草还水，农村劳动力人均耕地将增加，农业经营的规模化水平、农业劳动生产率和农民人均收入大幅提高，城市化地区反哺农业地区的能力增强，城乡差距逐步缩小。人口更多地生活在更适宜人居的地方，农产品主产区和重点生态功能区的人口向城市化地区逐步转移，城市化地区在集聚经济的同时集聚相应规模的人口，区域间人均生产总值及人均收入的差距逐步缩小。适应主体功能区要求的财政体制逐步完善，公共财政支出规模与公共服务覆盖的人口规模更加匹配，城乡区域间公共服务和生活条件的差距缩小。

——资源利用更趋集约高效。大部分人口的就业和居住以及经济集聚于大城市群地区和城市化地区，基础设施共享水平显著提高；节能型的轨道交通成为大城市群的主要客运方式并间接降低私人轿车的使用频率；大城市群内将形成相对完整的产业体系，市场指向型产品的运距缩短，物流成本降低；低碳技术和循环经济得到广泛推广，资源节约型和环境友好型社会初步形成。

——环境污染防治更趋有效。一定的空间单元集聚的人口规模和经济规模控制在环境容量允许的范围之内，先污染、后治理的模式得以扭转。随着主体功能定位的逐步落实，绝大部分国土空间成为农业空间和生态空间，不符合主体功能定位的开发活动大幅减少，工业和生活污染排放得到有效控制。相对于小规模、分散式布局，经济的集中布局和人口的集中居住将大大有利于污染治理水平的提高。

——生态系统更趋稳定。重点生态功能区承载人口、创造税收以及工业化的压力大幅减轻，而涵养水源、防沙固沙、保持水土、维护生物多样性、保护自然资源等生态功能大幅提升，森林、水系、草原、湿地、荒漠、农田等生态系统的稳定性增强，近海海域生态环境得到改善。城市化地区的开发强度得到有效控制，绿色生态空间保持合理规模。农产品主产区开发强度得到控制，生态效能大幅提升。

——国土空间管理更趋精细科学。明确的主体功能定位，为涉及国土空间开发的各项政策提供了统一的政策平台，区域调控的针对性、有效性和公平性将大大增强；为各级各类规划的衔接协调提供了基础性的规划平台，各级各类规划间的一致性、整体性以及规划实施的权威性、有效性将大大增强；为国土空间及其相关经济社会事务的管理提供了统一的管理平台，政府管理的科学性、规范性和制度化水平将大大增强；为实行各有侧重的绩效评价和政绩考核提供了基础性评价平台，绩效评价和政绩考核的客观性、公正性将大大增强。

# 第三篇 国家层面主体功能区

国家层面的主体功能区是全国"两横三纵"城市化战略格局、"七区二十三带"农业战略格局、"两屏三带"生态安全战略格局的主要支撑。推进形成主体功能区,必须明确国家层面优化开发、重点开发、限制开发、禁止开发四类主体功能区的功能定位、发展目标、发展方向和开发原则。

## 第五章 优化开发区域
——优化进行工业化城镇化开发的城市化地区

国家优化开发区域[29]是指具备以下条件的城市化地区:综合实力较强,能够体现国家竞争力;经济规模较大,能支撑并带动全国经济发展;城镇体系比较健全,有条件形成具有全球影响力的特大城市群;内在经济联系紧密,区域一体化基础较好;科学技术创新实力较强,能引领并带动全国自主创新和结构升级。

### 第一节 功能定位和发展方向

国家优化开发区域的功能定位是:提升国家竞争力的重要区域,带动全国经济社会发展的龙头,全国重要的创新区域,我国在更高层次上参与国际分工及有全球影响力的经济区,全国重要的人口和经济密集区。

国家优化开发区域应率先加快转变经济发展方式,调整优化经济结构,提升参与全球分工与竞争的层次。发展方向和开发原则是:

——优化空间结构。减少工矿建设空间和农村生活空间,适当扩大服务业、交通、城市居住、公共设施空间,扩大绿色生态空间。控制城市蔓延扩张、工业遍地开花和开发区过度分散。

——优化城镇布局。进一步健全城镇体系,促进城市集约紧凑发展,围绕区域中心城市明确各城市的功能定位和产业分工,推进城市间的功能互补和经济联系,提高区域的整体竞争力。

——优化人口分布。合理控制特大城市主城区的人口规模,增强周边地区和其他城市吸纳外来人口的能力,引导人口均衡、集聚分布。

——优化产业结构。推动产业结构向高端、高效、高附加值转变,增强高新技术产业、现代服务业、先进制造业对经济增长的带动作用。发展都市型农业、节水农业和绿色有机农业;积极发展节能、节地、环保的先进制造业,大力发展拥有自主知识产权的高新技术产业,加快发展现代服务业,尽快形成服务经济为主的产业结构。积极发展科技含量和附加值高的海洋产业。

——优化发展方式。率先实现经济发展方式的根本性转变。研究与试验发展经费支出占地区生产总值比重明显高于全国平均水平。大力提高清洁能源比重,壮大循环经济规模,广泛应用低碳技术,大幅度降低二氧化碳排放强度,能源和水资源消耗以及污染物排放等标准达到或接近国际先进水平,全部实现垃圾无害化处理和污水达标排放。加强区域环境监管,建立健全区域污染联防联治机制。

——优化基础设施布局。优化交通、能源、水利、通信、环保、防灾等基础设施的布局和建设,提高基础设施的区域一体化和同城化程度。

——优化生态系统格局。把恢复生态、保护环境作为必须实现的约束性目标。严格控制开发强度,加大生态环境保护投入,加强环境治理和生态修复,净化水系、提高水质,切实严格保护耕地以及水面、湿地、林地、草地和文化自然遗产,保护好城市之间的绿色开敞空间,改善人居环境。

## 第二节 国家层面的优化开发区域

### 一、环渤海地区

该区域位于全国"两横三纵"城市化战略格局中沿海通道纵轴和京哈京广通道纵轴的交汇处,包括京津冀、辽中南和山东半岛地区[30]。

该区域的功能定位是:北方地区对外开放的门户,我国参与经济全球化的主体区域,有全球影响力的先进制造业基地和现代服务业基地,全国科技创新与技术研发基地,全国经济发展的重要引擎,辐射带动"三北"地区发展的龙头,我国人口集聚最多、创新能力最强、综合实力最强的三大区域之一。

(一)京津冀地区。

该区域位于环渤海地区的中心,包括北京市、天津市和河北省的部分地区。

该区域的功能定位是:"三北"地区的重要枢纽和出海通道,全国科技创新与技术研发基地,全国现代服务业、先进制造业、高新技术产业和战略性新兴产业基地,我国北方的经济中心。

——强化北京的首都功能和全国中心城市地位,着眼建设世界城市,发展首都经济,增强文化软实力,提升国际化程度和国际影响力。加快建设人文北京、科技北京、绿色北京。强化创新功能,加快中关村国家自主创新示范园区的建设,建设国家创新型城市。不断改善人居环境,建设宜居城市。

——提升天津的国际港口城市、生态城市和北方经济中心功能,重点开发天津滨海新区,构筑高水平的产业结构,建设成为对外开放的重要门户、先进制造业和技术研发转化基地、北方国际航运中心和国际物流中心,增强辐射带动区域发展的能力。

——优化提升京津主轴的发展水平,增强廊坊、武清等京津周边地区承接京津主城区部分功能转移的能力,建设高新技术产业和先进制造业基地。

——培育形成河北沿海发展带,使之成为区域新的增长点。推进曹妃甸新区、沧州渤海新区和北戴河新区建设,增强唐山、黄骅、秦皇岛的港口功能,带动临港产业和临港城区发展。

——发展都市型现代农业,推进农产品加工业,建设现代化的农产品物流基地。

——统筹区域水源保护和风沙源治理,在地下水漏斗区和海水入侵区划定地下水禁采区和限采区并实施严格保护,加强入海河流小流域综合整治和近岸海域污染防治,推进防护林体系建设,构建由太行山、燕山、滨海湿地、大清河、永定河、潮白河等生态廊道组成的网状生态格局。

(二)辽中南地区。

该区域位于环渤海地区的北翼,包括辽宁省中部和南部的部分地区。

该区域的功能定位是：东北地区对外开放的重要门户和陆海交通走廊，全国先进装备制造业和新型原材料基地，重要的科技创新与技术研发基地，辐射带动东北地区发展的龙头。

——发展辽宁沿海经济带，统筹发展具有国际竞争力的临港产业，强化科技创新与技术研发功能，建设成为东北地区对外开放的重要平台，我国沿海地区新的经济增长极。

——增强沈阳经济区整体竞争力，促进区域一体化。加强城市间分工协作和功能互补，促进产业转型和空间重组，提升产业的整体竞争力，建设先进装备制造业、重要原材料和高新技术产业基地。

——强化沈阳、大连中心城市功能，加强综合服务功能和辐射带动能力，增强节点城市综合实力。沈阳建设成为东北亚商贸物流服务中心，大连建设成为东北亚国际航运中心和国际物流中心。

——加强粮食生产基地建设，稳定特色农产品生产、加工和出口基地地位，重视海洋渔业经济，推进循环农业发展。

——加强东部山地水源涵养区和饮用水源地保护，加快采煤沉陷区综合治理及矿山生态修复，加强辽河流域和近海海域污染防治，构建由长白山余脉、辽河、鸭绿江、滨海湿地和沿海防护林构成的生态廊道。

（三）山东半岛地区。

该区域位于环渤海地区的南翼，包括山东省胶东半岛和黄河三角洲的部分地区。

该区域的功能定位是：黄河中下游地区对外开放的重要门户和陆海交通走廊，全国重要的先进制造业、高新技术产业基地，全国重要的蓝色经济区。

——强化青岛航运中心功能，积极发展海洋经济、旅游经济、港口经济和高新技术产业，增强辐射带动能力和国际化程度，建设区域性经济中心和国际化城市。

——提升胶东半岛沿海发展带整体水平，加强烟台、威海等城市的产业配套能力及其功能互补，与青岛共同建设自主创新能力强的高新技术产业带。

——建设黄河三角洲全国重要的高效生态经济示范区，积极发展生态农业、环境友好型工业、高新技术产业和现代服务业，建设全国重要的循环经济示范区，增强东营、滨州等城市的综合实力和辐射能力，建设成为环渤海地区重要的增长点。

——发展外向型农业，发展渔业及其加工业，构建现代农业产业体系。

——在地下水漏斗区和海水入侵区划定地下水禁采区和限采区并实施严格保护，推进低山丘陵封山育林、小流域治理，加强黄河三角洲水资源集约利用，加强自然保护区和海岸带保护，维护生态系统多样性，构建以山东半岛中部生态脊为中心，向南北两翼延展的片状生态网络和沿海生态廊道。

二、长江三角洲地区

该区域位于全国"两横三纵"城市化战略格局中沿海通道纵轴和沿长江通道横轴的交汇处，包括上海市和江苏省、浙江省的部分地区[31]。

该区域的功能定位是：长江流域对外开放的门户，我国参与经济全球化的主体区域，有全球影响力的先进制造业基地和现代服务业基地，世界级大城市群，全国科技创新与技术研发基地，全国经济发展的重要引擎，辐射带动长江流域发展的龙头，我国人口集聚最多、创新能力最强、综合实力最强的三大区域之一。

——优化提升上海核心城市的功能,建设国际经济、金融、贸易、航运中心和国际大都市,加快发展现代服务业和先进制造业,强化创新能力和现代服务功能,率先形成服务经济为主的产业结构,增强辐射带动长江三角洲其他地区、长江流域和全国发展的能力。

——提升南京、杭州的长江三角洲两翼中心城市功能。增强南京金融、科教、商贸物流和旅游功能,发挥南京在长江中下游地区承东启西枢纽城市作用,建设全国重要的现代服务业中心、先进制造业基地和国家创新型城市,区域性的金融和教育文化中心。增强杭州科技、文化、商贸和旅游功能,建设国际休闲旅游城市,全国重要的文化创意中心、科技创新基地和现代服务业中心。

——优化提升沪宁(上海、南京)、沪杭(上海、杭州)发展带的整体水平,建设沪宁高新技术产业带。培育形成沿江、沿海、杭湖宁(杭州、湖州、南京)、杭绍甬舟(杭州、绍兴、宁波、舟山)发展带,积极发展高新技术产业和现代服务业,加强港口和产业的分工协作,控制城镇蔓延扩张。调整太湖周边地区产业布局,建设技术研发和旅游休闲基地。

——强化宁波、苏州、无锡综合服务和辐射带动能力。宁波建设成为长江三角洲南翼的经济中心和国际港口城市,苏州建设成为高新技术产业基地、现代服务业基地和旅游胜地,无锡建设成为先进制造业基地、国家传感信息中心、商贸物流中心、服务外包和创意设计基地。

——增强常州、南通、扬州、镇江、泰州、湖州、嘉兴、绍兴、台州、舟山等节点城市的集聚能力,加强城市功能互补,提高整体竞争力。

——发展高附加值的特色农业、都市农业和外向型农业,完善农业生产、经营、流通等服务体系,建设现代化的农产品物流基地。

——加强沿江、太湖、杭州湾等地区污染治理,严格控制长江口、杭州湾陆源污染物排江排海和太湖地区污染物入湖,加强海洋、河口和山体生态修复,构建以长江、钱塘江、太湖、京杭大运河、宜溧山区、天目山—四明山以及沿海生态廊道为主体的生态格局。

### 三、珠江三角洲地区

该区域位于全国"两横三纵"城市化战略格局中沿海通道纵轴和京哈京广通道纵轴的南端,包括广东省中部和南部的部分地区[32]。

该区域的功能定位是:通过粤港澳的经济融合和经济一体化发展,共同构建有全球影响力的先进制造业基地和现代服务业基地,南方地区对外开放的门户,我国参与经济全球化的主体区域,全国科技创新与技术研发基地,全国经济发展的重要引擎,辐射带动华南、中南和西南地区发展的龙头,我国人口集聚最多、创新能力最强、综合实力最强的三大区域之一。

——以广州、深圳、珠海为核心,以广州、佛山同城化为示范,积极推动广佛肇(广州、佛山、肇庆)、深莞惠(深圳、东莞、惠州)、珠中江(珠海、中山、江门)的建设,构建珠江三角洲一体化发展格局。促进产业和劳动力双转移,带动环珠江三角洲地区的发展。

——增强与香港、澳门的优势对接与功能互补,推进与港澳地区的经济一体化,发展与香港国际金融中心相配套的现代服务业,建设与港澳地区错位发展的国际航运、物流、贸易、会展、旅游和创新中心。

——增强广州高端要素集聚、科技创新、文化引领和综合服务功能，强化作为国家中心城市、综合性门户城市和区域文化教育中心的地位，建设国际大都市。

——增强深圳科技研发和高端服务功能，继续发挥经济特区的示范带动作用，建设国家创新型城市和国际化城市。

——优化提升珠江口东岸地区的发展水平，打造科技创新中心，大力发展高新技术产业和现代服务业，提高制造业水平，增强交通枢纽功能。

——提升珠江口西岸地区的发展能力，提高产业层次，建设科技创新基地和先进制造业基地。增强珠海综合服务功能，培育成为珠江口西岸的中心城市。

——增强东莞、中山、佛山、江门、惠州等节点城市的集聚能力，壮大规模，实现各城市分工协作、共同发展，提高区域整体竞争力。

——转变农业发展方式，建立都市型现代农业产业体系，加强农业国际合作，拓展外向型农业广度和深度。

——加强大气污染防治、水生态综合治理和生态修复，严格控制珠江口围垦和山体开发，保护河口和海岸湿地，提高水质，构建以粤北山地丘陵、近海岛屿湿地和珠江水系为主体的生态格局。

## 第六章 重点开发区域
——重点进行工业化城镇化开发的城市化地区

**国家重点开发区域**<sup>(33)</sup> 是指具备以下条件的城市化地区：具备较强的经济基础，具有一定的科技创新能力和较好的发展潜力；城镇体系初步形成，具备经济一体化的条件，中心城市有一定的辐射带动能力，有可能发展成为新的大城市群或区域性城市群；能够带动周边地区发展，且对促进全国区域协调发展意义重大。

### 第一节 功能定位和发展方向

国家重点开发区域的功能定位是：支撑全国经济增长的重要增长极，落实区域发展总体战略、促进区域协调发展的重要支撑点，全国重要的人口和经济密集区。

重点开发区域应在优化结构、提高效益、降低消耗、保护环境的基础上推动经济可持续发展；推进新型工业化进程，提高自主创新能力，聚集创新要素，增强产业集聚能力，积极承接国际及国内优化开发区域产业转移，形成分工协作的现代产业体系；加快推进城镇化，壮大城市综合实力，改善人居环境，提高集聚人口的能力；发挥区位优势，加快沿边地区对外开放，加强国际通道和口岸建设，形成我国对外开放新的窗口和战略空间。发展方向和开发原则是：

——统筹规划国土空间。适度扩大先进制造业空间，扩大服务业、交通和城市居住等建设空间，减少农村生活空间，扩大绿色生态空间。

——健全城市规模结构。扩大城市规模，尽快形成辐射带动力强的中心城市，发展壮大其他城市，推动形成分工协作、优势互补、集约高效的城市群。

——促进人口加快集聚。完善城市基础设施和公共服务，进一步提高城市的人口承载能力，城市规划和建设应预留吸纳外来人口的空间。

——形成现代产业体系。增强农业发展能力,加强优质粮食生产基地建设,稳定粮食生产能力。发展新兴产业,运用高新技术改造传统产业,全面加快发展服务业,增强产业配套能力,促进产业集群发展。合理开发并有效保护能源和矿产资源,将资源优势转化为经济优势。

——提高发展质量。确保发展质量和效益,工业园区和开发区的规划建设应遵循循环经济的理念,大力提高清洁生产水平,减少主要污染物排放,降低资源消耗和二氧化碳排放强度。

——完善基础设施。统筹规划建设交通、能源、水利、通信、环保、防灾等基础设施,构建完善、高效、区域一体、城乡统筹的基础设施网络。

——保护生态环境。事先做好生态环境、基本农田等保护规划,减少工业化城镇化对生态环境的影响,避免出现土地过多占用、水资源过度开发和生态环境压力过大等问题,努力提高环境质量。

——把握开发时序。区分近期、中期和远期实施有序开发,近期重点建设好国家批准的各类开发区,对目前尚不需要开发的区域,应作为预留发展空间予以保护。

## 第二节 国家层面的重点开发区域

### 一、冀中南地区

该区域位于全国"两横三纵"城市化战略格局中京哈京广通道纵轴的中部,包括河北省中南部以石家庄为中心的部分地区[34]。

该区域的功能定位是:重要的新能源、装备制造业和高新技术产业基地,区域性物流、旅游、商贸流通、科教文化和金融服务中心。

——构建以石家庄为中心,以京广沿线为主轴,以保定、邯郸等城市为重要支撑点的空间开发格局。

——壮大京广沿线产业带,重点发展现代服务业以及新能源、装备制造、电子信息、生物制药、新材料等产业,改造提升钢铁、建材等传统产业。

——提升冀中南地区整体竞争实力,强化石家庄中心城市地位,完善服务功能,建设区域性科技创新基地;增强保定、邯郸、邢台等城市集聚人口和经济的能力,提高区域内基础设施和公共服务设施的网络化水平。

——稳定发展粮食生产,保障主要农产品有效供给,推进农业产业化经营,加强农业农村基础设施建设。

——加强南水北调中线引江干支渠、城市河道人工湿地建设,构建由防护林、城市绿地、区域生态水网等构成的生态格局。

### 二、太原城市群

该区域位于全国"两横三纵"城市化战略格局中京哈京广通道纵轴的中部,包括山西省中部以太原为中心的部分地区[35]。

该区域的功能定位是:资源型经济转型示范区,全国重要的能源、原材料、煤化工、装备制造业和文化旅游业基地。

——构建以太原为中心,以太原盆地城镇密集区为主体,以主要交通干线为轴线,以汾阳、忻州、长治、临汾等主要节点城市为支撑的空间开发格局。

——强化太原的科技、教育、金融、商贸物流等功能,提升太原中心城市地位,推进太原—晋中同城化发展。

——增强主要节点城市集聚经济和人口的能力,强化城市间经济联系和功能分工,承接环渤海地区产业转移,促进资源型城市转型。

——依托中心城镇发展劳动密集型城郊农业、生态农业和特色农产品加工业。

——实施汾河清水复流工程和太原西山综合整治工程,加强采煤沉陷区的生态恢复,构建以山地、水库等为基础,以汾河水系为骨架的生态格局。

### 三、呼包鄂榆地区

该区域位于全国"两横三纵"城市化战略格局中包昆通道纵轴的北端,包括内蒙古自治区呼和浩特、包头、鄂尔多斯和陕西省榆林的部分地区[36]。

该区域的功能定位是:全国重要的能源、煤化工基地、农畜产品加工基地和稀土新材料产业基地,北方地区重要的冶金和装备制造业基地。

——构建以呼和浩特为中心,以包头、鄂尔多斯和榆林为支撑,以主要交通干线和内蒙古沿黄产业带为轴线的空间开发格局。

——增强呼和浩特的首府城市功能,建成民族特色鲜明的区域性中心城市。包头、鄂尔多斯、榆林应依托资源优势,促进特色优势产业升级,增强辐射带动能力。

——统筹煤炭开采、煤电、煤化工等产业的布局,促进产业互补和产业延伸,实现区域内产业错位发展。加快城市人口的集聚,促进呼包鄂榆区域一体化发展。

——加强农畜产品生产及其加工基地建设。

——加强节能减排、灌区节水改造以及城市和工业节水,加强黄河水生态治理和草原生态系统保护,完善引黄灌区农田防护林网,构建沿黄河生态涵养带。

### 四、哈长地区

该区域位于全国"两横三纵"城市化战略格局中京哈京广通道纵轴的北端,包括黑龙江省的哈大齐(哈尔滨、大庆、齐齐哈尔)工业走廊和牡绥(牡丹江、绥芬河)地区以及吉林省的长吉图经济区[37]。

该区域的功能定位是:我国面向东北亚地区和俄罗斯对外开放的重要门户,全国重要的能源、装备制造基地,区域性的原材料、石化、生物、高新技术产业和农产品加工基地,带动东北地区发展的重要增长极。

(一)哈大齐工业走廊和牡绥地区。

该区域包括黑龙江省哈尔滨、大庆、齐齐哈尔和牡丹江及绥芬河的部分地区。

该区域的功能定位是:全国重要的能源、石化、医药和重型装备制造基地,区域性的农产品加工和生物产业基地,东北地区陆路对外开放的重要门户。

——构建以哈尔滨为中心,以大庆、齐齐哈尔为重要支撑,以牡绥地区为对外开放窗口,以主要交通走廊为主轴的空间开发格局。

——哈大齐工业走廊要强化科技创新、综合服务功能,增强产业集聚能力和核心竞争力。哈尔滨建设成为全国重要的装备制造业基地、东北亚地区重要的商贸中心和国际冰雪文化名城,大庆建设成为全国重要的原油、石化基地和自然生态城市,齐齐哈尔建设成为全国重型装备制造基地。

——牡绥地区要强化绥芬河综合保税区功能,重点发展进出口产品加工、商贸物流、旅游等产业，建设成为重要的国际贸易物流节点和对外合作加工贸易基地。

——发挥区域生态优势和资源优势，建设绿色特色农产品生产及加工基地，推动规模化经营，提高农产品精深加工和农副产品综合利用水平。

——加强松花江、嫩江流域污染防治和水环境保护，开展松嫩平原湿地修复，防治丘陵黑土地区水土流失，加快封山育林、植树造林和冷水性鱼类资源保护，构建以松花江、嫩江、大小兴安岭、长白山和大片湿地为主体的生态格局。

（二）长吉图经济区。

该区域包括吉林省长春、吉林、延边、松原的部分地区。

该区域的功能定位是：全国重要的交通运输设备制造、石化、生物、光电子和农产品加工基地，区域性高新技术产业基地，我国参与图们江区域国际合作开发的先导区，我国面向东北亚开放的重要门户，东北地区新的重要增长极。

——构建以长春为中心，以长春、吉林为主体，以延龙图（延吉、龙井、图们）为对外开放前沿，以珲春为对外开放窗口，以交通走廊为轴线的空间开发格局。

——强化长春科技创新和综合服务功能，建设全国重要的光电子、生物、医药、汽车、轨道客车、新材料、农产品加工基地和国际影视文化名城。推进长吉经济一体化，建设吉林石化产业基地和宜居城市。增强要素集聚和辐射带动能力，建设先进制造业和科技创新基地。

——推进延龙图一体化，发展先进制造、商贸物流、旅游等产业，建设重要的物流节点和对外合作加工贸易基地。把珲春建设成为集出口加工、境外资源开发、生产服务、国际物流、跨国旅游等于一体的特殊经济功能区。

——发挥粮食生产优势，加强特色农产品产业带建设，加快农业产业化经营和现代流通业发展，提高农业综合生产能力。

——增强长白山生态屏障功能，加强长白山森林和水源保护，加快松花江水污染防治，构建以长白山、松花江为主体，森林、水系共生的生态格局。

**五、东陇海地区**

该区域位于全国"两横三纵"城市化战略格局中陆桥通道横轴的东端，是陆桥通道与沿海通道的交汇处，包括江苏省东北部和山东省东南部的部分地区[38]。

该区域的功能定位是：新亚欧大陆桥东方桥头堡，我国东部地区重要的经济增长极。

——构建以连云港、日照为中心，以沿海产业带和沿陇海线产业带为轴线的空间开发格局。

——强化连云港港口、产业的一体化发展，增强对陇海兰新沿线地区的辐射作用，集约发展临港产业，建设临港产业基地和国际性海港城市。

——培育形成沿海发展带，增强连云港和日照的港口功能，实施沿海临港产业开发，培育和壮大沿海城镇。

——提升沿陇海带的发展水平，增强徐州集聚人口和经济的能力，加快资源型城市转型，打造重要的能源基地、先进制造业基地、物流基地和商品集散地。

——建设特色农产品生产和加工基地，推动高效农业和外向型农业发展，逐步形成具有区域特色的农产品生产和加工产业带。

——加强自然保护区、重要湿地、滩涂以及水源保护区等的保护，加强淮河流域综合治理，加强入海河流小流域综合整治和近岸海域污染防治，实施矿山废弃地环境综合整治与生态修复，构建东部沿海防护林带、北部山区森林、南部平原林网有机融合的生态格局。

**六、江淮地区**

该区域位于全国"两横三纵"城市化战略格局中沿长江通道横轴，包括安徽省合肥及沿江的部分地区[39]。

该区域的功能定位是：承接产业转移的示范区，全国重要的科研教育基地，能源原材料、先进制造业和科技创新基地，区域性的高新技术产业基地。

——构建以安庆、池州、铜陵、巢湖、芜湖、马鞍山沿江六市为发展轴，合肥、芜湖为双核，滁州、宣城为两翼的"一轴双核两翼"空间开发格局。

——提升合肥中心城市地位，完善综合服务功能，建设全国重要的科研教育基地、科技创新基地、先进制造业基地和综合交通枢纽。

——培育形成沿江发展带，壮大主要节点城市规模，推进芜湖、马鞍山一体化，建设皖江城市带承接产业转移示范区。

——加强农业基础设施建设，调整优化农业结构，发展农产品加工业，不断提高农业效益。

——加强大别山水土保持和水源涵养功能，保护巢湖生态环境，构建以大别山、巢湖及沿江丘陵为主体的生态格局。

**七、海峡西岸经济区**

该区域位于全国"两横三纵"城市化战略格局中沿海通道纵轴南段，包括福建省、浙江省南部和广东省东部的沿海部分地区[40]。

该区域的功能定位是：两岸人民交流合作先行先试区域，服务周边地区发展新的对外开放综合通道，东部沿海地区先进制造业的重要基地，我国重要的自然和文化旅游中心。

——构建以福州、厦门、泉州、温州、汕头等重要城市为支撑，以漳州、莆田、宁德、潮州、揭阳、汕尾等沿海重要节点城市为补充，以快速铁路和高速公路沿线为轴线的空间开发格局。

——凸显福建在海峡西岸经济区中的主体地位，发挥对台交往的独特优势，加大对台交流合作先行先试力度，构筑两岸交流合作的前沿平台，建设两岸经贸合作的紧密区域、两岸文化交流的重要基地和两岸直接往来的综合枢纽。加快平潭综合试验区开放开发。

——强化福州科技创新、综合服务和文化功能，增强辐射带动能力，打造海峡西岸经济区中心城市、国家历史文化名城和高新技术产业研发制造基地。推进厦漳泉（厦门、漳州、泉州）一体化，实现组团式发展，建设全国重要的国际航运、科技创新、现代服务业和文化教育中心以及先进制造业基地。

——促进莆田、宁德等沿海节点城市的经济发展，依托大型港湾，壮大临港产业集群，推动以港兴市，增强海洋经济实力，形成海峡西岸经济区新的增长点。

——深化闽台农业合作，建设特色农产品生产与加工出口示范基地，发展特色优势产业。

——强化温州作为海峡西岸经济区连接长江三角洲地区重要枢纽的功能，加快构筑对外开放平台，建设民营经济改革与发展的先行区。

——强化汕头作为粤东中心城市地位，推进汕潮揭（汕头、潮州、揭阳）一体化，加强粤东地区与福建南部沿海城市在港口、产业等的分工合作与功能互补。

——强化防台风能力建设，加强武夷山、雁荡山、戴云山等山区和沿海港湾、近海岛屿保护，加强入海河流小流域综合整治和近岸海域污染防治，推进水环境综合治理和水源涵养地保护，保护闽江、九龙江等水生态廊道。

## 八、中原经济区

该区域位于全国"两横三纵"城市化战略格局中陆桥通道横轴和京哈京广通道纵轴的交汇处，包括河南省以郑州为中心的中原城市群部分地区[41]。

该区域的功能定位是：全国重要的高新技术产业、先进制造业和现代服务业基地，能源原材料基地、综合交通枢纽和物流中心，区域性的科技创新中心，中部地区人口和经济密集区。

——完善城市群一体化发展机制，构建以郑州为中心，以郑汴（郑州、开封）一体化区域为核心层、以"半小时经济圈"城市为紧密层、以"一小时交通圈"城市为辐射层的"一极两圈三层"的空间开发格局。

——强化郑州先进制造、科技教育、商贸物流和金融服务功能，重点建设郑汴新区，推进郑汴一体化，建设区域性经济中心和全国重要的交通枢纽。

——提升洛阳区域副中心的地位，重点建设洛阳新区。壮大许昌、新乡、焦作、平顶山等重要节点城市的经济实力和人口规模，促进城市功能互补。

——建设郑汴洛（郑州、开封、洛阳）工业走廊和沿京广、南太行、伏牛东产业带，加强产业分工协作与功能互补，共同构建中原城市群产业集聚区。

——加强粮油等农产品生产和加工基地建设，发展城郊农业和高效生态农业，建设现代化农产品物流枢纽。

——依托黄河标准化堤防和黄河滩区加强黄河生态保护，搞好南水北调中线工程沿线绿化，推进平原地区和沙化地区的土地治理，构建横跨东西的黄河滩区生态涵养带和纵贯南北的南水北调中线生态走廊。

## 九、长江中游地区

该区域位于全国"两横三纵"城市化战略格局中沿长江通道横轴和京哈京广通道纵轴的交汇处，包括湖北武汉城市圈、湖南环长株潭城市群、江西鄱阳湖生态经济区[42]。

该区域的功能定位是：全国重要的高新技术产业、先进制造业和现代服务业基地，全国重要的综合交通枢纽，区域性科技创新基地，长江中游地区人口和经济密集区。

### （一）武汉城市圈。

该区域包括湖北省以武汉为中心的江汉平原部分地区。

该区域的功能定位是：全国资源节约型和环境友好型社会建设的示范区，全国重要的综合交通枢纽、科技教育以及汽车、钢铁基地，区域性的信息产业、新材料、科技创新基地和物流中心。

——构建以武汉为核心，以长江沿线和沿京广线产业带为轴线，以周边其他城市为节点的空间开发格局。

——完善武汉中心城市功能，强化科技教育、商贸物流、先进制造和金融服务等功能，增强辐射带动能力，建设全国重要的科技教育中心、交通通信枢纽和区域性经济中心。

——培育黄石成为区域副中心城市，发展壮大黄冈、鄂州、孝感、咸宁、仙桃、潜江、天门等城市，增强要素集聚能力。

——优化农业区域布局，推进优势农产品产业带和特色农产品基地建设，发展农产品加工业，做大做强优势特色产业。

——加强长江、汉江和东湖、梁子湖、磁湖等重点水域的水资源保护，实施江湖连通生态修复工程，构建以长江、汉江和东湖为主体的水生态系统。

（二）环长株潭城市群。

该区域包括湖南省以长沙、株洲、湘潭为中心的湖南东中部的部分地区。

该区域的功能定位是：全国资源节约型和环境友好型社会建设的示范区，全国重要的综合交通枢纽以及交通运输设备、工程机械、节能环保装备制造、文化旅游和商贸物流基地，区域性的有色金属和生物医药、新材料、新能源、电子信息等战略性新兴产业基地。

——构建以长株潭为核心，以衡阳、岳阳、益阳、常德、娄底等重要节点城市为支撑，集约化、开放式、错位发展的空间开发格局。

——强化长株潭科技教育、文化创意、商贸物流等功能，推进传统产业的升级改造，增强产业集聚能力，辐射带动其他重要节点城市，建设全国重要的机车车辆、工程机械、新能源装备、文化产业基地，区域性的新材料、信息产业和有色金属基地。

——加强基础设施共建共享以及产业合作和城市功能对接，推进长株潭一体化进程。提升长株潭核心带动能力，壮大其他主要节点城市的经济实力和人口规模，促进环长株潭城市群功能互补和联动发展。

——稳定农产品供给，调整农业产业结构，发展都市型农业和特色农业，建成优质高效的现代农业生产体系。

——保护好位于长株潭三市结合部的生态"绿心"[43]，加强洞庭湖保护和湘江污染治理，构建以洞庭湖、湘江为主体的水生态系统。

（三）鄱阳湖生态经济区。

该区域包括江西省环鄱阳湖的部分地区。

该区域的功能定位是：全国大湖流域综合开发示范区，长江中下游水生态安全保障区，国际生态经济合作重要平台，区域性的优质农产品、生态旅游、光电、新能源、生物、航空和铜产业基地。

——构建以鄱阳湖为"绿心"，以南昌为中心，以九江、景德镇、鹰潭、新余和抚州等城市为主要支撑，以环鄱阳湖交通走廊为环状的空间开发格局。

——强化南昌科技创新、文化和综合服务功能，推进形成"一小时经济圈"，建设区域性的先进制造业基地和商贸物流中心。

——强化九江临港产业和商贸、旅游功能，建成港口城市和旅游城市、区域性的物流枢纽，培育形成区域副中心。发展壮大景德镇、鹰潭、新余和抚州等城市的特色优势产业。

——巩固和加强粮食主产区地位，加强农业综合生产能力建设，重视农业生态环境保护，建成畜禽水产养殖主产区和生态农业示范区。

——以鄱阳湖水体和湿地为核心保护区，以沿湖岸线邻水区域为控制开发带，以赣江、抚河、信江、饶河、修河五大河流沿线和交通干线沿线为生态廊道，构建以水域、湿地、林地等为主体的生态格局。

**十、北部湾地区**

该区域位于全国"两横三纵"城市化战略格局中沿海通道纵轴的南端，包括广西壮族自治区北部湾经济区以及广东省西南部和海南省西北部等环北部湾的部分地区[44]。

该区域的功能定位是：我国面向东盟国家对外开放的重要门户，中国—东盟自由贸易区的前沿地带和桥头堡，区域性的物流基地、商贸基地、加工制造基地和信息交流中心。

——构建以主要城市为支撑，以沿海地区为主轴，以综合运输通道为纽带的空间开发格局。

——增强南宁、海口的要素集聚能力、综合实力和辐射能力，建成区域性中心城市。发展壮大北海、钦州、防城港、湛江等城市，形成以南宁为核心，以城际快速交通为纽带的滨海特色城市群。

——实行沿海推进战略，以钦州、防城港、北海（铁山港）、湛江为重点，建设主要利用海外资源的沿海重化工业产业带，建设石化、船舶和钢铁基地。以南宁、海口、北海为重点，建设以电子信息、生物产业、海洋经济为主的高新技术产业带。

——以海南岛为依托，合理规划、科学利用滨海资源，建设国际旅游岛，推进三亚世界级热带滨海度假旅游城市、博鳌国际会展中心、文昌航天城等建设，发展以旅游业为主导的现代服务业，将海南东部沿海地区打造成国家级休闲度假海岸。重化工业严格限定在洋浦、东方工业园区。

——发展高效优质生态农业，转变养殖业发展方式，合理开发北部湾渔业资源，发展农产品精深加工业，深化与珠三角地区以及东盟国家的农业合作与交流。

——加强对自然保护区、生态公益林、水源保护区等的保护，加强防御台风和风暴潮能力建设，构建以沿海红树林、珊瑚礁、港湾湿地为主体的沿海生态带和海洋特别保护区。

**十一、成渝地区**

该区域位于全国"两横三纵"城市化战略格局中沿长江通道横轴和包昆通道纵轴的交汇处，包括重庆经济区和成都经济区[45]。

该区域的功能定位是：全国统筹城乡发展的示范区，全国重要的高新技术产业、先进制造业和现代服务业基地，科技教育、商贸物流、金融中心和综合交通枢纽，西南地区科技创新基地，西部地区重要的人口和经济密集区。

（一）重庆经济区。

该区域包括重庆市西部以主城区为中心的部分地区。

该区域的功能定位是：西部地区重要的经济中心，全国重要的金融中心、商贸物流中心和综合交通枢纽，以及高新技术产业、汽车摩托车、石油天然气化工和装备制造基地，内陆开放高地和出口商品加工基地。

——构建以重庆主城区为核心，以"一小时经济圈"地区为重点，以主要交通干线和长江为轴线的空间开发格局。

——强化重庆主城区的综合服务功能，提升先进制造和综合服务水平，建设全国重要的金融、科技创新、教育文化、商贸物流中心，增强辐射带动能力。

——培育壮大沿交通轴线和沿长江发展带，拓展发展空间，加强区域基础设施建设，强化产业分工协作和资源利用合作，改善人居环境，提高产业和人口承载能力，形成本区域新的增长点。

——加强农业基础设施建设，推进优势特色产业发展，发展农业循环经济，保护与合理开发三峡库区渔业资源。

——加强长江、嘉陵江流域水土流失防治和水污染治理，改善中梁山等山脉的生态环境，构建以长江、嘉陵江、乌江为主体，林地、浅丘、水面、湿地带状环绕、块状相间的生态系统。

（二）成都经济区。

该区域包括四川省成都平原的部分地区。

该区域的功能定位是：西部地区重要的经济中心，全国重要的综合交通枢纽，商贸物流中心和金融中心，以及先进制造业基地、科技创新产业化基地和农产品加工基地。

——构建以成都为核心，以成德绵乐（成都、德阳、绵阳、乐山）为主轴，以周边其他节点城市为支撑的空间开发格局。

——强化成都中心城市功能，提升综合服务能力，建设成为全国重要的综合交通通信枢纽和商贸物流、金融、文化教育中心。

——壮大成德绵乐发展带，增强电子信息、先进装备制造、生物医药、石化、农产品加工、新能源等产业的集聚功能，加强产业互补和城市功能对接，推进一体化进程。

——壮大其他节点城市人口和经济规模，增强先进制造业和现代服务业的集聚功能，加强产业互补和城市功能对接，形成本区域新的增长点。

——提高标准化农畜产品精深加工和现代农业物流水平，发展农业循环经济和农村新能源。

——加强岷江、沱江、涪江等水系的水土流失防治和水污染治理，强化龙泉山等山脉的生态保护与建设，构建以邛崃山脉—龙门山、龙泉山为屏障，以岷江、沱江、涪江为纽带的生态格局。

## 十二、黔中地区

该区域位于全国"两横三纵"城市化战略格局中包昆通道纵轴的南部，包括贵州省中部以贵阳为中心的部分地区[46]。

该区域的功能定位是：全国重要的能源原材料基地、以航天航空为重点的装备制造基地、烟草工业基地、绿色食品基地和旅游目的地，区域性商贸物流中心。

——构建以贵阳为中心，以遵义、安顺、都匀、凯里等城市为支撑，以主要交通走廊为主轴的空间开发格局。

——提升贵阳中心城市地位，增强产业配套和要素集聚能力，加强综合服务功能，建设重要的新材料、生物制药、电子信息、装备制造基地，陆路交通枢纽和生态城市、旅游城市。

——加强与成渝地区的融合与互补，推进贵阳、安顺一体化进程，增强遵义、安顺、凯里、都匀等城市集聚人口和经济的能力。

——稳定粮食生产，发展特色农业和绿色农业，加快农产品加工业发展，优化农业生产结构和区域布局。

——强化石漠化治理和大江大河防护林建设，推进乌江流域水环境综合治理，保护长江上游重要河段水生态及红枫湖等重要水源地，构建长江和珠江上游地区生态屏障。

### 十三、滇中地区

该区域位于全国"两横三纵"城市化战略格局中包昆通道纵轴的南端，包括云南省中部以昆明为中心的部分地区[47]。

该区域的功能定位是：我国连接东南亚、南亚国家的陆路交通枢纽，面向东南亚、南亚对外开放的重要门户，全国重要的烟草、旅游、文化、能源和商贸物流基地，以化工、冶金、生物为重点的区域性资源精深加工基地。

——构建以昆明为中心，以曲靖、玉溪和楚雄等节点城市为支撑，以主要交通轴线为纽带，一体化的滇中城市经济圈空间开发格局。

——强化昆明的科技创新、商贸流通、信息、旅游、文化和综合服务功能，建设区域性国际交通枢纽、商贸物流中心、历史文化名城、山水园林城市。

——曲靖、玉溪和楚雄等节点城市应依托资源特点和比较优势，加强产业分工协作和对接，实现优势互补、错位发展，形成民族特色和产业特色鲜明的城市。

——完善国际运输大通道，强化面向东南亚、南亚陆路枢纽功能。加强区域内城际快速轨道交通、通信等基础设施建设，提升区域一体化水平。

——建设优质特色农产品生产基地，发展农产品加工业，稳步提高农产品质量和效益，推进与周边国家的农业合作。

——加强以滇池为重点的高原湖泊治理和高原水土流失防治，构建以高原湖泊为主体，林地、水面相连，带状环绕、块状相间的高原生态格局。

### 十四、藏中南地区

该区域包括西藏自治区中南部以拉萨为中心的部分地区[48]。

该区域的功能定位是：全国重要的农林畜产品生产加工、藏药产业、旅游、文化和矿产资源基地，水电后备基地。

——构建以拉萨为中心，以青藏铁路沿线、"一江两河"流域（雅鲁藏布江中游、拉萨河和年楚河下游）以及尼洋河中下游等地区城镇为支撑的空间开发格局。

——提升拉萨中心城市功能，提高基础设施和公共服务设施水平，建设旅游、文化基地和区域性交通、航空物流枢纽。

——完善日喀则、那曲、泽当、八一等城镇的功能，发展农林畜产品加工、旅游、藏药产业，有序开发利用矿产资源。

——推进农业科技进步，建设标准化优质粮油和牧草基地，抓好林下资源开发，推进农业产业化经营。

——加强草原保护，增强草地生态系统功能，提高草原畜牧业生产水平。

——维护生态系统多样性，加强流域保护，推进雅鲁藏布江综合治理，构建以雅鲁藏布江、拉萨河、年楚河、尼洋河为骨架，以自然保护区为主体的生态格局。

### 十五、关中—天水地区

该区域位于全国"两横三纵"城市化战略格局中陆桥通道横轴和包昆通道纵轴的交汇处，包括陕西省中部以西安为中心的部分地区和甘肃省天水的部分地区[49]。

该区域的功能定位是：西部地区重要的经济中心，全国重要的先进制造业和高新技术产业基地,科技教育、商贸中心和综合交通枢纽,西北地区重要的科技创新基地,全国重要的历史文化基地。

——构建以西安—咸阳为核心,以陇海铁路、连霍高速沿线走廊为主轴,以关中环线、包茂、京昆、银武高速公路关中段沿线走廊为副轴的空间开发格局。

——强化西安科技、教育、商贸、金融、文化和交通枢纽功能,推进西安、咸阳一体化进程和西咸新区建设,加强产业合作和城市功能对接,建设全国重要的科技研发和文化教育中心,高新技术产业和先进制造业基地,区域性商贸物流会展中心以及国际一流旅游目的地。

——壮大陇海沿线发展主轴,扩大交通通道综合能力,强化产业配套功能,壮大宝鸡、铜川、渭南、商洛、杨凌、兴平、天水等城市的规模,形成西部地区重要的城市群。

——培育高速公路沿线发展副轴,依托现有的开发区和工业园区,加强产业配套对接,提高沿线中小城市的人口承载能力,集聚人口和经济,成为地区对外辐射极。

——加大中低产田改造力度,加快农业结构调整,建设特色农产品生产和加工基地,提高农业产业化水平。

——加强渭河、泾河、石头河、黑河源头和秦岭北麓等水源涵养区的保护,加强地下水保护,修复水面、湿地、林地、草地,构建以秦岭北麓、渭河和泾河沿岸生态廊道为主体的生态格局。

**十六、兰州—西宁地区**

该区域位于全国"两横三纵"城市化战略格局中陆桥通道横轴上,包括甘肃省以兰州为中心的部分地区和青海省以西宁为中心的部分地区[50]。

该区域的功能定位是:全国重要的循环经济示范区,新能源和水电、盐化工、石化、有色金属和特色农产品加工产业基地,西北交通枢纽和商贸物流中心,区域性的新材料和生物医药产业基地。

——构建以兰州、西宁为中心,以白银、格尔木为支撑,以陇海兰新铁路、包兰兰青铁路、青藏铁路沿线走廊为主轴的空间开发格局。

——提升兰州、西宁综合功能和辐射带动能力,推进兰州与白银、西宁与海东的一体化。壮大白银、格尔木等城市规模,增强产业集聚能力,加强产业合作和城市功能对接,建设重要的能源、化工和原材料基地。建设柴达木国家循环经济试验区。

——强化向西对外开放通道陆路枢纽功能,提升交通通道综合能力。

——发展旱作农业和生态农业,推进特色优势农牧产品基地建设,加强草原保护,构建农产品加工业产业集群。

——保护和合理开发利用水资源,加强黄河干流和湟水河、大通河流域生态环境保护和污染治理,加大青海湖保护力度,做好水土流失治理和沙化防治,提高植被覆盖率,着力扩大绿色生态空间。

**十七、宁夏沿黄经济区**

该区域位于全国"两横三纵"城市化战略格局中包昆通道纵轴的北部,包括宁夏回族自治区以银川为中心的黄河沿岸部分地区[51]。

该区域的功能定位是:全国重要的能源化工、新材料基地,清真食品及穆斯林用品和特色农产品加工基地,区域性商贸物流中心。

——构建以银川—吴忠为核心,以石嘴山和中卫为两翼,以主要交通通道为轴线的空间开发格局。

——提升银川区域性中心城市地位,完善综合服务功能,培育发展金融、物流、信息等产业,提高产业和人口集聚能力,增强辐射带动作用。壮大石嘴山、吴忠、中卫等节点城市的规模,加强产业分工和城市功能互补。

——加强宁东能源化工基地建设,建成全国重要的大型煤炭基地、"西电东送"火电基地、煤化工产业基地和循环经济示范区。

——推进节水型灌区建设,加强农田设施建设和盐碱地改造,调整农牧业结构,稳定粮食生产。

——保护和合理利用沙区资源,建设全国防沙治沙示范区,构建以贺兰山防风防沙生态屏障、黄河湿地生态带,以及自然保护区、湿地公园、国家森林公园等为主体的生态格局。

### 十八、天山北坡地区

该区域位于全国"两横三纵"城市化战略格局中陆桥通道横轴的西端,包括新疆天山以北、准噶尔盆地南缘的带状区域以及伊犁河谷的部分地区(含新疆生产建设兵团部分师市和团场)[52]。

该区域的功能定位是:我国面向中亚、西亚地区对外开放的陆路交通枢纽和重要门户,全国重要的能源基地,我国进口资源的国际大通道,西北地区重要的国际商贸中心、物流中心和对外合作加工基地,石油天然气化工、煤电、煤化工、机电工业及纺织工业基地。

——构建以乌鲁木齐—昌吉为中心,以石河子、奎屯—乌苏—独山子三角地带和伊犁河谷为重点的空间开发格局。

——推进乌昌一体化建设,提升贸易枢纽功能和制造业功能,建设西北地区重要的国际商贸中心、制造业中心、出口商品加工基地。发展壮大石河子、克拉玛依、奎屯、博乐、伊宁、五家渠、阜康等节点城市。

——强化向西对外开放大通道功能,扩大交通通道综合能力。

——发展旱作节水农业和设施农业,培育特色农牧产业,发展集约化、标准化高效养殖,推进农业发展方式转变。

——保护天山北坡山地水源涵养区,加强伊犁草原森林生态建设,建设艾比湖流域防治沙尘与湿地保护功能区、克拉玛依—玛纳斯湖—艾里克湖沙漠西部防护区、玛纳斯—木垒沙漠东南部防护区以及供水沿线等"三区一线"生态防护体系。

## 第七章 限制开发区域(农产品主产区)
——限制进行大规模高强度工业化
城镇化开发的农产品主产区

国家层面限制开发的农产品主产区是指具备较好的农业生产条件,以提供农产品为主体功能,以提供生态产品、服务产品和工业品为其他功能,需要在国土空间开发中限制进行大规模高强度工业化城镇化开发,以保持并提高农产品生产能力的区域[53]。

## 第一节 功能定位和发展方向

国家层面农产品主产区的功能定位是：保障农产品供给安全的重要区域，农村居民安居乐业的美好家园，社会主义新农村建设的示范区。

农产品主产区应着力保护耕地，稳定粮食生产，发展现代农业，增强农业综合生产能力，增加农民收入，加快建设社会主义新农村，保障农产品供给，确保国家粮食安全和食物安全。发展方向和开发原则是：

——加强土地整治，搞好规划、统筹安排、连片推进，加快中低产田改造，推进连片标准粮田建设。鼓励农民开展土壤改良。

——加强水利设施建设，加快大中型灌区、排灌泵站配套改造以及水源工程建设。鼓励和支持农民开展小型农田水利设施建设、小流域综合治理。建设节水农业，推广节水灌溉，发展旱作农业。

——优化农业生产布局和品种结构，搞好农业布局规划，科学确定不同区域农业发展重点，形成优势突出和特色鲜明的产业带。

——国家支持农产品主产区加强农产品加工、流通、储运设施建设，引导农产品加工、流通、储运企业向主产区聚集。

——粮食主产区要进一步提高生产能力，主销区和产销平衡区要稳定粮食自给水平。根据粮食产销格局变化，加大对粮食主产区的扶持力度，集中力量建设一批基础条件好、生产水平高、调出量大的粮食生产核心区。在保护生态前提下，开发资源有优势、增产有潜力的粮食生产后备区。

——大力发展油料生产，鼓励发挥优势，发展棉花、糖料生产，着力提高品质和单产。转变养殖业发展方式，推进规模化和标准化，促进畜牧和水产品的稳定增产。

——在复合产业带内，要处理好多种农产品协调发展的关系，根据不同产品的特点和相互影响，合理确定发展方向和发展途径。

——控制农产品主产区开发强度，优化开发方式，发展循环农业，促进农业资源的永续利用。鼓励和支持农产品、畜产品、水产品加工副产物的综合利用。加强农业面源污染防治。

——加强农业基础设施建设，改善农业生产条件。加快农业科技进步和创新，提高农业物质技术装备水平。强化农业防灾减灾能力建设。

——积极推进农业的规模化、产业化，发展农产品深加工，拓展农村就业和增收空间。

——以县城为重点推进城镇建设和非农产业发展，加强县城和乡镇公共服务设施建设，完善小城镇公共服务和居住功能。

——农村居民点以及农村基础设施和公共服务设施的建设，要统筹考虑人口迁移等因素，适度集中、集约布局。

## 第二节 发展重点

从确保国家粮食安全和食物安全的大局出发，充分发挥各地区比较优势，重点建设以"七区二十三带"[54]为主体的农产品主产区。

——东北平原主产区。建设以优质粳稻为主的水稻产业带，以籽粒与青贮兼用型玉米为主的专用玉米产业带，以高油大豆为主的大豆产业带，以肉牛、奶牛、生猪为主的畜产品产业带。

——黄淮海平原主产区。建设以优质强筋、中强筋和中筋小麦为主的优质专用小麦产业带，优质棉花产业带，以籽粒与青贮兼用和专用玉米为主的专用玉米产业带，以高蛋白大豆为主的大豆产业带，以肉牛、肉羊、奶牛、生猪、家禽为主的畜产品产业带。

——长江流域主产区。建设以双季稻为主的优质水稻产业带，以优质弱筋和中筋小麦为主的优质专用小麦产业带，优质棉花产业带，"双低"优质油菜产业带，以生猪、家禽为主的畜产品产业带，以淡水鱼类、河蟹为主的水产品产业带。

——汾渭平原主产区。建设以优质强筋、中筋小麦为主的优质专用小麦产业带，以籽粒与青贮兼用型玉米为主的专用玉米产业带。

——河套灌区主产区。建设以优质强筋、中筋小麦为主的优质专用小麦产业带。

——华南主产区。建设以优质高档籼稻为主的优质水稻产业带，甘蔗产业带，以对虾、罗非鱼、鳗鲡为主的水产品产业带。

——甘肃新疆主产区。建设以优质强筋、中筋小麦为主的优质专用小麦产业带，优质棉花产业带。

### 第三节 其他农业地区

在重点建设好农产品主产区的同时，积极支持其他农业地区和其他优势特色农产品的发展，根据农产品的不同品种，国家给予必要的政策引导和支持。主要包括：西南和东北的小麦产业带，西南和东南的玉米产业带，南方的高蛋白及菜用大豆产业带，北方的油菜产业带，东北、华北、西北、西南和南方的马铃薯产业带，广西、云南、广东、海南的甘蔗产业带，海南、云南和广东的天然橡胶产业带，海南的热带农产品产业带，沿海的生猪产业带，西北的肉牛、肉羊产业带，京津沪郊区和西北的奶牛产业带，黄渤海的水产品产业带等。

## 第八章 限制开发区域（重点生态功能区）
——限制进行大规模高强度工业化城镇化开发的重点生态功能区

国家层面限制开发的重点生态功能区是指生态系统十分重要，关系全国或较大范围区域的生态安全，目前生态系统有所退化，需要在国土空间开发中限制进行大规模高强度工业化城镇化开发，以保持并提高生态产品供给能力的区域。

### 第一节 功能定位和类型

国家重点生态功能区的功能定位是：保障国家生态安全的重要区域，人与自然和谐相处的示范区。

经综合评价，国家重点生态功能区包括大小兴安岭森林生态功能区等25个地区（附件1：国家重点生态功能区名录）。总面积约386万平方公里，占全国陆地国土面积的40.2%；2008年底总人口约1.1亿人，占全国总人口的8.5%（图11 国家重点生态功能区示意图）。国家重点生态功能区分为水源涵养[55]、水土保持型[56]、防风固沙型[57]和生物多样性维护型[58]四种类型。

## 第二节 规 划 目 标

——生态服务功能增强，生态环境质量改善。地表水水质明显改善，主要河流径流量基本稳定并有所增加。水土流失和荒漠化得到有效控制，草原面积保持稳定，草原植被得到恢复。天然林面积扩大，森林覆盖率提高，森林蓄积量增加。野生动植物物种得到恢复和增加。水源涵养型和生物多样性维护型生态功能区的水质达到Ⅰ类，空气质量达到一级；水土保持型生态功能区的水质达到Ⅱ类，空气质量达到二级；防风固沙型生态功能区的水质达到Ⅱ类，空气质量得到改善。

——形成点状开发、面上保护的空间结构。开发强度得到有效控制，保有大片开敞生态空间，水面、湿地、林地、草地等绿色生态空间扩大，人类活动占用的空间控制在目前水平。

——形成环境友好型的产业结构。不影响生态系统功能的适宜产业、特色产业和服务业得到发展，占地区生产总值的比重提高，人均地区生产总值明显增加，污染物排放总量大幅度减少。

——人口总量下降，人口质量提高。部分人口转移到城市化地区，重点生态功能区总人口占全国的比重有所降低，人口对生态环境的压力减轻。

——公共服务水平显著提高，人民生活水平明显改善。全面提高义务教育质量，基本普及高中阶段教育，人口受教育年限大幅度提高。人均公共服务支出高于全国平均水平。婴儿死亡率、孕产妇死亡率、饮用水不安全人口比率大幅下降。城镇居民人均可支配收入和农村居民人均纯收入大幅提高，绝对贫困现象基本消除。

## 第三节 发 展 方 向

国家重点生态功能区要以保护和修复生态环境、提供生态产品为首要任务，因地制宜地发展不影响主体功能定位的适宜产业，引导超载人口逐步有序转移。

——水源涵养型。推进天然林草保护、退耕还林和围栏封育，治理水土流失，维护或重建湿地、森林、草原等生态系统。严格保护具有水源涵养功能的自然植被，禁止过度放牧、无序采矿、毁林开荒、开垦草原等行为。加强大江大河源头及上游地区的小流域治理和植树造林，减少面源污染。拓宽农民增收渠道，解决农民长远生计，巩固退耕还林、退牧还草成果。

——水土保持型。大力推行节水灌溉和雨水集蓄利用，发展旱作节水农业。限制陡坡垦殖和超载过牧。加强小流域综合治理，实行封山禁牧，恢复退化植被。加强对能源和矿产资源开发及建设项目的监管，加大矿山环境整治修复力度，最大限度地减少人为因素造成新的水土流失。拓宽农民增收渠道，解决农民长远生计，巩固水土流失治理、退耕还林、退牧还草成果。

——防风固沙型。转变畜牧业生产方式，实行禁牧休牧，推行舍饲圈养，以草定畜，严格控制载畜量。加大退耕还林、退牧还草力度，恢复草原植被。加强对内陆河流的规划和管理，保护沙区湿地，禁止发展高耗水工业。对主要沙尘源区、沙尘暴频发区实行封禁管理。

——生物多样性维护型。禁止对野生动植物进行滥捕滥采，保持并恢复野生动植物物种和种群的平衡，实现野生动植物资源的良性循环和永续利用。加强防御外来物种入侵的能力，防止外来有害物种对生态系统的侵害。保护自然生态系统与重要物种栖息地，防止生态建设导致栖息环境的改变。

表2 国家重点生态功能区的类型和发展方向

| 区域 | 类型 | 综合评价 | 发展方向 |
| --- | --- | --- | --- |
| 大小兴安岭森林生态功能区 | 水源涵养 | 森林覆盖率高，具有完整的寒温带森林生态系统，是松嫩平原和呼伦贝尔草原的生态屏障。目前原始森林受到较严重的破坏，出现不同程度的生态退化现象 | 加强天然林保护和植被恢复，大幅度调减木材产量，对生态公益林禁止商业性采伐，植树造林，涵养水源，保护野生动物 |
| 长白山森林生态功能区 | 水源涵养 | 拥有温带最完整的山地垂直生态系统，是大量珍稀物种资源的生物基因库。目前森林破坏导致环境改变，威胁多种动植物物种的生存 | 禁止非保护性采伐，植树造林，涵养水源，防止水土流失，保护生物多样性 |
| 阿尔泰山地森林草原生态功能区 | 水源涵养 | 森林茂密，水资源丰沛，是额尔齐斯河和乌伦古河的发源地，对北疆地区绿洲开发、生态环境保护和经济发展具有较高的生态价值。目前草原超载过牧，草场植被受到严重破坏 | 禁止非保护性采伐，合理更新林地。保护天然草原，以草定畜，增加饲草料供给，实施牧民定居 |
| 三江源草原草甸湿地生态功能区 | 水源涵养 | 长江、黄河、澜沧江的发源地，有"中华水塔"之称，是全球大江大河、冰川、雪山及高原生物多样性最集中的地区之一，其径流、冰川、冻土、湖泊等构成的整个生态系统对全球气候变化有巨大的调节作用。目前草原退化、湖泊萎缩、鼠害严重，生态系统功能受到严重破坏 | 封育草原，治理退化草原，减少载畜量，涵养水源，恢复湿地，实施生态移民 |
| 若尔盖草原湿地生态功能区 | 水源涵养 | 位于黄河与长江水系的分水地带，湿地泥炭层深厚，对黄河流域的水源涵养、水文调节和生物多样性维护有重要作用。目前湿地疏干垦殖和过度放牧导致草原退化、沼泽萎缩、水位下降 | 停止开垦，禁止过度放牧，恢复草原植被，保持湿地面积，保护珍稀动物 |
| 甘南黄河重要水源补给生态功能区 | 水源涵养 | 青藏高原东端面积最大的高原沼泽泥炭湿地，在维系黄河流域水资源和生态安全方面有重要作用。目前草原退化沙化严重，森林和湿地面积锐减，水土流失加剧，生态环境恶化 | 加强天然林、湿地和高原野生动植物保护，实施退牧还草、退耕还林还草、牧民定居和生态移民 |
| 祁连山冰川与水源涵养生态功能区 | 水源涵养 | 冰川储量大，对维系甘肃河西走廊和内蒙古西部绿洲的水源具有重要作用。目前草原退化严重，生态环境恶化，冰川萎缩 | 围栏封育天然植被，降低载畜量，涵养水源，防止水土流失，重点加强石羊河流域下游民勤地区的生态保护和综合治理 |
| 南岭山地森林及生物多样性生态功能区 | 水源涵养 | 长江流域与珠江流域的分水岭，是湘江、赣江、北江、西江等的重要源头区，有丰富的亚热带植被。目前原始森林植被破坏严重，滑坡、山洪等灾害时有发生 | 禁止非保护性采伐，保护和恢复植被，涵养水源，保护珍稀动物 |

续表

| 区域 | 类型 | 综合评价 | 发展方向 |
|---|---|---|---|
| 黄土高原丘陵沟壑水土保持生态功能区 | 水土保持 | 黄土堆积深厚、范围广大，土地沙漠化敏感程度高，对黄河中下游生态安全具有重要作用。目前坡面土壤侵蚀和沟道侵蚀严重，侵蚀产沙易淤积河道、水库 | 控制开发强度，以小流域为单元综合治理水土流失，建设淤地坝 |
| 大别山水土保持生态功能区 | 水土保持 | 淮河中游、长江下游的重要水源补给区，土壤侵蚀敏感程度高。目前山地生态系统退化，水土流失加剧，加大了中下游洪涝灾害发生率 | 实施生态移民，降低人口密度，恢复植被 |
| 桂黔滇喀斯特石漠化防治生态功能区 | 水土保持 | 属于以岩溶环境为主的特殊生态系统，生态脆弱性极高，土壤一旦流失，生态恢复难度极大。目前生态系统退化问题突出，植被覆盖率低，石漠化面积加大 | 封山育林育草，种草养畜，实施生态移民，改变耕作方式 |
| 三峡库区水土保持生态功能区 | 水土保持 | 我国最大的水利枢纽工程库区，具有重要的洪水调蓄功能，水环境质量对长江中下游生产生活有重大影响。目前森林植被破坏严重，水土保持功能减弱，土壤侵蚀量和入库泥沙量增大 | 巩固移民成果，植树造林，恢复植被，涵养水源，保护生物多样性 |
| 塔里木河荒漠化防治生态功能区 | 防风固沙 | 南疆主要用水源，对流域绿洲开发和人民生活至关重要，沙漠化和盐渍化敏感程度高。目前水资源过度利用，生态系统退化明显，胡杨木等天然植被退化严重，绿色走廊受到威胁 | 合理利用地表水和地下水，调整农牧业结构，加强药材开发管理，禁止过度开垦，恢复天然植被，防止沙化面积扩大 |
| 阿尔金草原荒漠化防治生态功能区 | 防风固沙 | 气候极为干旱，地表植被稀少，保存着完整的高原自然生态系统，拥有许多极为珍贵的特有物种，土地沙漠化敏感程度极高。目前鼠害肆虐，土地荒漠化加速，珍稀动植物的生存受到威胁 | 控制放牧和旅游区域范围，防范盗猎，减少人类活动干扰 |
| 呼伦贝尔草原草甸生态功能区 | 防风固沙 | 以草原草甸为主，产草量高，但土壤质地粗疏，多大风天气，草原生态系统脆弱。目前草原过度开发造成草场沙化严重，鼠虫害频发 | 禁止过度开垦、不适当樵采和超载过牧，退牧还草，防治草场退化沙化 |
| 科尔沁草原生态功能区 | 防风固沙 | 地处温带半湿润与半干旱过渡带，气候干燥，多大风天气，土地沙漠化敏感程度极高。目前草场退化、盐渍化和土壤贫瘠化严重，为我国北方沙尘暴的主要沙源地，对东北和华北地区生态安全构成威胁 | 根据沙化程度采取针对性强的治理措施 |
| 浑善达克沙漠化防治生态功能区 | 防风固沙 | 以固定、半固定沙丘为主，干旱频发，多大风天气，是北京乃至华北地区沙尘的主要来源地。目前土地沙化严重，干旱缺水，对华北地区生态安全构成威胁 | 采取植物和工程措施，加强综合治理 |
| 阴山北麓草原生态功能区 | 防风固沙 | 气候干旱，多大风天气，水资源贫乏，生态环境极为脆弱，风蚀沙化土地比重高。目前草原退化严重，为沙尘暴的主要沙源地，对华北地区生态安全构成威胁 | 封育草原，恢复植被，退牧还草，降低人口密度 |
| 川滇森林及生物多样性生态功能区 | 生物多样性维护 | 原始森林和野生珍稀动植物资源丰富，是大熊猫、羚牛、金丝猴等重要物种的栖息地，在生物多样性维护方面具有十分重要的意义。目前山地生态环境问题突出，草原超载过牧，生物多样性受到威胁 | 保护森林、草原植被，在已明确的保护区域保护生物多样性和多种珍稀动植物基因库 |

续表

| 区域 | 类型 | 综合评价 | 发展方向 |
|---|---|---|---|
| 秦巴生物多样性生态功能区 | 生物多样性维护 | 包括秦岭、大巴山、神农架等亚热带北部和亚热带—暖温带过渡的地带，生物多样性丰富，是许多珍稀动植物的分布区。目前水土流失和地质灾害问题突出，生物多样性受到威胁 | 减少林木采伐，恢复山地植被，保护野生物种 |
| 藏东南高原边缘森林生态功能区 | 生物多样性维护 | 主要以分布在海拔900~2500米的亚热带常绿阔叶林为主，山高谷深，天然植被仍处于原始状态，对生态系统保育和森林资源保护具有重要意义 | 保护自然生态系统 |
| 藏西北羌塘高原荒漠生态功能区 | 生物多样性维护 | 高原荒漠生态系统保存较为完整，拥有藏羚羊、黑颈鹤等珍稀特有物种。目前土地沙化面积扩大，病虫害和融洞滑塌等灾害增多，生物多样性受到威胁 | 加强草原草甸保护，严格草畜平衡，防范盗猎，保护野生动物 |
| 三江平原湿地生态功能区 | 生物多样性维护 | 原始湿地面积大，湿地生态系统类型多样，在蓄洪防洪、抗旱、调节局部地区气候、维护生物多样性、控制土壤侵蚀等方面具有重要作用。目前湿地面积减小和破碎化，面源污染严重，生物多样性受到威胁 | 扩大保护范围，控制农业开发和城市建设强度，改善湿地环境 |
| 武陵山区生物多样性及水土保持生态功能区 | 生物多样性维护 | 属于典型亚热带植物分布区，拥有多种珍稀濒危物种。是清江和澧水的发源地，对减少长江泥沙具有重要作用。目前土壤侵蚀较严重，地质灾害较多，生物多样性受到威胁 | 扩大天然林保护范围，巩固退耕还林成果，恢复森林植被和生物多样性 |
| 海南岛中部山区热带雨林生态功能区 | 生物多样性维护 | 热带雨林、热带季雨林的原生地，我国小区域范围内生物物种十分丰富的地区之一，也是我国最大的热带植物园和最丰富的物种基因库之一。目前由于过度开发，雨林面积大幅减少，生物多样性受到威胁 | 加强热带雨林保护，遏制山地生态环境恶化 |

## 第四节 开发管制原则

——对各类开发活动进行严格管制，尽可能减少对自然生态系统的干扰，不得损害生态系统的稳定和完整性。

——开发矿产资源、发展适宜产业和建设基础设施，都要控制在尽可能小的空间范围之内，并做到天然草地、林地、水库水面、河流水面、湖泊水面等绿色生态空间面积不减少。控制新增公路、铁路建设规模，必须新建的，应事先规划好动物迁徙通道。在有条件的地区之间，要通过水系、绿带等构建生态廊道[59]，避免形成"生态孤岛"[60]。

——严格控制开发强度，逐步减少农村居民点占用的空间，腾出更多的空间用于维系生态系统的良性循环。城镇建设与工业开发要依托现有资源环境承载能力相对较强的城镇集中布局、据点式开发，禁止成片蔓延式扩张。原则上不再新建各类开发区和扩大现有工业开发区的面积，已有的工业开发区要逐步改造成为低消耗、可循环、少排放、"零污染"的生态型工业区。

——实行更加严格的产业准入环境标准，严把项目准入关。在不损害生态系统功能的前提下，因地制宜地适度发展旅游、农林牧产品生产和加工、观光休闲农业等产业，积极发展服务业，根据不同地区的情况，保持一定的经济增长速度和财政自给能力。

——在现有城镇布局基础上进一步集约开发、集中建设,重点规划和建设资源环境承载能力相对较强的县城和中心镇,提高综合承载能力。引导一部分人口向城市化地区转移,一部分人口向区域内的县城和中心镇转移。生态移民点应尽量集中布局到县城和中心镇,避免新建孤立的村落式移民社区。

——加强县城和中心镇的道路、供排水、垃圾污水处理等基础设施建设。在条件适宜的地区,积极推广沼气、风能、太阳能、地热能等清洁能源,努力解决农村特别是山区、高原、草原和海岛地区农村的能源需求。在有条件的地区建设一批节能环保的生态型社区。健全公共服务体系,改善教育、医疗、文化等设施条件,提高公共服务供给能力和水平。

## 第九章 禁止开发区域
——禁止进行工业化城镇化开发的重点生态功能区

国家禁止开发区域是指有代表性的自然生态系统、珍稀濒危野生动植物物种的天然集中分布地、有特殊价值的自然遗迹所在地和文化遗址等,需要在国土空间开发中禁止进行工业化城镇化开发的重点生态功能区。

### 第一节 功能定位

国家禁止开发区域的功能定位是:我国保护自然文化资源的重要区域,珍稀动植物基因资源保护地。

根据法律法规和有关方面的规定,国家禁止开发区域共1443处,总面积约120万平方公里,占全国陆地国土面积的12.5%。今后新设立的国家级自然保护区、世界文化自然遗产、国家级风景名胜区、国家森林公园、国家地质公园,自动进入国家禁止开发区域名录(图12 国家禁止开发区域示意图)。

表3 国家禁止开发区域基本情况

| 类型 | 个数 | 面积(万平方公里) | 占陆地国土面积比重(%) |
| --- | --- | --- | --- |
| 国家级自然保护区 | 319 | 92.85 | 9.67 |
| 世界文化自然遗产 | 40 | 3.72 | 0.39 |
| 国家级风景名胜区 | 208 | 10.17 | 1.06 |
| 国家森林公园 | 738 | 10.07 | 1.05 |
| 国家地质公园 | 138 | 8.56 | 0.89 |
| 合计 | 1443 | 120 | 12.5 |

注:本表统计结果截至2010年10月31日。总面积中已扣除部分相互重叠的面积。

### 第二节 管制原则

国家禁止开发区域要依据法律法规规定和相关规划实施强制性保护,严格控制人为因素对自然生态和文化自然遗产原真性、完整性的干扰,严禁不符合主体功能定位的各类开发活动,引导人口逐步有序转移,实现污染物"零排放",提高环境质量。

## 一、国家级自然保护区[61]

要依据《中华人民共和国自然保护区条例》、本规划确定的原则和自然保护区规划进行管理。

——按核心区、缓冲区和实验区分类管理。核心区，严禁任何生产建设活动；缓冲区，除必要的科学实验活动外，严禁其他任何生产建设活动；实验区，除必要的科学实验以及符合自然保护区规划的旅游、种植业和畜牧业等活动外，严禁其他生产建设活动。

——按核心区、缓冲区、实验区的顺序，逐步转移自然保护区的人口。绝大多数自然保护区核心区应逐步实现无人居住，缓冲区和实验区也应较大幅度减少人口。

——根据自然保护区的实际情况，实行异地转移和就地转移两种转移方式，一部分人口转移到自然保护区以外，一部分人口就地转为自然保护区管护人员。

——在不影响自然保护区主体功能的前提下，对范围较大、目前核心区人口较多的，可以保持适量的人口规模和适度的农牧业活动，同时通过生活补助等途径，确保人民生活水平稳步提高。

——交通、通信、电网等基础设施要慎重建设，能避则避，必须穿越的，要符合自然保护区规划，并进行保护区影响专题评价。新建公路、铁路和其他基础设施不得穿越自然保护区核心区，尽量避免穿越缓冲区。

## 二、世界文化自然遗产[62]

要依据《保护世界文化和自然遗产公约》、《实施世界遗产公约操作指南》、本规划确定的原则和文化自然遗产规划进行管理。

——加强对遗产原真性的保护，保持遗产在艺术、历史、社会和科学方面的特殊价值。加强对遗产完整性的保护，保持遗产未被人扰动过的原始状态。

## 三、国家级风景名胜区[63]

要依据《风景名胜区条例》、本规划确定的原则和风景名胜区规划进行管理。

——严格保护风景名胜区内一切景物和自然环境，不得破坏或随意改变。

——严格控制人工景观建设。

——禁止在风景名胜区从事与风景名胜资源无关的生产建设活动。

——建设旅游设施及其他基础设施等必须符合风景名胜区规划，逐步拆除违反规划建设的设施。

——根据资源状况和环境容量对旅游规模进行有效控制，不得对景物、水体、植被及其他野生动植物资源等造成损害。

## 四、国家森林公园[64]

要依据《中华人民共和国森林法》、《中华人民共和国森林法实施条例》、《中华人民共和国野生植物保护条例》、《森林公园管理办法》、本规划确定的原则和森林公园规划进行管理。

——除必要的保护设施和附属设施外，禁止从事与资源保护无关的任何生产建设活动。

——在森林公园内以及可能对森林公园造成影响的周边地区，禁止进行采石、取土、开矿、放牧以及非抚育和更新性采伐等活动。

——建设旅游设施及其他基础设施等必须符合森林公园规划，逐步拆除违反规划建设的设施。

——根据资源状况和环境容量对旅游规模进行有效控制,不得对森林及其他野生动植物资源等造成损害。

——不得随意占用、征用和转让林地。

**五、国家地质公园**[65]

要依据《世界地质公园网络工作指南》、本规划确定的原则和地质公园规划进行管理。

——除必要的保护设施和附属设施外,禁止其他生产建设活动。

——在地质公园及可能对地质公园造成影响的周边地区,禁止进行采石、取土、开矿、放牧、砍伐以及其他对保护对象有损害的活动。

——未经管理机构批准,不得在地质公园范围内采集标本和化石。

## 第三节 近期任务

在"十二五"期间,对现有国家禁止开发区域进行规范。主要任务是:

——完善划定国家禁止开发区域范围的相关规定和标准,对划定范围不符合相关规定和标准的,按照相关法律法规和法定程序进行调整,进一步界定各类禁止开发区域的范围,核定面积。界定范围后,今后原则上不再进行单个区域范围的调整。

——进一步界定自然保护区中核心区、缓冲区、实验区的范围。对风景名胜区、森林公园、地质公园,确有必要的,也可划定核心区和缓冲区,并根据划定的范围进行分类管理。

——在界定范围的基础上,结合禁止开发区域人口转移的要求,对管护人员实行定编。

——归并位置相连、均质性强、保护对象相同但人为划分为不同类型的禁止开发区域。对位置相同、保护对象相同,但名称不同、多头管理的,要重新界定功能定位,明确统一的管理主体。今后新设立的各类禁止开发区域的范围,原则上不得重叠交叉。

# 第四篇 能源与资源

能源与资源的开发布局,对构建国土空间开发战略格局至关重要。在对全国国土空间进行主体功能区划分的基础上,从形成主体功能区布局的总体要求出发,需要明确能源、主要矿产资源开发布局以及水资源开发利用的原则和框架。能源基地和主要矿产资源基地的具体建设布局,由能源规划和矿产资源规划做出安排;水资源的开发利用,由水资源规划做出安排;其他资源和交通基础设施等的建设布局,由有关部门根据本规划另行制定。

## 第十章 能源与资源
——主体功能区形成的能源与资源支撑

### 第一节 主要原则

能源、矿产资源的开发布局和水资源的开发利用,要坚持以下原则:

——能源基地和矿产资源基地以及水功能区分布于优化开发、重点开发、限制开发区域之中，不属于独立的主体功能区。能源基地和矿产资源基地以及水功能区的布局，要服从和服务于国家和省级主体功能区规划确定的所在区域的主体功能定位，符合该主体功能区的发展方向和开发原则。

——能源基地和矿产资源基地的建设布局，要坚持"点上开发、面上保护"的原则。通过点上开发，促进经济发展，提高人民生活水平，为生态环境保护奠定基础，同时达到面上保护目的。

——能源基地和矿产资源基地以及能源通道的建设，要充分考虑"两横三纵"城市化战略格局的需要，充分考虑"七区二十三带"农业战略格局和"两屏三带"生态安全战略格局的约束。

——能源基地和矿产资源基地的建设布局，要按照引导产业集群发展，尽量减少大规模长距离输送加工转化的原则进行。

——能源基地和矿产资源基地的建设布局，应当建立在对所在区域资源环境承载能力综合评价基础上，并要做到规划先行。能源基地和矿产资源基地的布局规划，应以主体功能区规划为基础，并与相关规划相衔接。

——能源和矿产资源的开发，应尽可能依托现有城市作为后勤保障和资源加工基地，避免形成新的资源型城市或孤立的居民点。

——位于优化开发或重点开发区域内，且资源环境承载能力较强的能源和矿产资源基地，应作为城市化地区的重要组成部分进行统筹规划、综合发展。

——位于限制开发的重点生态功能区的能源基地和矿产资源基地建设，必须进行生态环境影响评估，尽可能减少对生态空间的占用，并同步修复生态环境。其中，在水资源严重短缺、环境容量很小、生态十分脆弱、地震和地质灾害频发的地区，要严格控制能源和矿产资源开发。

——在不损害生态功能前提下，在重点生态功能区内资源环境承载能力相对较强的特定区域，支持其因地制宜适度发展能源和矿产资源开发利用相关产业。资源环境承载能力弱的矿区，要在区外进行矿产资源的加工利用。

——城市化地区和农产品主产区的发展要与水资源承载能力相适应。根据不同主体功能区发展的主要任务，合理调配水资源，统筹调配流域和区域水资源，综合平衡各地区、各行业的水资源需求以及生态环境保护的要求。

——实行严格的水资源管理制度。根据水资源和水环境承载能力，强化用水需求和用水过程管理，实现水资源的有序开发、有限开发、有偿开发和高效可持续利用。

——对水资源过度开发地区以及由于水资源过度开发造成的生态脆弱地区，要通过水资源合理调配逐步退还挤占的生态用水，使这些地区的生态系统功能逐步得到恢复，维护河流和地下水系统的功能。

## 第二节 能源开发布局

重点在能源资源富集的山西、鄂尔多斯盆地、西南、东北和新疆等地区建设能源基地，在能源消费负荷中心建设核电基地，形成以"五片一带"为主体，以点状分布的新能源基地为补充的能源开发布局框架。

——山西。合理开发煤炭资源，积极发展坑口电站，加快煤层气开发，继续发挥保障全国能源安全的功能。除满足本地区能源需要外,应主要保障京津冀、山东半岛、长江三角洲、珠江三角洲、东陇海、海峡西岸、中原、长江中游等城市化地区及其周边农产品主产区和重点生态功能区的能源需求。

——鄂尔多斯盆地。以煤炭开采加工和火力发电建设为主,加大石油、天然气、煤层气和风能开发力度,建设高效清洁大型能源输出地。除满足本地区能源需求外,应主要保障京津冀、山东半岛、长江三角洲、珠江三角洲、东陇海、江淮、海峡西岸、中原、长江中游等城市化地区及其周边农产品主产区和重点生态功能区的能源需求。

——西南地区。以水电开发为主,加快四川盆地天然气资源开发,有序开发煤炭资源和建设坑口电站,加强煤电外送通道建设,建成以水电为主体的综合性能源输出地。除满足本地区需要外,主要向长江三角洲、珠江三角洲、长江中游和北部湾等城市化地区输送水电,保障本区域农产品主产区和重点生态功能区的能源需求。

——东北地区。加强石油勘探,稳定石油产量,加快蒙东大型煤炭基地建设,积极发展坑口电站和风电,加快建设面向东北和华北的能源输送通道。除满足本地区需要外,主要保障京津冀、山东半岛等城市化地区以及本区域农产品主产区和重点生态功能区的能源需求。

——新疆。适度加大石油、天然气和煤炭资源的勘探开发,加快能源外输通道建设,加强与中亚国家的能源合作,建设我国重要的能源战略接替区。

——核电。按照整体布局、分步实施的方针,在完善核电安全保障体系的前提下,在一次能源资源匮乏的东中部负荷中心有序布局建设核电基地,逐步形成东中部核电开发带。

大力发展风能、太阳能等清洁能源。风能,重点在资源丰富的西北、华北和东北以及东部沿海地区布局建设大型风电基地。太阳能,近期重点在光伏产业较发达的山东半岛、长江三角洲、珠江三角洲等地区布局建设大型太阳能基地,中远期逐步在河西走廊、兰新线、青藏线、宁夏和内蒙古沙漠边缘等地区建设大型太阳能基地。

## 第三节 主要矿产资源开发布局

西部地区加大矿产资源开发利用力度,建设一批优势矿产资源勘查开发基地,促进优势资源转化,积极推进矿业经济区建设;中部地区大力推进矿业结构优化升级,强化综合利用;东部地区重点调整矿产资源开发利用结构,挖掘资源潜力;东北地区稳定规模,保障振兴,促进资源型城市持续发展。

——西南地区。合理开发利用攀西钒钛资源,加快技术攻关,进行保护性开发,提高资源综合利用水平,把攀西建设成为全国重要的钒钛产业基地。合理开发利用云南、贵州、广西的铜、铝、铅、锌、锡等资源。提高云南滇中、贵州开阳瓮福磷矿的开发利用水平,提高可持续发展能力,建设滇黔全国重要的磷化工基地。

——西北地区。合理开发内蒙古包头白云鄂博铁稀土矿,强化稀土资源保护和综合利用,建设全国重要的稀土生产基地。合理开发利用内蒙古、陕西、甘肃、新疆的铜、锌、镍、钼等资源。加强青海、新疆盐湖资源开发,加大对钾、镁、锂、硼等多种矿产综合开发利用的力度,构建循环经济产业链,建设青海柴达木、新疆罗布泊资源综合开发利用基地。

——中部地区。合理开发利用山西、河南铝土矿,以及江西、湖南、湖北、安徽的铜、铅、锌、锡、钨等资源。促进山西吕梁太行、湖北鄂东、安徽皖江和江西赣中铁矿的开发利用。做好赣南赣北、湘南钨和稀土的保护性开发。提高湖北宜昌磷矿开发利用水平,发展磷化工深加工产业。

——东北地区。充分挖掘辽宁鞍本铁矿资源潜力,合理开发利用黑龙江、辽宁、吉林的铅、锌、铜、金、钼等资源以及菱镁矿等非金属矿产,积极发展接续产业,促进资源型城市转型发展。

——东部沿海地区。综合利用好河北承德钒钛磁铁矿、冀东铁金矿、海南铁矿,整顿并合理开发利用山东铁矿资源,合理开发利用广东、福建的铜、铅、锌等资源。充分发挥区位优势,更多地利用进口矿产资源支撑经济发展。

### 第四节 水资源开发利用

——松花江、辽河区。合理开发松嫩平原及三江平原的水资源,保障哈长地区、辽中南地区工业化城镇化以及农产品主产区对水资源的需求。合理配置区域水资源,改善辽宁中西部、吉林中西部地区水资源短缺状况,逐步解决辽河以及辽东半岛等地区水资源开发过度的问题,退还挤占的生态用水和超采的地下水。

——黄河、淮河、海河区。采取最严格的节水措施,加大水污染治理,强化水资源保护。调整经济布局,严格控制高耗水产业发展,推进京津冀、山东半岛形成节水型产业体系。加强水资源综合利用,适度增加跨流域调水规模,增加生态用水量,扭转黄河、淮河、海河等过度开发的局面,改善水生态系统功能。

——长江、西南诸河区。长江上游和西南诸河区,要统筹干支流、上中下游梯级开发,加强水资源开发管理。结合水能资源开发,加强水资源控制性工程建设,保障重点开发区域用水需求,解决云贵高原和川渝北部山区缺水问题。长江中游区,要加强节约用水和防污治污,加强对干流和支流、丰水和枯水期水资源统筹调控能力,保障重点开发区域和农业发展、生态用水的需要,合理规划向区域外调水。长江下游区,要加强水环境治理和循环利用,优化空间布局,减少对水空间的占用,提高水资源利用水平。

——珠江、东南诸河区。适应区域水资源差异大的特点,在严格节水减排基础上,通过加强水源调蓄能力与区域水资源合理配置,保障水资源供给。珠江上游地区要重点解决局部地区工程性缺水问题,中下游地区重点解决河道与河口水生态环境问题。浙江、福建、广东、广西及海南岛等沿海地区,要提高水资源调配能力,保障城市化地区用水需求,解决季节性缺水。加强珠江三角洲及钱塘江、闽江下游水污染治理,改善生态环境。

——西北诸河区。水资源开发要以保护生态环境为前提,合理调配区域水资源,加强对塔里木河、吐哈盆地、天山北麓诸河、石羊河、黑河、疏勒河等重要河流和重点地区的生态修复。在逐步改善和恢复河湖生态环境与地下水系统的同时,控制高耗水产业,制止盲目开荒,增强可持续发展能力。

## 第五篇 保 障 措 施

本规划是涉及国土空间开发的各项政策及其制度安排的基础平台。各有关部门要根据本规划调整完善现行政策和制度安排，建立健全保障形成主体功能区布局的法律法规、体制机制、规划和政策及绩效考核评价体系。

## 第十一章 区 域 政 策
——科学开发的利益机制

实行分类管理的区域政策，形成经济社会发展符合各区域主体功能定位的导向机制。

### 第一节 财 政 政 策

按主体功能区要求和基本公共服务均等化原则，深化财政体制改革，完善公共财政体系。

——适应主体功能区要求，加大均衡性转移支付力度。中央财政继续完善激励约束机制，加大奖补力度，引导并帮助地方建立基层政府基本财力保障制度，增强限制开发区域基层政府实施公共管理、提供基本公共服务和落实各项民生政策的能力。中央财政在均衡性转移支付标准财政支出测算中，应当考虑属于地方支出责任范围的生态保护支出项目和自然保护区支出项目，并通过明显提高转移支付系数等方式，加大对重点生态功能区特别是中西部重点生态功能区的均衡性转移支付力度。省级财政要完善对省以下转移支付体制，建立省级生态环境补偿机制，加大对重点生态功能区的支持力度。建立健全有利于切实保护生态环境的奖惩机制。对位于重点生态功能区的新疆生产建设兵团所属团场，黑龙江森工、农垦系统所属局、场的财政政策比照县执行。

——鼓励探索建立地区间横向援助机制，生态环境受益地区应采取资金补助、定向援助、对口支援等多种形式，对重点生态功能区因加强生态环境保护造成的利益损失进行补偿。

——加大各级财政对自然保护区的投入力度。在定范围、定面积、定功能基础上定经费，并分清中央、省、市、县各级政府的财政责任。

### 第二节 投 资 政 策

**一、政府投资**

将政府预算内投资分为按主体功能区安排和按领域安排两个部分，实行二者相结合的政府投资政策。

——按主体功能区安排的投资，主要用于支持国家重点生态功能区和农产品主产区特别是中西部国家重点生态功能区和农产品主产区的发展，包括生态修复和环境保护、农业综合生产能力建设、公共服务设施建设、生态移民、促进就业、基础设施建设以及支持适宜产业发展等。实施国家重点生态功能区保护修复工程，每五年统筹解决若干个国家重点生态功能区民生改善、区域发展和生态保护问题，根据规划和建设项目的实施时序，按年度安排投资数额。优先启动西部地区国家重点生态功能区保护修复工程。

——按领域安排的投资，要符合各区域的主体功能定位和发展方向。逐步加大政府投资用于农业、生态环境保护方面的比例。基础设施投资，要重点用于加强国家重点开发区域特别是中西部国家重点开发区域的交通、能源、水利、环保以及公共服务设施的建设。生态环境保护投资，要重点用于加强国家重点生态功能区特别是中西部国家重点生态功能区生态产品生产能力的建设。农业投资，要重点用于加强农产品主产区特别是中西部农产品主产区农业综合生产能力的建设。对重点生态功能区和农产品主产区内国家支持的建设项目，适当提高中央政府补助或贴息比例，降低省级政府投资比例，逐步降低市（地）级和县（市）级政府投资比例。

**二、民间投资**

——鼓励和引导民间资本按照不同区域的主体功能定位投资。对优化开发和重点开发区域，鼓励和引导民间资本进入法律法规未明确禁止准入的行业和领域。对限制开发区域，主要鼓励民间资本投向基础设施、市政公用事业和社会事业等。

——积极利用金融手段引导民间投资。引导商业银行按主体功能定位调整区域信贷投向，鼓励向符合主体功能定位的项目提供贷款，严格限制向不符合主体功能定位的项目提供贷款。

## 第三节 产 业 政 策

——修订现行《产业结构调整指导目录》、《外商投资产业指导目录》和《中西部地区外商投资优势产业目录》，进一步明确不同主体功能区鼓励、限制和禁止的产业。对不同主体功能区国家鼓励类以外的投资项目实行更加严格的投资管理，其中属于限制类的新建项目按照禁止类进行管理，投资管理部门不予审批、核准或备案。

——编制专项规划、布局重大项目，必须符合各区域的主体功能定位。重大制造业项目原则上应布局在优化开发和重点开发区域，并区分情况优先在中西部国家重点开发区域布局。

——严格市场准入制度，对不同主体功能区的项目实行不同的占地、耗能、耗水、资源回收率、资源综合利用率、工艺装备、"三废"排放和生态保护等强制性标准。

——在资源环境承载能力和市场允许的情况下，依托能源和矿产资源的资源加工业项目，优先在中西部国家重点开发区域布局。

——建立市场退出机制，对限制开发区域不符合主体功能定位的现有产业，要通过设备折旧补贴、设备贷款担保、迁移补贴、土地置换等手段，促进产业跨区域转移或关闭。

## 第四节 土 地 政 策

——按照不同主体功能区的功能定位和发展方向，实行差别化的土地利用和土地管理政策，科学确定各类用地规模。确保耕地数量和质量，严格控制工业用地增加，适度增加城市居住用地，逐步减少农村居住用地，合理控制交通用地增长。

——探索实行城乡之间用地增减挂钩的政策，城镇建设用地的增加规模要与本地区农村建设用地的减少规模挂钩。

——探索实行城乡之间人地挂钩的政策，城镇建设用地的增加规模要与吸纳农村人口进入城市定居的规模挂钩。

——探索实行地区之间人地挂钩的政策，城市化地区建设用地的增加规模要与吸纳外来人口定居的规模挂钩。

——严格控制优化开发区域建设用地增量；相对适当扩大重点开发区域建设用地规模；严格控制农产品主产区建设用地规模，严禁改变重点生态功能区生态用地用途；严禁自然文化资源保护区土地的开发建设。

——将基本农田落实到地块并在土地承包经营权登记证书上标注，严禁改变基本农田的用途和位置。

——妥善处理自然保护区内农牧地的产权关系，使之有利于引导自然保护区核心区、缓冲区人口逐步转移。

### 第五节 农 业 政 策

——逐步完善国家支持和保护农业发展的政策，加大强农惠农政策力度，并重点向农产品主产区倾斜。

——调整财政支出、固定资产投资、信贷投放结构，保证各级财政对农业投入增长幅度高于经常性收入增长幅度，大幅度增加国家对农村基础设施建设和社会事业发展的投入，大幅度提高政府土地出让收益、耕地占用税新增收入用于农业的比例，加大中央财政对农产品主产区的转移支付力度。

——健全农业补贴制度，规范程序，完善办法，特别要支持增产增收，落实并完善农资综合补贴动态调整机制，做好对农民种粮补贴工作。

——完善农产品市场调控体系，稳步提高粮食最低收购价格，改善其他主要农产品市场调控手段，充实主要农产品储备，保持农产品价格合理水平。

——支持农产品主产区依托本地资源优势发展农产品加工业，根据农产品加工业不同产业的经济技术特点，对适宜的产业，优先在农产品主产区的县城布局。

### 第六节 人 口 政 策

——优化开发和重点开发区域要实施积极的人口迁入政策，加强人口集聚和吸纳能力建设，放宽户口迁移限制，鼓励外来人口迁入和定居，将在城市有稳定职业和住所的流动人口逐步实现本地化，并引导区域内人口均衡分布，防止人口向特大城市中心区过度集聚。

——限制开发和禁止开发区域要实施积极的人口退出政策[66]，切实加强义务教育、职业教育与职业技能培训，增强劳动力跨区域转移就业的能力，鼓励人口到重点开发和优化开发区域就业并定居。同时，要引导区域内人口向县城和中心镇集聚。

——完善人口和计划生育利益导向机制，并综合运用其他经济手段，引导人口自然增长率较高区域的居民自觉降低生育水平。

——改革户籍管理制度，逐步统一城乡户口登记管理制度。加快推进基本公共服务均等化，逐步将公共服务领域各项法律法规和政策与现行户口性质相剥离。按照"属地化管理、市民化服务"的原则，鼓励城市化地区将流动人口纳入居住地教育、就业、医疗、社会保障、住房保障等体系，切实保障流动人口与本地人口享有均等的基本公共服务和同等的权益。

### 第七节 民 族 政 策

——优化开发和重点开发区域要注重扶持区域内少数民族聚居区的发展，改善城乡少数民族聚居区群众的物质文化生活条件，促进不同民族地区经济社会的协调发展。充分尊重少数民族群众的风俗习惯和宗教信仰，保障少数民族特需商品的生产和供应，满足少数民族群众生产生活的特殊需要。继续执行扶持民族贸易、少数民族特需商品和传统手工业品生产发展的财政、税收和金融等优惠政策，加大对民族乡、民族村和城市民族社区发展的帮扶力度。

——限制开发和禁止开发区域要着力解决少数民族聚居区经济社会发展中的突出民生问题和特殊困难。优先安排与少数民族聚居区群众生产生活密切相关的农业、教育、文化、卫生、饮水、电力、交通、贸易集市、民房改造、扶贫开发等项目，积极推进少数民族地区农村劳动力转移就业，鼓励并支持发展非公有制经济，最大限度地为当地少数民族群众提供更多就业机会，扩大少数民族群众收入来源。

## 第八节 环 境 政 策

——优化开发区域要实行更严格的污染物排放标准和总量控制指标，大幅度减少污染物排放。重点开发区域要结合环境容量，实行严格的污染物排放总量控制指标，较大幅度减少污染物排放量。限制开发区域要通过治理、限制或关闭污染物排放企业等措施，实现污染物排放总量持续下降和环境质量状况达标。禁止开发区域要依法关闭所有污染物排放企业，确保污染物"零排放"，难以关闭的，必须限期迁出。

——优化开发区域要按照国际先进水平，实行更加严格的产业准入环境标准。重点开发区域要按照国内先进水平，根据环境容量逐步提高产业准入环境标准。农产品主产区要按照保护和恢复地力的要求设置产业准入环境标准，重点生态功能区要按照生态功能恢复和保育原则设置产业准入环境标准。禁止开发区域要按照强制保护原则设置产业准入环境标准。

——优化开发区域要严格限制排污许可证的增发，完善排污权交易制度[67]，制定较高的排污权有偿取得价格。重点开发区域要合理控制排污许可证的增发，积极推进排污权制度改革，制定合理的排污权有偿取得价格，鼓励新建项目通过排污权交易获得排污权。限制开发区域要从严控制排污许可证发放。禁止开发区域不发放排污许可证。

——优化开发和重点开发区域要注重从源头上控制污染，建设项目要加强环境影响评价和环境风险防范，开发区和重化工业集中地区要按照发展循环经济的要求进行规划、建设和改造。限制开发区域要尽快全面实行矿山环境治理恢复保证金制度，并实行较高的提取标准。禁止开发区域的旅游资源开发要同步建立完善的污水垃圾收集处理设施。

——研究开征适用于各类主体功能区的环境税。积极推行绿色信贷[68]、绿色保险[69]、绿色证券[70]等。

——优化开发区域要以提高水资源利用效率和效益为核心，厉行节水，合理配置水资源，控制用水总量增长，加强城市重点水源地保护，保护和修复水生态环境。重点开发区域要合理开发和科学配置水资源，控制水资源开发利用程度，在加强节水的同时，限制排入河湖的污染物总量，保护好水资源和水环境。限制开发区域要加大水资源保护力度，适度开发利用水资源，实行全面节水，满足基本的生态用水需求，加强水土保持和生态环境修复与保护。禁止开发区域严格禁止不利于水生态环境保护的水资源开发活动，实行严格的水资源保护政策。

## 第九节 应对气候变化政策

——城市化地区要积极发展循环经济，实施重点节能工程，积极发展和利用可再生能源，加大能源资源节约和高效利用技术开发和应用力度，加强生态环境保护，优化生产空间、生活空间和生态空间布局，建设低碳城市，降低温室气体排放强度。

——农产品主产区要继续加强农业基础设施建设，推进农业结构和种植制度调整，选育抗逆品种，遏制草原荒漠化加重趋势，加强新技术的研究和开发，减缓农业农村温室气体排放，增强农业生产适应气候变化的能力。积极发展和消费可再生能源。

——重点生态功能区要推进天然林资源保护、退耕还林还草、退牧还草、风沙源治理、防护林体系建设、野生动植物保护、湿地保护与恢复等，增加陆地生态系统的固碳能力。有条件的地区积极发展风能、太阳能、地热能，充分利用清洁、低碳能源。

——开展气候变化对海平面、水资源、农业和生态环境等的影响评估，严格执行重大工程气象、海洋灾害风险评估和气候可行性论证制度。提高极端天气气候事件、重大海洋灾害监测预警能力，加强自然灾害的应急和防御能力建设。

——沿海的城市化地区要加强海岸带保护，在经济、城镇、基础设施等的布局方面强化应对海平面升高的适应性对策。

## 第十二章 绩效考核评价
——科学开发的绩效考核评价体系

建立健全符合科学发展观并有利于推进形成主体功能区的绩效考核评价体系。要强化对各地区提供公共服务、加强社会管理、增强可持续发展能力等方面的评价，增加开发强度、耕地保有量、环境质量、社会保障覆盖面等评价指标。在此基础上，按照不同区域的主体功能定位，实行各有侧重的绩效考核评价办法，并强化考核结果运用，有效引导各地区推进形成主体功能区。

### 第一节 完善绩效考核评价体系

——优化开发区域。实行转变经济发展方式优先的绩效评价，强化对经济结构、资源消耗、环境保护、自主创新以及外来人口公共服务覆盖面等指标的评价，弱化对经济增长速度、招商引资、出口等指标的评价。主要考核服务业增加值比重、高新技术产业比重、研发投入经费比重、单位地区生产总值能耗和用水量、单位工业增加值能耗和取水量、单位建设用地面积产出率、二氧化碳排放强度、主要污染物排放总量控制率、"三废"处理率、大气和水体质量、吸纳外来人口规模等指标。

——重点开发区域。实行工业化城镇化水平优先的绩效评价，综合评价经济增长、吸纳人口、质量效益、产业结构、资源消耗、环境保护以及外来人口公共服务覆盖面等内容，弱化对投资增长速度等指标的评价，对中西部地区的重点开发区域，还要弱化吸引外资、出口等指标的评价。主要考核地区生产总值、非农产业就业比重、财政收入占地区生产总值比重、单位地区生产总值能耗和用水量、单位工业增加值能耗和取水量、二氧化碳排放强度、主要污染物排放总量控制率、"三废"处理率、大气和水体质量、吸纳外来人口规模等指标。

——限制开发区域。限制开发的农产品主产区，实行农业发展优先的绩效评价，强化对农产品保障能力的评价，弱化对工业化城镇化相关经济指标的评价，主要考核农业综合生产能力、农民收入等指标，不考核地区生产总值、投资、工业、财政收入和城镇化率等指标。限制开发的重点生态功能区，实行生态保护优先的绩效评价，强化对提供生态产品能力的评价，弱化对工业化城镇化相关经济指标的评价，主要考核大气和水体质量、水土流失和荒漠化治理率、森林覆盖率、森林蓄积量、草原植被覆盖度、草畜平衡、生物多样性等指标，不考核地区生产总值、投资、工业、农产品生产、财政收入和城镇化率等指标。

——禁止开发区域。根据法律法规和规划要求，按照保护对象确定评价内容，强化对自然文化资源原真性和完整性保护情况的评价。主要考核依法管理的情况、污染物"零排放"情况、保护对象完好程度以及保护目标实现情况等内容，不考核旅游收入等经济指标。

### 第二节 强化考核结果运用

推进形成主体功能区的主要目标能否实现，关键在于要建立健全符合科学发展观要求并有利于推进形成主体功能区的绩效考核评价体系，并强化考核结果运用。要加强部门协调，把有利于推进形成主体功能区的绩效考核评价体系和中央组织部印发的《体现科学发展观要求的地方党政领导班子和领导干部综合考核评价试行办法》等考核办法有机结合起来，根据各地区不同的主体功能定位，把推进形成主体功能区主要目标的完成情况纳入对地方党政领导班子和领导干部的综合考核评价结果，作为地方党政领导班子调整和领导干部选拔任用、培训教育、奖励惩戒的重要依据。

## 第六篇 规 划 实 施

本规划是国土空间开发的战略性、基础性和约束性规划，在各类空间规划中居总控性地位，国务院有关部门和县级以上地方人民政府要根据本规划调整完善区域规划和相关政策，健全法律法规和绩效考核评价体系，并严格落实责任，采取有力措施，切实组织实施。

### 第十三章 规 划 实 施
——共建我们美好家园

#### 第一节 国务院有关部门的职责

发展改革部门。负责本规划实施的组织协调，充分做好本规划与各区域规划以及土地、环保、水利、农业、能源等部门专项规划的有机衔接，实现各级各类规划之间的统一、协调；负责指导并衔接省级主体功能区规划的编制；负责组织有关部门和地方编制区域规划；负责制定并组织实施适应主体功能区要求的投资政策和产业政策；负责研究并适时将开发强度、资源承载能力和生态环境容量等约束性指标分解落实到各省、自治区、直辖市的办法；负责全国主体功能区规划实施的监督检查、中期评估和规划修订；负责组织提出适应主体功能区要求的规划体制改革方案。

科技部门。负责研究提出适应主体功能区要求的科技规划和政策,建立适应主体功能区要求的区域创新体系。

工业和信息化部门。负责编制适应主体功能区要求的工业、通信业和信息化产业发展规划。

监察部门。配合有关部门制定符合科学发展观要求并有利于推进形成主体功能区的绩效考核评价体系,并负责实施中的监督检查。

财政部门。负责按照本规划明确的财政政策方向和原则制定并落实适应主体功能区要求的财政政策。

国土资源部门。负责组织编制国土规划和土地利用总体规划;负责制定适应主体功能区要求的土地政策并落实用地指标;负责会同有关部门组织调整划定基本农田,并落实到地块和农户,明确位置、面积、保护责任人等;负责组织编制全国矿产资源规划,确定重点勘查区域。

环境保护部门。负责编制适应主体功能区要求的生态环境保护规划,制定相关政策;负责组织编制环境功能区划;负责组织有关部门编制国家自然保护区发展规划,指导、协调、监督各种类型的自然保护区、风景名胜区、森林公园的环境保护工作,协调和监督野生动植物保护、湿地环境保护、荒漠化防治工作。

住房城乡建设部门。负责组织编制和监督实施全国城镇体系规划;负责组织国务院交办的省域城镇体系规划、城市总体规划的审查。

水利部门。负责编制适应主体功能区要求的水资源开发利用、节约保护及防洪减灾、水土保持等方面的规划,制定相关政策。

农业部门。负责编制适应主体功能区要求的农牧渔业发展和资源与生态保护等方面的规划,制定相关政策。

人口计生部门。负责会同有关部门制定引导人口合理有序转移的相关政策。

林业部门。负责编制适应主体功能区要求的生态保护与建设规划,制定相关政策。

国务院法制机构。负责组织有关部门研究提出适应主体功能区要求的法律法规。

地震、气象部门。负责组织编制地震、气象等自然灾害防御和气候资源开发利用等规划或区划,参与制定自然灾害防御政策。

海洋部门。负责根据本规划组织编制全国海洋主体功能区规划。

其他各有关部门,要依据本规划,根据需要组织修订能源、交通等专项规划和主要城市的建设规划。

## 第二节 省级人民政府的职责

**一、编制省级主体功能区规划**

各省、自治区、直辖市及新疆生产建设兵团要根据国务院有关文件精神、本规划确定的开发原则和以下具体原则,编制省级主体功能区规划并组织实施。

——省级主体功能区原则上划分为优化开发、重点开发、限制开发和禁止开发区域四类,也可根据国土空间评价划分为三类,但应有限制开发和禁止开发区域。限制开发区域应区分为农产品主产区和重点生态功能区。

——对辖区内国家层面的优化开发、重点开发、限制开发和禁止开发四类主体功能区，必须确定为相同类型的区域。省级主体功能区规划中要明确国家优化开发和重点开发区域的范围和面积，并报全国主体功能区规划编制工作领导小组办公室确认。

——省级主体功能区规划范围须覆盖所辖全部陆地国土空间和海域。根据实际情况，沿海省级人民政府可独立编制省级海洋主体功能区规划。

——省级优化开发、重点开发和限制开发区域原则上以县级行政区为基本单元。西部地区荒漠化面积很大、但有少量面积绿洲农业的县级行政区，可根据实际情况，确定为限制开发的农产品主产区或重点生态功能区。

——把握好四类主体功能区占辖区总面积的比例，特别要控制优化开发和重点开发区域占辖区总面积的比例。

——优化开发和重点开发区域应相对集中分布，避免遍地开花。

——对优化开发区域应强化转变经济发展方式方面的目标要求，对重点开发区域应强化工业化城镇化方面的目标要求，对农产品主产区应强化农业发展优先的目标要求，对重点生态功能区应强化生态环境保护优先的目标要求。对各类主体功能区都要提出耕地保护和生态保护方面的目标要求。

——经济比较发达、人口比较密集、开发强度较高、资源环境问题更加突出的地区，原则上应确定为优化开发区域。

——对位于国家重点开发区域范围内、开发强度已经较高、资源环境承载能力开始减弱的特大城市，应按照优化开发的原则，在产业准入、能源消耗、污染排放等方面提出更高的要求。

——把握开发时序，对重点开发区域可开发的国土空间，要明确提出近期、中期和远期分阶段的开发要求，并在今后的主体功能区规划中进一步落实。

——沿海地区陆地主体功能区与海洋主体功能区要相互衔接，主体功能定位要相互协调。

——根据国土空间评价结果可作为重点开发区域但近期不宜重点开发的地区，原则上应先确定为限制开发区域[71]。

——天然林保护地区、退耕还林还草地区、草原退化、沙化、碱化地区、荒漠化地区、水土流失严重地区等，原则上应确定为重点生态功能区。

——农业资源条件好、增产潜力大、关系国家农产品供给安全的地区，原则上应确定为农产品主产区。

——不具备大规模开发条件且面积较小、人口较少的海岛，原则上应确定为限制开发区域。

——依法设立的省级及以下自然保护区、风景名胜区、森林公园、地质公园等，应确定为禁止开发区域。

——具有较高生态价值或文化价值，但尚未列入法定自然文化资源保护区域的地区，可确定为禁止开发区域。

——蓄滞洪区，重要水源地以及湖泊、水库上游集水区，距离湖岸线一定范围的区域，应确定为限制开发或禁止开发区域。

——对其他不具备开发条件的地区，可根据实际情况，自行设定一定标准确定为禁止开发区域。

## 二、推动主体功能区规划的实施

——省级人民政府负责所辖区域主体功能区规划的实施。

——根据本规划确定的各项政策,在省级人民政府事权范围内制定实施细则。

——负责落实省级财政对限制开发和禁止开发区域的财政转移支付和政府投资。

——省级政府有关部门配合国务院有关部门编制国家层面主体功能区的区域规划及相关规划。

## 三、指导和检查所辖市县的规划落实

——省级人民政府负责指导所辖市县落实本辖区在国家和省级层面主体功能区中的主体功能定位和相关的各项政策措施;负责指导所辖市县在市县功能区划分中落实主体功能定位和开发强度要求;负责指导所辖市县在规划编制、项目审批、土地管理、人口管理、生态环境保护等各项工作中遵循全国和省级主体功能区规划的各项要求。

——省级人民政府发展改革部门负责监督检查省级主体功能区规划的落实情况,对规划实施情况进行跟踪分析,及时发现规划实施中出现的问题和偏差并采取有力措施进行纠正,保证规划的切实落实。

### 第三节 监测评估

建立覆盖全国、统一协调、更新及时、反应迅速、功能完善的国土空间动态监测管理系统,对规划实施情况进行全面监测、分析和评估。

——开展国土空间监测管理的目的是检查落实各地区主体功能定位和实施情况,包括城市化地区的城市规模、农产品主产区基本农田的保护、重点生态功能区生态环境改善等情况。

——各级国民经济和社会发展总体规划及主体功能区规划是国土空间监测管理的依据。国土空间动态监测管理系统由国家发展和改革委员会与有关部门共同建设和管理。

——国土空间动态监测管理系统以国土空间为管理对象,主要监测城市建设、项目开工、耕地占用、地下水和矿产资源开采等各类开发行为对国土空间的影响,以及水面、湿地、林地、草地、海洋、自然保护区、蓄滞洪区的变化情况等。

——加强对地观测技术在国土空间监测管理中的运用,构建航天遥感、航空遥感和地面调查相结合的一体化对地观测体系,全面提升对国土空间数据的获取能力。在对国土空间进行全覆盖监测的基础上,重点对国家层面优化开发、重点开发、限制开发和禁止开发区域进行动态监测。

——整合国家基础地理框架数据,建立国家地理信息公共服务平台,促进各类空间信息之间测绘基准的统一和信息资源的共享。充分利用"自然资源和地理空间基础信息库"[72]和"宏观经济管理信息系统"[73]等电子政务建设成果,加快建立有关部门和单位互联互通的地理空间信息基础平台。

——加强对水资源、水环境、土壤环境的监测,不断完善水文、水资源、土壤环境、水土保持等监测网络建设,将水资源、水环境、土壤环境跟踪监测数据作为全国主体功能区规划实施、评估、调整的重要依据。

——转变对国土空间开发行为的管理方式,从现场检查、实地取证为主逐步转为遥感监测、远程取证为主,从人工分析、直观比较、事后处理为主逐步转为计算机分析、机助解译、主动预警为主,提高发现和处理违规开发问题的反应能力及精确度。

——建立由发展改革、国土、建设、科技、水利、农业、环保、林业、中科院、地震、气象、海洋、测绘等部门和单位共同参与,协同有效的国土空间监测管理工作机制。各有关部门要根据职责,对相关领域的国土空间变化情况进行动态监测,探索建立国土空间资源、自然资源、环境及生态变化情况的定期会商和信息通报制度。

——空间信息基础设施应根据不同区域的主体功能定位进行科学布局,并根据不同的监测重点建设相应的监测设施,如优化开发和重点开发区域要重点监测城市建设、工业建设等,限制开发和禁止开发区域要重点监测生态环境、基本农田的变化等。

——各省、自治区、直辖市要加强地区性的国土空间开发动态监测管理工作,通过多种途径,对本地区的国土空间变化情况进行及时跟踪分析。

——建立主体功能区规划评估与动态修订机制。适时开展规划评估,提交评估报告,并根据评估结果提出需要调整的规划内容或对规划进行修订的建议。各地区各部门要对本规划实施情况进行跟踪分析,注意研究新情况,解决新问题。

各地区各部门要通过各种渠道,采取多种方式,加强推进形成主体功能区的宣传工作,使全社会都能全面了解本规划,使主体功能区的理念、内容和政策深入人心,从而动员全体人民,共建我们美好家园。

**附件1:**

**国家重点生态功能区名录**

| 区 域 | 范 围 | 面积（平方公里） | 人口（万人） |
|---|---|---|---|
| 大小兴安岭森林生态功能区 | 内蒙古自治区：牙克石市、根河市、额尔古纳市、鄂伦春自治旗、阿尔山市、阿荣旗、莫力达瓦达斡尔族自治旗、扎兰屯市<br>黑龙江省：北安市、逊克县、伊春区、南岔区、友好区、西林区、翠峦区、新青区、美溪区、金山屯区、五营区、乌马河区、汤旺河区、带岭区、乌伊岭区、红星区、上甘岭区、铁力市、通河县、甘南县、庆安县、绥棱县、呼玛县、塔河县、漠河县、加格达奇区、松岭区、新林区、呼中区、嘉荫县、孙吴县、爱辉区、嫩江县、五大连池市、木兰县 | 346997 | 711.7 |
| 长白山森林生态功能区 | 吉林省：临江市、抚松县、长白朝鲜族自治县、浑江区、江源区、敦化市、和龙市、汪清县、安图县、靖宇县<br>黑龙江省：方正县、穆棱市、海林市、宁安市、东宁县、林口县、延寿县、五常市、尚志市 | 111857 | 637.3 |
| 阿尔泰山地森林草原生态功能区 | 新疆维吾尔自治区：阿勒泰市、布尔津县、富蕴县、福海县、哈巴河县、青河县、吉木乃县<br>（含新疆生产建设兵团所属团场） | 117699 | 60 |
| 三江源草原草甸湿地生态功能区 | 青海省：同德县、兴海县、泽库县、河南蒙古族自治县、玛沁县、班玛县、甘德县、达日县、久治县、玛多县、玉树县、杂多县、称多县、治多县、囊谦县、曲麻莱县、格尔木市唐古拉山镇 | 353394 | 72.3 |

续表

| 区 域 | 范 围 | 面积（平方公里） | 人口（万人） |
|---|---|---|---|
| 若尔盖草原湿地生态功能区 | 四川省：阿坝县、若尔盖县、红原县 | 28514 | 18.2 |
| 甘南黄河重要水源补给生态功能区 | 甘肃省：合作市、临潭县、卓尼县、玛曲县、碌曲县、夏河县、临夏县、和政县、康乐县、积石山保安族东乡族撒拉族自治县 | 33827 | 155.5 |
| 祁连山冰川与水源涵养生态功能区 | 甘肃省：永登县、永昌县、天祝藏族自治县、肃南裕固族自治县（不包括北部区块）、民乐县、肃北蒙古族自治县（不包括北部区块）、阿克塞哈萨克族自治县、中牧山丹马场、民勤县、山丹县、古浪县<br>青海省：天峻县、祁连县、刚察县、门源回族自治县 | 185194 | 240.7 |
| 南岭山地森林及生物多样性生态功能区 | 江西省：大余县、上犹县、崇义县、龙南县、全南县、定南县、安远县、寻乌县、井冈山市<br>湖南省：宜章县、临武县、宁远县、蓝山县、新田县、双牌县、桂东县、汝城县、嘉禾县、炎陵县<br>广东省：乐昌市、南雄市、始兴县、仁化县、乳源瑶族自治县、兴宁市、平远县、蕉岭县、龙川县、连平县、和平县<br>广西壮族自治区：资源县、龙胜各族自治县、三江侗族自治县、融水苗族自治县 | 66772 | 1234 |
| 黄土高原丘陵沟壑水土保持生态功能区 | 山西省：五寨县、岢岚县、河曲县、保德县、偏关县、吉县、乡宁县、蒲县、大宁县、永和县、隰县、中阳县、兴县、临县、柳林县、石楼县、汾西县、神池县<br>陕西省：子长县、安塞县、志丹县、吴起县、绥德县、米脂县、佳县、吴堡县、清涧县、子洲县<br>甘肃省：庆城县、环县、华池县、镇原县、庄浪县、静宁县、张家川回族自治县、通渭县、会宁县<br>宁夏回族自治区：彭阳县、泾源县、隆德县、盐池县、同心县、西吉县、海原县、红寺堡区 | 112050.5 | 1085.6 |
| 大别山水土保持生态功能区 | 安徽省：太湖县、岳西县、金寨县、霍山县、潜山县、石台县<br>河南省：商城县、新县<br>湖北省：大悟县、麻城市、红安县、罗田县、英山县、孝昌县、浠水县 | 31213 | 898.4 |
| 桂黔滇喀斯特石漠化防治生态功能区 | 广西壮族自治区：上林县、马山县、都安瑶族自治县、大化瑶族自治县、忻城县、凌云县、乐业县、凤山县、东兰县、巴马瑶族自治县、天峨县、天等县<br>贵州省：赫章县、威宁彝族回族苗族自治县、平塘县、罗甸县、望谟县、册亨县、关岭布依族苗族自治县、镇宁布依族苗族自治县、紫云苗族布依族自治县<br>云南省：西畴县、马关县、文山县、广南县、富宁县 | 76286.3 | 1064.6 |

398

续表

| 区 域 | 范 围 | 面积（平方公里） | 人口（万人） |
|---|---|---|---|
| 三峡库区水土保持生态功能区 | 湖北省：巴东县、兴山县、秭归县、夷陵区、长阳土家族自治县、五峰土家族自治县<br>重庆市：巫山县、奉节县、云阳县 | 27849.6 | 520.6 |
| 塔里木河荒漠化防治生态功能区 | 新疆维吾尔自治区：岳普湖县、伽师县、巴楚县、阿瓦提县、英吉沙县、泽普县、莎车县、麦盖提县、阿克陶县、阿合奇县、乌恰县、图木舒克市、叶城县、塔什库尔干塔吉克自治县、墨玉县、皮山县、洛浦县、策勒县、于田县、民丰县<br>（含新疆生产建设兵团所属团场） | 453601 | 497.1 |
| 阿尔金草原荒漠化防治生态功能区 | 新疆维吾尔自治区：且末县、若羌县<br>（含新疆生产建设兵团所属团场） | 336625 | 9.5 |
| 呼伦贝尔草原草甸生态功能区 | 内蒙古自治区：新巴尔虎左旗、新巴尔虎右旗 | 45546 | 7.6 |
| 科尔沁草原生态功能区 | 内蒙古自治区：阿鲁科尔沁旗、巴林右旗、翁牛特旗、开鲁县、库伦旗、奈曼旗、扎鲁特旗、科尔沁左翼中旗、科尔沁右翼中旗、科尔沁左翼后旗<br>吉林省：通榆县 | 111202 | 385.2 |
| 浑善达克沙漠化防治生态功能区 | 河北省：围场满族蒙古族自治县、丰宁满族自治县、沽源县、张北县、尚义县、康保县<br>内蒙古自治区：克什克腾旗、多伦县、正镶白旗、正蓝旗、太仆寺旗、镶黄旗、阿巴嘎旗、苏尼特左旗、苏尼特右旗 | 168048 | 288.1 |
| 阴山北麓草原生态功能区 | 内蒙古自治区：达尔汗茂明安联合旗、察哈尔右翼中旗、察哈尔右翼后旗、四子王旗、乌拉特中旗、乌拉特后旗 | 96936.1 | 95.8 |
| 川滇森林及生物多样性生态功能区 | 四川省：天全县、宝兴县、小金县、康定县、泸定县、丹巴县、雅江县、道孚县、稻城县、得荣县、盐源县、木里藏族自治县、汶川县、北川县、茂县、理县、平武县、九龙县、炉霍县、甘孜县、新龙县、德格县、白玉县、石渠县、色达县、理塘县、巴塘县、乡城县、马尔康县、壤塘县、金川县、黑水县、松潘县、九寨沟县<br>云南省：香格里拉县（不包括建塘镇）、玉龙纳西族自治县、福贡县、贡山独龙族怒族自治县、兰坪白族普米族自治县、维西傈僳族自治县、勐海县、勐腊县、德钦县、泸水县（不包括六库镇）、剑川县、金平苗族瑶族傣族自治县、屏边苗族自治县 | 302633 | 501.2 |

续表

| 区 域 | 范 围 | 面积（平方公里） | 人口（万人） |
|---|---|---|---|
| 秦巴生物多样性生态功能区 | 湖北省：竹溪县、竹山县、房县、丹江口市、神农架林区、郧西县、郧县、保康县、南漳县<br>重庆市：巫溪县、城口县<br>四川省：旺苍县、青川县、通江县、南江县、万源市<br>陕西省：凤县、太白县、洋县、勉县、宁强县、略阳县、镇巴县、留坝县、佛坪县、宁陕县、紫阳县、岚皋县、镇坪县、镇安县、柞水县、旬阳县、平利县、白河县、周至县、南郑县、西乡县、石泉县、汉阴县<br>甘肃省：康县、两当县、迭部县、舟曲县、武都区、宕昌县、文县 | 140004.5 | 1500.4 |
| 藏东南高原边缘森林生态功能区 | 西藏自治区：墨脱县、察隅县、错那县 | 97750 | 5.8 |
| 藏西北羌塘高原荒漠生态功能区 | 西藏自治区：班戈县、尼玛县、日土县、革吉县、改则县 | 494381 | 11 |
| 三江平原湿地生态功能区 | 黑龙江省：同江市、富锦市、抚远县、饶河县、虎林市、密山市、绥滨县 | 47727 | 142.2 |
| 武陵山区生物多样性与水土保持生态功能区 | 湖北省：利川市、建始县、宣恩县、咸丰县、来凤县、鹤峰县<br>湖南省：慈利县、桑植县、泸溪县、凤凰县、花垣县、龙山县、永顺县、古丈县、保靖县、石门县、永定区、武陵源区、辰溪县、麻阳苗族自治县<br>重庆市：酉阳土家族苗族自治县、彭水苗族土家族自治县、秀山土家族苗族自治县、武隆县、石柱土家族自治县 | 65571 | 1137.3 |
| 海南岛中部山区热带雨林生态功能区 | 海南省：五指山市、保亭黎族苗族自治县、琼中黎族苗族自治县、白沙黎族自治县 | 7119 | 74.6 |
| 总计 | 436个县级行政区 | 3858797 | 11354.7 |

注：青海省格尔木市唐古拉镇为乡级行政单位，不计入县级行政单位数

附件2：

## 国家禁止开发区域名录
### 表1 国家级自然保护区

| 名 称 | 面积（平方公里） | 位 置 | 主要保护对象 |
|---|---|---|---|
| 北京百花山国家级自然保护区 | 217.43 | 门头沟区 | 天然植被和野生动物 |
| 北京松山国家级自然保护区 | 46.6 | 延庆县 | 温带森林生态系统和野生动植物 |

续表

| 名　称 | 面积<br>（平方公里） | 位　置 | 主要保护对象 |
|---|---|---|---|
| 天津古海岸与湿地国家级自然保护区 | 359.13 | 滨海新区、津南区、宁河县、宝坻区 | 贝壳堤、牡蛎礁等古海岸遗迹及滨海湿地生态系统 |
| 天津蓟县中、上元古界国家级自然保护区 | 9 | 蓟县 | 中、上元古界地层剖面 |
| 天津八仙山国家级自然保护区 | 53.6 | 蓟县 | 森林生态系统及野生动植物 |
| 河北昌黎黄金海岸国家级自然保护区 | 300 | 昌黎县 | 沙质海岸及近海生态系统 |
| 河北柳江盆地地质遗迹国家级自然保护区 | 13.95 | 抚宁县 | 标准地质剖面、典型地质构造等 |
| 河北小五台山国家级自然保护区 | 218.33 | 蔚县、涿鹿县 | 温带森林生态系统及褐马鸡等野生动植物 |
| 河北泥河湾国家级自然保护区 | 10.15 | 阳原县、蔚县 | 标准地层剖面及古生物化石 |
| 河北大海陀国家级自然保护区 | 112.25 | 赤城县 | 森林生态系统 |
| 河北雾灵山国家级自然保护区 | 142.47 | 兴隆县 | 温带森林生态系统及猕猴等野生动植物 |
| 河北茅荆坝国家级自然保护区 | 400.38 | 隆化县 | 森林生态系统及野生动植物 |
| 河北塞罕坝国家级自然保护区 | 200.30 | 围场满族蒙古族自治县 | 森林、草原、湿地生态系统及野生动植物 |
| 河北围场红松洼国家级自然保护区 | 79.7 | 围场满族蒙古族自治县 | 草原生态系统 |
| 河北滦河上游国家级自然保护区 | 506.37 | 围场满族蒙古族自治县 | 森林生态系统及野生动物 |
| 河北衡水湖国家级自然保护区 | 187.87 | 衡水市 | 湿地生态系统及鸟类 |
| 山西阳城蟒河猕猴国家级自然保护区 | 55.73 | 阳城县 | 猕猴等珍稀野生动植物及其生境 |
| 山西历山国家级自然保护区 | 242 | 垣曲县、沁水县、翼城县、阳城县 | 森林植被及勺鸡、猕猴、大鲵等野生动物 |
| 山西芦芽山国家级自然保护区 | 214.53 | 宁武县、岢岚县、五寨县 | 褐马鸡及其生境 |
| 山西五鹿山国家级自然保护区 | 206.17 | 蒲县、隰县 | 褐马鸡、白皮松等野生动植物及其生境 |

续表

| 名　称 | 面积（平方公里） | 位　置 | 主要保护对象 |
|---|---|---|---|
| 山西庞泉沟国家级自然保护区 | 104.44 | 交城县、方山县 | 褐马鸡及华北落叶松、云杉等森林生态系统 |
| 内蒙古大青山国家级自然保护区 | 3885.77 | 呼和浩特市、包头市、乌兰察布市 | 森林生态系统 |
| 内蒙古阿鲁科尔沁国家级自然保护区 | 1367.94 | 阿鲁科尔沁旗 | 沙地草原、湿地生态系统及珍稀鸟类 |
| 内蒙古赛罕乌拉国家级自然保护区 | 1004 | 巴林右旗 | 森林生态系统及马鹿等野生动物 |
| 内蒙古达里诺尔国家级自然保护区 | 1194.13 | 克什克腾旗 | 湖泊湿地、草原生态系统及珍稀鸟类 |
| 内蒙古白音敖包国家级自然保护区 | 138.62 | 克什克腾旗 | 沙地云杉林生态系统等 |
| 内蒙古黑里河国家级自然保护区 | 276.38 | 宁城县 | 森林生态系统及重点保护野生动物 |
| 内蒙古大黑山国家级自然保护区 | 867.99 | 敖汉旗 | 森林、草原、湿地生态系统及野生动植物 |
| 内蒙古大青沟国家级自然保护区 | 81.83 | 科尔沁左翼后旗 | 水曲柳及沟壑阔叶林生态系统等 |
| 内蒙古鄂尔多斯遗鸥国家级自然保护区 | 147.7 | 鄂尔多斯市东胜区、伊金霍洛旗 | 遗鸥及其生境湿地生态系统等 |
| 内蒙古鄂托克恐龙遗迹化石国家级自然保护区 | 464.1 | 鄂托克旗 | 恐龙足迹化石等 |
| 内蒙古西鄂尔多斯国家级自然保护区 | 4746.88 | 鄂托克旗、乌海市四合木等 | 孑遗、濒危植物及荒漠生态系统 |
| 内蒙古辉河国家级自然保护区 | 3468.48 | 鄂温克族自治旗 | 河流湿地、草原、沙地樟子松林及丹顶鹤等珍稀濒危鸟类 |
| 内蒙古红花尔基樟子松林国家级自然保护区 | 200.85 | 鄂温克族自治旗 | 樟子松林生态系统等 |
| 内蒙古达赉湖国家级自然保护区 | 7400 | 满洲里市、新巴尔虎右旗、新巴尔虎左旗 | 湖泊湿地、草原生态系统及珍稀濒危野生动植物 |
| 内蒙古额尔古纳国家级自然保护区 | 1245.27 | 额尔古纳市 | 原始寒温带针叶林生态系统和国家重点保护野生动物 |
| 内蒙古大兴安岭汗马国家级自然保护区 | 1073.48 | 根河市 | 原始寒温带苔原山地明亮针叶林生态系统等 |
| 内蒙古科尔沁国家级自然保护区 | 1269.87 | 科尔沁右翼中旗 | 湿地、草原、灌丛、疏林生态系统及珍稀鸟类 |

续表

| 名　称 | 面积（平方公里） | 位　置 | 主要保护对象 |
|---|---|---|---|
| 内蒙古图牧吉国家级自然保护区 | 948.3 | 扎赉特旗 | 大鸨等珍稀鸟类及湿地生态系统 |
| 内蒙古锡林郭勒草原国家级自然保护区 | 5800 | 锡林浩特市 | 典型草原、草甸草原生态系统及沙地疏林等 |
| 内蒙古哈腾套海国家级自然保护区 | 1236 | 磴口县 | 荒漠草原、湿地生态系统及野生动植物 |
| 内蒙古乌拉特梭梭林—蒙古野驴国家级自然保护区 | 1318 | 乌拉特中旗、乌拉特后旗 | 梭梭林、蒙古野驴及荒漠生态系统 |
| 内蒙古贺兰山国家级自然保护区 | 677.1 | 阿拉善左旗 | 水源涵养林、野生动植物及森林生态系统 |
| 内蒙古额济纳胡杨林国家级自然保护区 | 262.53 | 额济纳旗 | 胡杨林及荒漠生态系统 |
| 辽宁大连斑海豹国家级自然保护区 | 6722.75 | 大连市 | 斑海豹及其生境 |
| 辽宁蛇岛老铁山国家级自然保护区 | 145.95 | 大连市旅顺口区 | 蛇岛蝮蛇、候鸟及其生境 |
| 辽宁城山头海滨地貌国家级自然保护区 | 13.5 | 大连市金州区 | 滨海岩溶地貌、地质剖面和古生物遗迹 |
| 辽宁仙人洞国家级自然保护区 | 35.75 | 庄河市 | 森林生态系统 |
| 辽宁老秃顶子国家级自然保护区 | 152.17 | 桓仁县、新宾县 | 珍稀野生动植物及森林生态系统 |
| 辽宁丹东鸭绿江口湿地国家级自然保护区 | 1010 | 丹东市 | 滨海湿地生态系统及珍稀鸟类 |
| 辽宁白石砬子国家级自然保护区 | 74.67 | 宽甸满族自治县 | 原生型红松针阔混交林生态系统等 |
| 辽宁医巫闾山国家级自然保护区 | 114.59 | 义县、北宁县 | 天然油松林、针阔混交林生态系统及珍稀野生动物 |
| 辽宁海棠山国家级自然保护区 | 110.03 | 阜新蒙古族自治县 | 森林生态系统及野生动植物 |
| 辽宁双台河口国家级自然保护区 | 800 | 盘锦市兴隆台区 | 珍稀鸟类及沿海湿地生态系统 |
| 辽宁努鲁儿虎山国家级自然保护区 | 138.32 | 朝阳县 | 森林生态系统 |
| 辽宁北票鸟化石国家级自然保护区 | 46.3 | 北票市 | 中生代晚期鸟化石等古生物化石 |

续表

| 名　称 | 面积<br>（平方公里） | 位　置 | 主要保护对象 |
|---|---|---|---|
| 吉林伊通火山群国家级自然保护区 | 7.65 | 伊通满族自治县 | 火山地质遗迹 |
| 吉林龙湾国家级自然保护区 | 150.61 | 辉南县 | 湿地、森林、火山湖及珍稀野生动植物 |
| 吉林鸭绿江上游国家级自然保护区 | 203.06 | 长白朝鲜族自治县 | 珍稀冷水性鱼类及其生境 |
| 吉林查干湖国家级自然保护区 | 506.84 | 前郭尔罗斯蒙古族自治县 | 湿地生态系统及珍稀鸟类 |
| 吉林大布苏国家级自然保护区 | 110 | 乾安县 | 泥林、古生物化石及湿地生态系统 |
| 吉林莫莫格国家级自然保护区 | 1440 | 镇赉县 | 珍稀鸟类等野生动植物及湿地生态系统 |
| 吉林向海国家级自然保护区 | 1054.67 | 通榆县 | 湿地生态系统及丹顶鹤等珍稀鸟类 |
| 吉林雁鸣湖国家级自然保护区 | 539.4 | 敦化市 | 湖泊湿地生态系统及珍稀鸟类 |
| 吉林珲春东北虎国家级自然保护区 | 1087 | 珲春市 | 东北虎、远东豹及其生境 |
| 吉林天佛指山国家级自然保护区 | 773.17 | 龙井市 | 松茸及赤松—蒙古栎森林生态系统等 |
| 吉林长白山国家级自然保护区 | 1964.65 | 白山市、延边州 | 森林生态系统及野生动植物等 |
| 吉林松花江三湖国家级自然保护区 | 1152.53 | 吉林市、白山市 | 松花江上游水源涵养林及野生动植物 |
| 吉林哈泥国家级自然保护区 | 222.30 | 柳河县 | 以泥炭沼泽类型为主的湿地生态系统及物种多样性 |
| 黑龙江扎龙国家级自然保护区 | 2100 | 齐齐哈尔市、大庆市 | 丹顶鹤等珍稀鸟类及湿地生态系统 |
| 黑龙江凤凰山国家级自然保护区 | 265.7 | 鸡东县 | 松茸、红豆杉等野生植物及原始森林 |
| 黑龙江珍宝岛湿地国家级自然保护区 | 443.64 | 虎林市 | 丹顶鹤、白鹳等野生动物及湿地系统 |
| 黑龙江兴凯湖国家级自然保护区 | 2224.88 | 密山市 | 湖泊湿地生态系统及丹顶鹤等珍稀野生动植物 |
| 黑龙江宝清七星河国家级自然保护区 | 230 | 宝清县 | 河流湿地生态系统 |

续表

| 名　称 | 面积（平方公里） | 位　置 | 主要保护对象 |
|---|---|---|---|
| 黑龙江饶河东北黑蜂国家级自然保护区 | 2700 | 饶河县 | 东北黑蜂蜂种及蜜源植物 |
| 黑龙江丰林国家级自然保护区 | 181.65 | 伊春市五营区 | 原始红松林生态系统等 |
| 黑龙江凉水国家级自然保护区 | 121.33 | 伊春市带岭区 | 红松母树林 |
| 黑龙江乌伊岭国家级自然保护区 | 438.24 | 伊春市乌伊岭区 | 湿地、森林生态系统及珍稀野生动物 |
| 黑龙江红星湿地国家级自然保护区 | 1119.95 | 伊春市红星区 | 湿地、森林生态系统及珍稀野生动物 |
| 黑龙江三江国家级自然保护区 | 1980 | 抚远县 | 湿地生态系统及东方白鹳等珍稀鸟类 |
| 黑龙江洪河国家级自然保护区 | 218.36 | 同江市 | 沼泽湿地生态系统及珍稀鸟类 |
| 黑龙江八岔岛国家级自然保护区 | 230 | 同江市 | 森林、湿地生态系统及野生动植物 |
| 黑龙江挠力河国家级自然保护区 | 1605.95 | 富锦市 | 沼泽湿地生态系统及珍稀鸟类 |
| 黑龙江牡丹峰国家级自然保护区 | 196.48 | 牡丹江市 | 原始森林生态系统 |
| 黑龙江胜山国家级自然保护区 | 600 | 黑河市 | 驼鹿及其生境 |
| 黑龙江五大连池国家级自然保护区 | 1008 | 五大连池市 | 火山锥体、熔岩台地及火山堰塞湖等 |
| 黑龙江双河国家级自然保护区 | 888.49 | 塔河县 | 森林生态系统及野生动物 |
| 黑龙江呼中国家级自然保护区 | 1672.13 | 呼中区 | 寒温带针叶林生态系统及野生动植物 |
| 黑龙江南瓮河国家级自然保护区 | 2295.23 | 松岭区 | 湿地、森林生态系统及野生动植物 |
| 黑龙江东方红湿地国家级自然保护区 | 315.16 | 虎林市 | 河漫滩沼泽、阶地沼泽湿地生态系统及野生动植物 |
| 黑龙江大沾河湿地国家级自然保护区 | 2116.18 | 逊克县 | 湿地、森林生态系统及珍稀动植物 |
| 黑龙江穆棱东北红豆杉国家级自然保护区 | 356.48 | 穆棱市 | 东北红豆杉及其生境 |

续表

| 名　称 | 面积（平方公里） | 位　置 | 主要保护对象 |
|---|---|---|---|
| 上海九段沙湿地国家级自然保护区 | 420.2 | 上海市浦东新区 | 河口沙洲地貌及鸟类等 |
| 上海崇明东滩鸟类国家级自然保护区 | 241.55 | 崇明县 | 湿地生态系统及珍稀鸟类 |
| 江苏盐城湿地珍禽国家级自然保护区 | 2841.79 | 盐城市 | 丹顶鹤等珍稀鸟类及海涂湿地生态系统 |
| 江苏大丰麋鹿国家级自然保护区 | 780 | 大丰市 | 麋鹿和丹顶鹤等鸟类及滨海湿地生态系统 |
| 江苏泗洪洪泽湖湿地国家级自然保护区 | 493.65 | 泗洪县 | 湖泊湿地生态系统及大鸨等珍稀鸟类 |
| 浙江临安清凉峰国家级自然保护区 | 112.52 | 临安市 | 梅花鹿、香果树等野生动植物及森林生态系统 |
| 浙江天目山国家级自然保护区 | 42.84 | 临安市 | 银合、连香树、金钱松等珍稀植物及森林生态系统 |
| 浙江南麂列岛国家级自然保护区 | 196 | 平阳县 | 海洋贝藻类及其生境 |
| 浙江乌岩岭国家级自然保护区 | 188.62 | 泰顺县 | 黄腹角雉等珍稀野生动植物及森林生态系统 |
| 浙江长兴地质遗迹国家级自然保护区 | 2.75 | 长兴县 | 二叠—三叠系界线层型剖面等 |
| 浙江大盘山国家级自然保护区 | 45.58 | 磐安县 | 珍稀野生药用植物及其生境 |
| 浙江古田山国家级自然保护区 | 81.07 | 开化县 | 白颈长尾雉、南方红豆杉等野生动植物及常绿阔叶林生态系统 |
| 浙江九龙山国家级自然保护区 | 55.25 | 遂昌县 | 黑麂、黄腹角雉、伯乐树等野生动植物及常绿阔叶林生态系统 |
| 浙江凤阳山—百山祖国家级自然保护区 | 260.52 | 庆元县、龙泉县 | 百山祖冷杉等珍稀野生植物及森林生态系统 |
| 安徽铜陵淡水豚国家级自然保护区 | 315.18 | 铜陵市、池州市、安庆市、巢湖市 | 白鱀豚、江豚等珍稀水生生物及河流湿地生态系统 |
| 安徽鹞落坪国家级自然保护区 | 123 | 岳西县 | 北亚热带常绿阔叶林 |
| 安徽牯牛降国家级自然保护区 | 67.13 | 石台县、祁门县 | 森林生态系统及野生动植物 |
| 安徽天马国家级自然保护区 | 289.14 | 金寨县 | 森林生态系统及野生动植物 |

续表

| 名 称 | 面积（平方公里） | 位 置 | 主要保护对象 |
|---|---|---|---|
| 安徽升金湖国家级自然保护区 | 334 | 东至县、池州市贵池区 | 白鹳等珍稀鸟类及湿地生态系统 |
| 安徽扬子鳄国家级自然保护区 | 185.65 | 宣城市宣州区、泾县、广德县、郎溪县、芜湖市南陵区 | 扬子鳄及其生境 |
| 福建厦门珍稀海洋物种国家级自然保护区 | 330.88 | 厦门市 | 中华白海豚、文昌鱼等珍稀海洋生物及其生境、鹭类及其生境 |
| 福建君子峰国家级自然保护区 | 180.605 | 明溪县 | 常绿阔叶林、南方红豆杉 |
| 福建龙栖山国家级自然保护区 | 156.93 | 将乐县 | 中亚热带常绿阔叶林 |
| 福建闽江源国家级自然保护区 | 130.22 | 建宁县 | 中亚热带常绿阔叶林 |
| 福建天宝岩国家级自然保护区 | 110.15 | 永安市 | 长苞铁杉、猴头杜鹃等珍稀植物及其生境 |
| 福建戴云山国家级自然保护区 | 134.72 | 德化县 | 黄山松林、福建柏林、长苞铁杉林生态系统及野生动植物 |
| 福建深沪湾海底古森林遗迹国家级自然保护区 | 31 | 晋江市 | 海底古森林遗迹、古牡蛎礁等 |
| 福建漳江口红树林国家级自然保护区 | 23.6 | 云霄县 | 红树林生态系统 |
| 福建虎伯寮国家级自然保护区 | 30.01 | 南靖县 | 南亚热带雨林生态系统等 |
| 福建武夷山国家级自然保护区 | 565.27 | 武夷山市、建阳市、光泽县 | 亚热带森林生态系统及珍稀野生动植物 |
| 福建梁野山国家级自然保护区 | 143.65 | 武平县 | 南方红豆杉、钩栲、观光木群落及森林生态系统 |
| 福建梅花山国家级自然保护区 | 221.68 | 连城县、上杭县、龙岩市新罗区 | 森林生态系统及珍稀野生动植物 |
| 江西鄱阳湖南矶湿地国家级自然保护区 | 333 | 新建县 | 天鹅、大雁等珍稀鸟类及湖泊湿地生态系统 |
| 江西鄱阳湖国家级自然保护区 | 224 | 永修县、新建县、星子县 | 白鹤等珍稀鸟类及湖泊湿地生态系统 |
| 江西桃红岭梅花鹿国家级自然保护区 | 125 | 彭泽县 | 野生梅花鹿南方亚种及其栖息地 |
| 江西九连山国家级自然保护区 | 134.12 | 龙南县 | 亚热带常绿阔叶林生态系统及珍稀野生动植物 |

续表

| 名　称 | 面积<br>（平方公里） | 位　置 | 主要保护对象 |
|---|---|---|---|
| 江西井冈山国家级自然保护区 | 214.99 | 井冈山市 | 亚热带常绿阔叶林生态系统及珍稀野生动植物 |
| 江西官山国家级自然保护区 | 115 | 宜丰县、铜鼓县 | 中亚热带常绿阔叶林生态系统及白颈长尾雉等珍稀野生动植物 |
| 江西马头山国家级自然保护区 | 138.67 | 资溪县 | 亚热带常绿阔叶林生态系统及珍稀植物 |
| 江西武夷山国家级自然保护区 | 160.07 | 铅山县 | 中亚热带常绿阔叶林生态系统及珍稀动植物 |
| 山东马山国家级自然保护区 | 7.74 | 即墨市 | 柱状节理石柱、硅化木等 |
| 山东黄河三角洲国家级自然保护区 | 1530 | 垦利县、利津县 | 河口湿地生态系统及丹顶鹤、白鹳等珍稀鸟类 |
| 山东昆嵛山国家级自然保护区 | 154.17 | 烟台市 | 梅花鹿等野生动植物及森林生态系统 |
| 山东长岛国家级自然保护区 | 50.15 | 长岛县 | 鹰、隼等猛禽、候鸟及其生境 |
| 山东山旺古生物化石国家级自然保护区 | 1.2 | 临朐县 | 第三纪中新世古生物化石 |
| 山东荣成大天鹅国家级自然保护区 | 16.75 | 荣成市 | 大天鹅等珍稀鸟类及其生境 |
| 山东滨州贝壳堤岛与湿地国家级自然保护区 | 804.8 | 无棣县 | 贝壳堤岛、湿地、珍稀鸟类、海洋生物 |
| 河南新乡黄河湿地鸟类国家级自然保护区 | 227.8 | 新乡市 | 天鹅、鹤等珍稀鸟类及湿地生态系统 |
| 河南黄河湿地国家级自然保护区 | 680 | 三门峡、洛阳、焦作、济源等市 | 河流湿地生态系统、珍稀鸟类 |
| 河南小秦岭国家级自然保护区 | 151.6 | 灵宝市 | 森林生态系统及野生动植物 |
| 河南南阳恐龙蛋化石群国家级自然保护区 | 780.15 | 南阳市 | 恐龙蛋化石 |
| 河南伏牛山国家级自然保护区 | 560 | 西峡、内乡、南召等县 | 森林生态系统及野生动植物 |
| 河南内乡宝天曼国家级自然保护区 | 54.13 | 内乡县 | 森林生态系统及野生动植物 |
| 河南丹江湿地国家级自然保护区 | 640 | 淅川县 | 湿地生态系统及鸟类 |

续表

| 名　称 | 面积（平方公里） | 位　置 | 主要保护对象 |
|---|---|---|---|
| 河南鸡公山国家级自然保护区 | 29.17 | 信阳市狮河区 | 森林生态系统及野生动植物 |
| 河南董寨国家级自然保护区 | 468 | 罗山县 | 白冠长尾雉等珍稀鸟类及其生境 |
| 河南连康山国家级自然保护区 | 105.8 | 新县 | 常绿阔叶与落叶阔叶混交林生态系统 |
| 河南太行山猕猴国家级自然保护区 | 566 | 济源、焦作、新乡等市 | 猕猴及森林生态系统 |
| 湖北青龙山恐龙蛋化石群国家级自然保护区 | 2.05 | 郧县 | 恐龙蛋化石 |
| 湖北神农架国家级自然保护区 | 704.68 | 神农架林区 | 森林生态系统及川金丝猴、珙桐等珍稀野生动植物 |
| 湖北五峰后河国家级自然保护区 | 409.65 | 五峰土家族自治县 | 森林生态系统及珙桐等珍稀动植物 |
| 湖北石首麋鹿国家级自然保护区 | 15.67 | 石首市 | 麋鹿及其生境 |
| 湖北长江天鹅洲白鳍豚国家级自然保护区 | 20 | 石首市 | 白鳍豚及其生境 |
| 湖北长江新螺段白鳍豚国家级自然保护区 | 135 | 洪湖市、嘉鱼县、蒲圻市 | 白鳍豚、江豚、中华鲟等珍稀水生生物及河流生态系统 |
| 湖北九宫山国家级自然保护区 | 166.09 | 通山县 | 中亚热带阔叶林及珍稀动植物 |
| 湖北星斗山国家级自然保护区 | 683.39 | 利川市、咸丰县、恩施县 | 原生水杉群落及其生境、中亚热带森林生态系统及珍稀物种 |
| 湖北七姊妹山国家级自然保护区 | 345.5 | 宣恩县 | 珙桐等珍稀植物及其生境 |
| 湖北龙感湖国家级自然保护区 | 223.22 | 黄梅县 | 白头鹤、黑鹳等珍稀濒危动植物及湿地生态系统 |
| 湖南桃源洞国家级自然保护区 | 237.86 | 炎陵县 | 银杉群落及森林生态系统 |
| 湖南南岳衡山国家级自然保护区 | 119.92 | 衡阳市南岳区 | 南方红豆杉等珍稀濒危野生动植物及其生境 |
| 湖南黄桑国家级自然保护区 | 125.9 | 绥宁县 | 森林生态及红豆杉、伯乐树、银杏、铁杉、大鲵等珍稀动植物 |
| 湖南东洞庭湖国家级自然保护区 | 1900 | 岳阳市 | 珍稀鸟类及其生境、湖泊湿地生态系统 |

续表

| 名　称 | 面积（平方公里） | 位　置 | 主要保护对象 |
|---|---|---|---|
| 湖南乌云界国家级自然保护区 | 338.18 | 桃源县 | 森林生态系统及珍稀野生动植物 |
| 湖南壶瓶山国家级自然保护区 | 665.68 | 石门县 | 森林生态系统及珍稀野生动植物 |
| 湖南张家界大鲵国家级自然保护区 | 142.85 | 张家界市武陵源区 | 大鲵及其生境 |
| 湖南八大公山国家级自然保护区 | 200 | 桑植县 | 亚热带森林生态系统及南方红豆杉、伯乐树等珍稀野生动植物 |
| 湖南莽山国家级自然保护区 | 198.33 | 宜章县 | 南亚热带常绿阔叶林生态系统及珍稀野生动植物 |
| 湖南八面山国家级自然保护区 | 109.74 | 桂东县 | 森林生态系统及银杉、水鹿、黄腹角雉等珍稀野生动植物 |
| 湖南永州都庞岭国家级自然保护区 | 200.66 | 道县、江永县 | 森林生态系统及林麝、白颈长尾雉等野生动植物 |
| 湖南借母溪国家级自然保护区 | 130.41 | 沅陵县 | 森林生态系统及银杏、榉木、楠木等珍稀植物 |
| 湖南鹰嘴界国家级自然保护区 | 159 | 会同县 | 典型亚热带森林植被及南方红豆杉、银杏等野生动植物 |
| 湖南小溪国家级自然保护区 | 248 | 永顺县 | 珙桐、南方红豆杉、白颈长尾雉等珍稀野生动植物及其生境 |
| 湖南阳明山国家级自然保护区 | 127.95 | 双牌县 | 亚热带常绿阔叶林森林及珍稀濒危野生动植物 |
| 湖南六步溪国家级自然保护区 | 142.39 | 安化县 | 中亚热带中低山阔叶林生态系统及珍稀动植物 |
| 湖南舜皇山国家级自然保护区 | 217.20 | 新宁县 | 南岭山地原生性亚热带常绿阔叶林及珍稀动植物 |
| 广东南岭国家级自然保护区 | 583.68 | 韶关市、清远市 | 中亚热带常绿阔叶林生态系统及珍稀野生动植物 |
| 广东车八岭国家级自然保护区 | 75.45 | 始兴县 | 中亚热带常绿阔叶林生态系统及珍稀野生动植物 |
| 广东丹霞山国家级自然保护区 | 280 | 仁化县 | 丹霞地貌 |
| 广东内伶仃－福田国家级自然保护区 | 9.22 | 深圳市 | 岛屿、红树林生态系统及猕猴、鸟类等野生动植物 |
| 广东珠江口中华白海豚国家级自然保护区 | 460 | 珠海市 | 中华白海豚及其生境 |

续表

| 名　　称 | 面积（平方公里） | 位　　置 | 主要保护对象 |
|---|---|---|---|
| 广东湛江红树林国家级自然保护区 | 193 | 湛江市 | 红树林生态系统 |
| 广东徐闻珊瑚礁国家级自然保护区 | 143.79 | 徐闻县 | 珊瑚礁生态系统 |
| 广东雷州珍稀海洋生物国家级自然保护区 | 468.65 | 雷州市 | 白蝶贝等珍稀海洋生物及其生境 |
| 广东鼎湖山国家级自然保护区 | 11.33 | 肇庆市 | 南亚热带常绿阔叶林生态系统及野生动植物 |
| 广东象头山国家级自然保护区 | 106.97 | 博罗县 | 森林生态及野生动植物 |
| 广东惠东港口海龟国家级自然保护区 | 18 | 惠东县 | 海龟及近岸生境、沙滩产卵场等 |
| 广西大明山国家级自然保护区 | 169.94 | 武鸣县、马山县、上林县、宾阳县 | 常绿阔叶林、水源涵养林及野生动植物 |
| 广西千家洞国家级自然保护区 | 122.31 | 灌阳县 | 水源涵养林及野生动植物 |
| 广西花坪国家级自然保护区 | 151.33 | 龙胜各族自治县、临桂县 | 典型常绿阔叶林生态系统及珍稀野生动植物 |
| 广西猫儿山国家级自然保护区 | 170.09 | 资源县、兴安县、龙胜县 | 典型常绿阔叶林生态系统及珍稀野生动植物 |
| 广西合浦营盘港－英罗港儒艮国家级自然保护区 | 350 | 合浦县 | 儒艮、海草及海洋生态系统 |
| 广西山口红树林国家级自然保护区 | 80 | 合浦县 | 红树林生态系统 |
| 广西北仑河口国家级自然保护区 | 30 | 防城港市防城区、东兴市 | 红树林生态系统 |
| 广西防城金花茶国家级自然保护区 | 91.95 | 防城港市防城区 | 金花茶及森林生态系统 |
| 广西十万大山国家级自然保护区 | 582.77 | 防城港市防城区、上思县、钦北县 | 森林生态系统及珍稀野生动植物 |
| 广西岑王老山国家级自然保护区 | 189.94 | 田林县、凌云县 | 季风常绿阔叶林及珍稀野生动植物 |
| 广西金钟山黑颈长尾雉国家级自然保护区 | 209.24 | 隆林各族自治县 | 鸟类及其生境 |
| 广西九万山国家级自然保护区 | 252.13 | 罗城县、环江县、融水县 | 森林生态系统及珍稀野生动植物 |

续表

| 名 称 | 面积（平方公里） | 位 置 | 主要保护对象 |
|---|---|---|---|
| 广西木论国家级自然保护区 | 108.30 | 环江县 | 中亚热带石灰岩常绿阔叶混交林生态系统及珍稀野生动植物 |
| 广西大瑶山国家级自然保护区 | 255.95 | 金秀瑶族自治县 | 水源林及瑶山鳄蜥、银杉等珍稀野生动植物 |
| 广西弄岗国家级自然保护区 | 103.69 | 龙州县、宁明县 | 亚热带石灰岩季雨林和白头叶猴、黑叶猴等珍稀野生动植物 |
| 广西雅长兰科植物国家级自然保护区 | 220.62 | 乐业县 | 野生兰科植物及其生境 |
| 海南东寨港国家级自然保护区 | 33.37 | 海口市美兰区 | 红树林生态系统 |
| 海南三亚珊瑚礁国家级自然保护区 | 40 | 三亚市 | 珊瑚礁生态系统 |
| 海南铜鼓岭国家级自然保护区 | 44 | 文昌市 | 热带常绿季雨矮林生态系统及野生动植物、珊瑚礁等 |
| 海南大洲岛国家级自然保护区 | 70 | 万宁市 | 金丝燕及其生境、岛屿生态系统 |
| 海南大田国家级自然保护区 | 13.14 | 东方市 | 海南坡鹿及其生境 |
| 海南霸王岭国家级自然保护区 | 299.8 | 昌江黎族自治县、白沙县 | 黑冠长臂猿及其生境 |
| 海南尖峰岭国家级自然保护区 | 201.7 | 乐东黎族自治县、东方市 | 热带季雨林生态系统 |
| 海南吊罗山国家级自然保护区 | 183.89 | 陵水黎族自治县、保亭县 | 热带雨林生态系统 |
| 海南五指山国家级自然保护区 | 134.36 | 琼中黎族苗族自治县、白沙黎族自治县、五指山市、乐东黎族自治县 | 热带原始林生态系统 |
| 重庆缙云山国家级自然保护区 | 76 | 重庆市北碚区、沙坪坝区、璧山县 | 亚热带常绿阔叶林生态系统 |
| 重庆大巴山国家级自然保护区 | 1360.17 | 城口县 | 森林生态系统及崖柏等珍稀野生植物 |
| 重庆金佛山国家级自然保护区 | 418.5 | 南川市 | 银杉、珙桐、黑叶猴等珍稀野生动植物及森林生态系统 |
| 四川龙溪—虹口国家级自然保护区 | 310 | 都江堰市 | 亚热带山地森林生态系统及大熊猫、珙桐等珍稀动植物 |

续表

| 名　称 | 面积（平方公里） | 位　置 | 主要保护对象 |
|---|---|---|---|
| 四川白水河国家级自然保护区 | 301.5 | 彭州市 | 森林生态系统及野生动植物 |
| 四川攀枝花苏铁国家级自然保护区 | 13.58 | 攀枝花市市辖区攀枝花苏铁等 | 珍稀野生植物及其生境 |
| 四川长江上游珍稀、特有鱼类国家级自然保护区 | 331.74 | 昭通市、遵义市、泸州市、宜宾市、重庆市江津区、巴南区等 | 白鲟、达氏鲟、胭脂鱼等长江上游珍稀特有鱼类产卵场、越冬场、洄游通道及河流生态系统 |
| 四川画稿溪国家级自然保护区 | 238.27 | 叙永县 | 桫椤等珍稀植物及地质遗迹 |
| 四川王朗国家级自然保护区 | 322.97 | 平武县 | 大熊猫、川金丝猴等珍稀野生动物及森林生态系统 |
| 四川雪宝顶国家级自然保护区 | 636.15 | 平武县 | 大熊猫、川金丝猴、扭角羚等珍稀野生动物及其生境 |
| 四川米仓山国家级自然保护区 | 234 | 旺苍县 | 山地森林生态系统及珍稀野生动植物 |
| 四川唐家河国家级自然保护区 | 400 | 青川县 | 大熊猫等珍稀野生动物及森林生态系统 |
| 四川马边大风顶国家级自然保护区 | 301.64 | 马边彝族自治县 | 大熊猫等珍稀野生动物及森林生态系统 |
| 四川长宁竹海国家级自然保护区 | 358 | 长宁县 | 竹林生态系统及野生动植物 |
| 四川花萼山国家级自然保护区 | 482.03 | 万源市 | 北亚热带常绿阔叶林生态系统及珍稀野生动植物 |
| 四川蜂桶寨国家级自然保护区 | 390.39 | 宝兴县 | 大熊猫等珍稀野生动物及森林生态系统 |
| 四川卧龙国家级自然保护区 | 2000 | 汶川县 | 大熊猫等珍稀野生动物及森林生态系统 |
| 四川九寨沟国家级自然保护区 | 720 | 九寨沟县 | 大熊猫等珍稀野生动物及森林生态系统 |
| 四川小金四姑娘山国家级自然保护区 | 560 | 小金县 | 野生动物及高山生态系统 |
| 四川若尔盖湿地国家级自然保护区 | 1665.67 | 若尔盖县 | 高寒沼泽湿地生态系统及黑颈鹤等野生动物 |
| 四川贡嘎山国家级自然保护区 | 4091.43 | 康定县、泸定县、九龙县、石棉县 | 高山森林生态系统及大熊猫、金丝猴等珍稀野生动物 |

续表

| 名　称 | 面积（平方公里） | 位　置 | 主要保护对象 |
|---|---|---|---|
| 四川察青松多白唇鹿国家级自然保护区 | 1436.83 | 白玉县 | 白唇鹿、金钱豹等野生动物及其生境 |
| 四川海子山国家级自然保护区 | 4591.61 | 理塘县、稻城县 | 高寒湿地生态系统及白唇鹿、马麝、金雕、藏马鸡等珍稀动物 |
| 四川亚丁国家级自然保护区 | 1457.5 | 稻城县 | 高山生态系统及森林、草甸、野生动物等 |
| 四川美姑大风顶国家级自然保护区 | 506.55 | 美姑县 | 大熊猫等珍稀野生动物及森林生态系统 |
| 四川长沙贡玛国家级自然保护区 | 6698 | 石渠县 | 高寒湿地生态系统和藏野驴、雪豹等珍稀野生动物 |
| 贵州宽阔水国家级自然保护区 | 262.31 | 绥阳县 | 中亚热带常绿落叶阔叶林及重点保护野生动植物 |
| 贵州习水国家级自然保护区 | 519.11 | 习水县 | 森林生态系统及野生动植物 |
| 贵州赤水桫椤国家级自然保护区 | 133 | 赤水市 | 桫椤、小黄花茶等野生植物及森林生态系统 |
| 贵州梵净山国家级自然保护区 | 434.14 | 江口县、印江土家族苗族自治县、松桃苗族自治县 | 森林生态系统及黔金丝猴等珍稀动植物 |
| 贵州麻阳河国家级自然保护区 | 311.13 | 沿河土家族自治县、务川仡佬族苗族自治县 | 黑叶猴等珍稀动物及其生境 |
| 贵州威宁草海国家级自然保护区 | 96 | 威宁彝族回族苗族自治县 | 高原湖泊湿地生态系统及黑颈鹤等珍稀鸟类 |
| 贵州雷公山国家级自然保护区 | 473 | 雷山县、台江县、剑河县、榕江县 | 中亚热带森林生态系统及秃杉等珍稀植物 |
| 贵州茂兰国家级自然保护区 | 212.85 | 荔波县 | 喀斯特森林生态系统 |
| 云南会泽黑颈鹤国家级自然保护区 | 129.11 | 会泽县 | 黑颈鹤等珍稀鸟类及其生境、湿地生态系统 |
| 云南哀牢山国家级自然保护区 | 677 | 新平彝族傣族自治县、景东彝族自治县、镇沅彝族哈尼族拉祜族自治县、楚雄市、双柏县、南华县 | 原始森林生态系统及黑长臂猿等珍稀野生动植物 |
| 云南高黎贡山国家级自然保护区 | 4055.49 | 保山市、腾冲县、泸水县、福贡县、贡山独龙族怒族自治县 | 山地生态系统垂直带谱及野生动植物 |

续表

| 名　称 | 面积（平方公里） | 位　置 | 主要保护对象 |
|---|---|---|---|
| 云南大山包黑颈鹤国家级自然保护区 | 192 | 昭通市 | 黑颈鹤等珍稀鸟类及其生境 |
| 云南药山国家级自然保护区 | 201.41 | 巧家县 | 湿性常绿阔叶林生态系统及多种药用植物 |
| 云南大围山国家级自然保护区 | 439.93 | 屏边苗族自治县、个旧市、蒙自县、河口瑶族自治县 | 南亚热带常绿阔叶林生态系统及珍稀野生动物 |
| 云南金平分水岭国家级自然保护区 | 420.27 | 金平苗族瑶族傣族自治县 | 南亚热带山地苔藓常绿阔叶林生态系统及珍稀野生动植物 |
| 云南黄连山国家级自然保护区 | 650.58 | 绿春县 | 亚热带常绿阔叶林生态系统及珍稀野生动植物 |
| 云南文山国家级自然保护区 | 268.67 | 文山县、西畴县 | 原始阔叶林及珍稀濒危野生动植物 |
| 云南无量山国家级自然保护区 | 309.38 | 景东彝族自治县、南涧县 | 亚热带常绿阔叶林及黑冠长臂猿等珍稀濒危野生动植物 |
| 云南西双版纳国家级自然保护区 | 2425.1 | 景洪市、勐海县、勐腊县 | 热带森林生态系统及珍稀野生动植物 |
| 云南纳板河流域国家级自然保护区 | 266 | 景洪市 | 热带季雨林及野生动植物 |
| 云南苍山洱海国家级自然保护区 | 797 | 大理白族自治州 | 断层湖泊、古代冰川遗迹、苍山冷杉、杜鹃林等 |
| 云南白马雪山国家级自然保护区 | 2764 | 德钦县、维西傈僳族自治县 | 高山针叶林生态系统、滇金丝猴及其生境 |
| 云南永德大雪山国家级自然保护区 | 175.41 | 永德县 | 亚热带阔叶林生态系统及珍稀野生动植物 |
| 云南南滚河国家级自然保护区 | 508.87 | 沧源佤族自治县、耿马傣族佤族自治县 | 亚洲象、孟加拉虎等珍稀濒危野生动物及森林生态系统 |
| 西藏拉鲁湿地国家级自然保护区 | 12.2 | 拉萨市 | 湿地生态系统 |
| 西藏雅鲁藏布江中游河谷黑颈鹤国家级自然保护区 | 6143.5 | 林周县、达孜县、浪卡子县、南木林县、日喀则市、拉孜县 | 黑颈鹤等珍稀野生动物及其生境 |
| 西藏类乌齐马鹿国家级自然保护区 | 1206.15 | 类乌齐县 | 马鹿、白唇鹿等野生动物及其生境 |
| 西藏芒康滇金丝猴国家级自然保护区 | 1853 | 芒康县 | 滇金丝猴及其生境 |

续表

| 名　称 | 面积<br>（平方公里） | 位　置 | 主要保护对象 |
|---|---|---|---|
| 西藏珠穆朗玛峰国家级自然保护区 | 33810 | 定结县、定日县、聂拉木县、吉隆县 | 高山森林、湿地、荒漠生态系统及雪豹等野生动物 |
| 西藏羌塘国家级自然保护区 | 298000 | 安多县、尼玛县、改则县、双湖县、革吉县、日土县、噶尔县 | 藏羚羊等有蹄类野生动物及高原荒漠生态系统 |
| 西藏色林错国家级自然保护区 | 18936.3 | 申扎县、尼玛县、班戈县、安多县、那曲县 | 黑颈鹤繁殖地、高原湿地生态系统 |
| 西藏雅鲁藏布大峡谷国家级自然保护区 | 9168 | 墨脱县、米林县、林芝县、波密县 | 山地生态系统垂直带谱及野生动植物 |
| 西藏察隅慈巴沟国家级自然保护区 | 1014 | 察隅县 | 山地亚热带森林生态系统及孟加拉虎等野生动植物 |
| 陕西周至国家级自然保护区 | 563.93 | 周至县 | 川金丝猴、大熊猫等野生动植物及其生境 |
| 陕西太白山国家级自然保护区 | 563.25 | 太白、眉县、周至县 | 森林生态系统及大熊猫、川金丝猴、扭角羚等野生动植物 |
| 陕西子午岭国家级自然保护区 | 406.21 | 富县 | 森林生态系统及豹、黑鹳、金雕等野生动植物 |
| 陕西长青国家级自然保护区 | 299.06 | 洋县 | 大熊猫、扭角羚、林麝等野生动植物及其生境 |
| 陕西汉中朱鹮国家级自然保护区 | 375.49 | 洋县、城固县、西乡县 | 朱鹮及其生境 |
| 陕西佛坪国家级自然保护区 | 292.4 | 佛坪县 | 大熊猫、川金丝猴、扭角羚等野生动物及森林生态系统 |
| 陕西天华山国家级自然保护区 | 254.85 | 宁陕县 | 大熊猫、川金丝猴、扭角羚等野生动植物及其生境 |
| 陕西化龙山国家级自然保护区 | 281.03 | 镇坪县、平利县 | 北亚热带森林生态系统及珍稀野生动植物 |
| 陕西牛背梁国家级自然保护区 | 164.18 | 柞水县、宁陕县、西安市长安区 | 扭角羚等珍稀野生动植物及其生境 |
| 陕西桑园国家级自然保护区 | 138.06 | 留坝县 | 大熊猫等珍稀野生动植物及其生境 |
| 陕西青木川国家级自然保护区 | 102 | 宁强县 | 川金丝猴、大熊猫等珍稀野生动植物及其生境 |
| 陕西陇县秦岭细鳞鲑国家级自然保护区 | 65.59 | 陇县 | 秦岭细鳞鲑等水生生物及其生境 |

续表

| 名　称 | 面积（平方公里） | 位　置 | 主要保护对象 |
|---|---|---|---|
| 甘肃连城国家级自然保护区 | 479.3 | 永登县 | 森林生态系统及祁连柏、青杆等野生植物 |
| 甘肃兴隆山国家级自然保护区 | 296 | 榆中县 | 森林生态系统及马麝等野生动物 |
| 甘肃连古城国家级自然保护区 | 3898.83 | 民勤县 | 荒漠生态系统及黄羊等野生动物 |
| 甘肃太统一崆峒山国家级自然保护区 | 162.83 | 平凉市 | 山地落叶阔叶次生林生态系统及文化遗址等 |
| 甘肃祁连山国家级自然保护区 | 2360 | 酒泉市、张掖市、武威市 | 高山生态系统、水源涵养林、草原植被及野生动植物 |
| 甘肃安西极旱荒漠国家级自然保护区 | 8000 | 瓜州县 | 荒漠生态系统及珍稀野生动植物 |
| 甘肃盐池湾国家级自然保护区 | 13600 | 肃北蒙古族自治县 | 白唇鹿、野牦牛等野生动物及荒漠、草原、湿地生态系统 |
| 甘肃安南坝野骆驼国家级自然保护区 | 3960 | 阿克塞哈萨克族自治县 | 野骆驼、藏野驴等野生动物及荒漠、草原生态系统 |
| 甘肃敦煌西湖国家级自然保护区 | 6600 | 敦煌市 | 野骆驼、白鹳、黑鹳等珍稀野生动物及荒漠、湿地生态系统 |
| 甘肃小陇山国家级自然保护区 | 319.38 | 徽县 | 扭角羚、红腹锦鸡等珍稀野生动植物及其生境 |
| 甘肃白水江国家级自然保护区 | 1837.99 | 文县、武都县 | 大熊猫、川金丝猴、扭角羚等珍稀野生动物及其生境 |
| 甘肃莲花山国家级自然保护区 | 126 | 卓尼县、康乐县、临潭县 | 森林生态系统及野生动植物 |
| 甘肃尕海—则岔国家级自然保护区 | 2474.31 | 碌曲县 | 高原湿地、草甸、森林生态系统及黑鹳等珍稀鸟类 |
| 甘肃洮河自然保护区 | 2877.59 | 卓尼县、临潭县、迭部县、合作市 | 森林生态系统及野生动植物 |
| 甘肃敦煌阳关自然保护区 | 881.78 | 敦煌市 | 湿地、荒漠生态系统及野生动植物 |
| 青海循化孟达国家级自然保护区 | 172.9 | 循化撒拉族自治县 | 森林生态系统及珍稀野生动植物 |
| 青海青海湖国家级自然保护区 | 4952 | 刚察县、共和县、海晏县 | 黑颈鹤、斑头雁、棕头鸥等珍稀鸟类及湖泊湿地生态系统 |
| 青海可可西里国家级自然保护区 | 45000 | 治多县 | 藏羚羊、野牦牛等野生动物及高原生态系统 |

续表

| 名　称 | 面积（平方公里） | 位　置 | 主要保护对象 |
|---|---|---|---|
| 青海三江源国家级自然保护区 | 152342.04 | 玉树藏族自治州、果洛藏族自治州等 | 高原湿地生态系统、野生动植物及高寒草甸与高山草原植被、青海云杉林生态系统等 |
| 青海隆宝国家级自然保护区 | 100 | 玉树县 | 黑颈鹤、天鹅等珍稀鸟类及沼泽、草甸生态系统 |
| 宁夏贺兰山国家级自然保护区 | 2062.66 | 银川市、石嘴山市 | 水源涵养林、野生动植物及森林生态系统 |
| 宁夏灵武白芨滩国家级自然保护区 | 748.43 | 灵武市 | 天然柠条母树林及沙生植被 |
| 宁夏沙坡头国家级自然保护区 | 140.43 | 中卫市 | 自然沙生植被及人工治沙植被等 |
| 宁夏哈巴湖国家级自然保护区 | 840 | 盐池县 | 荒漠、湿地生态系统等 |
| 宁夏罗山国家级自然保护区 | 337.1 | 同心县 | 珍稀野生动植物及森林生态系统 |
| 宁夏六盘山国家级自然保护区 | 678.6 | 泾源县、隆德县、原州区 | 水源涵养林及野生动植物 |
| 新疆艾比湖湿地国家级自然保护区 | 2670.85 | 精河县 | 湖泊湿地生态系统及珍稀野生动植物 |
| 新疆塔里木胡杨国家级自然保护区 | 3954.2 | 尉犁县、轮台县 | 胡杨林生态系统及野生动植物 |
| 新疆阿尔金山国家级自然保护区 | 45000 | 若羌县、且末县 | 藏羚羊、野牦牛、藏野驴等野生动物及高原生态系统 |
| 新疆罗布泊野骆驼国家级自然保护区 | 78000 | 巴音郭楞蒙古自治州、吐鲁番地区、哈密地区 | 野骆驼等野生动物及其生境 |
| 新疆巴音布鲁克国家级自然保护区 | 1486.89 | 和静县 | 天鹅等珍稀鸟类及沼泽湿地生态系统 |
| 新疆托木尔峰国家级自然保护区 | 2376.38 | 温宿县 | 森林生态系统及野生动植物 |
| 新疆西天山国家级自然保护区 | 312.17 | 巩留县 | 雪岭云杉林生态系统及野生动植物 |
| 新疆甘家湖梭梭林国家级自然保护区 | 546.67 | 乌苏市、精河县 | 梭梭等野生动植物及其生境 |
| 新疆哈纳斯国家级自然保护区 | 2201.62 | 布尔津县、哈巴河县 | 寒温带针阔叶混交林生态系统及自然景观 |

表2 世界文化自然遗产

| 名　称 | 面积（平方公里） | 遗产种类 |
|---|---|---|
| 长城文化遗产明清皇宫（北京故宫、沈阳故宫） | 7.26 | 文化遗产 |
| 陕西秦始皇陵及兵马俑 | 56.25 | 文化遗产 |
| 甘肃敦煌莫高窟 | 446.2 | 文化遗产 |
| 北京周口店北京猿人遗址 | 13.68 | 文化遗产 |
| 山东泰山 | 426 | 文化与自然双重遗产 |
| 安徽黄山 | 296 | 文化与自然双重遗产 |
| 湖南武陵源风景名胜区 | 654.8 | 自然遗产 |
| 四川九寨沟风景名胜区 | 720 | 自然遗产 |
| 四川黄龙风景名胜区 | 700 | 自然遗产 |
| 西藏布达拉宫 | 2.6 | 文化遗产 |
| 河北承德避暑山庄及周围寺庙 | 15 | 文化遗产 |
| 山东曲阜孔庙、孔府及孔林 | 9.3 | 文化遗产 |
| 湖北武当山古建筑群 | 170 | 文化遗产 |
| 江西庐山风景名胜区 | 500 | 文化景观 |
| 四川峨眉山—乐山风景名胜区 | 171.88 | 文化与自然双重遗产 |
| 云南丽江古城 | 3.8 | 文化遗产 |
| 山西平遥古城 | 7.3 | 文化遗产 |
| 江苏苏州古典园林 | 0.39 | 文化遗产 |
| 北京颐和园 | 46.97 | 文化遗产 |
| 北京天坛 | 33.05 | 文化遗产 |
| 重庆大足石刻 | 2.34 | 文化遗产 |
| 福建武夷山 | 1278.63 | 文化与自然双重遗产 |
| 四川青城山和都江堰 | 178.91 | 文化遗产 |
| 河南洛阳龙门石窟 | 13.73 | 文化遗产 |
| 明清皇家陵寝：明显陵、明孝陵、明十三陵、清永陵、清福陵、清昭陵、清东陵、清西陵 | 268.64 | 文化遗产 |
| 安徽古村落：西递、宏村 | 7.82 | 文化遗产 |
| 山西大同云冈石窟 | 11.96 | 文化遗产 |
| 云南三江并流 | 16984.19 | 自然遗产 |
| 高句丽王城、王陵及贵族墓葬 | 183.07 | 文化遗产 |
| 澳门历史城区 | 1.23 | 文化遗产 |
| 四川大熊猫栖息地 | 9245 | 自然遗产 |
| 安阳殷墟 | 24 | 文化遗产 |
| 中国南方喀斯特 | 1460 | 自然遗产 |

续表

| 名 称 | 面积（平方公里） | 遗产种类 |
|---|---|---|
| 开平碉楼与村落 | 31.1 | 文化遗产 |
| 福建土楼 | 10.88 | 文化遗产 |
| 江西三清山 | 229.5 | 自然遗产 |
| 山西五台山 | 607.2 | 文化遗产 |
| 中国丹霞地貌 | 2183.57 | 自然遗产 |
| 登封"天地之中"历史建筑群 | 158.3 | 文化遗产 |

表3 国家级风景名胜区

| 名 称 | 面积（平方公里） | 名 称 | 面积（平方公里） |
|---|---|---|---|
| 八达岭—十三陵风景名胜区 | 280 | 扎兰屯风景名胜区 | 475 |
| 石花洞风景名胜区 | 84.66 | 千山风景名胜区 | 72 |
| 盘山风景名胜区 | 106 | 鸭绿江风景名胜区 | 824.2 |
| 承德避暑山庄外八庙风景名胜区 | 2394 | 金石滩风景名胜区 | 120 |
| 秦皇岛北戴河风景名胜区 | 365.97 | 兴城海滨风景名胜区 | 42 |
| 野三坡风景名胜区 | 498.5 | 大连海滨—旅顺口风景名胜区 | 166.7 |
| 苍岩山风景名胜区 | 63 | 凤凰山风景名胜区 | 216 |
| 嶂石岩风景名胜区 | 120 | 本溪水洞风景名胜区 | 44.72 |
| 西柏坡—天桂山风景名胜区 | 256 | 青山沟风景名胜区 | 127 |
| 崆山白云洞风景名胜区 | 350 | 医巫间山风景名胜区 | 630 |
| 五台山风景名胜区 | 376 | 松花湖风景名胜区 | 500 |
| 恒山风景名胜区 | 147.51 | 八大部—净月潭风景名胜区 | 103.38 |
| 黄河壶口瀑布风景名胜区 | 178 | 仙景台风景名胜区 | 32 |
| 北武当山风景名胜区 | 70 | 防川风景名胜区 | 139 |
| 五老峰风景名胜区 | 300 | 镜泊湖风景名胜区 | 1726 |
| 五大连池风景名胜区 | 720 | 琅琊山风景名胜区 | 115 |
| 太湖风景名胜区 | 888 | 齐云山风景名胜区 | 110.4 |
| 南京钟山风景名胜区 | 31 | 采石风景名胜区 | 64.85 |
| 云台山风景名胜区 | 201 | 巢湖风景名胜区 | 800 |
| 蜀岗瘦西湖风景名胜区 | 7.43 | 花山谜窟—渐江风景名胜区 | 61.2 |
| 三山风景名胜区 | 17.23 | 太极洞风景名胜区 | 22 |
| 杭州西湖风景名胜区 | 59.04 | 花亭湖风景名胜区 | 254 |
| 富春江—新安江风景名胜区 | 1123 | 武夷山风景名胜区 | 79 |
| 雁荡山风景名胜区 | 289.91 | 清源山风景名胜区 | 62 |

续表

| 名　称 | 面积<br>（平方公里） | 名　称 | 面积<br>（平方公里） |
|---|---|---|---|
| 普陀山风景名胜区 | 41.95 | 鼓浪屿—万石山风景名胜区 | 245.74 |
| 天台山风景名胜区 | 58.2 | 太姥山风景名胜区 | 92.02 |
| 嵊泗列岛风景名胜区 | 34.91 | 桃源洞—鳞隐石林风景名胜区 | 30.23 |
| 楠溪江风景名胜区 | 625 | 金湖风景名胜区 | 140 |
| 莫干山风景名胜区 | 58 | 鸳鸯溪风景名胜区 | 66 |
| 雪窦山风景名胜区 | 140 | 海坛风景名胜区 | 71 |
| 双龙风景名胜区 | 79.7 | 冠豸山风景名胜区 | 123 |
| 仙都风景名胜区 | 44.3 | 鼓山风景名胜区 | 49.7 |
| 江郎山风景名胜区 | 67 | 玉华洞风景名胜区 | 43 |
| 仙居风景名胜区 | 158 | 十八重溪风景名胜区 | 62 |
| 浣江—五泄风景名胜区 | 73.188 | 青云山风景名胜区 | 52.5 |
| 方岩风景名胜区 | 152 | 庐山风景名胜区 | 302 |
| 百丈漈—飞云湖风景名胜区 | 137 | 井冈山风景名胜区 | 213.5 |
| 方山—长屿硐天风景名胜区 | 26 | 三清山风景名胜区 | 229.5 |
| 黄山风景名胜区 | 160.6 | 龙虎山风景名胜区 | 200 |
| 九华山风景名胜区 | 120 | 仙女湖风景名胜区 | 198 |
| 天柱山风景名胜区 | 82.46 | 三百山风景名胜区 | 138 |
| 梅岭—滕王阁风景名胜区 | 143.68 | 岳阳楼—洞庭湖风景名胜区 | 214.74 |
| 龟峰风景名胜区 | 135 | 韶山风景名胜区 | 70 |
| 高岭—瑶里风景名胜区 | 192.18 | 岳麓风景名胜区 | 35.2 |
| 武功山风景名胜区 | 260 | 崀山风景名胜区 | 108 |
| 云居山—柘林湖风景名胜区 | 524 | 猛洞河风景名胜区 | 255 |
| 泰山风景名胜区 | 125 | 桃花源风景名胜区 | 158 |
| 青岛崂山风景名胜区 | 479.9 | 紫鹊界梯田—梅山龙宫风景名胜区 | 50 |
| 胶东半岛海滨风景名胜区 | 87 | 德夯风景名胜区 | 108 |
| 博山风景名胜区 | 73 | 肇庆星湖风景名胜区 | 19.527 |
| 青州风景名胜区 | 76.54 | 西樵山风景名胜区 | 14 |
| 鸡公山风景名胜区 | 27 | 丹霞山风景名胜区 | 215 |
| 洛阳龙门风景名胜区 | 9 | 白云山风景名胜区 | 21.8 |
| 嵩山风景名胜区 | 151.38 | 惠州西湖风景名胜区 | 19.6 |
| 王屋山—云台山风景名胜区 | 110 | 罗浮山风景名胜区 | 214.82 |
| 石人山风景名胜区 | 268 | 湖光岩风景名胜区 | 38 |
| 林虑山风景名胜区 | 100 | 桂林漓江风景名胜区 | 2064 |

续表

| 名　称 | 面积（平方公里） | 名　称 | 面积（平方公里） |
|---|---|---|---|
| 青天河风景名胜区 | 45.2 | 桂平西山风景名胜区 | 1008 |
| 神农山风景名胜区 | 96 | 花山风景名胜区 | 3001 |
| 武汉东湖风景名胜区 | 73.24 | 三亚热带海滨风景名胜区 | 212 |
| 武当山风景名胜区 | 312 | 长江三峡风景名胜区 | 1095.67 |
| 大洪山风景名胜区 | 305 | 缙云山风景名胜区 | 170 |
| 隆中风景名胜区 | 209 | 金佛山风景名胜区 | 441 |
| 九宫山风景名胜区 | 196 | 四面山风景名胜区 | 213.37 |
| 陆水风景名胜区 | 268.5 | 芙蓉江风景名胜区 | 100.75 |
| 衡山风景名胜区 | 100.7 | 天坑地缝风景名胜区 | 456 |
| 武陵源风景名胜区 | 397.5 | 峨眉山风景名胜区 | 171.88 |
| 九寨沟—黄龙寺风景名胜区 | 2550 | 路南石林风景名胜区 | 350 |
| 青城山—都江堰风景名胜区 | 150 | 大理风景名胜区 | 1012 |
| 剑门蜀道风景名胜区 | 597 | 西双版纳风景名胜区 | 1202.31 |
| 贡嘎山风景名胜区 | 11055 | 三江并流风景名胜区 | 8609.1 |
| 蜀南竹海风景名胜区 | 103 | 昆明滇池风景名胜区 | 685 |
| 西岭雪山风景名胜区 | 483 | 玉龙雪山风景名胜区 | 957 |
| 四姑娘山风景名胜区 | 450 | 腾冲地热火山风景名胜区 | 115.35 |
| 石海洞乡风景名胜区 | 156 | 瑞丽江—大盈江风景名胜区 | 672.31 |
| 邛海—螺髻山风景名胜区 | 2240 | 九乡风景名胜区 | 167.14 |
| 白龙湖风景名胜区 | 482 | 建水风景名胜区 | 70 |
| 光雾山—诺水河风景名胜区 | 456 | 普者黑风景名胜区 | 176 |
| 天台山风景名胜区 | 109 | 阿庐风景名胜区 | 186 |
| 龙门山风景名胜区 | 1900 | 雅砻河风景名胜区 | 920 |
| 黄果树风景名胜区 | 115 | 华山风景名胜区 | 148.4 |
| 织金洞风景名胜区 | 307 | 临潼骊山风景名胜区 | 87 |
| 潕阳河风景名胜区 | 625 | 宝鸡天台山风景名胜区 | 153.34 |
| 红枫湖风景名胜区 | 200 | 黄帝陵风景名胜区 | 23 |
| 龙宫风景名胜区 | 60 | 合阳洽川风景名胜区 | 176.46 |
| 荔波樟江风景名胜区 | 118.8 | 麦积山风景名胜区 | 215 |
| 赤水风景名胜区 | 328 | 崆峒山风景名胜区 | 83.595 |
| 马岭河峡谷—万峰湖风景名胜区 | 450 | 鸣沙山—月牙泉风景名胜区 | 380.7 |
| 都匀斗篷山—剑江风景名胜区 | 267 | 青海湖风景名胜区 | 4583 |
| 九洞天风景名胜区 | 86 | 西夏王陵风景名胜区 | 86 |

续表

| 名 称 | 面积<br>(平方公里) | 名 称 | 面积<br>(平方公里) |
|---|---|---|---|
| 九龙洞风景名胜区 | 65 | 天山天池风景名胜区 | 548 |
| 黎平侗乡风景名胜区 | 150 | 库木塔格沙漠风景名胜区 | 1880 |
| 紫云格凸河穿洞风景名胜区 | 70 | 博斯腾湖风景名胜区 | 2789 |
| 赛里木湖风景名胜区 | 1301.4 | 太阳岛风景名胜区 | 88 |
| 天姥山风景名胜区 | 143.13 | 佛子山风景名胜区 | 56 |
| 宝山风景名胜区 | 87.8 | 福安白云山风景名胜区 | 67 |
| 灵山风景名胜区 | 101.5 | 桐柏山—淮源风景名胜区 | 108 |
| 郑州黄河风景名胜区 | 20 | 苏仙岭—万华岩风景名胜区 | 46.09 |
| 南山风景名胜区 | 186 | 万佛山—侗寨风景名胜区 | 168 |
| 虎形山—花瑶风景名胜区 | 118 | 东江湖风景名胜区 | 280 |
| 梧桐山风景名胜区 | 31.8 | 平塘风景名胜区 | 110 |
| 榕江苗山侗水风景名胜区 | 174 | 石阡温泉群风景名胜区 | 67 |
| 沿河乌江山峡风景名胜区 | 102.2 | 瓮安江界河风景名胜区 | 138.6 |
| 纳木措—念青唐古拉山风景名胜区 | 4249.74 | 唐古拉山—怒江源风景名胜区 | 8900 |

表4　国家森林公园

| 名 称 | 面积<br>(平方公里) | 位 置 | 名 称 | 面积<br>(平方公里) | 位 置 |
|---|---|---|---|---|---|
| 北京西山国家森林公园 | 59.26 | 海淀区 | 河北清东陵国家森林公园 | 22.33 | 遵化县 |
| 北京上方山国家森林公园 | 3.37 | 房山区 | 河北辽河源国家森林公园 | 118.86 | 平泉县 |
| 北京蟒山国家森林公园 | 85.82 | 昌平区 | 河北山海关国家森林公园 | 48.53 | 秦皇岛市山海关区 |
| 北京云蒙山国家森林公园 | 22.08 | 密云县 | 河北五岳寨国家森林公园 | 44.00 | 灵寿县 |
| 北京小龙门国家森林公园 | 15.95 | 门头沟区 | 河北白草洼国家森林公园 | 53.96 | 滦平县 |
| 北京鹫峰国家森林公园 | 7.75 | 海淀区 | 河北天生桥国家森林公园 | 116.00 | 阜平县 |
| 北京大兴古桑国家森林公园 | 11.65 | 大兴区 | 河北黄羊山国家森林公园 | 21.07 | 涿鹿县 |
| 北京大杨山国家森林公园 | 21.07 | 昌平区 | 河北茅荆坝国家森林公园 | 194.00 | 隆化县 |
| 北京八达岭国家森林公园 | 29.40 | 延庆县 | 河北响堂山国家森林公园 | 63.49 | 邯郸市峰峰矿区 |
| 北京北宫国家森林公园 | 9.15 | 丰台区 | 河北野三坡国家森林公园 | 228.50 | 涞水县 |
| 北京霞云岭国家森林公园 | 214.87 | 房山区 | 河北六里坪国家森林公园 | 22.50 | 兴隆县 |
| 北京黄松峪国家森林公园 | 42.74 | 平谷区 | 河北白石山国家森林公园 | 34.78 | 涞源县 |
| 北京崎峰山国家森林公园 | 42.90 | 怀柔区 | 河北易州国家森林公园 | 84.46 | 易县 |

续表

| 名　称 | 面积<br>（平方公里） | 位　置 | 名　称 | 面积<br>（平方公里） | 位　置 |
|---|---|---|---|---|---|
| 北京天门山国家森林公园 | 6.69 | 门头沟区 | 河北古北岳国家森林公园 | 48.73 | 唐县 |
| 天津九龙山国家森林公园 | 21.26 | 蓟县 | 河北武安国家森林公园 | 405.00 | 武安市 |
| 河北海滨国家森林公园 | 16.67 | 秦皇岛市北戴河区 | 河北前南峪国家森林公园 | 26.00 | 邢台县 |
| 河北塞罕坝国家森林公园 | 940.00 | 围场县 | 河北驼梁山国家森林公园 | 158.70 | 平山县 |
| 河北磐槌峰国家森林公园 | 40.20 | 承德市双桥区 | 山西五台山国家森林公园 | 191.33 | 五台县 |
| 河北翔云岛国家森林公园 | 24.00 | 乐亭县 | 山西天龙山国家森林公园 | 179.66 | 太原市晋源区、万柏林区、尖草坪区、古交市 |
| 河北石佛国家森林公园 | 2.93 | 涿州市 | 山西关帝山国家森林公园 | 684.48 | 交城县、方山县等 |
| 山西管涔山国家森林公园 | 434.40 | 宁武县、五寨县等 | 内蒙古旺业甸国家森林公园 | 254.00 | 喀喇沁旗 |
| 山西恒山国家森林公园 | 279.60 | 浑源县 | 内蒙古好森沟国家森林公园 | 379.96 | 阿尔山市 |
| 山西云岗国家森林公园 | 159.67 | 大同市南郊区 | 内蒙古额济纳胡杨国家森林公园 | 56.36 | 额济纳旗 |
| 山西龙泉国家森林公园 | 243.80 | 左权县 | 内蒙古桦木沟国家森林公园 | 400.00 | 克什克腾旗 |
| 山西禹王洞国家森林公园 | 73.33 | 忻州市忻府区 | 内蒙古五当召国家森林公园 | 18.00 | 包头市石拐区 |
| 山西赵杲观国家森林公园 | 46.67 | 代县 | 内蒙古红花尔基樟子松国家森林公园 | 67.26 | 鄂温克旗 |
| 山西方山国家森林公园 | 33.33 | 寿阳县 | 内蒙古喇嘛山国家森林公园 | 93.79 | 牙克石市 |
| 山西交城山国家森林公园 | 153.33 | 交城县 | 内蒙古莫尔道嘎国家森林公园 | 1483.24 | 额尔古纳市 |
| 山西太岳山国家森林公园 | 600.00 | 介休市、灵石县等 | 内蒙古阿尔山国家森林公园 | 1031.49 | 阿尔山市 |
| 山西五老峰国家森林公园 | 104.00 | 永济市 | 内蒙古达尔滨湖国家森林公园 | 220.81 | 鄂伦春旗 |
| 山西老顶山国家森林公园 | 22.00 | 长治市城区 | 内蒙古伊克萨玛国家森林公园 | 158.90 | 根河市 |
| 山西乌金山国家森林公园 | 36.67 | 晋中市榆次区 | 内蒙古乌尔旗汉国家森林公园 | 369.22 | 牙克石市、鄂伦春旗 |

续表

| 名　称 | 面积（平方公里） | 位　置 | 名　称 | 面积（平方公里） | 位　置 |
|---|---|---|---|---|---|
| 山西中条山国家森林公园 | 463.01 | 沁水县、阳城县等 | 内蒙古兴安国家森林公园 | 192.17 | 鄂伦春旗 |
| 山西太行峡谷国家森林公园 | 40.00 | 壶关县 | 内蒙古绰源国家森林公园 | 528.58 | 牙克石市 |
| 山西黄崖洞国家森林公园 | 60.00 | 黎城县 | 内蒙古阿里河国家森林公园 | 24.86 | 鄂伦春旗 |
| 内蒙古红山国家森林公园 | 43.33 | 赤峰市红山区 | 辽宁旅顺口国家森林公园 | 27.41 | 大连市旅顺口区 |
| 内蒙古黑大门国家森林公园 | 36.00 | 武川县 | 辽宁海棠山国家森林公园 | 15.30 | 阜新县 |
| 内蒙古察尔森国家森林公园 | 121.33 | 科尔沁右翼前旗 | 辽宁大孤山国家森林公园 | 20.00 | 东港市 |
| 内蒙古海拉尔国家森林公园 | 140.62 | 呼伦贝尔市海拉尔区 | 辽宁首山国家森林公园 | 8.00 | 兴城市 |
| 内蒙古乌拉山国家森林公园 | 930.42 | 乌拉特前旗 | 辽宁凤凰山国家森林公园 | 13.33 | 朝阳市双塔区 |
| 内蒙古乌素图国家森林公园 | 800.00 | 呼和浩特市回民区 | 辽宁桓仁国家森林公园 | 156.67 | 恒仁县 |
| 内蒙古马鞍山国家森林公园 | 35.00 | 喀喇沁旗 | 辽宁本溪国家森林公园 | 66.66 | 本溪县 |
| 内蒙古二龙什台国家森林公园 | 96.00 | 凉城县 | 辽宁陨石山国家森林公园 | 20.00 | 沈阳市东陵区 |
| 内蒙古兴隆国家森林公园 | 27.01 | 赤峰市元宝山区 | 辽宁盖州国家森林公园 | 16.00 | 盖州市 |
| 内蒙古黄岗梁国家森林公园 | 1033.33 | 克什克腾旗 | 辽宁元帅林国家森林公园 | 69.59 | 抚顺市东洲区 |
| 内蒙古贺兰山国家森林公园 | 34.55 | 阿拉善左旗 | 吉林拉法山国家森林公园 | 341.94 | 蛟河市 |
| 辽宁仙人洞国家森林公园 | 35.75 | 庄河市 | 吉林图们江国家森林公园 | 326.78 | 珲春市 |
| 大连大赫山国家森林公园 | 37.59 | 大连市金州区等 | 吉林朱雀山国家森林公园 | 56.62 | 吉林市丰满区 |
| 辽宁长山群岛国家海岛森林公园 | 46.31 | 长海县 | 吉林图们江源国家森林公园 | 126.36 | 和龙市 |
| 辽宁普兰店国家森林公园 | 110.00 | 普兰店市 | 吉林延边仙峰国家森林公园 | 191.02 | 和龙市 |
| 辽宁大黑山国家森林公园 | 30.31 | 北票市 | 吉林官马莲花山国家森林公园 | 51.46 | 磐石市 |
| 辽宁沈阳国家森林公园 | 9.33 | 沈阳市沈北新区 | 吉林肇大鸡山国家森林公园 | 141.28 | 桦甸市 |

续表

| 名　称 | 面积（平方公里） | 位　置 | 名　称 | 面积（平方公里） | 位　置 |
|---|---|---|---|---|---|
| 辽宁猴石国家森林公园 | 56.75 | 新宾县 | 吉林寒葱顶国家森林公园 | 74.80 | 辽源市 |
| 辽宁本溪环城国家森林公园 | 198.76 | 本溪市平山区、溪湖区、明山区、南芬区 | 吉林满天星国家森林公园 | 170.57 | 汪清县 |
| 辽宁冰砬山国家森林公园 | 22.59 | 西丰县 | 吉林吊水壶国家森林公园 | 47.85 | 长春市双阳区 |
| 辽宁金龙寺国家森林公园 | 21.38 | 大连市甘井子区 | 吉林露水河国家森林公园 | 257.87 | 抚松县 |
| 辽宁千山仙人台国家森林公园 | 29.31 | 鞍山市千山区 | 吉林通化石湖国家森林公园 | 23.37 | 通化县 |
| 辽宁清原红河谷国家森林公园 | 91.12 | 清原县 | 吉林红石国家森林公园 | 285.75 | 桦甸市 |
| 大连天门山国家森林公园 | 31.00 | 庄河市 | 吉林江源国家森林公园 | 146.36 | 白山市江源区 |
| 辽宁三块石国家森林公园 | 72.12 | 抚顺县 | 吉林鸡冠山国家森林公园 | 29.04 | 梅河口市 |
| 辽宁章古台沙地国家森林公园 | 113.41 | 彰武县 | 吉林长白国家森林公园 | 270.00 | 长白县 |
| 大连银石滩国家森林公园 | 5.70 | 庄河市 | 吉林泉阳泉国家森林公园 | 49.77 | 抚松县 |
| 大连西郊国家森林公园 | 59.58 | 大连市甘井子区 | 黑龙江牡丹峰国家森林公园 | 194.67 | 牡丹江市西安区 |
| 吉林净月潭国家森林公园 | 83.30 | 长春市南关区 | 黑龙江火山口国家森林公园 | 669.33 | 宁安市 |
| 吉林五女峰国家森林公园 | 68.67 | 集安市 | 黑龙江大亮子河国家森林公园 | 71.33 | 汤原县 |
| 吉林龙湾群国家森林公园 | 81.33 | 辉南县 | 黑龙江乌龙国家森林公园 | 280.00 | 通河县 |
| 吉林白鸡峰国家森林公园 | 33.33 | 通化市东昌区 | 黑龙江哈尔滨国家森林公园 | 1.36 | 哈尔滨市香坊区 |
| 吉林帽儿山国家森林公园 | 11.00 | 延吉市 | 黑龙江街津山国家森林公园 | 133.33 | 同江市 |
| 吉林半拉山国家森林公园 | 92.99 | 四平市 | 黑龙江齐齐哈尔国家森林公园 | 46.66 | 齐齐哈尔市梅里斯区 |
| 吉林三仙夹国家森林公园 | 8.80 | 柳河县 | 黑龙江北极村国家森林公园 | 363.76 | 漠河县 |
| 吉林大安国家森林公园 | 6.67 | 大安市 | 黑龙江长寿国家森林公园 | 24.83 | 宾县 |
| 吉林临江国家森林公园 | 180.00 | 临江市 | 黑龙江大庆国家森林公园 | 54.66 | 大庆市大同区 |

续表

| 名　称 | 面积（平方公里） | 位　置 | 名　称 | 面积（平方公里） | 位　置 |
|---|---|---|---|---|---|
| 黑龙江一面坡国家森林公园 | 234.08 | 尚志市 | 黑龙江梅花山国家森林公园 | 78.15 | 伊春市乌马河区 |
| 黑龙江龙凤国家森林公园 | 218.40 | 五常市 | 黑龙江凤凰山国家森林公园 | 500.00 | 五常市 |
| 黑龙江金泉国家森林公园 | 40.00 | 哈尔滨市阿城区 | 黑龙江兴隆国家森林公园 | 268.12 | 巴彦县 |
| 黑龙江乌苏里江国家森林公园 | 250.69 | 虎林市 | 黑龙江雪乡国家森林公园 | 1860.00 | 海林市 |
| 黑龙江驿马山国家森林公园 | 4.58 | 巴彦县 | 黑龙江青山国家森林公园 | 280.00 | 双鸭山市 |
| 黑龙江三道关国家森林公园 | 80.00 | 牡丹江市西安区 | 黑龙江大沾河国家森林公园 | 162.70 | 五大连池市 |
| 黑龙江绥芬河国家森林公园 | 9.71 | 绥芬河市 | 黑龙江廻龙湾国家森林公园 | 63.26 | 伊春市美溪区 |
| 黑龙江五顶山国家森林公园 | 20.46 | 富锦市 | 黑龙江金山屯国家森林公园 | 122.83 | 伊春市金山屯区 |
| 黑龙江茅兰沟国家森林公园 | 60.00 | 嘉荫县 | 黑龙江小兴安岭石林国家森林公园 | 190.07 | 伊春市汤旺河区 |
| 黑龙江龙江三峡国家森林公园 | 85.69 | 萝北县 | 黑龙江方正龙山国家森林公园 | 661.01 | 方正县 |
| 黑龙江鹤岗国家森林公园 | 26.36 | 鹤岗市工农区 | 黑龙江溪水国家森林公园 | 45.80 | 伊春市上甘岭区 |
| 黑龙江勃利国家森林公园 | 393.24 | 勃利县 | 黑龙江镜泊湖国家森林公园 | 650.00 | 宁安市 |
| 黑龙江丹清河国家森林公园 | 28.50 | 依兰县 | 黑龙江六峰山国家森林公园 | 346.40 | 穆棱市 |
| 黑龙江石龙山国家森林公园 | 63.08 | 七台河市茄子河区 | 黑龙江佛手山国家森林公园 | 167.27 | 海林市 |
| 黑龙江望龙山国家森林公园 | 21.52 | 庆安县 | 黑龙江珍宝岛国家森林公园 | 134.29 | 虎林县 |
| 黑龙江胜山要塞国家森林公园 | 138.28 | 孙吴县 | 黑龙江伊春兴安国家森林公园 | 45.15 | 伊春市伊春区 |
| 黑龙江五大连池国家森林公园 | 123.80 | 五大连池市 | 黑龙江红松林国家森林公园 | 190.00 | 萝北县 |
| 黑龙江完达山国家森林公园 | 423.99 | 宝清县 | 黑龙江七星峰国家森林公园 | 152.60 | 桦南县 |
| 黑龙江威虎山国家森林公园 | 4147.56 | 海林市、林口县 | 黑龙江呼中国家森林公园 | 1153.40 | 大兴安岭地区呼中区 |
| 黑龙江五营国家森林公园 | 141.41 | 伊春市五营区 | 上海佘山国家森林公园 | 4.01 | 松江区 |
| 黑龙江亚布力国家森林公园 | 120.46 | 尚志市 | 上海东平国家森林公园 | 3.55 | 崇明县 |

续表

| 名　称 | 面积（平方公里） | 位　置 | 名　称 | 面积（平方公里） | 位　置 |
|---|---|---|---|---|---|
| 黑龙江桃山国家森林公园 | 1000.00 | 铁力市 | 上海海湾国家森林公园 | 10.65 | 奉贤区 |
| 黑龙江日月峡国家森林公园 | 297.08 | 铁力市 | 上海共青国家森林公园 | 1.31 | 杨浦区 |
| 黑龙江八里湾国家森林公园 | 410.00 | 尚志市 | 江苏虞山国家森林公园 | 14.67 | 常熟市 |
| 江苏上方山国家森林公园 | 5.00 | 苏州市虎丘区 | 浙江玉苍山国家森林公园 | 23.79 | 苍南县 |
| 江苏徐州环城国家森林公园 | 13.33 | 徐州市云龙区、泉山区、鼓楼区 | 浙江钱江源国家森林公园 | 45.00 | 开化县 |
| 江苏宜兴国家森林公园 | 34.00 | 宜兴市 | 浙江紫微山国家森林公园 | 55.00 | 衢州市衢江区 |
| 江苏惠山国家森林公园 | 9.36 | 无锡市惠山区 | 浙江铜铃山国家森林公园 | 27.55 | 文成县 |
| 江苏东吴国家森林公园 | 12.00 | 苏州市吴中区 | 浙江花岩国家森林公园 | 26.40 | 瑞安市 |
| 江苏云台山国家森林公园 | 20.00 | 连云港市连云区 | 浙江龙湾潭国家森林公园 | 15.62 | 永嘉县 |
| 江苏盱眙第一山国家森林公园 | 14.00 | 盱眙县 | 浙江遂昌国家森林公园 | 239.53 | 遂昌县 |
| 江苏南山国家森林公园 | 10.00 | 镇江市润州区 | 浙江五泄国家森林公园 | 7.33 | 诸暨市 |
| 江苏宝华山国家森林公园 | 17.00 | 句容市 | 浙江石门洞国家森林公园 | 42.95 | 青田县 |
| 江苏西山国家森林公园 | 60.00 | 苏州市吴中区 | 浙江四明山国家森林公园 | 62.51 | 余姚市 |
| 江苏铁山寺国家森林公园 | 70.58 | 盱眙县 | 浙江双峰国家森林公园 | 22.81 | 宁海县 |
| 南京紫金山国家森林公园 | 30.09 | 南京市玄武区 | 浙江仙霞国家森林公园 | 34.49 | 江山市 |
| 浙江千岛湖国家森林公园 | 950.00 | 淳安县 | 浙江大溪国家森林公园 | 33.75 | 温岭市 |
| 浙江大奇山国家森林公园 | 7.00 | 桐庐县 | 浙江松阳卯山国家森林公园 | 13.85 | 松阳县 |
| 浙江兰亭国家森林公园 | 2.30 | 绍兴县 | 浙江牛头山国家森林公园 | 13.28 | 武义县 |
| 浙江午潮山国家森林公园 | 2.53 | 富阳市 | 浙江三衢国家森林公园 | 10.68 | 常山县 |
| 浙江富春江国家森林公园 | 84.67 | 建德市 | 浙江径山（山沟沟）国家森林公园 | 53.75 | 杭州市余杭区 |
| 浙江竹乡国家森林公园 | 166.00 | 安吉县 | 浙江南山湖国家森林公园 | 21.89 | 嵊州市 |
| 浙江天童国家森林公园 | 4.30 | 宁波市鄞州区 | 安徽黄山国家森林公园 | 116.87 | 黄山市黄山区 |

续表

| 名　称 | 面积（平方公里） | 位　置 | 名　称 | 面积（平方公里） | 位　置 |
|---|---|---|---|---|---|
| 浙江雁荡山国家森林公园 | 8.41 | 乐清市 | 安徽琅琊山国家森林公园 | 48.67 | 滁州市琅琊区 |
| 浙江溪口国家森林公园 | 1.89 | 奉化市 | 安徽天柱山国家森林公园 | 20.48 | 潜山县 |
| 浙江九龙山国家森林公园 | 6.13 | 平湖市 | 安徽九华山国家森林公园 | 143.33 | 青阳县 |
| 浙江双龙洞国家森林公园 | 7.77 | 金华市婺城区 | 安徽皇藏峪国家森林公园 | 22.76 | 萧县 |
| 浙江华顶国家森林公园 | 38.67 | 天台县 | 安徽徽州国家森林公园 | 53.14 | 歙县 |
| 浙江青山湖国家森林公园 | 26.76 | 临安市 | 安徽大龙山国家森林公园 | 14.47 | 安庆市宜秀区 |
| 安徽紫蓬山国家森林公园 | 10.02 | 肥西县 | 福建三元国家森林公园 | 45.72 | 三明市三元区 |
| 安徽皇甫山国家森林公园 | 35.52 | 滁州市南谯区 | 福建龙岩国家森林公园 | 22.00 | 龙岩市新罗区 |
| 安徽天堂寨国家森林公园 | 120.00 | 金寨县 | 福建旗山国家森林公园 | 35.87 | 闽侯县 |
| 安徽鸡笼山国家森林公园 | 45.00 | 和县 | 福建灵石山国家森林公园 | 22.75 | 福清市 |
| 安徽冶父山国家森林公园 | 8.10 | 庐江县 | 福建东山国家森林公园 | 8.75 | 东山县 |
| 安徽太湖山国家森林公园 | 18.14 | 含山县 | 福建德化石牛山国家森林公园 | 84.11 | 德化县 |
| 安徽神山国家森林公园 | 22.22 | 全椒县 | 福建三明仙人谷国家森林公园 | 14.88 | 三明市梅列区 |
| 安徽妙道山国家森林公园 | 7.52 | 岳西县 | 福建将乐天阶山国家森林公园 | 9.39 | 将乐县 |
| 安徽天井山国家森林公园 | 12.00 | 无为县 | 福建厦门莲花国家森林公园 | 38.24 | 厦门市同安区 |
| 安徽舜耕山国家森林公园 | 25.33 | 长丰县 | 福建上杭国家森林公园 | 46.73 | 上杭县 |
| 安徽浮山国家森林公园 | 38.34 | 枞阳县 | 福建武夷山国家森林公园 | 30.85 | 武夷山市 |
| 安徽石莲洞国家森林公园 | 14.79 | 宿松县 | 福建乌山国家森林公园 | 69.20 | 诏安县 |
| 安徽齐云山国家森林公园 | 60.00 | 休宁县 | 福建漳平天台国家森林公园 | 38.51 | 漳平市 |
| 安徽韭山国家森林公园 | 55.33 | 凤阳县 | 福建王寿山国家森林公园 | 15.35 | 永定县 |
| 安徽横山国家森林公园 | 10.00 | 广德县 | 福建九龙谷国家森林公园 | 10.92 | 莆田市城厢区 |
| 安徽敬亭山国家森林公园 | 20.09 | 宣州市宣州区 | 福建支提山国家森林公园 | 23.00 | 宁德市蕉城区 |
| 安徽八公山国家森林公园 | 27.59 | 寿县、淮南市八公山区 | 江西三爪仑国家森林公园 | 121.33 | 靖安县 |

续表

| 名　称 | 面积<br>（平方公里） | 位　置 | 名　称 | 面积<br>（平方公里） | 位　置 |
|---|---|---|---|---|---|
| 安徽万佛山国家森林公园 | 20.00 | 舒城县 | 江西庐山山南国家森林公园 | 33.47 | 星子县 |
| 安徽水西国家森林公园 | 21.47 | 泾县 | 江西梅岭国家森林公园 | 111.73 | 南昌市湾里区 |
| 安徽青龙湾国家森林公园 | 27.30 | 宁国市 | 江西三百山国家森林公园 | 33.30 | 安远县 |
| 安徽上窑国家森林公园 | 10.40 | 淮南市大通区 | 江西马祖山国家森林公园 | 6.67 | 九江市庐山区 |
| 福建福州国家森林公园 | 418.15 | 福州市晋安区 | 江西鄱阳湖湖口国家森林公园 | 12.80 | 湖口县 |
| 福建天柱山国家森林公园 | 30.81 | 长泰县 | 江西灵岩洞国家森林公园 | 30.00 | 婺源县 |
| 福建平潭海岛国家森林公园 | 12.96 | 平潭县 | 江西明月山国家森林公园 | 78.42 | 宜春市袁州区 |
| 福建华安国家森林公园 | 81.53 | 华安县 | 江西翠微峰国家森林公园 | 78.67 | 宁都县 |
| 福建猫儿山国家森林公园 | 25.60 | 泰宁县 | 江西天柱峰国家森林公园 | 207.57 | 铜鼓县 |
| 江西泰和国家森林公园 | 30.00 | 泰和县 | 山东崂山国家森林公园 | 74.67 | 青岛市崂山区 |
| 江西鹅湖山国家森林公园 | 79.50 | 铅山县 | 山东抱犊崮国家森林公园 | 6.67 | 枣庄市山亭区 |
| 江西龟峰国家森林公园 | 74.00 | 弋阳县 | 山东黄河口国家森林公园 | 509.33 | 垦利县、利津县 |
| 江西上清国家森林公园 | 118.00 | 贵溪县 | 山东昆嵛山国家森林公园 | 47.33 | 牟平县 |
| 江西梅关国家森林公园 | 53.00 | 大余县 | 山东罗山国家森林公园 | 4.80 | 招远市 |
| 江西永丰国家森林公园 | 76.00 | 永丰县 | 山东长岛国家森林公园 | 57.00 | 长岛县 |
| 江西阁皂山国家森林公园 | 68.60 | 樟树市 | 山东沂山国家森林公园 | 64.67 | 临朐县 |
| 江西三叠泉国家森林公园 | 16.51 | 九江市庐山区 | 山东尼山国家森林公园 | 5.90 | 曲阜市 |
| 江西武功山国家森林公园 | 241.90 | 安福县 | 山东泰山国家森林公园 | 120.00 | 泰安市泰山区 |
| 江西铜钹山国家森林公园 | 195.00 | 广丰县 | 山东徂徕山国家森林公园 | 90.00 | 泰安市岱岳区 |
| 江西阳岭国家森林公园 | 68.90 | 崇义县 | 山东日照海滨国家森林公园 | 7.89 | 日照市东港区 |
| 江西天花井国家森林公园 | 6.85 | 九江市庐山区 | 山东鹤伴山国家森林公园 | 4.80 | 邹平县 |
| 江西五指峰国家森林公园 | 245.33 | 上犹县 | 山东孟良崮国家森林公园 | 8.00 | 沂南县 |

续表

| 名　称 | 面积（平方公里） | 位　置 | 名　称 | 面积（平方公里） | 位　置 |
|---|---|---|---|---|---|
| 江西柘林湖国家森林公园 | 164.50 | 永修县 | 山东柳埠国家森林公园 | 24.66 | 济南市历城区 |
| 江西陡水湖国家森林公园 | 226.67 | 上犹县、崇义县 | 山东刘公岛国家森林公园 | 2.48 | 威海市环翠区 |
| 江西万安国家森林公园 | 163.33 | 万安县 | 山东槎山国家森林公园 | 1.07 | 荣城市 |
| 江西三湾国家森林公园 | 155.13 | 永新县 | 山东药乡国家森林公园 | 14.64 | 泰安市 |
| 江西安源国家森林公园 | 78.66 | 萍乡市安源区 | 山东原山国家森林公园 | 17.06 | 淄博市博山区 |
| 江西景德镇国家森林公园 | 37.96 | 景德镇市昌江区 | 山东灵山湾国家森林公园 | 6.67 | 胶南市 |
| 江西云碧峰国家森林公园 | 8.73 | 上饶市信州区 | 山东双岛国家森林公园 | 24.77 | 威海市环翠区 |
| 江西九连山国家森林公园 | 200.63 | 龙南县 | 山东蒙山国家森林公园 | 36.76 | 蒙阴县 |
| 江西岩泉国家森林公园 | 48.85 | 黎川县 | 山东腊山国家森林公园 | 7.23 | 东平县 |
| 江西瑶里国家森林公园 | 44.71 | 浮梁县 | 山东仰天山国家森林公园 | 24.00 | 青州市 |
| 江西峰山国家森林公园 | 207.35 | 赣州市章贡区 | 山东伟德山国家森林公园 | 83.62 | 荣城市 |
| 江西清凉山国家森林公园 | 33.98 | 资溪县 | 山东珠山国家森林公园 | 40.00 | 青岛市黄岛 |
| 江西九岭山国家森林公园 | 12.66 | 武宁县 | 山东牛山国家森林公园 | 30.00 | 肥城市 |
| 山东鲁山国家森林公园 | 41.33 | 淄博市博山区、沂源县 | 河南神灵寨国家森林公园 | 53.00 | 洛宁县 |
| 山东岠嵎山国家森林公园 | 12.04 | 乳山市 | 河南铜山湖国家森林公园 | 19.96 | 泌阳县 |
| 山东五莲山国家森林公园 | 68.00 | 五莲县 | 河南黄河故道国家森林公园 | 8.38 | 商丘市梁园区 |
| 山东莱芜华山国家森林公园 | 46.03 | 莱芜市莱城区 | 河南郁山国家森林公园 | 21.33 | 新安县 |
| 山东艾山国家森林公园 | 25.79 | 蓬莱市 | 河南玉皇山国家森林公园 | 29.82 | 卢氏县 |
| 山东龙口南山国家森林公园 | 9.49 | 龙口市 | 河南金兰山国家森林公园 | 33.33 | 新县 |
| 山东新泰莲花山国家森林公园 | 21.64 | 新泰市 | 河南嵖岈山国家森林公园 | 23.40 | 遂平县 |
| 山东牙山国家森林公园 | 101.40 | 栖霞市 | 河南天池山国家森林公园 | 17.16 | 嵩县 |
| 山东招虎山国家森林公园 | 17.63 | 海阳市 | 河南始祖山国家森林公园 | 46.67 | 新郑市 |
| 河南嵩山国家森林公园 | 115.82 | 登封市 | 河南黄柏山国家森林公园 | 40.10 | 商城县 |

续表

| 名　称 | 面积<br>（平方公里） | 位　置 | 名　称 | 面积<br>（平方公里） | 位　置 |
|---|---|---|---|---|---|
| 河南寺山国家森林公园 | 56.00 | 西峡县 | 河南燕子山国家森林公园 | 47.76 | 灵宝市 |
| 河南风穴寺国家森林公园 | 7.67 | 汝州市 | 河南棠溪源国家森林公园 | 38.00 | 西平县 |
| 河南石漫滩国家森林公园 | 53.33 | 舞钢市 | 湖北九峰国家森林公园 | 3.33 | 武汉市武昌区 |
| 河南薄山国家森林公园 | 60.67 | 确山县 | 湖北鹿门寺国家森林公园 | 18.67 | 襄阳市襄州区 |
| 河南开封国家森林公园 | 8.82 | 开封市金明区、顺河区 | 湖北玉泉寺国家森林公园 | 96.67 | 当阳市 |
| 河南亚武山国家森林公园 | 151.33 | 灵宝市 | 湖北大老岭国家森林公园 | 60.00 | 宜昌市夷陵区、秭归县、兴山县 |
| 河南花果山国家森林公园 | 42.00 | 宜阳县 | 湖北大口国家森林公园 | 63.33 | 钟祥市 |
| 河南云台山国家森林公园 | 3.60 | 修武县 | 湖北神农架国家森林公园 | 133.33 | 神农架林区 |
| 河南白云山国家森林公园 | 81.33 | 嵩县 | 湖北龙门河国家森林公园 | 46.44 | 兴山县 |
| 河南龙峪湾国家森林公园 | 18.33 | 栾川县 | 湖北薤山国家森林公园 | 45.33 | 谷城县 |
| 河南五龙洞国家森林公园 | 25.27 | 林州市 | 湖北清江国家森林公园 | 498.80 | 长阳县 |
| 河南南湾国家森林公园 | 28.10 | 信阳市浉河区 | 湖北大别山国家森林公园 | 574.27 | 罗田县 |
| 河南甘山国家森林公园 | 38.00 | 陕县 | 湖北柴埠溪国家森林公园 | 66.67 | 五峰县 |
| 河南淮河源国家森林公园 | 49.24 | 桐柏县 | 湖北潜山国家森林公园 | 2.06 | 咸宁市咸安区 |
| 湖北八岭山国家森林公园 | 6.67 | 江陵县 | 湖南东台山国家森林公园 | 3.36 | 湘乡市 |
| 湖北洈水国家森林公园 | 286.00 | 松滋市 | 湖南夹山国家森林公园 | 15.30 | 石门县 |
| 湖北三角山国家森林公园 | 64.52 | 浠水县 | 湖南不二门国家森林公园 | 53.37 | 永顺县 |
| 湖北中华山国家森林公园 | 51.40 | 广水市 | 湖南河洑国家森林公园 | 3.33 | 常德市武陵区 |
| 湖北太子山国家森林公园 | 79.30 | 京山县 | 湖南岣嵝峰国家森林公园 | 20.67 | 衡阳县 |
| 湖北红安天台山国家森林公园 | 60.00 | 红安县 | 湖南大云山国家森林公园 | 11.80 | 岳阳县 |
| 湖北坪坝营国家森林公园 | 132.38 | 咸丰县 | 湖南花岩溪国家森林公园 | 40.00 | 常德市鼎城区 |
| 湖北吴家山国家森林公园 | 58.73 | 英山县 | 湖南云阳国家森林公园 | 86.89 | 茶陵县 |
| 湖北千佛洞国家森林公园 | 6.66 | 荆门市东宝区、掇刀区 | 湖南大熊山国家森林公园 | 76.23 | 新化县 |

续表

| 名　称 | 面积（平方公里） | 位　置 | 名　称 | 面积（平方公里） | 位　置 |
|---|---|---|---|---|---|
| 湖北双峰山国家森林公园 | 14.00 | 孝昌县 | 湖南中坡国家森林公园 | 16.88 | 怀化市鹤城区 |
| 湖北大洪山国家森林公园 | 17.56 | 随州市曾都区 | 湖南幕阜山国家森林公园 | 17.01 | 平江县 |
| 湖南张家界国家森林公园 | 24.67 | 张家界市武陵源区 | 湖南金洞国家森林公园 | 25.00 | 祁阳县 |
| 湖南神农谷国家森林公园 | 100.00 | 炎陵县 | 湖南百里龙山国家森林公园 | 131.21 | 涟源市、新邵县 |
| 湖南莽山国家森林公园 | 198.33 | 宜章县 | 湖南千家峒国家森林公园 | 44.31 | 江永县 |
| 湖南大围山国家森林公园 | 37.03 | 浏阳市 | 广东梧桐山国家森林公园 | 6.78 | 深圳市福田区 |
| 湖南云山国家森林公园 | 31.10 | 武冈市 | 广东镇山国家森林公园 | 21.77 | 蕉岭县 |
| 湖南九疑山国家森林公园 | 82.27 | 宁远县 | 广东小坑国家森林公园 | 167.00 | 韶关市曲江区 |
| 湖南阳明山国家森林公园 | 117.33 | 双牌县 | 广东南澳海岛国家森林公园 | 13.73 | 南澳县 |
| 湖南南华山国家森林公园 | 22.43 | 凤凰县 | 广东南岭国家森林公园 | 273.33 | 乳源县 |
| 湖南黄山头国家森林公园 | 6.67 | 安乡县 | 广东新丰江国家森林公园 | 44.79 | 东源县 |
| 湖南桃花源国家森林公园 | 2.33 | 桃源县 | 广东韶关国家森林公园 | 20.11 | 韶关市武江区 |
| 湖南天门山国家森林公园 | 7.33 | 张家界市永定区 | 广东东海岛国家森林公园 | 6.67 | 湛江市麻章区 |
| 湖南天际岭国家森林公园 | 1.40 | 长沙市雨花区 | 广东流溪河国家森林公园 | 93.33 | 从化市 |
| 湖南天鹅山国家森林公园 | 7.07 | 资兴市 | 广东南昆山国家森林公园 | 20.00 | 龙门县 |
| 湖南舜皇山国家森林公园 | 145.48 | 东安县 | 广东西樵山国家森林公园 | 14.00 | 佛山市南海区 |
| 广东石门国家森林公园 | 26.36 | 从化市 | 广西九龙瀑布群国家森林公园 | 16.40 | 横县 |
| 广东圭峰山国家森林公园 | 35.50 | 江门市新会区 | 广西平天山国家森林公园 | 16.76 | 贵港市港北区 |
| 广东英德国家森林公园 | 1070.00 | 英德市 | 广西红茶沟国家森林公园 | 18.96 | 融安县 |
| 广东广宁竹海国家森林公园 | 85.00 | 广宁县 | 广西阳朔国家森林公园 | 43.56 | 阳朔县 |
| 广东北峰山国家森林公园 | 11.62 | 台山市 | 海南尖峰岭国家森林公园 | 466.67 | 乐东县 |
| 广东大王山国家森林公园 | 8.06 | 郁南县 | 海南蓝洋温泉国家森林公园 | 56.60 | 儋州市 |

续表

| 名　称 | 面积（平方公里） | 位置 | 名　称 | 面积（平方公里） | 位置 |
|---|---|---|---|---|---|
| 广东御景峰国家森林公园 | 13.33 | 惠东县 | 海南吊罗山国家森林公园 | 379.00 | 陵水县、保亭县、五指山市、万宁市、琼中县 |
| 广东神光山国家森林公园 | 6.75 | 兴宁市 | 海南海口火山国家森林公园 | 20.00 | 海口市琼山区 |
| 广东观音山国家森林公园 | 6.57 | 东莞市 | 海南七仙岭温泉国家森林公园 | 22.00 | 保亭县 |
| 广东三岭山国家森林公园 | 7.39 | 湛江市霞山区 | 海南黎母山国家森林公园 | 128.89 | 琼中县 |
| 广东雁鸣湖国家森林公园 | 7.70 | 梅县 | 海南海上国家森林公园 | 5.26 | 儋州市 |
| 广西桂林国家森林公园 | 5.76 | 桂林市象山区 | 海南霸王岭国家森林公园 | 84.44 | 昌江县 |
| 广西良凤江国家森林公园 | 2.48 | 南宁市江南区 | 重庆双桂山国家森林公园 | 1.02 | 丰都县 |
| 广西三门江国家森林公园 | 124.76 | 柳州市城中区、鹿寨县、象州县 | 重庆小三峡国家森林公园 | 20.00 | 巫山县 |
| 广西龙潭国家森林公园 | 78.00 | 桂平市 | 重庆金佛山国家森林公园 | 60.82 | 南川区 |
| 广西大桂山国家森林公园 | 30.00 | 贺州市八步区 | 重庆黄水国家森林公园 | 42.00 | 石柱县 |
| 广西元宝山国家森林公园 | 250.00 | 融水县 | 重庆仙女山国家森林公园 | 23.40 | 武隆县 |
| 广西八角寨国家森林公园 | 840.00 | 资源县 | 重庆茂云山国家森林公园 | 19.10 | 彭水县 |
| 广西十万大山国家森林公园 | 88.10 | 上思县 | 重庆武陵山国家森林公园 | 16.33 | 涪陵区 |
| 广西龙胜温泉国家森林公园 | 4.20 | 龙胜县 | 重庆青龙湖国家森林公园 | 52.36 | 璧山县 |
| 广西姑婆山国家森林公园 | 80.00 | 贺州市八步区 | 重庆黔江国家森林公园 | 128.00 | 黔江区 |
| 广西大瑶山国家森林公园 | 111.24 | 金秀县 | 重庆梁平东山国家森林公园 | 37.80 | 梁平县 |
| 广西黄猄洞天坑国家森林公园 | 138.80 | 乐业县 | 重庆桥口坝国家森林公园 | 76.55 | 巴南区 |
| 广西飞龙湖国家森林公园 | 120.98 | 苍梧县 | 重庆铁峰山国家森林公园 | 91.00 | 万州区 |
| 广西太平狮山国家森林公园 | 55.50 | 藤县 | 重庆红池坝国家森林公园 | 242.00 | 巫溪县 |
| 广西大容山国家森林公园 | 48.25 | 北流市 | 重庆雪宝山国家森林公园 | 97.72 | 开县 |
| 重庆歌乐山国家森林公园 | 14.03 | 沙坪坝区 | 四川千佛山国家森林公园 | 78.00 | 安县 |
| 重庆玉龙山国家森林公园 | 35.17 | 大足县 | 四川措普国家森林公园 | 480.00 | 巴塘县 |

续表

| 名　称 | 面积（平方公里） | 位　置 | 名　称 | 面积（平方公里） | 位　置 |
|---|---|---|---|---|---|
| 重庆茶山竹海国家森林公园 | 99.79 | 永川区 | 四川米仓山国家森林公园 | 401.55 | 南江县 |
| 重庆黑山国家森林公园 | 26.52 | 万盛区 | 四川天曌山国家森林公园 | 13.34 | 广元市利州区 |
| 重庆九重山国家森林公园 | 100.89 | 城口县 | 四川镇龙山国家森林公园 | 25.53 | 平昌县 |
| 重庆大园洞国家森林公园 | 34.59 | 江津区 | 四川二郎山国家森林公园 | 575.17 | 天全县 |
| 重庆南山国家森林公园 | 30.80 | 南岸区 | 四川雅克夏国家森林公园 | 448.89 | 黑水县 |
| 重庆观音峡国家森林公园 | 16.15 | 北碚区 | 四川天马山国家森林公园 | 22.97 | 巴中市巴州区 |
| 四川都江堰国家森林公园 | 295.48 | 都江堰市 | 四川空山国家森林公园 | 115.11 | 通江县 |
| 四川剑门关国家森林公园 | 30.47 | 剑阁县 | 四川云湖国家森林公园 | 10.13 | 绵竹市 |
| 四川瓦屋山国家森林公园 | 658.70 | 洪雅县 | 四川铁山国家森林公园 | 26.67 | 达县 |
| 四川高山国家森林公园 | 8.38 | 盐亭县 | 四川荷花海国家森林公园 | 54.17 | 康定县 |
| 四川西岭国家森林公园 | 486.50 | 大邑县 | 贵州百里杜鹃国家森林公园 | 180.00 | 黔西县、大方县 |
| 四川二滩国家森林公园 | 545.47 | 盐边县、米易县 | 贵州竹海国家森林公园 | 112.00 | 赤水市 |
| 四川海螺沟国家森林公园 | 185.98 | 泸定县 | 贵州九龙山国家森林公园 | 125.00 | 安顺市西秀区 |
| 四川七曲山国家森林公园 | 20.00 | 梓潼县 | 贵州凤凰山国家森林公园 | 10.62 | 遵义市红花岗区 |
| 四川九寨国家森林公园 | 370.00 | 九寨沟县 | 贵州长坡岭国家森林公园 | 10.75 | 贵阳市白云区 |
| 四川天台山国家森林公园 | 13.28 | 邛崃市 | 贵州尧人山国家森林公园 | 47.87 | 三都县 |
| 四川福宝国家森林公园 | 110.00 | 合江县 | 贵州燕子岩国家森林公园 | 104.00 | 赤水市 |
| 四川黑竹沟国家森林公园 | 281.54 | 峨边县 | 贵州玉舍国家森林公园 | 9.24 | 水城县 |
| 四川夹金山国家森林公园 | 883.32 | 宝兴县、小金县 | 贵州雷公山国家森林公园 | 43.55 | 雷山县 |
| 四川龙苍沟国家森林公园 | 75.74 | 荥经县 | 贵州习水国家森林公园 | 140.27 | 习水县 |
| 四川美女峰国家森林公园 | 19.00 | 乐山市沙湾区 | 贵州黎平国家森林公园 | 54.75 | 黎平县 |
| 四川白水河国家森林公园 | 22.72 | 彭州市 | 贵州朱家山国家森林公园 | 48.88 | 瓮安县 |
| 四川华蓥山国家森林公园 | 80.91 | 华蓥市 | 贵州紫林山国家森林公园 | 35.29 | 独山县 |
| 四川五峰山国家森林公园 | 8.76 | 大竹县 | 贵州濛阳湖国家森林公园 | 214.72 | 黄平县 |
| 贵州赫章夜郎国家森林公园 | 47.33 | 赫章县 | 云南小白龙国家森林公园 | 6.25 | 宜良县 |

续表

| 名　称 | 面积（平方公里） | 位　置 | 名　称 | 面积（平方公里） | 位　置 |
|---|---|---|---|---|---|
| 贵州青云湖国家森林公园 | 29.80 | 都匀市 | 云南五老山国家森林公园 | 36.04 | 临沧市临翔区 |
| 贵州大板水国家森林公园 | 31.32 | 遵义市红花岗区 | 云南紫金山国家森林公园 | 17.00 | 楚雄市 |
| 贵州毕节国家森林公园 | 41.33 | 毕节市 | 云南飞来寺国家森林公园 | 34.31 | 德钦县 |
| 贵州仙鹤坪国家森林公园 | 90.65 | 安龙县 | 云南圭山国家森林公园 | 32.06 | 石林县 |
| 贵州龙架山国家森林公园 | 60.79 | 龙里县 | 云南新生桥国家森林公园 | 26.16 | 兰坪县 |
| 贵州九道水国家森林公园 | 12.45 | 正安县 | 云南宝台山国家森林公园 | 10.47 | 永平县 |
| 云南魏宝山国家森林公园 | 12.55 | 巍山县 | 云南西双版纳国家森林公园 | 18.02 | 景洪市 |
| 云南天星国家森林公园 | 74.20 | 威信县 | 西藏巴松湖国家森林公园 | 4100.00 | 工布江达县 |
| 云南清华洞国家森林公园 | 98.56 | 祥云县 | 西藏色季拉国家森林公园 | 4000.00 | 林芝县、米林县 |
| 云南东山国家森林公园 | 62.82 | 弥渡县 | 西藏玛旁雍错国家森林公园 | 3105.52 | 普兰县 |
| 云南来凤山国家森林公园 | 64.67 | 腾冲县 | 西藏班公湖国家森林公园 | 481.59 | 日土县 |
| 云南花鱼洞国家森林公园 | 31.43 | 河口县 | 西藏然乌湖国家森林公园 | 1161.50 | 八宿县 |
| 云南磨盘山国家森林公园 | 242.00 | 新平县 | 西藏热振国家森林公园 | 74.63 | 林周县 |
| 云南龙泉国家森林公园 | 10.00 | 易门县 | 西藏姐德秀国家森林公园 | 84.98 | 贡嘎县 |
| 云南莱阳河国家森林公园 | 66.67 | 普洱市思茅区 | 陕西太白山国家森林公园 | 29.49 | 眉县 |
| 云南金殿国家森林公园 | 19.70 | 昆明市盘龙区 | 陕西延安国家森林公园 | 54.47 | 延安市宝塔山区 |
| 云南章凤国家森林公园 | 70.00 | 陇川县 | 陕西楼观台国家森林公园 | 274.87 | 周至县 |
| 云南十八连山国家森林公园 | 20.78 | 富源县 | 陕西终南山国家森林公园 | 76.75 | 长安县 |
| 云南鲁布格国家森林公园 | 48.67 | 罗平县 | 陕西天台山国家森林公园 | 81.00 | 宝鸡市渭滨区 |
| 云南珠江源国家森林公园 | 43.76 | 沾益县 | 陕西天华山国家森林公园 | 60.00 | 宁陕县 |
| 云南五峰山国家森林公园 | 24.92 | 陆良县 | 陕西朱雀国家森林公园 | 26.21 | 户县 |
| 云南钟灵山国家森林公园 | 5.40 | 寻甸县 | 陕西南宫山国家森林公园 | 31.00 | 岚皋县 |
| 云南棋盘山国家森林公园 | 9.20 | 昆明市西山区 | 陕西王顺山国家森林公园 | 36.33 | 蓝田县 |
| 云南灵宝山国家森林公园 | 8.11 | 南涧县 | 陕西五龙洞国家森林公园 | 58.00 | 略阳县 |
| 云南铜锣坝国家森林公园 | 32.37 | 水富县 | 陕西骊山国家森林公园 | 18.73 | 西安市临潼区 |

续表

| 名　称 | 面积（平方公里） | 位　置 | 名　称 | 面积（平方公里） | 位　置 |
|---|---|---|---|---|---|
| 陕西汉中天台国家森林公园 | 36.74 | 汉中市汉台区 | 甘肃官鹅沟国家森林公园 | 419.96 | 宕昌县 |
| 陕西黎坪国家森林公园 | 94.00 | 南郑县 | 甘肃沙滩国家森林公园 | 174.15 | 舟曲县 |
| 陕西金丝大峡谷国家森林公园 | 17.90 | 商南县 | 甘肃腊子口国家森林公园 | 278.97 | 迭部县 |
| 陕西通天河国家森林公园 | 52.35 | 凤县 | 甘肃大峪国家森林公园 | 276.25 | 卓尼县 |
| 陕西木王国家森林公园 | 36.16 | 镇安县 | 甘肃小陇山国家森林公园 | 196.70 | 天水市麦积区、两当县 |
| 陕西榆林沙漠国家森林公园 | 8.71 | 榆林市榆阳区 | 甘肃文县天池国家森林公园 | 143.38 | 文县 |
| 陕西劳山国家森林公园 | 19.33 | 甘泉县 | 甘肃莲花山国家森林公园 | 48.73 | 康乐县 |
| 陕西太平国家森林公园 | 60.85 | 户县 | 甘肃周祖陵国家森林公园 | 6.14 | 庆城县 |
| 陕西鬼谷岭国家森林公园 | 51.35 | 石泉县 | 甘肃寿鹿山国家森林公园 | 10.86 | 景泰县 |
| 陕西蟒头山国家森林公园 | 21.20 | 宜川县 | 甘肃大峡沟国家森林公园 | 40.70 | 舟曲县 |
| 陕西玉华宫国家森林公园 | 32.00 | 铜川市印台区 | 宁夏六盘山国家森林公园 | 79.00 | 泾源县 |
| 陕西千家坪国家森林公园 | 21.45 | 平利县 | 宁夏苏峪口国家森林公园 | 95.87 | 银川市西夏区 |
| 陕西上坝河国家森林公园 | 45.26 | 宁陕县 | 宁夏花马寺国家森林公园 | 50.00 | 盐池县 |
| 陕西黑河国家森林公园 | 74.62 | 周至县 | 宁夏火石寨国家森林公园 | 61.00 | 西吉县 |
| 陕西洪庆山国家森林公园 | 30.00 | 西安市灞桥区 | 青海坎布拉国家森林公园 | 152.47 | 尖扎县 |
| 甘肃吐鲁沟国家森林公园 | 58.48 | 永登县 | 青海北山国家森林公园 | 1127.23 | 互助县 |
| 甘肃石佛沟国家森林公园 | 63.76 | 兰州市七里河区 | 青海大通国家森林公园 | 47.47 | 大通县 |
| 甘肃松鸣岩国家森林公园 | 26.67 | 和政县 | 青海群加国家森林公园 | 58.49 | 湟中县 |
| 甘肃云崖寺国家森林公园 | 148.91 | 庄浪县 | 青海仙米国家森林公园 | 1480.25 | 门源县 |
| 甘肃徐家山国家森林公园 | 1.71 | 兰州市城关区 | 青海哈里哈图国家森林公园 | 51.71 | 乌兰县 |
| 甘肃贵清山国家森林公园 | 62.00 | 漳县 | 青海麦秀国家森林公园 | 15.35 | 泽库县 |
| 甘肃麦积国家森林公园 | 84.42 | 天水市麦积区 | 新疆照壁山国家森林公园 | 823.94 | 乌鲁木齐县 |
| 甘肃鸡峰山国家森林公园 | 42.00 | 成县 | 新疆天池国家森林公园 | 446.27 | 阜康市 |
| 甘肃渭河源国家森林公园 | 79.17 | 渭源县 | 新疆那拉提国家森林公园 | 60.25 | 新源县 |

续表

| 名　称 | 面积（平方公里） | 位　置 | 名　称 | 面积（平方公里） | 位　置 |
|---|---|---|---|---|---|
| 甘肃天祝三峡国家森林公园 | 1387.06 | 天祝县 | 新疆巩乃斯国家森林公园 | 731.04 | 巩乃斯县 |
| 甘肃冶力关国家森林公园 | 794.00 | 卓尼县、临潭县 | 新疆贾登峪国家森林公园 | 389.85 | 布尔津县 |
| 新疆白哈巴国家森林公园 | 483.76 | 哈巴河县 | 新疆金湖杨国家森林公园 | 20.00 | 泽普县 |
| 新疆奇台南山国家森林公园 | 293.06 | 奇台县 | 新疆巩留恰西国家森林公园 | 556.00 | 巩留县 |
| 新疆唐布拉国家森林公园 | 342.37 | 尼勒克县 | 新疆哈密天山国家森林公园 | 1604.62 | 巴里坤县、哈密市 |
| 新疆科桑溶洞国家森林公园 | 164.00 | 特克斯县 | 新疆哈日图热格国家森林公园 | 268.48 | 博乐市 |
| 北京喇叭沟门国家森林公园 | 111.72 | 怀柔区 | 江西怀玉山国家森林公园 | 33.54 | 玉山县 |
| 河北木兰围场国家森林公园 | 53.51 | 围场县 | 山东寿阳山国家森林公园 | 20.06 | 昌乐县 |
| 河北蝎子沟国家森林公园 | 16.34 | 临城县 | 河南大鸿寨国家森林公园 | 33.00 | 禹州市 |
| 河北仙台山国家森林公园 | 15.22 | 井陉县 | 湖北虎爪山国家森林公园 | 26.00 | 京山县 |
| 河北丰宁国家森林公园 | 88.39 | 丰宁县 | 湖北五脑山国家森林公园 | 21.53 | 麻城市 |
| 辽宁医巫闾山国家森林公园 | 14.82 | 北镇市、义县 | 湖北沧浪山国家森林公园 | 74.67 | 郧县 |
| 辽宁和睦国家森林公园 | 13.68 | 新宾县 | 湖南两江峡谷国家森林公园 | 63.36 | 城步县 |
| 吉林白石山国家森林公园 | 74.74 | 蛟河市 | 湖南雪峰山国家森林公园 | 34.78 | 洪江市 |
| 吉林松江河国家森林公园 | 60.18 | 抚松县 | 湖南五尖山国家森林公园 | 28.80 | 临湘市 |
| 黑龙江横头山国家森林公园 | 85.15 | 哈尔滨市阿城区 | 湖南桃花江国家森林公园 | 31.53 | 桃江县 |
| 黑龙江仙翁山国家森林公园 | 105.55 | 伊春市南岔区 | 湖南蓝山国家森林公园 | 70.47 | 蓝山县 |
| 黑龙江加格达奇国家森林公园 | 146.32 | 大兴安岭地区加格达奇 | 湖南月岩国家森林公园 | 39.37 | 道县 |
| 浙江大竹海国家森林公园 | 31.27 | 龙游县 | 湖南峰峦溪国家森林公园 | 22.17 | 桑植县 |
| 浙江仙居国家森林公园 | 29.80 | 仙居县 | 广东天井山国家森林公园 | 55.64 | 乳源县 |
| 浙江桐庐瑶琳国家森林公园 | 9.49 | 桐庐县 | 广东大北山国家森林公园 | 30.67 | 揭西县 |
| 安徽马仁山国家森林公园 | 7.12 | 繁昌县 | 广西龙滩大峡谷国家森林公园 | 41.73 | 天峨县 |
| 福建天星山国家森林公园 | 18.62 | 屏南县 | 重庆天池山国家森林公园 | 9.53 | 忠县 |
| 福建闽江源国家森林公园 | 11.83 | 建宁县 | 重庆金银山国家森林公园 | 27.34 | 酉阳县 |
| 福建九龙竹海国家森林公园 | 17.05 | 永安市 | 四川凌云山国家森林公园 | 11.16 | 南充市高坪区 |

续表

| 名　称 | 面积（平方公里） | 位　置 | 名　称 | 面积（平方公里） | 位　置 |
|---|---|---|---|---|---|
| 福建董奉山国家森林公园 | 11.21 | 长乐市 | 陕西牛背梁国家森林公园 | 21.24 | 柞水县 |
| 江西岑山国家森林公园 | 9.55 | 横峰县 | 陕西天竺山国家森林公园 | 18.09 | 山阳县 |
| 江西五府山国家森林公园 | 17.15 | 上饶县 | 陕西紫柏山国家森林公园 | 46.62 | 留坝县 |
| 江西军峰山国家森林公园 | 12.17 | 南丰县 | 陕西少华山国家森林公园 | 63.00 | 华县 |
| 江西碧湖潭国家森林公园 | 68.00 | 萍乡市湘东区 | 新疆乌苏佛山国家森林公园 | 375.83 | 乌苏市、奎屯市、沙湾县、克拉玛依市独山子区 |
| 江苏大阳山国家森林公园 | 10.30 | 苏州市虎丘区 | 内蒙古滦河源国家森林公园 | 126.67 | 多伦县 |
| 吉林三岔子国家森林公园 | 71.26 | 白山市江源区、靖宇县 | 吉林临江瀑布群国家森林公园 | 40.85 | 临江市 |
| 吉林湾沟国家森林公园 | 57.32 | 白山市江源区、靖宇县、抚松县 | 江西仰天岗国家森林公园 | 13.34 | 新余市渝水区 |
| 湖北安陆古银杏国家森林公园 | 24.13 | 安陆市 | 湖南柘溪国家森林公园 | 85.79 | 安化县 |
| 西藏尼木国家森林公园 | 61.92 | 尼木县 | 河北黑龙山国家森林公园 | 70.34 | 赤城县 |
| 内蒙古河套国家森林公园 | 96.52 | 杭锦后旗 | 黑龙江呼兰国家森林公园 | 100.00 | 哈尔滨市呼兰区 |
| 浙江诸暨香榧国家森林公园 | 28.76 | 诸暨市 | 福建匡山国家森林公园 | 21.75 | 浦城县 |
| 江西圣水堂国家森林公园 | 40.60 | 安义县 | 湖北牛头山国家森林公园 | 18.40 | 十堰市张湾区 |
| 湖南天堂山国家森林公园 | 59.33 | 常宁市 | 湖南凤凰山国家森林公园 | 21.59 | 宁乡县 |
| 湖南九龙江国家森林公园 | 84.36 | 汝城县 | 广东南台山国家森林公园 | 20.73 | 平远县 |
| 内蒙古宝格达乌拉国家森林公园 | 325.63 | 东乌珠穆沁旗 | 福建龙湖山国家森林公园 | 26.97 | 邵武市 |
| 福建南靖土楼国家森林公园 | 22.34 | 南靖县 | 湖南嵩云山国家森林公园 | 33.50 | 怀化市洪江区 |
| 湖南天泉山国家森林公园 | 35.38 | 张家界市永定区 | 重庆巴尔盖国家森林公园 | 36.44 | 酉阳县 |
| 陕西石门山国家森林公园 | 88.56 | 旬邑县 | 新疆哈巴河白桦国家森林公园 | 247.01 | 哈巴河县 |

续表

| 名　称 | 面积（平方公里） | 位　置 | 名　称 | 面积（平方公里） | 位　置 |
|---|---|---|---|---|---|
| 新疆阿尔泰山温泉国家森林公园 | 887.93 | 福海县、富蕴县 | 新疆夏塔古道国家森林公园 | 385.07 | 昭苏县 |

表5　国家地质公园

| 名　称 | 面积（平方公里） | 名　称 | 面积（平方公里） |
|---|---|---|---|
| 北京石花洞国家地质公园 | 36.5 | 辽宁朝阳鸟化石国家地质公园 | 2300 |
| 北京延庆硅化木国家地质公园 | 226 | 大连冰峪沟国家地质公园 | 102.92 |
| 北京十渡国家地质公园 | 301 | 辽宁本溪国家地质公园 | 218.2 |
| 天津蓟县国家地质公园 | 342 | 大连滨海国家地质公园 | 350.89 |
| 河北阜平天生桥国家地质公园 | 50 | 吉林靖宇火山矿泉群国家地质公园 | 382.78 |
| 河北涞源白石山国家地质公园 | 60 | 黑龙江五大连池火山地貌国家地质公园 | 720 |
| 河北秦皇岛柳江国家地质公园 | 650 | 黑龙江嘉荫恐龙国家地质公园 | 38.44 |
| 河北涞水野三坡国家地质公园 | 258 | 黑龙江伊春花岗岩石林国家地质公园 | 163.57 |
| 河北赞皇嶂石岩国家地质公园 | 43.5 | 黑龙江镜泊湖国家地质公园 | 1300 |
| 河北临城国家地质公园 | 250 | 黑龙江兴凯湖国家地质公园 | 2989.85 |
| 河北武安国家地质公园 | 112 | 上海崇明岛国家地质公园 | 145 |
| 黄河壶口瀑布国家地质公园（山西、陕西） | 30 | 江苏苏州太湖西山国家地质公园 | 83 |
| 山西壶关峡谷国家地质公园 | 225 | 江苏六合国家地质公园 | 92 |
| 山西宁武冰洞国家地质公园 | 336 | 浙江常山国家地质公园 | 82 |
| 山西五台山国家地质公园 | 832 | 浙江临海国家地质公园 | 166 |
| 内蒙古克什克腾国家地质公园 | 800 | 浙江新昌硅化木国家地质公园 | 68.7 |
| 内蒙古阿尔山国家地质公园 | 814 | 浙江雁荡山国家地质公园 | 203 |
| 内蒙古阿拉善沙漠国家地质公园 | 938.39 | 安徽浮山国家地质公园 | 76.69 |
| 安徽淮南八公山国家地质公园 | 120 | 河南内乡宝天幔国家地质公园 | 1087.5 |
| 安徽黄山国家地质公园 | 154 | 河南嵖岈山国家地质公园 | 147.3 |
| 安徽齐云山国家地质公园 | 110 | 河南王屋山国家地质公园 | 867 |
| 安徽祁门牯牛降国家地质公园 | 110 | 河南西峡伏牛山国家地质公园 | 954.35 |
| 安徽大别山（六安）国家地质公园 | 450 | 河南关山国家地质公园 | 169 |
| 安徽天柱山国家地质公园 | 135.12 | 河南洛宁神灵寨国家地质公园 | 209 |
| 江西龙虎山丹霞地貌国家地质公园 | 380 | 河南洛阳黛眉山国家地质公园 | 328 |

续表

| 名　称 | 面积（平方公里） | 名　称 | 面积（平方公里） |
|---|---|---|---|
| 江西庐山第四纪冰川国家地质公园 | 500 | 河南信阳金刚台国家地质公园 | 276 |
| 江西三清山国家地质公园 | 229 | 河南郑州黄河国家地质公园 | 200 |
| 江西武功山国家地质公园 | 360 | 湖北神农架国家地质公园 | 1700 |
| 福建漳州滨海火山地貌国家地质公园 | 318.64 | 湖北武汉木兰山国家地质公园 | 340 |
| 福建大金湖国家地质公园 | 461 | 湖北郧县恐龙蛋化石群国家地质公园 | 4 |
| 福建福鼎太姥山国家地质公园 | 373.7 | 湖南张家界砂岩峰林国家地质公园 | 3600 |
| 福建晋江深沪湾国家地质公园 | 68 | 湖南郴州飞天山国家地质公园 | 110 |
| 福建宁化天鹅洞群国家地质公园 | 248 | 湖南莨山国家地质公园 | 108 |
| 福建德化石牛山国家地质公园 | 86.82 | 湖南凤凰国家地质公园 | 157 |
| 福建屏南白水洋地质公园 | 77.34 | 湖南古丈红石林国家地质公园 | 261.12 |
| 福建永安国家地质公园 | 220 | 湖南酒埠江国家地质公园 | 193 |
| 山东山旺国家地质公园 | 13 | 广东丹霞山国家地质公园 | 290 |
| 山东枣庄熊耳山国家地质公园 | 98 | 广东湛江湖光岩国家地质公园 | 22 |
| 山东东营黄河三角洲国家地质公园 | 1530 | 广东佛山西樵山国家地质公园 | 177 |
| 山东长山列岛国家地质公园 | 56 | 广东阳春凌霄岩国家地质公园 | 365 |
| 山东沂蒙山国家地质公园 | 450 | 广东恩平地热国家地质公园 | 80 |
| 山东泰山国家地质公园 | 148.6 | 广东封开国家地质公园 | 1326 |
| 河南嵩山地层构造国家地质公园 | 450 | 广东深圳大鹏半岛国家地质公园 | 150 |
| 河南焦作云台山国家地质公园 | 80 | 广西资源国家地质公园 | 125 |
| 广西百色乐业大石围天坑群国家地质公园 | 175 | 贵州六盘水乌蒙山国家地质公园 | 388 |
| 广西北海涠洲岛火山国家地质公园 | 27.7 | 贵州平塘国家地质公园 | 350 |
| 广西凤山岩溶国家地质公园 | 415 | 云南澄江动物群古生物国家地质公园 | 18 |
| 广西鹿寨香桥岩溶国家地质公园 | 40 | 云南石林岩溶峰林国家地质公园 | 400 |
| 海南海口石山火山群国家地质公园 | 108 | 云南腾冲火山国家地质公园 | 100 |
| 长江三峡国家地质公园（湖北、重庆） | 25000 | 云南禄丰恐龙国家地质公园 | 170 |
| 重庆黔江小南海国家地质公园 | 197 | 云南玉龙黎明—老君山国家地质公园 | 1110 |
| 重庆武隆岩溶国家地质公园 | 454.7 | 云南大理苍山国家地质公园 | 577.1 |
| 重庆云阳龙缸国家地质公园 | 296 | 西藏易贡国家地质公园 | 2160 |
| 四川龙门山构造地质国家地质公园 | 1900 | 西藏扎达土林国家地质公园 | 2464 |
| 四川自贡恐龙古生物国家地质公园 | 8.7 | 陕西翠华山山崩景观国家地质公园 | 32 |

续表

| 名　称 | 面积（平方公里） | 名　称 | 面积（平方公里） |
|---|---|---|---|
| 四川安县生物礁国家地质公园 | 508 | 陕西洛川黄土国家地质公园 | 5.9 |
| 四川大渡河峡谷国家地质公园 | 404 | 陕西延川黄河蛇曲国家地质公园 | 129.63 |
| 四川海螺沟国家地质公园 | 350 | 甘肃敦煌雅丹国家地质公园 | 398 |
| 四川黄龙国家地质公园 | 700 | 甘肃刘家峡恐龙国家地质公园 | 15 |
| 四川九寨沟国家地质公园 | 110 | 甘肃景泰黄河石林国家地质公园 | 50 |
| 四川兴文石海国家地质公园 | 121 | 甘肃平凉崆峒山国家地质公园 | 83.6 |
| 四川华蓥山国家地质公园 | 116 | 宁夏西吉火石寨国家地质公园 | 97.95 |
| 四川江油国家地质公园 | 116 | 青海尖扎坎布拉国家地质公园 | 154 |
| 四川射洪硅化木国家地质公园 | 12 | 青海格尔木昆仑山国家地质公园 | 2386 |
| 四川四姑娘山国家地质公园 | 490 | 青海久治年保玉则国家地质公园 | 2338 |
| 贵州关岭化石群国家地质公园 | 26 | 青海互助北山国家地质公园 | 1127 |
| 贵州绥阳双河洞国家地质公园 | 318.6 | 新疆布尔津喀纳斯湖国家地质公园 | 875 |
| 贵州兴义国家地质公园 | 256 | 新疆奇台硅化木－恐龙国家地质公园 | 492 |
| 贵州织金洞国家地质公园 | 307 | 新疆富蕴可可托海国家地质公园 | 619.4 |

**附件3：**

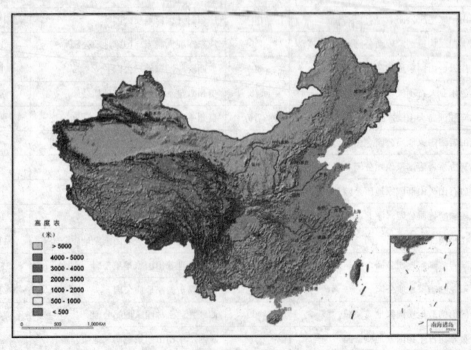

图1　中国地形图

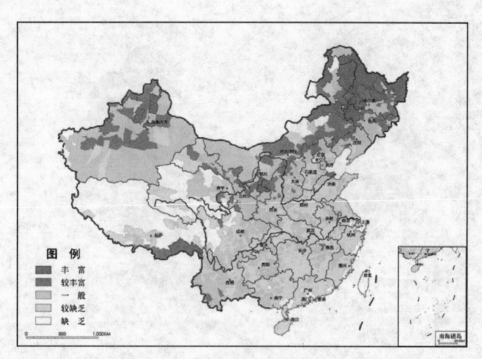

图2 人均可利用土地资源评价图

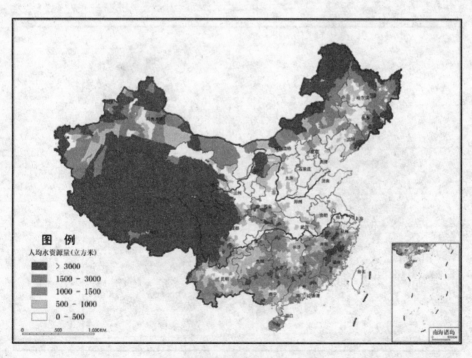

图3 人均可利用水资源评价图

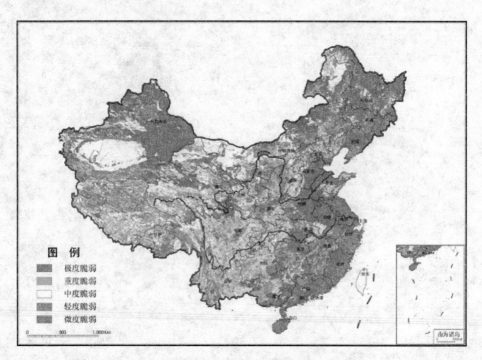

图 4　生态脆弱性评价图

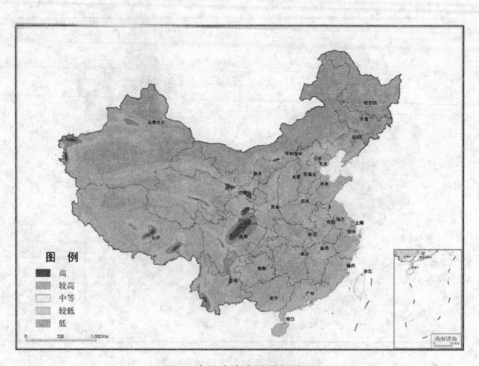

图 5　自然灾害危险性评价图

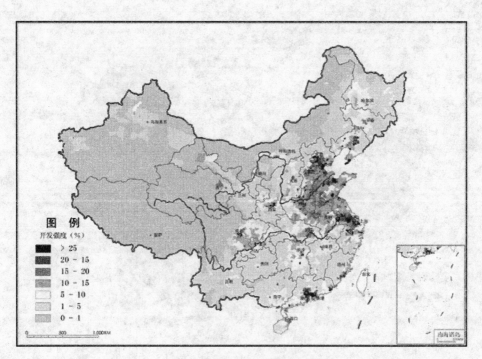

图 6　目前开发强度示意图

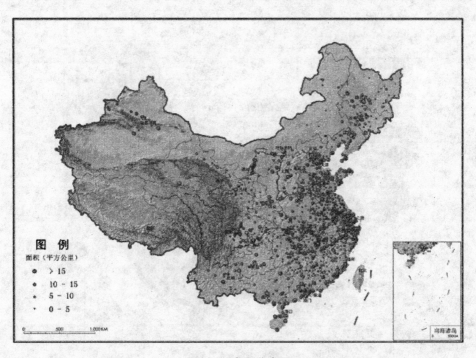

图 7　开发区分布图

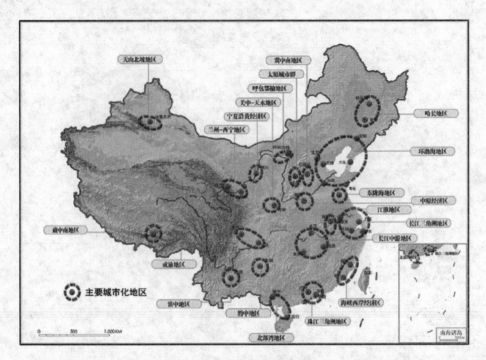

图 8　城市化战略格局示意图

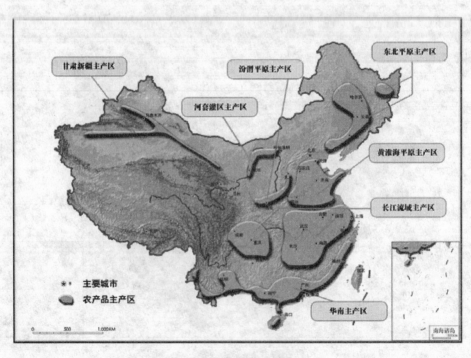

图 9　农业战略格局示意图

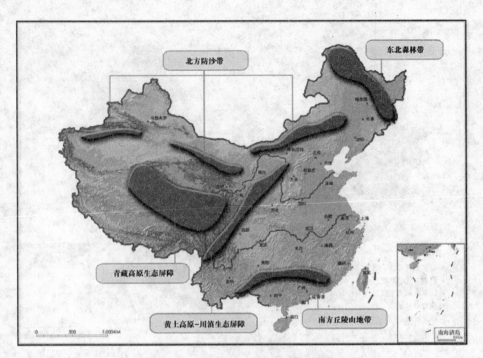

图 10　生态安全战略格局示意图

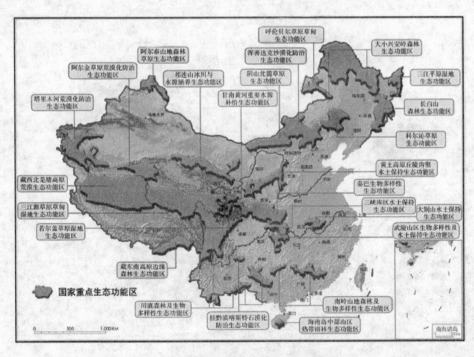

图 11　国家重点生态功能区示意图

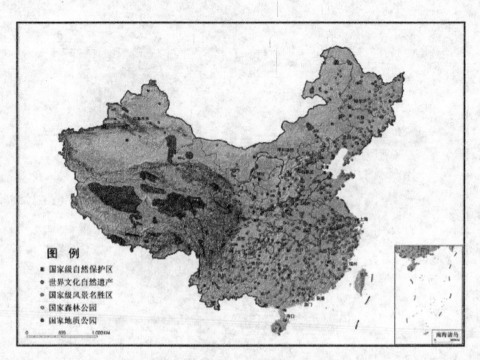

图 12 国家禁止开发区域示意图

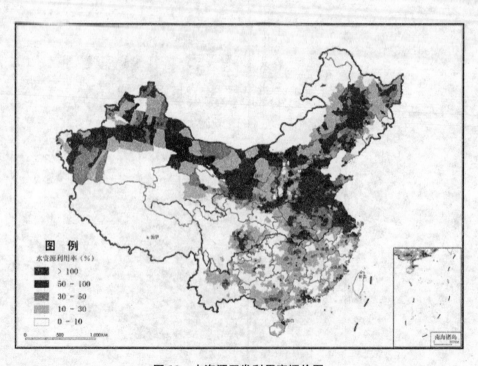

图 13 水资源开发利用率评价图

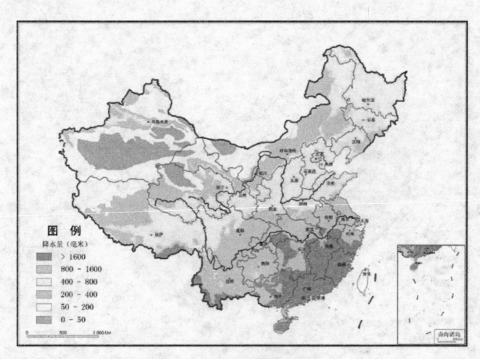

图14 多年平均降水量分布图

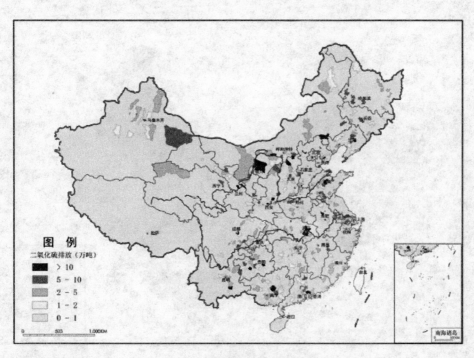

图15 二氧化硫排放分布图

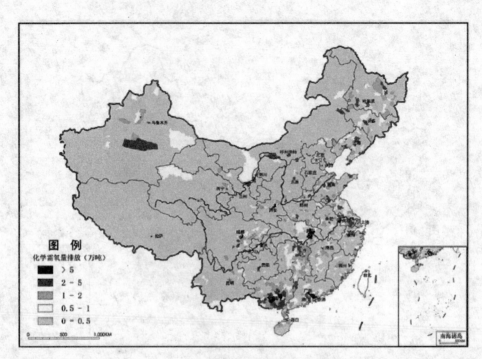

图 16　化学需氧量排放分布图

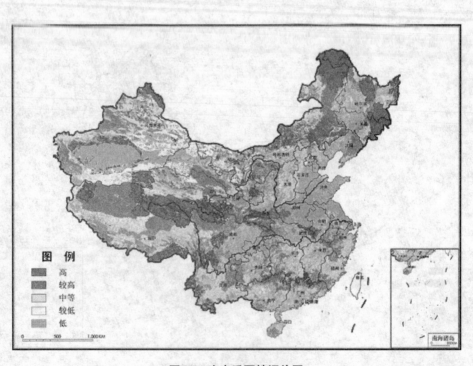

图 17　生态重要性评价图

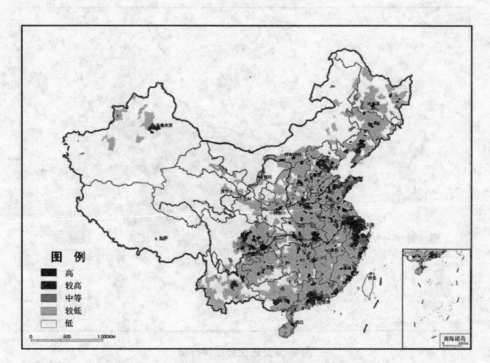

图 18 人口集聚度评价图

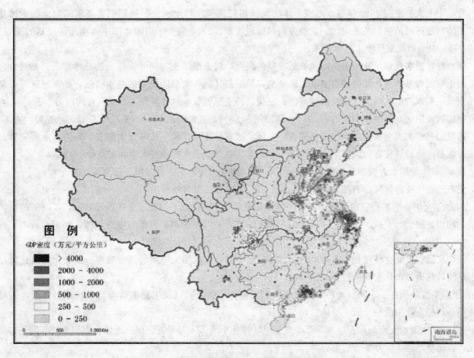

图 19 地均地区生产总值分布图

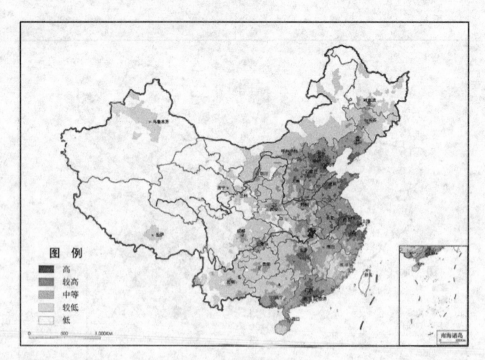

图20 交通优势度评价图

(1) 国土空间，是指国家主权与主权权利管辖下的地域空间，是国民生存的场所和环境，包括陆地、陆上水域、内水、领海、领空等。

(2) 党的十七大要求到2020年基本形成主体功能区布局，国家"十一五"规划纲要要求编制全国主体功能区规划，明确主体功能区的范围、功能定位、发展方向和区域政策。《国务院关于编制全国主体功能区规划的意见》（国发[2007] 21号）对编制规划提出了具体要求。

(3) 战略性，指本规划是从关系全局和长远发展的高度，对未来国土空间开发作出的总体部署。基础性，指本规划是在对国土空间各基本要素综合评价基础上编制的，是编制其他各类空间规划的基本依据，是制定区域政策的基本平台。约束性，本规划明确的主体功能区范围、定位、开发原则等，对各类开发活动具有约束力。

(4) 我国陆地国土空间中，山地约占33%，高原约占26%，盆地约占19%，平原约占12%，丘陵约占10%。

(5) 这里的自然灾害主要指洪涝、干旱灾害，台风、冰雹、暴雪、沙尘暴等气象灾害，火山、地震灾害，山体崩塌、滑坡、泥石流等地质灾害，风暴潮、海啸等海洋灾害，森林草原火灾和重大生物灾害等。

(6) 据2005年全国水力资源理论蕴藏量复查，64.7%的水力资源集中在四川、云南和西藏。

(7) 化石能源主要指煤炭、石油、天然气、煤层气、油砂油、页岩油等。

(8) 2008年全国查明矿产资源储量中，77%的煤炭资源集中在山西、内蒙古、陕西和新疆，75.9%的铁矿资源集中在辽宁、四川、河北、安徽、山西、云南、山东和内蒙古，62.4%的铜矿资源集中在江西、西藏、云南、内蒙古和山西。

(9) 经济发展和工业化城镇化，必然要落到具体的国土空间。从国土空间的角度观察，工业化城镇化就是农业空间和生态空间转化为城市化空间的过程。

(10) 生态系统是指在一定的空间和时间范围内，在各种生物之间以及生物群落与其无机环境之间，通过能量流动和物质循环而相互作用的一个统一整体。

(11) 目前，全国水土流失面积达356万平方公里，沙化土地174万平方公里，石漠化面积12.96万平方公里，退化、沙化、碱化草地达135万平方公里。

(12) 2008年全国有地下水降落漏斗222个，其中浅层133个，深层78个，岩溶11个，主要分布在华北、华东地区。

(13) 空间结构形成后很难改变，特别是农业空间、生态空间等变为工业和城市建设空间后，调整恢复的难度和代价很大。

(14) 落实科学发展观，必须把科学发展观的思想和要求落实到具体空间单元的开发利用工作中，明确每个地区的主体功能定位以及发展方向、开发方式和开发强度。

(15) 开发通常指以利用自然资源为目的的活动，也可以指发现或发掘人才、发明技术等活动。发展通常指经济社会进步的过程。开发与发展既有联系也有区别，资源开发、农业开发、技术开发、人力资源开发以及国土空间开发等会促进发展，但开发不完全等同于发展，对国土空间的过度、盲目、无序开发不会带来可持续的发展。

(16) 退耕还林、退牧还草、退田还湖等，一定意义上就是将以提供农产品为主体功能的地区，恢复为以提供生态产品为主体功能的地区，是对过去开发中主体功能错位的纠正。

(17) 在农业社会，很多地区可以做到"一方水土养活一方人"。但在工业社会，达到较高的消费水平后，有些地区就很难做到"一方水土养富一方人"。

(18) 技术进步可以提高一定国土空间的承载能力，但国土空间总量、环境容量、绿色开敞空间是技术进步不能完全解决的。

(19) 开发强度指一个区域建设空间占该区域总面积的比例。建设空间包括城镇建设、独立工矿、农村居民点、交通、水利设施以及其他建设用地等空间。

(20) 空间结构是指不同类型空间的构成及其在国土空间中的分布，如城市空间、农业空间、生态空间的比例，以及城市空间中城市建设空间与工矿建设空间的比例等。

(21) 生态产品指维系生态安全、保障生态调节功能、提供良好人居环境的自然要素，包括清新的空气、清洁的水源和宜人的气候等。生态产品同农产品、工业品和服务产品一样，都是人类生存发展所必需的。生态功能区提供生态产品的主体功能主要体现在：吸收二氧化碳、制造氧气、涵养水源、保持水土、净化水质、防风固沙、调节气候、清洁空气、减少噪音、吸附粉尘、保护生物多样性、减轻自然灾害等。一些国家或地区对生态功能区的"生态补偿"，实质是政府代表人民购买这类地区提供的生态产品。

(22) 优化开发、重点开发和限制开发区域原则上以县级行政区为基本单元；禁止开发区域以自然或法定边界为基本单元，分布在其他类型主体功能区域之中。

(23) 城市空间，包括城市建设空间、工矿建设空间。城市建设空间包括城市和建制镇居民点空间。工矿建设空间是指城镇居民点以外的独立工矿空间。

农业空间，包括农业生产空间、农村生活空间。农业生产空间包括耕地、改良草地、人工草地、园地、其他农用地（包括农业设施和农村道路）空间。农村生活空间即农村居民点空间。

生态空间，包括绿色生态空间、其他生态空间。绿色生态空间包括天然草地、林地、湿地、水库水面、河流水面、湖泊水面。其他生态空间包括荒草地、沙地、盐碱地、高原荒漠等。

其他空间，指除以上三类空间以外的其他国土空间，包括交通设施空间、水利设施空间、特殊用地空间。交通设施空间包括铁路、公路、民用机场、港口码头、管道运输等占用的空间。水利设施空间即水利工程建设占用的空间。特殊用地空间包括居民点以外的国防、宗教等占用的空间。

(24) 退耕还水就是在严重缺水地区，通过发展节水农业以及适度减少必要的耕作面积等，减少农业用水，恢复水系平衡。

(25) 据点式开发，又称增长极开发，是指对区位优势明显、资源富集等发展条件较好的地区，突出重点，点状开发。

(26) 我国国土面积广大，但相当一部分国土空间并不适宜工业化城镇化开发。到 2020 年全国国土空间开发强度控制在 3.91% 是根据《全国土地利用总体规划纲要》确定的建设用地指标，并以全部陆地国土空间测算的，若扣除不适宜工业化城镇化开发的面积，开发强度将大大超过 3.91%。

(27) 陆桥通道为东起连云港、西至阿拉山口的运输大通道，是亚欧大陆桥的组成部分。

(28) 集中均衡式经济布局是指小区域集中、大区域均衡的开发模式。亦即在较小空间尺度的区域集中开发、密集布局；在较大空间尺度的区域，形成若干个小区域集中的增长极，并在国土空间相对均衡分布。这是一种既体现高效，又体现公平的开发模式。

(29) 提出优化开发区域，既是针对一些人口和经济密集的城市化地区存在过度开发隐患，必须优化发展内涵的迫切要求，更是面对日趋激烈的国际竞争，增强我国国家竞争力的战略需要。

(30) 环渤海地区地势较为平坦，以海拔 100 米以下的平原和 500 米以下的丘陵为主。开发强度较高，未来可作为建设用地的土地资源较为紧张。人均水资源量不足全国平均水平的1/3。水资源利用已处于过载状态，地下水超采十分严重，形成了大面积地下水漏斗。大气环境质量一般，二氧化硫排放相对较少，污染主要发生在局部地区取暖季节，除辽中南地区以外，大部分地区二氧化硫环境容量尚有剩余。地表水环境质量很差，化学需氧量排放已超过水环境容量，水污染问题突出。气候属暖温带半湿润、湿润气候，四季分明，光热资源充足，降水集中在夏季，雨热同期。丘陵地区的水土流失、平原地区的风蚀都较为严重。受地理位置和自然条件影响，旱涝灾害潜在威胁较大，尤以春旱最为严重，滨海地区风暴潮和海水入侵也时有发生。

（31）长江三角洲地区以海拔低于100米的长江三角洲平原和杭州湾滨海平原为主体，地势起伏平缓。开发强度较高，未来可作为建设用地的土地资源十分缺乏。水资源丰富，但水污染突出，地下水超采严重，形成了大范围地下水漏斗。大气环境与水环境质量问题较为突出。二氧化硫排放超过大气环境容量，仅在区域东北与东南沿海部分地区尚有剩余容量。化学需氧量排放也已经超过水环境容量，京杭运河沿线超载较为严重。气候冬温夏热、四季分明，降水丰沛。河湖水系发达，受洪水灾害威胁较为严重。土壤以红壤和黄壤为主，抗侵蚀能力较弱，加之降水强度大，土地开发利用不当易引起土壤侵蚀。

（32）珠江三角洲地区主要为河口三角洲冲积平原，海拔多在50米以下，地势平缓，有零星小山丘分布。开发强度较高，未来可作为建设用地的土地资源严重缺乏。水资源总量丰富，但随着用水量的不断增加，水资源供需矛盾日益突出。污水排放量大，河网水污染严重。枯季河流水位降低，海水倒灌，咸潮上溯，对供水安全形成了严重威胁。大气环境与水环境质量总体较差。二氧化硫排放超过大气环境容量，仅在南部沿海市县尚有剩余容量。化学需氧量排放已超过水环境容量。以南亚热带气候为主，夏热冬暖，热量丰富，雨量丰沛，降水强度大，沿海地区经常受台风和风暴潮的袭扰。生物资源较为丰富，森林覆盖率高。代表性土壤为赤红壤，抗侵蚀能力差。

（33）提出重点开发区域，既是落实区域发展总体战略、拓展经济持续发展空间、促进区域协调发展的需要，也是减轻优化开发区域和限制开发区域人口、资源、环境压力的需要。

（34）冀中南地区位于华北平原腹地，地势平坦，可利用土地资源丰富。大部属海河流域的子牙河、大清河水系，人均水资源较少，水资源开发利用率较高，存在一定程度的地下水超采。大气环境质量较好，大部分地区不存在二氧化硫排放超过大气环境容量问题。水资源总量较少，水环境质量相对较差，整体水污染情况较为严峻。自然灾害危险性较低，生态系统稳定性较强。

（35）太原城市群地区位于山西省中部，属于黄土高原东部的盆地地形，地势相对平坦，可利用土地资源相对丰富。属汾河流域，人均水资源量在500立方米左右，开发利用率较高，存在一定程度的地下水超采问题。大气环境质量整体较好，除太原等中心城市外，大部分地区二氧化硫排放超过大气环境容量问题不严重。水资源总量较少，水环境质量相对较差，整体水污染情况较为严峻。水土流失较为严重，土壤侵蚀脆弱性较高。各类自然灾害的危险性总体较低。

（36）呼包鄂榆地区沿黄河呈条带状分布，地势平缓，地貌类型为河流谷地。土地资源相对丰富，开发强度相对较低。降水较少，本地水资源短缺，农业用水量占总用水量的80%以上。大气环境质量总体较差，部分城市二氧化硫排放超过环境容量，中部地区尚有剩余的二氧化硫环境容量。水环境质量总体差，化学需氧量排放已经重度甚至极度超过水环境容量。属温带大陆季风性气候，气温变化大。生态环境脆弱，开发不当易加剧水土流失和沙尘暴。自然灾害主要是干旱、沙尘以及风灾。

（37）哈长地区地形开阔地势平坦，地貌类型为平原。土地资源丰富，开发强度相对较低。水资源比较丰富，但部分城市严重缺水。大气环境与水环境质量总体较好，大部分地区二氧化硫与化学需氧量的排放基本没有超过环境容量，但松花江干流水质污染严重。冬季漫长寒冷，地表积雪时间长。季节冻土发育，阻碍地表水下渗，草甸化与沼泽化现象显著。夏季气温较高，降水集中，部分地区易出现洪涝灾害。

（38）东陇海地区地貌类型多样，山地、丘陵、平原、滩涂、河湖等均有分布，总体上平原及丘陵面积较大。拥有大量可供开发的低产盐田和未利用滩涂，未来可作为建设用地的土地资源较为丰富。年均降水较多，可利用水资源较为丰富，能够满足工农业用水需求。生态环境状况总体良好。临海地带潮流通畅，风速大，水气环境的扩散和自净能力较强。广袤的滩涂湿地具有调节气候、减缓洪水灾害和净化环境等功能。

（39）江淮地区地形以平原、丘陵为主，属亚热带湿润季风气候，温和湿润，日照充足，四季分明。开发强度相对较高，可利用土地资源具有一定潜力。属于长江流域中下游和淮河流域中游，雨量充沛，水资源较为丰富。总体环境质量较好，大部分地区主要污染物排放未超载。长江干流安徽段大气环境和水环境质量总体较好，淮河干流安徽段整体水质轻度污染，巢湖湖区水质为中度污染，酸雨主要分布在沿江地区。

(40) 海峡西岸地区沿海岸线呈狭长带状分布，地势由内陆向海岸倾斜，起伏较大，地貌类型主要为低山丘陵和滨海平原。开发强度普遍较高，可作为建设用地的土地资源较为短缺。位于东南诸河流域，雨量丰沛，水资源相对丰富，但河流多为山区独流入海小河流。大气环境与水环境质量总体较好，但南部少数地区化学需氧量排放有一定程度超载。跨中亚热带和南亚热带两个自然地理带，气候温暖湿润，四季常青，夏季多台风，常有暴雨发生。植被种类丰富，植被季相变化不明显。赤红壤为本区代表性土壤。

(41) 中原地区地势起伏相对平缓，以平原和黄土丘陵为主。开发强度相对较高，可利用土地资源尚有一定潜力。水资源比较短缺，但过水资源比较丰富。大气环境质量总体一般，西部的二氧化硫排放已超过大气环境容量，东部尚有一定容量。水环境质量总体较差，化学需氧量排放已超过水环境容量，黄河沿线超载程度较重。属北亚热带与暖温带过渡区气候，具有四季分明、雨热同期、复杂多样的特点。降水集中，分配不均，旱涝灾害严重。

(42) 长江中游地区地势起伏相对平缓，地貌类型以平原、缓岗和丘陵为主。开发强度不高，未来可作为建设用地的土地资源较为丰富。水资源丰富，能够满足本区内用水需要。但水污染问题较为突出，特别是湘江污染比较严重。大气环境与水环境质量总体较差，大部分地区二氧化硫和化学需氧量排放超过环境容量。属亚热带湿润气候，光照充足，热量丰富，无霜期长，降水丰沛，四季变化明显。降水和温度的年际变化大，常出现干旱洪涝、低温冷寒、春秋连阴雨等灾害性天气。

(43) "绿心"是指城市群中心区域的农林地、水面等农业和自然生态景观，具有防止城市无序蔓延，保护农业发展和区域生态环境的功能。

(44) 北部湾地区地势起伏相对平缓，主要为盆地、缓岗丘陵和滨海平原。开发强度较低，可作为建设用地的土地资源较为丰富。雨量充沛，水资源较丰富但分布不均，利用率不高，南部沿海河流源短流急，调蓄能力较低。大气环境与水环境质量总体一般，部分地区二氧化硫排放略微超载，水环境基本没有超载，但应重视近海海域保护。热量丰富，雨热同期，降水丰沛，干湿季分明。水热资源较丰富，生物资源种类多，植被类型主要为热带季雨林，土壤类型为赤红壤。

(45) 成渝地区以平原、坝地、丘陵和中低山地为主。开发强度相对较高，可利用土地资源具备一定潜力。水量比较丰富，水资源保障程度较高。成都平原灌溉农业发达，用水量大，在干旱年份缺水季节易出现水资源紧张状况。成都地区大气环境质量总体一般，水环境质量较差，部分河段化学需氧量排放存在不同程度超载。重庆地区大气环境与水环境承载力较低，二氧化硫排放严重超过大气环境容量，南部县市化学需氧量排放存在不同程度超载。属亚热带湿润季风气候，四季分明，热量丰富，雨量充沛，雨热同期。土壤类型多样，平原以灰色及灰棕色潮土为主，低山及丘陵为紫色土。

(46) 黔中地区位于贵州省中部，大部分地区属云贵高原的喀斯特丘陵地貌，城镇基本分布在山间平地（坝子），可利用土地资源较少，但现有开发强度也不高。位于乌江流域，水资源十分丰富。由于地处山区，空气流动性较弱，大气环境质量一般，二氧化硫排放超过大气环境容量较为严重。水环境质量相对较好，除中心城市外，基本不存在水污染超载问题。大部分地区处在石漠化敏感地区，生态系统较为脆弱，需要保护部分山区的水源涵养、土壤保持、生物多样性维护等重要生态功能。

(47) 滇中地区属于滇东高原盆地，以山地和山间盆地地形为主，地势起伏和缓。多盆地，集中了全省近一半的山间平地（坝子）。开发强度较低，可利用土地资源具备一定潜力。位于长江、珠江和红河上游，有滇池、抚仙湖等高原湖泊，水资源保障程度较高，但缺水问题较为严重。大气环境质量总体较好，大部分地区二氧化硫排放未超载。水环境总体较好，滇池等部分高原湖泊污染严重。属亚热带气候，日照充足，四季如春，气候宜人，干湿季分明。土壤类型以红壤为主。植被类型多样，多为次生植被和人工植被。

(48) 藏中南地区位于喜马拉雅山和冈底斯山—念青唐古拉山之间的藏南谷地，海拔在 3500～4500 米左右，可利用土地资源不多，但由于人口较少，人均可利用土地资源相对丰富。属雅鲁藏布江流域，水量丰富，大多数地区人均水资源高于 2000 立方米。大气环境和水环境质量十分优良。属高原河谷地形，降水稀少，气候干燥，土壤侵蚀脆弱性较高，土壤保持、水源涵养等生态功能十分重要。位于印度洋板块和亚欧板块的交界处，地震灾害危险性较高。

(49) 关中——天水地区地势由渭河河道向南北两侧呈阶梯状抬升，地势起伏相对平缓，地貌主要以河谷阶地型平原为主体。开发强度相对较高，可利用土地资源具备一定开发潜力。水资源非常短缺，地下水超采严重，形成多个浅层漏斗。渭河水环境污染严重，影响城市供水安全。大气环境质量总体较好，大部分地区二氧化硫排放都未超过大气环境容量。水环境质量总体较差，部分河流化学需氧量排放存在不同程度的超载。属暖温带半湿润气候，四季分明，冬夏较长。降水集中、变率大，易发生水土流失。

(50) 兰州——西宁地区处于青藏高原和黄土高原交界地带,地势起伏较大,地貌以山地和河谷盆地为主。开发强度较低,可利用土地资源具备一定潜力。地处黄河上游,气候属半干旱、半湿润区。大多数区域年降水量不到200毫米。大气和水环境质量一般,其中城镇和工矿区是大气污染点状分布的主要区域。水污染呈块状分布,大多数区域化学需氧量排放已超出水环境容量。河谷地带生态系统相对比较稳定,山区土壤保持对该区域生态质量作用明显。

(51) 宁夏沿黄地区位于宁夏回族自治区北部,属黄河流经贺兰山和鄂尔多斯台地之间的冲积平原地貌,地势平坦,可利用土地资源丰富,土地资源开发潜力较大。人均水资源量在500立方米左右,开发利用率较高,存在一定程度的地下水超采。大气环境质量较好,大部分地区二氧化硫排放未超出大气环境容量。水环境质量相对较差,水污染较为严重。大部分地区生态系统较为稳定,但受沙漠化的威胁,防风固沙的生态功能重要。

(52) 天山北坡地区地形开阔地势平坦,地貌类型主要为山前冲积、洪积扇平原。土地资源丰富,开发强度较低,可作为建设用地的土地资源丰富。水资源较为紧缺,开发利用程度较高,存在河流尾闾湖泊萎缩等问题。地下水超采严重,绿洲内部和边缘地带自然生态系统退化。大气环境质量总体较好,部分城市二氧化硫排放超载。水环境质量总体较差,部分河段化学需氧量排放超载。属典型的大陆性气候,气温变化剧烈,日照充足,降雨少。自然资源相对丰富,冰川和永久性积雪、耕地、草场、天然森林、水域等均有分布。

(53) 本规划主要明确我国粮食、棉花、油料作物、糖料作物和畜水产品主产区的战略布局,具体范围和其他优势农产品的区域布局由相关部门在专项规划中予以明确。

(54) 七区指东北平原等七个农产品主产区;二十三带指七区中以水稻、小麦等农产品生产为主的二十三个产业带。

(55) 水源涵养型:主要指我国重要江河源头和重要水源补给区。包括大小兴安岭森林生态功能区、长白山森林生态功能区、阿尔泰山地森林草原生态功能区、三江源草原草甸湿地生态功能区、若尔盖草原湿地生态功能区、甘南黄河重要水源补给生态功能区、祁连山冰川与水源涵养生态功能区、南岭山地森林及生物多样性生态功能区。

(56) 水土保持型:主要指土壤侵蚀性高、水土流失严重、需要保持水土功能的区域。包括黄土高原丘陵沟壑水土保持生态功能区、大别山水土保持生态功能区、桂黔滇喀斯特石漠化防治生态功能区、三峡库区水土保持生态功能区。

(57) 防风固沙型:主要指沙漠化敏感性高、土地沙化严重、沙尘暴频发并影响较大范围的区域。包括塔里木河荒漠化防治生态功能区、阿尔金草原荒漠化防治生态功能区、呼伦贝尔草原草甸生态功能区、科尔沁草原生态功能区、浑善达克沙漠化防治生态功能区、阴山北麓草原生态功能区。

(58) 生物多样性维护型:主要指濒危珍稀动植物分布较集中、具有典型代表性生态系统的区域。包括川滇森林及生物多样性生态功能区、秦巴生物多样性生态功能区、藏东南高原边缘森林生态功能区、藏西北羌塘高原荒漠生态功能区、三江平原湿地生态功能区、武陵山区生物多样性及水土保持生态功能区、海南岛中部山区热带雨林生态功能区。

(59) 生态廊道是指从生物保护的角度出发,为可移动物种提供一个更大范围的活动领域,以促进生物个体间的交流、迁徙和加强资源保存与维护的物种迁移通道。生态廊道主要由植被、水体等生态要素构成。

(60) 生态孤岛是指物种被隔绝在一定范围内,生态系统只能内部循环,与外界缺乏必要的交流与交换,物种向外迁移受到限制,处于孤立状态的区域。

(61) 国家级自然保护区是指经国务院批准设立,在国内外有典型意义、在科学上有重大国际影响或者有特殊科学研究价值的自然保护区。

(62) 世界文化自然遗产是指根据联合国教科文组织《保护世界文化和自然遗产公约》,列入《世界遗产名录》的我国文化自然遗产。

(63) 国家级风景名胜区是指经国务院批准设立,具有重要的观赏、文化或科学价值,景观独特,国内外著名,规模较大的风景名胜区。

(64) 国家森林公园是指具有国家重要森林风景资源,自然人文景观独特,观赏、游憩、教育价值高的森林公园。

(65) 国家地质公园是指以具有国家级特殊地质科学意义、较高的美学观赏价值的地质遗迹为主体,并融合其他自然景观与人文景观而构成的一种独特的自然区域。

(66) 人口在地区间的转移有主动和被动两种。主动转移是指个人主观上具有迁移的意愿,并为之积极努力,付诸实践。被动转移是指个人主观上没有迁移的意愿,但出于居住地基础设施建设、自然地理环境恶化等原因不得不进行迁移。推进形成主体功能区,促进人口在区域间的转移,除了在极少数自然保护区核心区必要的生态移民等被动转移外,主要指立足于个人自主决策的主动转移。政府的主要职责是提高人的素质,增强就业能力,理顺体制机制,引导限制开发和禁止开发区域的人口自觉自愿、平稳有序地转移到其他地区。

(67)排污权交易是指在一定的区域内,在污染物排放总量不超过允许排放量的前提下,内部各污染源之间通过货币交换的方式相互调剂排污量,从而达到减少排污量、保护环境的目的。

(68)绿色信贷是通过金融杠杆实现环保调控的重要手段。通过在金融信贷领域建立环境准入门槛,对限制类和淘汰类新建项目不提供信贷支持,对淘汰类项目停止新增授信支持,并采取措施收回已发放的贷款,从而实现在源头上切断高耗能、高污染行业无序发展和盲目扩张的投资冲动。

(69)绿色保险绿色保险又叫生态保险,是在市场经济条件下进行环境风险管理的一项基本手段。其中,由保险公司对污染受害者进行赔偿的环境污染责任保险最具代表性。

(70)绿色证券,是以上市公司环保核查制度和环境信息披露机制为核心的环保配套政策,上市公司申请首发上市融资或上市后再融资必须进行主要污染物排放达标等环保核查,同时,上市公司特别是重污染行业的上市公司必须真实、准确、完整、及时地进行环境信息披露。

(71)新勘探发现的矿产资源富集区,若位于生态环境承载能力较弱和生态功能重要的区域,可以适度开发矿产资源,但原则上应确定为限制开发区域。

(72)"自然资源和地理空间基础信息库"是我国国家空间信息基础设施建设和应用的重要项目,主要建设国家基础地理空间信息目录体系和交换体系、地理空间信息共享服务平台和综合信息库,以及相应的标准规范、管理制度和技术与服务支撑体系。

(73)"宏观经济管理信息系统"是国家电子政务的重点建设项目,主要依托国家电子政务网络平台,通过信息资源、信息共享平台、重点领域业务应用系统和安全保障体系建设,实现宏观经济管理部门的互联互通和信息共享,提高业务管理信息化和科学决策水平。

# 关于推进大气污染联防联控工作改善区域空气质量的指导意见

(国办发〔2010〕33号)

近年来,我国一些地区酸雨、灰霾和光化学烟雾等区域性大气污染问题日益突出,严重威胁群众健康,影响环境安全。国内外的成功经验表明,解决区域大气污染问题,必须尽早采取区域联防联控措施。为进一步加大大气污染防治工作力度,现就推进区域大气污染联防联控,改善区域空气质量工作提出以下意见。

一、指导思想、基本原则和工作目标

(一)指导思想。以科学发展观为指导,以改善空气质量为目的,以增强区域环境保护合力为主线,以全面削减大气污染物排放为手段,建立统一规划、统一监测、统一监管、统一评估、统一协调的区域大气污染联防联控工作机制,扎实做好大气污染防治工作。

(二)基本原则。坚持环境保护与经济发展相结合,促进区域环境与经济协调发展;坚持属地管理与区域联动相结合,提升区域大气污染防治整体水平;坚持先行先试与整体推进相结合,率先在重点区域取得突破。

(三)工作目标。到2015年,建立大气污染联防联控机制,形成区域大气环境管理的法规、标准和政策体系,主要大气污染物排放总量显著下降,重点企业全面达标排放,重点区域内所有城市空气质量达到或好于国家二级标准,酸雨、灰霾和光化学烟雾污染明显减少,区域空气质量大幅改善。确保2010年上海世博会和广州亚运会空气质量良好。

## 二、重点区域和防控重点

（四）重点区域。开展大气污染联防联控工作的重点区域是京津冀、长三角和珠三角地区；在辽宁中部、山东半岛、武汉及其周边、长株潭、成渝、台湾海峡西岸等区域，要积极推进大气污染联防联控工作；其他区域的大气污染联防联控工作，由有关地方人民政府根据实际情况组织开展。

（五）防控重点。大气污染联防联控的重点污染物是二氧化硫、氮氧化物、颗粒物、挥发性有机物等，重点行业是火电、钢铁、有色、石化、水泥、化工等，重点企业是对区域空气质量影响较大的企业，需解决的重点问题是酸雨、灰霾和光化学烟雾污染等。

## 三、优化区域产业结构和布局

（六）提高环境准入门槛。制定并实施重点区域内重点行业的大气污染物特别排放限值，严格控制重点区域新建、扩建除"上大压小"和热电联产以外的火电厂，在地级城市市区禁止建设除热电联产以外的火电厂。针对重点区域内重点行业的建设项目实行环境影响评价区域会商机制，具体办法由环境保护部另行制定。加强区域产业发展规划环境影响评价，严格控制钢铁、水泥、平板玻璃、传统煤化工、多晶硅、电解铝、造船等产能过剩行业扩大产能项目建设。

（七）优化区域工业布局。建立产业转移环境监管机制，加强产业转入地在承接产业转移过程中的环保监管，防止污染转移。在城市城区及其近郊禁止新建、扩建钢铁、有色、石化、水泥、化工等重污染企业，对城区内已建重污染企业要结合产业结构调整实施搬迁改造，按期完成首钢搬迁工程，组织实施好石家庄、杭州、广州等城市钢铁厂搬迁项目。

（八）推进技术进步和结构调整。完善重点行业清洁生产标准和评价指标，加强对重点企业的清洁生产审核和评估验收。加大清洁生产技术推广力度，鼓励企业使用清洁生产先进技术。加快产业结构调整步伐，确保电力、煤炭、钢铁、水泥、有色金属、焦炭、造纸、制革、印染等行业淘汰落后产能任务按期完成。

## 四、加大重点污染物防治力度

（九）强化二氧化硫总量控制制度。提高火电机组脱硫效率，完善火电厂脱硫设施特许经营制度。加大钢铁、石化、有色等行业二氧化硫减排工作力度，推进工业锅炉脱硫工作。完善二氧化硫排污收费制度。制定区域二氧化硫总量减排目标。

（十）加强氮氧化物污染减排。建立氮氧化物排放总量控制制度。新建、扩建、改建火电厂应根据排放标准和建设项目环境影响报告书批复要求建设烟气脱硝设施，重点区域内的火电厂应在"十二五"期间全部安装脱硝设施，其他区域的火电厂应预留烟气脱硝设施空间。推广工业锅炉低氮燃烧技术，重点开展钢铁、石化、化工等行业氮氧化物污染防治。

（十一）加大颗粒物污染防治力度。使用工业锅炉的企业以及水泥厂、火电厂应采用袋式等高效除尘技术。强化施工工地环境管理，禁止使用袋装水泥和现场搅拌混凝土、砂浆，在施工场地应采取围挡、遮盖等防尘措施。加强道路清扫保洁工作，提高城市道路清洁度。实施"黄土不露天"工程，减少城区裸露地面。

（十二）开展挥发性有机物污染防治。从事喷漆、石化、制鞋、印刷、电子、服装干洗等排放挥发性有机污染物的生产作业，应当按照有关技术规范进行污染治理。推进加油站油气污染治理，按期完成重点区域内现有油库、加油站和油罐车的油气回收改造工作，并确保达标运行；新增油库、加油站和油罐车应在安装油气回收系统后才能投入使用。严格控制城市餐饮服务业油烟排放。

## 五、加强能源清洁利用

（十三）严格控制燃煤污染排放。严格控制重点区域内燃煤项目建设，开展区域煤炭消费总量控制试点工作。推进低硫、低灰分配煤中心建设，提高煤炭洗选比例，重点区域内未配备脱硫设施的企业，禁止直接燃用含硫量超过 0.5% 的煤炭。加强高污染燃料禁燃区划定工作，逐步扩大禁燃区范围，禁止原煤散烧。建设火电机组烟气脱硫、脱硝、除尘和除汞等多污染物协同控制技术示范工程。

（十四）大力推广清洁能源。改善城市能源消费结构，加大天然气、液化石油气、煤制气、太阳能等清洁能源的推广力度，逐步提高城市清洁能源使用比重。继续推进清洁能源行动，积极开展清洁能源利用示范。推进工业、交通和建筑节能，提高能源利用效率。加快发展农村清洁能源，鼓励农作物秸秆综合利用，推广生物质成型燃料技术，大力发展农村沼气。禁止露天焚烧秸秆等农作物废弃物，确保城市周边、交通干线、机场周围空气质量。鼓励采用节能炉灶，逐步淘汰传统高污染炉灶。

（十五）积极发展城市集中供热。推进城市集中供热工程建设，加强城镇供热锅炉并网工作，不断提高城市集中供热面积。加强集中供热锅炉烟气脱硫、脱硝和高效除尘综合污染防治工作。发展洁净煤技术，加大高效洁净煤锅炉集中供热示范推广力度。在城市城区及其近郊，禁止新建效率低、污染重的燃煤小锅炉，逐步拆除已建燃煤小锅炉。

## 六、加强机动车污染防治

（十六）提高机动车排放水平。严格实施国家机动车排放标准，完善新生产机动车环保型式核准制度，禁止不符合国家机动车排放标准车辆的生产、销售和注册登记。继续推进汽车"以旧换新"工作，加速"黄标车"和低速载货车淘汰进程，积极发展新能源汽车。

（十七）完善机动车环境管理制度。加强机动车环保定期检验，实施机动车环保标志管理，对排放不达标车辆进行专项整治。依法加强对机动车环保检验机构的监督管理，促进其健康发展。加强机动车环保监管能力建设，建立机动车环保管理信息系统。研究有利于机动车污染防治的税费政策。

（十八）加快车用燃油清洁化进程。推进车用燃油低硫化，加快炼油设施改造步伐，增加优质车用燃油市场供应。尽快制定并实施国家第四、第五阶段车用燃油标准和车用燃油有害物质限量标准。强化车用燃油清净剂核准管理。

（十九）大力发展公共交通。完善城市交通基础设施，落实公交优先发展战略，加快建设公共汽、电车专用道（路）并设置公交优先通行信号系统。改善居民步行、自行车出行条件，鼓励居民选择绿色出行方式。

## 七、完善区域空气质量监管体系

（二十）加强重点区域空气质量监测。提高空气质量监测能力，优化重点区域空气质量监测点位，开展酸雨、细颗粒物、臭氧监测和城市道路两侧空气质量监测，制定大气污染事故预报、预警和应急处理预案，完善环境信息发布制度，实现重点区域监测信息共享。到 2011 年年底前，初步建成重点区域空气质量监测网络。

（二十一）完善空气质量评价指标体系。加快空气质量评价指标修订工作，完善臭氧和细颗粒物空气质量评价方法，增加相应评价指标。

（二十二）强化城市空气质量分级管理。空气质量未达到二级标准的城市，应当制订达标方案，确保按期实现空气质量改善目标。国家环境保护重点城市的达标方案应报环境保护部批准后实施。空气质量已达到二级标准的城市，应制订空气质量持续改善方案，防止空气质量恶化。

（二十三）加强区域环境执法监管。环境保护部要会同有关地方和部门确定并公布重点企业名单，开展区域大气环境联合执法检查，集中整治违法排污企业。各地环保部门应加强对重点企业的监督性监测，并推进其安装污染源在线监测装置。到2012年年底前，重点企业应全部安装在线监测装置并与环保部门联网。

## 八、加强空气质量保障能力建设

（二十四）加大资金投入。各级人民政府要根据大气污染防治工作实际，加大资金投入力度，强化环境保护专项资金使用管理，着力推进重点治污项目和区域空气质量监测、监控能力建设。空气质量未达到标准的城市，应逐年加大资金投入，加快城市大气环境保护基础设施和污染治理工程建设。

（二十五）强化科技支撑。加强区域大气污染形成机理研究。开展烟气脱硝、有毒有害气体治理、洁净煤利用、挥发性有机污染物和大气汞污染治理、农村生物质能开发等技术攻关。加大细颗粒物、臭氧污染防治技术示范和推广力度。加快高新技术在环保领域的应用，推动环保产业发展。

（二十六）完善环境经济政策。继续实施高耗能、高污染行业差别电价政策。严格火电、钢铁、水泥、电解铝等行业上市公司环保核查，积极推进主要大气污染物排放指标有偿使用和排污权交易工作。完善区域生态补偿政策，研究对空气质量改善明显地区的激励机制。

## 九、加强组织协调

（二十七）建立区域大气污染联防联控的协调机制。在全国环境保护部际联席会议制度下，不定期召开由有关部门和相关地方人民政府参加的专题会议，协调解决区域大气污染联防联控工作中的重大问题，组织编制重点区域大气污染联防联控规划，明确重点区域空气质量改善目标、污染防治措施及重点治理项目。到2011年年底前，完成规划编制和报批工作。

（二十八）严格落实责任。地方人民政府是区域大气污染防治的责任主体，要切实加强组织领导，制定本地区大气污染联防联控工作方案，并将各项工作任务分解到责任单位和企业，强化监督考核。各有关部门应加强协调配合，制定相关配套措施和落实意见，督促和指导地方相关部门开展工作。

（二十九）完善考核制度。环境保护部要会同有关部门对大气污染联防联控工作情况进行评估检查，对区域大气污染防治重点项目完成情况和城市空气质量改善情况进行考核，并将考核结果作为城市环境综合整治定量考核的重要内容，每年向社会公布。对于未按时完成规划任务且空气质量状况严重恶化的城市，严格控制其新增大气污染物排放的建设项目，具体办法由环境保护部商有关地方和部门另行制定。

（三十）加强宣传教育。组织编写大气污染防治科普宣传和培训材料，开展多种形式的大气环境保护宣传教育，动员和引导公众参与区域大气污染联防联控工作。定期公布区域空气质量状况和大气污染防治工作进展情况，充分发挥新闻媒体的舆论引导和监督作用。

各地要在2010年6月底前，将本地区落实本意见的实施方案，报送环境保护部备案。

# 国务院关于发布实施《促进产业结构调整暂行规定》的决定

（国发〔2005〕40号）

各省、自治区、直辖市人民政府，国务院各部委、各直属机构：

《促进产业结构调整暂行规定》（以下简称《暂行规定》）已经2005年11月9日国务院第112次常务会议审议通过，现予发布。

制定和实施《暂行规定》，是贯彻落实党的十六届五中全会精神，实现"十一五"规划目标的一项重要举措，对于全面落实科学发展观，加强和改善宏观调控，进一步转变经济增长方式，推进产业结构调整和优化升级，保持国民经济平稳较快发展具有重要意义。各省、自治区、直辖市人民政府要将推进产业结构调整作为当前和今后一段时期改革发展的重要任务，建立责任制，狠抓落实，按照《暂行规定》的要求，结合本地区产业发展实际，制订具体措施，合理引导投资方向，鼓励和支持发展先进生产能力，限制和淘汰落后生产能力，防止盲目投资和低水平重复建设，切实推进产业结构优化升级。各有关部门要加快制定和修订财税、信贷、土地、进出口等相关政策，切实加强与产业政策的协调配合，进一步完善促进产业结构调整的政策体系。各省、自治区、直辖市人民政府和国家发展改革、财政、税务、国土资源、环保、工商、质检、银监、电监、安全监管以及行业主管等有关部门，要建立健全产业结构调整工作的组织协调和监督检查机制，各司其职，密切配合，形成合力，切实增强产业政策的执行效力。在贯彻实施《暂行规定》时，要正确处理政府引导与市场调节之间的关系，充分发挥市场配置资源的基础性作用，正确处理发展与稳定、局部利益与整体利益、眼前利益与长远利益的关系，保持经济平稳较快发展。

国务院

二〇〇五年十二月二日

# 促进产业结构调整暂行规定

## 第一章 总 则

**第一条** 为全面落实科学发展观，加强和改善宏观调控，引导社会投资，促进产业结构优化升级，根据国家有关法律、行政法规，制定本规定。

**第二条** 产业结构调整的目标：

推进产业结构优化升级，促进一、二、三产业健康协调发展，逐步形成农业为基础、高新技术产业为先导、基础产业和制造业为支撑、服务业全面发展的产业格局，坚持节约发展、清洁发展、安全发展，实现可持续发展。

**第三条** 产业结构调整的原则：

坚持市场调节和政府引导相结合。充分发挥市场配置资源的基础性作用，加强国家产业政策的合理引导，实现资源优化配置。

以自主创新提升产业技术水平。把增强自主创新能力作为调整产业结构的中心环节，建立以企业为主体、市场为导向、产学研相结合的技术创新体系，大力提高原始创新能力、集成创新能力和引进消化吸收再创新能力，提升产业整体技术水平。

坚持走新型工业化道路。以信息化带动工业化，以工业化促进信息化，走科技含量高、经济效益好、资源消耗低、环境污染少、安全有保障、人力资源优势得到充分发挥的发展道路，努力推进经济增长方式的根本转变。

促进产业协调健康发展。发展先进制造业，提高服务业比重和水平，加强基础设施建设，优化城乡区域产业结构和布局，优化对外贸易和利用外资结构，维护群众合法权益，努力扩大就业，推进经济社会协调发展。

## 第二章 产业结构调整的方向和重点

**第四条** 巩固和加强农业基础地位，加快传统农业向现代农业转变。加快农业科技进步，加强农业设施建设，调整农业生产结构，转变农业增长方式，提高农业综合生产能力。稳定发展粮食生产，加快实施优质粮食产业工程，建设大型商品粮生产基地，确保粮食安全。优化农业生产布局，推进农业产业化经营，加快农业标准化，促进农产品加工转化增值，发展高产、优质、高效、生态、安全农业。大力发展畜牧业，提高规模化、集约化、标准化水平，保护天然草场，建设饲料草场基地。积极发展水产业，保护和合理利用渔业资源，推广绿色渔业养殖方式，发展高效生态养殖业。因地制宜发展原料林、用材林基地，提高木材综合利用率。加强农田水利建设，改造中低产田，搞好土地整理。提高农业机械化水平，健全农业技术推广、农产品市场、农产品质量安全和动植物病虫害防控体系。积极推行节水灌溉，科学使用肥料、农药，促进农业可持续发展。

**第五条** 加强能源、交通、水利和信息等基础设施建设，增强对经济社会发展的保障能力。

坚持节约优先、立足国内、煤为基础、多元发展，优化能源结构，构筑稳定、经济、清洁的能源供应体系。以大型高效机组为重点优化发展煤电，在生态保护基础上有序开发水电，积极发展核电，加强电网建设，优化电网结构，扩大西电东送规模。建设大型煤炭基地，调整改造中小煤矿，坚决淘汰不具备安全生产条件和浪费破坏资源的小煤矿，加快实施煤矸石、煤层气、矿井水等资源综合利用，鼓励煤电联营。实行油气并举，加大石油、天然气资源勘探和开发利用力度，扩大境外合作开发，加快油气领域基础设施建设。积极扶持和发展新能源和可再生能源产业，鼓励石油替代资源和清洁能源的开发利用，积极推进洁净煤技术产业化，加快发展风能、太阳能、生物质能等。

以扩大网络为重点，形成便捷、通畅、高效、安全的综合交通运输体系。坚持统筹规划、合理布局，实现铁路、公路、水运、民航、管道等运输方式优势互补，相互衔接，发挥组合效率和整体优势。加快发展铁路、城市轨道交通，重点建设客运专线、运煤通道、区域通道和西部地区铁路。完善国道主干线、西部地区公路干线，建设国家高速公路网，大力推进农村公路建设。优先发展城市公共交通。加强集装箱、能源物资、矿石深水码头建设，发展内河航运。扩充大型机场，完善中型机场，增加小型机场，构建布局合理、规模适当、功能完备、协调发展的机场体系。加强管道运输建设。

加强水利建设，优化水资源配置。统筹上下游、地表地下水资源调配、控制地下水开采，积极开展海水淡化。加强防洪抗旱工程建设，以堤防加固和控制性水利枢纽等防洪体系为重点，强化防洪减灾薄弱环节建设，继续加强大江大河干流堤防、行蓄洪区、病险水库除险加固和城市防洪骨干工程建设，建设南水北调工程。加大人畜饮水工程和灌区配套工程建设改造力度。

加强宽带通信网、数字电视网和下一代互联网等信息基础设施建设，推进"三网融合"，健全信息安全保障体系。

**第六条** 以振兴装备制造业为重点发展先进制造业，发挥其对经济发展的重要支撑作用。

装备制造业要依托重点建设工程，通过自主创新、引进技术、合作开发、联合制造等方式，提高重大技术装备国产化水平，特别是在高效清洁发电和输变电、大型石油化工、先进适用运输装备、高档数控机床、自动化控制、集成电路设备、先进动力装备、节能降耗装备等领域实现突破，提高研发设计、核心元器件配套、加工制造和系统集成的整体水平。

坚持以信息化带动工业化，鼓励运用高技术和先进适用技术改造提升制造业，提高自主知识产权、自主品牌和高端产品比重。根据能源、资源条件和环境容量，着力调整原材料工业的产品结构、企业组织结构和产业布局，提高产品质量和技术含量。支持发展冷轧薄板、冷轧硅钢片、高浓度磷肥、高效低毒低残留农药、乙烯、精细化工、高性能差别化纤维。促进炼油、乙烯、钢铁、水泥、造纸向基地化和大型化发展。加强铁、铜、铝等重要资源的地质勘查，增加资源地质储量，实行合理开采和综合利用。

**第七条** 加快发展高技术产业，进一步增强高技术产业对经济增长的带动作用。

增强自主创新能力，努力掌握核心技术和关键技术，大力开发对经济社会发展具有重大带动作用的高新技术，支持开发重大产业技术，制定重要技术标准，构建自主创新的技术基础，加快高技术产业从加工装配为主向自主研发制造延伸。按照产业聚集、规模化发展和扩大国际合作的要求，大力发展信息、生物、新材料、新能源、航空航天等产业，培育更多新的经济增长点。优先发展信息产业，大力发展集成电路、软件等核心产业，重点培育数字化音视频、新一代移动通信、高性能计算机及网络设备等信息产业群，加强信息资源开发和共享，推进信息技术的普及和应用。充分发挥我国特有的资源优势和技术优势，重点发展生物农业、生物医药、生物能源和生物化工等生物产业。加快发展民用航空、航天产业，推进民用飞机、航空发动机及机载系统的开发和产业化，进一步发展民用航天技术和卫星技术。积极发展新材料产业，支持开发具有技术特色以及可发挥我国比较优势的光电子材料、高性能结构和新型特种功能材料等产品。

**第八条** 提高服务业比重，优化服务业结构，促进服务业全面快速发展。坚持市场化、产业化、社会化的方向，加强分类指导和有效监管，进一步创新、完善服务业发展的体制和机制,建立公开、平等、规范的行业准入制度。发展竞争力较强的大型服务企业集团,大城市要把发展服务业放在优先地位,有条件的要逐步形成服务经济为主的产业结构。增加服务品种,提高服务水平,增强就业能力,提升产业素质。大力发展金融、保险、物流、信息和法律服务、会计、知识产权、技术、设计、咨询服务等现代服务业,积极发展文化、旅游、社区服务等需求潜力大的产业,加快教育培训、养老服务、医疗保健等领域的改革和发展。规范和提升商贸、餐饮、住宿等传统服务业,推进连锁经营、特许经营、代理制、多式联运、电子商务等组织形式和服务方式。

**第九条** 大力发展循环经济,建设资源节约和环境友好型社会,实现经济增长与人口资源环境相协调。坚持开发与节约并重、节约优先的方针,按照减量化、再利用、资源化原则,大力推进节能节水节地节材,加强资源综合利用,全面推行清洁生产,完善再生资源回收利用体系,形成低投入、低消耗、低排放和高效率的节约型增长方式。积极开发推广资源节约、替代和循环利用技术和产品,重点推进钢铁、有色、电力、石化、建筑、煤炭、建材、造纸等行业节能降耗技术改造,发展节能省地型建筑,对消耗高、污染重、危及安全生产、技术落后的工艺和产品实施强制淘汰制度,依法关闭破坏环境和不具备安全生产条件的企业。调整高耗能、高污染产业规模,降低高耗能、高污染产业比重。鼓励生产和使用节约性能好的各类消费品,形成节约资源的消费模式。大力发展环保产业,以控制不合理的资源开发为重点,强化对水资源、土地、森林、草原、海洋等的生态保护。

**第十条** 优化产业组织结构,调整区域产业布局。提高企业规模经济水平和产业集中度,加快大型企业发展,形成一批拥有自主知识产权、主业突出、核心竞争力强的大公司和企业集团。充分发挥中小企业的作用,推动中小企业与大企业形成分工协作关系,提高生产专业化水平,促进中小企业技术进步和产业升级。充分发挥比较优势,积极推动生产要素合理流动和配置,引导产业集群化发展。西部地区要加强基础设施建设和生态环境保护,健全公共服务,结合本地资源优势发展特色产业,增强自我发展能力。东北地区要加快产业结构调整和国有企业改革改组改造,发展现代农业,着力振兴装备制造业,促进资源枯竭型城市转型。中部地区要抓好粮食主产区建设,发展有比较优势的能源和制造业,加强基础设施建设,加快建立现代市场体系。东部地区要努力提高自主创新能力,加快实现结构优化升级和增长方式转变,提高外向型经济水平,增强国际竞争力和可持续发展能力。从区域发展的总体战略布局出发,根据资源环境承载能力和发展潜力,实行优化开发、重点开发、限制开发和禁止开发等有区别的区域产业布局。

**第十一条** 实施互利共赢的开放战略,提高对外开放水平,促进国内产业结构升级。加快转变对外贸易增长方式,扩大具有自主知识产权、自主品牌的商品出口,控制高能耗高污染产品的出口,鼓励进口先进技术设备和国内短缺资源。支持有条件的企业"走出去",在国际市场竞争中发展壮大,带动国内产业发展。提高加工贸易的产业层次,增强国内配套能力。大力发展服务贸易,继续开放服务市场,有序承接国际现代服务业转移。提高利用外资的质量和水平,着重引进先进技术、管理经验和高素质人才,注重引进技术的消化吸收和创新提高。吸引外资能力较强的地区和开发区,要着重提高生产制造层次,并积极向研究开发、现代物流等领域拓展。

## 第三章　产业结构调整指导目录

**第十二条**　《产业结构调整指导目录》是引导投资方向，政府管理投资项目，制定和实施财税、信贷、土地、进出口等政策的重要依据。

《产业结构调整指导目录》由发展改革委会同国务院有关部门依据国家有关法律法规制订，经国务院批准后公布。根据实际情况，需要对《产业结构调整指导目录》进行部分调整时，由发展改革委会同国务院有关部门适时修订并公布。

《产业结构调整指导目录》原则上适用于我国境内的各类企业。其中外商投资按照《外商投资产业指导目录》执行。《产业结构调整指导目录》是修订《外商投资产业指导目录》的主要依据之一。《产业结构调整指导目录》淘汰类适用于外商投资企业。《产业结构调整指导目录》和《外商投资产业指导目录》执行中的政策衔接问题由发展改革委会同商务部研究协商。

**第十三条**　《产业结构调整指导目录》由鼓励、限制和淘汰三类目录组成。不属于鼓励类、限制类和淘汰类，且符合国家有关法律、法规和政策规定的，为允许类。允许类不列入《产业结构调整指导目录》。

**第十四条**　鼓励类主要是对经济社会发展有重要促进作用，有利于节约资源、保护环境、产业结构优化升级，需要采取政策措施予以鼓励和支持的关键技术、装备及产品。按照以下原则确定鼓励类产业指导目录：

（一）国内具备研究开发、产业化的技术基础，有利于技术创新，形成新的经济增长点；

（二）当前和今后一个时期有较大的市场需求，发展前景广阔，有利于提高短缺商品的供给能力，有利于开拓国内外市场；

（三）有较高技术含量，有利于促进产业技术进步，提高产业竞争力；

（四）符合可持续发展战略要求，有利于安全生产，有利于资源节约和综合利用，有利于新能源和可再生能源开发利用、提高能源效率，有利于保护和改善生态环境；

（五）有利于发挥我国比较优势，特别是中西部地区和东北地区等老工业基地的能源、矿产资源与劳动力资源等优势；

（六）有利于扩大就业，增加就业岗位；

（七）法律、行政法规规定的其他情形。

**第十五条**　限制类主要是工艺技术落后，不符合行业准入条件和有关规定，不利于产业结构优化升级，需要督促改造和禁止新建的生产能力、工艺技术、装备及产品。按照以下原则确定限制类产业指导目录：

（一）不符合行业准入条件，工艺技术落后，对产业结构没有改善；

（二）不利于安全生产；

（三）不利于资源和能源节约；

（四）不利于环境保护和生态系统的恢复；

（五）低水平重复建设比较严重，生产能力明显过剩；

（六）法律、行政法规规定的其他情形。

**第十六条**　淘汰类主要是不符合有关法律法规规定，严重浪费资源、污染环境、不具备安全生产条件，需要淘汰的落后工艺技术、装备及产品。按照以下原则确定淘汰类产业指导目录：

（一）危及生产和人身安全，不具备安全生产条件；

（二）严重污染环境或严重破坏生态环境；

（三）产品质量低于国家规定或行业规定的最低标准；

（四）严重浪费资源、能源；

（五）法律、行政法规规定的其他情形。

**第十七条** 对鼓励类投资项目，按照国家有关投资管理规定进行审批、核准或备案；各金融机构应按照信贷原则提供信贷支持；在投资总额内进口的自用设备，除财政部发布的《国内投资项目不予免税的进口商品目录（2000年修订）》所列商品外，继续免征关税和进口环节增值税，在国家出台不予免税的投资项目目录等新规定后，按新规定执行。对鼓励类产业项目的其他优惠政策，按照国家有关规定执行。

**第十八条** 对属于限制类的新建项目，禁止投资。投资管理部门不予审批、核准或备案，各金融机构不得发放贷款，土地管理、城市规划和建设、环境保护、质检、消防、海关、工商等部门不得办理有关手续。凡违反规定进行投融资建设的，要追究有关单位和人员的责任。

对属于限制类的现有生产能力，允许企业在一定期限内采取措施改造升级，金融机构按信贷原则继续给予支持。国家有关部门要根据产业结构优化升级的要求，遵循优胜劣汰的原则，实行分类指导。

**第十九条** 对淘汰类项目，禁止投资。各金融机构应停止各种形式的授信支持，并采取措施收回已发放的贷款；各地区、各部门和有关企业要采取有力措施，按规定限期淘汰。在淘汰期限内国家价格主管部门可提高供电价格。对国家明令淘汰的生产工艺技术、装备和产品，一律不得进口、转移、生产、销售、使用和采用。

对不按期淘汰生产工艺技术、装备和产品的企业，地方各级人民政府及有关部门要依据国家有关法律法规责令其停产或予以关闭，并采取妥善措施安置企业人员、保全金融机构信贷资产安全等；其产品属实行生产许可证管理的，有关部门要依法吊销生产许可证；工商行政管理部门要督促其依法办理变更登记或注销登记；环境保护管理部门要吊销其排污许可证；电力供应企业要依法停止供电。对违反规定者，要依法追究直接责任人和有关领导的责任。

## 第四章 附 则

**第二十条** 本规定自发布之日起施行。原国家计委、国家经贸委发布的《当前国家重点鼓励发展的产业、产品和技术目录（2000年修订）》、原国家经贸委发布的《淘汰落后生产能力、工艺和产品的目录（第一批、第二批、第三批）》和《工商投资领域制止重复建设目录（第一批）》同时废止。

**第二十一条** 对依据《当前国家重点鼓励发展的产业、产品和技术目录（2000年修订）》执行的有关优惠政策，调整为依据《产业结构调整指导目录》鼓励类目录执行。外商投资企业的设立及税收政策等执行国家有关外商投资的法律、行政法规规定。

# 国务院关于加快推进产能过剩行业结构调整的通知

(国发 [2006] 11号)

各省、自治区、直辖市人民政府,国务院各部委、各直属机构:

推进经济结构战略性调整,提升产业国际竞争力,是"十一五"时期重大而艰巨的任务。当前,部分行业盲目投资、低水平扩张导致生产能力过剩,已经成为经济运行的一个突出问题,如果不抓紧解决,将会进一步加剧产业结构不合理的矛盾,影响经济持续快速协调健康发展。为加快推进产能过剩行业的结构调整,现就有关问题通知如下:

## 一、加快推进产能过剩行业结构调整的重要性和紧迫性

近年来,随着消费结构不断升级和工业化、城镇化进程加快,带动了钢铁、水泥、电解铝、汽车等行业的快速增长。但由于经济增长方式粗放,体制机制不完善,这些行业在快速发展中出现了盲目投资、低水平扩张等问题。2004年,国家及时采取一系列宏观调控措施,初步遏制了部分行业盲目扩张的势头,投资增幅回落,企业兼并重组、关闭破产、淘汰落后生产能力等取得了一定成效。

但从总体上看,过度投资导致部分行业产能过剩的问题仍然没有得到根本解决。钢铁、电解铝、电石、铁合金、焦炭、汽车等行业产能已经出现明显过剩;水泥、煤炭、电力、纺织等行业目前虽然产需基本平衡,但在建规模很大,也潜在着产能过剩问题。在这种情况下,一些地方和企业仍在这些领域继续上新的项目,生产能力大于需求的矛盾将进一步加剧。还应看到,这些行业不但总量上过剩,在企业组织结构、行业技术结构、产品结构上的不合理问题也很严重。目前,部分行业产能过剩的不良后果已经显现,产品价格下跌,库存上升,企业利润增幅下降,亏损增加。如果任其发展下去,资源环境约束的矛盾就会更加突出,结构不协调的问题就会更加严重,企业关闭破产和职工失业就会显著增加,必须下决心抓紧解决。要充分认识到,加快产能过剩行业的结构调整,既是巩固和发展宏观调控成果的客观需要,也是宏观调控的一项重要而艰巨的任务;既是把经济社会发展切实转入科学发展轨道的迫切需要,也是继续保持当前经济平稳较快增长好势头的重要举措。

部分行业产能过剩,给经济和社会发展带来了负面影响,但同时也为推动结构调整提供了机遇。在供给能力超过市场需求的情况下,市场竞争加剧,企业才有调整结构的意愿和压力,也有条件淘汰一部分落后的生产能力。国家在宏观调控的过程中,已经积累了产业政策与其他经济政策协调配合的经验,形成了相对完善的市场准入标准体系,为推进产业结构调整、淘汰落后生产能力提供了一定的制度规范和手段。各地区、各有关部门要进一步树立和落实科学发展观,加深对统筹协调发展、转变经济增长方式必要性和紧迫性的认识,增强预见性,避免盲目性,提高主动性和自觉性,因势利导,化害为利,加快推进产能过剩行业结构调整。

## 二、推进产能过剩行业结构调整的总体要求和原则

加快推进产能过剩行业结构调整的总体要求是:坚持以科学发展观为指导,依靠市场,因势利导,控制增能,优化结构,区别对待,扶优汰劣,力争今年迈出实质性步伐,

经过几年努力取得明显成效。在具体工作中要注意把握好以下原则：

（一）充分发挥市场配置资源的基础性作用。坚持以市场为导向，利用市场约束和资源约束增强的"倒逼"机制，促进总量平衡和结构优化。调整和理顺资源产品价格关系，更好地发挥价格杠杆的调节作用，推动企业自主创新、主动调整结构。

（二）综合运用经济、法律手段和必要的行政手段。加强产业政策引导、信贷政策支持、财税政策调节，推动行业结构调整。提高并严格执行环保、安全、技术、土地和资源综合利用等市场准入标准，引导市场投资方向。完善并严格执行相关法律法规，规范企业和政府行为。

（三）坚持区别对待，促进扶优汰劣。根据不同行业、不同地区、不同企业的具体情况，分类指导、有保有压。坚持扶优与汰劣结合，升级改造与淘汰落后结合，兼并重组与关闭破产结合。合理利用和消化一些已经形成的生产能力，进一步优化企业结构和布局。

（四）健全持续推进结构调整的制度保障。把解决当前问题和长远问题结合起来，加快推进改革，消除制约结构调整的体制性、机制性障碍，有序推进产能过剩行业的结构调整，促进经济持续快速健康发展。

### 三、推进产能过剩行业结构调整的重点措施

推进产能过剩行业结构调整，关键是要发挥市场配置资源的基础性作用，充分利用市场的力量推动竞争，促进优胜劣汰。各级政府在结构调整中的作用，一方面是通过深化改革，规范市场秩序，为发挥市场机制作用创造条件，另一方面是综合运用经济、法律和必要的行政手段，加强引导，积极推动。2006年，要通过重组、改造、淘汰等方法，推动产能过剩行业加快结构调整步伐。

（一）切实防止固定资产投资反弹。这是顺利推进产能过剩行业结构调整的重要前提。一旦投资重新膨胀，落后产能将死灰复燃，总量过剩和结构不合理矛盾不但不能解决，而且会越来越突出。要继续贯彻中央关于宏观调控的政策，严把土地、信贷两个闸门，严格控制固定资产投资规模，为推进产能过剩行业结构调整创造必要的前提条件和良好的环境。

（二）严格控制新上项目。根据有关法律法规，制定更加严格的环境、安全、能耗、水耗、资源综合利用和质量、技术、规模等标准，提高准入门槛。对在建和拟建项目区别情况，继续进行清理整顿；对不符合国家有关规划、产业政策、供地政策、环境保护、安全生产等市场准入条件的项目，依法停止建设；对拒不执行的，要采取经济、法律和必要的行政手段，并追究有关人员责任。原则上不批准建设新的钢厂，对个别结合搬迁、淘汰落后生产能力的钢厂项目，要从严审批。提高煤炭开采的井型标准，明确必须达到的回采率和安全生产条件。所有新建汽车整车生产企业和现有企业跨产品类别的生产投资项目，除满足产业政策要求外，还要满足自主品牌、自主开发产品的条件；现有企业异地建厂，还必须满足产销量达到批准产能80％以上的要求。提高利用外资质量，禁止技术和安全水平低、能耗物耗高、污染严重的外资项目进入。

（三）淘汰落后生产能力。依法关闭一批破坏资源、污染环境和不具备安全生产条件的小企业，分期分批淘汰一批落后生产能力，对淘汰的生产设备进行废毁处理。逐步淘汰立窑等落后的水泥生产能力；关闭淘汰敞开式和生产能力低于1万吨的小电石炉；尽快淘汰5000千伏安以下铁合金矿热炉（特种铁合金除外）、100立方米以下铁合金高炉；淘汰

300立方米以下炼铁高炉和20吨以下炼钢转炉、电炉；彻底淘汰土焦和改良焦设施；逐步关停小油机和5万千瓦及以下凝汽式燃煤小机组；淘汰达不到产业政策规定规模和安全标准的小煤矿。

（四）推进技术改造。支持符合产业政策和技术水平高、对产业升级有重大作用的大型企业技术改造项目。围绕提升技术水平、改善品种、保护环境、保障安全、降低消耗、综合利用等，对传统产业实施改造提高。推进火电机组以大代小、上煤压油等工程。支持汽车生产企业加强研发体系建设，在消化引进技术的基础上，开发具有自主知识产权的技术。支持纺织关键技术、成套设备的研发和产业集群公共创新平台、服装自主品牌的建设。支持大型钢铁集团的重大技改和新产品项目，加快开发取向冷轧硅钢片技术，提升汽车板生产水平，推进大型冷、热连轧机组国产化。支持高产高效煤炭矿井建设和煤矿安全技术改造。

（五）促进兼并重组。按照市场原则，鼓励有实力的大型企业集团，以资产、资源、品牌和市场为纽带实施跨地区、跨行业的兼并重组，促进产业的集中化、大型化、基地化。推动优势大型钢铁企业与区域内其他钢铁企业的联合重组，形成若干年产3000万吨以上的钢铁企业集团。鼓励大型水泥企业集团对中小水泥厂实施兼并、重组、联合，增强在区域市场上的影响力。突破现有焦化企业的生产经营格局，实施与钢铁企业、化工企业的兼并联合，向生产与使用一体化、经营规模化、产品多样化、资源利用综合化方向发展。支持大型煤炭企业收购、兼并、重组和改造一批小煤矿，实现资源整合，提高回采率和安全生产水平。

（六）加强信贷、土地、建设、环保、安全等政策与产业政策的协调配合。认真贯彻落实《国务院关于发布实施〈促进产业结构调整暂行规定〉的决定》（国发[2005]40号），抓紧细化各项政策措施。对已经出台的钢铁、电解铝、煤炭、汽车等行业发展规划和产业政策，要强化落实，加强检查，在实践中不断完善。对尚未出台的行业发展规划和产业政策，要抓紧制定和完善，尽快出台。金融机构和国土资源、环保、安全监管等部门要严格依据国家宏观调控和产业政策的要求，优化信贷和土地供应结构，支持符合国家产业政策、市场准入条件的项目和企业的土地、信贷供应，同时要防止信贷投放大起大落，积极支持市场前景好、有效益、有助于形成规模经济的兼并重组；对不符合国家产业政策、供地政策、市场准入条件、国家明令淘汰的项目和企业，不得提供贷款和土地，城市规划、建设、环保和安全监管部门不得办理相关手续。坚决制止用压低土地价格、降低环保和安全标准等办法招商引资、盲目上项目。完善限制高耗能、高污染、资源性产品出口的政策措施。

（七）深化行政管理和投资体制、价格形成和市场退出机制等方面的改革。按照建设社会主义市场经济体制的要求，继续推进行政管理体制和投资体制改革，切实实行政企分开，完善和严格执行企业投资的核准和备案制度，真正做到投资由企业自主决策、自担风险，银行独立审贷；积极稳妥地推进资源性产品价格改革，健全反映市场供求状况、资源稀缺程度的价格形成机制，建立和完善生态补偿责任机制；建立健全落后企业退出机制，在人员安置、土地使用、资产处置以及保障职工权益等方面，制定出台有利于促进企业兼并重组和退出市场，有利于维护职工合法权益的改革政策；加快建立健全维护市场公平竞争的法律法规体系，打破地区封锁和地方保护。

（八）健全行业信息发布制度。有关部门要完善统计、监测制度，做好对产能过剩行业运行动态的跟踪分析。要尽快建立判断产能过剩衡量指标和数据采集系统，并有计划、分步骤建立定期向社会披露相关信息的制度，引导市场投资预期。加强对行业发展的信息引导，发挥行业协会的作用，搞好市场调研，适时发布产品供求、现有产能、在建规模、发展趋势、原材料供应、价格变化等方面的信息。同时，还要密切关注其他行业生产、投资和市场供求形势的发展变化，及时发现和解决带有苗头性、倾向性的问题，防止其他行业出现产能严重过剩。

加快推进产能过剩行业结构调整，涉及面广，政策性强，任务艰巨而复杂，各地区、各有关部门要增强全局观念，加强组织领导，密切协调配合，积极有序地做好工作。要正确处理改革发展稳定的关系，从本地区、本单位实际情况出发，完善配套措施，认真解决企业兼并、破产、重组中出现的困难和问题，做好人员安置和资产保全等工作，尽量减少损失，避免社会震动。各地区、各有关部门要及时将贯彻落实本通知的情况上报国务院。国家发展改革委要会同有关部门抓紧制定具体的政策措施，做好组织实施工作。

国务院<br>二〇〇六年三月十二日

## 关于抑制部分行业产能过剩和重复建设引导产业健康发展的若干意见

（国发〔2009〕38号）

为切实将党中央、国务院应对国际金融危机的一揽子计划落到实处，巩固和发展当前经济企稳向好的势头，加快推动结构调整，坚决抑制部分行业的产能过剩和重复建设，引导新兴产业有序发展，现提出以下意见：

### 一、部分行业产能过剩和重复建设问题需引起高度重视

为应对国际金融危机的冲击和影响，党中央、国务院审时度势，及时制定和实施了扩大内需、促进经济增长的一揽子计划。按照"保增长、扩内需、调结构"的总体要求，出台了钢铁等十个重点产业调整和振兴规划，在推动结构调整方面提出了控制总量、淘汰落后、兼并重组、技术改造、自主创新等一系列对策措施，各地也相继出台了一些扶持产业发展的政策措施。目前政策效应已初步显现，工业增速稳中趋升，企业生产经营困难情况有所缓解，产业发展总体向好。

但从当前产业发展状况看，结构调整虽取得一定进展，但总体进展不快，各地区、各行业也不平衡。不少领域产能过剩、重复建设问题仍很突出，有的甚至还在加剧。特别需要关注的是，不仅钢铁、水泥等产能过剩的传统产业仍在盲目扩张，风电设备、多晶硅等新兴产业也出现了重复建设倾向，一些地区违法、违规审批，未批先建、边批边建现象又有所抬头。

（一）钢铁。2008年我国粗钢产能6.6亿吨，需求仅5亿吨左右，约四分之一的钢铁

及制成品依赖国际市场。2009年上半年全行业完成投资1405.5亿元，目前在建项目粗钢产能5800万吨，多数为违规建设，如不及时加以控制，粗钢产能将超过7亿吨，产能过剩矛盾将进一步加剧。

（二）水泥。2008年我国水泥产能18.7亿吨，其中新型干法水泥11亿吨，特种水泥与粉磨站产能2.7亿吨，落后产能约5亿吨，当年水泥产量14亿吨。目前在建水泥生产线418条，产能6.2亿吨，另外还有已核准尚未开工的生产线147条，产能2.1亿吨。这些产能全部建成后，水泥产能将达到27亿吨，市场需求仅为16亿吨，产能将严重过剩。

（三）平板玻璃。2008年全国平板玻璃产能6.5亿重箱，产量5.74亿重箱，约占全球产量的50%，其中浮法玻璃产量为4.79亿重箱，占平板玻璃总量的80%。2009年上半年新投产13条生产线，新增产能4848万重箱，目前各地还有30余条在建和拟建浮法玻璃生产线，平板玻璃产能将超过8亿重箱，产能明显过剩。

（四）煤化工。近年来，一些煤炭资源产地片面追求经济发展速度，不顾生态环境、水资源承载能力和现代煤化工工艺技术仍处于示范阶段的现实，不注重能源转化效率和全生命周期能效评价，盲目发展煤化工。传统煤化工重复建设严重，产能过剩30%，在进口产品的冲击下，2009年上半年甲醇装置开工率只有40%左右。目前煤制油示范工程正处于试生产阶段，煤制烯烃等示范工程尚处于建设或前期工作阶段，但一些地区盲目规划现代煤化工项目，若不及时合理引导，势必出现"逢煤必化、遍地开花"的混乱局面。

（五）多晶硅。多晶硅是信息产业和光伏产业的基础材料，属于高耗能和高污染产品。从生产工业硅到太阳能电池全过程综合电耗约220万千瓦时/兆瓦。2008年我国多晶硅产能2万吨，产量4000吨左右，在建产能约8万吨，产能已明显过剩。我国光伏发电市场发展缓慢，国内太阳能电池98%用于出口，相当于大量输出国内紧缺的能源。

（六）风电设备。风电是国家鼓励发展的新兴产业。2008年底已安装风电机组11638台，总装机容量1217万千瓦。近年来风电产业快速发展，出现了风电设备投资一哄而上、重复引进和重复建设现象。目前，我国风电机组整机制造企业超过80家，还有许多企业准备进入风电装备制造业，2010年我国风电装备产能将超过2000万千瓦，而每年风电装机规模为1000万千瓦左右，若不及时调控和引导，产能过剩将不可避免。

此外，电解铝、造船、大豆压榨等行业产能过剩矛盾也十分突出，一些地区和企业还在规划新上项目。目前，全球范围内电解铝供过于求，我国电解铝产能为1800万吨，占全球42.9%，产能利用率仅为73.2%；我国造船能力为6600万载重吨，占全球的36%，而2008年国内消费量仅为1000万载重吨左右，70%以上产量靠出口；大型锻件存在着产能过剩的隐忧；化肥行业氮肥和磷肥自给有余，钾肥严重短缺，产业结构亟待进一步优化。

必须清醒地认识到，2008年第四季度以来我国工业生产经营出现的困难，一方面是国际金融危机冲击的外因影响，另一方面也有我国经济发展方式粗放的内因，不少行业重复建设、盲目扩张，在外需严重萎缩的情况下产能过剩矛盾加剧。当前我国经济回升的基础还不够稳固，应对国际金融危机取得的成果还是初步的、阶段性的。对于部分行业出现的产能过剩和重复建设，如不及时加以调控和引导，任其发展，市场恶性竞争难以避免，经济效益难以提高，并将导致企业倒闭或开工不足、人员下岗失业、银行不良资产大量增加等一系列问题，不仅严重影响国家扩大内需一揽子计划的实施效果和来之不易的企稳向好的形势，而且将错失利用国际金融危机形成的市场形势推动结构调整的历史机遇。因此，尽快抑制产能过剩和重复建设，把有限的要素资源引导和配置到优化存量、培育新的增长点上来，大力发展符合市场需求的高新技术产业和服务业，不仅对实现产业的良性发展，而且对转变发展方式，实现经济社会可持续发展具有重要的意义。

## 二、正确把握抑制产能过剩和重复建设的政策导向

当前，我国经济正处于企稳回升的关键时期，必须认真贯彻落实科学发展观，进一步统一思想，增强忧患意识，在保增长中更加注重推进结构调整，将坚决抑制部分行业产能过剩和重复建设作为结构调整的重点工作抓紧、抓实，抓出成效。抑制产能过剩和重复建设所涉及的行业具有很强的市场性和全球资源配置特点，既要充分发挥市场机制的作用，又要辅之必要的调控措施，注意把握好以下原则和产业政策导向：

（一）主要原则。

一是控制增量和优化存量相结合。严格控制产能过剩行业盲目扩张和重复建设，推进企业兼并重组和联合重组，加快淘汰落后产能；结合实施"走出去"战略，支持有条件的企业转移产能，形成参与国际产业竞争的新格局；依靠技术进步，优化存量，调整产品结构，谋求有效益、有质量、可持续的发展。

二是分类指导和有保有压相结合。对钢铁、水泥等高耗能、高污染产业，要坚决控制总量、抑制产能过剩；鼓励发展高技术、高附加值、低消耗、低排放的新工艺和新产品，延长产业链，形成新的增长点。对多晶硅、风电设备等新兴产业，要集中有效资源，支持企业提高关键环节和关键部件自主创新能力，积极开展产业化示范，防止投资过热和重复建设，引导有序发展。

三是培育新兴产业和提升传统产业相结合。立足于新一轮国际竞争和可持续发展的需要，尽快培育一批科技含量高、发展潜力大、带动作用强的新兴产业，及时制定出台专项产业政策和规划，明确技术装备路线，建立和完善准入标准；抓紧改造提升传统产业，及时修订产业政策，提高准入标准，对结构调整给予明确产业政策引导。

四是市场引导和宏观调控相结合。加强行业产销形势的监测、分析和国内外市场需求的信息发布，发挥市场配置资源的基础性作用；综合运用法律、经济、技术、标准以及必要的行政手段，协调产业、环保、土地和金融政策，形成抑制产能过剩、引导产业健康发展的合力；同时，坚持深化改革，标本兼治，通过体制机制创新解决重复建设的深层次矛盾。

（二）产业政策导向。

**钢铁**：充分利用当前市场倒逼机制，在减少或不增加产能的前提下，通过淘汰落后、联合重组和城市钢厂搬迁，加快结构调整和技术进步，推动钢铁工业实现由大到强的转变。不再核准和支持单纯新建、扩建产能的钢铁项目。严禁各地借等量淘汰落后产能之名，避开国家环保、土地和投资主管部门的监管、审批，自行建设钢铁项目。重点支持有条件的大型钢铁企业发展百万千瓦火电及核电用特厚板和高压锅炉管、25万千伏安以上变压器用高磁感低铁损取向硅钢、高档工模具钢等关键品种。尽快完善建筑用钢标准及设计规范，加快淘汰强度335兆帕以下热轧带肋钢筋，推广强度400兆帕及以上钢筋，促进建筑钢材升级换代。2011年底前，坚决淘汰400立方米及以下高炉、30吨及以下转炉和电炉，碳钢企业吨钢综合能耗应低于620千克标准煤，吨钢耗用新水量低于5吨，吨钢烟

粉尘排放量低于1.0千克，吨钢二氧化硫排放量低于1.8千克，二次能源基本实现100%回收利用。

水泥：严格控制新增水泥产能，执行等量淘汰落后产能的原则，对2009年9月30日前尚未开工水泥项目一律暂停建设并进行一次认真清理，对不符合上述原则的项目严禁开工建设。各省（区、市）必须尽快制定三年内彻底淘汰落后产能时间表。支持企业在现有生产线上进行余热发电、粉磨系统节能改造和处置工业废弃物、城市污泥及垃圾等。新项目水泥熟料烧成热耗要低于105公斤标煤/吨熟料，水泥综合电耗小于90千瓦时/吨水泥；石灰石储量服务年限必须满足30年以上；废气粉尘排放浓度小于50毫克/标准立方米。落后水泥产能比较多的省份，要加大对企业联合重组的支持力度，通过等量置换落后产能建设新线，推动淘汰落后工作。

平板玻璃：严格控制新增平板玻璃产能，遵循调整结构、淘汰落后、市场导向、合理布局的原则，发展高档用途及深加工玻璃。对现有在建项目和未开工项目进行认真清理，对所有拟建的玻璃项目，各地方一律不得备案。各省（区、市）要制定三年内彻底淘汰"平拉法"（含格法）落后平板玻璃产能时间表。新项目能源消耗应低于16.5公斤标煤/重箱；硅质原料的选矿回收率要达到80%以上；严格环保治理措施，二氧化硫排放低于500毫克/标准立方米、氮氧化物排放低于700毫克/标准立方米、颗粒物排放浓度低于50毫克/标准立方米。鼓励企业联合重组，在符合规划的前提下，支持大企业集团发展电子平板显示玻璃、光伏太阳能玻璃、低辐射镀膜等技术含量高的玻璃以及优质浮法玻璃项目。

煤化工：要严格执行煤化工产业政策，遏制传统煤化工盲目发展，今后三年停止审批单纯扩大产能的焦炭、电石项目。禁止建设不符合《焦化行业准入条件（2008年修订）》和《电石行业准入条件（2007年修订）》的焦化、电石项目。综合运用节能环保等标准提高准入门槛，加强清洁生产审核，实施差别电价等手段，加快淘汰落后产能。对焦炭和电石实施等量替代方式，淘汰不符合准入条件的落后产能。对合成氨和甲醇实施上大压小、产能置换等方式，降低成本、提高竞争力。稳步开展现代煤化工示范工程建设，今后三年原则上不再安排新的现代煤化工试点项目。

多晶硅：研究扩大光伏市场国内消费的政策，支持用国内多晶硅原料生产的太阳能电池以满足国内需求为主，兼顾国际市场。严格控制在能源短缺、电价较高的地区新建多晶硅项目，对缺乏配套综合利用、环保不达标的多晶硅项目不予核准或备案；鼓励多晶硅生产企业与下游太阳能电池生产企业加强联合与合作，延伸产业链。新建多晶硅项目规模必须大于3000吨/年，占地面积小于6公顷/千吨多晶硅，太阳能级多晶硅还原电耗小于60千瓦时/千克，还原尾气中四氯化硅、氯化氢、氢气回收利用率不低于98.5%、99%、99%；引导、支持多晶硅企业以多种方式实现多晶硅—电厂—化工联营，支持节能环保太阳能级多晶硅技术开发，降低生产成本。到2011年前，淘汰综合电耗大于200千瓦时/千克的多晶硅产能。

风电设备：抓住大力发展风电等可再生能源的历史机遇，把我国的风电装备制造业培育成具有自主创新能力和国际竞争力的新兴产业。严格控制风电装备产能盲目扩张，鼓励优势企业做大做强，优化产业结构，维护市场秩序。原则上不再核准或备案建设新的整机制造厂；严禁风电项目招标中设立要求投资者使用本地风电装备、在当地投资建设风电装备制造项目的条款；建立和完善风电装备标准、产品检测和认证体系，禁止落后技术产品和非准入企业产品进入市场。依托优势企业和科研院所，加强风电技术路线和海上风电技术研究，重点支持自主研发 2.5 兆瓦及以上风电整机和轴承、控制系统等关键零部件及产业化示范，完善质量控制体系。积极推进风电装备产业大型化、国际化，培育具有国际竞争力的风电装备制造业。

此外，严格执行国家产业政策，今后三年原则上不再核准新建、扩建电解铝项目。现有重点骨干电解铝厂吨铝直流电耗要下降到 12500 千瓦时以下，吨铝外排氟化物量大幅减少，到 2010 年底淘汰落后小预焙槽电解铝产能 80 万吨。要严格执行船舶工业调整和振兴规划及船舶工业中长期发展规划，今后三年各级土地、海洋、环保、金融等相关部门不再受理新建船坞、船台项目的申请，暂停审批现有造船企业船坞、船台的扩建项目，要优化存量，引导企业利用现有造船设施发展海洋工程装备。

### 三、坚决抑制产能过剩和重复建设的对策措施

各地区、各部门要认真贯彻落实《中共中央国务院转发〈国家发展和改革委员会关于上半年经济形势和做好下半年经济工作的建议〉的通知》（中发〔2009〕8 号）以及重点产业调整和振兴规划中关于坚决抑制产能过剩行业盲目重复建设的有关要求，把思想和行动统一到党中央、国务院的决策部署上来，把握好调整的方向、力度和节奏，切实转变经济发展方式，进一步增强大局意识、责任意识，各司其职，密切配合，采取措施坚决抑制产能过剩和重复建设势头。

（一）严格市场准入。相关行业管理部门要切实履行职责，抓紧制定、完善相关产业政策，尽快修订发布《产业结构调整指导目录》，进一步提高钢铁、水泥、平板玻璃、传统煤化工等产业的能源消耗、环境保护、资源综合利用等方面的准入门槛。加快编制或修订专项规划，对多晶硅、风电设备等新兴产业要及时建立和完善准入标准，避免盲目和无序建设。质量管理部门要切实负起监管责任，按照产业政策的要求和企业的质量保证能力，严格核发螺纹钢、线材、水泥等产品生产许可证，坚决查处无证生产。依法加强产品质量监督，加大处罚力度。建设主管部门要禁止落后水泥进入重点建设工程和建筑结构工程。

（二）强化环境监管。推进开展区域产业规划的环境影响评价。区域内的钢铁、水泥、平板玻璃、传统煤化工、多晶硅等高耗能、高污染项目环境影响评价文件必须在产业规划环评通过后才能受理和审批。未通过环境评价审批的项目一律不准开工建设。环保部门要切实负起监管责任，定期发布环保不达标的生产企业名单。对使用有毒、有害原料进行生产或者在生产中排放有毒、有害物质的企业限期完成清洁生产审核，对达不到排放标准或超过排污总量指标的生产企业实行限期治理，未完成限期治理任务的，依法予以关闭。对主要污染物排放超总量控制指标的地区，要暂停增加主要污染物排放项目的环评审批。

（三）依法依规供地用地。切实加强对各类建设项目用地监管。对不符合产业政策和供地政策、未达到现行《工业项目建设用地控制指标》或相关工程建设项目用地指标要求的项目，一律不批准用地；对未按规定履行审批或核准手续的项目，一律不得供应土地。国土资源部门要切实负起监管责任。对未经依法批准擅自占地开工建设的，要依法从重处理；对有关责任人要追究政纪法律责任，构成犯罪的，依法追究刑事责任。

（四）实行有保有控的金融政策。要加强宏观信贷政策指导和监管，引导和督促金融机构改进和完善信贷审核。对不符合重点产业调整和振兴规划以及相关产业政策要求，未按规定程序审批或核准的项目，金融机构一律不得发放贷款，已发放贷款的要采取适当方

式予以纠正。严格发债、资本市场融资审核程序。对不符合重点产业调整和振兴规划以及相关产业政策要求，不按规定程序审批或核准的项目及项目发起人，一律不得通过企业债、项目债、短期融资券、中期票据、可转换债、首次公开发行股票、增资扩股等方式进行融资。人民银行、银监会、证监会、发展改革委要对违反规定的金融机构和有关单位予以严肃处理。

（五）严格项目审批管理。各级投资主管部门要进一步加强钢铁、水泥、平板玻璃、煤化工、多晶硅、风电设备等产能过剩行业项目审批管理，原则上不再批准扩大产能的项目，不得下放审批权限，严禁化整为零、违规审批。严格防止各级政府的财政性资金流向产能过剩行业的扩大产能项目。尽快修订完善政府投资项目核准目录，在新的核准目录出台前，上述产能过剩行业确有必要建设的项目，需报国家发展改革委组织论证和核准。

（六）做好企业兼并重组工作。产能过剩行业企业兼并和联合重组的任务十分紧迫和艰巨，结构调整、控制总量和淘汰落后产能均需要企业组织结构进行相应的调整。要抓紧建立科学规范、行之有效的工作程序，同时要扎实做好企业改组、改制中的思想政治工作，切实维护群众利益，保持社会稳定，防止国有资产流失。按照重点产业调整和振兴规划要求，尽快制定出台加快企业兼并重组的指导意见。

（七）建立信息发布制度。发展改革委会同有关部门，建立部门联合发布信息制度，加强行业产能及产能利用率的统一监测，适时向社会发布产业政策导向及产业规模、社会需求、生产销售库存、淘汰落后、企业重组、污染排放等信息。充分发挥行业协会作用，及时反映行业问题和企业诉求，为企业提供信息服务，引导企业和投资者落实国家产业政策和行业发展规划，加强行业自律，提高行业整体素质。

（八）实行问责制。地方各级人民政府不得强制企业投资低水平产能过剩行业。政府各有关部门及金融机构要认真履行职责，依法依纪把好土地关、环保关、信贷关、产业政策关和项目审批（核准）关，并加强政策研究、信息共享和工作协调，形成合力，有效抑制部分行业产能过剩和重复建设，引导产业健康发展，促进结构调整和发展方式转变。要按照《中共中央办公厅国务院办公厅印发〈关于实行党政领导干部问责的暂行规定〉的通知》（中办发〔2009〕25号）的有关要求，对违反国家土地、环保法律法规和信贷政策、产业政策规定，工作严重失职或失误造成重大损失或恶劣影响的行为要进行问责，严肃处理。

（九）深化体制改革。要着眼于推进产业结构调整以及解决长期困扰我国产业良性发展的深层次矛盾，进一步深化财税体制、投融资体制、价格体制、社会保障体制等方面的改革，完善干部考核制度，形成有力促进经济结构战略性调整，推动我国工业实现由大到强转变的体制环境。

## 关于贯彻落实抑制部分行业产能过剩和重复建设引导产业健康发展的通知

**各省、自治区、直辖市环境保护厅（局），计划单列市环境保护局，新疆生产建设兵团环境保护团：**

2009年9月26日，国务院印发《国务院批转发展改革委等部门关于抑制部分行业产能过剩和重复建设引导产业健康发展若干意见的通知》（国发〔2009〕38号，以下简称《通知》）。为认真贯彻落实《通知》精神，强化产能过剩、重复建设行业的环境监管，现通知如下：

**一、学习贯彻落实《通知》精神，抓好产能过剩、重复建设行业的环境管理**

（一）统一思想，提高认识。为应对国际金融危机的冲击和影响，党中央、国务院审时度势，及时制定了扩大内需、促进经济增长的一揽子计划，出台了钢铁等十个重点产业调整和振兴规划。目前，产业发展总体向好，但产业结构调整总体进展不快，各地区、各行业不平衡，部分行业产能过剩、重复建设问题仍很突出，一些地区违法、违规审批，未批先建、边批边建现象有所抬头。这些问题如不及时加以调控和指导，将错失推动结构调整的历史时机。

各级环保部门必须切实把思想和行动统一到党中央、国务院的决策部署上来，认真贯彻落实科学发展观，积极推动产业结构调整，引导产业健康发展，促进经济、社会与环境的全面协调可持续发展，推进生态文明建设，探索中国特色环保新道路。同时，充分认识产能过剩、重复建设带来的环境问题，牢固树立以环境保护优化经济增长的观念，引导企业贯彻清洁生产、循环经济、低碳经济的发展理念，正确处理好经济建设与环境保护的关系。

（二）分类指导，有保有压。充分发挥环评作为推动产业结构调整和经济发展方式转变"调节器"的作用，切实落实国家宏观调控政策措施。通过提高环保准入门槛、严格环评审批、强化环境监管、加强信息引导等措施，进一步加强对钢铁、水泥、平板玻璃、多晶硅、煤化工等产能过剩、重复建设行业的环境管理工作。对国家鼓励的高技术、高附加值、低消耗、低排放等推动科技进步、优化存量、调整产品结构的项目以及淘汰落后、兼并重组、技术升级改造等有利于结构调整、环境改善的项目，加快环评审批。

（三）统筹安排，明确责任。把落实《通知》精神与环保系统工程建设领域突出问题专项治理工作有机结合，作为今后一段时期的工作重点，围绕产能过剩、重复建设行业的环境管理，切实加强组织领导，抓紧制订工作方案，采取有效措施，落实环境保护监管措施和目标责任制，务求取得实效。

**二、提高环保准入门槛，严格建设项目环评管理**

（四）提高环保准入门槛。制订和完善环境保护标准体系，严格执行污染物排放标准、清洁生产标准和其他环境保护标准，严格控制物耗能耗高的项目准入。严格产能过剩、重复建设行业企业的上市环保核查，建立并完善上市企业环保后督察制度，提高总量控制要求。进一步细化产能过剩、重复建设行业的环保政策和环评审批要求。

（五）加强区域产业规划环评。认真贯彻执行《规划环境影响评价条例》（国务院第559号令），做好本区域的产业规划环评工作，以区域资源承载力、环境容量为基础，以节能减排、淘汰落后产能为目标，从源头上优化产能过剩、重复建设行业建设项目的规模、布局以及结构。未开展区域产业规划环评、规划环评未通过审查的、规划发生重大调整或者修编而未经重新或者补充环境影响评价和审查的，一律不予受理和审批区域内上述行业建设项目环评文件。

（六）严格建设项目环评审批。严格遵守环评审批中"四个不批，三个严格"的要求。原则上不得受理和审批扩大产能的钢铁、水泥、平板玻璃、多晶硅、煤化工等产能过剩、重复建设项目的环评文件。在国家投资项目核准目录出台之前，确有必要建设的淘汰落后产能、节能减排的项目环评文件，需报我部审批。未完成主要污染物排放总量减排任务的地区，一律不予受理和审批新增排放总量的上述行业建设项目环评文件。

**三、加强环境监管，严格落实环境保护"三同时"制度**

（七）清查突出环境问题并责令整改。2009年年底前，开展"十一五"期间审批的钢铁、水泥、平板玻璃、多晶硅、煤化工、石油化工、有色冶金等行业建设项目环评的清查，重点调查环境影响评价、施工期环境监理、环保"三同时"验收、日常环境监管等方面情况，对突出环境问题责令整改，于2010年1月15日前将整改情况报送我部。

（八）强化项目建设过程环境监管。加强建设项目施工期日常监管和现场执法，督促建设单位落实环评批复的各项环保措施，开展工程环境监理，确保建设项目环境保护"三同时"制度落到实处。

（九）加强建设项目竣工环保验收工作。加强对申请试生产项目环保设施和措施落实情况的现场检查。对环境保护"三同时"制度落实不到位的项目，责令限期整改。

**四、严肃查处环境违法行为，落实环保政策措施**

（十）严肃查处企业环境违法行为。对达不到排放标准或超过排污总量指标的生产企业实行限期治理，未完成限期治理任务的，依法予以关闭；未通过环评审批的项目，一律不允许开工建设；对建设单位未落实环保"三同时"制度、"久拖不验"、"久试不验"，未经环保验收或验收不合格擅自投入生产的，依法予以查处，责令停止生产，限期补办建设项目竣工环保验收手续；对"双超双有"企业（污染物排放浓度超标、主要污染物排放总量超过控制指标的企业和使用有毒、有害原料进行生产或者在生产中排放有毒、有害物质的企业）实行强制性清洁生产审核，对达不到清洁生产要求和拒不实施清洁生产审核的企业应限期整改。对环境违法严重的区域、行业、企业集团，环保部门继续推行"区域限批"政策，暂停区域、行业、企业集团所有建设项目的环评审批，限期纠正环境违法行为。

（十一）建立重污染企业退出机制。加快建立重污染企业退出机制，通过实施合理的经济补偿和政策引导等综合配套措施，加快产能过剩、重复建设行业中重污染企业的退出步伐。退出的范围主要包括：因重污染或者高环境风险，严重危害周围人群身体健康的；需要淘汰严重污染或者破坏生态环境的落后生产工艺和设备的；为实现节能减排目标而采取上大压小、关停并转以及其他企业重组方式等需要退出的。

（十二）严禁违规审批。地方各级环保部门要严格按照我部和地方人民政府划定的建设项目环评文件分级审批权限，进一步加强钢铁、水泥、平板玻璃、多晶硅、风电设备、煤化工、石油化工、有色冶金等产能过剩、重复建设行业的项目环评审批管理，不得下放审批权限，严禁化整为零、违规审批。

（十三）认真落实问责制。严格按照《中共中央办公厅国务院印发〈关于实行党政领导干部问责的暂行规定〉的通知》（中办〔2009〕25号）和《环境保护违法违纪行为处分暂行规定》的有关要求，对越权审批、违规审批行为进行问责，除对当事人作出严肃处理外，还要追究有关领导的责任。

（十四）加强环保信息发布工作。各级环保部门应主动与发展改革、国土资源、规划、监察等部门联系，建立信息发布制度。根据国家宏观政策和环境保护政策，充分发挥信息引导作用，适时向社会发布产能过剩、重复建设行业环境保护政策和管理信息，定期公布重点行业污染排放情况和污染物排放不达标企业名单，及时向银行业金融机构提供企业环境违法、环评审批等环保信息。

二〇〇九年十月三十一日

## 外商投资产业指导目录

(2011年12月29日《外商投资产业指导目录（2011年修订）》已经国务院批准，现予以发布，自2012年1月30日起施行。2007年10月31日国家发展和改革委员会、商务部发布的《外商投资产业指导目录（2007年修订）》同时废止）

## 鼓励外商投资产业目录

### 一、农、林、牧、渔业

1. 木本食用油料、调料和工业原料的种植及开发、生产
2. 绿色、有机蔬菜（含食用菌、西甜瓜）、干鲜果品、茶叶栽培技术开发及产品生产
3. 糖料、果树、牧草等农作物栽培新技术开发及产品生产
4. 花卉生产与苗圃基地的建设、经营
5. 橡胶、油棕、剑麻、咖啡种植
6. 中药材种植、养殖（限于合资、合作）
7. 农作物秸秆还田及综合利用、有机肥料资源的开发生产
8. 林木（竹）营造及良种培育、多倍体树木新品种培育
9. 水产苗种繁育（不含我国特有的珍贵优良品种）
10. 防治荒漠化及水土流失的植树种草等生态环境保护工程建设、经营
11. 水产品养殖、深水网箱养殖、工厂化水产养殖、生态型海洋增养殖

### 二、采矿业

1. 煤层气勘探、开发和矿井瓦斯利用（限于合资、合作）
2. 石油、天然气的风险勘探、开发（限于合资、合作）
3. 低渗透油气藏（田）的开发（限于合资、合作）
4. 提高原油采收率及相关新技术的开发应用（限于合资、合作）
5. 物探、钻井、测井、录井、井下作业等石油勘探开发新技术的开发与应用（限于合资、合作）
6. 油页岩、油砂、重油、超重油等非常规石油资源勘探、开发（限于合资、合作）
7. 铁矿、锰矿勘探、开采及选矿
8. 提高矿山尾矿利用率的新技术开发和应用及矿山生态恢复技术的综合应用
9. 页岩气、海底天然气水合物等非常规天然气资源勘探、开发（限于合资、合作）

三、制造业

（一）农副食品加工业

1. 生物饲料、秸秆饲料、水产饲料的开发、生产
2. 水产品加工、贝类净化及加工、海藻保健食品开发
3. 蔬菜、干鲜果品、禽畜产品加工

（二）食品制造业

1. 婴儿、老年食品及保健食品的开发、生产
2. 森林食品的开发、生产
3. 天然食品添加剂、食品配料生产

（三）饮料制造业

1. 果蔬饮料、蛋白饮料、茶饮料、咖啡饮料、植物饮料的开发、生产

（四）烟草制品业

1. 二醋酸纤维素及丝束加工（限于合资、合作）

（五）纺织业

1. 采用非织造、机织、针织及其复合工艺技术的轻质、高强、耐高/低温、耐化学物质、耐光等多功能化的产业用纺织品生产
2. 采用先进节能减排技术和装备的高档织物面料的织染及后整理加工
3. 符合生态、资源综合利用与环保要求的特种天然纤维（包括山羊绒等特种动物纤维、麻纤维、蚕丝、彩色棉花等）产品加工
4. 采用计算机集成制造系统的服装生产
5. 功能性、绿色环保及特种服装生产
6. 高档地毯、刺绣、抽纱产品生产

（六）皮革、皮毛、羽毛（绒）及其制品业

1. 皮革和毛皮清洁化技术加工
2. 皮革后整饰新技术加工
3. 高档皮革加工
4. 皮革废弃物综合利用

（七）木材加工及木、竹、藤、棕、草制品业

1. 林业三剩物，"次、小、薪"材和竹材的综合利用新技术、新产品开发与生产

（八）造纸及纸制品业

1. 主要利用境外木材资源的单条生产线年产30万吨及以上规模化学木浆和单条生产线年产10万吨及以上规模化学机械木浆以及同步建设的高档纸及纸板生产（限于合资、合作）

（九）石油加工、炼焦及核燃料加工业

1. 针状焦、煤焦油深加工

（十）化学原料及化学制品制造业

1. 钠法漂粉精、聚氯乙烯和有机硅新型下游产品开发与生产
2. 合成材料的配套原料：过氧化氢氧化丙烯法环氧丙烷、甘油法环氧氯丙烷、萘二甲酸二甲酯（NDC）、1，4－环乙烷二甲醇酯（CHDM）生产

3. 合成纤维原料：己内酰胺、尼龙 66 盐、熔纺氨纶树脂、1，3—丙二醇生产

4. 合成橡胶：溶液丁苯橡胶（不包括热塑性丁苯橡胶）、高顺式丁二烯橡胶、丁基橡胶、异戊橡胶、聚氨酯橡胶、丙烯酸酯橡胶、氯醇橡胶、乙丙橡胶，以及氟橡胶、硅橡胶等特种橡胶生产

5. 工程塑料及塑料合金：6 万吨/年及以上非光气法聚碳酸酯（PC）、聚甲醛（POM）、聚酰胺（尼龙 6、尼龙 66、尼龙 11 和尼龙 12）、聚乙烯醋酸乙烯酯（EVA）、聚苯硫醚、聚醚醚酮、聚酰亚胺、聚砜、聚醚砜、聚芳酯（PAR）、液晶聚合物等产品生产

6. 精细化工：催化剂新产品、新技术，染（颜）料商品化加工技术，电子化学品和造纸化学品，食品添加剂、饲料添加剂、皮革化学品（N－N 二甲基甲酰胺除外），油田助剂，表面活性剂，水处理剂，胶粘剂，无机纤维、无机纳米材料生产，颜料包膜处理深加工

7. 环保型印刷油墨、环保型芳烃油生产

8. 天然香料、合成香料、单离香料生产

9. 高性能涂料、水性汽车涂料及配套水性树脂生产

10. 氟氯烃替代物生产

11. 高性能氟树脂、氟膜材料、医用含氟中间体、环境友好型制冷剂和清洁剂生产

12. 从磷化工、铝冶炼中回收氟资源生产

13. 林业化学产品新技术、新产品开发与生产

14. 环保用无机、有机和生物膜开发与生产

15. 新型肥料开发与生产：生物肥料、高浓度钾肥、复合肥料、缓释可控肥料、复合型微生物接种剂、复合微生物肥料、秸秆及垃圾腐熟剂、特殊功能微生物制剂

16. 高效、安全、环境友好的农药新品种、新剂型、专用中间体、助剂的开发与生产，以及相关清洁生产工艺的开发和应用（甲叉法乙草胺、胺氰法百草枯、水相法毒死蜱工艺、草甘膦回收氯甲烷工艺、定向合成法手性和立体结构农药生产、乙基氯化物合成技术）

17. 生物农药及生物防治产品开发与生产：微生物杀虫剂、微生物杀菌剂、农用抗生素、昆虫信息素、天敌昆虫、微生物除草剂

18. 废气、废液、废渣综合利用和处理、处置

19. 有机高分子材料生产：飞机蒙皮涂料、稀土硫化铈红色染料、无铅化电子封装材料、彩色等离子体显示屏专用系列光刻浆料、小直径大比表面积超细纤维、高精度燃油滤纸、锂离子电池隔膜

（十一）医药制造业

1. 新型化合物药物或活性成份药物的生产（包括原料药和制剂）
2. 氨基酸类：发酵法生产色氨酸、组氨酸、饲料用蛋氨酸等生产
3. 新型抗癌药物、新型心脑血管药及新型神经系统用药生产
4. 采用生物工程技术的新型药物生产
5. 艾滋病疫苗、丙肝疫苗、避孕疫苗及宫颈癌、疟疾、手足口病等新型疫苗生产
6. 生物疫苗生产
7. 海洋药物开发与生产

8. 药品制剂：采用缓释、控释、靶向、透皮吸收等新技术的新剂型、新产品生产
9. 新型药用辅料的开发及生产
10. 动物专用抗菌原料药生产（包括抗生素、化学合成类）
11. 兽用抗菌药、驱虫药、杀虫药、抗球虫药新产品及新剂型生产
12. 新型诊断试剂的生产

（十二）化学纤维制造业

1. 差别化化学纤维及芳纶、碳纤维、高强高模聚乙烯、聚苯硫醚（PPS）等高新技术化纤（粘胶纤维除外）生产
2. 纤维及非纤维用新型聚酯生产：聚对苯二甲酸丙二醇酯（PTT）、聚萘二酸乙二醇酯（PEN）、聚对苯二甲酸环己烷二甲醇酯（PCT）、二元醇改性聚对苯二甲酸乙二醇酯（PETG）
3. 利用新型可再生资源和绿色环保工艺生产生物质纤维，包括新溶剂法纤维素纤维（Lyocell）、以竹、麻等为原料的再生纤维素纤维、聚乳酸纤维（PLA）、甲壳素纤维、聚羟基脂肪酸酯纤维（PHA）、动植物蛋白纤维等
4. 单线生产能力日产150吨及以上聚酰胺生产
5. 子午胎用芳纶纤维及帘线生产

（十三）塑料制品业

1. 新型光生态多功能宽幅农用薄膜开发与生产
2. 废旧塑料的消解和再利用
3. 塑料软包装新技术、新产品（高阻隔、多功能膜及原料）开发与生产

（十四）非金属矿物制品业

1. 节能、环保、利废、轻质高强、高性能、多功能建筑材料开发生产
2. 以塑代钢、以塑代木、节能高效的化学建材品生产
3. 年产1000万平方米及以上弹性体、塑性体改性沥青防水卷材，宽幅（2米以上）三元乙丙橡胶防水卷材及配套材料，宽幅（2米以上）聚氯乙烯防水卷材，热塑性聚烯烃（TPO）防水卷材生产
4. 新技术功能玻璃开发生产：屏蔽电磁波玻璃、微电子用玻璃基板、透红外线无铅玻璃、电子级大规格石英玻璃制品（管、板、坩埚、仪器器皿等）、光学性能优异多功能风挡玻璃、信息技术用极端材料及制品（包括波导级高精密光纤预制棒石英玻璃套管和陶瓷基板）、高纯（$\geqslant 99.998\%$）超纯（$\geqslant 99.999\%$）水晶原料提纯加工
5. 薄膜电池导电玻璃、太阳能集光镜玻璃生产
6. 玻璃纤维制品及特种玻璃纤维生产：低介电玻璃纤维、石英玻璃纤维、高硅氧玻璃纤维、高强高弹玻璃纤维、陶瓷纤维等及其制品
7. 光学纤维及制品生产：传像束及激光医疗光纤、超二代和三代微通道板、光学纤维面板、倒像器及玻璃光锥
8. 陶瓷原料的标准化精制、陶瓷用高档装饰材料生产
9. 水泥、电子玻璃、陶瓷、微孔炭砖等窑炉用环保（无铬化）耐火材料生产
10. 氮化铝（AlN）陶瓷基片、多孔陶瓷生产
11. 无机非金属新材料及制品生产：复合材料、特种陶瓷、特种密封材料（含高速油

封材料)、特种摩擦材料(含高速摩擦制动制品)、特种胶凝材料、特种乳胶材料、水声橡胶制品、纳米材料

12. 有机—无机复合泡沫保温材料生产

13. 高技术复合材料生产：连续纤维增强热塑性复合材料和预浸料、耐温>300℃树脂基复合材料成型用工艺辅助材料、树脂基复合材料(包括高档体育用品、轻质高强交通工具部件)、特种功能复合材料及制品(包括深水及潜水复合材料制品、医用及康复用复合材料制品)、碳/碳复合材料、高性能陶瓷基复合材料及制品、金属基和玻璃基复合材料及制品、金属层状复合材料及制品、压力≥320MPa超高压复合胶管、大型客机航空轮胎

14. 精密高性能陶瓷原料生产：碳化硅(SiC)超细粉体(纯度>99%，平均粒径<1$\mu$m)、氮化硅($Si_3N_4$)超细粉体(纯度>99%，平均粒径<1$\mu$m)、高纯超细氧化铝微粉(纯度>99.9%，平均粒径<0.5$\mu$m)、低温烧结氧化锆($ZrO_2$)粉体(烧结温度<1350℃)、高纯氮化铝(AlN)粉体(纯度>99%，平均粒径<1$\mu$m)、金红石型$TiO_2$粉体(纯度>98.5%)、白炭黑(粒径<100nm)、钛酸钡(纯度>99%，粒径<1$\mu$m)

15. 高品质人工晶体及晶体薄膜制品开发生产：高品质人工合成水晶(压电晶体及透紫外光晶体)、超硬晶体(立方氮化硼晶体)、耐高温高绝缘人工合成绝缘晶体(人工合成云母)、新型电光晶体、大功率激光晶体及大规格闪烁晶体、金刚石膜工具、厚度0.3mm及以下超薄人造金刚石锯片

16. 非金属矿精细加工(超细粉碎、高纯、精制、改性)

17. 超高功率石墨电极生产

18. 珠光云母生产(粒径3~150$\mu$m)

19. 多维多向整体编制织物及仿形织物生产

20. 利用新型干法水泥窑无害化处置固体废弃物

21. 建筑垃圾再生利用

22. 工业副产石膏综合利用

23. 非金属矿山尾矿综合利用的新技术开发和应用及矿山生态恢复

(十五) 有色金属冶炼及压延加工业

1. 直径200mm以上硅单晶及抛光片生产

2. 高新技术有色金属材料生产：化合物半导体材料(砷化镓、磷化镓、磷化铟、氮化镓)、高温超导材料、记忆合金材料(钛镍、铜基及铁基记忆合金材料)、超细(纳米)碳化钙及超细(纳米)晶硬质合金、超硬复合材料、贵金属复合材料、散热器用铝箔、中高压阴极电容铝箔、特种大型铝合金型材、铝合金精密模锻件、电气化铁路架空导线、超薄铜带、耐蚀热交换器铜合金材、高性能铜镍、铜铁合金带、铍铜带、线、管及棒加工材、耐高温抗衰钨丝、镁合金铸件、无铅焊料、镁合金及其应用产品、泡沫铝、钛合金带材及钛焊接管、原子能级海绵锆、钨及钼深加工产品

(十六) 金属制品业

1. 航空、航天、汽车、摩托车轻量化及环保型新材料研发与制造(专用铝板、铝镁合金材料、摩托车铝合金车架等)

2. 建筑五金件、水暖器材及其五金件开发、生产

3. 用于包装各类粮油食品、果蔬、饮料、日化产品等内容物的金属包装制品(厚度

0.3毫米以下)的制造及加工(包括制品的内外壁印涂加工)

4. 节镍不锈钢制品的制造

(十七) 通用设备制造业

1. 高档数控机床及关键零部件制造:五轴联动数控机床、数控坐标镗铣加工中心、数控坐标磨床、五轴联动数控系统及伺服装置、精密数控加工用高速超硬刀具

2. 1000吨及以上多工位镦锻成型机制造

3. 报废汽车拆解、破碎及后处理分选设备制造

4. FTL柔性生产线制造

5. 垂直多关节工业机器人、焊接机器人及其焊接装置设备制造

6. 特种加工机械制造:激光切割和拼焊成套设备、激光精密加工设备、数控低速走丝电火花线切割机、亚微米级超细粉碎机

7. 400吨及以上轮式、履带式起重机械制造(限于合资、合作)

8. 工作压力≥35MPa高压柱塞泵及马达、工作压力≥35MPa低速大扭矩马达的设计与制造

9. 工作压力≥25MPa的整体式液压多路阀,电液比例伺服元件制造

10. 阀岛、功率0.35W以下气动电磁阀、200Hz以上高频电控气阀设计与制造

11. 静液压驱动装置设计与制造

12. 压力10MPa以上非接触式气膜密封、压力10MPa以上干气密封(包括实验装置)的开发与制造

13. 汽车用高分子材料(摩擦片、改型酚醛活塞、非金属液压总分泵等)设备开发与制造

14. 第三、四代轿车轮毂轴承(轴承内、外圈带法兰盘和传感器的轮毂轴承功能部件)、高中档数控机床和加工中心轴承(加工中心具有三轴以上联动功能、定位重复精度为$3\sim4\mu m$)、高速线材、板材轧机轴承(单途线材轧机轧速120m/s及以上、薄板轧机加工板厚度2mm及以上的支承和工作辊轴承)、高速铁路轴承(行驶速度大于200km/h)、振动值Z4以下低噪音轴承(Z4、Z4P、V4、V4P噪音级)、各类轴承的P4、P2级轴承、风力发电机组轴承(2兆瓦以上风力发电机组主轴轴承、增速器轴承、发电机轴承等)、航空轴承(航空发动机主轴轴承、起落架轴承、传动系统轴承、操纵系统轴承等)制造

15. 高密度、高精度、形状复杂的粉末冶金零件及汽车、工程机械等用链条的制造

16. 风电、高速列车用齿轮变速器,船用可变桨齿轮传动系统,大型、重载齿轮箱的制造

17. 耐高温绝缘材料(绝缘等级为F、H级)及绝缘成型件制造

18. 蓄能器胶囊、液压气动用橡塑密封件开发与制造

19. 高精度、高强度(12.9级以上)、异形、组合类紧固件制造

20. 微型精密传动联结件(离合器)制造

21. 大型轧机连接轴制造

22. 机床、工程机械、铁路机车装备等机械设备再制造及汽车零部件再制造

(十八) 专用设备制造业

1. 矿山无轨采、装、运设备制造:200吨及以上机械传动矿用自卸车,移动式破碎

机,5000立方米/小时及以上斗轮挖掘机,8立方米及以上矿用装载机,2500千瓦以上电牵引采煤机设备等

2. 物探、测井设备制造:MEME地震检波器,数字遥测地震仪,数字成像、数控测井系统,水平井、定向井、钻机装置及器具,MWD随钻测井仪

3. 石油勘探、钻井、集输设备制造:工作水深大于1500米的浮式钻井系统和浮式生产系统及配套海底采油、集输设备

4. 口径2米以上深度30米以上大口径旋挖钻机、直径1.2米以上顶管机、回拖力300吨以上大型非开挖铺设地下管线成套设备、地下连续墙施工钻机制造

5. 520马力及以上大型推土机设计与制造

6. 100立方米/小时及以上规格的清淤机、1000吨及以上挖泥船的挖泥装置设计与制造

7. 防汛堤坝用混凝土防渗墙施工装备设计与制造

8. 水下土石方施工机械制造:水深9米以下推土机、装载机、挖掘机等

9. 公路桥梁养护、自动检测设备制造

10. 公路隧道营运监控、通风、防灾和救助系统设备制造

11. 铁路大型施工、铁路线路、桥梁、隧道维修养护机械和检查、监测设备及其关键零部件的设计与制造

12. (沥青)油毡瓦设备、镀锌钢板等金属屋顶生产设备制造

13. 环保节能型现场喷涂聚氨酯防水保温系统设备、聚氨酯密封膏配制技术与设备、改性硅酮密封膏配制技术和生产设备制造

14. 高精度带材轧机(厚度精度10微米)设计与制造

15. 多元素、细颗粒、难选冶金属矿产的选矿装置制造

16. 100万吨/年及以上乙烯成套设备中的关键设备制造:年处理能力40万吨以上混合造粒机,直径1000毫米及以上螺旋卸料离心机,小流量高扬程离心泵

17. 大型煤化工成套设备制造(限于合资、合作)

18. 金属制品模具(铜、铝、钛、锆的管、棒、型材挤压模具)设计、制造

19. 汽车车身外覆盖件冲压模具、汽车仪表板、保险杠等大型注塑模具、汽车及摩托车夹具、检具设计与制造

20. 汽车动力电池专用生产设备的设计与制造

21. 精密模具(冲压模具精度高于0.02毫米、型腔模具精度高于0.05毫米)设计与制造

22. 非金属制品模具设计与制造

23. 6万瓶/小时及以上啤酒灌装设备、5万瓶/小时及以上饮料中温及热灌装设备、3.6万瓶/小时及以上无菌灌装设备制造

24. 氨基酸、酶制剂、食品添加剂等生产技术及关键设备制造

25. 10吨/小时及以上的饲料加工成套设备及关键部件制造

26. 楞高0.75毫米及以下的轻型瓦楞纸板及纸箱设备制造

27. 单张纸多色胶印机(幅宽≥750毫米,印刷速度:单面多色≥16000张/小时,双面多色≥13000张/小时)制造

28. 单幅单纸路卷筒纸平版印刷机印刷速度大于 75000 对开张/小时（787×880 毫米）、双幅单纸路卷筒纸平版印刷机印刷速度大于 170000 对开张/小时（787×880 毫米）、商业卷筒纸平版印刷机印刷速度大于 50000 对开张/小时（787×880 毫米）制造

29. 多色宽幅柔性版印刷机（印刷宽度≥1300 毫米，印刷速度≥350 米/秒），喷墨数字印刷机（出版用：印刷速度≥150 米/分，分辨率≥600dpi；包装用：印刷速度≥30 米/分，分辨率≥1000dpi；可变数据用：印刷速度≥100 米/分，分辨率≥300dpi）制造

30. 计算机墨色预调、墨色遥控、水墨速度跟踪、印品质量自动检测和跟踪系统、无轴传动技术、速度在 75000 张/小时的高速自动接纸机、给纸机和可以自动遥控调节的高速折页机、自动套印系统、冷却装置、加硅系统、调偏装置等制造

31. 电子枪自动镀膜机制造

32. 平板玻璃深加工技术及设备制造

33. 新型造纸机械（含纸浆）等成套设备制造

34. 皮革后整饰新技术设备制造

35. 农产品加工及储藏新设备开发与制造：粮食、油料、蔬菜、干鲜果品、肉食品、水产品等产品的加工储藏、保鲜、分级、包装、干燥等新设备，农产品品质检测仪器设备，农产品品质无损伤检测仪器设备，流变仪，粉质仪，超微粉碎设备，高效脱水设备，五效以上高效果汁浓缩设备，粉体食品物料杀菌设备，固态及半固态食品无菌包装设备，碟片式分离离心机

36. 农业机械制造：农业设施设备（温室自动灌溉设备、营养液自动配置与施肥设备、高效蔬菜育苗设备、土壤养分分析仪器），配套发动机功率 120 千瓦以上拖拉机及配套农具，低油耗低噪音低排放柴油机，大型拖拉机配套的带有残余雾粒回收装置的喷雾机，高性能水稻插秧机，棉花采摘机及棉花采摘台，适应多种行距的自走式玉米联合收割机（液压驱动或机械驱动），油菜籽收获机，甘蔗收割机，甜菜收割机

37. 林业机具新技术设备制造

38. 农作物秸秆收集、打捆及综合利用设备制造

39. 农用废物的资源化利用及规模化畜禽养殖废物的资源化利用设备制造

40. 节肥、节（农）药、节水型农业技术设备制造

41. 机电井清洗设备及清洗药物生产设备制造

42. 电子内窥镜制造

43. 眼底摄影机制造

44. 医用成像设备（高场强超导型磁共振成像设备、X 线计算机断层成像设备、数字化彩色超声诊断设备等）关键部件的制造

45. 医用超声换能器（3D）制造

46. 硼中子俘获治疗设备制造

47. 图像引导适型调强放射治疗系统制造

48. 血液透析机、血液过滤机制造

49. 全自动酶免系统（含加样、酶标、洗板、孵育、数据后处理等部分功能）设备制造

50. 药品质量控制新技术、新设备制造

51. 天然药物有效物质分析的新技术、提取的新工艺、新设备开发与制造
52. 非PVC医用输液袋多层共挤水冷式薄膜吹塑装备制造
53. 新型纺织机械、关键零部件及纺织检测、实验仪器开发与制造
54. 电脑提花人造毛皮机制造
55. 太阳能电池生产专用设备制造
56. 大气污染防治设备制造：耐高温及耐腐蚀滤料、低NOx燃烧装置、烟气脱氮催化剂及脱氮成套装置、工业有机废气净化设备、柴油车排气净化装置、含重金属废气处理装置
57. 水污染防治设备制造：卧式螺旋离心脱水机、膜及膜材料、50kg/h以上的臭氧发生器、10kg/h以上的二氧化氯发生器、紫外消毒装置、农村小型生活污水处理设备、含重金属废水处理装置
58. 固体废物处理处置设备制造：污水处理厂污泥处置及资源利用设备、日处理量500吨以上垃圾焚烧成套设备、垃圾填埋渗滤液处理技术装备、垃圾填埋场防渗土工膜、建筑垃圾处理和资源化利用装备、危险废物处理装置、垃圾填埋场沼气发电装置、废钢铁处理设备、污染土壤修复设备
59. 铝工业赤泥综合利用设备开发与制造
60. 尾矿综合利用设备制造
61. 废旧塑料、电器、橡胶、电池回收处理再生利用设备制造
62. 废旧纺织品回收处理设备制造
63. 废旧机电产品再制造设备制造
64. 废旧轮胎综合利用装置制造
65. 水生生态系统的环境保护技术、设备制造
66. 移动式组合净水设备制造
67. 非常规水处理、重复利用设备与水质监测仪器
68. 工业水管网和设备（器具）的检漏设备和仪器
69. 日产10万立方米及以上海水淡化及循环冷却技术和成套设备开发与制造
70. 特种气象观测及分析设备制造
71. 地震台站、台网和流动地震观测技术系统开发及仪器设备制造
72. 三鼓及以上子午线轮胎成型机制造
73. 滚动阻力试验机、轮胎噪音试验室制造
74. 供热计量、温控装置新技术设备制造
75. 氢能制备与储运设备及检查系统制造
76. 新型重渣油气化雾化喷嘴、漏汽率0.5%及以下高效蒸汽疏水阀、1000℃及以上高温陶瓷换热器制造
77. 海上溢油回收装置制造
78. 低浓度煤矿瓦斯和乏风利用设备制造

（十九）交通运输设备制造业

1. 汽车发动机制造及发动机研发机构建设：升功率不低于70千瓦的汽油发动机、升功率不低于50千瓦的排量3升以下柴油发动机、升功率不低于40千瓦的排量3升以上柴

油发动机、燃料电池和混合燃料等新能源发动机

2. 汽车关键零部件制造及关键技术研发：双离合器变速器（DCT）、电控机械变速器（AMT）、汽油发动机涡轮增压器、粘性连轴器（四轮驱动用）、自动变速器执行器（电磁阀）、液力缓速器、电涡流缓速器、汽车安全气囊用气体发生器、燃油共轨喷射技术（最大喷射压力大于2000帕）、可变截面涡轮增压技术（VGT）、可变喷嘴涡轮增压技术（VNT）、达到中国Ⅴ阶段污染物排放标准的发动机排放控制装置、智能扭矩管理系统（ITM）及耦合器总成、线控转向系统、柴油机颗粒捕捉器、低地板大型客车专用车桥、吸能式转向系统、大中型客车变频空调系统、汽车用特种橡胶配件，以及上述零部件的关键零件、部件

3. 汽车电子装置制造与研发：发动机和底盘电子控制系统及关键零部件，车载电子技术（汽车信息系统和导航系统），汽车电子总线网络技术（限于合资），电子控制系统的输入（传感器和采样系统）输出（执行器）部件，电动助力转向系统电子控制器（限于合资），嵌入式电子集成系统（限于合资、合作）、电控式空气弹簧，电子控制式悬挂系统，电子气门系统装置，电子组合仪表，ABS/TCS/ESP系统，电路制动系统（BBW），变速器电控单元（TCU），轮胎气压监测系统（TPMS），车载故障诊断仪（OBD），发动机防盗系统，自动避撞系统，汽车、摩托车型试验及维修用检测系统

4. 新能源汽车关键零部件制造：能量型动力电池（能量密度$\geqslant$110Wh/kg，循环寿命$\geqslant$2000次，外资比例不超过50%），电池正极材料（比容量$\geqslant$150mAh/g，循环寿命2000次不低于初始放电容量的80%），电池隔膜（厚度15～40$\mu$m，孔隙率40%～60%）；电池管理系统，电机管理系统，电动汽车电控集成；电动汽车驱动电机（峰值功率密度$\geqslant$2.5kW/kg，高效区：65%工作区效率$\geqslant$80%），车用DC/DC（输入电压100～400V），大功率电子器件（IGBT，电压等级$\geqslant$600V，电流$\geqslant$300A）；插电式混合动力机电耦合驱动系统

5. 大排量（排量＞250ml）摩托车关键零部件制造：摩托车电控燃油喷射技术（限于合资、合作）、达到中国摩托车Ⅲ阶段污染物排放标准的发动机排放控制装置

6. 轨道交通运输设备（限于合资、合作）：高速铁路、铁路客运专线、城际铁路、干线铁路及城市轨道交通运输设备的整车和关键零部件（牵引传动系统、控制系统、制动系统）的研发、设计与制造；高速铁路、铁路客运专线、城际铁路及城市轨道交通乘客服务设施和设备的研发、设计与制造，信息化建设中有关信息系统的设计与研发；高速铁路、铁路客运专线、城际铁路的轨道和桥梁设备研发、设计与制造，轨道交通运输通信信号系统的研发、设计与制造，电气化铁路设备和器材制造、铁路噪声和振动控制技术与研发、铁路客车排污设备制造、铁路运输安全监测设备制造

7. 民用飞机设计、制造与维修：干线、支线飞机（中方控股），通用飞机（限于合资、合作）

8. 民用飞机零部件制造与维修

9. 民用直升机设计与制造：3吨级及以上（中方控股），3吨级以下（限于合资、合作）

10. 民用直升机零部件制造

11. 地面、水面效应飞机制造（中方控股）

12. 无人机、浮空器设计与制造（中方控股）
13. 航空发动机及零部件、航空辅助动力系统设计、制造与维修（限于合资、合作）
14. 民用航空机载设备设计与制造（限于合资、合作）
15. 航空地面设备制造：民用机场设施、民用机场运行保障设备、飞行试验地面设备、飞行模拟与训练设备、航空测试与计量设备、航空地面试验设备、机载设备综合测试设备、航空制造专用设备、航空材料试制专用设备、民用航空器地面接收及应用设备、运载火箭地面测试设备、运载火箭力学及环境实验设备
16. 航天器光机电产品、航天器温控产品、星上产品检测设备、航天器结构与机构产品制造
17. 轻型燃气轮机制造
18. 豪华邮轮及深水（3000米以上）海洋工程装备的设计（限于合资、合作）
19. 海洋工程装备（含模块）的制造与修理（中方控股）
20. 船舶低、中速柴油机及其零部件的设计（限于合资、合作）
21. 船舶低、中速柴油机及曲轴的制造（中方控股）
22. 船舶舱室机械的设计与制造（中方相对控股）
23. 船舶通讯导航设备的设计与制造：船舶通信系统设备、船舶电子导航设备、船用雷达、电罗经自动舵、船舶内部公共广播系统等
24. 游艇的设计与制造（限于合资、合作）

（二十）电气机械及器材制造业

1. 100万千瓦超超临界火电机组用关键辅机设备制造（限于合资、合作）：安全阀、调节阀
2. 燃煤电站、钢铁行业烧结机脱硝技术装备制造
3. 火电设备的密封件设计、制造
4. 燃煤电站、水电站设备用大型铸锻件制造
5. 水电机组用关键辅机设备制造
6. 输变电设备制造（限于合资、合作）：非晶态合金变压器、500千伏及以上高压开关用操作机构、灭弧装置、大型盆式绝缘子（1000千伏，50千安以上），500千伏及以上变压器用出线装置、套管（交流500、750、1000千伏，直流所有规格）、调压开关（交流500、750、1000千伏有载、无载调压开关），直流输电用干式平波电抗器，±800千伏直流输电用换流阀（水冷设备、直流场设备），符合欧盟RoHS指令的电器触头材料及无Pb、Cd的焊料
7. 新能源发电成套设备或关键设备制造：光伏发电、地热发电、潮汐发电、波浪发电、垃圾发电、沼气发电、2.5兆瓦及以上风力发电设备
8. 额定功率350MW及以上大型抽水蓄能机组制造（限于合资、合作）：水泵水轮机及调速器、大型变速可逆式水泵水轮机组、发电电动机及励磁、启动装置等附属设备
9. 斯特林发电机组制造
10. 直线和平面电机及其驱动系统开发与制造
11. 高技术绿色电池制造：动力镍氢电池、锌镍蓄电池、锌银蓄电池、锂离子电池、太阳能电池、燃料电池等（新能源汽车能量型动力电池除外）

12. 电动机采用直流调速技术的制冷空调用压缩机、采用 $CO_2$ 自然工质制冷空调压缩机、应用可再生能源（空气源、水源、地源）制冷空调设备制造

13. 太阳能空调、采暖系统、太阳能干燥装置制造

14. 生物质干燥热解系统、生物质气化装置制造

15. 交流调频调压牵引装置制造

（二十一）通信设备、计算机及其他电子设备制造业

1. 高清数字摄录机、数字放声设备制造
2. TFT－LCD、PDP、OLED 等平板显示屏、显示屏材料制造（6 代及 6 代以下 TFT－LCD 玻璃基板除外）
3. 大屏幕彩色投影显示器用光学引擎、光源、投影屏、高清晰度投影管和微显投影设备模块等关键件制造
4. 数字音、视频编解码设备，数字广播电视演播室设备，数字有线电视系统设备，数字音频广播发射设备，数字电视上下变换器，数字电视地面广播单频网（SFN）设备，卫星数字电视上行站设备，卫星公共接收电视（SMATV）前端设备制造
5. 集成电路设计，线宽 0.18 微米及以下大规模数字集成电路制造，0.8 微米及以下模拟、数模集成电路制造，MEMS 和化合物半导体集成电路制造及 BGA、PGA、CSP、MCM 等先进封装与测试
6. 大中型电子计算机、百万亿次高性能计算机、便携式微型计算机、每秒 1 万亿次及以上高档服务器、大型模拟仿真系统、大型工业控制机及控制器制造
7. 计算机数字信号处理系统及板卡制造
8. 图形图像识别和处理系统制造
9. 大容量光、磁盘驱动器及其部件开发与制造
10. 高速、容量 100TB 及以上存储系统及智能化存储设备制造
11. 计算机辅助设计（三维 CAD）、辅助测试（CAT）、辅助制造（CAM）、辅助工程（CAE）系统及其他计算机应用系统制造
12. 软件产品开发、生产
13. 电子专用材料开发与制造（光纤预制棒开发与制造除外）
14. 电子专用设备、测试仪器、工模具制造
15. 新型电子元器件制造：片式元器件、敏感元器件及传感器、频率控制与选择元件、混合集成电路、电力电子器件、光电子器件、新型机电元件、高分子固体电容器、超级电容器、无源集成元件、高密度互连积层板、多层挠性板、刚挠印刷电路板及封装载板
16. 触控系统（触控屏幕、触控组件等）制造
17. 发光效率 100lm/W 以上高亮度发光二极管、发光效率 100lm/W 以上发光二极管外延片（蓝光）、发光效率 100lm/W 以上且功率 200mW 以上白色发光管制造
18. 高密度数字光盘机用关键件开发与生产
19. 只读类光盘复制和可录类光盘生产
20. 民用卫星设计与制造（中方控股）
21. 民用卫星有效载荷制造（中方控股）
22. 民用卫星零部件制造

23. 卫星通信系统设备制造

24. 卫星导航定位接收设备及关键部件制造

25. 光通信测量仪表、速率10Gb/s及以上光收发器制造

26. 超宽带（UWB）通信设备制造

27. 无线局域网（含支持WAPI）、广域网设备制造

28. 40Gbps及以上速率时分复用设备（TDM）、密集波分复用设备（DWDM）、宽带无源网络设备（包括EPON、GPON、WDM-PON等）、下一代DSL芯片及设备、光交叉连接设备（OXC）、自动光交换网络设备（ASON）、40G/sSDH以上光纤通信传输设备制造

29. 基于IPv6的下一代互联网系统设备、终端设备、检测设备、软件、芯片开发与制造

30. 第三代及后续移动通信系统手机、基站、核心网设备以及网络检测设备开发与制造

31. 高端路由器、千兆比以上网络交换机开发与制造

32. 空中交通管制系统设备制造（限于合资、合作）

（二十二）仪器仪表及文化、办公用机械制造业

1. 工业过程自动控制系统与装置制造：现场总线控制系统，大型可编程控制器（PLC），两相流量计，固体流量计，新型传感器及现场测量仪表

2. 大型精密仪器开发与制造：电子显微镜、激光扫描显微镜、扫描隧道显微镜、电子探针、大型金相显微镜，光电直读光谱仪、拉曼光谱仪、质谱仪、色谱-质谱联用仪、核磁共振波谱仪、能谱仪、X射线荧光光谱仪、衍射仪，工业CT，450kV工业X射线探伤机、大型动平衡试验机、在线机械量自动检测系统、二座标测量机、激光比长仪，电法勘探仪、500m以上航空电法及伽玛能谱测量仪器、井中重力及三分量磁力仪、高精度微伽重力及航空重力梯度测量仪器，光栅尺、编码器

3. 高精度数字电压表、电流表制造（显示量程七位半以上）

4. 无功功率自动补偿装置制造

5. 安全生产新仪器设备制造

6. VXI总线式自动测试系统（符合IEEE1155国际规范）制造

7. 煤矿井下监测及灾害预报系统、煤炭安全检测综合管理系统开发与制造

8. 工程测量和地球物理观测设备制造：数字三角测量系统、三维地形模型数控成型系统（面积>1000mm×1000mm、水平误差<1mm、高程误差<0.5mm）、超宽频带地震计（$\varphi$<5cm、频带0.01～50Hz、等效地动速度噪声<10～9m/s）、地震数据集合处理系统、综合井下地震和前兆观测系统、精密可控震源系统、工程加速度测量系统、高精度GPS接收机（精度1mm+1ppm）、INSAR图像接收及处理系统、INSAR图像接收及处理系统、精度<1微伽的绝对重力仪、卫星重力仪、采用相干或双偏振技术的多普勒天气雷达、能见度测量仪、气象传感器（温、压、湿、风、降水、云、能见度、辐射、冻土、雪深）、防雷击系统、多级飘尘采样计、3-D超声风速仪、高精度智能全站仪、三维激光扫描仪、钻探用高性能金刚石钻头、无合作目标激光测距仪、风廓线仪（附带RASS）、GPS电子探控仪系统、$CO_2/H_2O$通量观测系统、

边界层多普勒激光雷达、颗粒物颗粒经谱仪器（3nm～20μm）、高性能数据采集器、水下滑翔器

9. 环境监测仪器制造：$SO_2$自动采样器及测定仪、$NO_X$及$NO_2$自动采样器及测定仪、$O_3$自动监测仪、CO自动监测仪、烟气及Pm2.5粉尘采样器及采样切割器、便携式有毒有害气体测定仪、空气中有机污染物自动分析仪、COD自动在线监测仪、BOD自动在线监测仪、浊度在线监测仪、DO在线监测仪、TOC在线监测仪、氨氮在线监测仪、辐射剂量检测仪、射线分析测试仪、重金属在线监测设备、在线生物毒性水质预警监控设备

10. 水文数据采集、处理与传输和防洪预警仪器及设备制造

11. 海洋勘探监测仪器和设备制造：中深海水下摄像机和水下照相机、多波束探测仪、中浅地层剖面探测仪、走航式温盐深探测仪、磁通门罗盘、液压绞车、水下密封电子连接器、效率>90%的反渗透海水淡化用能量回收装置、海洋生态系统监测浮标、剖面探测浮标、一次性使用的电导率温度和深度测量仪器（XCTD）、现场水质测量仪器、智能型海洋水质监测用化学传感器（连续工作3～6个月）、电磁海流计、声学多普勒海流剖面仪（自容式、直读式和船用式）、电导率温度深度剖面仪、声学应答释放器、远洋深海潮汐测量系统（布设海底）

12. 1000万像素以上数字照相机制造

13. 办公机械制造：多功能一体化办公设备（复印、打印、传真、扫描），彩色打印设备，精度2400dpi及以上高分辨率彩色打印机头，感光鼓

14. 电影机械制造：2K、4K数字电影放映机，数字电影摄像机，数字影像制作、编辑设备

（二十三）工艺品及其他制造业

1. 洁净煤技术产品的开发利用及设备制造（煤炭气化、液化、水煤浆、工业型煤）
2. 煤炭洗选及粉煤灰（包括脱硫石膏）、煤矸石等综合利用
3. 全生物降解材料的生产
4. 废旧电器电子产品、汽车、机电设备、橡胶、金属、电池回收处理

四、电力、煤气及水的生产和供应业

1. 采用整体煤气化联合循环（IGCC）、30万千瓦及以上循环流化床、10万千瓦及以上增压循环流化床（PFBC）洁净燃烧技术电站的建设、经营
2. 背压型热电联产电站的建设、经营
3. 发电为主水电站的建设、经营
4. 核电站的建设、经营（中方控股）
5. 新能源电站（包括太阳能、风能、地热能、潮汐能、波浪能、生物质能等）建设、经营
6. 海水利用（海水直接利用、海水淡化）
7. 供水厂建设、经营
8. 再生水厂建设、运营
9. 机动车充电站、电池更换站建设、经营

五、交通运输、仓储和邮政业

1. 铁路干线路网的建设、经营（中方控股）

2. 支线铁路、地方铁路及其桥梁、隧道、轮渡和站场设施的建设、经营（限于合资、合作）
3. 高速铁路、铁路客运专线、城际铁路基础设施综合维修（中方控股）
4. 公路、独立桥梁和隧道的建设、经营
5. 公路货物运输公司
6. 港口公用码头设施的建设、经营
7. 民用机场的建设、经营（中方相对控股）
8. 航空运输公司（中方控股）
9. 农、林、渔业通用航空公司（限于合资、合作）
10. 定期、不定期国际海上运输业务（中方控股）
11. 国际集装箱多式联运业务
12. 输油（气）管道、油（气）库的建设、经营
13. 煤炭管道运输设施的建设、经营
14. 自动化高架立体仓储设施、运输业务相关的仓储设施建设、经营

六、批发和零售业

1. 一般商品的共同配送、鲜活农产品低温配送等现代物流及相关技术服务
2. 农村连锁配送
3. 托盘及集装单元共用系统建设、经营

七、租赁和商务服务业

1. 会计、审计（限于合作、合伙）
2. 国际经济、科技、环保、物流信息咨询服务
3. 以承接服务外包方式从事系统应用管理和维护、信息技术支持管理、银行后台服务、财务结算、人力资源服务、软件开发、离岸呼叫中心、数据处理等信息技术和业务流程外包服务
4. 创业投资企业
5. 知识产权服务
6. 家庭服务业

八、科学研究、技术服务和地质勘查业

1. 生物工程与生物医学工程技术、生物质能源开发技术
2. 同位素、辐射及激光技术
3. 海洋开发及海洋能开发技术、海洋化学资源综合利用技术、相关产品开发和精深加工技术、海洋医药与生化制品开发技术
4. 海洋监测技术（海洋浪潮、气象、环境监测）、海底探测与大洋资源勘查评价技术
5. 综合利用海水淡化后的浓海水制盐、提取钾、溴、镁、锂及其深加工等海水化学资源高附加值利用技术
6. 海上石油污染清理与生态修复技术及相关产品开发、海水富营养化防治技术，海洋生物爆发性生长灾害防治技术，海岸带生态环境修复技术
7. 节能技术开发与服务
8. 资源再生及综合利用技术、企业生产排放物的再利用技术开发及其应用

9. 环境污染治理及监测技术
10. 化纤生产及印染加工的节能降耗、三废治理新技术
11. 防沙漠化及沙漠治理技术
12. 草畜平衡综合管理技术
13. 民用卫星应用技术
14. 研究开发中心
15. 高新技术、新产品开发与企业孵化中心

**九、水利、环境和公共设施管理业**
1. 综合水利枢纽的建设、经营（中方控股）
2. 城市封闭型道路建设、经营
3. 城市地铁、轻轨等轨道交通的建设、经营（中方控股）
4. 污水、垃圾处理厂，危险废物处理处置厂（焚烧厂、填埋场）及环境污染治理设施的建设、经营

**十、教育**
1. 高等教育机构（限于合资、合作）
2. 职业技能培训

**十一、卫生、社会保障和社会福利业**
1. 老年人、残疾人和儿童服务机构

**十二、文化、体育和娱乐业**
1. 演出场所经营（中方控股）
2. 体育场馆经营、健身、竞赛表演及体育培训和中介服务

# 限制外商投资产业目录

**一、农、林、牧、渔业**
1. 农作物新品种选育和种子生产（中方控股）
2. 珍贵树种原木加工（限于合资、合作）
3. 棉花（籽棉）加工

**二、采矿业**
1. 特殊和稀缺煤类勘查、开采（中方控股）
2. 重晶石勘查、开采（限于合资、合作）
3. 贵金属（金、银、铂族）勘查、开采
4. 金刚石、高铝耐火黏土、硅灰石、石墨等重要非金属矿的勘查、开采
5. 磷矿、锂矿和硫铁矿的开采、选矿，盐湖卤水资源的提炼
6. 硼镁石及硼镁铁矿石开采
7. 天青石开采
8. 大洋锰结核、海砂的开采（中方控股）

**三、制造业**
（一）农副食品加工业

1. 豆油、菜籽油、花生油、棉籽油、茶籽油、葵花籽油、棕榈油等食用油脂加工（中方控股），大米、面粉加工，玉米深加工
2. 生物液体燃料（燃料乙醇、生物柴油）生产（中方控股）

（二）饮料制造业
1. 黄酒、名优白酒生产（中方控股）

（三）烟草制品业
1. 打叶复烤烟叶加工生产

（四）印刷业和记录媒介的复制
1. 出版物印刷（中方控股）

（五）石油加工、炼焦及核燃料加工业
1. 1000万吨/年以下常减压炼油、150万吨/年以下催化裂化、100万吨/年以下连续重整（含芳烃抽提）、150万吨/年以下加氢裂化生产

（六）化学原料及化学制品制造业
1. 纯碱、烧碱以及规模以下或采用落后工艺的硫酸、硝酸、钾碱生产
2. 感光材料生产
3. 联苯胺生产
4. 易制毒化学品生产（麻黄素、3，4－亚基二氧苯基－2－丙酮、苯乙酸、1－苯基－2－丙酮、胡椒醛、黄樟脑、异黄樟脑、醋酸酐）
5. 氟化氢等低端氟氯烃或氟氯化合物生产
6. 丁二烯橡胶（高顺式丁二烯橡胶除外）、乳液聚合丁苯橡胶、热塑性丁苯橡胶生产
7. 乙炔法聚氯乙烯以及规模以下乙烯和后加工产品生产
8. 采用落后工艺、含有有害物质、规模以下颜料和涂料生产
9. 硼镁铁矿石加工
10. 资源占用大、环境污染严重、采用落后工艺的无机盐生产

（七）医药制造业
1. 氯霉素、青霉素G、洁霉素、庆大霉素、双氢链霉素、丁胺卡那霉素、盐酸四环素、土霉素、麦迪霉素、柱晶白霉素、环丙氟哌酸、氟哌酸、氟嗪酸生产
2. 安乃近、扑热息痛、维生素B1、维生素B2、维生素C、维生素E、多种维生素制剂和口服钙剂生产
3. 纳入国家免疫规划的疫苗品种生产
4. 麻醉药品及一类精神药品原料药生产（中方控股）
5. 血液制品的生产

（八）化学纤维制造业
1. 常规切片纺的化纤抽丝生产
2. 粘胶纤维生产

（九）有色金属冶炼及压延加工业
1. 钨、钼、锡（锡化合物除外）、锑（含氧化锑和硫化锑）等稀有金属冶炼
2. 电解铝、铜、铅、锌等有色金属冶炼
3. 稀土冶炼、分离（限于合资、合作）

（十）通用设备制造业

1. 各类普通级（P0）轴承及零件（钢球、保持架）、毛坯制造
2. 400 吨以下轮式、履带式起重机械制造（限于合资、合作）

（十一）专用设备制造业

1. 一般涤纶长丝、短纤维设备制造
2. 320 马力及以下推土机、30 吨级及以下液压挖掘机、6 吨级及以下轮式装载机、220 马力及以下平地机、压路机、叉车、135 吨级及以下电力传动非公路自卸翻斗车、60 吨级及以下液力机械传动非公路自卸翻斗车、沥青混凝土搅拌与摊铺设备和高空作业机械、园林机械和机具、商品混凝土机械（托泵、搅拌车、搅拌站、泵车）制造

（十二）交通运输设备制造业

1. 船舶（含分段）的修理、设计与制造（中方控股）

（十三）通信设备、计算机及其他电子设备制造业

1. 卫星电视广播地面接收设施及关键件生产

四、电力、煤气及水的生产和供应业

1. 小电网范围内，单机容量 30 万千瓦及以下燃煤凝汽火电站、单机容量 10 万千瓦及以下燃煤凝汽抽汽两用机组热电联产电站的建设、经营
2. 电网的建设、经营（中方控股）
3. 城市人口 50 万以上的城市燃气、热力和供排水管网的建设、经营（中方控股）

五、交通运输、仓储和邮政业

1. 铁路货物运输公司
2. 铁路旅客运输公司（中方控股）
3. 公路旅客运输公司
4. 出入境汽车运输公司
5. 水上运输公司（中方控股）
6. 摄影、探矿、工业等通用航空公司（中方控股）
7. 电信公司：增值电信业务（外资比例不超过 50%），基础电信业务（外资比例不超过 49%）

六、批发和零售业

1. 直销、邮购、网上销售
2. 粮食收购，粮食、棉花、植物油、食糖、烟草、原油、农药、农膜、化肥的批发、零售、配送（设立超过 30 家分店、销售来自多个供应商的不同种类和品牌商品的连锁店由中方控股）
3. 大型农产品批发市场建设、经营
4. 音像制品（除电影外）的分销（限于合作）
5. 船舶代理（中方控股）、外轮理货（限于合资、合作）
6. 成品油批发及加油站（同一外国投资者设立超过 30 家分店、销售来自多个供应商的不同种类和品牌成品油的连锁加油站，由中方控股）建设、经营

七、金融业

1. 银行、财务公司、信托公司、货币经纪公司

2. 保险公司（寿险公司外资比例不超过 50%）
3. 证券公司（限于从事 A 股承销、B 股和 H 股以及政府和公司债券的承销和交易，外资比例不超过 1/3）、证券投资基金管理公司（外资比例不超过 49%）
4. 保险经纪公司
5. 期货公司（中方控股）

八、房地产业
1. 土地成片开发（限于合资、合作）
2. 高档宾馆、高档写字楼和国际会展中心的建设、经营
3. 房地产二级市场交易及房地产中介或经纪公司

九、租赁和商务服务业
1. 法律咨询
2. 市场调查（限于合资、合作）
3. 资信调查与评级服务公司

十、科学研究、技术服务和地质勘查业
1. 测绘公司（中方控股）
2. 进出口商品检验、鉴定、认证公司
3. 摄影服务（含空中摄影等特技摄影服务，但不包括测绘航空摄影，限于合资）

十一、教育
1. 普通高中教育机构（限于合作）

十二、文化、体育和娱乐业
1. 广播电视节目、电影的制作业务（限于合作）
2. 电影院的建设、经营（中方控股）
3. 大型主题公园的建设、经营
4. 演出经纪机构（中方控股）
5. 娱乐场所经营（限于合资、合作）

十三、国家和我国缔结或者参加的国际条约规定限制的其他产业

# 禁止外商投资产业目录

一、农、林、牧、渔业
1. 我国稀有和特有的珍贵优良品种的研发、养殖、种植以及相关繁殖材料的生产（包括种植业、畜牧业、水产业的优良基因）
2. 转基因生物研发和转基因农作物种子、种畜禽、水产苗种生产
3. 我国管辖海域及内陆水域水产品捕捞

二、采矿业
1. 钨、钼、锡、锑、萤石勘查、开采
2. 稀土勘查、开采、选矿
3. 放射性矿产的勘查、开采、选矿

三、制造业

（一）饮料制造业

1. 我国传统工艺的绿茶及特种茶加工（名茶、黑茶等）

（二）医药制造业

1. 列入《野生药材资源保护条例》和《中国珍稀、濒危保护植物名录》的中药材加工

2. 中药饮片的蒸、炒、灸、煅等炮制技术的应用及中成药保密处方产品的生产

（三）有色金属冶炼及压延加工业

1. 放射性矿产的冶炼、加工

（四）专用设备制造业

1. 武器弹药制造

（五）电气机械及器材制造业

1. 开口式（即酸雾直接外排式）铅酸电池、含汞扣式氧化银电池、含汞扣式碱性锌锰电池、糊式锌锰电池、镉镍电池制造

（六）工业品及其他制造业

1. 象牙雕刻
2. 虎骨加工
3. 脱胎漆器生产
4. 珐琅制品生产
5. 宣纸、墨锭生产
6. 致癌、致畸、致突变产品和持久性有机污染物产品生产

四、电力、煤气及水的生产和供应业

1. 小电网外，单机容量 30 万千瓦及以下燃煤凝汽火电站、单机容量 10 万千瓦及以下燃煤凝汽抽汽两用热电联产电站的建设、经营

五、交通运输、仓储和邮政业

1. 空中交通管制公司
2. 邮政公司、信件的国内快递业务

六、租赁和商务服务业

1. 社会调查

七、科学研究、技术服务和地质勘查业

1. 人体干细胞、基因诊断与治疗技术开发和应用
2. 大地测量、海洋测绘、测绘航空摄影、行政区域界线测绘、地形图和普通地图编制、导航电子地图编制

八、水利、环境和公共设施管理业

1. 自然保护区和国际重要湿地的建设、经营
2. 国家保护的原产于我国的野生动、植物资源开发

九、教育

1. 义务教育机构，军事、警察、政治和党校等特殊领域教育机构

**十、文化、体育和娱乐业**

1. 新闻机构
2. 图书、报纸、期刊的出版业务
3. 音像制品和电子出版物的出版、制作业务
4. 各级广播电台（站）、电视台（站）、广播电视频道（率）、广播电视传输覆盖网（发射台、转播台、广播电视卫星、卫星上行站、卫星收转站、微波站、监测台、有线广播电视传输覆盖网）
5. 广播电视节目制作经营公司
6. 电影制作公司、发行公司、院线公司
7. 新闻网站、网络视听节目服务、互联网上网服务营业场所、互联网文化经营（音乐除外）
8. 高尔夫球场、别墅的建设、经营
9. 博彩业（含赌博类跑马场）
10. 色情业

**十一、其他行业**

1. 危害军事设施安全和使用效能的项目

**十二、国家和我国缔结或者参加的国际条约规定禁止的其他产业**

注：1. 《内地与香港关于建立更紧密经贸关系的安排》及其补充协议、《内地与澳门关于建立更紧密经贸关系的安排》及其补充协议、《海峡两岸经济合作框架协议》及其补充协议、我国与有关国家签订的自由贸易区协议另有规定的，从其规定。

2. 国务院专项规定或产业政策另有规定的，从其规定。

# 废弃危险化学品污染环境防治办法

（国家环境保护总局令第27号，2005年8月18日公布，自2005年10月1日起施行）

**第一条** 为了防治废弃危险化学品污染环境，根据《固体废物污染环境防治法》、《危险化学品安全管理条例》和有关法律、法规，制定本办法。

**第二条** 本办法所称废弃危险化学品，是指未经使用而被所有人抛弃或者放弃的危险化学品，淘汰、伪劣、过期、失效的危险化学品，由公安、海关、质检、工商、农业、安全监管、环保等主管部门在行政管理活动中依法收缴的危险化学品以及接收的公众上交的危险化学品。

废弃危险化学品属于危险废物，列入国家危险废物名录。

**第三条** 本办法适用于中华人民共和国境内废弃危险化学品的产生、收集、运输、贮存、利用、处置活动污染环境的防治。

实验室产生的废弃试剂、药品污染环境的防治，也适用本办法。

盛装废弃危险化学品的容器和受废弃危险化学品污染的包装物，按照危险废物进行管理。

本办法未作规定的，适用有关法律、行政法规的规定。

**第四条** 废弃危险化学品污染环境的防治，实行减少废弃危险化学品的产生量、安全合理利用废弃危险化学品和无害化处置废弃危险化学品的原则。

**第五条** 国家鼓励、支持采取有利于废弃危险化学品回收利用活动的经济、技术政策和措施，对废弃危险化学品实行充分回收和安全合理利用。

国家鼓励、支持集中处置废弃危险化学品，促进废弃危险化学品污染防治产业化发展。

**第六条** 国务院环境保护部门对全国废弃危险化学品污染环境的防治工作实施统一监督管理。

县级以上地方环境保护部门对本行政区域内废弃危险化学品污染环境的防治工作实施监督管理。

**第七条** 禁止任何单位或者个人随意弃置废弃危险化学品。

**第八条** 危险化学品生产者、进口者、销售者、使用者对废弃危险化学品承担污染防治责任。

危险化学品生产者应当合理安排生产项目和规模，遵守国家有关产业政策和环境政策，尽量减少废弃危险化学品的产生量。

危险化学品生产者负责自行或者委托有相应经营类别和经营规模的持有危险废物经营许可证的单位，对废弃危险化学品进行回收、利用、处置。

危险化学品进口者、销售者、使用者负责委托有相应经营类别和经营规模的持有危险废物经营许可证的单位，对废弃危险化学品进行回收、利用、处置。

危险化学品生产者、进口者、销售者负责向使用者和公众提供废弃危险化学品回收、利用、处置单位和回收、利用、处置方法的信息。

**第九条** 产生废弃危险化学品的单位，应当建立危险化学品报废管理制度，制定废弃危险化学品管理计划并依法报环境保护部门备案，建立废弃危险化学品的信息登记档案。

产生废弃危险化学品的单位应当依法向所在地县级以上地方环境保护部门申报废弃危险化学品的种类、品名、成分或组成、特性、产生量、流向、贮存、利用、处置情况、化学品安全技术说明书等信息。

前款事项发生重大改变的，应当及时进行变更申报。

**第十条** 省级环境保护部门应当建立废弃危险化学品信息交换平台，促进废弃危险化学品的回收和安全合理利用。

**第十一条** 从事收集、贮存、利用、处置废弃危险化学品经营活动的单位，应当按照国家有关规定向所在地省级以上环境保护部门申领危险废物经营许可证。

危险化学品生产单位回收利用、处置与其产品同种的废弃危险化学品的，应当向所在地省级以上环境保护部门申领危险废物经营许可证，并提供符合下列条件的证明材料：

（一）具备相应的生产能力和完善的管理制度；

（二）具备回收利用、处置该种危险化学品的设施、技术和工艺；

（三）具备国家或者地方环境保护标准和安全要求的配套污染防治设施和事故应急救援措施。

禁止无危险废物经营许可证或者不按照经营许可证规定从事废弃危险化学品收集、贮存、利用、处置的经营活动。

**第十二条** 回收、利用废弃危险化学品的单位，必须保证回收、利用废弃危险化学品的设施、设备和场所符合国家环境保护有关法律法规及标准的要求，防止产生二次污染；对不能利用的废弃危险化学品，应当按照国家有关规定进行无害化处置或者承担处置费用。

**第十三条** 产生废弃危险化学品的单位委托持有危险废物经营许可证的单位收集、贮存、利用、处置废弃危险化学品的，应当向其提供废弃危险化学品的品名、数量、成分或组成、特性、化学品安全技术说明书等技术资料。

接收单位应当对接收的废弃危险化学品进行核实；未经核实的，不得处置；经核实不符的，应当在确定其品种、成分、特性后再进行处置。

禁止将废弃危险化学品提供或者委托给无危险废物经营许可证的单位从事收集、贮存、利用、处置等经营活动。

**第十四条** 危险化学品的生产、储存、使用单位转产、停产、停业或者解散的，应当按照《危险化学品安全管理条例》有关规定对危险化学品的生产或者储存设备、库存产品及生产原料进行妥善处置，并按照国家有关环境保护标准和规范，对厂区的土壤和地下水进行检测，编制环境风险评估报告，报县级以上环境保护部门备案。

对场地造成污染的，应当将环境恢复方案报经县级以上环境保护部门同意后，在环境保护部门规定的期限内对污染场地进行环境恢复。对污染场地完成环境恢复后，应当委托环境保护检测机构对恢复后的场地进行检测，并将检测报告报县级以上环境保护部门备案。

**第十五条** 对废弃危险化学品的容器和包装物以及收集、贮存、运输、处置废弃危险化学品的设施、场所，必须设置危险废物识别标志。

**第十六条** 转移废弃危险化学品的，应当按照国家有关规定填报危险废物转移联单；跨设区的市级以上行政区域转移的，并应当依法报经移出地设区的市级以上环境保护部门批准后方可转移。

**第十七条** 公安、海关、质检、工商、农业、安全监管、环保等主管部门在行政管理活动中依法收缴或者接收的废弃危险化学品，应当委托有相应经营类别和经营规模的持有危险废物经营许可证的单位进行回收、利用、处置。

对收缴的废弃危险化学品有明确责任人的，处置费用由责任人承担，由收缴的行政管理部门负责追缴；对收缴的废弃危险化学品无明确责任人或者责任人无能力承担处置费用的，以及接收的公众上交的废弃危险化学品，由收缴的行政管理部门负责向本级财政申请处置费用。

**第十八条** 产生、收集、贮存、运输、利用、处置废弃危险化学品的单位，其主要负责人必须保证本单位废弃危险化学品的管理符合有关法律、法规、规章的规定和国家标准的要求，并对本单位废弃危险化学品的环境安全负责。

从事废弃危险化学品收集、贮存、运输、利用、处置活动的人员，必须接受有关环境保护法律法规、专业技术和应急救援等方面的培训，方可从事该项工作。

**第十九条** 产生、收集、贮存、运输、利用、处置废弃危险化学品的单位，应当制定废弃危险化学品突发环境事件应急预案报县级以上环境保护部门备案，建设或配备必要的环境应急设施和设备,并定期进行演练。

发生废弃危险化学品事故时,事故责任单位应当立即采取措施消除或者减轻对环境的污染危害,及时通报可能受到污染危害的单位和居民,并按照国家有关事故报告程序的规定,向所在地县级以上环境保护部门和有关部门报告,接受调查处理。

第二十条 县级以上环境保护部门有权对本行政区域内产生、收集、贮存、运输、利用、处置废弃危险化学品的单位进行监督检查,发现有违反本办法行为的,应当责令其限期整改。检查情况和处理结果应当予以记录,并由检查人员签字后归档。

被检查单位应当接受检查机关依法实施的监督检查,如实反映情况,提供必要的资料,不得拒绝、阻挠。

第二十一条 县级以上环境保护部门违反本办法规定,不依法履行监督管理职责的,由本级人民政府或者上一级环境保护部门依据《固体废物污染环境防治法》第六十七条规定,责令改正,对负有责任的主管人员和其他直接责任人员依法给予行政处分;构成犯罪的,依法追究刑事责任。

第二十二条 违反本办法规定,有下列行为之一的,由县级以上环境保护部门依据《固体废物污染环境防治法》第七十五条规定予以处罚:

(一)随意弃置废弃危险化学品的;

(二)不按规定申报登记废弃危险化学品,或者在申报登记时弄虚作假的;

(三)将废弃危险化学品提供或者委托给无危险废物经营许可证的单位从事收集、贮存、利用、处置经营活动的;

(四)不按照国家有关规定填写危险废物转移联单或未经批准擅自转移废弃危险化学品的;

(五)未设置危险废物识别标志的;

(六)未制定废弃危险化学品突发环境事件应急预案的。

第二十三条 违反本办法规定的,不处置其产生的废弃危险化学品或者不承担处置费用的,由县级以上环境保护部门依据《固体废物污染环境防治法》第七十六条规定予以处罚。

第二十四条 违反本办法规定,无危险废物经营许可证或者不按危险废物经营许可证从事废弃危险化学品收集、贮存、利用和处置经营活动的,由县级以上环境保护部门依据《固体废物污染环境防治法》第七十七条规定予以处罚。

第二十五条 危险化学品的生产、储存、使用单位在转产、停产、停业或者解散时,违反本办法规定,有下列行为之一的,由县级以上环境保护部门责令限期改正,处以1万元以上3万元以下罚款:

(一)未按照国家有关环境保护标准和规范对厂区的土壤和地下水进行检测的;

(二)未编制环境风险评估报告并报县级以上环境保护部门备案的;

(三)未将环境恢复方案报经县级以上环境保护部门同意进行环境恢复的;

(四)未将环境恢复后的检测报告报县级以上环境保护部门备案的。

第二十六条 违反本办法规定,造成废弃危险化学品严重污染环境的,由县级以上环境保护部门依据《固体废物污染环境防治法》第八十一条规定决定限期治理,逾期未完成治理任务的,由本级人民政府决定停业或者关闭。

造成环境污染事故的，依据《固体废物污染环境防治法》第八十二条规定予以处罚；构成犯罪的，依法追究刑事责任。

第二十七条 违反本办法规定，拒绝、阻挠环境保护部门现场检查的，由执行现场检查的部门责令限期改正；拒不改正或者在检查时弄虚作假的，由县级以上环境保护部门依据《固体废物污染环境防治法》第七十条规定予以处罚。

第二十八条 当事人逾期不履行行政处罚决定的，作出行政处罚决定的环境保护部门可以采取下列措施：

（一）到期不缴纳罚款的，每日按罚款数额的3‰加处罚款；

（二）申请人民法院强制执行。

第二十九条 本办法自2005年10月1日起施行。

# 国家危险废物名录

（环保部、发展改革委第1号令，2008年6月6日公布，自2008年8月1日起施行）

第一条 根据《中华人民共和国固体废物污染环境防治法》的有关规定，制定本名录。

第二条 具有下列情形之一的固体废物和液态废物，列入本名录：

（一）具有腐蚀性、毒性、易燃性、反应性或者感染性等一种或者几种危险特性的；

（二）不排除具有危险特性，可能对环境或者人体健康造成有害影响，需要按照危险废物进行管理的。

第三条 医疗废物属于危险废物。《医疗废物分类目录》根据《医疗废物管理条例》另行制定和公布。

第四条 未列入本名录和《医疗废物分类目录》的固体废物和液态废物，由国务院环境保护行政主管部门组织专家，根据国家危险废物鉴别标准和鉴别方法认定具有危险特性的，属于危险废物，适时增补进本名录。

第五条 危险废物和非危险废物混合物的性质判定，按照国家危险废物鉴别标准执行。

第六条 家庭日常生活中产生的废药品及其包装物、废杀虫剂和消毒剂及其包装物、废油漆和溶剂及其包装物、废矿物油及其包装物、废胶片及废像纸、废荧光灯管、废温度计、废血压计、废镍镉电池和氧化汞电池以及电子类危险废物等，可以不按照危险废物进行管理。

将前款所列废弃物从生活垃圾中分类收集后，其运输、贮存、利用或者处置，按照危险废物进行管理。

第七条 国务院环境保护行政主管部门将根据危险废物环境管理的需要，对本名录进行适时调整并公布。

第八条 本名录中有关术语的含义如下：

（一）"废物类别"是按照《控制危险废物越境转移及其处置巴塞尔公约》划定的类别

进行的归类。

（二）"行业来源"是某种危险废物的产生源。

（三）"废物代码"是危险废物的唯一代码，为8位数字。其中，第1～3位为危险废物产生行业代码，第4～6位为废物顺序代码，第7～8位为废物类别代码。

（四）"危险特性"是指腐蚀性（Corrosivity，C）、毒性（Toxicity，T）、易燃性（Ignitability，I）、反应性（Reactivity，R）和感染性（Infectivity，In）。

第九条 本名录自2008年8月1日起施行。1998年1月4日原国家环境保护局、国家经济贸易委员会、对外贸易经济合作部、公安部发布的《国家危险废物名录》（环发[1998]89号）同时废止。

**国家危险废物名录——分类**

| 编号 | 废物类别 | 废物来源 | 常见国际危害组分或废物名称 |
|---|---|---|---|
| HW01 | 医院临床废物 | 从医院、医疗中心和诊所的医疗服务中产生的临床废物<br>——手术、包扎残余物<br>——生物培养、动物试验残余物<br>——化验检查残余物<br>——传染性废物<br>——废水处理污泥 | 手术残物，敷料、化验废物，传染性废物，动物试验废物 |
| HW02 | 医药废物 | 从医用药品的生产制作过程中产生的废物，包括兽药产品（不含中药类废物）<br>——蒸馏及反应残余物<br>——高浓度母液及反应基或培养基废物<br>——脱色过滤（包括载体）物<br>——用过废弃的吸附剂、催化剂、溶剂<br>——生产中产生的报废药品及过期原料 | 废抗菌药、甾类药、抗组织胺类药、镇痛药、心血管药、神经系统药、杂药，基因类废物 |
| HW03 | 废药物、药品 | 过期、报废的无标签的及多种混杂的药物、药品（不包括HW01、HW02类中的废药品）<br>——生产中产生的报废药品（包括药品废原料和中间体反应物）<br>——使用单位（科研、监测、学校、医疗单位、化验室等）积压或报废的药品（物）<br>——经营部门过期的报废药品（物） | 废化学试剂，废药品，废药物 |
| HW04 | 农药废物 | 来自杀虫、杀菌、除草、灭鼠和植物生长调节剂的生产、经销、配制和使用过程中产生的废物<br>——蒸馏及反应残余物<br>——生产过程母液及（反应罐及容器）清洗液<br>——吸附过滤物（包括载体，吸附剂，催化剂）<br>——废水处理污泥<br>——生产、配制过程中的过期原料<br>——生产、销售、使用过程中的过期和淘汰产品<br>——沾有农药及除草剂的包装物及容器 | 废有机磷杀虫剂、有机氯杀虫剂、有机氮杀虫剂、氨基甲酸酯类杀虫剂、拟除虫菊酯类杀虫剂、杀螨剂、有机磷杀菌剂、有机氯杀菌剂、有机硫杀菌剂、有机锡杀菌剂、有机氮杀菌剂、醌类杀菌剂、无机杀菌剂、有机胂杀菌剂、氨基甲酸酯类除草剂、醚类除草剂、酚类除草剂、酰胺类除草剂、取代脲类除草剂、苯氧羧酸类除草剂、均三氮苯类除草剂、无机除草剂 |

续表

| 编号 | 废物类别 | 废物来源 | 常见国际危害组分或废物名称 |
|---|---|---|---|
| HW05 | 木材防腐剂废物 | 从木材防腐化学品的生产、配制和使用中产生的废物（不包括与HW04类重复的废物）<br>——生产单位生产中产生的废水处理污泥、工艺反应残余物、吸附过滤物及载体<br>——使用单位积压、报废或配制过剩的木材防腐化学品<br>——销售经营部门报废的木材防腐化学品 | 含五氯酚，苯酚，2－氯酚，甲酚，对氯间甲酚，三氯酚，屈葸，四氯酚，杂酚油，萤蒽，苯并a芘，2，4－二甲酚，2，4－二硝基酚苯并（b）萤蒽，苯并（a）蒽，二苯并（a）蒽的废物 |
| HW06 | 有机溶剂废物 | 从有机溶剂生产、配制和使用过程中产生的废物（不包括HW42类的废有机溶剂）<br>——有机溶剂的合成、裂解、分离、脱色、催化、沉淀、精馏等过程中产生的反应残余物，吸附过滤物及载体<br>——配制和使用过程中产生的含有机溶剂的清洗杂物 | 废催化剂，清洗剥离物，反应残渣及滤渣，吸附物与载体废物 |
| HW07 | 热处理含氰废物 | 从含有氰化物热处理和退火作业中产生的废物<br>——金属含氰热处理<br>——含氰热处埋回火池冷却<br>——含氰热处理炉维修<br>——热处理渗碳炉 | 含氰热处理钡渣，含氰污泥及冷却液，含氰热处理炉内衬，热处理渗碳氰渣 |
| HW08 | 废矿物油 | 不适合原来用途的废矿物油<br>——来自于石油开采和炼制产生的油泥和油脚<br>——矿物油类仓储过程中产生的沉积物<br>——机械、动力、运输等设备的更换及清洗油（泥）<br>——金属轧制、机械加工过程中产生的废油（渣）<br>——含油废水处理过程中产生的废油及油泥<br>——油加工和油再生过程中产生的油渣及过滤介质 | 废机油、原油、液压油、真空泵油、柴油、汽油、重油、煤油、热处理油、樟脑油、润滑油（脂）、冷却油 |
| HW09 | 废乳化液 | 从机械加工、设备清洗等过程中产生的废乳化液、废油水混合物<br>——生产、配制、使用过程中产生的过剩乳化液（膏）<br>——机械加工、金属切削和冷拔过程产生的废乳化剂<br>——清洗油罐、油件过程中产生的油水、烃水混合物<br>——来自于（乳化液）水压机定期更换的乳化废液 | 废皂液、乳化油/水、烃/水混合物、乳化液（膏）、切削剂、冷却剂、润滑剂、拔丝剂 |

续表

| 编号 | 废物类别 | 废物来源 | 常见国际危害组分或废物名称 |
|---|---|---|---|
| HW10 | 含多氯联苯废物 | 含有或沾染多氯联苯（PCBs）、多氯三联苯（PCTs）、多溴联苯（PBBs）的废物质和废物品<br>——过剩的、废弃的、封存的、待替换的含有PCBs、PBBs和PCTs的电力设备（电容器、变压器）<br>——从含有PCBs，PBBs或PCTs的电力设备中倾倒出的介质油、绝缘油、冷却油及传热油<br>——来自含有PCBs，PBBs和PCTs或被这些物质污染的电力设备的拆装过程中的清洗液<br>——被PCBs，PBBs和PCTs污染的土壤及包装物 | 含多氯联苯（PCBs），多溴联苯（PBBs）、多氯三联苯（PCTs）废物 |
| HW11 | 精（蒸）馏残渣 | 从精炼、蒸馏和任何热解处理中产生的废焦油状残留物<br>——煤气生产过程中产生的焦油渣<br>——原油蒸馏过程中产生的焦油残余物<br>——原油精制过程中产生的沥青状焦油及酸焦油<br>——化学品生产过程中产生的蒸馏残渣和蒸馏釜底物<br>——化学品原料生产的热解过程中产生生的焦油状残余物<br>——被工业生产过程中产生的焦油或蒸馏残余物所污染的土壤<br>——盛装过焦油状残余物的包装和容器 | 沥青渣，焦油渣，废酸焦油，酚渣，蒸馏釜残物，精馏釜残物，甲苯渣，液化石油气残渣［含苯并（a）芘、屈萘、萤蒽、多环芳烃类废物］ |
| HW12 | 染料、涂料废物 | 从油墨、染料、颜料、油漆、真漆、罩光漆的生产配制和使用过程中产生的废物<br>——生产过程中产生的废弃的颜料、染料、涂料和不合格产品<br>——染料、颜料生产硝化、氧化、还原、磺化、重氮化、卤化等化学反应中产生的废母液、残渣、中间体废物<br>——油漆、油墨生产、配制和使用过程中产生的含颜料、油墨的有机溶剂废物<br>——使用酸、碱或有机溶剂清洗容器设备产生的污泥状剥离物<br>——含有染料、颜料、油墨、油漆残余物的废弃包装物<br>——废水处理污泥 | 废酸性染料、碱性染料、媒染染料偶氮染料、直接染料、冰染染料、还原染料、硫化染料、活性染料、醇酸树脂涂料、丙烯酸树脂涂料、聚氨酯树脂涂料、聚乙烯脂涂料、环氧树脂涂料、双组分涂料、油墨、重金属颜料 |

续表

| 编号 | 废物类别 | 废物来源 | 常见国际危害组分或废物名称 |
|---|---|---|---|
| HW13 | 有机树脂类废物 | 从树脂、胶乳、增塑剂、胶水/胶合剂的生产、配制和使用过程中产生的废物<br>——生产、配制、使用过程中产生的不合格产品、废副产物<br>——在合成、酯化、缩合等反应中产生的废催化剂、高浓度废液<br>——精馏、分离、精制过程中产生的釜残液、过滤介质和残渣<br>——使用溶剂或酸、碱清洗容器设备剥离下的树脂状、黏稠杂物<br>——废水处理污泥 | 含邻苯二甲酸酯类，脂肪酸二元酸酯类，磷酸酯类，环氧化合物类，偏苯三甲酸酯类，聚酯类，氯化石蜡，二元醇和多元醇酯类，磺酸衍生物的废物 |
| HW14 | 新化学品废物 | 从研究和开发或教学活动中产生的尚未鉴定的和（或）新的并对人类和（或）环境的影响未明的化学废物 | 新化学品研制中产生的废物 |
| HW15 | 爆炸性废物 | 在生产、销售、使用爆炸物品过程中产生的次品、废品及具有爆炸性质的废物<br>——不稳定、在无爆震时容易发生剧烈变化的废物<br>——能和水形成爆炸性混合物<br>——经过发热、吸湿、自发的化学变化具有着火倾向的废物<br>——在有引发源或加热时能爆震或爆炸的废物 | 含叠氮乙酰，硝酸乙酰酯，叠氮胺，氯酸铵，六硝基高钴酸铵，硝酸铵，氰化铵，过碘酸铵，高锰酸铵，苦味酸铵，四过氧铬酸铵，叠氮粼基胍，叠氮钡，氯化重氮苯，苯并三唑，亚硝基胍，硝化甘油，四硝基戊四醇，三硝基氯苯，聚乙烯硝酯，硝酸钾，叠氮化银，氮化银，三硝基苯间二酚银，四氮烯银，无烟火药，叠氮化钠，苦味酸钠，四硝基甲烷，四氮化四硒，四氮化四硫，四氮烯，氮化铊，二氮化三铅，二氮化三汞，三硝基苯，氯酸钾，雷汞，雷银，三硝基甲苯，三硝基间苯二酚的废物 |
| HW16 | 感光材料废物 | 从摄影化学品、感光材料的生产、配制、使用中产生的废物<br>——生产过程中产生的不合格产品和过期产品<br>——生产过程中产生的残渣及废水污泥<br>——出版社、报社、印刷厂、电影厂在使用和经营活动中产生的废显（定）影液、胶片及废像纸<br>——社会照像部、冲洗部在使用和经营活动中产生的废显（定）影液、胶片及废像纸<br>——医疗院所的X光和CT检查中产生的废显（定）液及胶片 | 废显影液、定影液、正负胶片、像纸、感光原料及药品 |

续表

| 编号 | 废物类别 | 废物来源 | 常见国际危害组分或废物名称 |
|---|---|---|---|
| HW17 | 表面处理废物 | 从金属和塑料表面处理过程中产生的废物<br>——电镀行业的电镀槽渣、槽液及水处理污泥<br>——金属和塑料表面酸（碱）洗、除油、除锈、洗涤工艺产生的腐蚀液、洗涤液和污泥<br>——金属和塑料表面磷化、出光、化抛过程中产生的残渣（液）及污泥<br>——镀层剥除过程中产生的废液及残渣 | 废电镀溶液，镀槽淤渣，电镀水处理污泥，表面处理酸碱渣，氧化槽渣，磷化渣，亚硝酸盐废渣 |
| HW18 | 焚烧处置残渣 | 从工业废物处置作业中产生的残余物 | 焚烧处置残渣及灰尘 |
| HW19 | 含金属羰基化合物废物 | 在金属羰基化合物制造以及使用过程中产生的含有羰基化合物成分的废物<br>——精细化工产品生产<br>——金属有机化合物的合成 | 金属羰基化合物（五羰基铁，八羰基二钴，羰基镍，三羰基钴，氢氧化四羰基钴）废物 |
| HW20 | 含铍废物 | 含铍及其化合物的废物<br>——稀有金属冶炼<br>——铍化合物生产 | 含铍，硼氢化铍，溴化铍，氢氧化铍，碘化铍，碳酸铍，硝酸铍，氧化铍，硫酸铍，氟化铍，氯化铍，硫化铍的废物 |
| HW21 | 含铬废物 | 含有六价铬化合物的废物<br>——化工（铬化合物）生产<br>——皮革加工（鞣革）业<br>——金属、塑料电镀<br>——酸性媒介染料染色<br>——颜料生产与使用<br>——金属铬冶炼（铁合金） | 含铬酸酐，（重）铬酸钾，（重）铬酸钠，铬酸，重铬酸，三氧化铬，铬酸锌，铬酸钾，铬酸钙，铬酸银，铬酸铅，铬酸钡的废物 |
| HW22 | 含铜废物 | 含有铜化物的废物<br>——有色金属采选和冶炼<br>——金属、塑料电镀<br>——铜化合物生产 | 含溴化（亚）铜，氢氧化铜，硫酸（亚）铜，碘化（亚）铜，碳酸铜，硝酸铜，硫化铜，氟化铜，硫化（亚）铜，氯化（亚）铜，醋酸铜，氧化铜钾，磷酸铜，二水合氯化铜铵的废物 |
| HW23 | 含锌废物 | 含有锌化合物的废物<br>——有色金属采选及冶炼<br>——金属、塑料电镀<br>——颜料、油漆、橡胶加工<br>——锌化合物生产<br>——含锌电池制造业 | 含溴化锌，碘化锌，硝酸锌，硫酸锌，氟化锌，硫化锌，过氧化锌，高锰酸锌，醋酸锌，草酸锌铬酸锌，溴酸锌，磷酸锌，焦磷酸锌，磷化锌的废物 |
| HW24 | 含砷废物 | 含砷及砷化合物的废物<br>——有色金属采选及冶炼<br>——砷及其化合物的生产<br>——石油化工<br>——农药生产<br>——染料和制革业 | 含砷，三氧化二砷，亚砷酐，五氧化二砷，五硫化二砷，硫化亚砷，砷化锌，乙酰基砷铜，砷化钙，砷化铁，砷化铜，砷化铅，砷化银，乙基二氯化砷，（亚）砷酸，三氟化砷，砷酸锌，砷酸铵，砷酸钙，砷酸铁，砷酸钠，砷酸汞，砷酸铅，砷酸镁，三氯化砷，二硫化砷，砷酸钾，砷化（三）氢的废物 |

续表

| 编号 | 废物类别 | 废物来源 | 常见国际危害组分或废物名称 |
|---|---|---|---|
| HW25 | 含硒废物 | 含硒及硒化合物废物<br>——有色金属冶炼及电解<br>——硒化合物生产<br>——颜料、橡胶、玻璃生产 | 含硒，二氧化硒，三氧化硒，四氟化硒，六氟化硒，二氯化二硒，四氯化硒，亚硒酸，硒化氢，硒化钠，（亚）硒酸钠，二硫化硒，硒化亚铁，亚硒酸钡，硒酸，二甲基硒的废物 |
| HW26 | 含镉废物 | 含镉及其化合物废物<br>——有色金属采选及冶炼<br>——镉化合物生产<br>——电池制造业<br>——电镀行业 | 含镉，溴化镉，碘化镉，氢氧化镉，碳酸镉，硝酸镉，硫酸镉，硫化镉，氯化镉，氟化镉，醋酸镉，氧化镉，二甲基镉的废物 |
| HW27 | 含锑废物 | 含锑及其化合物废物<br>——有色金属冶炼<br>——锑化合物生产和使用 | 含锑，二氧化二锑，亚锑酐，五氧化二锑，硫化亚锑，硫化锑，氟亚锑，氟锑，氯化（亚）锑，三氢化锑，锑酸钠，锑酸铅，乳酸锑，亚锑酸钠的废物 |
| HW28 | 含碲废物 | 含碲及其化合物废物<br>——有色金属冶炼及电解<br>——碲化合物生产和使用 | 含碲，四溴化碲，四碘化碲，三氧化碲，六氟化碲，四氯化碲，亚碲酸，碲化氢，碲酸，二乙基碲，二甲基碲的废物 |
| HW29 | 含汞废物 | 含汞及其化合物废物<br>化学工业含汞催化剂制造与使用<br>——含汞电池制造业<br>——汞冶炼及回收工业<br>——有机汞和无机汞化合物生产 | 含汞，溴化（亚）汞，碘化（亚）汞，硝酸（亚）汞，氧化汞，硫酸（亚）汞，氯化（亚）汞，硫化汞，氯化乙基汞，氯化汞铵，氯化甲基汞，醋酸（亚）汞 |
| HW29 | 含汞废物 | ——农药及制药业<br>——荧光屏及汞灯制造及使用<br>——含汞玻璃计器制造及使用<br>——汞法烧碱生产产生的含汞盐泥 | 二甲基汞，二乙基汞，氯化高汞的废物 |
| HW30 | 含铊废物 | 含铊及其化合物废物<br>——有色金属冶炼及农药生产<br>——铊化合物生产及使用 | 含铊，溴化亚铊，氢氧化（亚）铊，碘化亚铊，硝酸亚铊，碳酸亚铊，硫酸亚铊，氧化亚铊，硫化亚铊，三氧化二铊，三硫化二铊，氟化亚铊，氯化（亚）铊，铬酸铊，氯酸铊，醋酸铊的废物 |
| HW31 | 含铅废物 | 含铅及其化合物废物<br>——铅冶炼及电解过程中的残渣及铅尘<br>——铅（酸）蓄电池生产中产生的废铅渣及铅酸（污泥）<br>——报废的铅蓄电池<br>——铅铸造业及制品业的废铅渣及水处理污泥<br>——铅化合物制造和使用过程中产生的废物 | 含铅，乙酸铅，溴化铅，氢氧化铅，碘化铅，碳酸铅，硝酸铅，氧化铅，硫酸铅，铬酸铅，氯化铅，氟化铅，硫化铅，高氯酸铅，碱性硅酸铅，四烷基铅，四氧化铅，二氧化铅的废物 |

续表

| 编号 | 废物类别 | 废 物 来 源 | 常见国际危害组分或废物名称 |
|---|---|---|---|
| HW32 | 无机氟化物废物 | 含无机氟化物的废物（不包括氟化钙、氟化镁） | 含氟化铯，氟硼酸，氟硅酸锌，氢氟酸，氟硅酸，六氟化硫，氟化钠，五氟化硫，二氟磷酸，氟硫酸，氟硼酸铵，氟硅酸铵，氟化铵，氟化钾，氟化铬，五氟化碘，氟氢化钾，氟氢化钠，氟硅酸钠的废物 |
| HW33 | 无机氰化物废物 | 从无机氰化物生产、使用过程中产生的含无机氰化物的废物（不包括HW07类热处理含氰废物）<br>——金属制品业的电解除油、表面硬化化学工艺中产生的含氰废物<br>——电镀业和电子零件制造业中电镀工艺、镀层剥除工艺中产生的含氰废物<br>——金矿开采与筛选过程中产生的含氰废物<br>——首饰加工的化学抛光工艺中产生的含氰废物<br>——其他生产、实验、化验分析过程中产生的含氰废物及包装物 | 含氢氰酸，氰化钠，氰化钾，氰化锂，氰化汞，氰化铅，氰化铜，氰化锌，氰化钡，氰化钙，氰化亚铜，氰化银，氰溶体，汞氰化钾，氰化镍，铜氰化钠，铜氰化钾，镍氰化钾，溴化氰，氰化钴的废物 |
| HW34 | 废酸 | 从工艺生产、配制、使用过程中产生的废酸液、固态酸及酸渣（pH≤2的液态酸）<br>——工业化学品制造<br>——化学分析及测试<br>——金属及其他制品的酸蚀、出光、除锈（油）及清洗<br>——废水处理<br>——纺织印染前处理 | 废硫酸、硝酸、盐酸、磷酸、（次）氯酸、溴酸、氢氟酸、氢溴酸、硼酸、砷酸、硒酸、氰酸、氯磺酸、碘酸、王水 |
| HW35 | 废碱 | 从工业生产、配制、使用过程中产生的废碱液、固态碱及碱渣（pH≥12.5的液态碱）<br>——工业化学品制造<br>——化学分析及测试<br>——金属及其他制品的碱蚀、出光、除锈（油）及清洗<br>——废水处理<br>——纺织印染前处理<br>——造纸废液 | 废氢氧化钠、氢氧化钾、氢氧化钙、氢氧化锂、碳酸（氢）钠、碳酸（氢）钾、硼砂、（次）氯酸钠、（次）氯酸钾、（次）氯酸钙、磷酸钠 |
| HW36 | 石棉废物 | 从生产和使用过程中产生的石棉废物<br>——石棉矿开采及其石棉产品加工<br>——石棉建材生产<br>——含石棉设施的保养（石棉隔膜，热绝缘体等）<br>——车辆制动器衬片的生产与更换 | 石棉尘，石棉废纤维，废石棉绒，石棉隔热废料，石棉尾矿渣 |

续表

| 编号 | 废物类别 | 废物来源 | 常见国际危害组分或废物名称 |
|---|---|---|---|
| HW37 | 有机磷化合物废物 | 从农药以外其他有机磷化合物生产、配制和使用过程中产生的含有机磷废物<br>——生产过程中产生的反应残余物<br>——生产过程中过滤物、催化剂（包括载体）及废弃的吸附剂<br>——废水处理污泥<br>——配制、使用过程中的过剩物、残渣及其包装物 | 含氯硫磷，硫磷嗪，磷酰胺，丙基磷酸四乙酯，四磷酸六乙酯，硝基硫磷酯，苯腈磷，磷酸酯类化合物，苯硫磷，异丙磷，三氯氧磷，磷酸三丁酯的废物 |
| HW38 | 有机氰化物废物 | 从生产、配制和使用过程中产生的含有机氰化物的废物<br>——在合成、缩合等反应中产生的高浓度废液及反应残余物<br>——在催化、精馏、过滤过程中产生的废催化剂、釜残及过滤介质物<br>——生产、配制过程中产生的不合格产品<br>——废水处理污泥 | 含乙腈，丙烯腈，己二腈，氨丙腈，氯丙烯腈，氰基乙酸，氰基氯戊烷，乙醇腈，丙腈，四甲基琥珀腈，溴苯甲腈，苯腈，乳酸腈，丙酮腈，丁基腈，苯基异丙酸酯，氰酸酯类的废物 |
| HW39 | 含酚废物 | 酚、酚化合物的废物（包括氯酚类和硝基酚类）<br>——生产过程中产生的高浓度废液及反应残余物<br>——生产过程中产生的吸附过滤物、废催化剂、精馏釜残液（包括石油、化工、煤气生产中产生的含酚类化合物废物） | 含氨基苯酚，溴酚，氯甲苯酚，煤焦油，二氯酚，二硝基苯酚，对苯二酚，三羟基苯，五氯酚（钠）硝基苯酚，三氯酚，氢酚，甲酚，硝基苯甲酚，苦味酸，二硝基苯酚钠，苯酚胺的废物 |
| HW40 | 含醚废物 | 从生产、配制和使用过程中产生的含醚废物<br>——生产、配制过程中产生的醚类残液、反应残余物、水处理污泥及过滤渣<br>——配制、使用过程中产生的含醚类有机混合溶剂 | 含苯甲醚，乙二醇单丁醚，甲乙醚，丙烯醚，二氯乙醚，苯乙基醚，二苯醚，二氧基乙醇乙醚，二乙醇甲基醚，乙二醇醚，异丙醚，二氯二醚，甲基氯甲醚，丙醚，四氯丙醚，三硝基甲醚，乙二醇二醚，亚乙基二醇丁基醚，二甲醚，丙烯基苯醚，甲基丙基醚，乙二醇异丙基醚，乙二醇苯醚，乙二醇戊基醚，氯甲基乙醚，丁醚，乙醚，二甘醇二乙基醚，乙二醇二甲基醚，乙二醇单乙醚的废物 |
| HW41 | 废卤化有机溶剂 | 从卤化有机溶剂生产、配制、使用过程中产生的废溶剂<br>——生产、配制过程中产生的高浓度残液、吸附过滤物、反应残渣、水处理污泥及废载体<br>——生产、配制过程中产生的报废产品<br>——生产、配制、使用过程中产生的废卤化有机溶剂。包括化学分析、塑料橡胶制品制造，电子零件清洗，化工产品制造，印染涂料调配，商业干洗，家庭装饰使用的废溶剂 | 含二氯甲烷，氯仿，四氯化碳，二氯乙烷，二氯乙烯，氯苯，二氯二氟甲烷，溴仿，二氯丁烷，三氯苯，二氯丙烷，二溴乙烷，四氯乙烷，三氯乙烷，三氯乙烯，三氯三氟乙烷，四氯乙烯，五氯乙烷，溴乙烷，溴苯，三氯氟甲烷的废物 |

续表

| 编号 | 废物类别 | 废物来源 | 常见国际危害组分或废物名称 |
|---|---|---|---|
| HW42 | 废有机溶剂 | 从有机溶剂的生产、配制和使用中产生的其他废有机溶剂（不包括HW41类的卤化有机溶剂）<br>——生产、配制和使用过程中产生的废溶剂和残余物。包括化学分析，塑料橡胶制品制造，电子零件清洗、化工产品制造、印染染料调配，商业干洗和家庭装饰使用过的废溶剂 | 含糠醛，环己烷，石脑油，苯，甲苯，二甲苯，四氢呋喃，乙酸丁酯，乙酸甲酯，硝基苯，甲基异丁基酮，环己酮，二乙基酮，乙酸异丁酯，丙烯醛二聚物，异丙醇，乙二醇，甲醇，苯乙酮，异戊烷，环戊酮，环戊醇，丙醛，二丙基醚，苯甲酸乙酯，丁酸，丁酸丁酯，丁酸乙酯，丁酸甲酯，异丙醇，N，N－二甲基乙酰胺，甲醛，二乙基酮，丙烯醛，乙醛，乙酸乙酯，丙酮，甲基乙基酮，甲基乙烯酮，甲基丁酮，甲基丁醇，苯甲醇的废物 |
| HW43 | 含多氯苯并呋喃类废物 | 含任何多氯苯并呋喃类同系物的废物 | 多氯苯并呋喃同系物废物 |
| HW44 | 含多氯苯并二恶英废物 | 含任何多氯苯并二恶英同系物的废物 | 多氯苯并二恶英同系物废物 |
| HW45 | 含有机卤化物废物 | 从其他有机卤化物的生产、配制、使用过程中产生的废物（不包括上述HW39，HW41，HW42，HW43，HW44类别的废物）<br>——生产、配制过程中产生的高浓度残液、吸附过滤物、反应残渣、水处理污泥及废催化剂、废产品<br>——生产、配制过程中产生的报废产品<br>——化学分析、塑料橡胶制品制造、电子零件清洗、化工产品制造、印染染料调配，商业、家庭使用产生的卤化有机废物 | 含苄基氯，苯甲酰氯，三氯乙醛1－氯辛烷，氯代二硝基苯，氯乙烯，氯硝基苯，2－氯丙酸，3－氯丙烯酸，氯甲苯胺，乙酰溴，乙酰氯，二溴甲烷，苄基溴，1－溴－2－氯乙烷，二氯乙酰甲酯，氟乙酰胺，二氯萘醌，二氯醋酸，二溴氯丙烷，溴萘酚，碘代甲烷2，4，5－三氯苯酚，三氯酚，1，4－二氯丁烷，2，4，6－三溴苯酚，二氯丁胺，1－氨基－4溴蒽醌－2－磺酸的废物 |
| HW46 | 含镍废物 | 含镍化合物的废物<br>——镍化合物生产过程中产生的反应残余物及废品<br>——使用报废的镍催化剂<br>——电镀工艺中产生的镍残渣及槽液<br>——分析、化验、测试过程中产生的含镍废物 | 含溴化镍，硝酸镍，硫酸镍，氯化镍，一硫化镍，一氧化镍，氧化镍，氢氧化镍，氢氧化高镍的废物 |
| HW47 | 含钡废物 | 含钡化合物的废物（不包括硫酸钡）<br>——钡化合物生产过程中产生的反应残余物及其废品<br>——热处理工艺中的盐浴渣<br>——分析、化验、测试中产生的含钡废物 | 含溴酸钡，氢氧化钡，硝酸钡，碳酸钡，氯化钡，氟化钡，硫化钡，氧化钡，氟硅酸钡，氯酸钡，醋酸钡，过氧化钡，碘酸钡，叠氮钡，多硫化钡的废物 |

511

续表

| 编号 | 废物类别 | 废物来源 | 常见国际危害组分或废物名称 |
|---|---|---|---|
| HW48 | 有色金属冶炼废物 | ——铅锌冶炼过程中，氧化锌浸出处理产生的氧化锌渣<br>——铅锌冶炼过程中，鼓风炉炼锌锌蒸气冷凝分离系统产生的鼓风炉浮渣<br>——铅锌冶炼过程中，锌精馏炉产生的锌渣<br>——铅锌冶炼过程中，各干式除尘器收集的各类烟尘<br>——铜锌冶炼过程中烟气制酸产生的废甘汞 | 铅锌冶炼过程中，铅冶炼、湿法炼锌和火法炼锌时，金、银、铋、镉、钴、铟、锗、铊、碲等有价金属的综合回收产生的回收渣 |
| HW49 | 其他废物 | ——未经使用而被所有人抛弃或者放弃的；<br>——淘汰、伪劣、过期、失效的；<br>——有关部门依法收缴以及接收的公众上交的危险化学品 | 废水污泥、液态废催化剂、污染土壤、研究，教学，等开发中产生的废物等 |

注：对来源复杂，其危险特性存在例外的可能性，且国家具有明确鉴别标准的危险废物，本《名录》标注以"＊"。所列此类危险废物的产生单位确有充分证据证明，所产生的废物不具有危险特性的，该特定废物可不按照危险废物进行管理。

附录

# 环境影响评价相关法律法规考试大纲（2012年）

## 考试目的
通过本科目考试，检验具有一定实践经验的环境影响评价专业技术人员对从事环境影响评价所必需的法律法规、政策等相关知识了解、熟悉、掌握的程度和在环境影响评价及相关业务工作中正确理解、执行国家相关法律法规和政策的能力。

## 考试内容

### 一、环境保护法律法规体系
（1）熟悉我国环境保护法律法规体系的构成；
（2）了解我国环境保护法律法规体系中各层次之间的相互关系。

### 二、《中华人民共和国环境保护法》
（1）掌握环境的含义；
（2）掌握建设项目环境影响报告书的有关规定；
（3）熟悉保护自然生态系统区域、野生动植物自然分布区域、水源涵养区域、自然遗迹、人文遗迹、古树名木的有关规定；
（4）掌握加强农业环境保护的有关规定；
（5）掌握产生环境污染和公害的单位必须采取有效措施防治污染和公害的有关规定；
（6）掌握新建和技术改造的工业企业防治污染和公害的有关规定；
（7）掌握建设项目防治污染设施"三同时"的有关规定；
（8）熟悉因发生事故或者其他突发性事件，造成或者可能造成污染事故的单位应当加强防范的有关规定；
（9）熟悉违反建设和使用污染防治设施的有关规定应承担的法律责任。

### 三、《中华人民共和国环境影响评价法》、《建设项目环境保护管理条例》、《规划环境影响评价条例》及配套的部门规章、规范性文件

（一）环境影响评价的定义及原则
（1）掌握环境影响评价的法律定义；
（2）掌握环境影响评价的原则。

（二）规划的环境影响评价
（1）熟悉需进行环境影响评价的规划的类别、范围及评价要求；
（2）掌握对规划进行环境影响评价应当分析、预测和评估的内容；
（3）掌握规划有关环境影响篇章或者说明以及专项规划环境影响报告书的主要内容；
（4）了解规划环境影响评价文件质量责任主体的有关规定；
（5）熟悉规划环境影响评价公众参与的有关规定；
（6）熟悉专项规划环境影响报告书的审查程序和审查时限；
（7）熟悉专项规划环境影响报告书审查意见应当包括的内容；
（8）熟悉审查小组应当提出对专项规划环境影响报告书进行修改并重新审查或者不予通过环境影响报告书意见的情形；

(9) 熟悉专项规划环境影响报告书结论及审查意见采纳的有关规定;
(10) 掌握规划环境影响跟踪评价的相关规定;
(11) 了解规划环境影响评价文件审查小组以及规划环境影响评价技术机构在规划环境影响评价中应承担的法律责任;
(12) 了解规划环境影响评价与建设项目环境影响评价的联动机制;
(13) 了解推进重点领域规划环境影响评价的要求。

(三) 建设项目的环境影响评价

1. 建设项目环境影响评价分类管理
(1) 掌握建设项目环境影响评价分类管理的有关法律规定;
(2) 掌握环境影响评价分类管理中类别确定的原则规定;
(3) 掌握建设项目环境影响评价分类管理中环境敏感区的规定。

2. 建设项目环境影响评价文件的编制与报批
(1) 掌握建设项目环境影响报告书内容的有关法律规定;
(2) 掌握环境影响报告表和环境影响登记表的内容和填报要求;
(3) 掌握建设项目环境影响评价公众参与的有关规定;
(4) 熟悉建设项目环境影响评价文件报批的有关规定及审批时限;
(5) 熟悉建设项目环境影响评价文件重新报批和重新审核的有关规定。

3. 建设项目环境影响评价分级审批
(1) 熟悉国务院环境保护行政主管部门负责审批的环境影响评价文件的范围;
(2) 熟悉省级环境保护行政主管部门提出建设项目环境影响评价分级审批建议的原则。

4. 建设项目环境影响评价的实施
(1) 掌握建设项目实施环境保护对策措施的有关规定;
(2) 熟悉建设项目环境影响后评价的有关规定;
(3) 掌握建设单位未依法执行环境影响评价制度擅自开工建设应承担的法律责任。

5. 建设项目环境影响评价机构资质管理
(1) 掌握建设项目环境影响评价机构资质管理的有关法律规定;
(2) 掌握建设项目环境影响评价资质等级和评价范围划分的有关规定;
(3) 了解建设项目环境影响评价机构资质条件的有关规定;
(4) 熟悉建设项目环境影响评价机构的管理、考核与监督的有关规定;
(5) 熟悉建设项目环境影响评价机构应承担的法律责任;
(6) 熟悉建设项目环境影响评价机构违反资质管理有关规定应受的处罚。

6. 建设项目环境影响评价行为准则
熟悉承担建设项目环境影响评价工作的机构及其环境影响评价技术人员的行为准则。

(四) 建设项目竣工环境保护验收
(1) 掌握建设项目竣工环境保护验收的范围;
(2) 熟悉建设单位申请竣工环境保护验收的时限及延期验收的有关规定;
(3) 掌握对建设项目竣工环境保护验收实施分类管理的规定;
(4) 了解申请建设项目竣工环境保护验收应提交的材料;

(5) 掌握建设项目竣工环境保护验收的条件；
(6) 熟悉建设项目试生产环境保护的有关规定；
(7) 熟悉建设单位未按有关规定申请环境保护设施竣工验收应受的处罚；
(8) 熟悉建设项目需配套建设的环境保护设施未建成、未经验收或验收不合格，主体工程正式投入生产或者使用的，建设单位应受的处罚；
(9) 熟悉承担建设项目竣工环境保护验收监测或调查工作的单位及其人员的行为准则。

(五) 环境影响评价工程师职业资格制度
(1) 熟悉环境影响评价工程师登记的有关规定；
(2) 掌握环境影响评价工程师的职责；
(3) 掌握环境影响评价工程师违反有关规定应受的处罚；
(4) 了解环境影响评价工程师继续教育的有关规定。

(六) 环境影响评价从业人员职业道德规范
了解环境影响评价从业人员职业道德规范的主要内容。

### 四、环境影响评价相关法律法规

(一)《中华人民共和国大气污染防治法》
(1) 熟悉企业应当优先采用清洁生产工艺，减少大气污染物产生的有关规定；
(2) 掌握防治燃煤产生大气污染的有关规定；
(3) 掌握防治废气、粉尘和恶臭污染的有关规定。

(二)《中华人民共和国水污染防治法》
(1) 了解本法的适用范围；
(2) 熟悉水污染防治原则的有关规定；
(3) 掌握水环境质量标准和水污染排放标准制定的有关规定；
(4) 掌握新建、改建、扩建直接或间接向水体排放污染物的建设项目和其他水上设施环境影响评价的有关规定；
(5) 熟悉国家对重点水污染物排放实施总量控制制度的有关规定；
(6) 掌握禁止私设暗管或者采取其他规避监管的方式排放水污染物的有关规定；
(7) 掌握水污染防治措施的有关规定；
(8) 掌握饮用水源和其他特殊水体保护的有关规定；
(9) 了解生产、储存危险化学品的企业事业单位应当采取措施，防止在处理安全生产事故过程中产生的可能严重污染水体的消防废水、废液直接排入水体的规定。

(三)《中华人民共和国环境噪声污染防治法》
(1) 掌握环境噪声、环境噪声污染、噪声排放、噪声敏感建筑物和噪声敏感建筑物集中区域的含义；
(2) 了解地方各级人民政府在制定城乡建设规划时，防止或减轻环境噪声污染的有关规定；
(3) 熟悉城市规划部门在确定建设布局时，合理划定建筑物与交通干线的防噪声距离的有关规定；
(4) 掌握在噪声敏感建筑物集中区域内，造成严重环境噪声污染的企业事业单位应该遵守的有关规定；

(5) 熟悉在城市范围内向周围生活环境排放工业噪声，应当符合国家规定的工业企业厂界噪声排放标准的规定；

(6) 熟悉产生环境噪声污染的工业企业，应当采取有效措施减轻对周围生活环境影响的规定；

(7) 熟悉在城市市区范围内向周围生活环境排放建筑施工噪声，应当符合国家规定的建筑施工场界环境噪声标准的规定；

(8) 掌握在城市市区噪声敏感建筑物集中区域内，禁止夜间进行产生环境噪声污染的建筑施工作业的有关规定；

(9) 掌握交通运输噪声污染防治的有关规定；

(10) 熟悉社会生活噪声污染防治的有关规定。

(四)《中华人民共和国固体废物污染环境防治法》

(1) 掌握固体废物、工业固体废物、生活垃圾、危险废物、贮存、处置、利用的含义；

(2) 了解本法的适用范围；

(3) 掌握固体废物污染防治原则；

(4) 掌握固体废物贮存、处置设施、场所的有关规定；

(5) 掌握企业事业单位应当对其产生的工业固体废物加以利用、安全分类存放或采取无害化处置措施的有关规定；

(6) 掌握矿业固体废物贮存设施停止使用后应当按照有关环境保护规定进行封场的有关规定；

(7) 掌握建设、关闭生活垃圾处置设施、场所的有关规定；

(8) 了解制定危险废物管理计划的有关规定；

(9) 了解组织编制危险废物集中处置设施、场所建设规划及组织建设危险废物集中处置设施、场所的有关规定；

(10) 掌握产生危险废物的单位必须按照国家规定处置危险废物的有关规定；

(11) 掌握分类收集、贮存危险废物的有关规定；

(12) 了解禁止过境转移危险废物的规定。

(五)《中华人民共和国海洋环境保护法》

(1) 了解本法的适用范围；

(2) 了解海洋环境污染损害、内水、滨海湿地、海洋功能区划的含义；

(3) 了解海洋生态保护的有关规定；

(4) 掌握入海排污口设置的有关规定；

(5) 掌握禁止、严格限制或严格控制向海域排放废液或废水的有关规定；

(6) 掌握须采取有效措施处理并符合国家有关标准后，方能向海域排放污水或废水的规定；

(7) 熟悉防治海岸工程建设项目对海洋环境的污染损害的有关规定。

(六)《中华人民共和国放射性污染防治法》

(1) 了解本法的适用范围；

（2）了解核设施选址、建造、运营、退役前进行环境影响评价的有关规定；
（3）了解开发利用或关闭铀（钍）矿前进行环境影响评价的有关规定；
（4）了解产生放射性废液的单位排放或处理、贮存放射性废液的有关规定；
（5）了解放射性固体废物的处置方式及编制处置设施选址规划的有关规定；
（6）掌握产生放射性固体废物的单位处理处置放射性固体废物的有关规定。

（七）《中华人民共和国清洁生产促进法》
（1）了解清洁生产的法律定义；
（2）了解国家对浪费资源和严重污染环境的落后生产技术、工艺、设备和产品实行强制淘汰制度的规定；
（3）熟悉企业在进行技术改造时应采取的清洁生产措施；
（4）了解农业生产者应采取的清洁生产措施；
（5）了解餐饮、娱乐、宾馆等服务性企业应采取的清洁生产措施；
（6）了解建筑工程应采取的清洁生产措施。

（八）《中华人民共和国循环经济促进法》
（1）了解循环经济、减量化、再利用、资源化的法律定义；
（2）了解发展循环经济应遵循的原则；
（3）熟悉企业事业单位应采取措施降低资源消耗，减少废物的产生量和排放量，提高废物的再利用和资源化水平的规定；
（4）熟悉新建、改建、扩建建设项目必须符合本行政区域主要污染物排放、建设用地和用水总量控制指标的要求；
（5）熟悉减量化、再利用和资源化的有关规定。

（九）《中华人民共和国水法》
（1）熟悉水资源开发利用的有关规定；
（2）熟悉建立饮用水水源保护区制度的有关规定；
（3）掌握设置、新建、改建或者扩大排污口的有关规定；
（4）熟悉河道管理范围内禁止行为的有关规定；
（5）了解禁止围湖造地、围垦河道的规定；
（6）了解工业用水应增加循环用水次数，提高水的重复利用率的规定。

（十）《中华人民共和国节约能源法》
（1）熟悉能源和节能的法律定义；
（2）了解国家节能政策的有关规定；
（3）熟悉国家对落后的耗能过高的用能产品、设备实行淘汰制度的规定；
（4）熟悉禁止生产、进口、销售及使用国家明令淘汰或者不符合强制性能源效率标准的用能产品、设备、生产工艺的规定；
（5）了解工业节能的有关规定。

（十一）《中华人民共和国防沙治沙法》
（1）了解土地沙化的法律定义；
（2）掌握沙化土地封禁保护区范围内禁止行为的有关规定；
（3）了解已经沙化的土地范围内的铁路、公路、河流、水渠两侧和城镇、村庄、厂矿、水库周围，实行单位治理责任制的有关规定。

（十二）《中华人民共和国草原法》

（1）了解编制草原保护、建设、利用规划应当遵循的原则及应当包括的内容；

（2）掌握基本草原保护制度的有关规定；

（3）熟悉禁止开垦草原的有关规定。

（十三）《中华人民共和国文物保护法》

（1）了解在文物保护单位的保护范围及建设控制地带内不得进行的活动的有关规定；

（2）熟悉建设工程选址中保护不可移动文物的有关规定。

（十四）《中华人民共和国森林法》

（1）熟悉森林的分类；

（2）了解进行勘查、开采矿藏和各项建设工程占用或者征用林地的有关规定；

（3）掌握禁止毁林开垦、开采等行为的有关规定；

（4）熟悉采伐森林和林木必须遵守的规定。

（十五）《中华人民共和国渔业法》

（1）了解本法的适用范围；

（2）熟悉在鱼、虾、蟹洄游通道建闸、筑坝，对渔业资源有严重影响的，应当建造过鱼设施或者采取其他补救措施的规定。

（十六）《中华人民共和国矿产资源法》

（1）熟悉非经国务院授权的有关主管部门同意，不得开采矿产资源的地区；

（2）了解关闭矿山的有关规定；

（3）掌握矿产资源开采的有关规定。

（十七）《中华人民共和国土地管理法》

（1）了解土地用途管制制度的有关规定；

（2）熟悉保护耕地和占用耕地补偿制度的有关规定；

（3）掌握基本农田保护制度的有关规定；

（4）了解由国务院批准的征用土地的范围。

（十八）《中华人民共和国水土保持法》

熟悉生产建设项目（活动）开办（实施）前、实施过程中和结束后应采取的水土流失预防和治理措施。

（十九）《中华人民共和国野生动物保护法》

（1）了解本法的适用范围；

（2）熟悉野生动物保护的有关规定。

（二十）《中华人民共和国防洪法》

（1）了解建设跨河、穿河、穿堤、临河工程设施防洪的有关规定；

（2）了解防洪区、洪泛区、蓄滞洪区和防洪保护区的法律定义。

（二十一）《中华人民共和国城乡规划法》

（1）了解城乡规划和规划区的法律定义；

（2）掌握省、自治区人民政府组织编制省域城镇体系规划的有关规定；

（3）熟悉城市新区开发、建设和旧城区改建的有关规定；

(4) 熟悉城乡建设和发展依法保护和合理利用风景名胜资源的有关规定。

(二十二)《中华人民共和国河道管理条例》
(1) 了解本条例的适用范围;
(2) 掌握修建桥梁、码头和其他设施须按照防洪和航运的标准、要求进行的有关规定;
(3) 掌握城镇建设和发展不得占用河道滩地的规定。

(二十三)《中华人民共和国自然保护区条例》
(1) 掌握自然保护区的功能区划分及保护要求;
(2) 掌握自然保护区内禁止行为的有关规定;
(3) 掌握内部未分区的自然保护区按照核心区和缓冲区管理的规定。

(二十四)《风景名胜区条例》
熟悉风景名胜区保护的有关规定。

(二十五)《基本农田保护条例》
(1) 了解基本农田和基本农田保护区的法律定义;
(2) 掌握与建设项目有关的基本农田保护措施。

(二十六)《土地复垦条例》
(1) 熟悉生产建设活动损毁土地复垦的原则;
(2) 了解土地复垦义务人负责复垦的损毁土地范围;
(3) 掌握土地复垦义务人应当保护土壤质量与生态环境、避免污染土壤和地下水的有关规定。

(二十七)《医疗废物管理条例》
熟悉医疗废物集中贮存、处置设施选址的有关规定。

(二十八)《危险化学品安全管理条例》
(1) 了解危险化学品的法律定义;
(2) 掌握国家对危险化学品的生产、储存实行统筹规划、合理布局的有关规定;
(3) 熟悉危险化学品生产装置和储存设施与有关场所、区域的距离必须符合国家标准或规定的有关规定。

(二十九)《中华人民共和国防治海岸工程建设项目污染损害海洋环境管理条例》
(1) 了解海岸工程建设项目的法律定义及范围;
(2) 熟悉建设各类海岸工程建设项目应采取的环境保护措施;
(3) 掌握禁止兴建的海岸工程建设项目的有关规定。

(三十)《防治海洋工程建设项目污染损害海洋环境管理条例》
(1) 了解海洋工程建设项目的法律定义及范围;
(2) 掌握严格控制围填海工程的有关规定;
(3) 掌握海洋工程拆除、弃置或者改作他用的环境保护有关规定;
(4) 熟悉海洋工程污染物排放管理的有关规定。

五、环境政策与产业政策
(一) 国务院关于落实科学发展观加强环境保护的决定
(1) 了解用科学发展观统领环境保护工作的基本原则;

(2) 熟悉经济社会发展必须与环境保护相协调的有关要求；
(3) 掌握需切实解决的突出环境问题；
(4) 了解加强环境监管制度的有关要求。

（二）国务院关于加强环境保护重点工作的意见
(1) 熟悉全面提高环境保护监督管理水平的主要要求；
(2) 熟悉切实加强重金属污染防治、严格化学品污染管理、深化重点领域污染综合防治的有关要求；
(3) 了解改革创新环境保护体制机制的有关要求。

（三）国家环境保护"十二五"规划
(1) 熟悉国家环境保护"十二五"规划的主要目标；
(2) 熟悉推进主要污染物减排的有关要求；
(3) 了解切实解决突出环境问题的有关要求；
(4) 了解加强重点领域环境风险防控的有关要求。

（四）"十二五"节能减排综合性工作方案
(1) 熟悉节能减排的主要目标；
(2) 了解实施节能减排重点工程的有关要求；
(3) 熟悉加强工业节能减排的有关要求；
(4) 熟悉加快节能减排技术产业化示范和推广应用的规定；
(5) 掌握严格节能评估审查和环境影响评价制度的要求。

（五）全国生态环境保护纲要
(1) 熟悉重要生态功能区的类型和生态功能保护区的级别；
(2) 熟悉对生态功能保护区采取的保护措施；
(3) 了解各类资源开发利用的生态环境保护要求。

（六）国家重点生态功能保护区规划纲要
(1) 熟悉重点生态功能保护区规划的指导思想、原则及目标；
(2) 了解重点生态功能保护区规划的主要任务。

（七）全国生态脆弱区保护规划纲要
(1) 熟悉生态脆弱区保护规划的指导思想、原则及目标；
(2) 了解生态脆弱区保护规划的总体任务和具体任务。

（八）全国主体功能区规划
(1) 掌握主体功能区的划分；
(2) 熟悉全国主体功能区规划开发原则中关于保护自然的有关规定；
(3) 了解推进全国主体功能区的主要目标；
(4) 熟悉国家层面主体功能区中优化开发、重点开发、限制开发区域的功能定位和发展方向；
(5) 熟悉国家层面主体功能区中禁止开发区域的功能定位和管制原则。

（九）关于推进大气污染物联防联控工作改善区域空气质量的指导意见
(1) 了解本指导意见的指导思想、基本原则和工作目标；
(2) 掌握大气污染物联防联控的防控重点；

(3) 了解加大重点污染物防治力度的有关要求。

（十）产业结构调整的相关规定

(1) 熟悉产业结构调整的方向和重点；

(2) 了解《促进产业结构调整暂行规定》施行后废止的相关产业目录；

(3) 了解推进产能过剩行业结构调整的总体要求和原则；

(4) 熟悉推进产能过剩行业结构调整的重点措施；

(5) 掌握《产业结构调整指导目录》的分类。

（十一）关于抑制部分行业产能过剩和重复建设引导产业健康发展的若干意见

(1) 熟悉当前产能过剩、重复建设问题较为突出的产业和行业；

(2) 了解抑制产能过剩和重复建设的政策导向及环境监管措施。

（十二）环境保护部关于贯彻落实抑制部分行业产能过剩和重复建设引导产业健康发展的通知

(1) 熟悉提高环境保护准入门槛，严格建设项目环境影响评价管理的有关要求；

(2) 熟悉加强环境监管，严格落实环境保护"三同时"制度的有关要求。

（十三）外商投资产业指导目录

掌握外商投资产业指导目录的分类。

（十四）废弃危险化学品污染环境防治办法

(1) 熟悉废弃危险化学品的含义；

(2) 了解本办法的适用范围；

(3) 熟悉危险化学品的生产、储存、使用单位转产、停产、停业或者解散的环境保护有关规定。

（十五）国家危险废物名录

(1) 了解列入本名录的危险废物类别；

(2) 熟悉列入本名录危险废物范围的原则规定。